한국행정연구원 비교 및 지역연구총서 | ❾

유럽연합의 행정과 정책연구

양현모
홍재환 편저

신 조 사

Public Administration and Policy Study of EU

edited by
Yang, Hyun-mo
Hong, Jhea-whan

The Korea Institute of Public Administration

Sinjosa, 2011

발간사

국가 간 상호의존성이 증가함에 따라 한국행정연구원은 지난 2008년부터 비교 및 지역연구를 통해 주요 국가의 행정과 정책에 관한 연구를 수행하고 있습니다. 세계 주요 국가의 행정환경, 행정체제, 그리고 공공정책에 대한 비교연구 수행을 통해 우리나라 정부와 관련 학계에 필요한 시사점과 개선방안을 도출하고자 노력해 왔습니다. 이와 같은 비교 및 지역연구를 통해 행정학자 및 정책 실무자는 새로운 환경변화와 이에 따른 행정수요에 대응할 수 있었으며, 글로벌 공공정책의 동향에 대한 이해의 폭을 넓힐 수 있었습니다.

한국행정연구원은 지난 2008년 일본, 중국, 프랑스, 스웨덴 4개 국가를, 2009년에는 미국과 인도, 2010년에는 영국과 싱가포르를 비교 및 지역연구의 대상국가로 선정하여 연구를 수행했습니다. 주요 국가들의 비교 및 지역연구를 통해 각 국가의 행정과 공공정책을 이해하고 우리나라에 적실성 있는 시사점을 도출한 점은 매우 의미 있는 작업이었다고 생각합니다.

한국행정연구원은 2011년에 비교 및 지역연구의 대상으로 유럽연합(EU)과 독립국가연합(CIS)을 선정했습니다. 먼저 유럽연합은 최근의 재정위기를 맞아 어려움이 가중되고 있으나 하나의 연합국가로 발돋움하려는 오랜 과정에서 항상 크고 작은 어려움이 있어 왔습니다. 이러한 어려움을 극복하면서 유럽연합은 지속적으로 하나의 국가형태로의 발전이 이루어지고 있습니다. 특히, 냉전체제의 종식 이후 국제사회와 세계경제에서 유럽연합의 영향력이 날로 커지고 있어 유럽연합이 지향하는 새로운 형태의 “정부”에 대한 연구가 더욱 절실해지고 있습니다. 더욱이 유럽연합은 최근 우리나라와 자유무역협정(FTA)을 체결함으로써 이에 대한 지역적 이해가 더욱 중요하게 되었습니다.

독립국가연합은 비교 및 지역연구의 종합선물세트라고 말할 수 있을 만큼 다양한 지역과 민족, 문화와 종교 등이 분포되어 있습니다. 최근 들어 자원외교의 중요성이 증가하면서 자원이 풍부한 독립국가연합에 대한 관심이 증가하고 있습니다. 그 중에서도 자원대국인 카자흐스탄과 우즈베키스탄은 우리나라의 시장 확대뿐만 아니라, 미래 에너지자원의 공급처로서 그 가치를 인정받고 있습니다. 아울러, 동유럽에 위치한 벨라루스와 우크라이나는 러시아와 함께 독립국가연합 창설을 주도한 국가들로써 수준 높은 기초과학기술능력을 보유하고 있으며, 향후 우리나라의 유망한 협력 파트너로써 기대가 커지고 있습니다. 특히, 2011년은 구소련 연방이 해체되고 독립국가연합(CIS)이 탄생한 지 20주년이 되는 해이기에 이번 연구가 갖는 의미는 크다고 할 수 있습니다.

유럽연합과 독립국가연합 두 지역 모두 하나의 단일국가이기 보다는 정치적 · 경제적 협력을 지향하는 초국가 간 연합체라는 점에서 이전의 비교 및 지역연구와는 연구의 구성과 내용면에서 차이를 두었습니다.

먼저 유럽연합은 지역의 전체적인 행정과 공공정책에 대한 이해를 구하고자 유럽통합의 배경과 기원을 파악하고 이후 발전과정과 새로운 초국가로의 통합과정을 살펴보았습니다. 그 다음으로 유럽연합의 법률적 기반과 다층화된 거버넌스 시스템을 고찰하였습니다. 두 번째로 유럽연합의 행정조직의 변천과 조직구성 및 기능의 분화를 이해하고, 유럽연합의 인사행정과 재무행정 등을 살펴보았습니다. 세 번째로 유럽연합의 공공정책 결정기구와 과정에 대한 이해와 함께, 다양한 공공정책을 다루었습니다. 마지막으로 유럽연합과 우리나라와의 관계로써 FTA 협상과정 및 기대성과, 예상 문제점 및 이후의 추진전략 등에 대한 정책적 시사점을 도출하고자 했습니다.

독립국가연합은 유럽연합과는 달리 하나의 통합된 정치 · 행정체계를 지향하기 보다는 느슨한 협력체의 형태로 구성되어 있습니다. 독립국가연합은 지역적으로 동유럽의 벨라루스와 우크라이나에서부터 중앙아시아의 카자흐스탄과 우즈베키스탄에 이르기까지 유라시아 전 대륙에 걸쳐 포진해 있습니다. 종교적으로도 가톨릭, 러시아 정교, 이슬람교 등 매우 이질적인 종교들이 서로 혼합되어 있습니다. 따라서 독립국가연합지역의 다양성과 역동성을 파악하기 위해 본 연구에서는 동유럽의 벨라루스와 우크라이나, 중앙아시아의 카자흐스탄과 우즈베키스탄을 연구의 대상으로 선정하였습니다. 본 연구는 선정된 4개 국가들의 형성과정, 인문 · 사회적 환경, 법률적 기반을 포함하여 체제 이행에 따른 정치체제와 거버넌스, 행정체계와 정책과정, 공공정책 등을 비교 · 분석하고 있습니다.

이번 유럽연합과 독립국가연합 연구가 행정학계나 정책결정자들에게 지역에 속해 있는 개별 국가차원을 넘어 지역 전체의 큰 그림을 이해하는데 많은 도움이 되리라 생각됩니다. 이번 연구가 향후 이들 지역에 대한 우리나라 국가전략의 중요한 기초자료로 활용될 수 있기를 기대합니다.

끝으로 본 연구의 책임을 맡아 주신 한국행정연구원의 양현모 박사, 홍재환 박사, 그리고 지원업무를 충실히 담당한 이화진 연구원의 노고를 치하합니다. 무엇보다도 본 연구의 집필진으로 참여해 주신 원내외 전문가들께도 감사드립니다.

2011년 12월

한국행정연구원 원장 **박 응 격**

머리말

주요 국가의 행정과 공공정책에 대한 연구를 여러 해 거듭하는 가운데 올해는 하나의 국가라고 하기에는 아직 이른 유럽연합의 행정과 공공정책에 대한 이해를 돕고자 연구를 수행하게 되었습니다.

유럽연합은 최근의 재정위기를 맞아 어려움이 가중되고 있으나 하나의 연합국가로 발돋움하려는 오랜 과정에서 항상 크고 작은 어려움과 장애요인이 있어 왔습니다. 이러한 어려움을 극복하고 지속적으로 하나의 국가형태로의 발전이 거의 이루어졌다고 볼 수 있으며 냉전체제의 종식 이후 국제사회와 세계경제에서 그 중요성이 날로 더해가고 있어 이 새로운 형태의 "정부"에 대한 연구가 더욱 절실해졌습니다.

더욱이 유럽연합은 최근 우리나라와 자유무역협정(FTA)을 맺어 그 중요성이 증가하므로 이에 대한 이해가 더욱 중요하게 되었습니다. 그럼에도 불구하고 프랑스, 영국, 독일 등 유럽의 개별국가는 잘 알아도 이들의 상위기관인 유럽연합에 대하여는 잘 알지 못하고 있습니다. 여기에는 유럽연합이 지속적으로 발전 · 생성해 오는데서 오는 이해의 어려움도 함께하고 있습니다.

따라서 본 연구에서는 유럽연합의 행정과 공공정책에 대한 이해를 구하고자 크게 네 부분으로 구분하고 있습니다. 첫째 부분은 유럽연합의 행정환경으로 유럽연합의 형성과정을 통해 유럽통합의 배경과 기원을 파악하고 이후 발전과정과 새로운 초국가로의 통합과정을 살펴보았습니다. 그 다음으로 유럽연합의 법률적 기반으로 주요 조약의 생성과 발전, 유럽헌법의 부결과 리스본조약의 의미, 그리고 2차법과 입법절차에 대하여 살펴보았습니다. 끝으로 다층화된 유럽연합의 거버넌스 시스템을 고찰하고 정책네트워크화된 유럽연합의 행정시스템을 다루고 있습니다.

두 번째 부분은 먼저 행정조직의 변천과 조약에 따른 조직구성 및 기능의 분화를 이해하고자 하였으며, 그 다음으로 관료충원방식과 공무원의 권리와 의무, 인사행정개혁과 시사점 등의 관료제와 인적자원관리를 살펴보고 있고, 끝으로 유럽연합의 예산 조달 및 배분구조, 예산 감독 및 문제점, 재정관리 및 개혁 등 예산 및 재무행정을 다루고 있습니다.

세 번째 부분에서는 유럽연합의 공공정책을 다루고 있는데, 먼저 공공정책 결정기구와 과정을 다루고 있으며, 다음으로는 유럽연합의 외교 · 안보정책, 경제 및 통화정책, 환경 · 사회 · 교육 및 문화정책 등의 분야별 정책에 대한 고찰을 하고 있습니다.

네 번째 부분은 유럽연합과 우리나라와의 관계에 대한 연구를 통해 역사적 전개과정과 함께 FTA 협상과정 및 기대성과, 예상 문제점 및 이후의 추진전략 등 행정이론과 실무에 유용한 제도적, 정책적 시사점을 도출하고자 하였습니다.

본 연구는 각 분야별 학문적 전문성과 열정을 가지고 성실하게 집필에 참여해 주신 연구진 여러분들의 노력의 결실이라 믿어 참여해 주신 여러 집필진들에게 진심으로 감사의 말씀을 드립니다. 그리고 비교적 생소한 이 분야에 대한 한국행정연구원 박응격 원장님의 관심과 조언 및 적극적인 후원에 대하여 감사를 드립니다.

2011년 12월 20일

저자들을 대신하여 **양현모·홍재환**

차 례

제 2 편 유럽연합의 행정환경 11~108

제 3 편 유럽연합의 행정체계와 과정 109~226

표 목차

그림 목차

제 1 편

총 론

제 1 장 연구의 필요성 및 목적

양 현 모(한국행정연구원)

제 1 절 연구의 의의

최근 세계화의 진전으로 국가 간 상호의존성과 경쟁이 심화됨에 따라 이해당사국들의 행정체제가 어떻게 구축되어 운영되고, 공공정책들이 어떤 내용으로 형성되어 집행되는지에 대한 관심이 크게 증가하였다. 세계화의 진행과 함께 각국의 행정체제와 공공정책에 대한 관심은 초기의 개발도상국과 선진국 간의 상호 관심을 넘어, 선진국 상호간에도 상대방의 행정체제와 공공정책에 관심을 갖고 있다.

비교연구는 아리스토텔레스가 각국의 정치체제를 비교연구한 이래로 학문의 주요 방법론으로 자리잡아 왔다. 일차적으로 각국의 행정체제를 문화·횡단적(cross-cultural)으로 비교하는데 일차적 목표가 있으며, 이를 위해 각국의 행정체제를 특정의 범주에 따라 유형화하고 비교의 대상을 설정하여 비교

한다.[1] 또한 비교연구는 제2차 세계대전 이후 미국의 대외 원조 전략을 위한 각국의 지역 연구 및 그 비교연구의 일환으로 발전하였으므로, 당연히 각국의 행정제도는 물론이고 행정문화, 정치체제의 기본적 성격 등에 대한 비교적 시각을 견지하고 있다.[2]

지역연구는 분류된 한 지역 또는 국가의 언어, 문화, 역사, 사회, 정치, 경제, 국제 관계 등을 문화와 역사의 상대주의라는 관점으로 파악하는 것으로 정의할 수 있다. 문화와 역사의 상대주의에 대한 강조는 지역마다 문화와 역사가 상대적으로 다를 수 있음을 말하는 것으로 그 지역의 문화와 역사를 이해하는 것이 선행되어야 한다. 그런데 문화와 역사를 지나치게 강조할 경우에는 또 다른 편향을 낳을 수 있기 때문에 지역연구는 특정 분과학문의 지나친 강조보다는 '해외의 분류된 특정지역 또는 특정국가의 정치, 경제, 사회, 문화 등 제반분야를 종합적이고 체계적으로 연구하는 학문'이라고 말할 수 있다.[3]

이렇듯 비교연구와 지역연구는 불가분의 관계에 있다고 할 수 있다. 지역연구 없이 비교연구가 가능하지 않으며, 비교연구로 이어지지 않는 지역연구란 그 유용성에 한계가 있다.

각국의 행정체제와 주요 공공정책에 대한 연구는 1950년대부터 최근까지 끊임없이 진행되고 있다. 행정학의 분과학문인 비교연구와 지역연구를 통해 우리는 다른 국가의 행정체제 및 정책 등이 등장하게 된 정치·경제·사회·역사적 배경, 목적 및 효과, 그리고 문제점 등을 살펴볼 수 있으며, 이를 바탕으로 우리가 지향해야 할 행정체제와 주요 정책에 대한 시사점을 도출할 수 있다. 또한, 각 국가의 행정체제에 대한 연구를 통해 우리의 행정제도·기구·절차 등에 대한 연구결과의 외적 타당성(external validity)을 제고할 수 있다. 특히, 선진국가의 행정체제와 정책에 대한 연구는 우리나라 행정체제가 갖고 있지 못한 선진화된 관리기법이나 시급히 다루어야 할 주요 정책에 대

1) 김광웅, 「비교행정론」, 박영사, 2004.
2) Heady, 「Public Administration : A Comparative Perspective」, Marcel Dekker, 1984.
3) 박광섭, 「세계화 시대 해외지역연구의 이해」, 대경, 2008.

한 이해를 제고할 수 있다는 측면에서 매우 실용적인 접근방법이라 할 수 있다. 뿐만 아니라 개발도상국가 등의 행정체제와 정책에 대한 연구를 통해서도 우리나라의 행정체제가 갖고 있는 특수성과 유사성 등을 연구함으로써 정책적·실무적 대안을 제시할 수 있다. 따라서 비교 및 지역연구는 비교론적 시각을 통해 타 국가의 행정을 이해하고 시사점을 도출할 수 있으며, 이와 같은 연구를 통해 우리나라의 행정체제와 주요 공공정책에 대한 개선방안 등을 제시할 수 있다는 점에서 매우 의미 있는 연구 분야로 평가받고 있다.

제 2 절 유럽연합(EU) 행정에 대한 연구 필요성

한국행정연구원은 지난 2008년부터 「한국행정연구원 비교 및 지역연구총서」를 발간하고 있다. 한국행정연구원의 비교 및 지역연구는 2008년에 일본, 중국, 프랑스, 스웨덴을, 그리고 2009년에는 미국과 인도를, 2010년에는 영국과 싱가포르를 연구함으로써 선진국과 개발도상국가의 주요 행정체제와 과정, 그리고 공공정책에 대한 이해의 폭을 넓히고 있다. 이와 같은 비교 및 지역연구를 진행함으로써 각 국가의 행정환경, 행정과정, 그리고 주요 정책에 대한 연구를 통해 각 국가의 행정을 이해하는데 기여했을 뿐 아니라, 우리나라의 행정체제와 정책 등에 대한 개선사항과 시사점 등을 도출하는 연구 성과를 거두었다. 또한 이와 같은 비교 및 지역연구를 통해 앞으로 우리나라 정부가 추진해야 할 행정체제와 주요 정책에 대해 정책 및 실무적인 대안 등을 제시함으로써 우리나라 행정발전에 큰 기여를 하였다.

2011년에는 다음과 같은 이유로 유럽연합(EU: European Union)을 비교 및 지역연구의 대상으로 선정하여 연구를 진행하였다. 첫째, 유럽의 통합은 유럽 다수의 국가들이 평화와 번영을 위해 자발적으로 주권을 포기하고 구성국들 간의 이해관계를 절충하여 통합을 이뤘다는 점에서 의미하는 바가 크다. 또한 유럽연합(EU)의 행정체제 및 정책결정과 관련된 과정 등은 복잡할 수밖에 없는데, 이는 본질적으로 유럽연합의 행정시스템 및 정책에 영향을 미치는 행위자의 다양성 때문이다. 유럽연합의 정책과정은 국가 간 타협과 이해관계 분야에 대한 정책적 연계를 통해 이루어졌고, 정책유형 및 변화에 따라 공동결정(Co-decision)절차[4]나 가중다수결투표제(QMV) 등을 채택하며 변화를 꾀하고 있다. 이러한 급변하는 유럽연합(EU)의 행정체제나 주요 정책은 우리나라 행정체제 및 주요 정책 등에 시사점을 도출할 수 있을 것이라 기대된다.

둘째, 세계는 종래의 냉전시대의 국제질서였던 미국과 구소련 체제가 무너지고 새로운 형태의 경제 블록으로 다원화되고 있다. 앞으로 갈수록 이러한 블록화 현상은 세계화 과정에서 더욱 첨예화될 것이다. 2011년 7월 1일부로, 우리나라와 유럽연합 간 자유무역협정(FTA)이 공식 발효되었다. 유럽연합은 유럽 27개국, 5억 명의 세계 최대의 단일 경제권으로 국내총생산(GDP)이 16조 4천억 달러로 세계 전체의 30%를 차지하고 있다. 이러한 유럽연합과의 한-EU FTA가 발효됨에 따라 유럽연합의 변화는 우리나라 각 분야에 큰 영향을 미칠 것이다. 따라서 우리나라로서는 유럽연합의 정책 등이 변화하는 시점에서 유럽연합의 체제, 그리고 주요 공공정책에 대한 연구를 통해 새롭게 구성되는 유럽연합의 행정환경과 현황 등에 대한 이해의 폭을 넓힐 수 있을 것으로 기대한다.

이와 같은 비교 및 지역연구를 통해 유럽연합의 행정체제와 각종 공공정책 등을 분석함으로써 행정이론의 일반화에 도움이 될 것으로 기대하며, 행정 현장의 문제점을 개선하는 방법의 일환으로도 활용할 수 있는 기초자료의 역할을 할 것으로 기대한다.

4) 회원국 확대에 따른 정책결정과정의 합리화를 위하여(만장일치의 현실적 한계) 마스트리트 조약에서 새롭게 신설된 입법절차.

제3절 연구의 목적

본 연구에서 유럽연합(EU)의 행정과 공공정책에 대해 연구하는 목적은 다음과 같다. 첫째, 유럽연합의 행정환경과 현황 등을 연구함으로써 유럽연합 행정의 특수성과 보편성 등을 연구할 수 있는 기회를 제공한다. 유럽연합의 이러한 연구 결과를 우리나라 행정현상과 현황 등과 비교함으로써 행정의 보편성과 특수성을 이해하는 연구의 장을 만들고자 한다. 뿐만 아니라, 유럽연합의 행정현상과 현황 등에 대한 연구를 통해 보다 객관적이고 보편타당한 행정현상 등을 이해하는데 기초자료로 활용하고자 한다.

둘째, 유럽연합의 행정체제와 과정 등은 끊임없이 변화하기에 행정환경 등의 변화에 따른 인적자원관리기법이나 조직 및 성과관리시스템 등의 변화 과정을 연구하도록 하겠다. 이러한 유럽연합의 행정체제와 과정 등을 연구함으로써 우리나라가 도입할 수 있는, 혹은 적용 가능한 관리 및 조직기법 등을 연구할 수 있는 기회를 갖고자 한다.

셋째, 우리나라도 유럽연합과 마찬가지로 공공기관 선진화와 다문화 정책, 그리고 복지와 연금정책 등에 많은 관심을 쏟아야 하는바, 유럽연합의 주요 정책에 대한 검토와 연구를 통해 우리나라가 지향해야 할 정책방향 등에 대한 시사점을 도출하고자 한다.

제 2 장 연구의 범위와 방법

양 현 모(한국행정연구원)

제 1 절 연구의 범위

유럽연합(EU)의 행정과 공공정책의 주요 연구 내용의 범위는 크게 네 부분으로 구성되어 있다.

첫째, 유럽연합(EU)을 둘러싼 행정환경을 연구한다. 여기서 유럽연합의 유럽통합의 배경과 기원 및 유럽연합으로의 발전과정 등을 이해한다. 이어서 유럽연합의 주요 조약과 단일 정치시스템 등을 통해 유럽연합의 법률적 기반을 이해한다. 그리고 유럽연합의 정부형태, 행정시스템, 거버넌스, 정치구조와 주요 공공기구를 살펴봄으로써 유럽연합의 조직 내외의 맥락을 이해할 수 있다.

둘째, 유럽연합(EU)의 행정체계와 과정을 연구한다. 다양하고 복잡한 행정수요를 해결하기 위해 유럽연합은 행정자원이나 행정수단을 동원하며, 이는 행정체계와 과정을 통해 이루어진다. 보다 구체적으로 유럽연합의 행정체계와 과정은 행정조직 및 관료제와 인적자원관리, 예산·재무 재정 등을 통해서 운영되고 관리되며, 이에 관한 주요 제도, 내용, 절차, 과정, 특징, 개혁, 함의 등을 체계적으로 연구하여 담을 것이다. 그리고 이러한 유럽연합의 행정체계와 과정을 살펴봄으로써 우리나라에 대한 시사점을 살펴본다.

셋째, 유럽연합(EU)의 행정환경의 변화와 이에 따른 유럽연합 각국과 사회의 복잡하고 다양한 행정수요를 해결하기 위한 유럽연합의 핵심 공공정책을 연구한다. 우선 유럽연합 공공정책과정 및 정책네트워크의 연구를 통해 유럽연합 공공정책 특수성을 이해하며, 이어서 분야별로 유럽연합이 추진하는 외교·안보정책, 경제 및 산업정책, 환경·사회·교육 및 문화 정책에 관한 주요 정책기조, 과정, 행위자, 내용, 성과 등을 심도 있게 다룰 것이다. 또한 이러한 유럽연합의 공공정책을 살펴본 후 우리나라에 대한 시사점을 살펴볼 것이다.

마지막으로는, 유럽연합(EU)과 우리나라와의 관계를 연구한다. 유럽연합과 우리나라와의 역사적 전개와 자유무역협정(FTA) 협상과정을 살펴보고, FTA 이후의 기대성과 및 우리의 추진전략 등을 제시할 수 있다.

분석대상과 분석수준을 연구하기 위한 시간적 범주(time span)는 현재에 초점을 두되 현재의 현상에 영향을 준 과거의 현상에 대한 연구, 그리고 가능하다면 과거와 현재를 바탕으로 추계할 수 있는 미래의 전망까지도 제시하려 한다.

제 2 절 연구의 방법

본 연구는 주로 기술적 연구(descriptive study)로 진행하였다. 유럽연합(EU)의 행정현상과 제도, 그리고 주요 정책에 대한 이해를 제고하기 위해서 기존 문헌과 사례 등을 기초로 한 기술적 연구를 주로 적용하여 정확성과 신뢰성을 제고시켰다. 이처럼 유럽연합의 행정에 대한 현상을 정확하게 체계적으로 서술했고, 또한 부분적으로 실증적 연구(empirical research)를 가미하여 보다 정확성을 높이려했다. 뿐만 아니라, 유럽연합의 행정환경과 주요 정책 등에 대한 정보의 획득을 위해 관련 분야의 전문가와의 인터뷰 등도 적극 활용했을 뿐 아니라, 최신 학술지 및 각 정부부처의 홈페이지, 신문 등을 통한 최신 자료의 확보에도 많은 관심을 기울였다.

또한, 가치중립적 접근을 취했다. 비교행정 연구에서 환경적 요인으로서 문화적 배경이 중시되는 것은 당연한 귀결이지만 연구자가 다른 문화를 비교분석하는 과정에서 주관이나 선입관, 편견 등이 있기 때문에 가치중립적 입장을 견지할 필요가 있다. 따라서 유럽연합의 행정 및 공공정책에 대한 연구 역시 서구 시각이나 우리가 바라보는 시각에서 벗어나 보다 객관적 시각으로 접근하였다.

제 2 편

유럽연합의 행정환경

제 1 장

유럽연합의 형성

양 현 모(한국행정연구원)

1957년 6개국으로 시작한 유럽연합(EU)은 현재 27개국에 달하는 거대 국가통합체로 발전하였고 통합의 수준도 상당한 단계에 이르렀다. 유럽통합은 '평화'와 '번영'을 위해 다수 국가들이 자발적으로 주권을 축소 · 포기하고 통합을 이룬 인류 역사상 최초의 사례이다. 역사적으로 전쟁이 가장 빈번했던 유럽지역에서 국가통합체를 형성하여 평화와 번영의 시대를 열었다는 점에서 그 의미가 크다고 할 수 있다. 특히 유럽은 80여 민족, 35개 종교, 37개 언어로 구성된 매우 이질적인 지역이어서 합의점을 도출하기가 어려운데도 불구하고 자발적 의지와 합의에 의해 통합이 추진되었다는 점에서 주목할 만하다.

제1절 유럽통합의 배경과 기원(1945-1956)

1 유럽통합의 배경

유럽통합과 관련된 주장은 멀리는 단테와 마키아벨리 등의 15, 16세기까지 소급되기도 하나, 이에 대한 논의는 주로 종교적 통일이거나 강압적 통일의 특징을 가지고 있다. 유럽인들이 통합의 필요성을 자각하고 국가통합에 대한 구상을 구체적으로 제시하고 실행에 옮겨진 시기는 제2차 세계대전이 끝난 후였다. 당시 유럽은 두 차례의 큰 전쟁을 통해 대부분의 국가가 극심한 피해를 입었고, 미국과 소련을 중심으로 한 전후 처리 과정에서 유럽은 동서로 분단되어 냉전대립을 겪게 되었다. 세계사의 중심적 역할을 했던 유럽이 새롭게 부상한 미·소 두 초강대국에게 밀리게 되자, 내부적으로는 피폐해진 경제를 일으켜 세우기 위해 서로 협력해야 했고, 대외적으로는 냉전의 심화와 함께 강대국의 지위에서 추락한 자신들을 외부의 적으로부터 방어하기 위해 뭉쳐야 했다. 결국 이러한 역사적 상황이 유럽통합의 초기 조건을 충족시키게 되었다.

유럽통합의 배경은 크게 다음의 세 가지 측면에서 볼 수 있다. 첫째, 평화적 배경이다. 유럽은 두 차례의 세계대전을 경험하면서 전쟁의 원인이었던 유럽국가들 간의 뿌리 깊은 반목, 특히 프랑스와 독일 간의 대립을 근본적으로 방지하고자 하는 방안을 모색하게 되었다. 둘째, 권력적 배경이다. 전후 유럽은 새롭게 부상한 미국과 소련에게 초강대국의 지위를 양보할 수밖에 없는 현실에 직면하였다.1) 이러한 상황에서 이질적인 주권국가로 분열되어 있었던 유럽 국가들을 통합함으로써 중심세력으로서의 전통적 지위를 회복하고자 했던 것이다. 마지막으로, 경제적 배경이다. 제2차 세계대전 후 유럽은 전후의 폐허 속에서 경제적으로 크게 약화되었고 이런 상황 속에서 유럽인들은 이를

1) 장홍, 「유럽통합의 역사와 현실」, 고려원, 1994, p.49.

극복하고 보다 풍요로운 대륙을 건설하고자 하는 열망을 품게 되었던 것이다. 결국 유럽통합의 배경은 두 차례의 세계대전을 경험했던 유럽인들이 대립과 반목을 극복하고 유럽의 평화와 부흥을 꿈꾼 결과라고 말할 수 있다.2)

2 유럽경제협력기구(OEEC)와 유럽평의회(Council of Europe)

유럽통합을 향한 구체적인 첫 걸음은 흥미롭게도 미국의 영향으로부터 비롯되었다. 제2차 세계대전 중 연합군으로 독일에 맞서 싸우던 미국과 소련이 전쟁의 종식과 함께 대립하면서 냉전이 시작되었고, 서유럽 국가들은 이념적으로 대립되는 소련과 중·동유럽의 위협에 직면하게 되었다. 이런 상황에서 세계의 지도국으로 등장한 미국은 전쟁으로 폐허가 된 유럽의 재건을 지원하기로 결정하였다. 미국은 국내 산업의 수출시장 확보와 경제 활성화를 위해서는 서유럽 국가의 경제 발전이 필요하며, 서유럽 국가들이 소련과 공산주의의 위협에 대항할 수 있는 경제력과 안정적인 정치체제를 유지할 수 있도록 지원하는 것이 중요하다고 판단했다.

미국의 지원 하에 결성된 유럽 최초의 협력기구는 1948년 4월 발족한 유럽경제협력기구(OEEC: Organization for European Economic Cooperation)이다. 이 기구는 미국 국무장관 마셜이 1947년 6월 서유럽 전후 복구와 경제 부흥을 위한 미국의 지원계획을 선언한 후 발족된, 유럽경제협력위원회(Committee on European Economic Cooperation)를 발전시킨 것이다. 유럽경제협력기구(OEEC)는 미국의 유럽 부흥계획인 마셜 플랜(Marshall Plan)에 의거하여 지원 물자의 합리적인 분배와 관리를 위한 목적으로 설립되었다. 미국의 지원계획은 처음에는 중·동유럽을 포함한 전 유럽지역을 대상으로 하는 것이었다. 그러나 미국의 지원이 중·동유럽 국가에 대한 자국의 영향력 감소로 이어질 것을 우려

2) 박진성·박종길, "유럽통합: 발전과정과 그 현대사적 의미", 「한국과 국제정치」, 1994, p.72.

한 소련의 불참으로 결국 서유럽 국가들만이 수혜를 보게 되었다.

유럽경제협력기구는 원조 분배 등을 위한 각국별 합의의 도출을 목적으로 한다는 점에서 초국가적 기구이기보다는 정부 간 협의기구(inter-governmental body)의 성격을 지녔다고 할 수 있다. 더욱이 영국 및 북유럽 국가들의 주장으로 사안의 의결을 참가국의 만장일치에 따르도록 했기 때문에 유럽경제협력기구의 활동은 한계가 있을 수밖에 없었다. 그러나 이러한 기구의 경험은 유럽인들에게 경제협력과 같은 기능적 통합을 통해서도 유럽통합을 이룰 수 있다는 가능성을 제시해 주었다.

유럽통합의 움직임은 유럽경제협력기구 이외에도 여러 곳에서 나타났다. 1948년 6월 유럽 16개국의 주요 정치인들과, 각국의 정당 대표들이 네덜란드 헤이그에 모여 유럽의 단합을 논의했던 유럽회의(Congress of Europe)는 초기 통합의 움직임을 보여 주는 대표적 사례 가운데 하나이다. 이 회의에서 전쟁 이후 많은 이들이 유럽통합에 대한 열망을 갖고 있다는 점을 확인했다는 점에서 의미를 찾을 수 있었다. 유럽 국가 간 협력과 통합에 대한 이 같은 고조된 분위기 속에서 프랑스의 비도 외무장관은 유럽공동의회(European Assembly)의 창설을 제안하였지만 영국의 반대로 무산되었다. 이런 움직임 속에 유럽 각국은 협의를 통해 서유럽의 경제적 · 사회적 발전과 공동의 역사적 유산과 이상의 보존을 목적으로 1949년 5월 5일 런던에서 10개국이 조약에 서명함으로써 정부 간 협의기구인 유럽평의회(Council of Europe)를 발족시켰다.

그러나 유럽경제협력기구와 유럽평의회는 그 기구의 성격상 통합을 추진하는 주체로는 적절하지 않았다. 유럽경제협력기구는 기본적으로 마셜 플랜을 집행하기 위한 기구였고, 유럽평의회 역시 통합의 추진을 위한 실질적 수단을 갖지 못한 국가 간 클럽의 성격이 강했기 때문이다.

통합의 움직임은 1951년 유럽석탄철강공동체(ECSC: European Coal and Steel Community)의 탄생으로 구체화되기 시작하였다. 유럽석탄철강공동체 창설에 영향을 미친 인물은 프랑스 경제학자이자 외교관이었던 장 모네(Jean Monnet)와 프랑스 외무장관인 로베르 슈망(Robert Schuman), 그리고 서독 수상인 콘라드 아데나워(Konrad Adenauer)이었다. 모네의 창의적 유럽통합 아이디어와 슈망의 적극적 수용, 그리고 유럽 협력에 적극적이었던 아데나워의 지지가 없었다면 유럽통합은 시작되지 못했을 것이다.[3] 따라서 유럽통합의 역사에서 슈망 플랜이 선언되었던 1950년 5월부터 파리조약이 체결된 1951년 4월까지 약 1년의 기간이 유럽통합 최초의 '결정적 국면'이었다고 볼 수 있다.

3 슈망 선언(Schuman Declaration)과 유럽석탄철강공동체(ECSC)의 출범

유럽경제협력기구와 유럽평의회는 유럽인들이 더불어 생각하고 일할 수 있는 기회를 제공하였다. 그러나 영국과 스칸디나비아의 반대로 어느 조직도 지역통합으로 발전되기 어려웠다. 이러한 분위기에서 두 프랑스인이 유럽통합에 대하여 적극적인 태도를 보였는데, 장 모네[4]와 로베르 슈망이다. 이들은 적극적인 유럽주의자들로 유럽평의회와 같은 형식적인 조직을 벗어나 실질적인 방향에서의 통합조직을 원하였고, 이를 통해 계속되는 독일과 프랑스 간의 갈등과 대립을 줄일 수 있다고 판단하였다.

유럽통합의 논의가 새로운 단계로 접어들게 된 것은 슈망이 1950년 5월 유럽의 석탄·철강의 생산 및 판매를 공동 관리할 것을 제안하면서부터였다. 슈망 플랜으로 불리는 이 제안[5]은 몇 가지 중요한 특징을 지니고 있었다. 이

3) 손성홍, 「분단과 통일의 독일현대사」, 소나무, 2005, p.77.

4) 1945년 장 모네는 프랑스 경제의 근대화와 재건을 위한 계획을 수립할 것을 제안하였고, 1947년에 이 임무를 담당할 총괄국장에 임명되었다. 모네는 전후 프랑스 경제 재건에 핵심적 역할을 담당하면서 프랑스에서 영향력을 확대하였다. 모네는 1949년 전통적 경쟁관계에 있는 독일과 프랑스 간의 전쟁을 막기 위한 수단으로 양국의 석탄과 철강 산업을 통합하는 방안을 제안하였다. 장홍, 「유럽통합의 역사와 현실」, 고려원, 1994, p.79.

5) 유럽은 단번에 그리고 단일 계획에 의해 만들어지지 않을 것이다. 유럽은 먼저 사실상의 단결을 도모하는 구체적 성과들을 통해서 건설될 것이다. 유럽 국가들이 통합을 하기 위해서는 먼저 오래된 독일과 프랑스 간의 반목이 불식되어야 한다. 이 두 국가들의 문제를 해결하기 위한 조치가 우선적으로 취해져야 한다. 이러한 목적으로 프랑스 정부는 제한적이나마 결정적인 조치를 즉각 취할 것을 제안한다. 프랑스는 프랑스와 독일의 석탄과 철강

계획의 가장 중요한 목적은 독일과 프랑스의 제도적 협력관계를 모색하는 것이었는데 유럽의 평화와 안정을 위해서는 독일과 프랑스 간의 화해와 협력이 필수적이라는 인식에 기초하고 있다. 슈망 플랜은 원칙적으로 철강 · 석탄과 같은 경제 분야에서의 협력을 대상으로 한 것이었지만, 그 배후에는 정치적 · 군사적인 고려가 포함되어 있었다.

석탄 · 철강은 중공업의 주요 원료가 되며 특히 석탄은 당시 가장 중요한 에너지원이었다는 점에서 경제적 의미는 대단히 큰 것이었다. 그리고 석탄 · 철강은 탱크, 대포 등 재래식 무기 생산과 전쟁을 위한 군수산업에 반드시 필요한 원료였다. 또한 이를 공동 관리 하에 둔다면 경제적 분야에서의 협력 관계를 넘어 계속 큰 전쟁을 치러온 독일의 군사적 움직임에 대한 효과적인 견제의 방안이 될 수 있었다. 유럽통합의 아버지로 불리는 장 모네는 실제로 슈망 플랜이 정치적 통합을 향해 가는 첫걸음이라 생각하였다.[6]

그러나 이러한 슈망 플랜 제안에 열성적 태도를 보인 나라는 별로 없었다. 단지 이탈리아와 베네룩스 3국만이 호응을 보였는데, 이탈리아는 유럽 중심국으로서의 체면과 경제적 · 정치적 안정을 목적으로 유럽통합에 참여했고 베네룩스 3국은 작고 침략받을 가능성이 높았기 때문에 슈망의 아이디어에 적극적이었다. 그러나 다른 유럽 국가들은 여러 가지 이유로 슈망의 제의에 불참하였다. 동유럽 국가들은 냉전으로 인하여 제외되었고, 독재적 정치체제 국가이었던 스페인, 포르투갈은 국제협력에 무관심했으며, 덴마크와 노르웨이는

생산을 공동관리청의 관리 하에 두고 유럽의 모든 국가들에게 참여를 개방한다. 석탄과 철강 생산의 공동관리는 유럽연방을 향한 첫 조치로서 경제발전을 위한 초석이 되어야 한다. (…)

6) 이와 같이 슈망 플랜이 성공할 수 있었던 이유를 모네는 세 가지로 요약하고 있다. 첫째, 모든 국가가 동등한 자격으로 통합에 참여하였다는 점이다. 둘째, 주권을 제한적이나마 결정적인 이슈영역에서 초국가에게 이양하였다는 점이다. 즉, 국가 간 이익의 균형유지가 아니라 이익의 융합이 중요하다는 사실이다. 셋째, 제도의 중요성이다. 개별 정부와 무관하게 저명인사로 구성된 사실상의 의사결정권을 가진 독립된 집행위원회가 핵심적 역할을 했다는 것이다. 이 제도는 회원국 간에 투명성을 보장하였고, "모든 사람에 의한 모든 사람의 통제원칙"에 기초하였으며, 회원국 간에 협상의 문화를 정착시켰으며, 타협의 문화를 도입하였다는 것이다. Jean Monnet, 「Memoires」, Librairie Fayard, 1976, p.456.

독일에 대한 적대적 감정으로 인해 참여하지 않았으며, 오스트리아와 스웨덴, 핀란드는 중립국으로 남기를 희망했다. 이외 아일랜드는 농업국가로 영국에 경제적으로 예속되어 있었고, 영국은 유럽의 일부가 아닌 '영국' 자체로서 존재하기를 원하였다. 여기에 영국 새 노동당 정부는 석탄과 철강 산업을 국유화하였고 슈망이 제안한 구속적인 초국가주의 성격을 선호하지 않았다.[7)]

결국 슈망 플랜은 독일, 프랑스, 이탈리아, 벨기에, 네덜란드, 룩셈부르크 6개국이 참여한 유럽석탄철강공동체(ECSC: European Coal and Steel Community)로 구체화되었다. 약 1년간의 협상을 거친 끝에 1951년 4월 18일 6개국은 '파리조약'에 서명하고, 유럽석탄철강공동체(ECSC)를 결성하였다. 이 공동체는 1951년 8월 10일 정식으로 발족하였고, 임시본부를 룩셈부르크에 두었다. 유럽석탄철강공동체는 "공동시장, 공동목표, 공동기구"에 기초하여 운용되도록 하였으며, 가입국들은 이 기구의 "초국가적 성격"을 무조건 수용하였다.[8)]

파리조약(유럽석탄철강공동체 설립에 관한 조약)은 다음 두 가지 측면에서 유럽통합에 대한 새로운 발판을 마련했다고 볼 수 있다. 첫째, 석탄, 철강, 철광석과 같이 전후 대부분의 국가에서 기본적으로 필요한 자원들의 공동시장의 기반을 만들었다. 둘째, 유럽석탄철강공동체는 고등관청(High Authority), 특별각료이사회(Special Council of Ministers), 공동의회(Common Assembly)와 재판소(Court of Justice)로 구성되어 종합적인 국제기구의 성격을 가지고 있었으며, 최초의 초국가적 특징을 가진 유럽 기구였다.[9)]

유럽석탄철강공동체는 일단 성공하였다고 인정받았다. 이 공동체의 목표는 회원국 6개국 간 석탄과 철강의 판매에 있어 관세장벽을 제거하는 것이었다. 유럽석탄철강공동체는 1951년 4월의 파리조약이 과도기간으로 설정한 1958년까지 6개국 간의 철강과 석탄 무역을 급증시키는 등 경제 자유주의 측면에서

7) John McCormick, 「The European Union: Politics and Policies」, Westview Press, 2000, p.48.

8) 유럽석탄철강공동체는 설립조약 제97조에 따라 발효 후 50년 동안, 즉 2002년까지 존속토록 되어 있었다.

9) 외무부, 「구주연합의 조직과 운영」, 외무부, 1995, p.21.

상당한 효율성을 보였다. 그러나 유럽석탄철강공동체는 통합의 한계도 보여주었는데, 관세나 쿼터의 철폐만으로 공동시장을 이룰 수 없다는 사실이 자명해졌기 때문이다. 관세나 쿼터 이외에도 각 회원국 간의 자유로운 교역을 어렵게 하는 여러 가지 제도 · 정책 · 관례 등이 존재하고 있었고, 각국은 자국의 이익을 위해 종종 비협조적인 정책을 계속 유지하였다. 따라서 공동시장 혹은 보다 통합된 공동체를 이루기 위해서는 유럽석탄철강공동체의 통합 수준을 넘어서는 새로운 형태의 조약이 필요하였다.

제 2 절 유럽경제공동체의 창설과 발전(1957-1985)

유럽석탄철강공동체가 성공적으로 창설되어 유럽통합의 초석이 된 반면 실패로 끝난 계획도 있었는데, 유럽방위공동체(EDC)[10]와 유럽정치공동체(EPC)가 바로 그것이다. 두 가지 계획 역시 프랑스에 의해 제안되었으나 결국 프랑스에 의해 좌절되었다.[11] 유럽방위공동체와 유럽정치공동체의 실패를 교훈삼아

10) 유럽방위공동체(EDC)는 제2차 세계대전 직후 공동 군대 및 공동 유럽정치기구인 유럽정치공동체(EPC)와 함께 서유럽 방어조직으로서 유럽방위공동체를 창설하려는 시도가 있었다. 이 계획은 1950년 10월 24일 유럽에서 소련의 재래식 전력의 우위가 주는 위협을 대처하기 위하여 프랑스 수상인 플레방(Rene Pleven)에 의해 제안되었다. EDC는 1952년 파리에서 프랑스, 독일, 이탈리아, 벨기에, 네덜란드, 룩셈부르크 6개국이 조인한 조약에 의해 시작되었다. 영국은 EDC를 지지하였으나 유럽 외부지역에 개입하여야 할지 모른다는 우려로 가입을 거부하였다. 또한 덴마크와 노르웨이도 이 프로젝트에 반대하였다. 그러자 당시 서유럽 지도자들은 완전한 정치적 · 방어적 통합의 필요에 대하여 덜 확신하게 되었고, 공동 군대의 창설에 대한 대립으로 EDC의 발전이 더디게 되었다. EDC의 설립 작업은 프랑스 국회가 1954년 8월 파리조약 비준을 거부함으로써 중단되었다. 당시 유럽에서 소련의 위협이 감소하기 시작하였다. 스탈린이 사망하였고, 한국전쟁이 끝났으며, 소련이 그들의 위성국 통치를 공고화하는 것에 만족하는 것처럼 보였다. 1955년 대다수 유럽 국가들은 EDC보다 덜 통합된 방위 협력 기구인 서유럽동맹(Western European Unio, WEU)을 형성하였다. 서독 군사력은 NATO로 편입되었다. 김계동, 「현대유럽정치론」, 서울대학교출판문화원, 2007, p.531.

11) 유럽방위공동체(EDC) 창설의 필요성이 제기된 것은 한국전쟁의 영향이었다. 유럽인들에

군사적 · 정치적 통합보다는 경제적 통합을 우선적으로 추구하려는 경향이 유럽통합운동의 주류를 이루게 되었다. 통합방식이 군사적 · 정치적 영역을 중심으로 이루어지는 것이 아니라 현실적으로 가능한 경제적 영역으로부터 통합의 발판을 마련하고, 그것의 효과가 군사적 · 정치적 영역까지 파급됨으로써 궁극적으로 유럽을 통합시킬 수 있다는 인식이다.

1955년 7월부터 12월까지 벨기에 외무장관 스팍(Paul-Henri Spaak)을 위원장으로 한 스팍위원회에서 6개국은 상호간의 무역장벽을 철폐하고, 회원국 이외의 국가들과의 관세를 통일하는 공동시장의 설립을 원하였다. 1956년 4월 스팍보고서가 유럽석탄철강공동체 회원국 정부에 제출되었고 이 보고서에는 유럽경제공동체(EEC: European Economic Community) 및 유럽원자력공동체(EURATOM: European Atomic Energy Community)[12] 창설과 함께 다른 서유럽 국가들과의 긴밀한 협력관계 유지도 건의하였다.

게 있어서 한국전쟁은 자유주의 진영에 대한 공산진영의 위협으로 간주되었고 이에 대한 대책으로 유럽의 공동방위 조직의 필요성이 대두되었다. 이에 따라 당시 프랑스의 내각수반이었던 플레벤(Rene Pleven)은 1950년 10월 24일 유럽석탄철강공동체와 동일한 방법과 정신에 근거하여 공동방위를 위한 유럽정치기구의 통제를 받는 유럽군의 창설을 제안하였다. 유럽방위공동체 창설을 위한 준비회담이 1951년 2월 15일 5개국(프랑스, 서독, 이탈리아, 벨기에, 룩셈부르크)이 참가한 가운데 개최되었고 일년 뒤 1952년 5월 27일 창설조약은 6개국(프랑스, 독일, 이탈리아, 베네룩스)에 의해 서명되었다. 유럽방위공동체의 창설은 필연적으로 유럽 차원의 초국가적 정치기구의 창설을 전제로 한 것이었다. 유럽방위공동체 창설조약은 결국 프랑스 의회의 비준을 얻는데 실패함으로써 좌초되었고 유럽공동방위군을 통치할 초국가기구인 유럽정치공동체(EPC) 계획도 사장되었다. 홍기준, “유럽통합의 경로의존성과 창발성”, 2008, p.8.

12) 유럽원자력공동체(EURATOM)의 설립이 논의된 것은 원자력이 향후 석탄을 대신할 자원으로 간주되었기 때문이었다. 석탄 · 철강의 공동 관리를 위한 유럽석탄철강공동체의 설립과 마찬가지의 이유에서 유럽원자력공동체(EURATOM)의 설립이 논의된 것이었다. 당시 원자력 분야에서 기술적으로 앞섰던 프랑스는 특히 유럽원자력공동체(EURATOM)의 설립에 적극적이었으나 역내 자유 경쟁과 공동시장 창설에는 소극적이었다. 프랑스는 공업 분야에서 서독의 지배를 두려워했던 것이다. 이와 대조적으로 서독은 프랑스의 주도 하에 놓이게 될 것으로 보이는 유럽원자력공동체(EURATOM)의 설립에는 소극적이었으나 유럽경제공동체(EEC) 창설에는 적극적이었다. 스팍보고서에서 이 두 개의 공동체 설립을 동시에 추진하도록 권고한 것은 바로 프랑스와 서독의 입장 차이를 고려한 때문이었다. 강원택 · 조홍식, 「하나의 유럽」, 푸른길, 2009, p.59.

1 유럽경제공동체(EEC)와 유럽원자력공동체(EURATOM)의 창설 및 유럽공동체(EC)로의 발전

유럽경제공동체(EEC)와 유럽원자력공동체(EURATOM)의 창설은 1957년 3월 25일 결정되었고 1958년 1월 1일 효력을 발생한 로마조약[13]과 함께 공식화되었다. 로마조약은 이 두 기구의 창설 이외에도 단일시장의 형성과 회원국들 간의 관세동맹을 향후 유럽통합을 위한 주요 목적으로 제시하였다. 로마조약의 핵심 내용은 물자, 인력, 서비스와 자본의 자유로운 이동, 관세동맹과 공동 외부 관세, 다양한 공동체 정책들이었으며, 공동제도에 의한 감독, 각료이사회 · 집행위원회 · 의회의 설치 등이 포함되었다.

유럽경제공동체의 목표는 공동시장 완성을 위한 상품, 노동 및 자본의 자유이동 확보 및 역내관세의 철폐와 역외관세율의 통일이었다. 이를 통한 공동시장은 12년 이내에 설립하기로 하였다. 이 외에도 공동 농업 및 교통정책, 유럽사회기금(European Social Fund)과 유럽투자은행(European Investment Bank)의 설립이 추진되었다.

유럽원자력공동체의 목적은 공동 에너지 시장의 창설, 핵 원료의 균형공급 보장, 핵에너지의 안전 및 인간과 환경의 보호를 위한 특별계획의 추진이었다. 특히 프랑스 대통령 드골(Chales de Gaulle)은 유럽원자력공동체가 프랑스의 핵무기 개발정책을 방해할 가능성이 있기 때문에 이 공동체가 주로 연구에 초점을 맞추어야 한다는 점을 강조하였다.

유럽경제공동체와 유럽원자력공동체는 의회(Assembly)와 사법재판소(Court of Justice)를 서로 공유하고 별도의 이사회(Council)와 집행위원회(Commission)

---

13) 유럽경제공동체(EEC)와 유럽원자력공동체(EURATOM)의 조약은 1957년 3월 25일 로마에서 체결되었다. 유럽경제공동체(EEC) 조약의 서문에는 이 새로운 공동체가 유럽 국민들 간 그 어느 때보다도 가까워진 연합(an ever closer union among the peoples of Europe)을 향한 중요한 진전이라는 내용을 담았고, 유럽원자력공동체(EURATOM) 조약의 서문에는 유럽의 평화와 번영(peace and prosperity)이라는 유럽통합의 목적을 설명하는 핵심적 단어가 포함되었다. 강원택 · 조홍식, 「하나의 유럽」, 푸른길, 2009, p.60.

를 각각 유지하는 별도의 공동체였다. 유럽경제공동체의 조직은 정치통합을 꿈꾸어 왔던 통합주의자들의 기대와 달리 정부 간 성격을 보다 명확히 하였다. 그러나 각료이사회에 막강한 권한이 부여되었고, 다수결 결정이 점차 늘어나며 의회가 직선화되면서 초국가주의의 성격이 점차 강화되었다.

유럽경제공동체가 설립된 이후 유럽통합은 다음과 같은 방향으로 전개되었다. 첫째, 공동시장을 건설하기 위한 토대를 구축하였다. 로마조약 제8조는 6개국이 공동시장을 설립하기 위한 장벽을 제거하는 데 단계적으로 12년을 설정하였다. 1968년 EC 회원국들은 공산품 관세를 전면적으로 폐지하고, 공동관세율이 각국의 대외관세율을 대신하는 내용의 관세동맹을 완성하였다.

둘째, 기구의 단순화이다. 유럽석탄철강공동체, 유럽경제공동체, 유럽원자력공동체는 초기부터 공동의회와 사법재판소를 가지고 있었으며, 1965년 4월 합병조약(Merger Treaty)을 체결하여 단일 각료이사회와 단일 집행위원회를 구성하였다. 1967년 7월 6일 브뤼셀에서는 유럽석탄철강공동체, 유럽경제공동체, 유럽원자력공동체의 행정조직을 단일조직으로 융합하면서 명칭도 유럽공동체(EC: European Communities)로 바뀌게 되었다. 또한, 1975년 공식적으로 회원국 정상들 간의 회의체인 유럽이사회(European Council)가 설립되었다.

셋째, 유럽경제공동체 무역의 증가다. 쿼터 제한(Quota Restriction)을 제거하고, 자국의 산업을 경쟁으로부터 보호할 수 있게 됨에 따라, 1958년부터 65년 사이에 제3국가들 간의 교역보다 유럽경제공동체의 무역은 세 배나 증가하였다.

넷째, 보건, 안전, 소비자 보호 같은 분야의 기준과 규범도 1960년대와 70년대에 회원국들 간에 조화가 이루어졌다. 1986년 단일유럽의정서(SEA)를 채택함에 따라 모든 유럽경제공동체 회원국들이 같은 기준을 사용하게 되었다.

다섯째, 로마조약의 기본 목적 중의 하나는 공동농업정책(CAP: Common Agricultural Policy)이다. 이것은 농업 생산물에 대한 단일시장을 완성하고, 유럽경제공동체 농업 생산자들에 대한 농산물의 가격을 보장하는 것이었다. 공동농업정책(CAP)은 초기에 농업 생산과 생산성을 고무시켰으며, 예산의 단일 지출 중에 가장 큰 부분을 차지하여 많은 논쟁을 일으켰다.

여섯째, 6개국은 국제무역협상을 공동으로 추진하였고, 개별적으로 협상하면 타결이 불가능한 분야에 대하여 공동으로 영향을 미칠 수 있었다. 유럽경제공동체는 1960년대 중반 GATT 협상의 케네디 라운드(Kennedy Round)에서 일체감을 가지고 활동하였다.

2 경제통합의 심화와 회원국의 확대

1960년대 들어서 유럽통합은 전환기를 맞게 되었다. 1960년대 중반까지는 석탄, 철강 및 핵에너지 분야의 기능적 통합이 추진되었으며, 1960년대 중반부터는 지역 개념의 통합으로 확대되어 유럽경제공동체에 연계되는 공식적 통합절차가 유럽통합을 지배하게 되었다. 1968년은 유럽의 경제통합에 있어 가장 획기적인 업적이 이루어진 해였다. 유럽경제공동체 회원국들 간에 공산품 관세를 전면적으로 폐지하고 공동관세율이 각국의 대외관세율을 대신하는 것을 내용으로 하는 관세동맹이 완성된 것이었다. 경제적 통합의 진전은 1970년에 유럽공동체의 독자 예산권을 확보하는 데까지 발전하였고, 그 동안 유럽통합 논의에 수동적이었던 영국 · 덴마크 · 아일랜드 · 그리스 · 스페인 · 포르투갈의 유럽자유무역연합(EFTA)과 유럽공동체 간에 자유무역협정이 체결됨으로써 전후 최초로 자유무역지대 설립의 모델이 탄생하게 되었다. 1972년에는 영국도 유럽공동체에 가입하게 되었고,[14] 아울러 아일랜드 · 덴마크 · 노르

14) 영국은 예상과 달리 유럽경제공동체(EEC: European Economic Community)가 빠른 속도로 통합을 가속하면서 발전하자 경제적, 정치적 이유로 유럽경제공동체를 필요로 하게 되었다. 유럽경제공동체는 영국보다 빠른 속도로 경제성장을 이룩하고 있었음으로 국제수지 적자가 위험수위에 있었던 영국으로서는 자국의 산업 발전을 위해 유럽경제공동체(EEC)의 빠른 가입이 불가피한 선택이었다. 영국의 유럽경제공동체 가입 선택은 주권의 일부를 이양해야한다는 비용보다도 이 공동체에 가입함으로써 얻을 수 있는 이득이 더 크다는 계산에 입각하였다고 볼 수 있다. 결국 영국은 두 차례의 가입신청이 드골의 비토에 의해 거부되는 진통 끝에 1972년 아일랜드, 덴마크와 함께 유럽경제공동체(EEC)에 가입하였다. 홍

웨이도 회원국이 되었다.

공동시장이 로마조약의 목표였지만, 유럽통합은 1980년대 초반까지 많은 과제를 안고 있었다. 관세동맹은 이루어졌지만, 사람과 자본의 자유로운 이동에 대한 장벽은 잔존하고 있었다. 그리고 국가별로 상이한 기술, 보건, 품질 기준과 여러 수준의 간접세가 존재하고 있었다. 더욱이 인플레이션과 실업 문제가 겹쳐 유럽 산업은 세계 시장에서 강한 경쟁력을 가지지 못하였다. 단일 시장을 완성하기 위한 전제조건은 통화동맹을 하는 것이었는데, 이것은 실질적인 경제 통합 아이디어에 기초가 되는 것이며 정치 통합까지 가는 중요한 단계로 인식되었다. 모네와 스팍 등은 통화동맹이 중요하다고 생각했으나 이 제안은 국가주권의 상실과 관련되어 있었기 때문에 쉽게 진척되기 어려웠다.

유럽 경제의 황금기인 1950~60년대가 지나고 70년대에는 경제성장이 둔화되고 인플레이션이 심화된 불경기가 찾아왔다. 1973년 아랍-이스라엘 전쟁과 석유파동으로 인해 석유가격이 1년 사이에 4배나 올랐으며 이에 따라 다른 원료의 가격도 비슷한 비율로 올라 값싼 에너지에 의존하고 있던 대부분의 서유럽 국가들에게 심각한 타격을 주었다.[15] 또한 1970년대에는 인플레이션도 극심해져서 전체적으로 서유럽의 실업률은 1970년과 1980년 사이에 두 배로 높아졌고, 그 숫자는 거의 2,000만 명에 이르렀다.

경제적 어려움은 유럽통합을 촉진시키는 결과를 가져왔다. 1973년 오랜 협상을 거쳐 영국, 아일랜드 및 덴마크가 유럽공동체(EC)로 새로 가입하였고, 1981년에는 그리스가, 그리고 5년 후인 1986년에는 스페인과 포르투갈이 가입함으로써 회원국은 12개국으로 늘었다. 비록 경제적 후진국인 아일랜드와 지중해 연안 국가가 가입하였으나, 적어도 인구와 자원이라는 면에서 미국과 일본에 비견할 만한 지역적 경제블록을 형성한 것이다. 또한 유럽공동체(EC)는 '공동시장의 형성과 회원국 간의 경제정책의 진취적 수렴'이라는 당초의

기준, "유럽통합의 경로의존성과 창발성", 2008, p.12.

15) 이주영 · 김성형, 「현대유럽의 역사: 제2차 세계대전부터 현재까지」, 삼지원, 2002, p. 202.

목적을 완전히 실현하지는 못하였으나 관세가 철폐되고 재화의 유통이 활발해졌으며 인적 교류도 많이 자유로워졌고 대외공동관세의 적용으로 관세동맹이 이루어졌다. 또한 1958년부터 1980년까지 역내 무역량이 크게 증대하였다.

무엇보다도 공동시장(Common Market) 및 공동농업정책(CAP: Common Agricultural Policy)은 농민들에게 농산물 가격의 안정과 소득보장에 크게 기여하였다. 1979년 3월에는 유럽통화제도(EMS: European Monetary System)가 마련되어 회원국 통화 간의 환율의 안정성을 보장하는데 보탬이 되었다.[16]

3 단일유럽의정서(SEA)와 단일시장의 설립

유럽공동체(EC)는 처음에 역내관세의 철폐 등 관세동맹의 성격을 지닌 공동체였다. 그런데 1980년대에 들어 회원국들은 경제난을 극복하고 국제적 경쟁력을 회복하기 위해서는 관세동맹의 틀을 넘어 역내 상품 · 자본 · 노동의 자유로운 이동을 가능케 하는 단일시장이 필요함을 인식하게 되었다. 단일시장의 필요성을 느끼게 된 가장 중요한 동기는 경제성장률 하락, 실업증가 등을 동반한 유럽 국가들의 경제상태 악화를 타개할 수 있는 공동정책이 필요하다는 것이었다. 1980년대 중반 유럽경제 통합에 대한 논의가 활성화되기 시작하였다.

1984년 이탈리아 출신 스피넬리(Altiero Spinelli) 의원의 주도로 유럽의회는 유럽연합에 관한 조약 초안(Draft Treaty of European Union)을 채택하였고,

16) 관세동맹과 공동농업정책을 축으로 하는 유럽경제공동체(European Economic Community: EEC)는 새로운 협력시스템과 평화문화를 구축하였다는 점에 주목할 필요가 있다. 처음부터 통합시장의 실현에 강한 의지를 보인 6개국은 각국이 처한 상황이 달랐음에도 불구하고 자국의 이익보다는 공동체의 이익을 추구하는 태도를 취하게 되었다. 또한 회원국 간에 빈번한 접촉이 이루어지면서 상호 이해가 심화되었고 발생하는 문제를 합리적으로 협상을 통해 해결하는 새로운 갈등관리 시스템이 정착되었던 것이다. 이러한 측면에서 통합의 평화효과가 발생하였음을 알 수 있다. 홍기준, “유럽통합의 경로의존성과 창발성”, 2008, p.12.

집행위원회는 1985년 6월 14일 '유럽공동체 단일시장완성을 위한 백서(White Paper on the Completion of the Internal Market)'를 유럽공동체 이사회에 제출하였다. 이 백서는 단일시장의 완성을 위한 장벽 철폐 목표 및 방안을 제시하고 있다.17) 유럽공동체의 제도개혁을 위한 논의 결과, 유럽의회에 의한 정치통합 추진 및 집행위원회에 의한 단일시장 추진을 하나로 하여 1957년에 로마조약을 개정하는 것을 내용으로 하는 단일유럽의정서(SEA: Single European Act)가 1985년 12월 룩셈부르크 정상회담에서 채택되었다. 이를 1986년 2월 각 회원국이 서명하였으며, 각 회원국의 국내 비준절차를 거쳐 1987년 7월 발효되었다.

단일유럽의정서(SEA)를 통해 추진하고자 한 6대 공동정책은 첫째, 국경 없는 역내 단일시장 완성, 둘째, 경제 · 사회적 단결 강화, 셋째, 공동 과학기술 개발정책 추진, 넷째, 유럽 통화제도(EMS)의 발전 추진, 다섯째, 회원국 간 사회적 공동체 구축, 여섯째, 공동 환경보존정책 추진이다. 이 여섯 가지 공동정책 중에서도 국경 없는 역내 단일시장 완성이 주 목표였으며, 나머지 다섯 가지 목표는 단일시장 추진에 필요한 조치 및 전제조건이었다. 유럽공동체 회원국 내 시장통합은 각종 관세장벽의 완전철폐와 상품 · 노동 · 자본 · 서비스의 자유이동이 보장되는 단일시장을 완성하는 것이었다. 이에 따라 1993년 1월 단일시장이 탄생하였다. 세계에서 가장 큰 단일시장과 교역단위가 창설된 것이다.

17) 첫 번째 장은 역내 물리적 장벽의 철폐에 관해 다루고 있는데, 이 목표는 무엇보다도 역내에서의 저지받지 않는 국경통과라는 통일 유럽의 상징적 힘을 갖추어야 한다는 것이다. 두 번째 장에서는 역내에서의 기술적 장벽의 철폐에 관해 다루고 있는데, 이 목표는 유럽연합의 기준 및 표준화 그리고 관련규칙들이 조화를 이루어 나가야 한다는 것이다. 세 번째 장에서는 조세장벽의 철폐에 관해 다루고 있는데, 이는 한편으론 각 회원국의 부가가치세율의 근접을 위한 제한된 광역화의 설정 그리고 또 다른 한편으로는 위스키 · 담배 · 석유생산품 등에 대한 특별소비세의 조화를 주요 목표로 하고 있다. 김동현 · 이승철, 「유럽연합의 현황과 전망」, 집문당, 1996, p.22.

제 3 절 유럽연합으로의 발전과 정치통합(1986-2003)

당시까지 경제통합을 이루기 이전에는 정치통합을 이루기 어렵다는 생각이 팽배했기 때문에 정치통합은 큰 관심을 끌지 못하였다. 유럽정치공동체(EPC) 창설 움직임이 있었고, 1961년 "정치헌장(Political Charter)"을 만들기 위한 시도도 있었지만 큰 성과를 내지 못했다.[18] 1960년대 이후 6개국 외무장관들은 유럽공동체의 권력을 강화하기보다는 유럽공동체 틀 밖에서의 정치통합을 추진하기로 합의하였다.

1970년 벨기에 외교관인 다비뇽(Etinne Davignon)은 그 첫 단계로서 외교정책 협력을 해나가는 것이 필요하다고 주장했다. 또한 1974년의 공동체 정상회담에서 1980년까지 정치통합을 이룬다는 제의가 있었으나, 당시에는 경제통합이 우선적으로 필요했기 때문에 현실적인 구상으로 받아들여지지 않았다. 그 대신 외교정책의 협력을 추진하고 유럽정치협력(European Political Cooperation)이 모색되었는데, 유럽정치공동체(EPC)는 제한적인 성공을 거두었다. 1970년 중동에 대한 유럽공동체의 공동정책이 선언되었고, 1975년에는 유럽안보협력회의(CSCE)의 헬싱키 최종 의정서가 채택되었으며, 1976년까지 국제연합(UN) 국가의 대사들이 협력을 위하여 매주 회합을 가졌다.

정치통합에 대한 논의는 1980년대 중반부터 본격적으로 시작되었다. 1984년 퐁텐블로(Fontainbleau) 정상회담에서 프랑스 미테랑(Francois Mitterrand) 대통령은 정치통합 문제를 제기하였고, 다음해 6월 밀란(Milan) 회의에서 정부 간 회의(IGC: Intergovernmental Conference)를 개최하기로 했다. 1990년 12월에는 경제통화동맹과 정치통합의 동시 추진을 위한 정부 간 회의가 이중적으로 개최되었다. 이 결과 1991년 12월 마스트리트(Maastricht) 정상회의에서 유럽연합조약(Treaty on European Union)이 체결되었다.

---

18) 주 덴마크 프랑스 대사였던 푸쉐(Christian Fouchet)가 시도한 것으로 푸쉐 플랜(Fouchet Plan)이라 불리기도 한다.

1 유럽연합조약(Treaty on European Union)[19] 체결 및 유럽연합(EU)의 탄생

정부 간 회의(IGC)는 1991년 내내 회의를 가졌는데, 회의에 참석한 회원국들의 입장은 각각 달랐다. 프랑스는 EMU에는 적극적 지지의 입장을 보였으나, 유럽의회의 권한 증대는 제한되기를 원하였다. 프랑스와 달리 독일은 정치통합을 강력히 지지하였고, 특히 유럽의회의 권한 확대를 옹호하였다. 네덜란드, 룩셈부르크, 벨기에와 이탈리아는 강한 통합주의자의 견해를 지속적으로 지니고 있었고, 스페인, 아일랜드, 포르투갈, 그리스, 덴마크는 통합의 중요한 발전에는 지지의 태도를 보였지만 일부 특정 이슈에 관하여는 유보적인 입장을 가지고 있었다. 그리고 영국은 실질적으로 초국가적 내용을 담고 있는 통합의 제안들에 대해 최소한만을 수용하는 입장을 택했다.

이러한 입장들은 조약의 조항에 표현되었다. 특히 마스트리히트조약의 최초 초안은 "연방을 목표로 한다"(A new state in the process leading gradually to a union with a federal goal)라고 언급되어 있었다. 그러나 영국의 주장으로 "유럽인들의 보다 긴밀한 연합(An ever closer union among the peoples of Europe)"으로 변경되었다. 마스트리트조약이 발효되기 위해서는 12개 회원국의 비준이 필요하였고 결국 원래 계획보다 11개월 지연된 1993년 11월 마스트리트조약[20]이 발효되었으며 이에 따라 유럽공동체(EC: European Communities)

---

19) 네덜란드의 마스트리트(Maastricht)에서 열려 마스트리트 조약이라고도 한다.

20) 1993년에 효력이 발생한 마스트리트 조약은 유럽연합 창건의 근간이 되는 조약이다. 이 조약의 공식명칭은 유럽연합조약(TEU: Treaty of European Union)이다. 본 조약은 유럽공동체(ECSC, EEC 및 EURATOM), 공동외교안보정책(CFSP: Common Foreign and Security), 그리고 사법 및 내무(JHA: Justice and Home Affairs)의 세 기둥을 기초로 하는 유럽연합의 법적 근간을 제공하고 있다. 외교안보정책은 여전히 유럽연합 회원국들의 국가기관이 관할하는 분야지만, 이민 및 망명자 관련정책, 불법 마약 거래 및 기타 중범죄와의 전쟁과 관련한 경찰 협조, 사법기관 협조 등을 포함하여 유럽연합의 사법 및 내무 분야에 한해서는 유럽연합 회원국들이 체계적으로 협조하는 것을 필요사항으로 명시하고 있다. 공동외교안보정책과 사법 및 내무에 관련된 조항은 앞으로 이 두 분야의 통합을 심화하는 과정에서 융통성을 발휘할 수 있도록 중도에 변경이 가능하게 만들어져 있다. 영국을

가 유럽연합(EU: European Union)으로 전환되었다.[21]

유럽연합(EU) 설립의 기초가 되는 마스트리트조약은 유럽연합을 위한 근거로 경제공동체(ECSC, EEC 및 EURATOM), 공동외교안보정책(CFSP: Common Foreign and Security), 그리고 내무 · 사법분야의 협력(JHA: Justice and Home Affairs)의 3개의 기둥(three pillar)을 제시하였다. 우선 경제통합의 측면에서

<표 2-1> 유럽단일통화 추진을 위한 세부일정

단계	시기	세부일정
제1단계	준비기 (1998년)	• 5월 브뤼셀 연합정상회의 - 1차 통화동맹 참가국 확정 - 유럽중앙은행 총재 지명 • 7월 유럽중앙은행 업무 시작 - EURO 지폐 및 동전 발행 준비 - 각국 통화 고정환율 도입
제2단계	과도기 (1999년~2001년)	• 1월 유로화, 결제통화로서 등장 - 유럽중앙은행 통화환율정책 수행 - 유로화와 회원국의 기존 통화 병행 사용
제3단계	도입기 (2002년)	• 1월 유로화 지폐 및 주화 통용 - 6월 30일까지 각국 통화의 유로화 환전 • 7월 1일 각국의 기존 통화는 법적가치 상실

출처: 조철제, 「유러-EU단일통화」, 한국경제신문사, 1998, p.23.

제외한 모든 체결국들은 사회 관련 조항에 의거하여 사회 · 경제 정책에 대해 협력할 것을 합의했다. 조약은 EMU 운영을 위한 전략 및 시간표를 제공함으로써 단일유럽의정서를 강화하였다. 또한 마스트리트 조약 체결을 통해 결속기금(Cohesion Fund)이 구성되었다. 결속기금은 교통 및 기반시설의 개보수에 재정적 지원을 제공하고 상대적으로 부유하지 못한 회원국들에게는 환경 개선의 기회를 제공하는 지역 기금이다.

21) 1987년 7월 1일에 발효된 '단일유럽의정서'를 통해서 통합의 수준을 진전시켰던 유럽통합운동은 1990년대에 불어 닥친 세계질서의 변화에 편승하면서 그 열기가 한층 고조되어 새로운 통합의 추진력을 얻게 되었다. 즉 인류의 보편적인 염원인 자유 · 평화 · 법의 지배로 정의된 새로운 세계질서의 도래를 맞이하여 유럽통합은 한 단계 발전된 모습을 보이게 되는데, 그것이 바로 유럽연합(EU)의 수립이었다. 조홍식, "유럽통합의 사상과 정치세력", 1995, p.22.

단일유럽통화의 도입, 유럽중앙은행의 설립, 공동경제통화정책의 시행을 우선 과제로 삼았다. 경제통합은 단계적인 계획에 따라 추진하도록 규정하였다. 제1단계는 자본의 자유로운 이동을 보장하고 모든 회원국들이 유럽통화체제의 핵심인 환율제도에 참여토록 유도하며, 회원국 간 거시경제정책의 조정을 강화하는 것이다. 제2단계는 유럽통화기구를 설립하고, 통화정책을 통한 회원국 정부의 재정적자를 지원하지 못하도록 하며, 최종적으로 단일통화를 결정하는 것이다. 제3단계는 유럽중앙은행체제를 설립하고, 환율을 완전히 고정시키며, 단일통화를 실질적으로 사용함으로써 회원국들 간 경제정책의 기본방향을 공동으로 결정하도록 하는 유럽 경제 · 통화 동맹을 수립하는 것이다.[22)]

정치 · 사회적인 측면에서는 유럽시민권을 창설하여, 회원국의 국적을 가지고 있는 모든 개인들이 유럽연합의 시민이 될 수 있도록 하였다. 유럽시민권은 연합 내에서의 이동과 체류의 자유를 보장하며, 국적을 불문하고 거주지 중심에 따라 유럽의회의 선거권과 피선거권을 부여하는 것을 골자로 하였다. 이는 당시까지 경제적 생활에 국한되었던 권리와 자유를 이동 및 체류권이나 투표권 등으로까지 확대시키는 의미를 내포하고 있었다. 그리고 유럽연합 조약은 회원국들 간 내무 · 치안정책의 협력과 공조를 통해 각종 범죄, 이민과 사회문제에 공동으로 대처할 것을 규정하고 있다.[23)]

유럽통합을 정치적인 측면까지 포괄하는 요인 중의 하나는 회원국들 간의 공동외교안보정책(CFSP)을 실현하는 것이었다. 공동외교안보정책의 목표는 유럽연합의 공동가치, 기본이익, 독립성의 보장과 함께 유럽연합의 안보 강화였다. 즉, 민주주의와 법에 의한 통치를 강화하는 동시에 인간의 기본 권리와 자유를 발전시키는 것이었다. 공동외교안보정책의 추진으로 인해 기존의 경제통합에만 치중하였던 통합의 방향을 정치통합과 균형을 이루게 하였다.

내무 · 사법정책(JHA)과 관련해서는 전통적으로 국가의 고유영역이었던 다

---

22) 조홍식, "세계금융시대의 지역통합: 유러랜드 출범의 사례", 「국가전략」, 1998, p.95.
23) 임문영 · 이종광 · 김승민 · 류두하, "유럽통합의 심화와 대외관계의 변화", 「국제학논총」, 1996, p.681.

양한 분야의 문제들을 다루고 있다. 여기에는 이민과 난민정책, 마약밀매를 비롯한 심각한 범죄를 근절하기 위한 치안 협력과 사법적 협력이 해당된다. 한편 마스트리트조약의 공동외교안보정책과 내무사법정책에 관한 조항들은 회원국들 간의 동의를 통해 얼마든지 개정될 수 있도록 하였다. 현재 공동외교안보정책과 내무사법정책 모두 유럽재판소의 사법권에 종속되지 않는다. 이러한 점에서 마스트리트조약은 유럽통합을 향한 구체적인 틀을 제공하기보다는 유럽통합에의 의지를 보여준 조약이라고 할 수 있다.

2 유럽연합(EU)의 제도적 개혁

1) 암스테르담조약

1997년 10월 2일에 체결된 암스테르담조약은 유럽연합조약(TEU)과 3개 공동체 설립조약에 대한 실체적 개정을 담고 있으며, 낙후된 규정을 삭제하고 그 중 일부 규정을 시대에 맞게 새롭게 하였으며 3개 공동체 설립조약을 간소화하였다. 또한 암스테르담조약의 발효기간, 비준 및 발효일자, 기탁 등에 관하여 규정하고 있다.[24)]

암스테르담조약[25)]에서 네 가지 분야의 개혁을 모색하였다. 첫째, 자유와 정의에 관한 것으로서 남녀 간의 평등, 비차별, 개인정보 처리와 같은 유럽연

24) 이찬훈 외, 「EU: 정치 · 경제 · 법」, 삼영사, 2000, p.183.

25) 암스테르담 조약은 두 가지 핵심목표를 가지고 있는데, 하나는 EU를 좀더 적절하고 책임을 다할 수 있도록 만들어 EU국민들의 이익을 회복시키는 것이고, 두 번째는 중동 유럽의 새로운 회원국을 통합하여 EU확대계획을 준비하는 것이다. 이 조약은 자유 · 안보 · 정의, 연합과 연합시민, 외부정책, 연합의 제도, 협력과 융통성, 연합에 현재 존재하고 있는 조약의 단일화와 공고화, 유럽 공동체연합이라는 6가지 주요 영역을 포함하고 있다. 이 조약의 협상은 제대로 진척이 되지 못하였는데, 그 이유는 회원국 정부들이 연합 조직에 양보하려는 의사를 별로 보이지 않았고, 크고 작은 회원국들 간의 분열이 심화되었으며, 독일과 프랑스의 관계가 냉각기에 접어들었기 때문이다. 그 결과, 이 조약은 전문가들이 정해놓은 목표를 잘 이행하지 못한 다소 어긋난 문서가 되었다.

합 내 기본 권리의 보호를 명문화하였다. 둘째, 시민권에 관한 부분으로 개별 시민들의 권리와 이익 강조, 발전된 유럽시민권 개념의 확립, 공동의 고용정책 모색, 지속가능한 발전을 강조한 환경정책의 공고화 등이다. 셋째, 국제무대에서 효과적이고 일관적인 대외정책을 추구하는 것이다. 공동 통상정책 영역의 확대는 서비스와 지적재산권에 관한 국제조약을 포함하며, 공동외교안보정책의 개혁은 새로운 공동전략의 수립과 의사결정 절차의 개선 등을 포함하였다. 넷째, 제도 개혁의 문제로 유럽의회의 역할 강화를 위한 공동결정 절차의 범위와 시행, 유럽이사회의 가중다수결 투표의 확대, 집행위원회 구조와 기능 개선, 유럽재판소, 회계감사원과 경제사회위원회, 종교위원회 역할의 제고 등을 다루었다.[26] 이 밖에 암스테르담조약을 통해 망명, 이민, 실업, 사회정책, 건강보호, 소비자보호, 환경, 외교문제에 대한 정책에 더 많은 관심을 기울이게 되었으며, 유럽연합(EU)의 동진(東進)화가 이루어질 수 있는 계기를 마련하였다.

1998년 7월 1일 유럽 통화기구의 업무와 참가국의 통화주권을 인수하여 단일 통화정책을 수립·집행할 유럽중앙은행이 출범하였고 이로써 유럽연합은 경제통화동맹의 3단계에 진입하였다. 1999년 1월에는 단일통화인 유로가 탄생하였고 11개국이 환율을 상호간에, 그리고 유로화에 맞추어 영원히 고정시켰다. 그 후 2002년 1월 1일부터 유로 동전과 화폐가 발행되었고, 2002년 7월 1일 부터는 각국의 화폐는 사용이 중단되었다.

2) 니스조약

2000년 12월 7일부터 11일까지 프랑스 니스에서 유럽연합(EU) 15개국 정상이 모여 신규 회원국의 가입과 유럽연합의 확대에 따른 제도개혁을 논의하였다. 니스조약은 2001년 2월 정식으로 서명된 뒤, 2002년 10월 아일랜드가 최종적으로 조약 수용을 결정함으로써 2003년 2월 1일부터 정식 발효되었다.

---

26) 김성형, "Maastricht 조약과 Amsterdam 조약", 「법학연구」, 1998, p.34.

회원국은 그리스 · 네덜란드 · 덴마크 · 독일 · 룩셈부르크 · 벨기에 · 스웨덴 · 아일랜드 · 에스파냐 · 영국 · 오스트리아 · 이탈리아 · 포르투갈 · 프랑스 · 핀란드 등 유럽연합 15개국이다.

니스조약의 주요 내용은 첫째, 만장일치의 적용범위를 축소하고 가중다수결투표제(QMV)를 채택하였다. 둘째, 유럽연합의 집행기관인 집행위원회의 위원수를 20명으로 제한하고, 현재 두 명의 위원을 보유하고 있는 5개 회원국이 집행위원 할당인원을 2005년까지 한 명으로 줄였다. 이후 신규 회원국의 수가 증가하게 되면 순번제를 도입해 회원국들이 번갈아가며 위원을 보유하도록 하였다. 셋째, 중 · 동부유럽의 신규 회원국 가입을 위한 제도적 개혁에 대한 합의 또한 이루었다.

단일유럽의정서(SEA) 이래 매 4년에서 5년마다 조약의 개정은 관습적으로 이루어졌다. 그 이유로는 첫째, 통합과정에서의 논리와 추진력이 현실에의 접목과 발전을 이루기 위해서는 조약의 개정을 필요로 했기 때문이다. 둘째, 모든 조약들이 정부 간 협상의 결과이기 때문에 몇몇 정부는 불가피하게 조약의 결과에 실망하게 되고, 따라서 협상된 조약이 비준되거나 적용되기 전에 조약 개정의 또 다른 라운드를 요구하기 시작했기 때문이다. 그리고 세 번째 이유로는 마스트리트, 암스테르담 그리고 니스 조약 등이 명백하게 조약 개정의 여지를 남겨 놓았기 때문이다. 마스트리트 경우에는 조약의 결과에 불만족한 정부로부터의 압력에 의하여, 그리고 암스테르담과 니스의 경우는 조약들이 미완성되었다는데 대한 일반적인 인식의 결과로 문제가 제기되었다.

3 유럽연합의 확대: 서유럽통합의 완성

1991년 12월 마스트리트조약으로 가입국의 확대에 대한 논의가 시작되었다. 이번에 가입을 신청한 국가들은 유럽통합에서 한걸음 물러서 있던 오스트리아, 핀란드, 스웨덴, 스위스, 노르웨이 등 유럽자유무역연합(EFTA) 국가들이었다. 오스트리아, 핀란드, 스웨덴 등 과거 국제정치적으로 중립적 입장을 고수하던 국가들은 냉전 종식이라는 상황의 변화에 따라 유럽연합 가입을 신청했다. 1992년 12월 영국 에든버러에서 열린 유럽이사회에서 스위스를 제외한[27] 유럽자유무역연합 국가의 가입협상을 승인했고, 1994년 3월 이들 국가의 유럽연합 가입 협상이 타결되었다. 그리고 각국별로 국민투표를 실시해 오스트리아, 핀란드, 스웨덴이 비준되어 유럽연합 가입이 확정되었고, 이에 따라 3개국이 늘어나 1995년 1월부터 유럽연합(EU)은 15개국으로 확대되었다.

제 4 절 새로운 초국가 통합과정(2004-현재)

1 헌법조약의 비준 무산 및 리스본조약의 발효

2001년 12월 벨기에 라켄(Laeken)에서 열린 유럽이사회에서는 유럽연합이 민주주의와 개방성, 그리고 효율성을 증진시켜야 하며 이러한 목표를 이루기 위해서는 유럽헌법(A Constitution for European Union)을 제정해야 한다는 필요성을 제기했다.[28] 그 후 2003년 6월 그리스 데살로니카(Thessalonica)의 유

27) 스위스는 1992년 12월 국민투표에서 EEA에 대한 참여가 부결되면서 EU가입 신청이 이루어지지 못했다.

28) 사실 EU헌법은 이전 조약과 비교할 때 정치적으로 의미 있는 내용을 담고 있었다. 1999년 독일 기본헌법 50주년이 되던 해를 기념하며 독일은 유럽연합 시민의 정치적, 사회적, 경제적 권리를 담은 헌장을 만들자고 제안했다. 암스테르담조약에서는 최초로 민주주의, 법의 지배와 같은 정치적 가치를 조약 속에서 구체적으로 표명했지만, 독일의 제안은 이런 선언적인 표현을 넘어 시민 권리를 규정하는 별개의 헌장을 만들자는 것이었다. 이는 '기본권 헌장(Charter of Fundamental Rights)'으로 구체화되었다. 유럽헌법에서는 이 헌장을 흡수하여 이를 유럽연합의 일종의 권리장전과 같은 의미를 부여했다. 유럽연합은 민주주의, 법의 지배, 인권존중, 근본적 자유에 기초해 있으며, 부여된 권한의 원칙(the

럽이사회에서 유럽헌법의 초안이 완성되었고, 이를 기초로 하여 2003년 10월부터 정부 간 회의를 시작하였다. 정부 간 회의를 통해 헌법조약에 대한 협상을 진행한 유럽연합은 2004년 6월 유럽연합 정상회의에서 헌법조약(안)에 대한 최종합의를 도출하고 2004년 10월 로마에서 헌법조약에 서명 후 각국별로 비준절차가 진행되었다.

그러나 2005년 5월 29일 실시된 프랑스의 국민투표에서 투표자의 54.7%가 반대함으로써 부결되었고, 며칠 후인 6월 1일 네덜란드에서 실시된 국민투표에서도 국민의 61.5%가 유럽헌법에 반대함으로써 또 다시 부결되었다.[29]

<표 2-2> 리스본조약의 주요 내용

○EU 정상회의 상임의장직 신설 - EU 정상회의가 EU의 정식기관으로 편입 - 순환 의장국을 대신하여 임기 2년 6개월(1회 연임 가능)의 상임의장 선출 * 각료 이사회에서는 기존과 같이 의장국 순환제 유지(외교 이사회는 외교안보정책 고위대표가 주재) ○ 회원국 외교장관에 상응하는 외교안보정책 고위대표직 신설 - 기존 공동외교안보정책 고위대표직과 대외관계담당 집행위원직의 업무 통합 - EU의 공동외교안보정책(CSFP) 수행 및 외교이사회 주재 ※ 기존의 일반 및 대외관계 이사회(General Affairs and External Relations Council, GAERC)는 일반이사회(General Affairs Council, GAC)와 외교이사회(Foreign Affairs Council, FAC)로 분리 - 고위대표는 집행위 부위원장을 겸하고, 집행위내 업무 조정 담당

principle of conferral), 보충성의 원칙(the principle of subsidiarity), 비례성의 원칙(the principle of proportionality), 그리고 EU법의 우위(the primacy of EU law) 등을 핵심적인 조직의 원칙이라고 규정했다. 강원택 · 조홍식, 「하나의 유럽」, 푸른길, 2009, p. 117.

29) 프랑스와 네덜란드의 비준 부결은 큰 충격이었다. 프랑스와 네덜란드는 유럽석탄철강공동체의 창립국가로서 유럽통합의 토대를 닦아온 국가들이었다. 이들 국가에서 유럽헌법이 부결된 것은 유럽통합과정에 대한 일반 유럽인들의 불만과 소외감이 커졌으며 정책 추진의 신뢰감이 취약해졌다는 것을 보여준다. 강원택 · 조홍식, 「하나의 유럽」, 푸른길, 2009, p.118.

※ 고위대표 업무 지원을 위한 유럽대외관계청(European External Action Service, EEAS) 신설

○ 의사결정 방식의 변경

- 이사회 결정 방식을

① 회원국 55%(27개국 중 15개국) 이상 찬성

② EU 전체인구 65% 찬성 요건으로 단순화

※ 니스조약 하에서는 상기 2개 요건 외에 국별 가중치 요건(255/345표 이상)을 규정하고 있었으나, 리스본조약은 의사결정의 효율성 제고를 위해 가중치 요건을 삭제

○ EU에 독자적인 법인격 부여

- 국제협상 및 국제협약 체결의 주체로서 EU의 실체 인정

○ 유럽의회와 회원국 의회의 권한 강화 등

- 공동결정(Co-decision) 절차가 적용되는 정책 분야를 기존의 43개에서 90여개로 확대함으로써 유럽 의회의 권한 강화

* 공동결정 절차는 이사회와 의회 간 합의에 도달하지 못할 경우 양측 동수로 구성되는 조정위원회에서 조정하고, 필요시 양측 모두 거부권 행사 가능

상황이 이렇게 되자 영국을 비롯한 7개국이 비준절차를 연기하거나 취소하게 되었고 결국 야심차게 준비한 유럽헌법은 유럽인들의 비준을 받지 못하고 사장되어 버렸다. 그 후 유럽연합은 1년간 수정작업을 통해 유럽연합의 초국가성 관련 용어와 상징 등을 삭제하고 유럽연합의 효율적인 기능을 살리는 방향을 헌법조약(안)을 만들었다.

그 후 2007년 독일이 의장국이 되면서 동년 6월 EU정상회의는 헌법조약(안) 대신 개혁조약(Reform Treaty: 소위 리스본조약)을 추진키로 합의하고 2007년 12월 정상회의에서 개혁조약안에 서명 후 회원국별 비준절차를 진행했다. 회원국들은 지난 2005년 헌법조약의 비준 실패를 경험으로 삼아 의회절차를 통한 비준을 추진하는 조약의 성공을 위해 신중한 노력을 기울여 왔으나, 2008년 6월 국민투표를 실시한 아일랜드에서 부결되었다. 그러나 2008년 12월 유럽연합 정상회의에서 유럽연합 정상들은 아일랜드에 대한 국방·조세

분야에서의 중립성, 1국1집행위원제 등에 관해 법적 보장을 제공하였으며, 리스본조약은 2009년 10월 실시된 아일랜드의 제2차 국민투표에서 압도적 찬성으로 통과되었다. 한 달 후인 2009년 11월 유럽연합 27개 회원국 중 체코가 마지막으로 동 조약을 비준함에 따라 2009년 12월 리스본조약이 발효되었다.

2 유럽연합(EU)의 확대: 유럽연합의 동진(東進)

유럽연합은 사회주의체제의 붕괴와 함께 유럽연합에 관심으로 두고 있는 중·동유럽 국가들의 가입문제를 다루었다. 이들 국가들은 오랜 기간 동안 사회주의체제를 유지해 왔던 국가들이기에 기존 유럽연합 회원국들과의 정치·경제적 격차가 더 크게 나타났다. 따라서 중·동유럽 국가들의 유럽연합 가입에는 기존과는 다른 가입 요건과 진행절차가 필요하다는 의견이 제시되었고 이에 따라 '코펜하겐 기준(Copenhagen criteria)'이라는 세 가지 가입요건이 제시되었다.[30)]

코펜하겐 기준은 첫째, 정치적 기준으로 민주주의와 법의 지배, 인권 및 소수민족에 대한 존중과 보호를 보장하는 안정적인 제도가 확립되어야 하며, 둘째, 경제적 기준으로 실질적으로 기능하는 시장경제체제의 존재와 더불어 현존하는 유럽연합 시장의 경쟁에 견딜 수 있는 능력을 요구한다. 마지막으로, 제도적 기준(공동체 법규의 채택 및 준수조건)은 유럽연합의 정치, 경제, 기술표준, 환경, 사법제도까지를 포괄하는 방대한 '유럽연합규약(community acquis)'을 내국법에 수용할 수 있는 가능성을 확보하는 것이다.[31)] 즉, 유럽연합의 회

30) 코펜하겐 기준의 제시로 이제 더 이상 EU 가입은 '만약'의 문제가 아닌 '언제'의 문제, 즉 가능성의 문제보다 시기상의 문제로 바뀌게 되었다. 또한 확대과정에서 유럽연합 집행위원회의 역할이 중요해졌다. 물론 최종 가입결정은 유럽이사회에 달려 있을지라도 코펜하겐 기준의 충족 여부를 1차적으로 감독하는 집행위원회의 권한이 매우 중요해 졌다고 볼 수 있다. 이규영, 「유럽연합의 중동유럽확대: 라켄 유럽이사회까지 현황과 전망」, 대외경제정책연구원, 2001, p.39.

<표 2-3> 유럽연합(EU) 가입에 대한 가입국 최종 투표결과

국가	투표일	찬성(%)	반대(%)	투표율(%)
체코	2003년 6월 13일~14일	77.33	22.67	55.21
헝가리	2003년 4월 12일	83.76	16.24	45.62
폴란드	2003년 6월 7일~8일	77.45	22.55	25.85
에스토니아	2003년 9월 14일	66.92	33.08	63.90
라트비아	2003년 9월 20일	66.69	32.30	72.53
리투아니아	2003년 5월 10일~11일	91.04	8.96	63.30
슬로바키아	2003년 5월 16일~17일	92.46	6.20	52.15
슬로베니아	2003년 3월 23일	89.61	10.39	60.29
키프로스	2003년 봄	84.00	8.00	-
몰타	2003년 3월 8일	53.65	46.35	91.00

출처: http://www.gallup-europe.be/epm/

원국으로서의 의무를 준수할 수 있어야 함을 의미한다.

1997년 6월 유럽연합 집행위원회는 코펜하겐에서 정한 가입원칙 등을 기준으로 하여 중·동 유럽 국가들 가운데 우선적으로 가입협상을 할 국가들을 선정했고, 2001년 6월 스웨덴 괴테보르그에서 열린 유럽이사회에서는 협상대상국 가운데 2002년 12월까지 성공적으로 조건을 충족하고 협상을 마친 국가들은 2004년 초에 유럽연합에 가입시킨다는 것을 결정하였다. 집행위원회는 가입협상을 해온 중·동유럽 10개국 가운데 불가리아와 루마니아를 제외한 8개국(체코, 헝가리, 폴란드, 에스토니아, 라트비아, 리투아니아, 슬로바키아, 슬로베니아)과 키프로스, 그리고 지중해의 몰타 등 10개국이 2004년부터 유럽연합 가입이 가능하다고 보고했다. 한편, 불가리아와 루마니아는 2007년 가입을 권고했으며, 유럽연합과의 가입협상을 완료한 10개국은 유럽연합 가입 여부에 대한 국민투표를 2003년에 실시했다. 국민투표 결과 모든 국가에서 국민

31) 윤미경, 「EU확대와 경쟁정책」, 대외경제정책연구원, 2003, p.2.

<그림 2-1> 유럽연합(EU)의 확대

들이 압도적으로 찬성하는 것으로 나타났다.

2002년 12월 코펜하겐에서 열린 유럽이사회에서는 이들 10개국의 가입을 승인함으로써 서유럽에 머물러 있던 유럽연합은 이제 중·동유럽과 지중해까지 확대되었다. 2007년 1월 불가리아와 루마니아가 7년 간의 협상을 마치고 최종적으로 유럽연합에 가입함으로써 이제 유럽연합은 모두 27개 회원국, 인구 5억 명의 공동체로 확대되었다. 또한, 유럽연합은 가까운 장래에 유럽연합에 가입할 것으로 예상되는 국가들을 가입후보국(candidate countries)과 잠재 가입후보국(potential candidate countries)으로 분류하였다. 가입후보국은 터키, 크로아티아, 마케도니아, 아이슬란드이며, 잠재 가입후보국은 알바니아, 세르비아, 보스니아-헤르체고비나, 몬테네그로, 코소보이다.

<표 2-4> 유럽연합(EU)의 확대

가 입 시 기	국 가
• 창립국가 6개국(1952년)	• 독일, 프랑스, 이탈리아, 벨기에, 네덜란드, 룩셈부르크
• 제1차 확대 3개국(1973년)	• 영국, 덴마크, 아일랜드
• 제2차, 제3차 확대 남부유럽국가 3개국(1980년대)	• 그리스(1981년), 스페인, 포르투갈(1986년)
• 제4차 확대 3개국(1995년)	• 오스트리아, 스웨덴, 핀란드
• 제5차 및 제6차 확대 중·동유럽, 지중해 확대(2004년, 2007년)	• 체코, 헝가리, 폴란드, 에스토니아, 라트비아, 리투아니아, 슬로바키아, 슬로베니아, 몰타, 키프로스(이상 2004년) • 불가리아, 루마니아(2007년)
• 가입후보 4개국	• 터키, 크로아티아, 마케도니아, 아이슬란드
• 잠재 가입후보 5개국	• 알바니아, 세르비아, 보스니아-헤르체고비나, 몬테네그로, 코소보

3 공동외교안보정책(CFSP: Common Foreign and Security Policy)

유럽연합은 안보부문 협력강화를 위해 유럽정치협력(EPC: European Political Cooperation)이라는 기구화되지 않은 형태의 정치협조 절차를 유지했다. 또한 냉전종식 및 독일 통일 등 안보환경의 변화와 1990년대 발칸지역 분쟁의 경험은 유럽인들이 외교 · 안보 분야 협력 필요성을 절감하는 계기가 되었고, 1992년 마스트리트조약에서 공동외교안보정책(CFSP)을 유럽연합의 제2주(2nd pillar)로 설정했다. 1997년 암스테르담조약에서 공동외교안보정책의 조직 및 운영방향을 설정했는데 이때 공동외교안보정책의 본질적 요소로서 유럽공동안보방위정책(ESDP: European Security and Defense Policy)을 합의하였다. 1999년 헬싱키 정상회의에서는 유럽공동안보방위정책(ESDP)의 구체적인 목표 세 가지를 설정하였는데 첫째, 인도적 구조, 평화유지, 평화구축 및 위기관리를 위하여 독자적인 군사 활동의 개시 결정 및 이행, 둘째, 5~6만 명 규모의 신속 대응군 창설, 마지막으로, 유럽연합 이사회에 정치안보위원회, 군사위원회 및 군사참모부를 설치하는 것이다.

2000년대 세 차례(2003, 2004, 2008) 브뤼셀 정상회의에서는 새로운 유럽안보전략(ESS: European Security Strategy)과 2010년까지의 유럽연합의 방위력 제고를 목표로 한 'Headline Goal 2010'을 채택했다. 2009년 리스본조약이 발효됨에 따라 공동안보방위정책(CSDP: Common Security and Defense Policy)이 출범하였는데, 연대조항(solidarity clause), 상호방위조항(mutual defence clause), 상설협력체계(permanent structured cooperation) 등 안보방위 분야의 새로운 협력체계가 구체화될 것으로 전망하고 있다.

4 내무 · 사법 협력(JHA: Justice and Home Affairs)

내무 · 사법 협력(JHA)은 회원국 내무 · 사법 당국 간의 공조를 통해 유럽연합 회원국 국민이 역내 어디에서나 동일한 자유와 안전, 정당한 법의 지배를 받을 수 있도록 하고, 유럽연합을 '자유 · 안전 · 정의의 공동지대(common area of freedom, security and justice)'로 발전시키는 것을 목적으로 하는 유럽연합 공동정책 분야이다. 이 분야는 국내질서의 수호, 자국과 외국 영토의 구분,

자국인과 외국인의 구별 등 전통적으로 주권국가의 고유영역에 속해 있던 분야로서, 개별 국가만으로 효율적인 대처가 어려운 부분에서 회원국 간 협력을 통해 공동체 차원의 문제해결을 모색하려는 시도이다.

1957년 로마조약에서 자유이동을 규정한 이래, 1980년 후반 독일 통일을 전후한 시기에 독일로의 외부인구 대거 유입, 인종테러 빈발, 망명자 유입에 따른 범죄 증가 등으로 국경·치안문제가 심각해짐에 따라 독일이 내무·사법 분야에서 유럽연합 차원의 공동대응의 필요성을 제기하였다. 특히 80년대 후반 이후 국경통제 폐지 요구가 확산됨에 따라 서유럽 10개국 간 상호 국경개방을 위한 쉥겐협정(Schengen Agreement)이 1985년에 체결되었고, 이에 따라 사람 이동의 확대 및 유럽연합 외부권 국경관리에 관한 공동대응의 필요성이 대두되었다.

내무·사법 협력은 1991년 마스트리트조약에서 유럽연합 시민의 기본권, 개인 자유이동, 망명·이민, 비자정책, 마약·인신매매, 유럽연합 외부 국경관리, 경찰·사법 당국 간 협력 등을 포괄하였고, 1997년 암스테르담조약을 통해 '자유, 안전 및 사법지대(area of Freedom, Security and Justice)' 창설을 명시하고 협력 제고를 위한 조치를 마련하였다. 1999년 '자유, 안전 및 사법지대' 실현을 위한 정책과제를 제시하기 위해 핀란드 탬페레(Tampere)에서 특별 유럽연합 정상회의를 갖고 향후 5년간(1999년~2004년)의 구체적인 정책이행 과제들이 제시되었다. 2004년 11월 유럽연합 정상회의에서 그간 탬페레 정상회의 결과 이행의 성과와 유럽연합 확대 등 새로운 환경에 부합하도록 기존의 과제를 재정리하여 2005~2010년 간의 정책지침(Hague Program)을 채택했다.

2009년 12월에 발효된 리스본조약은 내무·사법을 공동체 영역으로 편입하고 여권 및 신분증, 가족법, 경찰 작전 협력(operational police cooperation), 유럽공안검사기구(European Public Prosecutor's Office) 신설 등을 제외한 나머지 분야에 대해서는 가중다수결(QMV) 제도 및 공동 결정절차(co-decision)에 의해 의사결정을 하기로 했다. 2009년 12월 유럽연합 정상회의에서는 향후 5

년간(2010년-2014년) 내무 · 사법 분야의 중점 협력 목표로 유럽연합의 시민권 강화 및 기본적 권리 증진, 공동 이민 및 망명정책 수립, 안전한 유럽 건설 등 6개항을 제시하는 스톡홀름 프로그램(Stockholm Program)[32]을 채택하였다.

현재 내무 · 사법 분야의 최대 현안은 불법이민 문제로, 특히 아프리카 북부에서 스페인, 이탈리아, 몰타 등으로의 해상을 통한 밀입국 차단을 위해 관련 회원국의 해안경비 강화를 지원하고 있고, 대규모 불법이민으로 국경관리에 어려움을 겪는 회원국을 위해 유럽연합 국경관리청(Frontex)을 중심으로 지원을 강화하는 방안을 강구중이다. 또한 2004년 스페인 열차 테러와 2005년 런던 테러 사건 이후 유럽연합의 반테러 활동이 대폭 강화되어, 테러자금(돈세탁) 차단, 정보통신 기록 확보, 외국계 청년층의 급진화 방지를 위한 사회동화 정책을 강화하였다.

사법협력과 관련해서는 종래의 추방제도 대신 2004년부터 유럽체포영장(European Arrest Warrant)제도가 도입되어 타 회원국으로 도주한 범죄피의자의 송환제도가 크게 확대되었으며, 이를 추가로 보완하기 위한 유럽증거영장제도(European Evidence Warrant)도 도입하였다. 또한 2008년 4월 유럽연합 이사회는 유럽경찰청(Europol)을 유럽연합 기관으로 편제하는데 합의하였고,

---

32) Stockholm Program 및 행동계획의 주요 내용
- (대테러 대책 강화) 2010년 중 항공여객정보 접근 강화 관련 법안을 제출하고 미국과의 금융정보제공협정 협상을 마무리하되, 금융정보제공협정에는 제공된 정보가 대테러 목적으로만 사용될 수 있게 용도를 제한하고 제공된 정보의 보존기간도 5년 이내로 제한하는 등의 개인정보 보호조치 강구
- (범죄 대처) 2010년 중으로 information system 침해 범죄에 관한 지침 마련, 2012년 내로 명의도용 범죄 관련 법안 제출, 2010년 중으로 법집행 및 시민보호에 관한 협력강화를 위한 포괄적인 치안 전략 수립
- (이민 및 국경관리) 2010년 중으로 계절적 취업 및 업무상 여타 회원국을 방문하거나 체류하는 제3국인의 입출국 및 체류조건을 명확히 하는 법률안 제출, 2011년 중으로 입국 비자소지 제3국인의 입출국시기와 체류기간을 보다 체계적으로 관리할 수 있는 입출국관리체계를 마련하고 보호자가 없는 상태에서 EU로 입국하는 미성년자 대처 문제와 유럽공동망명체제에 대한 정책안 마련
- (EU 시민 보호 강화) EU 회원국 국민들 간 결혼, 사업 등에서의 불편을 해소하기 위하여 2013년 중으로 회원국 민법의 상호인정에 관한 법률안을 제출하고 사회적 약자들의 권리보호를 위해 범죄피해자, 여성폭력피해자, 형사피의자 처우에 대한 공동기준 마련, 아울러 2011년 중으로 비EU지역을 여행하는 EU 시민에 대한 영사보호 강화 법안 제출

Europol 설립 협정 개정을 거쳐 Europol을 2010년부터 유럽연합의 예산지원을 받는 유럽연합 공식기관으로 편입시켰다. Europol의 임무는 테러, 조직범죄, 마약밀매, 불법이민, 돈세탁·위조, 인신매매 등 국경을 넘는 범죄의 대응으로 확대될 전망이다.

참고문헌

강원택·조홍식, 「하나의 유럽」, 푸른길, 2009.

김광웅. 「비교행정론」, 박영사, 2004.

김계동, 「현대유럽정치론」, 서울대학교출판문화원, 2007.

김동현·이승철, 「유럽연합의 현황과 전망」, 집문당, 1996.

김성형, "Maastricht 조약과 Amsterdam 조약", 「법학연구」, 1998.

박광섭, 「세계화 시대 해외지역연구의 이해」, 대경, 2008.

박진성·박종길, "유럽통합: 발전과정과 그 현대사적 의미", 「한국과 국제정치」, 1994.

손성홍, 「분단과 통일의 독일현대사」, 소나무, 2005.

외무부, 「구주연합의 조직과 운영」, 외무부, 1995.

윤미경, 「EU확대와 경쟁정책」, 대외경제정책연구원, 2003.

이규영, 「유럽연합의 중동유럽확대: 라켄 유럽이사회까지 현황과 전망」, 대외경제정책연구원, 2001.

이주영·김성형, 「현대유럽의 역사: 제2차 세계대전부터 현재까지」, 삼지원, 2002.

이찬훈 외, 「EU: 정치·경제·법」, 삼영사, 2000.

임문영·이종광·김승민·류두하, "유럽통합의 심화와 대외관계의 변화", 「국제학논총」, 1996.

장 홍, 「유럽통합의 역사와 현실」, 고려원, 1994.

조홍식, "유럽통합의 사상과 정치세력", 1995.

조홍식, "세계금융시대의 지역통합: 유러랜드 출범의 사례", 「국가전략」, 1998.

홍기준, "유럽통합의 경로의존성과 창발성", 2008.

Heady, 「Public Administration : A Comparative Perspective」, Marcel Dekker, 1984.

Jean Monnet, 「Memoires」, Librairie Fayard, 1976.

John McCormick, 「The European Union: Politics and Policies」, Westview Press, 2000.

제 2 장 유럽연합의 법률적 기반

이 선 필(한국외국어대학교)

제 1 절 유럽연합법의 구조와 내용

1 유럽연합법의 구조

유럽연합은 유럽연합법(European Union law)[1]이라는 법질서(legal order)에 의해 운영되는 공동체이다. 유럽연합을 '법공동체(legal community)'라고 하는 이유가 바로 여기에 있다. UN과 같은 통상적인 국제기구를 뛰어넘는 초국가적인(supranational) 조직체로 스스로 법인격(legal personality)을 가지는 유럽연합이 민주적이고 효율적으로 운영되기 위해서는 강제력 있는 법적 질서가 필요하다. 이러한 법질서를 제공하는 것이 바로 유럽연합법이다. 유럽연합법

1) 1993년 유럽연합(EU)이라는 명칭이 사용되기 이전까지는 유럽공동체법(European Community law)로 불렸다.

역시 일반 국가의 법이 헌법을 정점으로 그 아래 여러 2차법을 가지는 것과 같은 구조를 가지고 있다. 유럽연합법은 일반적으로 1차법(primary law), 2차법(secondary law), 보조법(supplementary law)으로 구분할 수 있다.

1차법은 유럽연합법의 토대가 되는 법으로 유럽연합의 법적 질서를 제공하는 다른 법들보다 우위에 있는 최상위법인 조약(treaties)을 의미한다.[2] 유럽연합의 헌법적 속성을 가지는 조약은 크게 설립조약(founding treaties), 수정조약(amending treaties), 가입조약(accession treaties)으로 구분할 수 있다. 설립조약으로는 파리조약(Treaty of Paris, 1951), 로마조약(Treaty of Rome, 1957), 마스트리히트조약(Maastricht treaty, 1992)이 있다. 2004년에 체결된 유럽헌법조약(Constitutional treaty) 역시 설립조약이었으나 프랑스와 네덜란드의 비준 거부로 무산된 바 있다.[3]

수정조약 역시 1차법으로 합병조약(Merger treaty, 1965), 예산조약(Budgetary treaty, 1970/1975), 유럽의회 의원 직접선거법(Act on the election of members of the European Parliament by direct universal suffrage, 1976), 단일유럽의정서(Single European Act, 1986), 암스테르담조약(Treaty of Amsterdam, 1997), 니스조약(Treaty of Nice, 2001), 리스본조약(Treaty of Lisbon)이 있다.

한편 가입조약(Accession treaty)으로는 1972년 각각 영국, 덴마크, 아일랜드와 체결된 조약, 1979년 그리스와 체결된 조약, 1985년 스페인 및 포르투갈과 체결된 조약, 1994년 스웨덴과 체결된 조약, 2003년 중동부유럽 10개국과 체결된 조약, 2005년 불가리아 및 루마니아와 체결된 조약이 있다.

2차법은 위에서 언급된 1차법들을 근거로 유럽연합의 정책결정과정을 통해 결정된 일련의 합의를 말한다. 정책결정과정을 입법과정이라고 하는 것은 바로 이러한 이유 때문이다. 하지만 정책결정과정의 결과물이 모두 유럽연합의

---

2) 유럽연합을 구성하는 조약은 그 자체로서 법적 구속력을 가지기 때문에 조약법(treaty law)이라고도 부른다.

3) 2009년 12월 비준된 리스본조약은 비록 기존의 조약들을 통합한 수정조약이지만, 법인격을 가지지 못했던 유럽연합에 법인격을 부여해 이전과는 완전히 다른 유럽연합을 탄생시켰다는 의미에서 새로운 조약이라고 보아도 무방하다.

법이 되는 것은 아니다. 정책결정과정을 통해 결정된 합의에는 규칙(regulation), 지침(directive), 결정(decision), 권고(recommendation), 견해(opinion) 등이 있는데, 앞의 3 가지는 회원국법보다 우위성을 가지는 법적 구속력을 가지지만, 권고와 의견은 법적 구속력을 가지지 못하기 때문에 엄밀한 의미에서 유럽연합법이라고 할 수 없다

보조법은 일반적으로 유럽사법재판소(Court of Justice of the European Union)의 판결, 국제법(international law), 법의 일반원칙(general principles of law) 등을 포함한다. 유럽사법재판소는 공동체법의 위반에 대해 조약과 2차법을 근거로 판결하기 때문에 판결사례는 그 자체로서 하나의 사례법(case law)을 구성한다. 법의 일반원칙이란 인권의 보호와 같은 일반적으로 모든 국가가 지켜야 하는 원칙을 의미한다. 1950년의 유럽인권헌장(European Convention on Human Rights)과 2000년 12월 선포된 유럽연합 기본권헌장(Charter of Fundamental Rights of the European Union)은 유럽연합 회원국이 지켜야 하는 일반원칙으로 인정되고 있다. 리스본조약의 제 6조 1항은 "연합은 조약과 동등한 법적 가치를 가질 유럽연합 기본권헌장에 규정된 권리, 자유, 원칙을 인정한다"고 규정함으로써 유럽연합 기본권헌장을 유럽연합법 속에 포함시켰다.

2 유럽연합법의 특성

이상과 같이 유럽연합법은 국가의 법질서와는 다른 새로운 형태의 법질서를 가지고 있다. 유럽연합법이 새로운 형태의 법질서가 되는 이유는 그것이 초국가성(supranationality)을 가지기 때문이다. 즉 유럽연합은 비록 회원국들 간에 체결된 국가 간 조약에 의해 형성되었지만, 그 계약은 국가뿐만 아니라 회원국의 시민에게까지 구속력을 가진다. 따라서 유럽연합법은 회원국의 어떠한 법보다 우위(supremacy)에 있는 상위법이고, 계약 당사자인 회원국의 시민

들에게까지 직접적으로 권리를 부여하는 직접효력(direct effect)을 가진다. 조약은 물론이고 2차법 중 규칙과 지침은 유럽사법재판소의 다양한 사례에 대한 판례를 통해 유럽연합법의 우위성이나 직접효력을 발휘한다. 회원국법이 유럽연합법과 불일치할 경우 유럽연합법의 우위성 원칙이나 직접효력 원칙이 이러한 문제를 해결하는 역할을 한다.

우위성의 원칙이란 회원국법이 유럽연합법과 충돌할 경우 전자는 무효화된다는 원칙으로 1964년 유럽사법재판소의 Costa v. ENEL 소송사건에 대한 판결을 통해 구체화되었다. 이 소송은 이탈리아의 변호사인 코스타(F. Costa)가 전력회사들을 ENEL로 통합하여 국유화하려는 이탈리아 정부를 상대로 제기한 것이다. 통합예정인 한 민영회사의 지분을 가지고 있었던 코스타는 전력회사의 국유화가 시장의 왜곡을 가져온다는 EEC[4]법을 위반하는 것이라고 주장하면서 소송을 제기했다. 이에 이탈리아 국내법원은 국유화가 이탈리아 국내법에 의한 결정이므로 민간인이 제기할 수 없는 문제라고 판결했으나 유럽사법재판소는 EEC법이 회원국법에 우위에 있음을 인정하면서 코스타의 손을 들어주었다. 이러한 우위성의 원칙은 이후 유럽연합법과 회원국법 간의 충돌해결의 사례로 적용되었다.

직접효력은 유럽연합법이 개인에게 직접적으로 권리를 부여하는 것을 의미한다. 즉 회원국 시민이 국내법원에서 유럽연합법을 근거로 자신의 권리를 주장할 수 있는 것을 유럽연합법의 직접효력이라고 한다. 1963년 Van Gend en Loos 사건판결을 통해서 승인된 직접효력의 원칙은 유럽연합법이 회원국

4) EEC라는 명칭은 1958년 로마조약의 발효와 함께 탄생한 유럽경제공동체(European Economic Community)를 의미한다. EEC는 1993년 10월 말까지 사용되었으나 마스트리히트조약의 발효로 공식적으로 유럽공동체(EC, European Community)로 변화되었다. 한편 EC라는 명칭은 리스본조약이 유럽공동체를 유럽연합(EU)이라는 단일한 지주체제로 변화시키면서 사라지게 되었다. 리스본조약 이전까지 때때로 ECs라는 명칭이 사용되기도 하는데 이는 하나의 공동체를 의미하는 것이 아니라 Euratom, ECSC, EEC 혹은 EC를 모두 지칭하는 복수적인 개념으로 사용된 것이다. 따라서 법을 이야기할 때 1993년 마스트리히트조약 이전까지는 EEC법, 그 이후부터 리스본조약 이전까지는 EC법, 그 이후부터는 EU법으로 칭할 수 있다.

과 시민에 대해 직접적으로 효력을 가진다는 것을 의미한다. 네덜란드의 수입업자인 Van Gend en Loos는 독일로부터 화학물질을 수입하였는데 네덜란드 정부가 관세를 부과하려 하자 이것이 신규관세의 도입 및 관세증액의 금지를 규정한 EEC조약 제12조를 위반하는 것이라고 소송을 제기하였다. 네덜란드 법원으로부터 의견을 요청받은 유럽사법재판소는 EEC법이 회원국 시민의 권리 보호에 적용된다고 판결해 직접효력의 원칙을 만들었다.

3 유럽통합과 조약

유럽연합은 회원국 당사자들 간에 체결된 여러 차례에 걸친 계약의 산물이다. 국가공동체가 홉스, 로크, 루소 등 사회계약론자들이 주장하듯이 자연상태에서 인간들이 생명과 안전을 지키고 자신들의 재산을 보장받기 위해 계약을 통해 형성된 것이라면, 유럽연합은 무질서한 국제적 무질서(자연상태) 속에서 국가들이 안전과 물질적 번영을 위해 조약(treaty)이라는 이름을 가지는 계약을 통해 형성된 확대된 새로운 형태의 공동체이다. 이렇게 체결된 국가공동체가 헌법이라는 법질서(legal order)에 의해 운영되는 것처럼 유럽연합 또한 고유한 독립적인 법질서에 의해 운영된다. 하지만 유럽연합은 전통적 의미의 국가공동체와는 다른 법질서에 의해 운영되는 공동체이다. 이러한 새로운 법질서의 토대를 이루는 것이 조약이다.

조약은 헌법(constitution)은 아니지만 유럽연합의 목표와 유럽연합을 운영하기 위해 필요한 제도적 구조와 정책결정기관의 권한을 부여함으로써 일반적인 자유민주주의 국가의 헌법과 유사한 특징을 가진다. 유럽연합의 조약이 전통적인 의미의 헌법과 다른 점은 일반적인 헌법이 제도 및 시민의 권리와 의무만을 규정하고 있는 것과는 달리 유럽연합이 수행하는 정책(policies)의 운영원칙과 방법 및 목표가 기술되어 있다는 점이다. 리스본조약의 경우 ‘유럽

<표 2-5> 유럽통합 관련 주요 조약

구분	조약명칭 및 서명	설립공동체	발효일
설립조약	파리조약(1951)	ECSC	1952년 6월 23일
	로마조약(1957)	EEC/Euratom	1958년 1월 1일
	마스트리히트조약 (1992)	European Union	1993년 11월 1일
수정조약	합병조약(1965)	기구 합병	1967년 7월 1일
	예산조약(1970)	예산 수정	1971년 1월 1일
	예산조약(1975)	예산 수정	1977년 6월 1일
	단일유럽의정서(1986)	제도 및 정책 수정	1987년 7월 1일
	마스트리히트조약(1992)	제도 및 정책 첨가	1993년 11월 1일
	암스테르담조약(1997)	제도 및 정책 수정	1999년 5월 1일
	니스조약(2001)	제도 및 정책 수정	2003년 2월 1일
	리스본조약(2007)	제도 및 정책 수정	2009년 12월 1일

연합의 운영에 관한 조약(TFEU)'의 대부분을 차지하는 제 3부-5부는 유럽연합의 대내외정책에 관한 규정으로 채워져 있다. 이처럼 조약은 공식적으로는 유럽연합의 헌법은 아니지만 많은 헌법적 특성들을 가지고 있어 유럽연합 운영의 토대가 되는 법이다.[5)]

유럽연합을 형성하는 계약의 경우 국가공동체 형성과 다른 점은 이러한 계약이 정치, 경제, 사회, 문화 등 삶의 모든 분야를 모두 한꺼번에 공동체에 이양한 것이 아니라 점진적으로 이양한다는 것이다. 유럽연합 회원국들은 새로운 공동체가 보다 민주적이고 초국가적으로 발전할 수 있도록 더 많은 권리를 부여하기 위해 조약을 수정하고 발전시켜 왔다. 이는 유럽통합 과정은 조약이라는 이름을 통해 계약이 수정되거나 새로운 계약이 체결되는 과정을

5) Neil Nugent, The Government and Politics of the European Union, New York: Macmillan, 2010, pp.208-209.

<그림 2-2> 공동체조약의 발전 과정

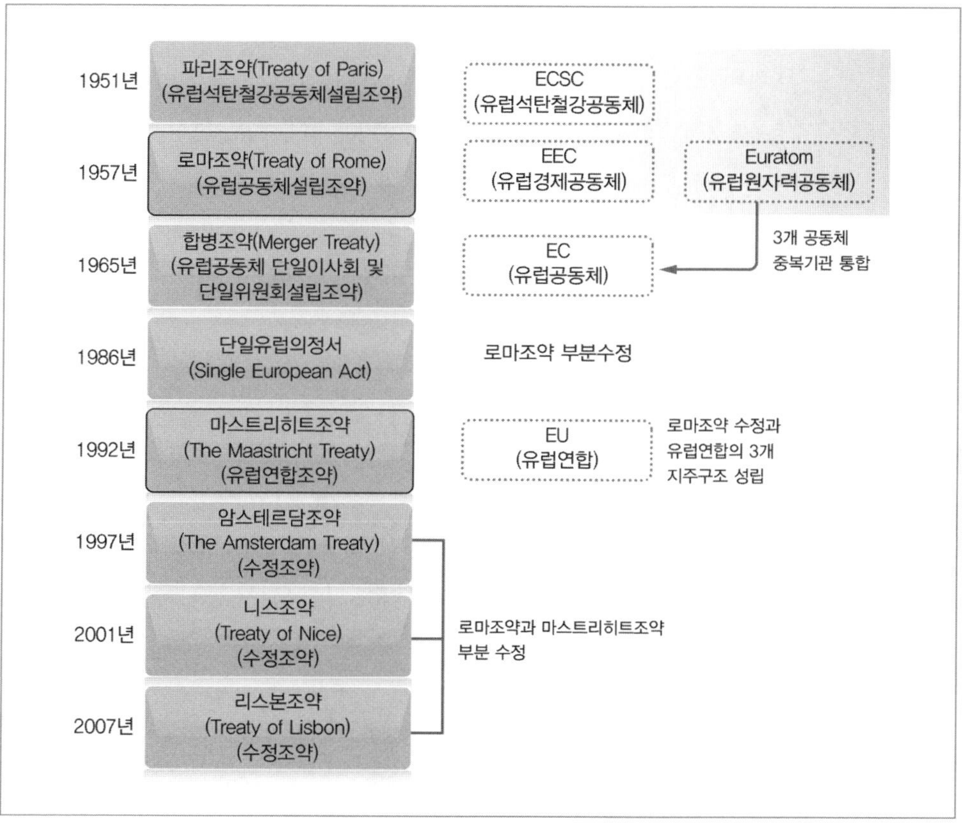

출처: 이무성 외, 「유럽연합의 정체성」, 서울: 높이깊이, p. 125.

의미한다. 앞에서 설명했듯이 유럽통합 관련해서 현재까지 20여 차례의 크고 작은 조약이 체결되었는데, 이들 조약은 모두 1957년의 로마조약과 1992년의 마스트리히트조약을 보완 수정한 조약이다.6)

유럽연합의 조약을 이해하기 위해서는 유럽통합 과정 속에서 나타난 많은 조약, 즉 로마조약, 유럽연합조약, 암스테르담조약, 니스조약, 리스본조약 등이 각기 다른 조약이 아니라 1957년의 로마조약이 수정된 형태라는 것을 인식

6) 마스트리히트조약은 EEC를 EC로 명칭 변경하고 EU라는 새로운 이름의 공동체를 만든 것이기 때문에 수정조약이면서 동시에 설립조약으로 볼 수 있다.

할 필요가 있다. 1957년 로마조약으로 탄생한 유럽경제공동체(EEC, European Economic Community)는 이후 다른 공동체들을 합병하고 권한의 점진적 이양을 위한 수차례의 조약을 통해서 오늘날의 유럽연합으로 발전했다. 예를 들어 1965년 서명된 통합조약(Merger Treaty)에 의해 유럽석탄철강공동체, 유럽원자력공동체(Euratom), 유럽경제공동체(EEC)의 운영기구가 하나로 통합되었고, 1970년과 1975년 각각 예산과 재정 규정을 수정하는 조약이 체결되었다. 또한 1987년 단일유럽의정서(SEA)를 위한 조약을 통해 통합을 심화시켰다. 1992년 체결된 마스트리히트조약은 기존의 유럽경제공동체(EEC)를 수정하고 확대해 유럽공동체(EC, European Community)로 발전시키고, 공동외교안보정책과 내무사법협력이라는 분야를 포함해 유럽연합(European Union)을 형성했다. 또한 1997년 암스테르담조약과 2001년 니스조약을 통해서 통합의 정도를 더욱 강하게 만들었다. 2007년에는 리스본조약(TEU 조약과 TFEU 조약)을 통해서 기존의 공동체들을 유럽연합이라는 하나의 이름으로 통합해 유럽연합에 법적 지위를 부여하며 오늘에 이르렀다. 이를 통해 기존까지 유럽연합 내부에 존재하던 유럽공동체(EC)라는 이름이 사라지고 유럽연합(EU)이라는 단일한 이름을 가지게 되었다.

4 조약의 형성과 비준

유럽통합을 위한 조약의 형성은 정부간주의(Intergovernmentalism)적 특성을 가진다. 즉, 새로운 조약의 형성이나 수정은 유럽통합 초기부터 정부간회담(IGC, Intergovernmental Conference)을 통해서 이루어졌다. 비록 IGC라는 명칭이 1980년대 중반 이후 제도화되어 공식적인 용어로 사용되었지만 1951년의 파리조약과 1957년의 로마조약뿐만 아니라 그 이후의 수정조약들은 정부간회담에 의해 작성되었다. 하지만 모든 조약의 수정에 정부간회담이 필요한 것은 아니다. 1950년 이후 현재까지 유럽통합과 관련된 조약의 체결은 총 20여 회이지만 정부간회담은 총 8회뿐이었다.

유럽통합 계획을 제시했던 모네(J. Monnet)나 슈만(R. Schuman) 등은 모두 일종의 아이디어를 제공했을 뿐, 이러한 아이디어를 보다 구체화하고 현실화한 것은 회원국의 다양한 분야의 전문가들로 구성된 대표단회의를 통해서였다. 정부간회담이 열리기 전 때때로 위원회(committee)를 형성해 회담을 위한 계획서를 작성하도록 하는 경우가 있는데, 이 위원회 역시 회원국의 전문가들로 구성되어 정부간주의적 성격을 가진다. 즉, 정부간회담은 조약의 작성이나 수정을 협상하기 위한 절차로 회원국 정상들로 구성된 유럽이사회(European Council)에 의해 소집되어 조약문을 준비하도록 위임된다. 따라서 정부간회담은 유럽이사회에 의해 부여된 권한 내에서만 작업을 진행하여 통상 회원국의 만장일치에 의해 조약문을 작성한다. 정부간회담은 통상적으로 짧게는 수개월에서 암스테르담조약을 위한 정부간회담의 경우처럼 1년 이상 지속되는 경우도 있다.

정부간회담은 모든 대표단이 한 자리에 모여 진행하는 단일한 회담이 아니라 다양한 형태로 이루어진다. 즉 정부간회담은 전문가그룹(working parties

<표 2-6> 조약문 작성을 위한 정부간회담 내용

회수	일시	내용
1	1950	파리조약 준비
2	1955	로마조약 준비
3	1985	단일유럽의정서 준비
4	1990-1991	경제통화동맹과 마스트리히트조약 준비
5	1996-1997	암스테르담조약 준비
6	2000	니스조약 준비
7	2004	유럽헌법조약 준비
8	2007	리스본조약 준비

of national experts) 회담, 준비그룹(preparatory group) 회담, 외무장관 회담, 유럽이사회의 최종 회담과 같이 다양한 수준에서 이루어진다.

전문가그룹 회담은 특정 이슈에 관해 일종의 자문 역할을 수행하는 회담으로 실제 회담에는 개입하지 않는다. 회담을 실질적으로 이끌어가는 것은 준비그룹으로 여기에는 상주대표부의 고위관료 혹은 회원국 외무부에서 파견되는 고위관료 등이 참여한다. 준비그룹은 회담을 실질적으로 진행하고 조약문을 준비하는 역할을 한다. 외무장관 회담은 정부간회담의 일정과 과정을 관리하는 역할을 하지만 일반적으로 회담 자체에는 큰 영향을 주지는 못한다. 유럽이사회는 관료들 간 회담이 고착상태에 빠질 경우 타협이나 거래를 통해서 정치적으로 해결하기 때문에 때때로 정부간회담의 주체가 된다. 또한 유럽이사회는 정부간회담에서 작성된 결과를 넘겨받아 이를 최종적으로 승인하는 역할을 하고 있다.

정부간회담은 이사회(각료이사회 혹은 유럽연합이사회) 의장국이 주재한다. 즉, 모든 정부간회담은 의장국의 회의 소집과 주재를 통해서 이루어진다. 의장국은 협상이 난관에 봉착할 때 중재자의 역할을 하기 때문에 협상의 결과에 매우 중요한 영향을 줄 수 있다. 특히 의장국이 협상 주제에 대해 강력한 의지를 가지고 있을 경우 협상에 영향을 줄 수 도 있다. 정부간회담이 비록 회원국 정부를 대표하는 참가자로 구성되지만 유럽연합 기구인 집행위원회와 유럽의회 역시 모든 협상에 참가한다. 하지만 이들은 회원국과 같은 정도의 지위를 가지지 못하기 때문에 단순한 입장보고서(position paper)를 제출하여 자신들의 입장을 전하는 정도에 불과하다.

정부간회담에서 기안되어 유럽이사회에서 서명된 조약안은 만장일치의 원칙에 따라 전 회원국에서 비준되어야 효력이 발휘된다. 따라서 조약의 서명 이후에는 각각의 회원국에서 비준 절차가 진행되는데, 비준의 방법은 각각의 회원국 법에 따른다. 즉, 새로운 조약을 국민투표(referendum)에 의해 비준할 것인가, 혹은 의회에서 투표를 통해 비준할 것인가는 전적으로 회원국 정부의 권한이다. 아일랜드의 경우 자국 헌법의 변화를 야기할 수 있는 조약은 반드시 국민투표를 거쳐야 하기 때문에 매번 국민투표를 통해 비준 절차를 진행한다.

아일랜드를 제외한 국가들은 국제조약을 원칙적으로 의회에서 비준을 마칠 수 있지만 최근 회원국 정부들은 유럽통합과 관련된 조약의 비준의 경우 국민투표에 회부하는 경향이 있다. 이는 1986년 단일유럽의정서(SEA) 비준에서부터 나타난 경향으로, 이후부터는 더욱 많은 국가들이 자발적인 선택으로 조약의 비준을 국민투표에 회부하고 있다. 1992년 마스트리히트조약의 경우 덴마크와 프랑스가 국민투표를 실시했고, 1997년 암스테르담조약의 경우 아일랜드와 덴마크가, 2001년 니스조약의 경우 아일랜드만이 국민투표를 실시했다. 하지만 2005년 유럽헌법조약의 비준은 영국, 프랑스, 덴마크, 아일랜드, 룩셈부르크, 네덜란드, 스페인, 포르투갈, 폴란드, 스웨덴 등 10개 국가에서 국민투표에 회부되었다. 2007년 리스본조약의 경우 헌법에 따라 아일랜드만이 유일하게 국민투표를 실시했다.

회원국 정부들이 유럽통합 관련 조약을 국민투표에 자주 회부하는 이유는 국내정치적인 문제도 있지만 국민투표가 때때로 정부간회담에서 상실했던 국가이익을 수호해 줄 수 있는 도구가 되기 때문이다.[7] 예를 들어 1992년 마스트리히트조약의 비준을 거부한 덴마크 국민들은 경제통화동맹과 몇몇 정책에서 선택적 탈퇴(opt-out)를 인정받았다. 한편 2001년 니스조약을 비준시킨 아일랜드는 군사적 중립성을 인정받고서야 두 번째 국민투표에서 조약을 비준하였다.

7) 이에 대해서는 A. Maurits van der Veen, "National Government and EU Referendums", working paper, pp.0-40.

제 2 절 유럽연합 주요 조약의 생성과 발전

1 파리조약(Treaty of Paris)

최초의 유럽공동체를 탄생시킨 조약은 ECSC 형성을 위해 1951년 4월 18일 체결된 파리조약(Treaty of Paris)이다.[8] 모네(J. Monnet)로부터 유럽의 석탄철강산업 통합계획을 전달받은 슈만(R. Schuman)이 1950년 5월 9일 '역사적 선언'을 통해 발표한 제안을 독일, 이탈리아, 베네룩스 등 5개 국가가 수용하면서 파리조약이 체결되었다. 슈만은 "석탄과 철강 생산의 공동화는 유럽연방의 첫 단계인 경제발전의 공통의 토대를 즉각적으로 형성하는 것을 보장하는 것이고, 오랜 동안 전쟁무기 생산으로 계속해서 희생당했던 이 지역들의 운명을 바꾸어 놓을 것"임을 선언하며 유럽에 매장된 석탄과 철강의 공동화를 제안했다. 50년간 유효기간을 가지는 파리조약은 오랜 적대국이었던 독일과 프랑스의 화해라는 역사적 타협을 가져왔고 소위 '유럽'의 탄생을 가져왔다. 특히 ECSC는 기존의 국제기구와는 달리 역사상 최초로 초국가적 원칙에 의해 공동체를 운영함으로써 국제협력의 새로운 모습을 보여주었다. 1951년 4월 18일 조약 서명과 함께 6개국에 의해 천명된 '유럽선언(European Declaration)'이 "이 조약에 서명함으로써 참가 당사국들은 초국가적 기구를 형성하려는 의지를 입증했다"고 밝힌 것처럼 회원국들은 석탄과 철강 분에서 자신들의 주권을 초국가기구에 위임했다.

파리조약의 가장 두드러진 독창성은 초국가적인 제도와 정책에 있다. 파리조약에 따라 ECSC는 석탄과 철강 시장을 통제하는 9명의 위원으로 구성된 고위관청(High Authority), 회원국 정부 의회에서 파견된 78명의 의원으로 구성된 의회(Assembly), 조약의 이행과 갈등을 조정할 사법재판소(Court of

8) 석탄철강공동체는 2002년 7월 23일 조약 기한 만료로 해체되고 그 기능은 유럽공동체(EC)에 통합되었다.

Justice), 고위관청에 정보와 조언을 제시하는 51명의 위원으로 구성된 자문위원회(Consultative Committee), 회원국 정부의 장관들로 구성되어 각국의 이해를 대표하는 각료이사회(Council of Ministers)를 기구로 두었다. 특히 고위관청은 회원국 정부로부터 독립적인 전문가로 구성되어 초국가적 결정을 행사할 수 있기 때문에 유럽경제협력기구(OEEC)나 유럽평의회(Council of Europe)와 같은 기존의 국제기구와는 명확히 구분된다. 조약의 제9조에 따르면 "고위관청 위원들은 공동체의 일반이해라는 이름으로 완전히 독립적으로 기능을 수행한다"고 명시함으로써 기구의 초국가성을 강조했다. 파리조약의 초국가성은 고위관청에 정보와 조언을 제공하는 자문위원회의 존재에서도 나타난다. 파리조약은 이 자문위원회 위원들이 출신 기관으로부터 위임되거나 지침을 받지 않도록 했다.

두 번째 독창성은 조약이 석탄과 철강이라는 당시 산업사회의 기본 재료였던 분야에서 자유무역지대(free trade area) 형성뿐만 아니라 공동시장(common market)의 토대를 구축하는 매우 야망적인 정책목표를 가지고 있었다는 점이다. 게다가 ECSC는 모든 회원국에 석탄과 철강을 공급하고 생산의 합리적 팽창과 근대화를 형성하며 석탄과 철강산업 종사자들의 생활조건과 생활방식을 향상시킬 것을 목표로 했다.[9]

1952년 7월 발효된 파리조약은 한정적 조약으로 체결되었기 때문에 유럽석탄철강공동체는 2002년 7월 50년의 유효기간을 채우고 해체되었다. 하지만 유럽석탄철강공동체에 관련된 모든 정책은 EC의 단일시장 정책이 승계함으로써 석탄과 철강산업의 공동시장은 여전히 유효하다. 파리조약은 현재 유럽연합의 모태가 되는 조약은 아니다. 석탄과 철강에 한정된 수직적(vertical) 통합을 의도한 조약이었기 때문에 수평적(horizontal) 통합을 추구하는 유럽연합의 모태가 될 수는 없었다. 하지만 석탄철강공동체는 "통합 과정을 진전시켰다"고 평가한 질링햄(J. Gillingham)의 지적처럼 1950년대 중반 이후 가속화된

9) Neil Nugent, op.cit., p.20.

유럽통합에 동기와 틀을 제공해 주었다. 실제로 경제적 측면에서 유럽석탄철강공동체의 성과는 미미했다. 대신 유럽석탄철강공동체의 진정한 가치는 그것이 가지는 정치적 의미에 있다. 즉, 통합이라는 정치적 목표와 초국가적 기구의 형성이라는 조직 구조는 1957년 탄생하게 되는 유럽경제공동체와 유럽원자력공동체에 깊은 영향을 주었다.

유럽석탄철강공동체의 정치적 의미는 모네가 처음 이 계획을 구상했을 때 상정했던 가정에서도 나타난다. 그는 기능적인 통합의 파급효과(spill over effect)를 통해서 유럽연방에 이를 수 있다는 가정을 제시했다. 그가 기능주의적 연방주의자로 불리는 이유는 바로 이 때문이다. 이러한 기능적 방법을 통한 연방 건설이라는 목표는 1954년 유럽방위공동체(EDC, European Defence Community)와 정치공동체(EPC, European Political Community) 형성의 실패로부터 교훈을 받아 1950년대 중반 이후 다시 유럽통합을 주도하였고 현재에도 유럽통합 사상과 전략에 많은 영향을 주고 있다.

2 로마조약(Treaty of Rome)

목표와 전략이라는 측면에서 파리조약이 현재의 유럽연합에 끼친 영향은 매우 크다. 파리조약은 6년 후 형성된 로마조약에 목표와 동기를 부여해 주었고 로마조약의 제도의 형성에도 지대한 영향을 주었다. 현재의 유럽연합이 1957년 3월 15일 이탈리아 로마의 캄피돌리오 언덕에 있는 Palazzo dei Conservatori의 Orazi e Curiazi 방에서 체결된 로마조약이 여러 차례의 수정과 발전 과정을 거치면서 도착한 중간 기착지임을 인식한다면, 파리조약은 로마조약을 통해 유럽연합에 간접적으로 영향을 주었다고 할 수 있다.

로마조약은 유럽연합의 모태가 되는 유럽경제공동체(EEC)와 유럽원자력공동체(Euratom) 등 두 개의 공동체를 형성한 두 개의 조약을 일컫는다. 두 공동체 모두 이전의 ECSC와는 달리 유효기한이 없는 조약으로 체결되었다. 따라서 원칙적으로 탈퇴의 자유가 없는 조약이다. EEC는 1993년 마스트리히트 조약의 발효와 함께 유럽공동체 설립조약(Treaty establishing the European Community)을 통해서 유럽공동체(EC)로 명칭이 변경되어 유럽연합을 구성하는 첫 번째 기둥이 되었고, 2009년 리스본조약에 의해서 유럽연합 운영조약(Treaty on the functioning of the European Union)을 통해 유럽연합(EU)으로 흡수되었다. 한편 Euratom은 유럽연합과 기구만을 공유할 뿐 여전히 법적으로 독립적인 공동체의 기능을 유지하고 있다.

Euratom과 EEC는 모두 로마조약에 의해 탄생한 공동체이지만 공동체를 형성하는 방법은 서로 달랐다. Euratom은 ECSC와 동일하게 기능적이고 수직적(vertical) 통합을 의미하는 분야별 통합을 통해 형성된 공동체인 반면, EEC는 수평적(horizontal) 통합을 통해 6개국 경제의 전반적 통합을 통해 형성된 공동체이다. 이러한 차이는 Euratom과 EEC를 제안했던 모네와 베네룩스 국가들의 경험에 기인한다. Euratom은 ECSC를 제안했던 기능주의 신봉자 모네에 의해 제안된 것인 반면, EEC는 일찍이 관세동맹 경험을 가지고 있었던 베네룩스 국가들, 특히 벨기에의 스파크(P. A. Spaak)에 의해 제안된 것이었다.

로마조약이 파리조약의 유산을 물려받았다는 것은 로마조약이 탄생시킨 두 공동체의 구조가 파리조약의 결과물인 ECSC의 그것과 매우 유사하다는 점에서 찾을 수 있다. Euratom과 EEC는 각각 먼저 ECSC의 고위관청에 해당하는 9인으로 구성된 집행위원회(Commission)를 두었고 각각 각료이사회(Council of Ministers)와 사법재판소(Court of Justice)를 두었다. 의회의 경우 공동체 간 중복을 피하기 위해 ECSC의 의회(Assembly)를 142명으로 증원하여 Euratom 및 EEC와 함께 세 개의 공동체를 대표하는 새로운 의회(Parliamentary Assembly)로 재편했다.

이에 따라 1958년 이후 유럽에는 의회를 제외하고 각각의 기구를 가지는 ECSC, EEC, Euratom 등 세 개의 공동체가 존재하게 되었다. 이후 공동체의 발전으로 인한 세 공동체 관할 영역의 중복과 예산의 낭비 등 운영의 어려움 때문에 1965년 통합조약(merger treaty)을 통해서 세 개의 공동체 기구를 하나씩으로 통합하였다. 하지만 사법재판소의 경우 각자 관할 영역이 다르기 때문에 통합하지 않고 독립적으로 운영되도록 하였다. 즉, EEC의 집행위원회와 각료이사회가 Euratom의 집행위원회와 각료이사회 및 ECSC의 고위관청과 각료이사회의 기능을 흡수해 단일한 기구가 되었다. 하지만 통합조약으로 세 개의 조약과 공동체가 통합되었다는 의미는 아니다. 통합조약은 단지 기구만을 통합하였고 세 기구는 법적으로 여전히 독립적인 공동체였다. 그러나 통합조약은 단일 기구에 관련된 조항을 명확히 하기 위해 1997년 암스테르담조약에 의해 폐지되고 통합조약에 관련된 조항들은 적절한 공동체 조약들 속으로 흡수되었다.

통합조약 이후에도 세 개의 공동체는 ECSC, Euratom, EEC 등 각자의 이름을 가지고 활동했다. 또한 세 개의 공동체를 지칭해서 ECs(European Communities)라는 용어를 사용하기 시작했는데, 이 용어는 일반적으로 유럽공동체를 의미하기 위해서 EC로도 사용되었다. 하지만 이 경우의 EC는 1993년 마스트리히트조약이 유럽경제공동체(EEC)를 유럽공동체(EC)로 명칭을 변경한 이후 사용된 EC와는 구분되어야 한다. 따라서 1993년 이전까지 EC는 ECs를 의미하고 이후의 EC는 EEC를 계승한 유럽공동체를 의미하며 ECs는 세 개의 공동체 모두를 의미한다. 이러한 용어적 혼란은 2009년 리스본조약 발효로 EU가 EC를 대체하면서 사라지게 되었다.

로마조약은 1970년 공동체 예산규정 수정조약(Treaty Amending Certain Budgetary Provisions of the Treaties)과 공동체 재정규정 수정조약(Treaty Amending Certain Financial Provisions of the Treaties)을 통해서 공동체 예산과 재정에 관련된 권한을 각각 의회와 회계감사원(Court of Auditors)에 부여하면서 수정되었다. 또한 1976년에는 유럽의회 의원을 직접선거를 통해서 선출하기 위해 로마조약을 4번째로 수정했다.

1990년대 이전까지 가장 중요한 로마조약 수정은 1986년에 이루어진 단일

유럽의정서(SEA, Single European Act)이다. 단일유럽의정서는 기존의 조약 수정과는 달리 공동체의 권한과 기능을 대폭적으로 수정했다. 먼저 단일유럽의정서는 정책 목표를 명확히 설정하고 새로운 정책 영역을 확대했다. 가장 두드러진 부분은 1992년 말까지 단일유럽시장(SEM, Single European Market)을 완성한다는 계획이었다. 다음으로는 환경, 연구 개발, 경제사회적 결속 등과 같은 분야로 공동체의 권한 영역을 확대했다.

단일유럽의정서의 두드러진 특징은 제도적 변화에 있다. 먼저 단일유럽의정서는 공동체의 입법 절차를 보다 민주화했다. 즉 각료이사회에서 가중다수결(QMV, Qualified Majority Voting)제도를 도입하고 유럽의회가 제안된 법안을 2회에 걸쳐 검토할 수 있도록 하는 협력절차(cooperation procedure)를 도입했다. 또한 동의절차(assent procedure)를 도입해 신규회원국 가입이나 제3국과의 연합협정 체결 시 유럽의회가 반드시 동의하도록 해 유럽의회의 권한을 강화했다. 이 외에도 단일유럽의정서는 유럽이사회(European Council)를 법적으로 인정했다. 또한 사법재판소에 1심법원(Court of First Instance)을 설립해 사업재판소의 권한을 강화했다. 마지막으로 유럽정치협력(EPC, European Political Cooperation)을 제도화해 외교정책 및 국내정책에서의 정부 간 협력 가능성을 구축했다. 이렇게 단일유럽의정서는 로마조약 이후 가장 괄목할 제도개혁과 정치협력을 담아 유럽통합의 일대 전환점을 마련하였다.

3 마스트리히트조약과 그 이후

SEA는 1980년대 후반부터 1990년대 초반에 나타날 내적, 외적 상황을 준비하지 못한 조약이었다. 따라서 조약의 발효 직후부터 새로운 조약의 필요성이 나타났다. 먼저 SEA는 1992년 말까지 단일유럽시장(SEM, Single European Market)을 완성한다는 계획을 세웠는데, 단일유럽시장의 효과는 경제통화동맹

(EMU, Economic and Monetary Union)이 형성될 때 완전해질 수 있다는 주장이 내부적으로 제기되었다. 따라서 경제통화동맹에 대한 논의가 하루빨리 이루어져야 할 필요성이 대두되었다. 둘째, 단일시장의 신자유주의와 탈규제적 속성은 통합의 사회적 차원(social dimension)의 필요성을 제기해주었다. 셋째, 단일시장의 완성은 국경통제의 해체를 의미하기 때문에 이와 함께 증가할 범죄와 같은 문제에 대처할 필요성이 등장했다. 넷째, 단일유럽의정서가 해결하지 못한 '민주적 결핍(democratic deficit)' 문제를 해결할 필요성이 나타났다. 외적으로는 냉전의 해체로부터 기인한 중동부유럽의 공산주의 블록의 붕괴, 독일의 재통일, 소련의 붕괴, 냉전의 붕괴 등으로 탈냉전시대에 유럽공동체의 대응이 필요했다.[10]

마스트리히트조약은 바로 이러한 필요성들에 대한 대응으로 이해할 수 있다. 1991년 일련의 정부간회담(IGC)의 결과로 탄생한 마스트리히트조약(Maastrich Treaty) 혹은 유럽연합조약(Treaty on European Union)은 이러한 필요성에 부응하기 위해 공동체를 구조적으로 완전히 변화시켰다. 기존에는 세 개의 공동체가 존재했지만 모두 단일한 기구에 의해 운영되었기 때문에 단일한 지주를 가지고 있었다. 하지만 1992년 2월 체결된 마스트리히트조약은 위의 내부적 요인에 대한 대응으로 유럽공동체설립조약(TEC, Treaty Establishing the European Community)을 통해 유럽경제공동체(EEC)를 유럽공동체(EC)로 변화시켜 새로운 공동체 구조의 첫 번째 지주로 삼았다. 여기에는 기존의 EEC 정책 모두를 포함하고 향후 형성될 경제통화동맹과 유럽시민권(European Citizenship)을 넣었다. 이 첫 번째 지주에 포함된 모든 정책은 공동체적 방법(혹은 초국가적 방법)에 의해 결정되도록 하였다. 즉, 집행위원회, 유럽의회, 각료이사회가 참여하는 공동체의 정책결정절차에 의해 정책이 운영되는 것이다. 한편 회원국 간의 협력을 통해 정책을 수행하는 공동외교안보정책(CFSP)과 내무사법협력(CJHA)을 각각 두 번째와 세 번째 지주로 삼았다. 공동외교안보정책은 유럽

---

10) Ibid., p.55.

연합이 당면한 외교 및 안보문제에 대한 공동입장을 견지한다는 내용과 유럽연합 외곽의 군사협력체인 서유럽동맹(WEU, Western European Union)과의 협력을 명기하였다. 한편 내부사법협력은 이민망명정책, 국경통제정책, 민법 및 사법협력 등에서의 협력을 규정하였다. 따라서 이 정책들은 공동체적 방법이 아니라 유럽이사회나 각료이사회에서 회원국들 간 만장일치에 의한 협력을 통해서 공동의 정책이 결정되도록 하였다. 그리고 이러한 세 개의 지주를 관장하는 새로운 공동체를 유럽연합(EU)이라고 명명하였다. 즉, 또 다른 형태의 공동체(연합)를 만들어 기존의 공동체를 포괄하도록 하였다.

마스트리히트조약은 급작스럽게 체결된 조약이었기 때문에 체결 과정에서 나타난 제 문제들을 모두 포괄하지 못하였다. 이러한 문제들을 해결하기 위해 마스트리히트조약의 제N조는 조약의 비준 이후 정부간회담을 통해 조약을

<그림 2-3> 마스트리히트조약에 따른 유럽연합의 지주 구조

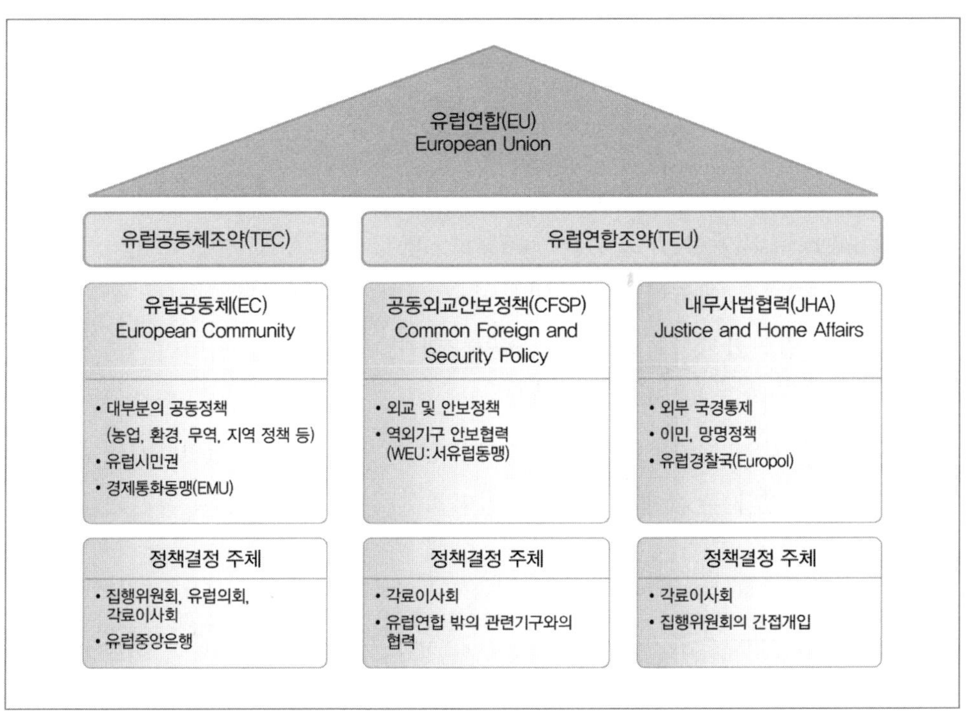

수정할 수 있도록 했다. 따라서 1993년 마스트리히트조약 발효 직후 정부간회담이 개최되어 1997년 10월 2일 암스테르담조약(Amsterdam Treaty)이 체결되었다. 암스테르담조약은 마스트리히트조약에 비해 크게 진전된 형태를 가진 것은 아니다. 하지만 마스트리히트조약에서 제3지주에 포함되어 있던 이민과 망명정책을 제1지주로 옮겨 공동체적 방법에 의해 운영되도록 하였다.

한편 암스테르담조약의 11번째 부가의정서는 회원국 수가 20개국을 넘을 때 최소 1년 전에 정부간회담을 소집해 제도개혁을 위한 준비를 하도록 명기했다. 공산주의에서 해방된 중동부유럽 국가들의 유럽연합 가입신청으로 1998년부터 가입협상이 시작되었다. 따라서 2000년 2월 소집된 정부간회담에서는 협상중인 중동부유럽 10개국의 가입에 대비해 제도개혁을 위한 조약안이 작성되었고, 이듬 해 1월 니스정상회담에서 마스트리히트조약과 로마조약을 수정하는 니스조약(Treaty of Nice)이 서명되었다.

니스조약의 제도개혁은 신규 회원국의 가입을 준비하는데 중점이 두어졌다. 먼저 집행위원회의 구성에 대해서 니스조약은 2005년 1월 1일 이후 1국 1인 원칙을 따르도록 하고 회원국이 27개국이 되면 위원 수를 27명 이하로 축소하도록 하였다. 또한 유럽의회의 의원 수를 신규 가입국을 고려해 732명으로 늘렸다. 니스조약은 또한 회원국이 27개국이 될 경우 이사회(Council of the European Union)[11]에서 투표수를 345표로 확대하고 가결 의결 수를 전체 표의 74%인 255표로 하였다. 또한 안건이 가결되기 위해서는 찬성한 국가의 인구의 합이 유럽연합 전체 인구의 62%인 3억 천 백만 명을 넘어야 했다.

니스조약은 아일랜드 국민투표에서 비준이 거부된 후 제2차 국민투표에서 가까스로 통과되었다. 동 조약은 암스테르담조약에 담지 못했던 EU의 확대에 대비한 조약이었다는 점에서 의미가 있다. 하지만 니스조약은 이전의 조약들

11) Council of the European Union은 단순하게 이사회(Council)라고도 하며 회원국 장관들의 회동을 의미한다. 이사회는 마스트리히트조약 이전까지는 공식적으로 각료이사회(Council of Ministers)로 불렸으며 현재도 이 명칭을 종종 사용하고 있다. 이사회는 회원국 수장들의 회동인 유럽이사회 혹은 유럽정상회담인 European Council이나 유럽평의회(Council of Europe)와 혼동된다.

에 비해서 제도개혁에 치중해 통치구조 등 여타 분야에서의 개혁 문제에는 소홀했다는 한계를 가지고 있다.

제 3 절 유럽헌법의 부결과 리스본조약의 의미

1 유럽헌법의 의미와 내용

앞에서 지적한 것처럼 니스조약은 EU의 중동부유럽으로의 확대에만 초점을 맞추었다. 따라서 보다 크고 이질적으로 확대된 유럽연합이 어떻게 효율적으로 작동할 수 있는가에 대한 문제에 대해서는 고려하지 않았다. 이러한 문제를 해결하기 위해서 니스 정상회담에서는 2004년에 새로운 정부간회담을 개최해 유럽의 미래를 논의하기로 했다. 또한 2001년 12월 라켄(Laeken)에 모인 정상들은 '유럽연합의 미래에 관한 선언(Declaration of the future of the European Union)'을 통해 유럽미래회의(Convention on the Future of Europe)를 조직했다. 유럽미래회의는 각국의 정상, 유럽연합 정치인, 회원국 정치인 등 60여 명이 참여해 유럽헌법(Constitution for Europe 혹은 European Constitution)을 위한 작업을 시작해 이후 정부간회담을 거쳐 최종적 조약문이 작성되었다.

유럽헌법은 2004년 10월 29일 로마에서 25개 회원국에 의해 서명된 유럽헌법조약(Treaty establishing a Constitution for Europe 혹은 Constitutional Treaty)을 의미한다. 유럽헌법조약은 18개 국가에서 비준되었으나 2005년 5월과 6월 프랑스와 네덜란드 국민투표에서 부결되어 실패로 끝났다. 유럽헌법조약의 부결 이후 조약에 포함된 많은 내용이 축소되어 리스본조약으로 대체되어 2007년 12월 서명되고 2009년 12월 1일 비준되었다.

유럽헌법은 기존의 조약들을 모두 하나로 통합하는 유럽연합의 헌법을 작성하는 것이었고, 이를 통해 유럽연방에 다가간다는 거대한 계획의 일부분이었다. 이러한 계획은 사실 초기 유럽통합 운동의 궁극적 목표이자 전략이기도 하였다. 스피넬리(A. Spinelli) 등과 같은 연방주의자들의 경우 수차례에 걸쳐 유럽헌법의 작성을 통한 유럽연방의 건설이라는 전략을 사용하기도 하였으나 모두 실패하였다. 반면 기능적 연방주의자로 알려진 모네(J. Monnet)조차도 기능적 통합의 파급효과를 통한 궁극적 연방 건설이라는 목표를 가지고 있었기 때문에 유럽헌법은 유럽통합 과정의 종착지였다.

유럽헌법조약은 기존의 유럽연합 조약들(유럽연합설립조약, 유럽공동체조약, 유럽원자력공동체조약)을 하나의 조약으로 단일화한 것이다. 따라서 헌법조약은 448개 조항과 36개의 프로토콜, 2개의 부가의정서, 50개의 선언으로 이루어진 방대한 양이었다. 유럽헌법조약은 유럽연합의 목표, 권한, 제도, 정책결정과정 등을 포함한 제1장(1조-60조), 유럽기본권헌장(Charter of Fundamental Rights)을 다룬 제2장(61조-114조), 유럽연합의 정책을 규정한 제3장(115조-436조), 조약의 수정 등 최종규정을 포함한 제 4장(437조-448조) 등 전체 4개의 장으로 구성되었다. 유럽헌법의 구조를 살펴보면 제1장은 기존의 유럽연합조약을 심화시킨 내용이고, 제4장은 유럽공동체조약과 유럽원자력공동체조약을 통합하여 하나의 장으로 정리한 것을 알 수 있다.

유럽헌법은 기존 공동체조약들을 단일화한 것 이외에 대대적 제도변화를 동반했다. 제도개혁은 한편으로는 유럽연합의 민주성과 초국가성 강화와 다른 한편으로는 회원국의 권한 강화와 함께 이루어졌다. 전자의 경우 가장 두드러진 변화는 유럽의회의 권한 강화이다. 유럽헌법은 유럽의회에 집행위원회 위원장을 선출할 수 있는 권한을 부여하고 각료이사회와 동등한 입법 권한을 가질 수 있도록 했다. 또한 집행위원회 운영의 효율성을 위해 집행위원 수를 18명으로 축소하는 규정을 두었다. 한편 각료이사회의 의사결정 방법에서 이중다수결(dual majority) 제도를 도입했다. 이는 거대국가와 중소국가의 이해를 모두 반영하고 의사결정 제도를 실속하게 하기 위한 것이다.

다른 한편 몇몇 제도의 변화는 회원국의 권한을 강화하는 결과를 가져왔다.

먼저, 유럽이사회를 유럽연합의 공식기구로 인정하고, 임기 2년 6개월의 유럽이사회 의장직을 신설해 대내외적으로 유럽연합을 대표할 수 있도록 하였다. 또한 유럽연합 외무장관직을 신설해 기존의 각료이사회의 집행위원회에서 행하던 대외업무를 담당하도록 하였다.

유럽헌법조약의 획기적인 부분은 제1장 7조에서 밝힌 "연합은 법인격을 가진다(The Union shall have legal personality)"는 규정이다. 기존까지 유럽공동체 즉 EC는 법인격을 가지고 있었으나 유럽연합은 그것을 가지고 있지 못했다. 때문에 유럽연합의 대외적 대표성이 약할 수밖에 없었다. 예를 들면 제 3국과의 무역관계 등 상호관계에서 EC만이 공동체를 대표할 수 있었고 EU는 그 권한을 행사하기가 힘들었다. 하지만 유럽헌법이 기존의 공동체조약들을 하나의 헌법조약으로 묶어 법인격을 부여했기 때문에 이제 EU는 법인격을 가지고 공식적으로 EU를 대표할 수 있게 되었다. 또한 유럽연합의 권한을 기존까지는 EC와 Euratom과 함께 나누어 가지고 있었지만 이제 EU가 이러한 권한을 모두 흡수하게 되었다는 것을 의미한다.[12)]

유럽헌법조약은 2006년 11월까지 공식 발효될 예정이었으나 2005년 5월과 6월 각각 프랑스와 네덜란드의 국민투표에서 비준이 거부됨으로써 부결되었다. 유럽헌법은 비록 부결되었으나 유럽통합에서 가지는 의미는 매우 크다고 할 수 있다. 우선 유럽헌법은 최초로 헌법이라는 용어를 사용함으로써 유럽연합이 단순한 공동체를 넘어 연방체를 형성하려 한다는 점을 분명히 할 수 있는 요소였다. 기존의 유럽공동체 법들은 모두 회원국의 법보다 상위법이기 때문에 헌법적 속성을 가지지만 유럽헌법조약에서는 헌법이라는 용어를 공식적으로 사용함으로써 이를 보다 분명히 하였다. 또한 헌법을 가지게 되었다는 것은 유럽연합이 국가들의 연합체가 아니라 하나의 국가공동체와 같은 형태를 가진다는 것을 의미한다.

유럽헌법조약은 통상적인 조약의 비준과정과는 달리 많은 국가들이 국민투

12) Werner Schroeder(번역 채형복), "유럽연합과 유럽공동체", 「영남법학」, 제10권 2호, 2004, pp.143-184.

표를 통한 비준을 선택했다. 헌법상 반드시 국민투표를 거쳐야 하는 아일랜드 이외에 의회에서 비준 절차를 진행할 수 있었던 스페인, 영국, 덴마크, 폴란드, 체코, 스웨덴, 포르투갈, 프랑스, 네덜란드조차도 국민투표를 선택했다. 이들 국가 중 스페인만이 유일하게 2005년 5월 29일 국민투표를 통해 유럽헌법을 승인했다. 스페인을 포함해 총 18개 국가가 비준에 성공했지만 프랑스와 네덜란드의 비준 거부를 목격한 나머지 국가들은 비준을 무기한 연기함으로써 비준을 포기했다.[13]

유럽헌법의 비준 실패는 여러 가지 요인을 통해 설명되고 있다. 유럽헌법의 헌법적 특성이 국가주권을 지나치게 침해한다는 우려와 유럽통합의 신자유주의적 노선이 생활수준을 악화시키고 있다는 불만이 유럽헌법의 부결을 가져왔다는 것이 일반적인 설명이다. 또한 제8조의 유럽연합기, 유럽연합가 등 초국가적 공동체를 나타내는 심볼의 공식화에 대한 민족주의 우려가 작용했다는 해석도 있다. 또한 자국의 경제부진과 집권정부에 대한 불만과 동유럽의 유럽연합 가입 이후 동유럽 이민자들의 대대적 유입에 대한 두려움 또한 컸던 것이 사실이다.[14]

2 리스본조약(Treaty of Lisbon)

유럽헌법조약의 부결 이후 숙려의 시간을 가진 회원국들은 2007년 5월 25일 로마에서 로마조약 50주년 기념일에 맞추어 소위 '베를린선언'을 하였다. 메르켈(A. Merkel) 독일총리의 이니셔티브로 이루어진 이 선언은 2009년 유럽의회 선거에 맞추어 새로운 조약을 작성하기로 하였다. 한편 유럽연합 수준에서도 2006년 하반기부터 바로수(J. M. Barroso) 집행위원장의 이니셔티브로

13) 루마니아와 불가리아의 경우 2005년 가입조약에 서명함에 따라 유럽헌법을 비준한 것으로 인정되었다.

14) 방청록, "유럽헌법의 부결과 유럽통합 심화에의 연구", 「유럽연구」, 제23호, 2006.

아마토(G. Amato) 전 이탈리아 총리를 수장으로 하고 회원국의 고위공무원들로 이루어진 위원회가 비공식적으로 구성되어 프랑스와 네덜란드에 의해 부결된 유럽헌법을 수정하는 작업이 진행되고 있었다. 아마토위원회는 2007년 6월 4일 새로운 조약문을 위한 초안을 발표했고, 6월 21일 브뤼셀에서 다시 모인 정상들은 헌법을 대체하는 새로운 조약을 작성하기로 합의했다. 아마토위원회의 초안을 기초로 7월에 개최된 정부간회담의 작업으로 개정조약(Reform Treaty)이 작성되었다. 방대한 유럽헌법에 비하면 규모가 작은 조약이었기 때문에 '미니조약'으로 불린 개정조약은 2007년 12월 12-13일 리스본에서 열린 유럽이사회에서 서명되었다.

리스본조약은 기존의 유럽연합조약(TEU, Treaty on the European Union)을 수정하고 유럽공동체조약(TEC)을 개정해 유럽연합운영조약(TFEU, Treaty on the Functioning of the European Union)으로 변화시켰다. TEU는 유럽연합의 운영에 관한 일반적 원칙을 포함하고 있는 반면, TFEU는 유럽연합의 역할, 정책, 작동 방법을 보다 상세히 기술하고 있다. 유럽연합운영조약에 따라 유럽연합은 기존에 EC가 수행하던 모든 정책을 포함할 뿐만 아니라 제2지주와 제3지주에 포함되었던 모든 정책까지 포함하게 되었다. 따라서 개정조약에 의해 기존의 유럽공동체(EC) 개념은 사라지게 되어 마스트리히트조약에 의해 탄생한 세 개의 지주로 이루어진 구조가 사라지고 유럽연합이라는 단일한 구조로 이루어지게 되었다.

유럽연합조약은 다음과 같은 6개의 장으로 구성되어 있다: 제1장(공동규정): 인권, 평화 등 유럽연합의 토대가 되는 가치와 회원국의 권리와 의무 등을 규정; 제2장(민주주의 원칙에 관한 규정): 유럽연합 시민의 권리에 대해 규정; 제3장(기구에 관한 규정): 유럽연합을 운영하는 각 기구의 권한과 임무 규정; 제4장(강화된 협력에 관한 규정): 제한된 수의 회원국이라도 유럽연합을 작동할 수 있게 할 수 있다는 강화된 협력 규정; 제5장(대외행동에 관한 일반규정 및 공동외교안보정책에 관한 특별규정): UN헌장 존중, 전 세계 무역, 인권, 지구거버넌스 고무를 포함하는 외교정책의 노선 규정; 제6장(최종규정): 유럽연합에 법인격 부여.

한편 유럽연합운영조약은 전체 6개의 부로 이루어져 있다: 제1부(원칙): 유럽연합 운영의 일반원칙 규정; 제2부(비차별과 연합시민권): 차별금지와 유럽연합 시민의 권리 및 의무 규정; 제3부(연합의 대내정책 및 행동): 다양한 유럽연합의 정책에 관한 규정; 제4부(해외영토와의 협력): 해외영토와의 관계에 관한 규정; 제5부(연합의 대외적 행동): 공동외교정책에 관한 규정; 제6부(제도와 재정 규정): 다양한 기구와 재정의 운영에 관한 규정; 제7부(일반규정 및 최종규정)으로 구성되어 있다.

리스본조약에는 위의 두 개의 조약 이외에 37개의 프로토콜, 2개의 부가서, 65개의 선언이 첨부되어 있다. 프로토콜은 주로 각 기구나 제도에 관한 상세한 규정을 명시하고 있다. 부가서에는 공동농업정책과 공동어업정책에 관련되는 항목 리스트와 유럽연합의 해외영토 리스트가 명시되어 있다.

리스본조약은 기존의 조약을 대체하는 새로운 헌법이 아니라 유럽공동체조약과 유럽연합조약 등 기존에 존재하는 조약들을 수정하는 개정조약이다. 하지만 유럽헌법의 주요 내용들을 대부분 포함하고 있어 유럽통합의 발전과정이라는 측면에서 의미가 큰 조약이다. 비록 '헌법'이라는 용어뿐만 아니라 국기, 국가 등 초국가적 성격의 용어를 삭제했지만 유럽통합의 궁극적 목표인 정치적 통합을 향한 의지를 내포하고 있다.

리스본조약은 특히 제도 개선에서 두드러진 특징을 가진다. 이는 그 동안 비판받아 왔던 유럽연합의 민주성(democracy)과 효율성(efficiency)을 개선하기 위한 것이다.

먼저, 유럽의회의 권한이 대폭 강화되고 구성이 변화되었다. 유럽의회는 그동안 732명의 의원을 가지고 있었으나 리스본조약은 이를 최대 750명으로 조정하였다. 또한 회원국의 인구비례에 따라 의석 수를 최소 6석에서 96석까지 할당했는데,[15] 이는 약소국과 강대국의 권리를 모두 보호하기 위한 조치이다.

15) 의석 조정에 따라 독일은 96석, 프랑스는 74석, 이탈리아와 영국이 각각 73석, 스페인이 54석, 폴란드가 51석, 루마니아가 33석, 네덜란드가 26석 벨기에, 체코, 그리스, 헝가리,

한편 유럽연합의 정책결정과정에서 공동결정절차(codecision procedure)의 확대를 통해 유럽의회의 권한을 강화했다. 이사회와 함께 공동으로 정책을 결정한다는 개념의 공동결정절차는 마스트리히트조약에서 도입된 개념이었지만 적용 분야는 한정되어 있었다. 리스본조약은 이를 농업, 어업, 구조기금뿐만 아니라 예산 관련 결정이나 이전에는 제3지주에 포함되어 단순한 회원국 간 협력사항이었던 내무 및 치안 문제로 확대했다. 따라서 유럽연합의 거의 모든 정책 분야에서 공동결정절차를 사용하도록 하면서 의회의 권한을 확대했다. 따라서 명칭도 공동결정절차에서 보통입법절차(ordinary legislative producere)로 변경했다.

이사회에서의 의사결정 방식 역시 보다 민주적이고 효율적으로 개정했다. 리스본조약은 신속하고 효율적 의사진행을 위해 현재 적용되고 있는 가중다수결제도를 더욱 확대하고 몇몇 분야에 대해서는 이중다수결(double majority)제도를 적용하도록 하였다. 이중다수결은 회원국 수의 55% 이상과 EU 전체 인구의 65% 이상의 찬성이 있어야 결정이 통과될 수 있도록 하는 제도로 2014년 1월부터 적용되게 된다. 27명으로 구성되는 집행위원회의 구성 역시 변화되었다. 리스본조약은 예산 낭비와 효율성을 위해 집행위원의 수를 현재의 2/3 수준으로 축소하도록 하였다.

리스본조약은 이사회제도 역시 유럽헌법조약의 내용에 약간의 수정을 거쳐 승계했다. 먼저 리스본조약은 유럽이사회를 이사회로부터 분리시켜 고위 수준의 정치적 결정을 해 왔던 유럽이사회의 권한을 대폭 약화시켰다. 유럽이사회 의장의 임기 또한 이사회와 동일했던 6개월의 임기를 2년 6개월 임기로 조정하였다. 또한 유럽연합의 대외적 대표성을 강화하고 공동외교안보정책을 수행하기 위해 유럽연합 고위대표(High Representative of the Union for Foreign Affairs and Security Policy) 제도를 신설했다.

포르투갈이 각각 22석, 스웨덴이 20석, 오스트리아가 19석, 불가리아가 18석, 핀란드, 덴마크, 슬로바키아가 각각 13석, 아일랜드와 리투아니아가 각각 12석, 라트비아가 9석, 슬로베니아가 8석, 사이프러스, 에스토니아, 룩셈부르크, 몰타가 각각 6석을 보유하게 되었다.

제 4 절 2차법과 입법절차

1 2차법이란?

2차법(secondary law)이란 유럽연합의 입법절차를 거쳐 탄생한 법이다. 유럽연합의 입법절차는 정책결정절차를 의미하기 때문에 2차법은 유럽연합의 모든 정책결정의 결과이다. 리스본조약 제288조가 규정하듯이 유럽연합의 정책결정은 규칙(regulation), 지침(directive), 결정(decision), 권고(recommendation) 및 견해(opinion)를 통해 이루어지는데, 이것들을 2차입법이라고 한다.[16)] 이것들을 유럽연합의 입법이라고 하는 이유는 위의 정책결정이 조약 등 1차법을 근거로 이루어지기 때문이다. 하지만 모든 2차법이 법적 구속력을 가지는 것은 아니다. 규칙, 지침, 결정은 법적 구속력을 가지지만 권고 및 의견은 구속력을 가지지 못한다.

규칙은 이사회에 의해 결정되는 즉시 모든 회원국에 직접 적용되어 구속력을 가진다. 즉, 규칙이 발효되면 회원국은 따로 입법절차를 밟지 않고 의무적으로 수용해야 하는 법이기 때문에 상위법 원칙이 적용된다.

지침은 회원국 내에서 입법과정을 거쳐서 회원국을 구속하는 법이다. 회원국은 지침을 반드시 입법화해야 하지만 그 방법은 자율적이다. 회원국에는 일정 정도의 재량권이 인정되기 때문에 일종의 가이드라인이라고 할 수 있다.

결정은 대상을 한정하여 특정한 회원국이나 법인 혹은 개인을 대상으로 이루어지는 것으로 이들에 대한 구속력을 가진다. 따라서 모든 회원국, 법인, 개인을 대상으로 하는 규칙이나 지침과는 차이가 있다.

권고와 견해는 일반적으로 법적 구속력은 없기 때문에 일종의 행정과정이다. 하지만 이것들이 다른 EU법의 기준을 제공할 수 있기 때문에 법원성을

---

16) 2차법은 GATT나 WTO협정과 같은 유럽연합이나 회원국이 서명한 국제적 합의와 회원국간 이루어진 합의를 포함한다.

가진다.[17]

2 2차입법의 절차

정책결정절차를 의미하는 유럽연합의 입법절차는 통상적인 국가의 입법절차와 매우 다르다. 유럽연합의 특성상 입법절차는 회원국과 유럽연합의 초국가기구가 모두 참여하는 방식으로 이루어지고 있다. 의회에 집중되어 있는 국가의 입법절차와는 달리 유럽연합의 경우 대부분의 입법과정은 집행위원회, 이사회, 유럽의회가 공동으로 참여해 이루어진다. 즉, 집행위원회는 의제 제안권을 가지고 회원국의 이익을 대변하는 기관인 이사회가 최종결정권을 가진다. 초국가기구인 유럽의회는 EEC형성 초기에는 단순히 자문의 역할만을 수행했다가 단일유럽의정서, 마스트리히트조약 등을 거치면서 점차 권한을 강화해 정책결정 과정에 적극적으로 참여할 수 있게 되었다.

입법과정의 복잡성은 의제 제안과정에서도 나타난다. 집행위원회는 의제를 제안하기 전에 상주대표부(Coreper)에 파견된 각 회원국의 관료들뿐만 아니라 각종 자문기구 및 이익집단의 의견을 수렴한다. 자문기구 중 대표적인 것으로는 지역위원회와 경제사회위원회가 있다.

집행위원회의 제안을 받은 이사회와 유럽의회는 다양한 형태의 결정과정을 거쳐 정책을 결정한다. 정책결정을 위한 이사회와 유럽의회의 협력방법은 사안에 따라 협력절차(cooperation procedure),[18] 공동결정절차(codecision procedure), 협의절차(consultation procedure), 동의절차(assent procedure) 등을 사용해 왔다, 이를 정책결정의 공동체방식(community method)이라 한다. 이 중 유럽의회의 권한이 가장 많이 수행되는 방법은 마스트리히트조약에 의해 탄생한 공동결정절차

17) 채형복, 「핵심유럽연합법」, 서울: 지식경제부, 2011, pp.96-97.
18) 협력절차는 마스트리히트조약에 의해 공동결정절차로 대체되었다.

로 가장 많이 사용되는 유럽연합의 대표적인 정책결정 방법이다. 그러나 리스본조약은 공동결정절차를 보통입법절차로 변화시켰으며, 협의절차와 동의절차를 통합해 특별입법절차(special legislative procedure)로 변화시켰다.

보통입법절차는 이사회와 유럽의회가 공동으로 규칙, 지침, 결정을 채택하는 결정방식으로 대부분의 정책결정에 사용된다. 기존의 공동결정절차와 비교해 보통입법절차의 새로운 점은 집행위원회의 의제 독점권을 폐지했다는 점이다. 즉 공동외교안보정책에 대한 결정에 관한서는 회원국이, 유럽중앙은행제도에 관해서는 유럽중앙은행이 의제를 제안할 수도 있다. 또한 리스본조약은 일반시민 역시 특정 주제에 대하여 100만 명 이상의 발의로 의제를 제안할 수 있도록 하여 시민의 권리를 보장했다.

리스본조약 제294조는 보통입법절차를 단계별로 나누어 명확히 규정하고 있다. 집행위원회가 유럽의회와 이사회에 법안을 제출하면 제1독회 절차가 시작된다. 먼저 유럽의회는 제출된 법안에 대한 입장을 채택하고 이를 의사회에 통지한다. 이사회가 유럽의회의 입장이 찬성이든 반대이든 이를 승인할 경우 절차가 바로 종결된다. 만약 이사회가 이를 승인하지 않을 경우 자신들의 입장을 채택해서 이를 유럽의회에 통지한다.

제2독회는 유럽의회의 행동으로부터 시작된다. 유럽의회가 통지받은 이사회의 입장을 3개월 이내에 승인하거나 결정을 하지 못할 경우 입법과정은 끝난다. 하지만 유럽의회가 재적의원 과반수의 찬성으로 이사의의 입장을 거부할 경우 행위는 채택되지 못하고 절차가 바로 종결된다. 만약 유럽의회가 이사회의 입장의 개정을 제안하는 경우, 이 개정안은 의견서와 함께 바로 유럽의회와 집행위원회에 송부된다. 유럽의회의 개정안을 송부받은 이사회가 3개월 이내에 가중다수결로 그 개정안을 승인할 경우 행위가 제정되어 입법절차가 종결된다. 하지만 개정안을 승인하지 않을 경우 의장은 유럽의회 의장과 합의하여 6주 내에 조정위원회를 소집한다. 만약 집행위원회가 유럽의회의 개정안에 부정적인 의견을 제출하면 이사회는 이를 만장일치의 찬성으로 통해 법안으로 채택할 수 있다.

<그림 2-4> 보통입법절차 흐름도

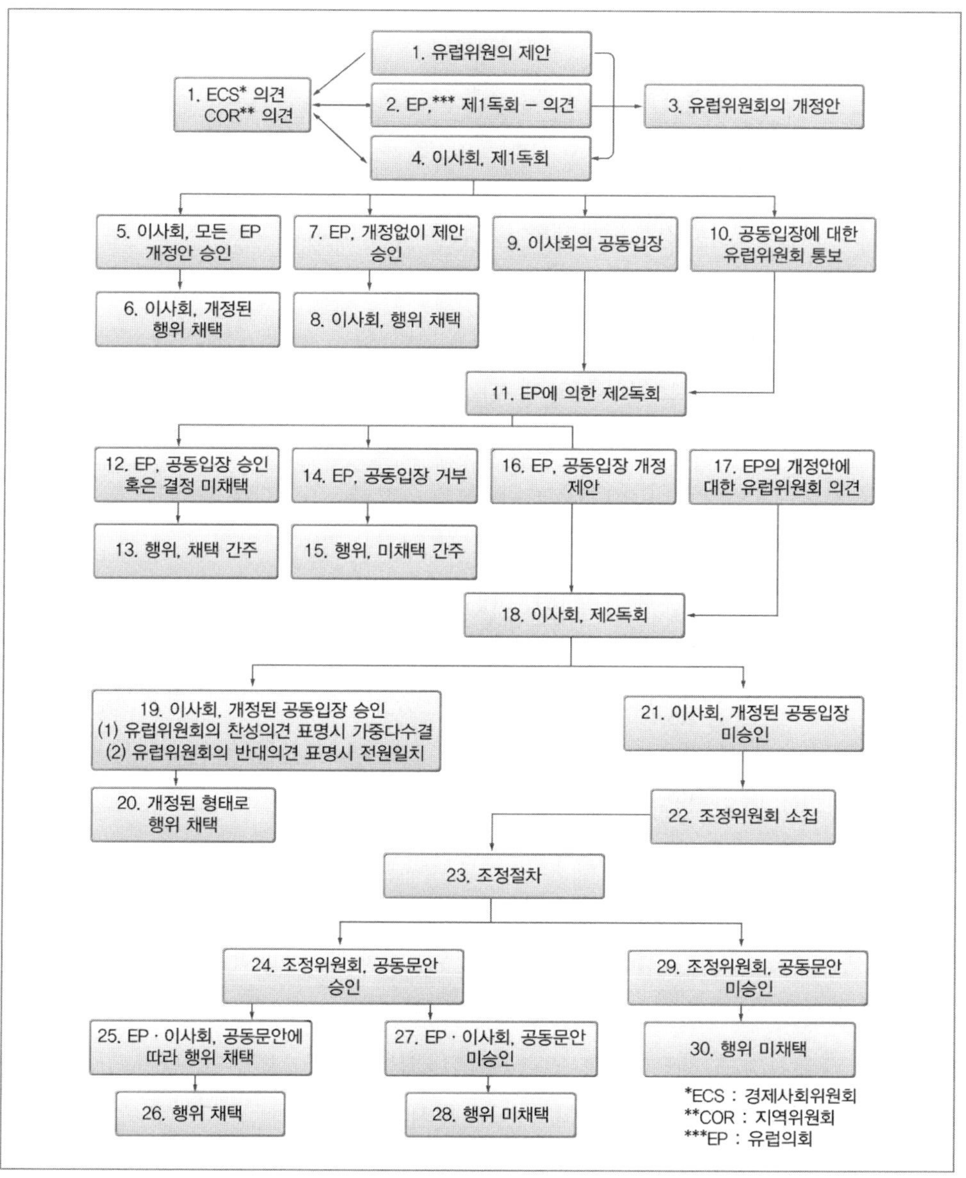

출처: 채형복, 『핵심유럽연합법』, p.58.

소집된 조정위원회는 이사회의 위원 또는 대표와 동수의 유럽의회 대표로 구성되며 제2독회에서 이사회 및 유럽의회의 제안에 의거하여 소집된 때로부터 6주 내 이사회 위원 또는 그 대표자의 가중다수결 및 유럽의회 대표자의 과반수 찬성으로 공동문안에 대한 합의를 도출하는 일을 수행한다. 집행위원회는 조정위원회의 절차에 참여하여 유럽의회 및 이사회의 입장을 조정하는데 필요한 모든 발의를 한다. 소집된 때로부터 6주 이내 조정위원회가 공동문안을 승인하지 않는 경우, 제안된 행위는 채택되지 않는 것으로 간주된다.

제3독회에서 소집된 때로부터 6주 이내 조정위원회가 공동문안을 승인하는 경우, 유럽의회 및 이사회는 승인된 때로부터 6주 이내 각각 투표자 과반수의 찬성과 가중다수결로 공동문안에 따라 해당 행위를 채택한다. 만일 실패하는 경우, 그 제안된 행위는 채택되지 않은 것으로 간주된다.

특별입법절차는 이전의 협의절차와 동의절차를 혼합한 것이다. 즉 정책을 이사회와 유럽의회 양 기관이 공동으로 결정하는 것이 아니라 어느 한 기관이 상대 기관의 협의를 통한 의견 청취와 동의를 거쳐서 자체적으로 결정하는 것이다. 리스본조약 제223조는 "유럽의회는 특별입법절차에 따라 그 자신의 발의로 또한 위원회의 의견과 이사회의 동의를 얻은 후 규칙의 형태로 유럽의회 의원의 임무 수행을 위한 규칙 및 일반적 조건을 정한다"고 규정하면서 유럽의회에 발의권을 인정하면서 특별입법절차에 따라 자체적으로 결정할 수 있도록 하였다. 특별입법절차는 유럽이사회가 만장일치로 보통입법절차로 변경할 수 있다. 이 경우 회원국 의회 및 유럽의회의 동의가 필요하다. 또한 강화된 협력(enhanced cooperation)의 범위 내에서 이사회가 특별입법절차에 따라 결정해야 하지만 이사회는 유럽의회와 협의 후 보통입법절차로 변경하는 것을 만장일치로 채택할 수 있다. 다만 입법절차의 변경에 관한 규정은 군사 및 방위정책과 관련한 정책에서는 적용되지 않는다.[19]

19) Ibid., pp.59-60.

참고문헌

방청록, "유럽헌법의 부결과 유럽통합 심화에의 연구", 「유럽연구」, 제23호, 2006.

이무성 외, 「유럽연합의 정체성」, 서울: 높이깊이, 2008.

채형복, 「핵심유럽연합법」, 서울: 지식경제부, 2011.

채형복(역: Schroeder, Werner), "유럽연합과 유럽공동체", 「영남법학」, 제10권 2호, 2004.

Nugent, Neil. *The Government and Politics of the European Union*, New York: Macmillan, 2010.

Van der Veen, A. Maurits. "National Government and EU Referendums", working paper.

제 3 장 유럽연합의 정치체제 및 거버넌스

방 청 록(한동대학교)

제 1 절 다층화된 유럽연합의 거버넌스 시스템

1 유럽화(Europeanization)와 EU 거버넌스 체계의 변화

그 동안 EU의 정치체제와 정책과정을 보다 체계적으로 이해, 분석하려는 목적에서 EU의 거버넌스 시스템에 관한 연구가 활발히 수행되어왔다. 일반적으로 거버넌스(governance)는 전통적 정부(government) 중심의 위계적 혹은 수직적 통치체계를 대체하는 개념으로 사용되며 다양한 정치적 행위자 사이에 형성된 수평적 파트너십(partnership) 혹은 네트워크(network)에 기초한 공공정책 관리체계나 통치방식을 의미한다. 따라서 EU의 거버넌스 시스템에 관한 연구 역시 회원국 정부 중심의 정책결정과 통치의 권한이 점차 EU 차원으로 이전되는 과정에서 새로이 형성되어온 정책결정의 구조와 관리체계를 분석, 설명하려는 시도에 따라 발전되어왔다.

실제로 EU의 공동정책의 적용범위가 점차 확대되면서 유럽 차원에서 정책이 결정되고 집행되는 이른바 정책과정의 유럽화(Europeanization) 현상이 심화되면서 EU 공동정책의 초국가적 성격 역시 강화되어왔다. 여기서 유럽화라는 개념은 EU의 정치경제적 통합 수준이 높아짐에 따라 회원국의 국내 정치 및 정책의 형태(shape)와 방향성(direction)이 점진적으로 변화하며 유럽차원으로 수렴되어가는 경향을 의미한다.[1] 즉, 유럽 국가들이 유럽통합의 과정에서 EU 회원국으로 가입하면서 EU 차원에서 결정되는 정책들이 회원국 국내 정책의 내용과 발전의 방향성을 변화시키는데 큰 영향을 미쳤으며 그 결과 EU 차원에서 주요 정책분야에서의 정책적 수렴 현상이 나타났다는 것이다.

하지만 바흐(Bache)의 주장에 따르면 유럽화의 경향은 단순히 EU의 정책 발전이 회원국 정책과정에 영향을 미치는 하향식(top-down)의 과정으로만 진행되는 것이 아니라, 동시적으로 회원국의 정책적 선호가 EU의 공동정책결정에 영향을 미치는 상향식(bottom-up)의 과정도 포함하여 진행되는 것이기에 쌍방향(two-way)의 상호작용의 과정을 통해 진행되어 가는 것으로 이해된다.[2]

이에 따라 유럽화의 경향에 주목하는 연구자의 입장에서는 EU 차원에서 결정된 정책이 회원국 국내 정치과정 및 정책결정에 미치는 영향은 무엇인지, 그리고 EU의 정책이 실제 집행되는 과정에서 회원국들은 어떠한 과정을 통해 정책을 수용(accommodation)하고 적응(adaptation)하는지, 더 나아가 회원국의 정책적 선호가 EU 정책과정에 어떠한 과정을 통해 반영되는지 등의 주제에 대한 지속적 연구의 필요성이 제기되어왔다. 즉, 유럽화가 진전되는 과정에는 EU의 정책이 회원국의 정책으로 반영되는 과정과 동시에 회원국의 정책

1) Ian Bache, Europeanization and Multilevel Governance(Lanham: Rowman & Lttlefield), 2008, p.10.

2) Ibid., pp.10-12.

적 선호 등이 EU의 정책과정에 반영되는 과정이 중요하게 고려되고 있다는 것이다.

그 결과 EU의 정책과정에는 초국가 단위의 EU 기관 및 이익집단, 국가 단위의 회원국 정부, 지역 단위의 지방정부 등이 긴밀히 상호작용하며 참여하는 매우 독특한 형태의 다층적 거버넌스 시스템이 형성되어 작동하게 되었다. 이에 따라 EU 차원에서 새로운 정책결정과 관리체계로서의 이른바 다층적 거버넌스 시스템(multi-level governance system)이 발전하여온 것이다.

다층화 된 EU의 거버넌스 시스템은 기존 국가 중심의 정책과정에서 나타나는 위계화 된 수직적 및 하향적 의사결정 체계와는 구별되는 수평적 정책결정의 특성을 지닌다. 이는 EU의 공동정책에 관한 회원국과 지자체와 시민단체 등 국가 하위행위자들의 정책적 선호가 EU 차원의 정책과정으로 수렴, 반영되는 특성이 나타나는 동시에, EU 정책과정에 이해관계를 지니는 회원국 정부, 지방정부, 이익집단 등 다양한 정책적 행위자들 사이에 정책권한이 점차 분산되는 권력분화 현상이 심화되어왔기 때문이다.

결국 EU의 다층적 거버넌스 시스템에 관한 연구가 활성화된 배경에는 첫째, 회원국의 주요 정책이 초국적 수준인 EU 차원에서 결정되는 정책에 의해 영향을 받으며 정책적 조율과 조화를 이루는 수준이 높아져 가는 유럽화(Europeanization)의 경향이 발전되어왔고, 둘째, EU의 정책구조가 다층적 구조로 발전해가면서 초국적 단위의 EU 수준, 국가 단위의 회원국 수준, 그리고 국가 하위단위의 지방 수준에서의 정책과정이 동시적으로 중요한 의미를 지니게 되었으며, 셋째, EU의 내부적 의사결정 구조가 상당히 복잡화되면서 EU 기관, 회원국 정부, 지방정부, 이익집단 등 다양한 정책적 행위자들의 정책과정 참여가 확대되어온 특징이 발견되어온 측면이 영향을 미쳤다고 볼 수 있다.

2 EU 거버넌스 체계의 변화와 다층적 거버넌스이론

이와 같은 EU의 독특한 거번넌스 시스템과 그 작동원리는 기존의 대표적 유럽통합이론인 초국가주의(supranationalism)나 정부간주의(intergovernmentalism)의 관점에서 주목하는 바와 같이 초국적 기관과 집단 또는 회원국 정부 등의 정책 행위자를 중심으로 하는 이론적 분석으로는 충분히 설명하지 못하는 부분이다.[3]

먼저 초국가주의 이론의 관점에서는 유럽통합의 과정에서의 초국가적 행위자의 역할이 매우 중요하게 평가되고 있다. 일례로 신기능주의(neofunctionalism)의 접근법에 따르면 EU의 한 정책분야에서의 통합은 기능적으로 연관된 여타 분야로 파급효과(spillover effect)를 통해 확산되며 점차로 통합된 범위와 그 수준이 높아질 것이라 평가된다.[4] 신기능주의의 관점에서는 유럽통합이 심화되는 과정에서 집행위원회 등 초국적 성격을 지니는 EU 기관들과 다양한 수준에서 활동하는 이익집단들이 점차로 중요한 역할을 담당하여왔다고 본다. 이에 따르면 유럽공동시장 출범 등과 같이 유럽통합의 수준이 한 단계 심화발전되는 과정에서 회원국 정부가 담당하는 역할보다는 오히려 초국적 기관인 집행위원회와 범유럽 비즈니스 엘리트 등이 보다 주도적인 역할을 담당하였다는 것이다.[5]

3) 유럽통합에 관한 이론적 논의는 방청록, '유럽연합(European Union) 연구의 현황과 과제: 정치경제학적 분석을 중심으로', 「국제지역연구」, 한국외국어대학교 외국학종합연구센터, 제6권, 제4호, 2002, pp.25-54를 참조.

4) 신기능주의에 따르면 지역통합 과정에서 나타나는 파급효과는 우선 한 정책 분야로부터 시작된 정책 협력이 기능적으로 연관된 다른 분야에서의 협력으로 이어지는 기능적 파급효과로 이어지며, 또한 개인의 정치적 충성심이 개별 민족국가의 범위를 넘어서 유럽 차원으로 이전되는 정치적 파급효과가 나타날 것이며, 마지막으로 초기 협력과 통합과정에 참여하지 않던 역외 국가들이 점진적으로 지역통합의 과정에 참여하게 되는 지리적 파급효과가 나타날 수 있다고 평가한다.

5) Wayne Sandholtz and John Zysman, "1992: Recasting the European Bargaining", World Politics, October, pp.95-128; Maria Green Cowles (1995), "Setting the Agenda for a New Europe: the ERT and EC 1992", Journal of Common Market Studies, vol.33, 1989, pp.501-506.

반면 정부간주의 관점에서는 유럽통합의 과정에서 가장 핵심적 역할을 담당한 주체는 회원국 정부이므로 유럽통합의 심화 과정은 회원국들이 자국의 이익을 추구하며 상호작용한 결과 진행되어온 것으로 이해된다. 즉, 유럽통합의 과정은 국가 중심적 관점에서 분석될 때 적절한 이해와 설명이 가능하다는 것이다.

특히 모랍칙(Moravcisik)은 자유주의적 정부간주의론(liberal intergovernmentalism)의 관점에서 EU의 발전과 정책과정을 분석하며 EU의 주요 정책이 결정되는 과정에서 회원국 정부들이 자국의 정책적 선호를 전략적으로 추구하며 협상을 전개하여왔고, 그 협상의 결과 유럽통합의 과정에서 역사적으로 중요한 의미를 지니는 정책이 결정될 수 있었다고 평가하였다.[6] 이 관점에서는 유럽통합의 과정에서 집행위원회 등 초국가적 기관이 담당하는 역할은 부차적 의미를 지닐 뿐이다. 오히려 유럽공동시장과 단일화폐의 출범과 유럽연합의 설립 등과 같이 핵심적 정책결정은 회원국 정부 사이의 협상의 결과로 가능했기에 그 과정에서의 회원국 정부의 역할과 상호관계가 무엇보다 중요한 의미를 지니는 변수로 작용하여왔다고 평가한다. 따라서 EU의 정책과정은 주요 이슈에 관한 회원국 정부의 정책적 선호도의 강도, 회원국들의 상대적 협상능력의 정도, 그리고 회원국 정부간 관계 등에 의해 크게 영향받아왔다는 점이 강조되는 것이다.

이처럼 초국가주의 관점이 초국가적 정책행위자들의 역할을 중심으로 유럽통합의 동력과 그 과정을 설명하는 반면, 정부간주의 관점은 EU의 주요 정책결정과정에서 회원국 정부가 담당하는 역할에 주목하고 있다는 점에서 각각 의의를 지닌다. 하지만 이들 이론적 시각이 EU 회원국 정부나 초국가적 행위자의 역할을 함께 평가하지는 못하고 있다는 점에서 여전히 이론적 한계를 지니는 것으로 평가되는 것 역시 사실이다.

6) Andrew Moravcsik, “Preferences and Power in the European Community: A Liberal Intergovernmentalist Approach”, Journal of Common Market Studies, vol. 31, 1993, pp.473-524.

이런 배경에서 등장한 다층적 거버넌스이론은 유럽통합의 진전에 따라 EU가 점차 초국가적 성격을 지니게 되었으므로 EU의 정책과정에 집행위원회 등의 초국가적 수준에서 기능하는 행위자와 국가 수준에서의 회원국 정부 그리고 하위국가 수준의 지방정부와 다양한 이익집단 등 다양한 행위자들이 참여하고 있는 변화에 주목하고 있다.[7] 이처럼 다양한 수준에서 정책적 이해관계를 지니는 수많은 정책행위자들이 EU 정책과정에 관여하기 위해 노력하여온 것은 유럽통합의 심화에 따라 주요 공동정책이 결정되는 범위와 수준에 많은 변화가 나타나면서 점차로 유럽 차원에서 추진되는 정책의 중요성이 강화되어온 현실을 반영한 결과이기도 하다.

이상에 서술된 다층적 거버넌스이론은 몇 가지 측면에서 비판을 받기도 하였다. 특히 다층적 거버넌스이론은 EU의 공공정책 결정과 집행과정에서 발견되는 현상적 변화와 그 특징을 잘 서술하고 있을 뿐, EU 차원에서 다층적 거버넌스 구조가 형성됨으로써 EU의 초국적 기관과 회원국 정부의 상호관계가 변화한 결과 향후 국가주권(sovereignty) 등에 어떠한 변화가 나타날 것인지 등에 관한 이론적 분석과 설명은 제공하지 못하는 한계를 지닌다는 점이 자주 지적되어왔다.[8] 이런 점에서 다층적 거버넌스이론은 단지 EU의 정책과정을 이해하는 하나의 시각이나 입장(approach)에 불과할 뿐 이론(theory)으로 인정되기는 어렵다고 비판되기도 하였다.

그럼에도 불구하고 다층적 거버넌스이론은 EU의 정책결정과 집행의 구조를 분석하는 동시에 다층적 수준의 정책과정에 참여하는 행위자들의 영향을 이해하는데 매우 유용한 이론적 틀(framework)을 제공하고 있음이 사실이다. 이는 전통적인 '국가' 중심의 이론적 시각에서 EU를 분석할 경우 EU 차원에서

---

7) 방청록, "유럽연합의 대외정책과 다층적 거버넌스에 관한 연구", 「유럽연구」, 제21권, 2005, pp.55-83.

8) 특히 국제관계 영역에서 다층적 거버넌스이론에 기초한 논의가 부족하였음을 주장하는 논의는 Andrew Jordan, 'The European Union: An Evolving System of Multi-level Governance or Government?', Policy and Politics, vol.29, no.2,, 2001, pp.201-202를 참조.

형성되어온 독특한 형태의 정체(polity)와 의사결정의 변화된 구조를 충분히 이해하거나 설명하지 못하는 한계가 명백히 존재하고 있기 때문이다.

결국 EU 기관과 회원국 정부 그리고 국가 하위단위의 정치적 행위자(political actor)들이 정책과정에 참여하는 독특한 정치체제(political system)를 발전시켜온 EU의 경우에는 다층적 거버넌스의 이론적 관점에서 보다 풍부한 이해가 가능할 수 있다고 고려된다. 이는 다층적 거버넌스이론이 EU 주요 기관들 사이의 복잡한 상호작용을 통한 제도적 합의와 회원국 정부간 정치적 조정 그리고 국가 하위단위의 지방 및 지역정부와 이익집단의 정책참여를 동시적으로 이해하고 분석할 수 있는 분석적 틀을 제공해주기 때문이다.

결국 유럽통합이론이 주로 유럽통합의 이유와 그 진행과정을 설명하려는 목적의 일반이론 차원에서 발전되어온 반면, 다층적 거버넌스이론은 유럽통합 그 자체를 설명하고자 노력하지는 않는다는 점을 알 수 있다. 즉, 다층적 거버넌스이론이 통합이론 차원에서 제시된 것은 아니며, 현재의 EU 정치체제와 거버넌스 시스템의 구조와 다양한 수준에서 정책과정에 참여하는 주요 행위자, 그리고 이들 사이의 상호작용에 근거한 정책과정을 분석하는데 유용한 이론으로 제시되었다고 볼 수 있다. 이런 맥락에서 다층적 거버넌스이론에 기초하여 EU의 행정체계를 연구하는 것은 매우 중요한 의의를 지닌다고 평가될 수 있을 것이다.

3 다층화된 유럽연합 거버넌스 시스템 변화의 특징과 의의

이미 서술된 바와 같이 다층적 거버넌스이론은 EU의 정책과정을 EU 집행위원회, 유럽의회 등 초국가 기관, 회원국 정부, 그리고 지역단위를 대표하는 다양한 정책 주체들이 상호보완적이면서도 중첩적인 정책권한을 가지고 참여하는 과정으로 이해하고 있다. 막스(Marks)에 따르면 EU의 거버넌스 시스템은 초국가 단위에서 EU의 주요 기관, 국가 단위에서 회원국 정부, 국가 하위 단위에서 지방정부 등 공적부분의 행위자와 초국가 및 국가단위 등 다양한 수준에서 활동하는 사회부문의 행위자 등이 참여하는 매우 독특한 형태로 구성되어 있다고 이해된다.[9] 결국 다층적 거버넌스이론은 유럽통합의 과정과 결과에 주목하기보다는 EU의 정치체제와 거버넌스 시스템, 주요 정책행위자, 그리고 정책과정 등 EU 행정체계와 거버넌스 시스템에 대해 보다 체계적이고도 포괄적으로 이해할 수 있는 분석적 틀을 제공한다는 점에서 상당한 유용성을 지닌다고 평가될 수 있다.

올슨(Olsson)에 따르면 EU의 정책과정에서 다층적 거버넌스 시스템이 형성, 발전하게 된 계기는 1988년 집행위원회가 구조기금 운용에 있어 이른바 '동반자 원칙(partnership principle)'을 제시하면서부터이다.[10] EU 집행위원회는 구조기금의 운용 과정에서 관련 정책의 수립, 구조기금 운용의 효율성 및 효과성 제고, 정책과정 모니터링 및 평가의 과정 등 정책과정의 전 과정에서 EU 기관, 회원국 정부, 지방정부 및 여타의 국가 하위 행위자(sub-national authorities)들이 긴밀히 협력하고 대화할 것을 권고한 바 있다.[11] 이후 EU 정책과정에서의 '동반자 원칙'은 보다 확대된 EU 공동정책 분야에서 확대적용되면서 여러 수준에서의 다양한 정책행위자들이 정책과정에 참여하는 경향이 강화되게 된다.

또한 2001년 EU 집행위원회는 EU 거버넌스의 민주성과 효율성을 제고하기

9) Gary Marks, "Structural Policy in the European Community", Alberta M. Sbragia (ed.), Euro-Politics: Institutions and Policy-Making in the "New" European Community (Washington DC: Brookings Institution), 1992, pp.191-224.

10) Jan Olsson, 'Democracy Paradoxes in Multi-Level Governance: Theorizing on Structural Fund System Research', Journal of European Public Policy, vol.10, no. 2, 2003, pp.285-286.

11) Council of the European Communities(1988), 'Council Regulation(EEC) No. 2052/88 of 24 June 1988 on the tasks of the Structural Funds and their effectiveness and on coordination of their activities between themselves and with the operations of the European Investment Bank and the other existing financial instruments', Official Journal, L185, 15/07/1988, 제4조 1항 참조.

<그림 2-5> EU 다층적 거버넌스 상호작용 모델

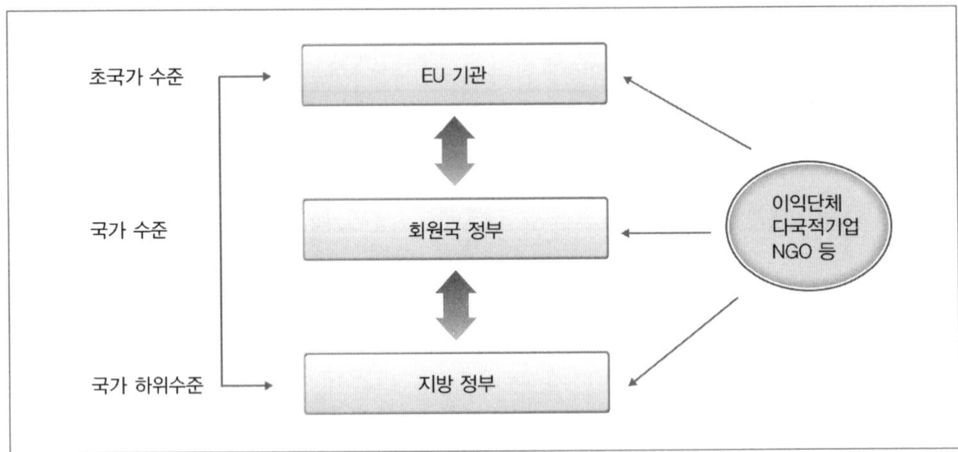

위한 목적에서 EU 거버넌스에 관한 백서를 제출하면서 EU 기관 및 정책과정을 개선할 필요가 있다는 점을 지적한 바 있다.[12] 이는 일반 유럽시민들이 EU의 정책결정과 집행과정에 대해 보여준 불신과 무관심의 태도를 극복하기 위해서는 EU 정책과정의 개방성을 강화하여 회원국 정부와 유럽시민들의 참여를 확대해야 하며, 동시에 EU 기관들은 정책과정에서의 책임성을 강화할 필요가 있다는 점을 인식하였기 때문이다. 이처럼 EU의 정책과정에 대한 회원국 정부는 물론 유럽시민들의 참여가 보장, 확대될 때 EU 차원의 정책 결정과 집행에 관한 지지가 확대되면서 정책결정의 권위와 합법성 및 정책적 효율성이 강화될 수 있으리라 인식하였던 것이다.

이러한 노력에 따라 EU 거버넌스의 개혁이 추진되었고, 그 결과 다양한 정책 행위자들의 참여가 활성화되고, EU 주요 기관과 회원국 정부 그리고 시민사회 영역의 다양한 주체들이 긴밀히 상호작용하며 정책적 협력을 강화함으로써 다분화 되고 다층화 된 EU 거버넌스 시스템의 특성이 더욱 강화될 수 있었다.

12) Commission of the European Communities, European Governance: A White Paper, COM(2001) 428, Brussels, July 25.

이런 배경에서 EU의 공동정책 범위가 확대되고 보다 개방화되는 특성이 강화하면서 점차 지역정책과도 같이 '자원의 배분'에 관련한 정책분야에서도 공동정책이 결정, 집행되는 경향이 심화되었고, 동시에 정책과정에서 다양한 이해관계를 가진 다양한 수준의 정책행위자들이 정책의 결정 및 집행 과정에 영향을 미치려는 목적에서 관여 수준을 높이게 되면서, 지역정책, 환경정책, 노동정책 등 다양한 EU 공동정책 분야에 걸쳐 다층적으로 권력이 분화되고 다원화되는 거버넌스의 특성이 확대되어왔다.[13]

결과적으로 전통적으로 자국 정부 중심적 상호작용이 중요하게 작용하여온 정책 분야를 중심으로 EU의 공동정책이 발전하게 되면서 EU 차원의 공동이익에 대한 인식이 확대되고, 만장일치에 의한 의사결정으로부터 공동정책 분야에서 초국적 성격이 두드러지는 가중다수결 제도에 근거한 EU 정책결정이 도입되면서, 점차 확대된 공동정책분야에서 EU 차원의 정책결정이 이루어지고 집행되는 경향이 강화되었다.

이처럼 다층화된 EU 거버넌스 체계 하에서 회원국의 중앙정부는 EU 공동정책결정과 집행과정에서 여전히 중추적인 역할을 담당하고 있기는 하지만 더 이상 정책과정에서 독점적인 정책 권한을 지니고 있지는 않다. 오히려 EU 공동정책이 발전하는 과정에서 주요 정책권한은 초국가 단위의 행위자, 국가 단위의 행위자, 하위국가 단위의 행위자 등 다양한 수준의 정책 행위자들에 의해 분담되어 행사되는 현상이 나타나고 있다.

이에 따라 EU의 주요 공동정책 분야에서 회원국 정부가 보유하여 온 배타적 정책결정과 집행과정에서의 정치적 권한이 점차 초국적 수준으로 이전되어왔으며, 동시에 하위국가 단위의 지방정부 등이 EU 정책과정에 참여하는 경향 역시 확대되어왔다. 즉, EU 정책과정에는 초국적 수준의 EU 기관과 국가 수준의 회원국 정부, 하위국가 수준의 지방정부, 그리고 이익집단 등 다양

13) Gary Marks, 'Structural Policy in the European Community', in Alberta M. Sbragia(ed), Euro-Politics: Institutions and Policy-making in the "New" European Community(Washington DC.: Brookings Institution), 1992, pp.223-224.

한 사회적 행위자를 망라하는 수많은 행위주체들이 서로 경쟁하며 협력하는 과정을 통해 긴밀히 상호작용하는 새로운 형태의 통치관리체제가 형성되어온 것이다.

그 결과 EU 정책과정에 참여하는 다양한 정책적 행위자들은 매우 복잡하면서도 상호의존적인 관계를 형성하여왔다. 일례로 EU 집행위원회는 정책 제안권과 집행의 권한을 가지는 반면 이사회는 정책의 최종결정권을 지닌다. 동시에 EU 공동정책이 결정되기 위해서는 이사회의 최종 정책결정에 앞서 유럽의회의 동의가 있어야 한다. 이는 EU 차원의 대표적 초국가 기관인 집행위원회와 유럽의회는 물론, 회원국의 이해관계를 대표하는 정부간 기구인 이사회 역시 정책권한을 독점하지는 못한다. 더욱이 지역정책과 구조기금 관련 정책의 결정과정에서 EU 회원국 하위단위의 지방정부나 다양한 이익단체들은 각각의 이해관계를 보호받고 추구하고자 적극적으로 정책과정에 관여하기 위해 노력하고 있다.

즉 EU의 주요 공동정책 결정과정에서 초국적 수준의 EU 기관, 회원국 정부, 회원국의 지방정부, 다양한 이익집단 등 정책행위자 중 어느 누구도 일반적 수준에서 정책과정을 독점하고 통제할 능력을 갖추었다고 말하기는 쉽지 않은 상황에 있다. EU 차원에서 다양한 정책행위자들이 핵심 정책 이슈를 중심으로 연계된 상황에서 서로 영향력을 행사하며 이해관계를 조정하는 독특한 거버넌스 체계가 형성되어 있음을 반영하고 있기 때문이다.

제 2 절 정책네트워크화된 EU의 행정시스템

1 정책네트워크의 주요 유형과 특징

일반적으로 공공정책과정에서 정책네트워크(policy networks)의 형성과 그 영향이 확대된 배경에는 공공정책과정이 점차로 세분화되는 동시에 그 과정에 참여하거나 관여하는 집단의 수가 증가되어왔던 점이 중요하게 작용하여 왔다고 이해된다. 특히 사회문제의 복잡성과 다양성이 증가하면서 국가의 공공정책과정 역시 세분화된 정책분야별로 전문화된 지식과 경험에 기초한 정책결정이 요구되어왔다. 이에 따라 정부의 공공정책은 정책분야별로 세분화된 정책과정에 따라 결정, 집행되고 있으며, 이 과정에서 다양한 이해관계를 지닌 집단들의 정책과정에 대한 참여 역시 활발해지는 경향이 나타났다.

여기서 주목할 측면은 정부와 집단 사이의 상호관계가 어떠한 형태로 발전하여왔느냐 하는 점과 이처럼 독특한 형태의 상호관계가 발전하여 온 이유는 무엇인가 하는 점이다. 이에 대해 로즈(Rhodes)는 정부정책의 결정과 집행과정에서 특정한 이해관계를 가지는 집단(혹은 조직)들이 각자가 보유한 정책적 자원(resource)을 근거로 하여 정부의 정책부서와 긴밀한 상호의존적 관계를 형성하였으며 이들 관계가 점차 안정적인 정책네트워크로 발전하게 된다고 본다.[14)]

즉, 정책네트워크에 참여하는 집단들은 전문적 정보와 자료, 정책분야에서의 경험, 인적자원 등 각자가 보유한 다양한 정책자원을 제공함으로써 공공정책 결정과 집행과정에 관여할 수 있는 여지를 확대하고자 노력하고 있다. 마찬가지로 해당 정부 부서의 정책결정자들은 이해관계 집단들이 공공정책과정을 지원할 수 있도록 이들이 정책과정에 참여할 기회를 제공함으로써 정책적

14) R. A. W. Rhodes, "Policy Networks: A British Perspective", Journal of Theoretical Politics, vol.2, no.3, 1990, pp.293-317.

전문성을 강화하고 정책집행의 효율성을 높이고자 하는 이해관계를 지니게 된다.

마쉬와 로즈(Marsh and Rhodes)는 공공정책과정에서 형성되는 정책네트워크는 정책공동체(policy community)로부터 이슈네트워크(issue network)에 이르는 다양한 모습을 띄고 있다고 주장하였다.[15] 이처럼 정책네트워크가 다양한 형태를 보이는 것은 정책네트워크에 참여가 허용되는 정책행위자의 범위(membership), 각 정책 주체들이 보유한 정책적 이해관계(interests)의 유형, 정책네트워크 내적으로 형성된 정책행위자 사이의 상호의존적(dependency) 관계의 형태, 그리고 정책행위자 사이의 권력분배(power distribution)의 정도 등의 주요 요소에 차이가 존재하고 있기 때문이다.

즉, 정책네트워크의 한 유형인 정책공동체(policy community)는 제한적 범위의 정책행위자에 대한 정책과정 참여가 허용되고 이들의 정책결과에 대한 영향력이 보다 크게 작용하게 되므로 정책네트워크로서의 배타성과 정책주체 사이의 상호의존성이 매우 높은 수준에서 유지되는 특징을 보인다. 반면 정책네트워크의 또 다른 유형인 이슈네트워크(issue network)에서는 다양한 정책적 이해관계를 지닌 정책행위자들의 참여가 허용되는 개방적 성격을 지니므로 정책과정에 참여하는 정책행위자들의 범위가 매우 광범위하고 이들 사이의 관계 역시 매우 느슨하게 유지되는 특징을 보인다.

이러한 논의를 배경으로 스미스(Smith)는 정책네트워크의 형성과 운영 과정에 영향을 미치는 주요 변수로 다음과 같은 여덟 가지 요소를 제시하였다.[16] 첫째로, 정책네트워크에 참여하는 정책행위자들의 자격(membership)이다. 정부의 공공정책에 참여하는 정책행위자들이 보유한 정책자원에 따라 정책결정자들이 정책과정에의 참여를 허용하는 범위에 차이가 발생하기 때문이다. 실

15) David Marsh and R. A. W. Rhodes, Policy Networks in British Government (Oxford: Clarendon Press), 1992.

16) Martin J. Smith, Pressure, Power and Policy: State Autonomy and Policy Networks in Britain and the United States (Hamel Hempstead: Harvester Wheatsheaf), 1993, pp.58-66.

제로 공공정책이 결정되는 과정에서 독점적 정책자원을 보유한 집단들에는 정부의 부서 및 하위 위원회 등 다양한 수준에서 형성된 정책공동체의 정책과정에 특권적으로 참여할 권한이 주어지는 반면, 제한적 정책자원만을 보유하고 있는 훨씬 많은 수의 집단들은 단지 이슈네트워크를 중심으로 제한적으로만 정책과정에 관여할 수 있도록 허용되는 경향이 있다.

둘째로, 공공정책과정에 참여하는 정책행위자 사이의 관계의 연속성(continuity)이다. 정책공동체에 배타적으로 참여할 권한을 지니는 정책행위자들은 상당히 오랜 기간 동안 안정적으로 참여할 권한을 지니는 반면, 이슈네트워크에 참여하는 정책행위자들의 정책참여는 임시적이거나 한시적으로 허용되는 성격을 지닌다.

셋째로, 정책행위자 사이의 상호작용의 빈번도(frequency of interaction)이다. 정책공동체에 참여하는 정책행위자들은 매우 빈번하고도 안정적이며 지속적으로 상호작용하는 반면, 이슈네트워크에 참여하는 정책행위자들은 그 구성원들도 자주 바뀌고 불안정적인 상호관계가 형성되어 있으므로 상대적으로 상호작용의 빈번도는 낮은 수준에 머무르게 된다.

넷째로, 정책행위자 상호간 합의 수준(degree of consensus)이다. 정책공동체에 참여하는 정책행위자들은 지속적인 상호작용의 결과 축적된 상호간 신뢰에 기초하여 높은 수준의 합의를 이루기가 상대적으로 쉽지만, 상대적으로 이슈네트워크에 참여하는 수많은 정책주체들 사이에 일관된 인식을 형성하거나 정책현안에 대한 높은 수준의 공감을 발전시키기는 쉽지 않다.

다섯째로, 상호관계의 본질적 특성(nature of the relationship)이다. 정책공동체에 참여하는 정책행위자들은 상호작용을 통해 이익을 교환하거나 공유하면서 상호의존적 관계를 발전시켜가는 반면, 이슈네트워크에 참여하는 정책행위자들이 상호의존적 관계를 형성하기에는 여러 제약이 존재하는 특징을 보인다.

여섯째로, 정책행위자가 보유한 정책적 자원(policy resources)이다. 정책공동체에 참여하는 정책주체들은 정보, 물적 및 인적자원 등 다양한 정책적 자원(resource)을 보유하는 이유로 서로 자원의 교환을 통해 상호간 이익의 균형을 이룰 수 있는 반면, 이슈네트워크에 참여하는 정책주체들이 보유한 자원의 중요성과 그 수준에 큰 차이가 존재하고 있으므로 상호작용에 따른 이익의 정도 역시 비대칭적인 수준에 머무는 경우가 많다.

일곱째로, 권력의 배분(power distribution) 문제이다. 정책공동체에 참여하는 정책행위자들은 상호의존적 관계를 발전시키며 상생적인 포지티브 섬(positive sum)의 권력관계를 형성하고 있는 반면, 이슈네트워크에 참여하는 행위자들은 권력의 배분 정도에 있어 불균형적인 경향이 있어 이익을 상대적으로 많이 향유하는 승자(winner)와 손실을 경험하는 패자(loser)가 발생하는 경향이 있다.

마지막으로 참여의 구조(structure of participants)문제이다. 정책과정에 대한 정책행위자들의 참여의 특성을 보면 정책공동체에서 상대적으로 배타적이면서도 안정되고 제도화된 수준이 높은 형태를 보이는 반면, 이슈네트워크에서는 상대적으로 개방적 성격을 지니는 동시에 느슨하게 유지되는 특징을 보인다.

이처럼 정책네트워크가 정책공동체의 유형에 근접할수록 제한적 범위의 정책

<표 2-7> 정책네트워크의 주요 유형과 특징

정책공동체 (Policy Community)	이슈네트워크 (Issue Network)
배타적 / 폐쇄적 특성	개방적 성격 특성
제한적 / 공유된 이해관계 추구	광범위한 이해관계 추구
제한적인 정책행위자 참여 허용	다양한 정책행위자의 참여 허용
안정적 / 항상적/ 제도화된 관계	일시적 / 비제도화된 관계
정책행위자는 주요 정책자원 보유	정책행위자의 정책자원 수준 차이
참여자 사이의 권력 균형 유지	참여자 사이의 권력 불균형 존재
정책결정에 관한 높은 합의 수준	정책결정에 관해 낮은 합의 수준

행위자들이 서로 긴밀하고도 안정적인 관계를 발전시키면서 정책과정에의 접근이 보다 용이하고 더 큰 영향력을 행사함으로써 특권적 지위를 유지하는 반면, 이슈네트워크의 유형에는 광범위한 정책행위자들이 정책과정에 참여하며 상대적으로 개방적이면서도 서로 느슨한 관계를 형성하게 되며 각 정책주체들의 영향력의 정도에 큰 차이가 나타나는 경향을 보인다. 이와 같은 정책네트워크의 주요 유형들과 특징들은 EU 정책과정에서도 공통적으로 발견된다는 점에서 중요한 연구의 대상이 되어왔다. 따라서 다음 절에서는 EU의 정책과정에서 발견되는 정책네트워크의 주요 특징에 대해 보다 구체적으로 살펴보고자 한다.

2 EU 정책과정과 정책네트워크의 특성

이미 논의된 바와 같이 EU 정책과정이 다층적인 구조를 형성함에 따라 다양한 이해관계를 가지는 정치 행위자들이 EU 정책결정과 집행과정에 참여할 권한을 공유하게 되면서 EU 행정시스템은 점차로 정책네트워크(policy network)화되는 특성을 보인다. 특히 1990년대 이후 유럽공동시장의 출범과 유럽통합의 심화 등의 환경 변화에 따라 다양한 사회정치적 이해관계를 지니는 행위자들이 경쟁적으로 자신들의 이해관계를 EU 정책과정에 반영하기 위해 노력하여왔음은 주목할 만하다. 이는 EU 역내외적으로 유럽통합의 중요성에 대한 인식이 확대되면서, 경제적 영역만이 아니라 정치, 사회적 영역에서의 EU 차원의 정책결정의 내용과 그 영향에 대한 관심이 대폭 증가하였기 때문이다.

실제로 1990년대 이후 전통적 정책 행위자인 회원국 정부와 주요 EU 기관이 외에도 EU 정책과정에 영향을 미치고자 노력하는 이익집단과 기관들의 수가 빠르게 증가하여왔으며, 이들 다양한 정책주체들은 EU 차원에서 자신들에 유리한 정책 환경을 이끌어내기 위해 관련 EU 기관 등에 정책수립에 필요한 정보를 제공하고 정책적 대안을 제시하는 등 적극적이고도 다각적인 노력을 기울여왔음이 사실이다.[17] 그 결과 EU의 정책과정에는 주요 EU 정책기관들과 다양한 정치행위자들 사이에 긴밀한 정책네트워크가 형성되어왔으며, 이들 정책네트워크를 중심으로 주요 정책 주체들이 반복적으로 상호작용한 결과 핵심 정책이 결정되고 집행되는 경향이 나타나고 있다.

EU 정책과정에 형성된 정책네트워크를 살펴보면 주요 EU 기관의 정책부서를 중심으로 다양한 주체들이 긴밀히 형성된 상호관계를 통해 자신들의 이해관계를 추구하는 경향이 발견된다.[18] 특히 EU 정책과정에서 정책을 제안할 권한을 가진 집행위원회는 정책분야별로 형성되어 있는 수많은 정책네트워크의 중심에 자리하고 있다. 이때 집행위원회는 다양한 이익집단 혹은 단체들로부터 정책수립에 필요한 정보와 자료를 제공받을 뿐 아니라, 정책결정 이후 집행의 과정에서 필요한 협조를 확보함으로써 효율적이고도 효과적으로 정책을 집행하기 위한 목적에서도 다양한 정책주체들과 밀접히 협력하려는 이해관계를 가지게 된다. 그 결과 집행위원회 등 EU 기관과 주요 정치행위자 사이의 반복적 상호작용이 지속되면서 각 정책 주체 사이의 밀접한 상호관계는 보다 안정적 관계로 발전하면서 제도화(institutionalized)된 형태의 정책네트워크로 발전하기에 이른다.

하지만 EU의 정책과정에 긴밀한 이해관계를 가지는 모든 정책행위자들이 모두 동등한 수준에서 정책네트워크에 참여하는 것은 아니다. 특정의 정책 주체가 EU 수준에서 형성된 정책네트워크에 참여하기 위해서는 집행위원회 등 EU의 정책 담당 부서로부터 각 정책 주체들이 보유한 자원(resource)의 중요성이 인정받을 수 있어야 한다. 다시 말해서 각 정책 주체가 정책네트워크에 참여할 수 있는 근거와 그 영향력의 정도는 각자가 보유한 자원의 유형과 정도 등과 같은 요인에 따라 크게 달라진다는 것이다.

17) Sonia Mazey and Jeremy Richardshon, 'Interests', in L. Cram, D. Dinan and N. Nugent(eds.), Developments in the European Union (Basingstoke: Macmillan), 1999.
18) Beate Kohler-Koch, "Changing Patterns of Interest Intermediation in the European Union", Government and Opposition, vol.29, no.2, 1994, pp.166-180.

즉, EU 차원에서 이해관계를 가지고 활동하는 정책행위자들이 특정 EU 정책부서의 정책의제(agenda) 설정하는 과정과 정책의 내용을 구성하는 과정, 그리고 정책을 결정하고 집행하는 과정에 대해 상당한 영향을 미칠 수 있을 정도로 풍부한 자원을 보유하고 높은 정치력을 지니고 있다면 이들 정책 주체들은 중요한 정책협력의 대상으로 인정받을 수 있을 것이다. 특히 상대적으로 풍부한 인적 및 물적자원을 활용할 역량을 보유하고 있으며 보다 전문적인 정보와 자료를 제공할 능력을 갖춘 이익입단의 이해관계가 정책과정에 보다 효과적으로 반영될 가능성이 높은 것이 사실이다. 이러한 조건을 갖추고 있는 정책주체들은 결국 EU의 공식적 및 비공식적 정책협의과정에 지속적으로 참여할 권리를 인정받으며 자신들의 이해관계에 부합하는 정책결과를 유도할 가능성이 높다. 반면, 정책과정에 지속적으로 영향력을 행사하기에 충분한 역량을 갖추지 못한 행위자들은 점차로 정책과정에서 소외되면서 자신들의 정책적 이해관계를 정책과정에 반영할 기회를 찾기 어려운 상황에 직면하게 된다.

따라서 EU 차원에서 형성된 정책네트워크는 안정적 참여가 허용된 정책주체들과의 관계는 점차 제도화되는 경향을 보이지만 정책협력과정에 안정적으로 참여하지 못하는 정책 주체들의 관점에서는 배타적(exclusive)이고도 폐쇄적(closed)인 성격을 지니는 것으로 인식된다. EU의 일상적 정책과정에 안정적으로 참여하는 주체들의 이해관계는 정책과정에서 효과적으로 고려되고 공유되면서 최종 정책결과에 반영될 가능성이 높은 반면, 그 과정에의 참여가 제한적인 행위자들의 의견이 반영되기는 쉽지 않거나 정책과정의 초기단계부터 배제되는 경향이 존재한다는 것이다. 이는 정책네트워크 관점에서 EU의 거버넌스 시스템을 분석할 경우, EU 정책과정에 표출되는 다양한 이해관계가 항상 동등한 수준에서 고려되거나 추구되지는 못하는 원인이 바로 EU 정책과정이 체계화되고 제도화된 구조 그 자체에서 기인한다고 볼 수 있다.

여기서 EU의 정책분야에 따라 형성되어 있는 정책네트워크의 유형에 차이가 있다는 점에 주목할 필요가 있다. 이미 논의된 바와 같이 정책네트워크는 제한적인 정책행위자에 한해 참여가 허용되며 상대적으로 배타적이고 폐쇄적인 특정을 지니는 정책공동체(policy community)로부터 수많은 정책주체들의 참여가 허용되는 개방적이고도 느슨한 형태로 형성되어진 이슈네트워크(issue network)에까지 이르는 다양한 유형을 보이고 있다. EU 정책과정에도 이러한 경향은 마찬가지로 발견된다. EU의 정책분야에 따라 정책공동체와 이슈네트워크의 주요 유형과 그 특징이 발견되고 있기 때문이다.

일례로, 페터슨(Peterson)의 연구에 따르면 EU의 기술정책 결정과정에는 기술에 기반을 두는 생산자 집단을 중심으로 결속력이 강한 정책공동체가 형성되어 있는 반면,[19] 리차드슨(Richardson)의 연구 결과에 나타나는 바와 같이 EU의 수자원정책 결정과정에는 다양한 이익집단을 중심으로 매우 느슨하고도 개방적인 이슈네트워크가 형성되어있음을 알 수 있다.[20]

이처럼 EU의 분야별 정책과정에 대한 연구는 EU 정책결정과 집행과정에 어떠한 정책주체들이 관여하고 있는 유형과 그 특징을 잘 보여주고 있다. 그 연구의 결과들을 통해 알 수 있는 사실은 EU의 정책과정에는 각 정책 주체가 보유한 정책적 자원에서 따라 집행위 등 EU 기관들과의 상호작용의 유형에 차이가 발견되고 있으며, 상당한 사례에서 정책과정에의 특권적 참여를 인정받는 핵심 정책 주체들은 정책 아젠다가 설정되고 주요 정책이 결정, 집행되는 전 과정에 걸쳐 상대적으로 큰 영향력을 행사하고 있다는 점이다.

결국 EU 정책과정에 형성된 정책네트워크에 관한 연구는 주요 정책분야에 대한 구체적 사례연구를 통해 정책네트워크의 유형과 주요 참여 주체 그리고 각 참여자 사이의 상호작용의 패턴 등을 파악하는데 많은 도움을 주고 있음을 알 수 있다. EU 정책과정의 정책네트워크에 대한 접근법이 안정적으로 제

19) John Peterson, 'The European Technology Community: Policy Networks in a Supranational Setting', in David Marsh and R. A. W. Rhodes (ed.), Policy Networks in British Government (Oxford: Clarendon Press), 1992.

20) Jeremy Richardson, 'EU Water Policy: Uncertain Agenda, Shifting Networks and Complex Coalitions', in Hans Bressers, Laurence J. O'Toole Jr. and Jeremy Richardson (ed.), Networks for Water Policy (London: Frank Class), 1995.

도화된 정책 주체 사이의 관계를 미시적 관점에서 분석할 수 있는 이론적 틀을 제공한다는 점에서 그 유용성을 인정받을 수 있는 것이다. 따라서 EU 정책네트워크에 대한 연구는 EU의 정책네트워크화된 행정시스템의 구조와 정책결정과 집행의 유형을 보다 구체적으로 파악할 수 있다는 점에서 EU의 정치체제와 거버넌스 시스템에 관한 이해를 높이는데 기여한 바가 크다고 평가될 수 있을 것이다.

제 3 절 유럽연합 행정시스템과 분권화된 공공정책 결정 과정

1 유럽연합 공공정책과정과 주요 정책행위자

EU는 매우 독특한 공공정책 체계를 발전시켜왔다. 한편으로는 EU 집행위원회와 유럽의회의 정책적 권한이 강화되는 등 초국적 정책행위자들의 역할이 계속 확대되어온 반면, 회원국 정부의 정책권한은 점차 EU 차원에서 공유되며 행사되는 경향이 강화되어왔다. 이런 의미에서 마크스(Marks)가 EU의 정책과정에서 발견되는 다층적 거버넌스의 특징을 언급하며 EU 차원에서 새로운 형태의 정체(polity)가 형성되고 있다고 지적한 점은 시사하는 바가 매우 크다.[21] 이는 유럽화의 진전과 더불어 EU 차원에서 정책적 수렴 경향이 나타나는 동시에 EU 공공정책과정은 다양한 수준에서의 다양한 행위자들의 참여로 인해 점차 복잡화되고 분권화되는 경향이 나타나고 있기 때문이다.

---

21) Gary Marks, “Structural Policy in the European Community”, Alberta M. Sbragia (ed.), Euro-Politics: Institutions and Policy-Making in the “New” European Community (Washington DC: Brookings Institution), 1992, pp.191-224.

이미 서술된 바와 같이 EU 공공정책과정에 참여하는 주요 행위자들은 각자에게 주어진 정책적 권한에 따라 책임을 분담하며 상호의존적 관계를 발전시켜왔다. EU 수준의 정책행위자로서 EU 공공정책 결정과정에 관여하는 주요 기관들은 초국적 성격을 지니는 기관들과 회원국 정부의 이해관계를 대표하는 기관들로 다시 구분될 수 있다.

우선 EU의 초국적 기관은 집행위원회(European Commission)와 유럽의회(European Parliament)로 대표된다. 집행위원회는 EU 정책과정에서 입법 제안권을 독점적으로 보유하고 있으며, 조약 수호, 공동정책 및 대외무역의 집행기능을 수행하며 행정부의 역할을 담당하고 있다. 특히 대내외적으로 EU의 보편적 이익을 대변하며 유럽통합을 추진하여가는 가장 핵심적 역할을 담당한다는 점에서 대표적인 초국적 기관으로 인정되고 있다.

유럽의회 역시 대표적인 EU의 초국적 기관이다. 유럽의회는 일반적 국내의회와는 달리 법안제출권을 보유하고 있지는 않다는 점에서 제한적인 정책권한을 지니는 것은 분명하다. 하지만 유럽의회는 EU 회원국 시민들의 직접선거에 의해 선출된 의원들로 구성됨으로써 유럽시민을 대표하며 EU 차원에서 대의민주주의를 구현하는 초국적 기관으로 기능하고 있다. 더욱이 유럽의회는 공동결정 절차에 따라 진행되는 EU의 입법과정에 의제 수정권한을 가지고 참여하고 있으며, 집행위원회를 견제하고 감시하는 기능을 하는 등 지속적으로 정책적 권한을 확대하여왔다. 결국 유럽의회는 개별국가를 뛰어넘어 초국가적 수준에서 민주주의를 실현해가는 상징적인 역할을 담당하고 있다고 평가된다.

반면 EU 이사회(Council)는 회원국 정부의 이해관계를 대표하는 기관이다. 이사회 중에서도 각료이사회는 각 정책분야별로 회원국의 장관급 대표들이 참여하여 만장일치 혹은 다수결로 의사결정을 한다. 이사회는 EU 공공정책의 최종 결정권한을 지닌다는 점에서 핵심적 정책결정기구로 기능하고 있다. 또한 각 회원국의 정상들이 참여하는 유럽이사회(European Council)는 EU 최고 의사결정기구로서 EU 발전과 주요 정책발전의 방향성과 관련한 정치적 협의와 결정을 하고 있다. 이처럼 각료이사회와 유럽이사회 등은 EU 공공정책 과정에서 회원국 정부의 이해관계를 대표한다는 점에서 정부간 기구적 특성을 지닌다. 이에 따라 초국적 성격을 지니는 집행위원회와 유럽의회와 긴밀히 상호작용하며 EU의 주요 정책을 결정하고 있으며, 유럽통합의 과정에서 회원국의 이익이 균형 있게 반영시키는 역할을 담당하고 있다.

결국 EU 차원에서의 일상적인 공공정책의 결정과 운영과정에서는 집행위원회, 유럽의회 그리고 이사회 등이 가장 핵심적 기관들로 역할하고 있다. 이 과정에서 EU 기관들이 각자에 부여된 정책권한에 기초하여 긴밀히 상호작용하며 정책을 수립, 집행하고 있다는 점에서 상당히 높은 수준에서 분권화된 EU 정책과정의 특징이 잘 발견된다.

실제로 EU의 공공정책 결정과정에서 초국적 행정기관인 집행위원회(Commission)가 독점적으로 정책을 제안할 수 있는 권한과 정책집행의 권한을 가지고 있는 반면, 정책의 최종결정의 권한은 회원국 정부를 대표하는 이사회(Council)에 주어져 있다. 하지만 이사회가 공동정책에 관한 최종결정을 하기 위해서는 반드시 유럽시민을 대표하는 초국적 기관인 유럽의회(European Parliament)의 동의를 얻어야만 한다.

이처럼 EU의 주요 기관들은 정책결정에 관한 권한을 상호 분담하여 행사하고 있으므로 정책과정에서 어느 기관도 정책권한을 독점적으로 보유, 행사하지는 못하고 있음을 의미한다. 그 결과 EU의 주요 공공정책들은 정해진 절차에 따라 EU 기관들 사이의 긴밀하면서도 때로는 복잡한 상호작용 과정을 거치며 수립, 시행되어왔다. 따라서 EU의 주요 기관들의 정책권한이 단일한 기관으로 집중되기보다는 분산되어 행사됨으로써 상호 견제가 가능하여왔고, 더 나아가 EU 기관들 사이에서도 초국가적 이익과 회원국 정부의 이익이 상호균형을 이룰 수 있는 제도적 장치가 마련되어 있음을 알 수 있다.

반면 EU 정책결정과정에서 국가 수준에서 회원국 정부들은 변함없이 중요한 행위자로 정책과정에 영향을 미치고 있다. 한편으로는 이상에 설명된 바와 같이 회원국 정부들은 이사회를 통해 EU 수준의 공공정책과정에 직접 참여하여 각국의 이해관계를 반영하고 있다. 하지만 외교안보, 내무사법, 조세, 복지 등과 같이 전통적으로 회원국 정부들이 정책적 권한을 행사하여온 분야에 대해서는 공동정책을 중심으로 진행되는 EU의 공공정책과정과는 구별되는 유형의 정책적 협의, 결정 및 집행이 이루어지고 있다.

즉, 회원국 정부의 정책적 주권 영역에 속한다고 인정되는 분야에 대해서는 이른바 공동체 방식(Community method)으로 정책결정이 추진되기보다는 정부간(intergovernmental) 협상과 조정의 과정을 거쳐 정책이 결정되고 집행된다. 이들 분야에서의 정책적 주권이 이양되거나 공유되지 않았기 때문이다. 또한 보충성의 원칙(principle of subsidiarity)에 따라 기본적으로 회원국 정부가 주권을 지닌 분야에 대해 스스로 정책적 권한을 행사하고 있는 반면, EU는 초국가적 차원에서 보다 더 잘 달성될 수 있는 정책분야에서 EU가 법적 권한을 사용할 수 있도록 되어있다.

따라서 회원국 정부가 정책적 권한을 행사할 수 있도록 인정되는 범위에 대해서는 각 정부들이 관련 정책을 수립, 집행하며 EU와 상호작용하는 특성이 발견된다. 이런 점에서 EU의 다층적 거버넌스 시스템 하에서 회원국 정부는 여전히 주요 정책행위자로 정책과정에 영향을 미치며 여러 경로를 통해 공공정책과정에 참여하는 경향이 지속되고 있음을 알 수 있다.

EU 회원국 하위단위에서도 일부 정책행위자들은 EU 정책과정에 영향을 미치고자 적극적으로 노력하여왔다. 실제로 높은 수준에서 지방분권화가 시행되고 있는 회원국에서는 지방정부들이 지역발전을 도모하기 위한 목적에서 EU 정책과정에 영향을 미치고자 다각적 노력을 경주하고 있다. 특히 EU의 지역정책이나 구조기금과 관련한 정책과정에서는 EU 회원국의 하위단위에 해당하는 지방정부와 다양한 이익단체들이 자신들의 정책적 선호가 EU 정책결정에 반영될 수 있도록 노력하는 경향이 나타났다.

이를 위해 지방정부 혹은 이익단체들은 유사한 이해관계를 가지는 여타 단체들과 네트워크를 형성하여 압력단체로의 영향력을 강화하거나, 직접 브뤼셀에 지역이익을 대표하는 사무소를 설치하여 집행위원회나 유럽의회 등 주요

EU 기관을 대상으로 로비활동을 전개하는 등 다양한 경로를 통해 정책과정에 영향력을 행사할 수 있는 방안을 모색하여왔다.

이러한 변화의 양상은 유럽단일시장이 설립 계획이 추진되어오던 지난 1980년대 후반 이후부터 두드러지게 발견되어왔다. 이는 EU 거버넌스 시스템이 변화하여온 결과 정책행위자들의 대응방식 자체에 변화가 나타난 점이 반영된 것이기도 하지만, 동시에 대내외적으로 변화된 정책환경이 정책과정에 반영되면서 EU 거버넌스 시스템 역시 빠른 속도로 진화, 발전한 결과로 나타난 특징이기도 하다.

이상에서 논의한 바와 같이, EU의 주요 공동정책 결정과정에는 초국적 수준의 EU 기관, 회원국 정부, 회원국의 지방정부, 이익집단 등 다양한 정책행위자들이 자신들의 정책적 선호와 이해관계를 추구하기 위해 관여하고 있는 것을 알 수 있다. 이와 같이 EU의 다층적 거버넌스 시스템 하에서는 특정 정책행위자가 정책과정을 독점적으로 통제하며 일방적인 영향력을 행사하고 있다고 보기는 어렵다. 오히려 EU 공공정책과정에는 다양한 수준에서의 다양한 정책행위자들이 핵심적 정책이슈를 중심으로 서로 긴밀히 연계되어 상호간 영향력을 행사하며 이해관계를 조정, 협의해가는 독특한 거버넌스 체계가 형성되어 있다고 보아야 할 것이다. 이러한 이유로 EU의 공공정책 거버넌스 시스템은 기존 국가 중심의 정책과정과 상당한 차이를 보이는 정책결정과 집행의 구조를 발전시켜왔다고 평가될 수 있을 것이다.

2 정책에 따라 분권화된 권한구조

EU 정책분야에 따라서도 주요 행위자 사이에 분권화된 권한구조가 존재하고 있다. 그리고 이들 분권화된 정책권한의 구조는 정책분야의 특성에 따라 상당한 차이를 보인다. 이는 EU의 정책분야별로 정책권한이 EU 차원으로 이양된 정도에 차이가 있을 뿐 아니라, EU의 주요 정책의 성격에 따라 정책이 결정되고 집행되는 절차와 방식에도 차이가 있기 때문이다.

우선 회원국의 주권영역에 속한 정책분야에서는 회원국 정부가 주요 정책 권한을 보유하는 특징을 보인다. 즉, 전통적으로 회원국 정부에 독점적 정책 권한이 주어진 외교안보, 국방, 내무사법, 조세, 복지 등의 정책분야에서는 여전히 회원국 정부가 배타적 정책권한을 보유하고 있는 것이다. 기존 회원국들의 정치안보적 이해관계와 밀접히 관련되거나 분배적 성격의 정책에 대해 회원국 정부간 정책적 선호가 크게 존재하는 정책과 관련해서는 정책적 권한이 자국으로부터 유럽 차원으로 이전되는 것에는 반대하는 입장을 취하여왔기 때문이다.

결과적으로 이들 회원국 주권영역에 속한 정책분야에 대해서는 EU 차원의 핵심적 정책결정의 권한이 회원국 정부에 주어진 관계로 가중다수결이 아닌 전원합의에 근거한 만장일치에 따라 정책결정이 이루어진다. 이로 인해 이들 분야에서는 여전히 회원국 정부가 핵심적 정책행위자(policy actor)로 역할하면서 필요에 따라 정부간 정책 조정과 합의에 나서고 있다. 따라서 관련 정책 분야에서 집행위원회 등 초국적 성격의 EU 기관의 역할은 매우 제한적이다.

반면, 통상정책, 환경정책, 지역정책 등 주요 공동정책이 결정, 집행되는 과정에서 집행위원회나 지방정부 등의 정책행위자의 역할은 보다 큰 비중을 차지하고 있다. 특히 유럽공동시장과 관련한 공동정책들에 관해서는 EU 집행위원회의 정책적 권한이 매우 높은 수준에서 유지되고 있다. 실제로 공동통상정책이나 관세정책 등 유럽공동시장이 형성, 유지, 발전되는 과정에서 근간을 형성하여온 정책분야에서는 EU 집행위원회의 역할이 핵심적 지위를 차지하고 있으며 동시에 회원국의 경제적 협력과 통합이 높은 수준에서 지속되도록 요구된다. 마찬가지로 환경정책 등과 같이 공동정책으로 EU 차원에 정책권한이 상당 수준 이양된 정책분야에 대해서도 집행위원회 등 EU 기관들의 정책적 권한과 역할이 점차로 큰 비중을 차지하게 되었다.

또한 EU 회원국의 사회경제적 영역에 영향을 미치는 EU의 정책들에 대해서는 EU 기관들과 회원국 정부간 조정이 매우 중요한 역할을 담당하고 있다. 이에 따라 교육, 노동 등 유럽 전반은 물론 회원국 국내적으로도 사회경제적 영향이 큰 정책분야에 대해서는 EU 기관들과 회원국 정부들 사이의 정책적 조정과 협력이 필수적으로 요구된다. 마찬가지로 EU 차원에서 제한적 자원을 재분배하는 성격을 지니는 정책분야인 지역정책과 산업정책 등에 대해서는 EU 기관과 회원국 정부, 그리고 국가 하위단위의 지방정부와 이익집단 등 다양한 정책행위자들이 정책과정에 관여하고 영향력을 행사하고자 노력하고 있다.

이처럼 유럽화(Europeanization)된 수준이 높은 공동정책 분야에서는 EU 기관, 회원국 정부, 회원국 지방정부, 이익집단 등 다양한 행위자들이 정책적 권한을 나누어 행사하는 분권화된 거버넌스 체제가 형성되어 있음을 잘 알 수 있다. 하지만 여전히 회원국의 주권 영역에 속하는 것으로 이해되며 정치적 민감성이 높은 정치, 외교, 안보 관련 정책분야에서는 회원국 정부가 정책결정과 집행과정에서는 여전히 핵심적 역할을 담당하고 있음을 알 수 있다. 결국 유럽의 정치경제적 통합이 진전되면서 우선적으로 정책적 조화와 통합이 추진되어온 단일시장 관련 정책분야와 공동정책 분야에 대해서는 EU 기관들의 정책적 권한이 상대적으로 크게 행사되고 있는 반면, 여전히 정치적 협력이 낮은 수준에서 이루어지고 있는 정책분야에서는 회원국 정부의 정책적 권한이 크게 행사되고 있다는 것이다.

이처럼 분권화된 EU 정책과정의 특징은 이미 논의된 바 있는 정책네트워크를 중심으로 하는 EU 정책과정의 특징과 긴밀히 관련되어 있다. 실제로 EU의 각 정책분야별로 다양한 이해관계를 가지는 기관들과 이익집단들이 정책과정에서 자신들의 이익을 추구, 보호하기 위해 집행위원회 등의 EU 기관에 영향을 미치기 위해 노력하고 있다.

특히 EU의 공동정책과 관련한 정책과정에서의 정책네트워크의 중심에는 정책 제안의 기능을 담당하는 집행위원회가 핵심적 역할을 수행하고 있다. 즉 EU의 정책과정에서 EU 기관들, 특히 집행위원회는 정책분야별로 관련 있는 이익집단들과 공식적 및 비공식적 관계를 유지하며, 정책결정에 필요한 정보와 자료 등을 얻고자 긴밀한 상호적 관계를 유지, 발전시켜온 것이다.

따라서 정책분야별로 정책적 행위자에 따라 행사되는 정책권한과 영향력의 정도에 차이가 있는 것은 분명하다. 하지만 EU 정책과정에 참여하는 정책적 행위자가 점차 다양화되고 각 정책주체가 행사할 수있는 정책권한과 영향력의 정도에도 점진적으로 변화가 나타나고 있다는 점에 주목할 필요가 있다. 이는 유럽통합이 추지되어온 과정에서 EU 차원에서 정책에 따라 분권화된 정책결정과 집행의 구조가 형성되어온 특성을 잘 반영하고 있기 때문이다.

이상의 논의를 고려할 때 다양한 정책분야별 사례 연구를 지속함으로써 EU 정책과정의 특성을 구체적으로 파악해 갈 때, EU 차원에서 형성되어온 독특한 유형의 거버넌스 시스템의 구조와 이에 참여하는 주요 정책행위자의 역할과 영향에 대한 보다 심도 깊은 이해가 가능할 수 있을 것이다.

참고문헌

김 일, "EU의 다층적 거버넌스에 대한 민주적 정통성", 「Ouutopia」, 23권, 2008.

방청록, "유럽연합(European Union) 연구의 현황과 과제: 정치경제학적 분석을 중심으로", 「국제지역연구」, 한국외국어대학교 외국학종합연구센터, 제6권 제4호, 2002.

방청록, "유럽연합의 대외정책과 다층적 거버넌스에 관한 연구", 「유럽연구」, 제21권, 2005.

송병준, "유럽연합의 커미톨로지: 유럽적 문제해결을 위한 다층화된 정책과정의 양면성", 「유럽연구」, 제28권 1호, 2010.

임운택, "유럽연합의 거버넌스와 시민사회의 발전동학", 「유럽연구」, 제28권 3호, 2010.

Andrew Jordan, 'The European Union: An Evolving System of Multi-level Governance or Government?', Policy and Politics, vol.29, no.2, 2001.

Commission of the European Communities, European Governance: A White Paper, COM(2001) 428, Brussels, July 25, 2001.

Council of the European Communities(1988), 'Council Regulation(EEC) No. 2052/88 of 24 June 1988 on the tasks of the Structural Funds and their effectiveness and on coordination of their activities between themselves and with the operations of the European Investment Bank and the other existing financial instruments', Official Journal, L185, 1988.

Cowles, Maria Green, "Setting the Agenda for a New Europe: the ERT and EC 1992", Journal of Common Market Studies, vol.33, 1995.

Gary Marks, "Structural Policy in the European Community", Alberta M. Sbragia (ed.), Euro-Politics: Institutions and Policy-Making in the "New" European Community, Washington DC: Brookings Institution, 1992.

Jan Olsson, 'Democracy Paradoxes in Multi-Level Governance: Theorizing on Structural Fund System Research', Journal of European Public Policy, vol.10, no.2, 2003.

Hooghe, Liesbet, and Gary Marks, "Unraveling the Central State, but How? Types of Multi-Level Governance", American Political Science Review, vol.97, no.2, 2003.

Kohler-Koch, Beate, "Changing Patterns of Interest Intermediation in the European Union", Government and Opposition, vol.29, no.2, 1994.

Marsh, David, and R. A. W. Rhodes, Policy Networks in British Government, Oxford: Clarendon Press, 1992.

Mazey, Sonia, and Jeremy Richardson, 'Interests', in L. Cram, D. Dinan and N. Nugent (eds.), Developments in the European Union (Basingstoke: Macmillan), 1999.

Moravcsik, Andrew, "Preferences and Power in the European Community: A Liberal Intergovernmentalist Approach", Journal of Common Market Studies, vol.31, 1993.

R. A. W. Rhodes, "Policy Networks: A British Perspective", Journal of Theoretical Politics, vol.2, no.3, 1990.

Pang, Chungrok, "Policy Networks and Multipple Lobbying Strategies in EU Trade Policy-Making: A Korean Perspective", Asia Europe Journal, vol.2, 2004.

Peterson, John, 'The European Technology Community: Policy Networks in a Supranational Setting', in David Marsh and R. A. W. Rhodes (ed.), Policy Networks in British Government, Oxford: Clarendon Press, 1992.

Richardson, Jeremy, 'EU Water Policy: Uncertain Agenda, Shifting Networks and Complex Coalitions', in Hans Bressers, Laurence J. O'Toole Jr. and Jeremy Richardson (ed.), Networks for Water Policy, London: Frank Class, 1995.

Smith, Martin J., Pressure, Power and Policy: State Autonomy and Policy Networks in Britain and the United States, Hamel Hempstead: Harvester Wheatsheaf, 1993.

Stubbs, Paul, "Stretching Concepts Too Far?: Multi-Level Governance, Policy Transfer and the Politics of Scale in South East Europe", Southeast European Politics, vol.Ⅵ, no.2, 2005.

Wayne Sandholtz and John Zysman, "1992: Recasting the European Bargaining", World Politics, October, pp. 95-128; Maria Green Cowles (1995), "Setting the Agenda for a New Europe: the ERT and EC 1992", Journal of Common Market Studies, vol.33, 1989.

제 3 편

유럽연합의 행정체계와 과정

제1장 유럽연합의 행정조직

홍 재 환(한국행정연구원)

유럽연합은 역사에서 찾아보기 어려운 매우 특이한 조직이다. 유럽연합의 근원은 제2차 세계대전 이후, 1951년 유럽석탄철강공동체(ECSC)를 만들기 위한 파리조약(Treaty of Paris)에서 찾아볼 수 있다. 이후 1957년 오늘날 유럽연합의 커다란 축의 하나를 가능하게 한 로마조약의 체결로 진전을 보이다가 1965년 기존의 산발적인 공동체를 하나로 통합하는 합병조약(Merger Treaty)으로 유럽공동체(European Community: EC)로 탄생하였다. 이후 유럽은 로마조약의 부분수정으로 단일시장을 가능하게 한 1986년의 단일유럽의정서(Single European Act), 단일통화의 도입과 유럽연합의 출범을 알린 1992년의 마스트리히트조약(The Maastricht Treaty), 시민의 권리와 사회고용정책, 경찰 및 사법협력에 관한 규정을 포함한 1997년의 암스테르담조약(The Amsterdam Treaty), 의사결정시스템의 효율화와 사회보호위원회를 신설한 2001년의 니스조약(Treaty of Nice), 그리고 가장 최근 유럽이사회의 공식화와 유럽중앙은행의 설립을 포함한 2007년의 리스본조약(Treaty of Lisbon)등을 거치면서 하나의 국가와 같은 조직으로 발전해왔다. 그 동안 조약 체결이나 비준 등에서 여러 차례 부결도 있었고 수정도 있었으나 과거의 초기 유럽 6개국의 경제영역에 집중하던 연합체에서 좀 더 다양한 27개국과 정치사회분야로의 통합이 확대 심화되어 왔다는 사실은 매우 놀라운 성과라고 아니 할 수 없다.

본 장에서는 이처럼 조약의 체결에 따라 지속적으로 변화해 온 유럽연합의 행정조직의 변천과 조직의 구성 및 기능, 특성과 역할에 관하여 알아보고자 한다.

제 1 절 행정조직의 변천

1 리스본조약의 추진경위

현재의 EU(유럽연합)체제는 2001년에 제정된 니스조약(Nice Treaty)에 근거하여 운영되어 왔고 최근 리스본조약의 비준 완료에 의하여 효력을 발생하고 있다. 2004년 이후 12개의 신규가입국이 증가함으로써 회원국의 수가 3년 사이 15개국에서 27개국으로 증가하였고, EU의 확대로 인한 니스조약 개정의 필요성을 인식하였다. 석탄 · 철강의 공동 생산, 관리에 머물던 수준에서 화폐를 비롯한 일상생활의 다양한 영역으로까지 통합의 확대와 심화는 제도와 기능의 재편으로 이어질 수밖에 없었다.

<그림 3-1> 유럽연합의 조약 도식도

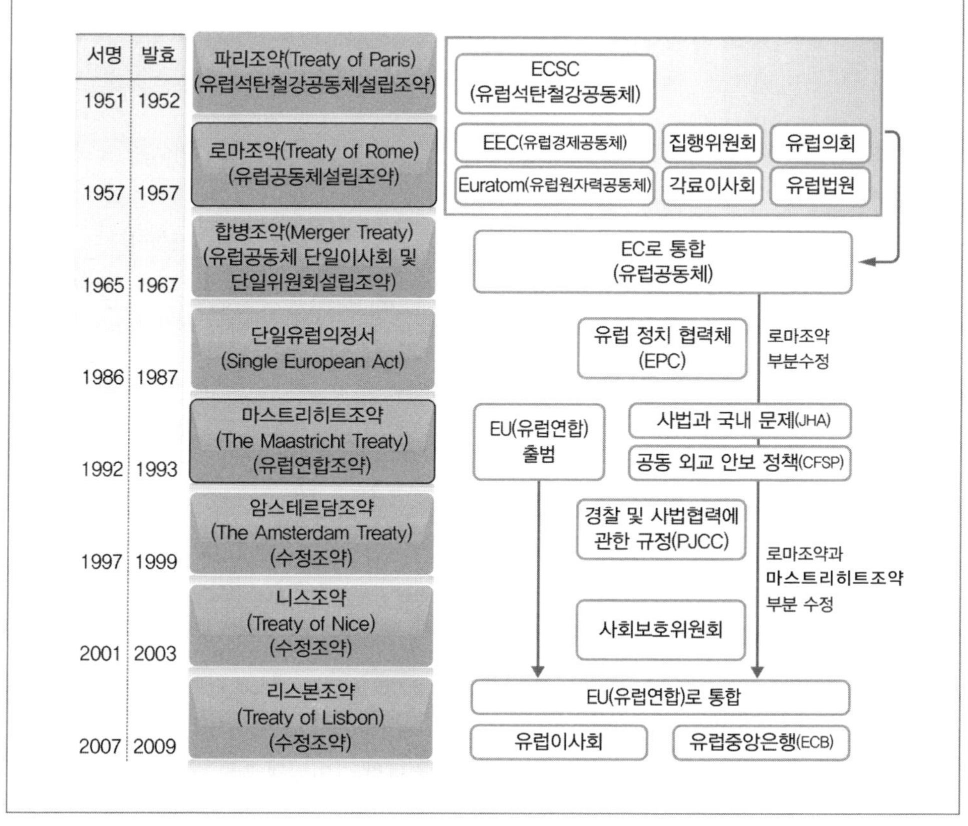

비고 1: 마스트리히트조약 체결과 함께 기존의 유럽경제공동체설립조약은 유럽공동체조약으로 개칭.
비고 2: 일시는 조약체결연도 기준.
자료: 이무성 외, 「유럽연합의 정체성 II」, 2009, pp.128. 재구성.

2003년 EU회원국은 당초 「유럽헌법조약」을 발의(2004.10.29)하였으나 프랑스(2005.5.29)와 네덜란드(2005.6.1)의 국민투표에서 부결되었다. 당시 프랑스는 높은 실업률 및 경기부진, 자국의 주권 및 정체성 상실 우려, Chirac 정부에 대한 반감 등이 부결 요인이었고, 네덜란드의 경우 터키의 EU 가입추진에 따른 화교이민 유입 우려, EU 내 입지 축소 및 정체성 상실 우려 등이 부결 요인이었다.

<표 3-1> 유로지역 및 EU 가입국가 확대 현황

가입연도	유로지역 가입국가1)	EU가입국가1) 2)
1993		(12) 독일, 프랑스, 이탈리아, 네덜란드, 벨기에, 룩셈부르크, 영국, 아일랜드, 덴마크, 그리스, 스페인, 포르투갈
1995		(+3) 스웨덴, 핀란드, 오스트리아
1999	(11) 독일, 프랑스, 이탈리아, 네덜란드, 벨기에, 룩셈부르크, 아일랜드, 스페인, 포르투갈, 핀란드, 오스트리아	
2001	(+1) 그리스	
2004		(+10) 폴란드, 헝가리, 체코, 슬로바키아, 슬로베니아, 에스토니아, 라트비아, 리투아니아, 키프로스, 몰타
2007	(+1) 슬로베니아	(+2) 루마니아, 불가리아
2008	(+2) 키프로스, 몰타	
2009	(+1) 슬로바키아	
총 합계	16개국	27개국

주: 1) ( ) 내는 회원국 수.
2) 1958년 EEC 6개국, 1973년 EC 9개국, 1981년 EC 10개국, 1986년 EC 12개국.
자료: 한국은행, 해외경제포커스, 2009, pp.15. 저자 수정.

이에 따라 2005년 6월 16일 EC는 헌법조약에 대한 숙려기간을 요청하였으며 2007년 정상회의 의장국인 독일의 Merkel 총리가 헌법조약 대신 수정조약의 형태로 변경할 것을 제안하여, Merkel 독일 총리와 Sarkozy 프랑스 대통령이 조약안 수정 작업을 추진하여 2007년 10월 5일 정부간회의(IGC)에서 수정 조약안을 마련하고 동년 12월 13일 최종적으로 포르투갈 리스본에서 서명하였다.

<표 3-2> 리스본조약 추진 경과

일자		추진경과
EU헌법조약 추진	2003. 6. 2	유럽헌법조약 초안 제출
	10. 4	정부간회의(IGC : Intergovernmental Conference)출범
	12. 13	IGC, 브뤼셀 정상회의에서 폴란드와 스페인의 의사결정방식 반대로 결렬
	2004. 6. 18	아일랜드, EU대통령 정치적 합의 도출
	10. 29	EU정상, 로마에서 헌법조약안에 서명
	2005. 2. 2	스페인, 국민투표 찬성
	5. 29	프랑스, 국민투표 부결
	6. 1	네덜란드, 국민투표 부결
	6. 16	EC, 숙려기간 요청
리스본 조약 추진	2007. 6. 21	EC, IGC에 수정조약(Reform Treaty)관련 권한 위임
	10. 5	수정 조약 초안 제출
	12. 13	EU정상, 리스본에서 조약 서명
	2008. 6. 12	아일랜드, 국민투표 부결
	2009. 10. 2	아일랜드, 국민투표 통과
	10. 1	폴란드 비준서명

자료: 한국은행, 해외경제포커스, 2009, p.15.

제 2 절 조약에 따른 조직구성 및 기능의 분화

EU는 주권을 가진 27개 개별국가들이 회원으로 참여하고 있는 연합체의 성격을 지니고 있지만 그와 동시에 유럽연합 자체가 하나의 정치적 단위, 즉 국가처럼 기능하고 있다. 이러한 거대한 국가를 효율적으로 운영하기 위한 유

<표 3-3> 리스본조약과 헌법조약 비교

	리스본조약	헌법조약
비준절차	의회비준(아일랜드는 국민투표)	국민투표
EU 상징	삭제	포함
EU조약의 우선적용	배제	회원국 법률보다 상위법으로 우선적용
회원국 의회의 권한	강화	
외교안보정책 고위대표	명칭: 외교안보정책 고위대표	명칭: 외무장관
이중다수결 방식	적용시기: 2014.11 ＊2017년 3월까지 회원국의 요청 시 현 가중다수결방식 적용 가능1)	조약 발효 시부터 적용
EU의회 의석 수	750석+1석2)	750석
EU 인권장전3)	전문이 본문에 포함되지 않지만 법적 구속력 인정 (조약 Article1, 제6조)	전문을 본문에 포함하여 상위법으로 인정

주: 1) 폴란드 정부의 반대로 연기.
2) 이탈리아가 영국과 동일한 의석을 확보하기 위해 요청하여 반영.
3) The Charter of Fundamental Rights of the European Union(스트라스부르크, 2000.12.7).

자료: 한국은행, 해외경제포커스, 2009, p.14.

럽연합에는 하나의 성문화된 헌법은 없다. 그 대신 각 회원국의 정상들이 서명하고 각국 의회나 국민투표를 통해 비준을 받은 각종 조약, 예를 들면 로마조약, 마스트리히트조약, 암스테르담조약, 니스조약 등이 사실상 헌법을 대신하여 최고의 권위를 갖는 법적 규정이 되고 있다. 그러나 개별 국가의 헌법처럼 최종적인 것이 아니라 조약의 개정 때마다 앞선 조약들을 토대로 개정되고 일부 대체되는 시스템으로 이루어져 있다(강원택 외, 2009). 리스본조약은 헌법조약의 기본골격을 유지하면서 EU상징 등 헌법적 성격이 있는 규정들을 삭제하였다. 리스본조약의 목적은 유럽연합이 보다 민주적인 구조로 운영되기 위해 유럽의회와 회원 각국 의회의 권한을 확대하여 시민들의 요구와 참여를 보장하는 구조를 꾀하는 데 있다(삼성경제연구소, 2009).

<그림 3-2> EU 주요 기구의 구조 및 관계

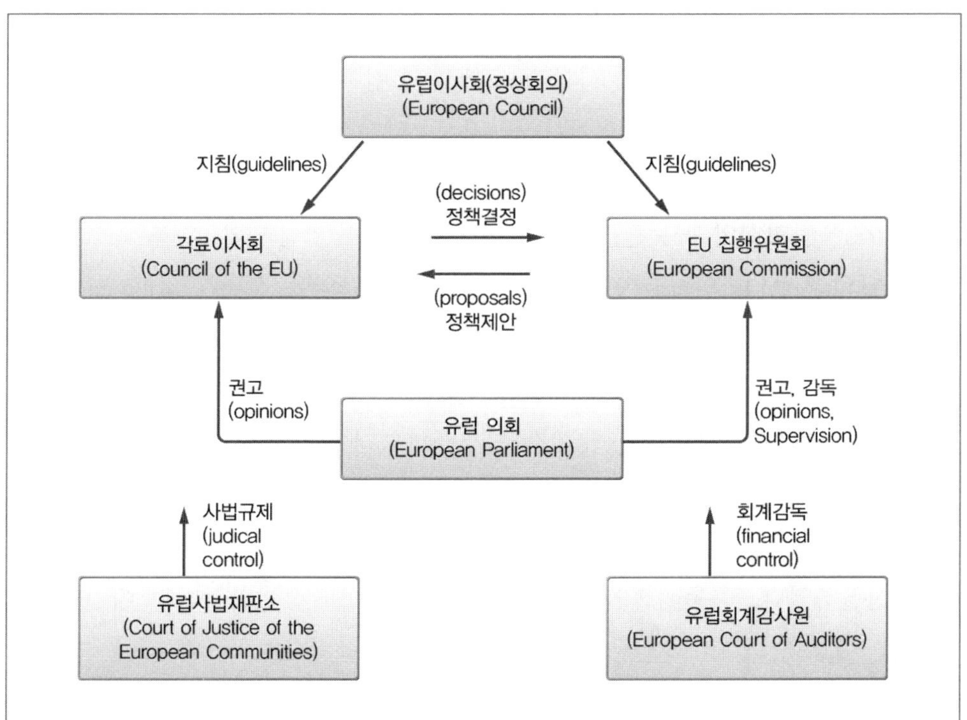

자료: 외교통상부, "한-EU 기본협정 설명자료", 2009.

국가를 구성하기 위해서는 기능적으로 입법, 행정, 사법 등의 역할을 담당하고 있는 제도적 기구가 필요하다. EU 역시 개별 민족국가와는 다소 차이가 있지만 유사한 기구를 갖추고 있다. 유럽연합의 토대를 닦은 1957년 3월 25일에 체결된 로마조약에서 규정한 각 기구의 구체적 기능과 역할은 회원국의 확대와 통합의 심화에도 불구하고 그 기본적인 골격과 특징은 크게 바뀌지 않고 유지되어 왔다. 집행위원회(European Commission), 각료이사회(Council of the Ministers), 유럽의회(European Parliament)는 유럽연합의 주요 기구로 유럽이사회(European Council)를 정점으로 유럽연합의 제도적 삼각형(institutional triangle)을 이루고 있으며, 유럽법원 역시 유럽통합에 있어서 매우 중요한 기능을 수행해왔다(강원택 외, 2009). 하지만 입법권이 이사회에 있고 유럽의회에 자문기능이 주어졌다는 점은 일반적인 국가와는 다른 특이한 점이다.

일반적으로 유럽연합 내에서 이뤄지는 정책결정과정은 각료이사회나 유럽이사회에서 집행위원회의 검토 사항을 토대로 유럽통합에 대한 정책이나 제도적 변화에 대한 큰 방향과 대강의 윤곽을 결정한다. 집행위원회는 이를 토대로 구체적인 정책, 법률안을 마련한다. 이런 협의의 과정을 통해 형성된 정책안은 이사회와 유럽의회의 공동결정과정을 거쳐 확정된다(강원택 외, 2009).

오늘날의 유럽연합의 근본이 되는 1958년의 로마조약은 집행위원회(Commission)에는 법안을 제안하는 기능, 유럽의회(당시 Parliamentary Assembly)에 자문 기능, 각료이사회(Council of Ministers)에 입법 기능, 그리고 유럽법원(Court of Justice)에는 법률 해석의 권한을 각각 부여하였다.

또한 EU 대외정책의 일관성을 유지하기 위해 단일의 외교안보정책 고위대표(High Representative of the Union for Foreign Affairs and Security Policy) 직을 신설하였다. 공동외교안보정책 고위대표[1]와 EU집행위원회의 대외관계집행위원[2] 등 2명의 인사가 공동으로 대외정책을 담당하며, 고위대표는 EU 집

1) High Representative for the Common Foreign and Security Policy.
2) Commissioner for External Relations and European Neighbourhood Policy.

행위원회 부의장을 겸임하고 외무각료 이사회(Foreign Affairs Council)를 주재한다. 이 대표의 임기는 5년이며 EU집행위원회 의장의 동의를 얻어 EU정상회의에서 선출한다.

1958년 이후 오랫동안 유럽연합의 근간이 되어 왔던 로마조약은 2009년 리스본조약 이후 많은 변화를 가져오게 되었는데 이는 유럽연합의 변화와 발전과정을 반영하고 있다고 볼 수 있다. 특히 유럽의 미니 헌법이라고 할 만큼 방대한 양을 자랑하는 리스본조약은 유럽의 체제와 조직 구성에 대해서 많은 변화를 불러왔다.

<그림 3-3> EU 주요 기구의 구조 및 관계

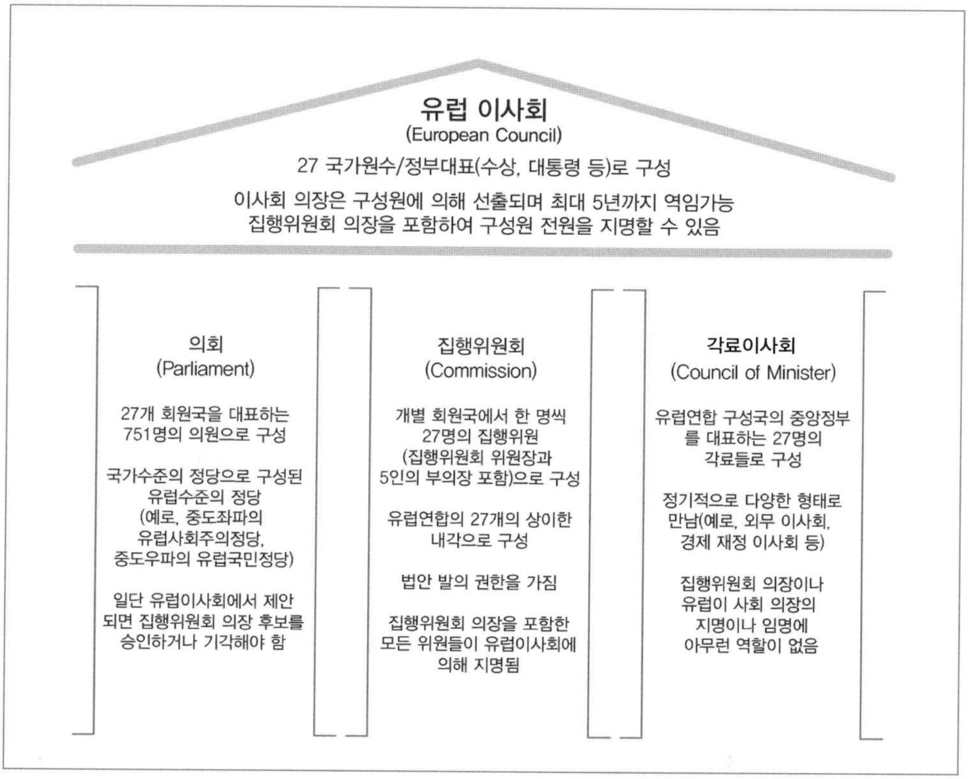

자료: Jacqueline Hyden & Daniel Faas. The Social and Political Review : Trinity college dublin, 2010.

<그림 3-4> 리스본조약 체결 이후 EU 기관 및 구성의 변화

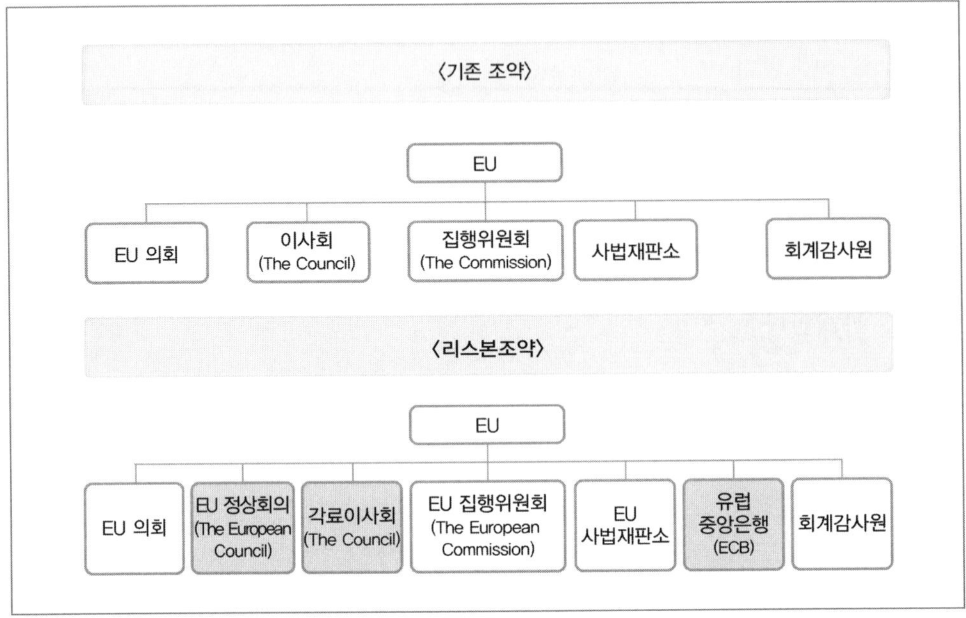

출처: 한국은행, 『해외경제포커스』, 43호, 2009, p.3.

1 리스본조약에 의한 EU 주요 기관의 권한 강화 및 균형 유지

리스본 조약에서는 개별 기구에 부여된 권한 사이에서 견제와 균형을 모색하는 방향으로 개선되었다. EU와 회원국의 권한을 EU의 배타적 권한(exclusive competence), EU와 회원국간 공유권한(shared competence), 개별 회원국 권한(supporting competence) 등으로 명확히 구분하여 명시하였고, 회원국의 재정적자가 과도할 경우 EU집행위원회가 회원국에게 경고하거나 이에 대한 견해를 표명할 수 있는 권한을 부여하였다.

아래의 〈표 3-4〉에서와 같이 관세동맹, 역내시장 운영에 필요한 경쟁규칙 확립, 유로지역의 통화정책, 공동어업정책 하의 해양생물자원 보존, 공동 통상정책 등은 EU의 배타적 권한으로 지정하였고 역내시장, 사회정책, 경제적 · 사회적 · 지역적 통합, 농어업정책, 환경, 소비자 보호, 운송, 유럽 운송망, 에너지 등은 EU와 회원국의 공유권한으로, 건강보호, 산업, 문화, 여행, 교육 등은 회원국의 권한으로 지정하여 갈등을 줄이고자 하였다.

유럽이사회는 새로이 이사회 의장직과 외교안보정책 고위대표직을 신설하여 유럽연합을 강화하고 국제적 대표성을 보장하였다. 유럽연합에는 두 개의 이사회(council)가 존재한다. 하나는 회원국의 정상들이 매 6개월마다 의장국을 번갈아가면서 회합을 하는 유럽이사회(European Council)이며, 또 다른 하나는 회원국의 외무장관을 위시한 각 주무장관들의 정기적인 회합인 각료이사회(Council of Ministers)이다.

회의를 하려면 누군가 회의를 주재하는 의장이 있어야 하기 마련이다. 유럽연합 집행위원회는 집행위원장이 그 책임을 맡고 있지만, 각국의 장관들이 동

<표 3-4> EU 및 회원국의 권한 구분

EU의 배타적 권한	EU와 회원국의 공유권한	회원국의 권한
관세동맹 역내시장 운영에 필요한 경쟁규칙 확립 유로지역의 통화정책 공동어업정책하의 해양생물자원 보존 공동통상정책1)	역내시장 사회정책 경제적·사회적·지역적 통합 해양생물자원 보전을 제외한 농어업정책 환경 소비자보호 운송 유럽 운송망 에너지 자유 · 안전 · 사법지대 (공중보건)	건강 보호 및 증진 산업 문화 여행 교육, 직업교육, 청소년, 스포츠 시민권보장 행정협조

주: 1) 기존의 무역 부문 이외에 외국인직접투자도 포함(조약 Article 2, 제188C조).
출처: 한국은행, 「해외경제포커스」, 43호, 2009, p.8.

등한 자격으로 만나는 각료이사회나 각국 정상들이 모이는 유럽이사회에서는 누가 그 역할을 맡을까?

각료이사회와 유럽이사회는 그 동안 6개월마다 각국별로 돌아가면서 의장국의 역할을 수행해왔다. 매년 1월과 7월에 새로운 의장국이 등장하게 되는 것이다. 의장국은 이사회 회의를 주재하고 의제를 설정하여 각국 간 이견을 조정하고 중재를 통해 타협을 이끌어내는 역할을 한다. 대외적으로는 집행위원장과 함께 분야에 따라 EU를 대표하는 역할도 맡는다. 돌아가면서 역할을 맡지만 그 기간 동안 의장국은 EU 정책결정에 상당한 영향력을 행사할 수 있다. 이처럼 윤번제로 의장직을 담당하는 경우에는 각 회원국이 중요하게 생각하는 의제들이 고르게 제기될 수 있으며, 인구 규모가 작은 소국에는 국제무대에서 큰 역할을 담당할 수 있는 기회도 갖게 된다.

하지만 6개월마다 순번제로 의장국이 교체되므로 정책의 연속성을 유지하기가 어려웠다. 이를 개선하기 위해서 유럽이사회는 그 동안 트로이카(Troika)라는 독특한 운영방식을 활용하였다. 트로이카는 유럽이사회의 현 의장국과 전 의장국, 그리고 차기 의장국 간의 협력을 지칭하는 용어이다. 이는 의장국의 임기가 6개월로 제한되어 일관된 정책을 취하기 힘들기 때문에 강구된 것이다.

그러나 유럽통합이 심화됨에 따라 다루어야 할 정책의 영역이 다양해졌고, 회원국의 수도 27개국으로 크게 늘어나면서 이사회에서 다루어야 할 업무량이 크게 늘어남에 따라 의장국이 수행해야 할 역할의 부담도 매우 커졌다. 또한 이러한 변화된 상황에서 각국별 이해관계를 조정하고 합의를 이끌어내기 위해서는 의장국의 상당한 리더십도 필요하게 되었다. 특히 공식적인 회의와 별개로 비공식적으로 양자 간, 혹은 다자간 접촉을 통해서 이견을 좁히고 타협안을 도출해내는 의장국의 주도적인 역할이 중요하게 되었다. 또 한편으로는 27개국으로 회원국 수가 늘어나면서 한 국가가 의장국의 역할을 맡기 위해선 13년 반이나 기다려야 한다는 새로운 문제점도 생겨났다. 이 때문에 유럽헌법과 리스본조약에서는 기존의 윤번제 방식을 개정하는 새로운 의장직에 대한 새로운 제도적 개선책을 제안했다.

<표 3-5> 리스본조약 발효 전후 주요 기관의 변화

구분	내용	리스본조약 발효 전	리스본조약 발효 후
주요기관	유럽 이사회	이사회 국별 순회의장(6개월)	이사회 상임의장(2년 6개월)
		공동외교안보고위대표(5년)와 대외관계집행위원(5년)	외교안보정책 고위대표(5년)
	유럽 의회	이사회에 비해 유럽의회의 권한이 제한	이사회와 공동으로 정책을 결정하는 영역이 약 70개로 확대(역내시장, 경제관련사항, 공동통상정책 등)
		의석 수 736석 회원국당 최소 5명-최대 99명 가능	의석 수 751석(의장 포함) 회원국당 최소 6명-최대 96명 가능
	EU 집행위	집행위원장 선출방식: 정상회의 지명 → 유럽의회 승인	집행위원장 선출방식: 정상회의 후보추천→ 유럽의회 선출
		파견위원 27명(회원국당 1명)	파견위원 18명(국별 순번대로 파견)
의사결정방식	정상회의·이사회의사결정방식	가중다수결제도	이중다수결제도 적용시기: 2014년 11월 (단, 회원국의 요청 시 2017년 3월까지 현재의 가중다수결제도 적용)
	만장일치제도	공동외교안보, 다년간 재정계획, 사회정책, 환경관련 예산, 조세, 국방 등은 만장일치제로 의사결정	조세 및 국방만 만장일치제 유지

자료: 삼성경제연구소(2009), 「리스본조약 발효 이후 EU의 변화와 시사점」, p.12.

각료이사회의 경우에는 기존의 방식을 토대로 하여 3개국이 18개월 동안 공동으로 의장국을 담당하도록 함으로써, 한 국가가 맡게 되는 경우에 생겨날 수 있는 부담감과 리더십의 취약을 보완할 수 있도록 했다. 또한 EU 대외정책의 일관성을 유지하고 국제적 대표성을 보장하기 위해서 단일의 외교안보정책 고위대표직을 신설하였으며, 동 대표는 EU 집행위원회 부의장을 겸임하고 집행위 내에서 대외 관련 업무 및 이와 관련한 조정 업무를 담당하고 외무각료 이사회를 주재한다. 이 대표의 임기는 5년이며 EU 집행위원회 의장의 동의를 얻어 EU 정상회의에서 선출된다(한국은행, 2009).

유럽이사회의 경우에는 EU 정책의 연속성을 보다 강화하기 위하여 별도의 의장을 선출하여 그 역할을 맡기도록 하였다. 상임의장은 외교안보정책과 관련하여 EU를 대표하고, EU 정사회의의 준비 및 주재, 회원국 간 의견 조율, 회의 결과의 EU 의회 보고 등의 직무를 수행한다. 유럽이사회의 의장의 임기는 2년 반이고 한 회에 한해 연임을 허용하며 유럽이사회에서 가중다수결 방식[3]으로 선출하기로 했다. 이와 함께 리스본조약에서는 대외관계를 담당하는 새로운 직책을 신설하기로 결정한 것도 대외 관계 업무에 대한 의장국의 부담을 줄이려는 의도도 포함되어 있다(강원택 외, 2009).

집행위원회의 상층부를 구성하는 집행위원은 회원국에서 선출되지만 이들은 유럽연합의 일반 이익을 추구하며, 회원국과 초국가 기구로부터 독립성을 보장받는다.

이들은 유럽석탄철강공동체부터 암스테르담조약 때까지 독일, 프랑스, 이탈리아, 영국, 스페인 등 인구 규모가 큰 5개국에서 각각 2명씩, 그 밖의 국가에서는 각각 1명씩 자국 출신의 집행위원을 지명해왔다.

그러나 니스조약에 의해 집행위원회 위원(commissioner)은 2005년 이후 회원국에서 각 1명씩 선출되었다. 더 정확히 말하자면, 회원국의 수가 27개국에 이를 때까지 각국별로 인구 규모와 무관하게 모두 1명씩 위원을 지명하는 것으로 바뀌었다. 집행위원장과 집행위원의 임기는 5년이며, 유럽의회 선거 이후 6개월 내에 다음의 절차에 따라 선출된다. 먼저 집행위원은 각 회원국에

3) 리스본조약에 의하면 2014년까지는 가중다수결 방식으로 투표를 하기로 하였고 그 이후에는 이중 방식으로 투표를 하도록 하였다. 이 사항에 대해서는 조금 뒤에 다시 설명한다.

서 추천하며, 유럽이사회에서의 가중다수결 표결을 거쳐 결정하고, 유럽의회의 승인을 거쳐 임명된다(강원택 외, 2009).

한편 최종 비준에는 실패했지만, 유럽헌법 논의과정에서는 회원국 정수의 2/3로 집행위원의 수를 2014년부터 줄이기로 합의되었었고, 리스본조약에서는 이러한 합의 사항이 그대로 이어져서, EU 집행위의 효율성을 개선하기 위해 2014년 전까지 전체 회원국의 3분의 2에 해당되는 규모로 축소하기로 결정하였고, 2014년 이후에는 순번제로 위원을 추천하기로 하였다.

현재 27개 회원국에서 각각 한 명씩 모두 27명의 집행위원이 집행위원단(College of commissioners)을 구성하고 있는데, 리스본조약으로 인해 2014년부터는 회원국의 수가 현재의 27개국이 그대로 이어진다는 것을 가정할 때 18명으로 줄어들게 된다.

2 의사결정방식의 개편

EU회원국 간 투표가치의 균형을 도모하기 위해 EU정상회의 및 각료이사회의 의사결정시 가중다수결방식을 이중다수결방식으로 변경하여 2014년 11월부터 시행한다.

가중다수결방식은 아래의 〈표 3-6〉에서 보는 바와 같이 투표권의 가치가 인구비례에 따라 결정되나 이중다수결방식은 EU인구의 65% 및 회원국 수의 55%(27개국 중 15개국) 이상을 동시에 충족시켜야 한다. 다만, 회원국이 요구할 경우에는 2017년 3월까지는 기존 방식을 적용한다. 이중다수결방식으로 변경할 경우 아래의 〈표 3-7〉에서와 같이 독일, 프랑스, 영국, 이탈리아, 덴마크, 룩셈부르크와 라트비아, 슬로베니아, 에스토니아, 키프로스, 몰타 등의 투표가치가 증대되고 스페인, 폴란드, 루마니아, 네델란드, 그리스, 포르투갈 등의 투표 가치는 하락하는 것으로 나타나고 있다.

<표 3-6> 가중다수결 방식과 이중다수결 방식의 비교

구분	인구	회원국
가중다수결 방식[1] (당초)	인구에 비례하여 투표권 배분	
이중다수결 방식(개편안)	65% 이상	55%(15국/27국) 이상

주: 1) 니스조약에서는 인구의 62%, 회원국수의 50%(14국/27국), 각료이사회 투표수의 74%(255/345) 등 세 가지 조건을 동시에 만족해야 하는 것으로 변경.

자료: 한국은행, 「해외경제포커스」 43호, 2009, p.5.

<표 3-7> 이중다수결 방식 적용 시 국별 투표권의 가치[1] 변동(%)

인구 순위[2]	국가	인구 비중	리스본 조약	니스 조약	변동	인구 순위	국가	인구 비중	리스본 조약	니스 조약	변동
1	독일	16.72	11.65	7.78	▲	15	오스트리아	1.68	2.53	3.09	▽
2	프랑스	12.78	9.03	7.78	▲	16	불가리아	1.56	2.47	3.09	▽
3	영국	12.25	8.69	7.78	▲	17	덴마크	1.10	2.19	2.18	▲
4	이탈리아	11.93	8.49	7.78	▲	18	슬로바키아	1.10	2.18	2.18	
5	스페인	8.89	6.55	7.42	▽	19	핀란드	1.08	2.17	2.18	▽
6	폴란드	7.73	5.71	7.42	▽	20	아일랜드	0.85	2.04	2.18	▽
7	루마니아	4.38	4.15	4.26	▽	21	리투아니아	0.69	1.95	2.18	▽
8	네덜란드	3.31	3.50	3.97	▽	22	라트비아	0.47	1.81	1.25	▲
9	그리스	2.25	2.88	3.68	▽	23	슬로베니아	0.41	1.78	1.25	▲
10	포르투갈	2.15	2.80	3.68	▽	24	에스토니아	0.26	1.70	1.25	▲
11	벨기에	2.13	2.80	3.68	▽	25	키프로스	0.14	1.63	1.25	▲
12	체코	2.09	2.77	3.68	▽	26	룩셈부르크	0.10	1.59	1.25	▲
13	헝가리	2.05	2.75	3.68	▽	27	몰타	0.08	1.58	0.94	▲
14	스웨덴	1.83	2.63	3.09	▽	계	100.00	100.02	99.95		

주: 1) 인구비중 및 회원국 수 조건을 동시에 충족하는 다수의 시나리오를 가정한 후 이들 시나리오에 미치는 개별 국가의 영향력을 수치화한 것임(Banzhaf voting power index).

2) 2006년 기준.

자료: CEPS, Egomont 재인용.

3 기구 간 견제와 균형의 모색

유럽이사회(European Council)는 유럽연합 회원국의 수상과 프랑스, 핀란드 등의 대통령으로 구성된 사실상 가장 강력한 힘을 가진 최고의 정책결정기구이다. 언론에서 종종 유럽 정상회담으로 부르는 모임이 바로 이 유럽이사회이다.

그러나 각료이사회와는 달리 유럽이사회는 원래 로마조약에서 규정한 유럽경제공동체의 제도적 틀 속에 포함되어 있는 공식기구가 아니었으나 리스본조약 이후, 유럽이사회는 각료이사회와 집행위에 대한 지침을 내리는 상위기관으로 리스본조약을 통해 정식으로 EU 기관화되었다. 이후 유럽이사회는 유럽연합의 장기적인 정책 방향을 결정하고, 유럽연합의 확대 등 정치적으로 민감함 이슈나 경제 통합의 심화 등 주요 이슈에 대한 입장을 정하고 각국별로 이견이 있는 경우 입장을 조율하는 기능을 수행한다. 여기서 결정된 사항은 추후에 집행위원회나 각료이사회 등을 통해 세부사항을 결정하고 정책으로 구체화된다.

집행위원회(European Commission)는 아래의 그림과 같이 의제를 제안하고 정책을 집행하고 유럽의회(European Parliament)는 의제를 수정하고 집행위원회를 민주적으로 통제한다. 또한 각료이사회(Council of the Ministers)는 의제를 최종 결정하고 이는 집행위원회에서 집행한다. 유럽의회는 리스본조약 발효 전에는 이사회에 비하여 권한이 제한적이었으나 이후에는 이사회와 공동으로 정책을 결정하는 영역이 약 70개로 확대되었다. 앞의 〈표 3-5〉에서 보듯이 집행위원장의 선출방식도 과거에는 정상회의에서 지명하여 유럽의회가 승인하는 방식이었는데 이것이 리스본조약 이후에는 정상회의에서 후보를 추천하여 유럽이회가 선출하도록 하고 있다. 이처럼 개별 기구 간의 견제와 균형뿐 아니라 회원국 간의 견제와 균형이 되도록 조직과 운영방식이 변화하고 있다.

<그림 3-5>

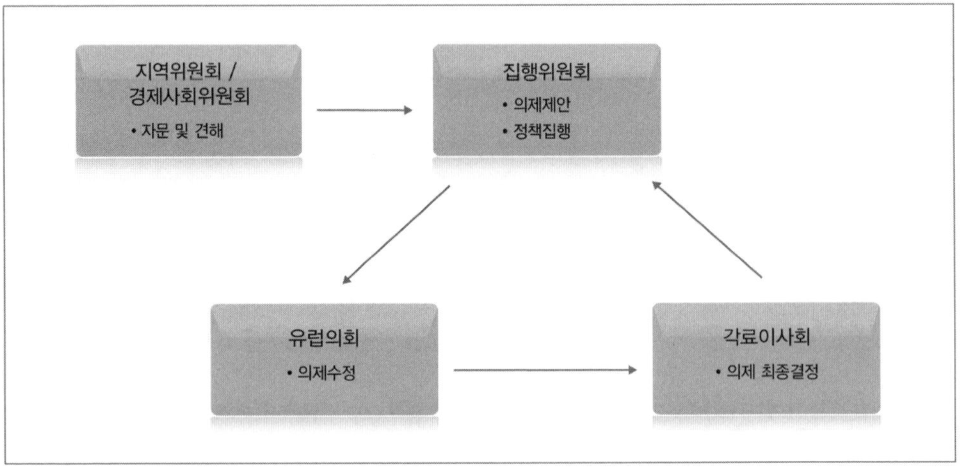

자료: 이무성 외, 「유럽연합의 정체성 II」, 2009, p.136.

제 3 절 행정조직의 기능 · 역할 및 특성

1 유럽이사회(The European Council)

유럽이사회(The European Council)는 유럽연합 회원국의 수상들과 대통령으로 구성된 가장 강력한 힘을 가진 최고의 정책결정기구이다. 각국의 정상회의에도 외무장관들도 함께 참석하는 것이 보통이며 유럽연합 집행위원회에서도 집행위원장과 부위원장 등 두 명이 참석한다. 유럽이사회는 유럽연합의 장기적인 정책방향을 결정하고, 유럽연합의 확대 등 정치적으로 민감한 이슈나 경제 통합의 심화 등 주요 이슈에 대한 입장을 정하고 각국별로 이견이 있는 경우 입장을 조율하는 기능을 수행한다(강원택 외, 2009).

2009년 12월 1일에 발효된 리스본조약이 강화됨에 따라 독자적인 기관이 되었고, 외교와 보안정책은 유럽이사회의 고유한 업무이다. 또한 의장국이 대외적으로 유럽연합을 대표한다는 상징성도 지닌다. 유럽이사회는 각국의 현직 수상이나 대통령으로 구성되어 있다는 점에서 이들의 정치적 권위의 정당성이 유럽적 차원이 아니라 각국의 국내정치와 보다 긴밀하게 연결되어 있기 때문에 유럽이사회는 유럽연합의 다른 기구와 달리 독립성이 강하다는 점을 쉽게 이해할 수 있다(강원택 외, 2009).

유럽이사회(The European Council)는 회원국들의 수상이나 대통령들이 모여 토론하는 비공식적인 모임으로 1974에 창설되었다. 각료이사회와는 달리 원래 로마조약에서 규정한 유럽경제공동체의 제도적 틀 속에 포함되어 있는 공식기구가 아니었으므로, 그 역할에 대한 규정이 존재하지 않았고, 따라서 유럽이사회는 유럽연합 내 다른 기구의 구속을 받지 않고 자유로운 활동이 가능했다. 그러다 1987년 단일유럽의정서에서 유럽이사회는 법제화되었고, 마스트리히트조약에서 정치적 가이드라인을 제공하는 역할로 그 기능을 규정하였으며, 유럽이사회의 회의 후에는 유럽의회에 토의사항을 보고하도록 규정하였다(강원택 외, 2009). 이후 리스본조약에서는 유럽연합의 7개의 기관 중 하나의 독자적인 기관이 되었다.

2 집행위원회(The European Commission)

집행위원회(The European Commission)는 EU와 관련된 주요한 정책을 발의하고 입안하는 역할을 수행하는 유럽연합의 주요 기관 중 하나이다. 집행위원회(Commission)란 용어는 27명의 개별 위원들과 상근 직원, 혹은 기관 전체를 일컬을 수도 있다. 집행위원회는 유럽의회와 각료이사회와의 3자간 복잡한 권력 균형구조에서 중심적인 역할을 한다. 집행위원회는 브뤼셀과 룩셈부르크에 근거지를 두고 있고 모든 유럽연합 회원국에 사무실(대표부)을 갖고 있으며 전 세계 대부분의 수도들에도 사무실(delegations)을 갖고 있다.

집행위원회는 유럽연합의 전체의 이익을 대표하고 유지하기 위해서 만들어졌다. 그들은 새로운 법률제안서를 작성하며, 유럽연합 정책의 수행과 유럽연합 기금의 사용 등의 일상적인 업무를 수행한다. EU 내에서 제정된 법안과 정책이 회원 각국에서 제대로 적용되고 있는지를 감시·감독하는 업무를 수행한다.

유럽통합 초기에는 회원국이 유럽공동체나 유럽연합 차원에서 결정된 정책이나 법규를 어기더라도 이에 제재조치를 할 수 없었으나, 마스트리히트조약 이후에는 공동체의 법안을 준수하지 않으면 집행위원회는 그 국가를 유럽법원에 제소할 수 있고, 위반사실이 확인되면 유럽법원은 해당 국가에 벌금을 부과할 수 있게 되었다. 이와 같이 공동의 정책과 제도의 실현을 강화함으로써 집행위원회는 유럽이 하나의 공동체가 되기 위해 필수적인 경제적·사회적 결속을 강화시키는데 실무적으로 매우 중요한 역할을 하고 있다(강원택 외, 2009).

유럽연합에서 이루어지는 다양한 정책의 입안은 집행위원회의 고유권한이다. 그러나 집행위원회가 정책 입안 권한을 갖는다 해도 각료이사회와 각 집행위원이 주도한 정책의 가이드라인에 의해 이루어진다. 집행위원회는 2011년 7월 현재, 아래의 표에서 보는 바와 같이 44개의 조직(Directorates-General and Services)으로 구성되어 있는데 이는 다시 농업과 농촌개발부(Agriculture and Rural Development: AGRI)를 위시한 20개의 부처(Departments: Directorate-General)와 5개의 대외관계, 8개의 일반서비스, 11개의 내부서비스 부서 등으로 구성되어 있다. 실무적인 정책의 입안과 관리는 20개의 정책분야를 다루는 총국(DG: Directorates-General)에서 각각 고유의 업무를 담당하고 있으며, 각 집행위원들은 이들 총국의 업무를 영역별로 나누어 관장하는 책임을 맡고 있다. 집행위원회의 서비스 부서는 좀 더 일반적인 행정 이슈나 사기(fraud) 문제를 다루거나 통계를 작성하는 등의 구체적인 임무가 주어져 있다. 1994년까지 집행위원들의 임기는 4년이었지만, 마스트리히트조약 이후 유럽의회 의원과 같이 5년으로 늘어났다(강원택 외, 2009).

집행위원장(the President of the European Commission)은 EU회원국 정상들의 모임인 유럽이사회에서 선출하며 임기는 5년이고, 연임도 가능하다. 참고로 현재의 의장인 Jose Manuel Barroso는 2010년 2월에 두 번째 임기를 시작하였다. 리스본조약에서는 EU 대외 관계 업무를 전담하는 외교담당 고위대표(High Representative of the Union for the Common Foreign Affairs and Security Policy)직을 신설하여 집행위원회의 부위원장 직을 겸임하도록 규정하고 있다.

위에서도 간단히 언급했지만, 집행위원회는 각국에서 한 명씩 선출된 27명의 위원들과 1명의 집행위원장으로 구성되며, 이들은 5년의 임기 동안 정치적인 리더십을 발휘한다. 각 집행위원들은 집행위원장에 의해 특정 분야의 정책에 대한 책임을 부여받는다. 집행위원회는 일반적으로 일주일에 한 번, 수요일에 모이는데 보통은 브뤼셀에서 만난다. 집행위원회의 전반적인 조정 문제는 매주 회의를 관장하는 총무부(Secretariat-General)가 담당하는데 수장은 위원장에게만 책임을 지는 총무부장(Secretary General)이 맡고 있다.

유럽이사회에서 집행위원장이 선출되는 것과 마찬가지로 유럽이사회는 지명된 집행위원장의 동의 하에 다른 집행위원들을 임명한다. 하지만 집행위원회의 구성원이 되기 위해서는, 집행위원장을 포함하여, 모두가 유럽의회의 승인을 받아야만 한다. 또한 집행위원회의 구성원의 직위에 있는 동안 의회에 책임을 지고, 의회는 집행위원을 해임할 권한을 가진다.

집행위원회의 역할은 크게 아래의 네 가지로 나누어볼 수 있다. 첫째로 의회와 이사회에 새로운 법률을 제안하는 것이다. 집행위원회는 유럽연합과 그 시민들의 이해관계를 보호하기 위해 새로운 법률을 제안할 수 있다. 이는 단지 개별 국가적으로, 지역적으로, 혹은 지방 차원에서 효과적으로 대처할 수 없는 이슈들에 대해서만 하는데 이를 보조성 원칙(subsidiarity principle)이라고 한다. 집행위원회가 법률을 제안할 때 가능한 많은 범위의 이해관계를 만족시키도록 노력한다. 기술적인 세부사항들을 제대로 하기 위해 다양한 위원회나 단체들을 통해 전문가의 자문을 받으며 때로는 공청회를 열기도 한다. 집행위원회의 해당 부처에서 제안할 법률의 초안을 작성한다. 만일 27명의 위원 가운데 적어도 14명이 동의하면 법률 초안은 이사회와 의회에 보내진다. 법률 초안에 대한 토론과 수정을 한 후에 법률로 정할지에 대한 결정을 내린다.

둘째로, 집행위원회는 유럽연합의 예산을 관리 및 집행을 하고 기부금을 할당한다. 집행위원회는 이사회 및 의회와 함께 유럽연합 재정계획(financial framework) 안에 유럽연합의 대강의 장기적인 지출 우선순위를 정해 놓는다. 또한 의회와 이사회의 승인을 위해 연례 예산을 작성하고, 유럽연합의 기금들이 유럽연합의 공공기관이나 개별국가, 지역정부들에 의해 어떻게 사용되는지를 감독한다. 집행위원회의 예산관리는 감사원에 의해 검사를 받는다. 집행위원회는 유럽연합의 다양한 정책들과 프로그램들의 기금지원을 관리하고 있다.

셋째로 사법부와 함께 유럽연합의 법률을 강제함으로써 회원국가 간 또는 각료이사회와 유럽의회 사이의 법안을 둘러싼 이견을 중재하기도 한다. 조약의 수호자로 집행위원회는 개별 회원국들이 유럽연합의 법률을 적절히 준수하는지를 검사한다. 만일 개별 국가가 유럽연합의 법률을 따르지 않고 있다고 생각하면 집행위원회는 먼저 해당 문제를 시정할 것을 촉구하는 공식 편지를 보낸다. 집행위원회는 마지막 수단으로 이슈를 사법부로 넘긴다. 법원은 벌금을 부과하고 그 결정은 회원국과 공공기관들에게도 구속력이 있게 된다.

마지막으로 집행위원회는 대외적으로 외국 및 국제기구와의 교역 및 협력조약, 특히 유럽연합과 다른 나라와의 FTA(자유무역협정)와 같은 협정을 협상할 때 유럽연합 회원국을 대표한다. 집행위원회는 또한 국제무역기구와 같은 국제기구에서 모든 회원국을 대신하여 말한다. 예를 들어 유럽연합과 아프리카, 카리브해와 태평양의 개발도상국의 무역과 원조에 관한 코토누협정(Cotonou Agreement)과 같은 국제협정을 협상하기도 한다.

한편 집행위원회의 조직은 중요성 만큼이나 비대해지고 통제하기 힘든 규모로 확대되었으며, 유럽시민들의 의견을 제대로 반영하고 있지 못하다는 비판이 있다. 예를 들어 내부서비스의 하나인 번역부서(Translation. DGT)는 회원국의 수가 늘어남으로 언어의 장벽이 갈수록 높아지기 때문에 중요성이 더욱 커지고 있다. 따라서 EU 내의 회의나 결의사항을 23개의 공통어로 번역을 수행하는데 본부에는 약 2,300명의 직원이 근무하고 있고 앞으로도 주요 4개국의 언어 번역자가 많이 부족할 것이라고 전망되고 있다. 또한 기후변화대응부서(CLIMA)는 2010년 2월부로 새로이 설립되어 이전에 환경 DG에서 하던 업무를 수행하고 있다. 이처럼 자연적, 사회적 환경변화에 따라 부서가 급속하게 팽창하고 있음을 알 수 있다.

<표 3-8> Departments (Directorates-General) and services

정책 (policy): 20개	농업 (Agriculture and Rural Development. AGRI) 예산 (Budget. BUDG) 기후변화대응 (Climate Action. CLIMA) 경쟁 (Competition. COMP) 경제통화 (Economic and Financial Affairs. ECFIN) 교육 및 문화 (Education and Culture. EAC) 고용사회 (Employment, Social Affairs and Equal Opportunities. EMPL) 에너지 (Energy. ENER) 기업 및 산업 (Enterprise and Industry. ENTR) 환경 (Environment. ENV) 보건 소비자보호 (Health and Consumers. SANCO) EU 내부정책 (Home Affairs. HOME) 정보화사회미디어 (Information Society and Media. INFSO) 단일시장 (Internal Market and Services. MARKT) 법률 (Justice. JUST) 어업해양 (Maritime Affairs and Fishers. MARE) 이동 및 교통 (Mobility and Transport. MOVE) 지역정책 (Regional Policy. REGIO) 개발과 혁신 (Research and Innovation. RTD) 조세관세동맹 (Taxation and Customs Union. TAXUD)

대외 관계 (External Relations): 5개	확대 (Enlargement. ELARG) 개발 및 협력 (EuropeAid Development & Cooperation. DEVCO) 외교정책 (Foreign Policy Instruments Service. EEAS) 인권지원 (Humanitarian Aid. ECHO) 무역 (Trade. TRADE)
일반 서비스 (General Service): 8개	중앙도서관 (Central Library) 언론 및 통신 (Communication. COMM) 유럽반부패관리국 (European Anti-Fraud Office. OLAF) 유럽통계국 (Eurostat. ESTAT) 기록보존소 (Historical archives) 공동연구센터 (Joint Research Centre. JRC) 출판국 (Publications Office. OP) 총무부 (Secretariat General. SG)
내부 서비스 (Internal Service): 11개	정책자문그룹 (Bureau of European Policy Advisers. BEPA) 데이터보호국 (European Commission Data Protection Officer) 인적자원 보호 (Human Resources and Security. HR) 정보 (Informatics. DIGIT) 인프라 및 물류 (Infrastructures and Logistics - Brussels. OIB) 인프라 및 물류 (Infrastructures and Logistics - Luxembourg. OIL) 내부감사 (Internal Audit Service. IAS) 통역 (Interpretation. SCIC) 법률서비스 (Leger Service. SJ) 행정인사국 (Officer For Administration and Payment of Individual Entitlements. PMO) 번역 (Translation. DGT)

출처: http://ec.europa.eu/about/ds_en.htm#

3 각료이사회(The Council of the Ministers)

각료이사회의 공식명칭은 유럽연합이사회(Council of the European Union)이다. 집행위원회와 함께 유럽연합의 이른바 양대 집행부(dual executive)로 불리는 중요한 기구이며, 집행위원회와 더불어 입법 및 행정부의 기능을 가지며, 유럽연합의 주요 정책을 결정하는 기능을 맡고 있다. 특히 외교·안보 분야에서 대외적으로 유럽연합을 대표하며, 내부에서는 최종 의결기관이며, 회원국 간 정치적 조정기구라는 이중적 성격을 갖고 있다.

각료이사회는 유럽이사회의 정책방향에 따라 회원국 간 의견조정을 취하여 정책을 수립하고 대외적으로는 공동입장을 견지하는 반면, 각료이사회는 각 회원국 간의 대립되는 이해관계를 둘러싸고 광범위한 경제정책을 조정, 타협을 꾀하는 수평적 합의기구이다.

집행위원회가 전권을 행사하는 통상정책에 있어서도 대외무역 협상과정에서 집행위원회는 각료이사회에서 이루어진다. 이러한 특성 때문에 각료이사회는 유럽연합의 최종 의결기구로 초국가적(supra-national) 성격을 갖는 정부간(inter-governmental) 협상기구라고 할 수 있다.

<표 3-9> 각료이사회의 구성

각료이사회의 구성	임무
일반 사안(총무) 이사회 General Affairs	- EU 확대에 대한 협상 - EU의 다년간 예산 준비 - 기관 및 행정 문제의 준비
외교 이사회 Foreign Affairs	- 공동 외교 및 보안 정책 - 무역 정책 - 개발 협력
경제재무 이사회(ECOFIN) Economic and Financial Affairs	- 경제 통화 정책 전반 - EMU - 회원국 간 조세정책조정
내무사법이사회(JHA) Justice and Home Affairs Council	- 내무사법협력 - 비자, 이민정책 - 범죄문제에 대한 경찰·사법협력
고용사회정책보건 및 소비자 이사회 (EPSCO)	- 고용 및 사회정책 - 보건 및 소비자보호정책

Employment, Social Policy, Health and Consumer Affairs	- 생활과 삶의 질의 표준 마련
경쟁 이사회 Competitiveness (internal market, industry, research and space)	- 내부 시장의 자유로운 개입 - 중소기업 지원 - 과학연구 및 기술 개발
운송통신 및 에너지 이사회(TTE) Transport, Telecommunications and Energy	- 사람과 물자의 자유로운 이동 - 저렴한 에너지 공급
농어업 이사회 Agriculture and Fisheries	- 공동농업정책과 공동어업정책 - 수평적 농업 구조 및 농촌 개발
환경 이사회 Environment	- 높은 수준의 환경질 보장 - 환경에 대한 국제적 수준의 대책
교육문화이사회(EYC) Education, youth, culture and sport	- 교육문화정책 - 회원국 간의 프레임 워크 제공

출처: http://www.consilium.europa.eu/council/council-configurations.aspx?lang=en 참고.

각료이사회에는 농업, 환경, 내부, 재무 등 모두 10개 분야의 영역이 존재하며, 이 중 가장 중요한 역할을 수행하는 것은 외무장관들의 모임인 일반사안과 대외관계 이사회(General Affairs, Foreign Affais)이다. 이 두 이사회는 기본적으로 외교적 이슈나 유럽연합과 다른 나라와의 조약 등과 같은 EU의 대외관계의 문제를 다루며, 정치적으로 예민한 사안, 각국 간 이해관계가 첨예하게 대립되어 조정과 타협이 필요한 사안도 주로 다룬다. 정치적으로 민감한 사안을 다루고 정책 가이드라인을 제시하는 등 보다 우월적인 지위를 갖고 있다.

각료이사회는 각국의 담당 장관들로 구성되어, 브뤼셀에서 주기적으로 회합을 갖는다. 각료이사회 산하에는 사무국(Secretariat)이 있다. 여기에는 각종 실무그룹이 브뤼셀에 상주하면서 각료이사회에서 논의하게 될 다양한 정책안을 준비하고 각국별 이견에 대한 사전조정을 한다. 각료이사회에서 논의되는 모든 사안은 우선적으로 COREPER(Committee of Permanent Representatives)에서 먼저 다루어진다. 회원국의 증대에 따라 실무적 검토와 사전 조율기능을 담당하는 전문외교관의 회합인 COREPER의 중요성은 더욱 높아지고 있다.

각료이사회는 유럽연합 집행위원회에 비해 공개되어 있지 않아 폐쇄적인 조직이라는 비판도 함께 받고 있다.

제 4 절 우리나라에 대한 시사점

유럽연합 정부를 일반 국가와 직접적으로 비교할 수는 없다. 아직도 양적, 질적으로 형성과정에 있다는 점과, 개별 주권을 가지고 있는 국가들의 연합체라는 면에서도 그렇다. 그러나 유럽의 각국들이 인류의 번영과 행복을 위해 이해관계가 비교적 적고 첨예하지 않은 경제 분야부터 통합을 이루어 나가면서 점차 정치, 외교 분야에까지도 통합을 이루어 나가고 있다는 점은 높이 평가할 만하다. 이 과정에서 유럽연합 정부는 개별국가의 만족을 이끌어내며 동시에 유럽연합이라는 공동체를 활성화시키고자 다양하고 특이한 조직구성과 운영원리들을 지속적으로 개발하고 수정, 보완하여 왔다. 물론 하나의 조약이나 한 번의 합의로 이끌어낸 것은 아니지만, 현재의 유럽연합의 행정구조는 매우 특이하면서도 다양한 여러 국가들을 하나의 틀에서 비교적 원만하게 이끌어 나가고 있을 뿐 아니라 환경이나 외교, 통상, 여성, 국제개발협력 등의 여러 분야에서도 선도적인 역할을 수행해 나가고 있다.

유럽연합은 초국가적인 기구와 국가적 기구, 그리고 지역과 지방의 기구들이 하나의 체계를 이루어 나가고 있어 다층제적인 거버넌스(multi-level governance)라고 불리우는 행정시스템을 갖추고 있다. 특히 이를 운영하기 위한 세심한 배려와 운영방식은 앞에서도 언급하였듯이 매우 합리적이고 효과적인 제도이다. 앞으로 국제환경과 유럽연합의 내적 여건이 변화하면 또 다시 새로운 조약이나 협정에 의해 행정조직이나 기구가 바뀌고 운영방식도 끊임없이 조정해 나갈 것이다. 특히 의사결정방식에 있어서 가중다수결제와 이중다수결제 방식이나 일반 국가에는 없는 각료이사회나 유럽연합이사회의 역할과 기능은 여러 면에서 고려해 볼 만한 가치가 있는 행정운영방식일 수 있다.

참고문헌

강원택 · 조홍식, 「하나의 유럽」, 푸른길, 2009.

삼성경제연구소, 「리스본조약 발효 이후 EU의 변화와 시사점」, 2009.

이무성 외, 「유럽연합의 정체성 Ⅱ」, 서울: 높이깊이, 2009.

한국은행, 「해외경제포커스」 43호, 2009.

European Commission, "How the European Union works : Your guide to the EU institutions", Luxembourg, 2007.

European Communities Regional and Local Government in the European Union: Responsibilities and Resources, Renout Pub. Co. Ltd., 2001.

Linsenmann, Ingo, Christoph O. Meyer, and Wolfgang T. Wessels, Economic Government of the EU: A Balance Sheet of New Modes of Policy Coordination, 2008.

Millo, Simona, From Policy to Implementation in the European Union: The Challenge of a Multilevel Governance System. I.B. Tauris & Co., 2010.

Nugent, Neill, The Government and Politics of the European Union. 7th ed. Palgrave Macmillan, 2010.

Tommel Ingeborg and Amy Verdun, eds. Innovative Governance in the European

Union: The Politics of Multilevel Policymaking. Lynne Rienner Pub, 2008.

http://www.european-council.europa.eu/the-institution.aspx?lang=en

http://europa.eu/agencies/index_en.htm

제 2 장 유럽연합의 관료제와 인적자원관리

최 진 혁(충남대학교)

제 1 절 유럽연합의 생성 배경과 기구

1 유럽공동체의 형성

유럽공동체는 제도적인 차원에서 볼 때 1951년 파리조약에 의해 설립된 유럽석탄철강공동체(ECSC)와 1957년 로마조약(le traité de Rome)에 의해 설립된 유럽원자력공동체(EAEC, Euratum), 그리고 1958년 1월 창설된 유럽경제공동체(EEC)의 3개 기구를 1967년 하나의 기구로 통합함으로써 설립되었다. 현재의 유럽연합(EU)은 1993년 11월 마스트리히트조약(le traité de Maastricht)이 발효함으로써 시작되었다. 이 조약은 경제와 화폐의 결합의 지주처럼 간주되는 유럽화폐단일화의 도입을 제안하였고, 1995년에 유럽연합의 15개 국가가 유로(euro)라는 명칭에 합의하기에 이른다.

유럽연합은 지리적으로 괄목할 만하게 강화되었다. 초창기에 6개 국가(프랑스, 독일, 벨기에, 네덜란드, 룩셈부르그, 이탈리아)에서 1995년 15개 국가(벨기에(Belgique),[1] 덴마크(Danemark),[2] 독일(Allemagne),[3] 그리스(Grèce),[4] 스페인

1) 벨기에(Royaume de Belgique)(Koninkrijk België-Königreich Belgien)(Jacques Ziller, 1993)
① 제도: 1831년 헌법 ② 국가원수: 세습군주(Monarque héréditaire) ③ 의회: 하원(Chambre des Représentants) 직접선거 4년 / 상원(Sénat) 4년 일부 직접선거, 일부 간접선거 ④ 정부: 양원에 책임지는 국무총리(수상)와 각료들 ⑤ 유럽공동체 참여: 유럽의회 의원 수 (24/518) ⑥ 내부구조 : 옛날에 단일국가였는데 1993년 연방국가로 전환 : 권한을 공유 내지 배분(국가, 3레지옹<Flandre, Wallonie et Région Bruxelloise), 3공동체(Communautés: allemande, flamande, française); 지방자치단체: 약 590개 communes, 10개 provinces ⑦ 공식언어: 독일어, 프랑스어, 네덜란드어 ⑧ 일반적 통계사항/면적: 30,518㎢(1.31% 유럽 CEE); 인구: 9,947,800(1990)(12개 유럽국가의 2.88%) ⑨ 도시/수도 및 정부가 위치한 도시: 브뤼셀(Bruxelles)

2) 덴마크(Royaume de Danemark)(Kongeriget Danmark)
① 제도: 1849년 기본법(Loi fondamentale de 1849) ② 국가원수: 세습군주 ③ 의회: 주민 직선의 4년 임기의 국민의회(Folketing) ④ 정부: 의회에 책임지는 국가장관과 각료들 ⑤ 유럽공동체 참여: 1973년 1월 1일 이후 공동체의회 발언 수: 3/76 유럽의회의 국회의원 수: 16/518 ⑥ 내부적 구조: 단일국가/지방자치단체: 276꼼뮨, 14디스티릭트(+코펜하그, 프리데릭스버그), 2(Groenland et îles Féroé) ⑦ 공식언어: 덴마크어(남쪽 지방 소수 독일어) ⑧ 일반적 통계/면적: 44,479㎢(1.85% CEE)/Féroé섬 1,399㎢(북해, 에코스와 아일랜드 사이) 유럽 외: Groenland(2,175,600㎢) 인구: 4,412,300명(12개국의 1.28%)(Groenland 55,900명, Féroé섬 48,400명) ⑨ 도시/수도: 코펜하겐(Copenhague)(København)

3) 독일연방공화국(République fédérale d' Allemagne)(Bundesrepublik Deutschland)
① 제도: 1949년의 기본법 ② 국가원수: 연방의회에 4년 임기로 선출되는 연방 대통령(Président de la Fédération) ③ 의회: 연방국회(Diète fédéral; Bundestag) 4년 임기 직접선거; 연방의회(le Coseil fédéral; Bundesrat)와 Länder 정부의 대표자가 입법분야에서 공동권한을 행사한다. ④ 정부: 연방총리(Chancelier)와 연방각료(연방국회에 책임을 짐) ⑤ 유럽공동체 참여: 창설멤버 공동체의회 발언 수: 10/76 유럽의회의 국회의원 수: 81/518 ⑥ 내부적 구조: 연방국가: 연방국가(Bund=union)와 16개 연합국(Land=pays) 간의 권한의 공유; 지방권한: 8,590 communes; 323 cercles(Kreis); villes autonomes(Kreisfreie Stadt) / 3개 연합국가는 Berlin, Brême, Hambourg 도시이다. ⑦ 공식언어: 독일어 ⑧ 일반적 통계 면적 : 356,945㎢(유럽공동체의 15,37%) 인구: 79,070,000명(유럽 12개 국가의 22.91%) ⑨ 도시/수도: Berlin; 정부의 임시적 위치: Bonn인구: 79,070,000명(유럽 12개 국가의 22.91%)

4) 그리스(République hellénique)(Ελληνικη Δημοκρατια)
① 제도: 1975년의 헌법 ② 국가원수: 국회에서 5년 임기로 선출된 대통령 ③ 의회: 주민직선인 4년 임기로 선출된 국회의원 ④ 정부: 국회에 책임을 지는 국무총리와 각료들 ⑤ 유럽공동체 참여: 1981년 1월 1일 이래 공동체의회 발언 수: 5/76; 유럽의회의 국회의원 수: 24/518 ⑥ 내부적 구조/단일국가; 지방권한: 5,760여개의 기초단체(꼼뮨); 아토스산의 자치지역 ⑦ 공식언어: 현대 그리스어 ⑧ 일반적 통계 면적: 131,957㎢(5.68% 유럽공동체)

(Espagne),[5] 프랑스(France),[6] 아일랜드(Irlande),[7] 이탈리아(Italie),[8] 룩셈부르크(Luxembourg),[9] 네덜란드(Pays-Bas),[10] 오스트리아(Autriche), 포르투갈

인구: 10,046,000명(12개 국가의 2.91%) ⑨ 도시 수도와 정부가 위치한 도시: 아테네(Athènes: Αθηναι)

5) 스페인(Royaume d' Espagne)
① 제도: 1978년 헌법 ② 국가원수: 세습군주 ③ 의회(Cortes Generales): 4년 임기의 주민직선인 국회의원(하원/상원) Congrès des députés(Congreso de los diputados) et Sénat(Senado) ④ 정부: 국회에 책임을 지는 수상과 각료들 ⑤ 유럽공동체 참여: 1986년 이래 공동체의회 발언 수: 8/76; 유럽의회의 국회의원 수 : 60/518 ⑥ 내부적 구조/공동체국가(Etat communautaire): 국가와 17개 자치공동체 간의 권한 공유/외지에 존재하는 Ceuta와 Melilla의 특별법규; 지방권한: 8,150여 개의 기초(꼼뮨); 52개의 province ⑦ 공식언어: Castillan(전체지역), Basque, Catalan, Galicien, Valencien(자치공동체 안에 카스틸란과 함께 두 개 언어 사용) ⑧ 일반적 통계/면적: 497,517㎢(유럽공동체의 21.43%) Canaries: 7,242㎢ Ceuta et Melilla: 31㎢; 인구: 38,924,500명(12개 국가의 11.28%) Canaries 1,478,200명/Ceuta et Melilla 124,400명 ⑨ 도시/수도 및 정부가 위치한 도시: 마드리드(Madrid)

6) 프랑스(République française)
① 제도: 1958년 헌법 ② 국가원수: 주민직선의 7년 임기의 대통령 ③ 의회: 양원제 ④ 정부: 국민의회에 책임지는 수상과 각료들(법상), 대통령에 책임지는 수상과 각료들(실제) ⑤ 유럽공동체 참여: 창설멤버/공동체의회 발언 수: 10/76; 유럽의회의 국회의원 수: 81/518 ⑥ 내부적 구조/단일국가, 지방자치단체 ⑦ 공식언어: 프랑스어 ⑧ 일반적 통계/면적: 543,965㎢(CEE의 23.43%); 인구: 58,453,000명(12개 국가의 16.94%) ⑨ 도시/수도 및 정부가 위치한 도시: 파리(Paris)

7) 아일랜드(Irland)(Eire-Ireland)
① 제도: 1937년 헌법 ② 국가원수: 7년 임기의 국민직선 대통령 ③ 의회: 5년 임기의 주민직선 국민의회(하원); 상원(Sénat; Seanad Eireann): 일부분 선거, 일부분 임명, 국민의회와 함께 개선된다. ④ 정부 : 국민의회에 책임을 지는 수상(Taoiseach)과 각료들 ⑤ 유럽공동체 참여/공동체의회 발언 수: 3/76; 유럽의회의 국회의원 수: 15/518 ⑥ 내부적 구조/단일국가, 지방권한: 88여 개의 bourgs(districts); 31comtes ou villes ⑦ 공식언어: Gaélique et Anglais(공식적 이중 언어) ⑧ 일반적 통계/면적: 68,895㎢(2.96%); 인구 : 3,498,800(12개 국가의 1.01%) ⑨ 도시/수도 및 정부위치도시: 더블린(Dublin)

8) 이탈리아(République italienne)(Repubblica italiana)
① 제도: 1947년의 헌법 ② 국가원수: 국회에서 선출하는 7년 임기의 대통령 ③ 의회: 국민의회(Chambre des députés : Camera dei deputati)와 상원(Sénat: Senato) ④ 정부: 의회(상/하 양원)에 책임을 지는 의회의장(수상)과 각료들 ⑤ 유럽공동체 참여: 창설멤버/공동체의회 발언 수: 10/76; 유럽의회의 국회의원 수: 81/518 ⑥ 내부적 구조/지역국가: 국가와 20개 지역 간에 공유한 권한, 5개 지역은 자치지역, 지방권한: 8,000여 개의 꼼뮨 ; 95개의 프로뱅스 ⑦ 공식언어: 이탈리아어(전체), 독일어(Trentin-Haut-Adige), 프랑스어(Val d' Aoste), 사르디니아어(Sardaigne), 소수의 슬로베니아어(Frioul-Vénétie-Julienne) ⑧ 일반적 통계/면적: 301,277㎢(CEE의 12.97%); 인구: 57,576,400명(12개 국가의 16.68%) ⑨ 도시/수도 및 정부위치도시: 로마

9) 룩셈부르크(Grand-douche de Luxembourg)

(Portugal),[11] 핀란드(Finlande), 스웨덴(Suède), 영국(Royaume-Uni)[12])(〈표 3-10〉 참조)로 확대되었기 때문이다. 유럽연합은 경제적 성장에 힘입어 유럽인들 간의 밀접한 결속력을 만들어 나갈 수 있었기에 정치적·제도적으로도 실제적인 성공을 거두게 되었다. 유럽연합은 권리(법)와 민주주의 규칙에 근간을 두었다. 즉, "유럽연합은 이미 존재하는(기존의) 국가를 대체하는 새로운 국가가 아니고 다른 국제적 조직에 비교할 수 있는 것(조직)도 아니다. 연합 (구성)국

---

① 제도: 1868년 헌법 ② 국가원수: 세습군주 ③ 의회: 직접선거 5년 임기로 선출되는 국민의회(Chambre des députés) ④ 정부: 의회에 책임을 지는 국무총리와 각료들 ⑤ 유럽공동체 참여 -공동체의회 발언 수: 2/76; -유럽의회의 국회의원 수: 6/518 ⑥ 내부적 구조: 단일국가; 지방권한: 118 꼼뮨 ⑦ 공식언어: 프랑스어와 룩셈부르크어 ⑧ 일반적 통계 면적: 2,586㎢(CEE의 0.11%); 인구: 378,400명(12개 국가의 0.11%) ⑨ 도시/수도 및 정부위치도시: 룩셈부르크(Luxembourg: Letzebuerg)

10) 네덜란드(Royaume des Pays-Bas)
① 제도: 1954년의 왕조법(Statut du Royaume de 1954); 1815년 기본법 ② 국가원수: 세습군주 ③ 의회: 두 번째 의회(하원 Tweede Kamer): 4년 임기의 주민직선/첫 번째 의회(상원 Eerste Kamer): 4년 임기의 간접선거 ④ 정부: 두 번째 의회에 책임을 지는 수상(Ministerpresident)과 각료들 ⑤ 유럽공동체 참여: 창설멤버/공동체의회 발언 수: 5/76; 유럽의회의 국회의원 수: 25/518 ⑥ 내부적 구조/단일국가(3부분 연맹국 구성), 지방정부: 700여 개의 꼼뮨, 12개 프로뱅스 ⑦ 공식언어: 네덜란드어 ⑧ 일반적 통계 면적: 41,863㎢(CEE의 1.80%); 인구: 15,149,800명(12개 국가의 4.39%) ⑨ 도시/수도: 암스테르담(Amsterdam); 정부위치도시: 헤이그(Den Haag)

11) 포르투갈(République portugaise)(Republica portuguesa)
① 제도: 1976년 헌법 ② 국가원수: 주민직접 선거의 5년 임기의 대통령 ③ 의회: 주민직선의 4년 임기의 국회(단원제: Assembleia da Republica) ④ 정부: 국회에 책임을 지는 국무총리와 각료들, 대통령(법률상, 실제로는 아님) ⑤ 유럽공동체 참여: 1986년 이래/공동체의회 발언 수: 5/76; 유럽의회의 국회의원 수: 24/518 ⑥ 내부적 구조/단일국가, 지방정부: 305여 개의 기초단체, 2개 자치지역(Açore et Madère) ⑦ 공식언어: 포르투갈어 ⑧ 일반적 통계/면적: 88,927㎢(CEE의 3.83%); 인구: 10,337,000명(12개 국가의 2.99%) ⑨ 도시/수도 및 정부가 위치한 도시: 리스본(Lisbonne: Lisboa)

12) 영국(Royaume-Uni de Grande-Bretagne et d' Irlande du Nord; United Kingdom of Great Britain and Northern Ireland)
① 제도: 관습헌법 ② 국가원수: 세습군주 ③ 의회: 하원(House of Commons): 최대 5년 임기의 주민직선; 상원(House of Lords): 세습과 임명 ④ 정부: 하원에 책임을 지는 국무총리와 각료들 ⑤ 유럽공동체 참여: 1973년 이래/공동체의회 발언 수: 10/76; 유럽의회의 국회의원 수: 81/518 ⑥ 내부적 구조/단일국가(4개 민족 : Angleterre, Ecosse, Pays de Galles et Irlande du Nord), 지방정부: 444여 개의 디스트릭트 혹은 부르그; 65개의 지역 ⑦ 공식언어: 영어 ⑧ 일반적 통계/면적: 244,111㎢(CEE의 10.51%) 인구: 57,297,100명(12개 국가의 16.60%) ⑨ 도시/수도 및 정부가 위치한 도시: 런던(Londres: London)

가들은 공통적 이해문제(les questions d'intérêt commun)를 위해 그들의 주권을 유럽연합전체의 이해를 대변(방어)하는 공통기구(institutions communes)에 위임한다. 모든 결정과 절차는 구성원국가들이 승인해준 기본조약에 근거한다(Giniès, 2010: 33)"가 그것이다.

개개인의 자유의 수호자인 유럽연합은 모든 유럽국민들에게 점차적으로 구성원 국가들 사이의 자유로운 이동(순환)권한과 시민의 기본적 권한을 넓혀갔다. 유럽연합은 2004년에는 새로운 10개 국가가 가입하였고, 2007년 1월 1일에 불가리아와 루마니아가 가입하여 현재 27개 국가로 구성되고 있다(〈표 3-11〉 참조). 이제 27개 국가가 전진해 나아가야 하는 일은 유럽헌법(Constitution européenne)으로의 길이다. 2004년 10월 29일 로마에서의 인준으로 유럽헌법을 세우는 조약은 기존의 조약을 대체하는 것이었다. 이 조약은 의사결정의 새로운 방식과 제도(기구)안을 단순화하는 것과 기본적 권한헌장을 포함하는 것을 예정하고 있다. 2005년 프랑스와 네덜란드의 유럽연합헌법제정의 반대로 2년간의 숙의기간을 거쳐 2007년 6월 23일 유럽의 정상들은 새로운 정부간 합의(Conférence intergouvernementale)에 위임할 구체적 위임권한을 합의하였다. 이 정부간합의의 임무는 2007년말 이전까지 제도개혁을 담고 있는 수정조약을 편집(기초)하는 것이었다. 이에 따라 2007년 12월 13일 리스본 조약(le traité de Lisbonne)을 인준하기에 이른다(Giniès, 2010: 33-34).

〈표 3-10〉 유럽연합국가 비교(15개국)

국가명	인구 (백만 명)	수도	면적(㎢)	광역자치단체	기초자치단체
독일	82,0/ 82,4	베를린 343만/338만 8천	356,900/ 357,026	16Lander, 426/439 Kreise	16,068/13,176 Gemeinden
오스트리아*	8,3	빈 155만	83,871	9etats fédérés, 35arrondissements	2,381 communes
벨기에	10,2/ 10,5	브뤼셀 96만/97만 8천	30,500/ 30,528	3 régions 10/11 provinces	589 communes

덴마크	5,3/ 5,4	코펜하그 136만/49만 9천	43,100/ 43,098	16/15 comtes	273/271communes
스페인	39,4/ 43,8	마드리드 282만/295만 7천	504,800/ 505,997	19région, 50/52 provinces	8,082/8,108 communes
핀란드*	5,3	헬싱키 56만	338,145	5provinces, 20districts	446communes
프랑스	60,2/ 62,9	파리 932만/ 212만 5천	549,000/ 632,834	26régions 100départements	36,679/36,678 communes
그리스	10,5/ 11,1	아테네 307만/ 78만 9천	13,200/ 131,957	54départements/ 13provinces, 51arrondissements	5,921/6,130 communes
아일랜드	3,7/ 4,2	듀블린 95만/ 49만 6천	70,300/ 69,797	8régions;34C	151conseils D/3,440communes
이탈리아	57,0/ 58,8	로마 265만/ 254만 7천	301,200/ 301,336	20régions;95P/ 21régions, 103provinces	8,074/ 8,100commune
룩셈 부르크	0,4/ 0,5	룩셈부르크 8만/7만 7천	2,600/ 2,586	13cantons	118communes
네덜란드	15,7/ 16,3	암스텔담 112만/73만 5천	40,800/ 41,528	12provinces/ 40arrondissements	640/ 489communes
포르투칼	10,0/ 10,6	리스본 256만/56만 5천	92,400/ 91,947	2régions;18D/7régions, 30arrondissements	305/ 4,257communes
영국	59,2/ 60,4	런던 707만/ 717만 2천	244,800/ 243,820	56comtes/37comtes, 133arrondissements	481districts/ 10,679communes
스웨덴	8,8/9,0	스톡홀름 73만/75만	449,960/ 441,370	24comtes/8provinces, 21arrondissements	286/290communes
오스 트리아	8,1	빈 181만	83,859	9연방정부	2,301commune
핀란드	5,1	헬싱키 93만	338,000	1PA	460commune

자료: Ministère de l'intérieur, DGCL(2001/2008). p.117. p.113.
D: district / P: Province / C: County(comtes) PA: province autonome
* 오스트리아, 핀란드(2001 통계).

<표 3-11> 유럽연합국가 비교(후발 12개국)

국가명	인구(백만명)	수도	면적(㎢)	광역자치단체	기초자치단체
키프로스(Chypre)	0,8	Nicosie/ 16만 1천	5,695		614communes
에스토니아(Estonie)	1,4	Tallinn/ 40만	43,698	5arrondissement 15districts	241communes
헝가리(Hongrie)	10,1	Budapest/ 177만 8천	93,029	7régions 20arrondissements	3,145communes
라트비아(Lettonie)	2,3	Riga/ 75만 7천	64,589	6régions	536communes
리투아니아(Lituanie)	3,4	Vilnius/ 55만 4천	65,300	10arrondissements	515communes
몰트(Malte)	0,4	La Valette/ 36만 4천	316	6districts	68communes
폴란드(pologne)	38,2	Varsovie/ 161만	312,680	16provinces 45arrondissements	2,478communes
체코(République Tchèque)	10,3	Prague/ 116만 9천	78,867	8provinces 14arrondissements	6,249communes
슬로바키아(Slovaquie)	5,4	Bratislava/ 45만 2천	49,034	4provinces 8arrondissements	2,928communes
슬로베니아(Slovenie)	2,0	Ljubljana/ 27만 1천	20,273	12arrondissements	193communes
불가리아(Bulgarie)	7,7	Sofia/ 111만 3천	110,993	6régions 28arrondissements	5,340communes
루마니아(Roumanie)	21,6	Bucarest/ 93만 7천	238,391	8régions 42arrondissements	2,951communes

자료: Ministère de l'intérieur, DGCL. Les collectivités locales en chiffres(2010).

* 유럽연합회원국(12+3+10+2)
1957년: 프랑스, 독일, 벨기에, 네덜란드, 룩셈부르크, 이탈리아
1973년: 덴마아크, 영국, 아일랜드
1981년: 그리스
1986년: 스페인, 포르투갈

1995년: 스웨덴, 오스트리아, 핀란드
2004년: 키프로스(Chypre), 에스토니아(Estonie), 헝가리(Hongrie), 라트비아(Lettonie), 리투아니아(Lituanie), 몰트(Malte), 폴란드(pologne), 체코(Republique Tcheque), 슬로바키아(Slovaquie), 슬로베니아(Slovenie)
2007년: 불가리아(Bulgarie), 루마니아(Roumanie)

2 공직(관료)기구

유럽연합(UE)은 미국 국가모델에 기초한 연방국이 아니다. 유럽연합은 국제연합(Nations unies)을 모방한 것으로 더 이상의 정부간 협력조직(une organisation de coopération)은 아니며, 실제로는 단일조직체이다. 유럽연합을 형성하는 국가들(구성원국가: États membres)은 주권과 독립성을 갖는 국가(nations)이다. 그러나 그 어느 국가도 격리되어 주장할 수 없는, 세계적인 무대에서 역량과 영향력을 획득하기 위하여 공동으로 그들의 주권을 행사한다. 주권의 분할은 실제적으로는 공통이해가 되는 주제에 관련된 결정이 유럽수준(단계)에서 민주적인 방식으로 채택되기 위하여 구성원국가가 그들의 결정권한의 일부분을 그들이 창설하는 기구(institutions)에 위임하는 것으로 하고 있다. 이 기구에 공직관료들이 업무를 수행하게 되는데 다음과 같은 기구들로 구성되어 있다.

1) 유럽의회(le Parlement européen)

5년마다 직접선거로 선출되는 유럽의회는 5억 유럽시민의 민주적 화신으로 간주된다. 전유럽적인 정책형성에 관여하여 구성국가들에 존재하는 큰 정책적 경향은 유럽의회에 제시된다. 유럽의회의 시초는 1950년으로 거슬러 올라간다. 1979년에 이르러 구성원국가들(Etats membres)의 시민전체에 의한 선거가 처음으로 이루어졌다. 유럽의회는 유럽연합 국민들에 의한 직접민주주의의 화신으로 등장하였고, 공동체기구의 수준에서 그들의 주요 대표자로서 기능하게 되었다. 의회역사는 점철된 개혁의 역사로 나타났다. 1970년 예산조치 개혁,

1975년 재정조치, 1986년 유럽단일법규제정, 1992년 마스트리쉬조약, 1997년 암스테르담조약, 2003년의 니스조약이 그것이다.

의회의 업무공간은 프랑스, 벨기에, 룩셈부르그 국가 간에 배분된다. 의원 전원이 모이는 전원위원회(les sessions plénière)는 국회의석을 구성하는 스트라스부르그(Strasbourg)에서 개최된다. 부가적 회기인 의회 위원회는 브뤼셀(Bruxelles)에서 모이는데 사무총장은 룩셈부르크(Luxembourg)에 위치하여 업무를 수행하고 있다. 국회는 유럽연합국가 내에 제시되는 정치적 경향을

<표 3-12> 역대 유럽의회 의장

성명	국가	재임기간	성명	국가	재임기간
Paul Henri Spaak	벨기에	1952-1954	Emolio Colombo	이탈리아	1977-1979
Alcide de Gasperi	이탈리아	1954	Simone Veil	프랑스	1979-1982
Guieppe Pella	이탈리아	1954-1956	Pieter Dankert	네덜란드	1982-1984
Hans Furler	독일	1956-1958	Pierre Pfimlin	프랑스	1984-1987
Robert Schuman	프랑스	1958-1960	Lord Plumb	영국	1987-1989
Hans Furler	독일	1960-1962	Enrique Baron Crespo	스페인	1989-1992
Gaetano Martino	이탈리아	1962-1964	Egon Klepsch	독일	1992-1994
Jean Duvieusart	벨기에	1964-1965	Klaus Hänsch	독일	1994-1997
Victor Leemans	벨기에	1965-1966	José Maria Gil Robles	스페인	1997-1999
Alain Poher	프랑스	1966-1969	Nicole Fontaine	프랑스	1999-2002
Mario Scelba	이탈리아	1969-1971	Pat Cox	아일랜드	2002-2004
Walter Behrendt	독일	1971-1973	Josep Borrell	스페인	2004-2007
Cornelius Berkhouwer	네덜란드	1973-1975	Hans-Gert Pöttering	독일	2007-2009
Georges Spénale	프랑스	1975-1977	Jerzy Buzek	폴란드	2009

자료: (M.-L. Giniès, 2010 : 35-36)

대표하는 국가간대등원칙에 따른 정치집단 내에 736명의 의원으로 구성되어 있다.

주요 기능은 다음과 같다.

- 의사회(conseil)와 함께 입법적 기능을 나누어 행한다. 즉 유럽법률의 채택(지침, 규칙, 결정)이 그것이다.
- 의사회(conseil)와 함께 예산적 기능을 행한다. 즉, 공동체경비(지출)를 수정할 수 있다.
- 위원회(commission)에 대해 민주적 통제를 행사한다. 즉, 위원회의 구성원을 지명하는 것을 승인하고 위원회를 견책하는 권한을 가진다. 그리고 제도(기구) 전체에 대해 정책적 통제를 행사한다.

역대 유럽의회 의장은 〈표 3-12〉와 같다.

2) 유럽(집행)위원회(la Commission européenne)

유럽(집행)위원회는 유럽연합의 집행기관이다. 어떤 면에서는 유럽위원회는

<표 3-13> 유럽(집행)위원회 역대 의장

성명	국가	재임기간	성명	국가	재임기간
Walter Hallstein	독일	1958-1967	Gaston Thorn	룩셈부르크	1981-1985
Jean Rey	벨기에	1967-1970	Jacques Delors	프랑스	1985-1995
Franco Maria Malfatti	이탈리아	1970-1972	Jacques Santer	룩셈부르크	1995-1999
Sicco Mansholt	네덜란드	1972-1973	Romano Prodi	이탈리아	1999-2004
Francois Xavier Ortoli	프랑스	1973-1977	Jose Manuel Durao Barroso	포르투갈	2004-
Roy Jenkins	영국	1977-1981			

유럽의 심장(중심)처럼 행동한다. 유럽의 심장으로부터 기타 다른 유럽기구들은 그들의 에너지와 목표들을 끄집어낸다. 유럽(집행)위원회의 주요 목표는 의회에 법률의 제안을 이끌어내거나 순응시키는데 있다. 이 위원회는 유럽연합의 다양한 활동계획을 수립하고 제도를 통해 이들의 적용을 통제한다.

2006년 12월 31일까지는 유럽(집행)위원회는 의회의 승인이후 연합구성국가에 의해 임명된 25명의 위원으로 구성되었다. 오늘날은 회원국의 증가에 따라 5년 임기의 27명으로 구성되어 있다. 2014년 11월 1일부터 위원의 수는 줄어들 것으로 보고 있는데, 유럽연합 구성국가 수의 3분의 2 수준인, 즉 27개 국가의 2/3 수준인 18명 정도로 보고 있다(Giniès, 2010: 36-37).

3) 유럽연합이사회(le Conseil de l'Union européenne)

이 이사회는 지엽적인 기관으로 여러 수준단계에서 초국가적인 동시에 정부 간 성격을 가진 조직 특성을 보여준다. 그 구성에 의한 근원적 기관으로 이 이사회는 권한영역에 의해 집합한 구성원 국가의 다양한 각료(장관)들로 구성되어 있다. 예를 들면, 외무부장관의 이사회는 외무부장관들을 그룹화하며, 농산부장관의 이사회는 농산부장관들을 그룹화한다. 정치적 합의 계획안에 있어 이 이사회는 모델역할을 수행한다. 왜냐하면 채택과정과 갈등규정들이 국가 간의 관계 내에 조금이나마 확산된 신뢰와 연대성 정도를 함축하고 있기 때문이다. 각 국가구성은 유럽의회의 주재를 보장하는데 6개월 간 돌아가며 역할을 수행하도록 하고 있다.

4) 유럽공동체 법원(재판소)(la Cour de justice des communautés européennes)

유럽공동체법원(재판소)은 유럽기구체제 내에서 현저한 장소를 점유하고 있다. 27명의 재판관(구성원국가마다 1인)으로 구성되는 이 재판소는 그러나 모든 재판관들이 참여하는 전원회기(séance plénière)로 체계적으로 회합하는 것을 피하면서 13명의 재판관만으로 이루어지는 〈대법정〉(Grande Chambre)으로 자리하게 할 수 있다. 이 재판소는 (공동체)구성국가의 공동승인에 의해 임명되는 재임용이 가능한 임기 6년의 8명의 총괄변호사를 지원받는다.

1989년 이래 이 재판소는 재임용이 가능한 6년 임기의 27명의 재판관으로 구성되는 제1심법원(un Tribunal de première instance)에 의해 지원받는 것으로 되어 있다. 2004년에 창설된 공직법원(Tribunal de la fonction publique)은 유럽의회에서 지명된 재임용이 가능한 6년 기간으로 7명의 재판관으로 구성된다. 이 공직법원은 유럽연합 공직의 소송분야에 특별한 법률관계를 구성하는 역할을 수행한다. 제1심법원으로 공동체와 그들의 기관원(약 35,000명)과의 분쟁을 이해하는데 역량을 발휘한다.

5) 유럽이사회(le Conseil européen)

자주 유럽연합이사회(le Conseil de l'Union européenne)와 혼동하는데, 유럽이사회는 구성원국가들의 국가원수 혹은 정부 대표가 출연한다. 그리고 유럽위원회의 의장이 참석하는 기구이다. 처음 법규에 예견된 것은 아니고, 유럽이사회는 1986년 단일법규에 의해 공식화되기 전에 프랑스 발레리 지스카르(Valéry Giscard d'Estaing) 대통령의 주도로 창설되었다. 여기에서 중요한 유럽공동체의 정책방향이 만들어지는 것을 허용하게 하는 유럽정책의 공조가 이루어지는 것이다.

적어도 매 6개월마다 한번 유럽이사회는 유럽이사회의 최고실력자인 국가원수 또는 정부대표의 주재 하에 회합한다. 실제적으로 유럽이사회는 1년에 적어도 4회 회합하며, 마찬가지로 특별이사회(Conseils exceptionnels)가 어김없이 조직된다. 니스조약에 부가된 선언에 따라 매 이사회주재는 브뤼셀(Bruxelles)에서 회합을 갖도록 하고 있다. 유럽이사회의 모든 회합은 브뤼셀에서 진행되어야 하는 것을 마찬가지로 법규에 구체화하고 있다.

2010년 1월 1일부터 유럽이사회는 임기 2년 반의 선출된 의장을 부여하고

있다. Herman Van Rompuy 벨기에 장관이 처음 이 직을 부여받았다.[13]

6) 유럽공동체 회계원(la Cour des comptes des communautés européennes)

1975년 7월 22일 브뤼셀조약에 의거 구성되고 1977년 10월에 기능이 시작된 유럽공동체 회계원은 마스트리트조약이 적용과 함께 1993년 11월 1일 유럽기구 가운데서 중요하게 위상이 높아졌다. 유럽공동체회계원은 유럽연합의 재정의 파수꾼처럼 등장하였다. 27명의 회계원으로 구성되는 이 기관은 다른 유럽기구에 부여해준 임무를 수행함에 있어 일련의 도덕적, 행정적, 회계적 원칙을 존중하고자 한다. 회계원의 보고서는 유럽연합의 재정관리에 대한 정보의 풍부한 근원지와 공동체기금관리를 훌륭하게 보장하기 위해 행정적 기관에 대한 효과적인 제재(통제)수단으로 활용한다. 회계원은 번역가 관리인, 감독인들을 포함하여 약 800명의 공동협력자를 활용한다(Giniès, 2010: 40-41).

7) 경제 · 사회위원회(le Comité économique et social)

344명으로 구성된 경제 · 사회위원회는 민간사회의 다양한 분야를 대표한다. 3가지 업무그룹(고용주, 노동자와 다양한 활동가)으로 조직화되어 이 위원회

---

13) 유럽이사회는 유럽연합의 총괄적인 정책방향과 우선순위를 규정한다. 2009년 12월 1일, 리스본조약(traité de Lisbonne)의 효력발생과 함께 하나의 온전한 기구가 되었다. 일반적으로 유럽의 의사결정체제(le mécanisme décisionnel)와 특별하게 공동결정과정(la procédure de codécision)은 3개의 주요 기구와 연대하여 운용되고 있다. 즉, ① 유럽시민들을 대표하는, 따라서 주민직선으로 구성원을 선출하는 유럽의회(le Parlement européen), ② 구성원국가(les États membres)를 대표하는 유럽연합이사회(le Conseil de l'Union européenne), ③ 유럽연합의 이해를 방어하는 임무를 가진 유럽집행위원회(la Commission européenne)가 그것이다. 이 삼각기구(제도)(«triangle institutionnel»)는 유럽연합에 적용될 정치와 입법을 규정한다. 실제적으로 위원회가 새로운 입법안을 제안하고, 이들을 채택하는 것은 유럽의회와 유럽연합이사회이다. 이어 위원회와 구성원국가들은 이들을 실행에 옮기는 역할을 수행한다. 위원회는 국법(le droit national)의 테두리 내에 이들의 통합을 주의하는 임무를 아울러 수행한다.

의 구성원들은 사회의 중요한 대주제에 대해 유럽입법안에 의견을 만들어내는데 기여한다. 구성원들은 국가정부에 의해 제안되며 유럽연합이사회에 의해 재임용이 가능한 4년 기간으로 개인적 자격으로 임명된다. 국가별 배분은 현재 다음과 같다. 그리고 다음의 구성원 국가의 구성변화(경질)는 2010년 10월에 예정되어 있다.

독일, 프랑스, 이탈리아, 영국: 24명; 스페인, 폴란드: 21명; 루마니아: 15명; 벨기에, 불가리아, 그리스, 네덜란드, 포르투갈, 오스트리아, 스웨덴, 체코, 헝가리: 12명; 덴마크, 아일랜드, 핀란드, 리투아니아, 슬로바키아: 9명; 에스토니아, 레토니아, 슬로베니아: 7명; 말트: 5명.

8) 지역위원회(le Comité des régions)

지역위원회는 유럽연합의 기구들 중에 가장 젊은 기구로 1992년 마스트리히트 조약에 의해 유럽연합 내에서 지역자치단체의 의견을 경청하는 임무를 띤 대표이사회로서 창설되었다. 지역위원회는 국가구성원에 의해 재선 가능한 4년 임기로 임명되는 지방자치단체와 지역의 모든 대표로서 344명의 구성원으로 구성된 자문기관(un organe consultatif)이다. 매년 5개 본 회기(sessions plénières)를 갖는데, 이 회기동안 이 위원회의 일반정책을 규정하고 위원회의 의견을 채택한다. 위원회 구성원들은 본 회기를 준비하는 업무를 수행하는 6개의 특별위원회에 배속된다. 즉, 지역통합정책위원회(COTER: commission de la politique de cohésion territoriale), 경제사회정책위원회(ECOS: commission de la politique économique et sociale), 지속가능한 개발위원회(DEVE: commission du développement durable), 문화와 교육위원회(EDUC: commission de la culture et de l' éducation), 입헌업무와 유럽거버넌스위원회(CONST: commission des affaires constitutionnelles et de la gouvernance européenne), 외부관계위원회(RELEX: commission des relationss extérieures)가 그것이다.

9) 유럽중재(조정)원(le médiateur européen)

일반 대중에게 잘 알려져 있지 않지만 유럽중재원은 유럽기구 내에서 매우 중요한 역할을 수행한다. 스웨덴의 옴부즈만 예처럼 중재원은 날로 복잡해져 가고 있는 행정에 접하여 (그렇다고 사법적 기관을 대체하는 것은 아니지만) 시민의 권한을 보호하고 방어하는 데 있어 보다 단순화하고 인간화하는 기능을 수행하고자 하는 독립적 인사이다. 이런 배경에서 중재원은 유럽 소속의 국민과 공동체행정 사이의 조정자역할을 수행한다. 그러나 이들의 임무가 거기에서 끝나는 것은 아니다. 보다 폭넓은 여론앙케트조사력에 힘입어 이들은 공동체 기관 주위에서 그들이 중재원의 임무를 마무리하기 위해서 필요하다고 생각되는 자료나 증인들을 요구할 수 있다. 마찬가지로 유럽중재원은 유럽공동체 기구에게 권고사항을 알릴 수 있으며, 유럽의회가 경우에 따라서 행정의 성향(l'attitude de l'Administration)으로부터 정책적 결론을 끄집어내기 위해 유럽의회(le Parlement européen)를 장악할 수 있다.

1995년 창설된 이후 유럽중재원은 20,000 건이 넘는 불평사안(제소)을 처리하였다. 불평불만의 주요 동기는 주로 정보의 불충분성과 거부에서 비롯되었다. 명백한 행정지연 혹은 지불연기(지체), 경쟁시험을 포함한 모집절차 등에서 제기되었다. 또한 상호분쟁, 시민권한, 발전을 위한 협력, 환경과 조약의 파수꾼으로서의 자질 문제가 위원회 역할을 통해서도 제기되었다. 2008년에 불평건수는 3,406건으로 2007년 3,211건보다 증가한 것으로 나타났다. 불평건 수의 74%는 개인적인 것이었고, 24%는 기업이나 연합단체에서 비롯된 것으로 조사되었다. 유럽중재원은 2008년에 355건의 조사(2007년에는 348건)를 마감하였는바, 전체 7,700건 이상의 불평건과 정보제공건을 처리한 것으로 나타났다(www.ombudsman.europa.eu/activities/home.faces, site du médiateur européen).

10) 유럽투자은행(la Banque européenne d'investissement)(BEI)

유럽연합의 재정적 기구로 유럽투자은행(BEI)은 1958년 로마조약에 의해 창설되었다. 유럽연합을 형성하는 구성원 국가들이 서로 유럽연합의 자본을 승인한다.

공동체체제 내에서 법인격과 재정적 자치를 부여받은 유럽투자은행은 엄격한 은행관리규칙을 절대존중하면서 구체적 계획안의 장기적인 재정지원을 행하는 것으로 유럽연합의 목적을 실현하는 것에 지지하기 위한 임무를 갖는다. 유럽투자은행은 특히 경제적 통합과 경제사회통합의 강화로 유럽건설에 기여한다. 유럽연합의 기구와 같이 유럽투자은행은 항시적으로 유럽공동체 정책의 진전(변화)에 그의 행위를 적응시킨다. 은행과 같이 유럽투자은행은 자본시장에서 부채(차입금)(emprunts)를 위해서나 투자재정을 위해서나 공동체 은행과 매우 긴밀하게 협력하여 업무를 수행한다. 유럽투자은행은 필수불가결하게 차입한 자원으로부터 대부금을 승인한다. 차입한 자원은 (여기에 기금이 추가된다) 그들의 고유한 자원을 구성하게 된다. 유럽연합을 제외하고 유럽투자은행은 유럽연합 혹은 구성원 국가의 예산적 자원으로부터 고유한 그들의 자원과 환어음에 개입하게 된다(Giniès, 2010: 43).

제 2 절 유럽연합의 관료충원방식

모든 다른 기구와 마찬가지로 유럽의회는 공직자를 경쟁시험으로 모집한다. 시민들에게 다양한 기능(예를 들면 행정관, 법률관 – 언어관, 번역관, 통역관, 지원관, 비서관, 다른 기능에 적합한 기능원 등)에 지원할 수 있도록 여러 가지 다양한 유형의 경쟁시험이 있다. 경쟁시험의 안내는 유럽연합의 관보(JOUE: le

Journal officiel de l'Union européenne)에 공고된다. 경쟁시험의 공고나 예견된 일정에 정보를 얻기 위해서는 지원자는 관료(공직인사)선발유럽사무소(EPSO: l'Office européen de sélection du personnel)에 문의할 수 있다. 유럽연합의 공직을 관리하는 모든 조처들은 유럽공동체 공무원 법규(Statut des fonctionnaires des Communautés européennes)에 규정되어 있다.

1 유럽관료의 충원과 관리시스템

1) 유럽연합을 위해서 일을 한다는 것(Travailler pour l'Union européenne)

유럽연합은 다국적, 다언어 환경 하에서 매우 다양한 직종을 제안한다. 관료충원기구로서 관료(공직인사)선발유럽사무소(EPSO: l'Office européen de sé-lection du personnel)가 있는데 이는 일반(총괄)시험을 주요수단으로 하여 관료충원의 임무를 맡고 있다. 유럽연합의 기구와 기관들은 또한 견습생(stagiaires)들도 활용하고 있다. EPSO는 다음의 임무와 가치를 가진다(http:// europa.eu; http://www.eu-careers.eu).

(1) 관료(공직인사)선발유럽사무소(EPSO)의 임무

EPSO의 기본임무는 유럽연합의 기구(제도)를 위해 공직자선발의 전문적 서비스를 제공하는 데 있다. EPSO의 주 위임권한(le mandat principal)은 유럽연합의 제도를 위해 가장 최상의 전문적 실제에 부합하는 공직인사선발서비스를 제공하는데 있다. EPSO와 EPSO의 인사들은 효율적이고 평등한 선발과정에서 모든 유럽연합 내에서 역량있는 인사를 유인하고 선발하면서 제도가 요구하는 것뿐만 아니라 후보자의 기대를 만족시키는 의무를 지닌다. EPSO는 제도가 직면할 수밖에 없는 도전에 대응하도록 하기 위하여 제도가 요구하는 것에 부합하여 제도에 적격한 인사를 유사시에 제공하고자 한다.

EPSO는 제도업무 내에서 제도(institutions)에 부가적 지원을 가져오는 목적을 지닌 인력자원(ressources humaines)에 연계된 부채꼴(다각도) 서비스를 제공한다.

(2) EPSO의 가치(Valeurs)

① 청렴 · 공명정대(Intégrité)

공직자들의 관계들은 청렴성 및 공정성과 상호신뢰에 기초를 둔다. 모든 관련된 인사는 공개된 투명한 과정을 기초로 공정하게 관리된다.

② 야망(Ambition)

EPSO는 항시적으로 개선(향상)되는 것과 긍정적인 결과를 성취하는 것, 그리고 개혁적이고 활동적인 것과 모든 잠재력을 실현시키는 것에 목표를 둔다.

③ 직업주의(Professionnalisme)

EPSO는 가장 최상의 실제에 기초를 둔 공정성과 유효성(적실성) 있는 선발과정을 실행한다. EPSO 인사들의 참여와 역량으로 높아진 질적 수준을 유지하려고 하고 있으며, 그들의 고객을 만족시키고자 하고 있다.

④ 서비스의 질(Qualité du service)

EPSO는 필요한 시간에 최고의 질적 서비스를 모든 고객에게 제공한다.

⑤ 다양성(Diversité)

EPSO팀은 그들의 다양성을 반영한다. EPSO는 공동의 목적을 실현하기 위하여 원조(해당국가)인사, 다양한 경력인사의 역량을 극대화하여 활용한다.

⑥ 존중(Respect)

EPSO는 관용의 맥락 안에서 규칙과 과정들을 적용하면서 다양성을 호의적으로 인지하고 받아들이며 모든 인사들은 평등하게 관리한다.

2) 유럽연합 조직 내에서의 직종(Giniès, 2010: 50-51)

국제조직 내에서의 직종(emploi)은 매우 단순한 원칙에 의해 관리되며, 이들 원칙들은 충원사정기관과 모집담당자에 의해 항상 세심하게 존중받는다.

유럽이사회의 공개경쟁시험(les concours du conseil de l'Europe)의 경우 정규직 직원은 공개경쟁시험으로 충원되며, 여기에는 다음의 두 가지 종류가 있다.

(1) 일반경쟁시험: 하나 혹은 여러 (유럽연합)구성국가 구성원들에 한정하여 치르는 시험

(2) 특별경쟁시험: 모든 (유럽연합)구성국가 구성원들 혹은 하나 혹은 여러 (유럽연합)구성국가 구성원들에 개방된 시험

공석이 된 직위는 공식적으로 결원통보를 공지하도록 하고 있다. 여기서 자생적(자의적)인 후보에 결원된 직위를 맞추는 일은 절대 있지 않다. 오랜기간의 한시적인 직위일지라도 선발공고가 규칙적으로 제안되어야 하고 정규직채용과 비슷한 모집과정에 따라 선발하는 과정(절차)을 제공해주어야 한다.

선발과정은 3단계로 구성된다. 즉, 서류심사에 의한 사전선발과정과 2차로 필기시험(영어나 프랑스어), 마지막으로 30여분 간의 면접시험이 그것이다. 각 단계에 요구하는 기준을 충족하는 후보자만이 시험에 참여할 수 있다. 모든 후보자들은 각 단계마다 선발과정 이후 그 답변이 긍정적이든 부정적이든 서면답변을 받을 수 있다. 3단계의 모집과정은 상대적으로 장시간을 요구하는데 평균적으로 6개월 정도가 소요되고 있다(Giniès, 2010: 51).

2 공직구조 : 등급제 구조(les grades de l'union européenne)

유럽연합 공무원규칙은 2006년 5월 1일 이후로 변경되었다. 따라서 A, B, C, D 영역은 더 이상 존재하지 않고 행정관(Administrateurs)과 지원관(Assistants) 그룹으로 대체되었다. AD기능그룹(행정관: Administrateurs)은 지휘

<표 3-14> 공직구조

행정관기능그룹(AD)			지원관기능그룹(AST)
사무총장(Directeur général)	AD16		
사무총장-국장	AD15		
다음 기능을 수행하는 행정관 : 국장/팀장/고문//언어전문가, 경제전문가, 법률전문가, 의료전문가, 수의사, 과학자, 연구자, 재정전문가, 회계(감사)전문가	AD14		
다음 기능을 수행하는 행정관 : 팀장/고문//언어전문가, 경제전문가, 법률전문가, 의료전문가, 수의사, 과학자, 연구자, 재정전문가, 회계(감사)전문가	AD13		
다음 기능을 수행하는 행정관 : 팀장/주번역가//주통역가, 주경제가, 주법률가, 주의료인, 주수의감독관, 주과학자, 주연구자, 주재정관리인, 주회계감사인	AD12 AD11	 AST11	다음 기능을 수행하는 지원관 : 개인보좌, 주서기, 주기술자, 주정보처리자
다음 기능을 수행하는 행정관 : 팀장/부번역가//부통역가, 부경제가, 부법률가, 부의료인, 부수의감독관, 부과학자, 부연구자, 부재정관리인, 부회계감사인	AD10 AD9	AST10 AST9	다음 기능을 수행하는 지원관 : 개인보좌, 주서기, 주기술자, 주정보처리자
다음 기능을 수행하는 행정관 : 번역관, 통역관, 경제관, 법률관, 의사, 수의감독관, 과학관, 연구관, 재정관리관, 회계감사관	AD8 AD7	AST8 AST7	다음 기능을 수행하는 지원관 : 부서기, 부사서, 부기술자, 부정보처리자

다음 기능을 수행하는 행정관 : 부번역관, 부통역관, 부경제관, 부법률관, 부의사(인턴), 부수의감독관, 부과학관, 부연구관, 부재정관리관, 부회계감사관	AD6 AD5	AST6 AST5	다음 기능을 수행하는 지원관 : 서기, 사서, 기술자, 정보처리자
		AST4 AST3	다음 기능을 수행하는 지원관 : 부서기, 부사서, 부기술자, 부정보처리자, 의회 수위(AST3)*
		AST2 AST1	다음 기능을 수행하는 지원관 : 분류기관원, 기술원, 정보처리인, 의회수위*

자료 : http://europa.eu/epso/

* 유럽의회의 배속된 의회 수위직종 수는 85명을 넘지 않는다.

기능과 연구개념, 언어 혹은 과학적 기능과 연계되는 12등급을 포함한다. AST(지원관 : Assistants)기능그룹은 기술적 기능, 집행기능, 적용기능과 연계된 11등급을 포함한다(〈표 3-14〉 참조; 유럽연합법규 제5조 2항 참조)(Giniès, 2010: 101).

보좌행정관(등급 P-1, P-2: 국제연합)과 2등급 행정관(등급 P-3: 국제연합)과 같은 관리관(행정관)은 국가시험을 통해 모집한다. 유럽연합조직은 직업적 단체(경제학자, 정보처리전문가, 법률가, 사서전문가, 통계학자, 행정전문가, 재정전문가, 정책전문가, 정보 혹은 사회발전)와 연계되어 있다.

등급 P-1 혹은 P-2의 직위에 지원하고자 하기 위해서는 학사수준의 대학학위증과 33세 이하의 나이조건을 충족해야 한다.

등급 P-3의 직위에 지원하기 위해서는 석사수준의 대학학위증과 4년 간의 전문적 경험을 수행해야 하고, 40세 이하의 나이조건을 충족해야 한다.

목표한 등급에 상관없이 영어와 프랑스어를 완벽하게 구사해야 한다.

국제조직 등급을 유엔(국제연합)과 유럽연합을 비교해 보면 〈표 3-15〉와 같다.

즉, 유엔(국제연합)의 경우 직업적 경험을 최소한 2년에서 10년을 요구하는 등급은 P1/P2, P5이고, 그보다 많이 요구하는 15년 20년은 D1, D2등급으로 하고 있다. 유럽연합은 유럽연합에 요구한 경험이 0-3년, 4-6년, 7-10년, 11-15년, 적어도 20년, 20년 이상으로 구분하여 AD5등급에서 AD16등급으로 하고 있음을 알 수 있다.

<표 3-15> 국제조직 내 등급

직업적 경험	유엔(국제연합)	대등한 조직	유럽연합에 요구한 경험	유럽연합
최소한 2년	P1/P2	A1/A2	0-3년	AD5-AD9
최소한 5년	P3	A2/A3	4-6년	AD10
최소한 7년	P4	A3	7-10년	AD11/AD12
최소한 10년	P5	A4/A5	11-15년	AD13/AD14
최소한 15년	D1	A6	적어도 20년	AD15
최소한 20년	D2	A7	20년 이상	AD16

자료: 외교 및 유럽부(ministère des affaires étrangères et européennes).

≪참고≫
제5조(유럽연합공무원법규: Statut des fonctionnaires des Communautés européennes)

1. 현재 규정에 따른 직종은 기능의 성질과 수준에 따라 등급화되는데, 행정관 기능그룹(AD)과 지원관 기능그룹(AST)으로 대응된다.
2. AD기능그룹은 지휘기능과 연구개념, 언어 혹은 과학적 기능과 연계되는 12등급을 포함한다. AST기능그룹은 기술적 기능, 집행기능, 적용기능과 연계된 11등급을 포함한다.
3. 모든 공무원의 직종에의 지명은 적어도 최소한 다음의 요건을 충족해야 한다.
   1) AST 기능그룹을 위해서는
   - 학위증으로 인준받은 상위교육수준 혹은
   - 상위교육에 진입할 수 있게 하는 학위증에 의한 인준으로 2차적 교육수준과 최소한 3년 간의 적응된 전문적 경험 혹은

- 서비스 이해가 이 AST그룹을 증명해줄 때, 직업적 준비학습형성 혹은 이 수준에 합당하다고 보는 전문적 경험이 요구된다.

2) AD기능그룹의 5-6등급을 위해서는
- 학위증으로 인준받은 최소한 대학 3년과정에 해당하는 교육수준 혹은
- 해당 서비스의 이해가 AD그룹기능을 행할 수 있음을 증명해줄 때 이 수준에 맞는 직업적 학습형성이 요구된다.

3) AD기능그룹의 7-16등급을 위해서는
- 교육기간이 4년이거나 그 이상일 때 학위증으로 인준받은 완전한 대학교육과정에 해당한 교육수준 혹은
- 학위증으로 인준받은 완전한 대학교육과정에 해당한 교육수준과 상기 교육의 정상적인 기간이 적어도 3년일 경우 최소한 1년의 적응한 직업적 경험 혹은
- 이 서비스의 이해가 이를 증명할 경우 대등한 수준의 직업적 학습형성이 요구된다.

<표 3-16> 등급별 평균경력의 등가에 맞춰진 기준승수율

(Taux multiplicateurs de référence destinés à l'équivalence des carrières moyennes)

등급	행정관	지원관
13	20%	-
12	25%	-
11	25%	-
10	25%	20%
9	25%	20%
8	33%	25%
7	33%	25%
6	33%	25%
5	33%	25%
4	-	33%
3	-	33%
2	-	33%
1	-	33%

그리고 등급별 평균경력의 등가에 맞춰진 기준 승수율을 행정관과 지원관을 통해 볼 때 행정관은 9-12등급은 25%, 5-8등급은 33%, 13등급은 20%로 나타나고, 지원관은 1-4등급은 33%, 5-8등급은 25%, 9-10등급은 20%로 나타나고 있다(〈표 3-16〉 참조).

1) 충원과정의 참여자(조정자)

여기에서는 공직선발(충원)과정에서의 상이한 조정자(참여자)는 누구인가를 검토해 보고자 한다. 공직선발유럽사무소(EPSO), 경쟁시험심판관(Jury de concours), 유럽기구(Institutions européennes) 등이 해당한다.

(1) 관료(공직인사)선발유럽사무소(EPSO)

관료(공직인사)선발유럽사무소(EPSO)는 일반적 경쟁시험과 선발과정을 조직화해 나가는 역할을 수행하는바 다음과 같은 임무를 부여받았다. 즉, 특히 시험의 공고, 경쟁시험 통지의 확산, 경쟁시험의 일반조건을 감안하여 후보자의 상황에 맞는 다양한 시험의 조직화, 심판관에게 행정적·연산·정보적인 차원에 대한 지원제공과 보유명부의 관리가 그것이다. EPSO는 경쟁시험심판관(les jurys de concours)에 의한 경쟁시험 과정의 엄격함을 존중해야 함을 보장하고 있다.

(2) 경쟁시험심판관(Jury de concours)

경쟁시험통지 내에 규정된 조건들에 기초하여 가장 우수한 후보자들을 선발하기 위하여서는 심판관이 지명된다. 심판관은 경쟁시험통지문에 기술된 기능을 수행하여야 할 후보자들의 성향을 평가하기 위해 후보자들의 역량을 비교한다. 따라서 심판관은 후보자들의 지식수준을 평가할 뿐만 아니라 그들의 장점에 기초하여 가장 우수한 자질을 갖춘 인사를 감정해 내어야 한다. 그런데 다음과 같은 주의할 사항을 지적하고 있다. 즉, 수험기간 동안 후보자들이 경쟁시험심판관의 구성원들 중 한명이라도 접촉하는 것을 엄격하게 금지하고 있다. 다시 말해 모든 경쟁시험심판관들의 업무와 협의는 비밀에 부치는 것을 원칙으로 하고 있다. 그러나 상소권을 행사하기를 원하는 후보자들은 EPSO를 경유하여 경쟁시험심판관의 장(의장)에게 서면으로 진정을 요구할 수 있다. 그리고 경쟁시험심판관 구성원들의 이름은 구술고사 초기 이전에 EPSO 웹사이트에 공개된다.

(3) 유럽기구(Institutions européennes)

유럽기구의 인력자원서비스(les services des ressources humaines)는 시험을 통과한 후보자들의 충원에 책임을 지고 있다. 이들은 EPSO가 관리하고 있는 후보명부에 나타난 후보자들 중에 새로운 인사를 충원하면서 공석인 직책을 제공한다. 기구들은 충원될 가능성이 있는 후보자들에게 채용사전면담(un entretien préalable à l'embauche)을 거치도록 하고 있다.

2) 시험관리

모든 과정을 위한 경쟁시험단계(Étapes des concours pour toutes les procé dures)는 다음과 같다.

(1) 2010년부터 적용될 모집(채용)의 새로운 과정

EPSO는 2010년부터 유럽기구의 상근인사충원을 위한 새로운 과정을 소개하고 있다. 따라서 2008년과 2009년 제안된 공개경쟁시험(les concours ouverts)은 옛 이전방식에 따라 진행되었다. 그 구체적인 내용을 살펴보면 다음과 같다.

① 변하는 것은 무엇인가?

- 경쟁시험은 보다 신속하게 하고 충원과정은 그 단계를 줄여 나갔다.
- 경쟁시험의 연간 사이클(순환계획)은 보다 현재의 논의에 중점을 두어 전문적 프로필을 위한 것으로 조직되었다(〈그림 3-6〉 참조).
- 시험(테스트)은 후보자의 능력을 평가한다. 능력 이외에 특수한 전문적 지식, 그리고 다음과 같은 기초능력을 평가하고자 하였다.

<그림 3-6> 경쟁시험의 단계(Étapes du concours)

- 문제의 분석과 해결(analyse et résolution de problèmes)
- 의사소통(communication)
- 자격(자질)과 성과(qualité et résultats)
- 견습 및 (경력)계발(발전)(apprentissage et développement)
- 우선순위의 계서화와 조직화(능력)(hiérarchisation des priorités et organisation)
- 끈기력(인내심)(persévérance)

• 단체업무수행능력(단결심)(travail d' équipe)

② 경쟁시험단계(Étapes du concours)

선발과정에 참여를 원하는 인사들은 공직후보 지원서양식에 따른 사항을 기재하여야만 하고 등록마감일 전에 이를 EPSO에 제출해야만 한다.

새로운 충원과정은 두 단계를 포함하고 있다. 첫 단계는 유럽연합국가(와 유럽연합국가를 제외한 어떤 국가)에 조직화된 컴퓨터화(정보화)된 허가시험(les tests d'admission informatisés)이고, 두 번째는 브뤼셀에서의 평가단계이다. 각 시험의 구체적인 사항은 유럽연합의 웹사이트나 관보에 공개될 것이다.

평가단계에서 성공(합격)한 후보자들은 〈공직후보자명부〉(«liste de réserve»)에 등재될 것이다. 이 기간은 선발과정에 합격한 협동자를 충원하기를 원하는 유럽기구에 접근할 수 있는 기본소여(une base de données)를 지정한다. 여기에서 모든 참여자들은 그들의 성과를 평가받을 것이다.

그리고 보다 현재의 프로필을 위해 〈공직후보자명부〉는 유사한 영역 내에서 다음 해에 조직되는 경쟁시험 순환(사이클)의 후반부까지 유효할 것이다(즉, 단지 1년간 유효). 또 다른 프로필을 위해 〈공직후보자명부〉는 보다 오랫동안 유효하게 남을 것으로 보고 있다.

③ 허가시험(Tests d'admission)

새로운 체제에서는 허가시험제는 알고 있는 지식을 전달·제시하는 능력을 평가하는데 비중을 둔다. 유럽연합에 대한 지식적인 시험은 이 단계에서는 사라진다.

이 문제는 평가국면시에 임명해야 할 직위에 연결된 집행영역(le cadre d'exercices)안에 이르게 될 것이다. 정보처리된 허가시험은 인지된 능력(언어구사력, 수리(연산)추리력, 추상력)과 상황에 따른 시험으로 판단력을 평가하게 된다. 아울러 찾고자 하는 프로필에 따라 전문적 능력을 평가하게 된다.

④ 허가시험을 위한 시간적 단면(부분)을 예약하기(Réserver une tranche horaire pour le test d'admission)

한 번의 유효한 후보자자격으로 일정한 어느 기일 이전에 정보화된 당신의

<그림 3-7> 새로운 시험절차과정

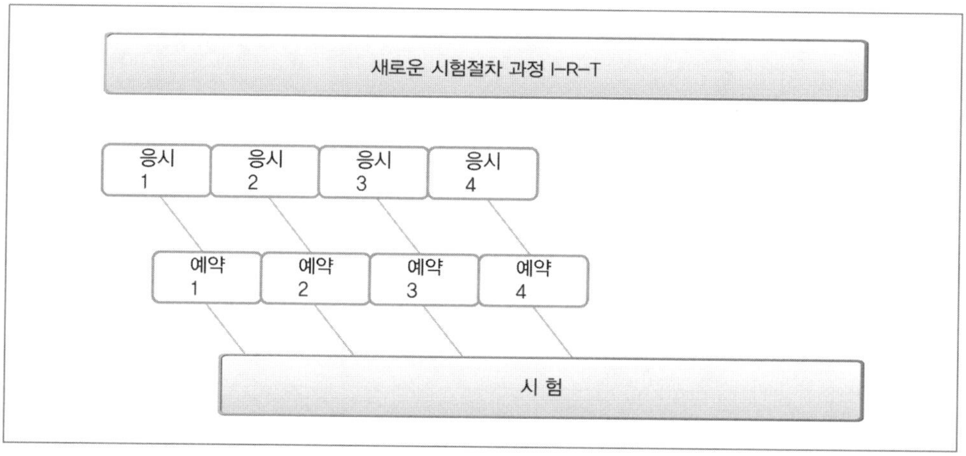

시험을 행사하기 위해 당신에게 시간적 단면(부분)의 예약을 요구하기 위해 우리는 48시간 내(EPSO 경유하여)에 당신(후보자)을 접촉할 것임을 밝히고 있다. 일련의 예약시스템은 우리 시험고사관 중의 하나를 선별하여 자유로운 여건(시간장소: un créneau libre)에 맞추어 선택할 수 있게 하고 있다.

⑤ **시험일 변경**(Changer la date du test)

시험일에 지장이 있는 경우 혹은 보다 실제적인 시간적 단면(부분)이 해방될 경우(시간적 부분에 자유로워질 경우), 처음 예기된 만남 이전에 늦어도 48시간 내에 이를 행하는 조건으로 시험 날짜와 장소를 변경할 수 있도록 하고 있다. 새로운 날짜는 최소한 48시간 이후에 확정되어야 한다.

⑥ **평가**(Évaluation)

평가단계는 모든 주요권한들을 적절하게 신뢰성있게 검사하는 것을 허용한다. 보통 직위에 연결된 권한의 평가에 역점이 주어지는데, 보다 이론적 지식에 평가역점을 둔다. 확장된 권한영역의 기초 위에 바라는 권한을 평가하기 위해 실행은 선택될 것이다. 각 권한은 최소한 두 번 평가될 것이다. 이 단계는 시험의 유형에 따라 반나절 혹은 하루 온종일 시험을 구성하게 된다. 평가는 특별한 언어능력을 필요로 하는 프로필(경력)을 위한 것을 제외하고는 후보자의 제2외국어(영어, 프랑스어, 독일어) 평가에 관심을 두어 진행될 것이다.

다만 공개경쟁시험유형에 따라 평가단계는 다음의 요소들을 조합하여야만 하는 것으로 하고 있다.

가. 행정관(Administrateurs)

- 분야(이 분야를 위해 후보자는 등록을 하게 됨)에 연계된 심층사례연구
- 단체훈련(exercice collectif)
- 구두설명(exposé oral)
- 구조화된 면접(entretien structuré)

나. 언어담당관(Linguistes)

언어담당관에게 정해진 시험은 그들의 주요 능력평가에 맞춰질 것이다.

- 언어적 지식의 실제적 시험
- 단체훈련
- 구두설명
- 구조화된 면접

다. 지원관(Assistants)

- 직업적 능력을 평가하기 위한 실제적 시험
- 가담한 전자서신처리 시뮬레이션
- 구조화된 면접

라. 전문직종관(Profils spécialisés)

전문직의 모집(채용)과정은 후보자의 평가가 해당분야에 관련 지식수준을 검토하는 것으로 구조화되어 있다. 이제부터 이 전문직 분야에는 받아들일 수 있는 후보자의 수가 결정된 초입수준(seuil déterminé)을 상회하지 않는다면 예비시험단계는 없어질 것으로 보고 있다.

대신에 후보자들의 자료와 이력(CV)은 부여된 기준에 비추어 평가될 것이다. 시험에 허가받은 후보자들은 적어도 다음 요소 중 하나를 포함하는 평가 프로그램에 참여하도록 하고 있다.

- 관련분야에서의 심층사례연구

- 구조화된 면접
- 언어추리, 수(연산)추리, 추상력
- 단체훈련

시험 유형에 대한 더 많은 정보는 여러 사례와 함께 곧 이 사이트에 공개될 것이다.

⑦ 취득한 능력(권한)(Compétences requises)

유럽연합기구의 인적 충원과정은 단지 지식에 기초하여 진행하는 것이 아니라 이제부터 능력(les compétences)에 기초를 두게 될 것이다. 분야에 연계된(그 분야에 시험을 치르게 됨) 소질(자질) 이외에 하단에 제시하고 있는 7가지 일반적 능력은 이들 기구 인사전체를 위한 매우 중요한 것으로 간주된다.

새로운 충원과정은 이러한 후보자들의 능력을 보다 효율적으로 평가하도록 하고 있다. 능력은 각 분야에 훌륭한 실적에 따라 적어도 상이한 두 가지 훈련을 기초하여 평가될 것이다.

가. 문제의 분석과 해결(Analyse et résolution de problèmes): 복잡한 문제 내에서 주요한 포인트를 결정하는 능력, 그리고 구체적이고 창의적인 해결책을 제시하는 능력이다.

나. 의사소통(Communication): 구술과 논술에서 분명하고 구체적으로 소통하는 능력

다. 질적 측면과 성과(Qualité et résultats): 수립된 과정을 존중하는 범위 안에서 양질의 업무를 제공하기 위해 주도력을 취하는 능력과 책임 감수능력

라. 견습 및 능력발전(Apprentissage et développement): 개인적 능력(권한)과 업무의 조직과 환경의 지식을 확장하거나 깊이있게 하는 능력

마. 우선순위의 계층화 및 조직(Hiérarchisation des priorités et organisation): 우선적 업무를 결정하는 능력, 유연성 있게 일하는 능력, 그들의 고유업무를 효과적으로 조직할 수 있는 능력

바. 인내력(Persévérance): 난이도 높은 업무부담에 따른 효과적인 대응능력, 조직의 어려움을 긍정적으로 극복하는 능력, 업무환경의 진전(변화)에 순

응시키는 능력

사. 단체업무(Travail d'équipe): 그들의 동료와 함께 그리고 다른 서비스와 함께 단결력, 각자의 다양성을 존중하는 능력

행정관의 기능은 부가적 능력(권한)을 관리하도록 요청받는다. 구성원들의 지향하는 목표를 실현하는데 이들을 유도하기 위해 동기부여해주는 능력인 조정능력(Capacités d'encadrement)이 그것이다.

(2) 인사분류(직종유형)(Catégories de personnel - Types d'emplois)

유럽기구(Les institutions européennes)는 상이한 분야의 인사를 충원하고 있는데 그 직종유형은 다음과 같다.

① 정규직공무원(Fonctionnaires titulaires)

유럽연합의 정규직 공무원으로서의 공직은 행정관(administrateur: AD)과 지원관(assistant: AST) 법규를 가질 수 있는 유럽연합 공무원들에게 근거하고 있다.

가. 행정관

행정관은 정책을 형성해 내는 역할을 수행하는바, 유럽적인 입법화를 실행하고 분석적 활동을 수행한다. 즉, 구성원국가들의 큰 흐름의 정치적, 경제적 맥락을 조정하여 유럽연합의 입법적 과정과 예산과정에 중요한 역할을 수행한다. 또한 제3국가와 함께 상업적 협상에 참여하고 혹은 국제적 회담시에 제도(기구)를 대표한다. 마찬가지로 구성원국가들의 범죄를 통제하고 과학적 연구의 특별한 프로그램을 만들어내고 관리한다. 뿐만 아니라 유럽공동체의 사법재판원 내지 유럽중재원의 결정을 기안하기도 하며, 매우 다양성을 가진 대학학위증의 정규직 경력전망을 제공하고 있다(행정, 법학, 재정, 경제, 의사소통, 과학 등).

- 정규직공무원의 충원요건(Critères d'admission)으로 모든 공직(정규직)후보자는 다음의 사항을 충족하도록 되어 있다.

  • 유럽연합 구성원국가에 해당되어야 한다.

- 유럽연합의 시민권을 향유해야만 한다.
- 그들의 군사적 의무에 비추어 규칙에 맞는 위치에 있어야만 한다.
- 유럽연합의 공식적 언어 중 하나를 깊이있게 알고 있어야 하고, 기타 다른 언어들 중의 하나를 만족할만한 수준에 이르러 있어야 한다.

게다가 후보자들은 권한에 관한 다음의 경쟁시험 내에 구체화된 특별한 요구에 순응해야만 한다. 경우에 따라서는 직업적 경험의 요구에 만족해야만 한다.

공직양성훈련(formation)에 대한 최소한의 요구는 제공해야 할 직위에 따라 변화한다. 일반적으로 대학학위는 행정관수준의 기능을 수행하는데 요구된다. 또한 적정한 직업적 경험은 일련의 경우에 받아들여진다. 언어담당관(통역관, 번역관과 사법-언어담당관)은 상기에서 규정한 최소한의 요구를 넘어 부가적인 언어적 지식에 관한 시험을 치러야만 하도록 하고 있다.

나. 지원관

지원관은 일반적으로 지원역할(비서, 행 · 재정적 업무, 의사소통업무, 정책의 구상 및 실행업무)을 수행한다. 지원관들은 기구(제도)의 내부관리에서 매우 중요한 역할을 수행하는데, 특히 예산과 재정분야에서 중요한 역할을 수행하고, 마찬가지로 인력관리, 정보처리와 자료처리에서 중요한 역할을 수행한다.

– 지원관 모집(지원)요건으로 모든 후보자는 다음의 사항을 충족해야 하는 것으로 하고 있다.

- 유럽연합 구성원국가에 해당되어야 한다.
- 유럽연합의 시민권을 향유해야만 한다.
- 그들의 군사적 의무에 비추어 규칙에 맞는 위치에 있어야만 한다.
- 유럽연합의 공식적 언어 중 하나를 깊이있게 알고 있어야 하고, 기타 다른 언어들 중의 하나를 만족할만한 수준에 이르러 있어야 한다.

게다가 후보자들은 권한(능력)에 관한 다음의 경쟁시험 내에 구체화된 특별한 요구에 순응해야만 한다. 경우에 따라서는 직업적 경험의 요구에 만족해야만 한다.

공직양성훈련(formation)에 대한 최소한의 요구는 제공해야 할 직위에 따라 변화한다. 일반적으로 대학학위는 행정관수준의 기능을 수행하는데 요구된다. 적정한 직업적 경험은 일련의 경우에 받아들여진다. 언어담당관(통역관, 번역관과 사법-언어담당관)은 상기에서 규정한 최소한의 요구를 넘어 부가적인 언어적 지식에 관한 시험을 치러야만 한다.

② 계약직 공무원(Agents contractuels)

계약직 공무원은 수작업(tâches manuelles), 행정적 보조업무를 이행하기 위해서 혹은 일련의 전문분야에 능력을 가지고 있는 공직자의 결원을 완화해주기 위해 모집된다. 이들은 제한된 기간에 충원되는데 대체적으로 직종 유형에 따라 6-12개월의 최초의 계약을 기본으로 이루어진다.

계약공무원의 직위는 구별된 기능의 4그룹에 속하는 상이한 수준의 능력(권한)을 요구하는 다양한 확장된 업무를 포함한다.

- 수작업(tâches manuelles), 행정적 보조업무(d'appui administratif)
- 기술적 업무, 사무 및 비서업무와 이와 대등한 다른 업무
- 집행, 편집, 회계업무와 이와 대등한 다른 업무(tâches d'exécution, de rédaction, de comptabilité et autres tâches techniques équivalentes)
- 행정, 언어, 조언업무와 이와 대등한 다른 업무(tâches administratives, linguistiques et de conseil et tâches techniques équivalentes)

③ 한시적 공무원(비공무원 / Agents temporaires : non fonctionnaires)

한시적 공무원은 매우 다양한 직위에 모집되는데, 최대 6년간의 기간으로 가끔 높은 전문성을 요구하는 꼼꼼한 업무를 완수한다. 한시적 공무원의 선발 공개시험은 일반적으로 유럽기구나 기관이 맡아 행하지만 더 정확히 말하면 EPSO에 의해 조직화된다. 따라서 해당된 후보자에게 유럽기구와 기관의 인테넷사이트에 규칙적으로 상담(문의)하도록 당부하고 있다.

④ 임시(대리)인사(Personnel intérimaire)

어떤 기구(제도)들은 짧은 기간에 대리기관의 중개(l'intermédiaire d'agences d'intérim)에 의해 지방인사를 모집한다. 제안된 계약은 6개월까지 갈 수 있다. 관심있는 후보자는 대리기관에 직접 문의하도록 되어 있다.

⑤ 견습인사(Stagiaires)

매년 유럽연합이 조직하는 실습인사(견습직원)은 1,200명 이상의 젊은이들에게 기회를 제공한다. 즉, 직업적이나 개인적으로 그들의 능력을 개발하고, 유럽연합에 대한 그들의 지식을 개발할 능력의 기회를 제공하는 것이다. 3개월에서 5개월의 기간 동안 시행되는 이 견습직원은 유럽의회(le Parlement européen), 이사회(le Conseil), 위원회(la Commission), 사법원(la Cour de justice), 경제사회위원회(le Comité économique et social), 지역위원회(le Comité des régions), 유럽중재인(le Médiateur européen)에 의해 학위증을 가진 젊은이들에게 제안되고 있다.

견습생들은 대학 첫학기(premier cycle universitaire) 말에 학위를 취득하여야 하는데, 이들은 공직 AD(젊은 행정관) 부류의 초창기 공무원에 부여되는 업무와 대등한 업무를 완수한다. 다양한 다른 기구들은 그들 스스로 견습프로그램을 관리하고, 등록절차과정에 대해서는 각각의 인터넷 사이트에서 필요한 정보를 제공하고 있다.

⑥ 국가파견전문가(Experts nationaux détachés : END)

국가파견전문가는 구성원국가 공직기관원 혹은 유럽기구에서 한시적으로 일하는 국제공무원이다. 국가파견전문가들은 유럽연합 공무원 곁에서 총괄적 지침에 의해 규정된 전략적 목적을 실현하고자 업무를 수행한다. 이들은 특별한 선발과정의 대상으로 EPSO에 의존하지 않으며, 브뤼셀에 있는 유럽연합 주위의 구성원국가의 항시적 대표사무소에 자세한 정보를 문의할 수 있도록 하고 있다.

(3) 등급(Grades), 경력전망(perspectives de carrière), 보수(salaires)

유럽공무원들은 두 그룹의 기능으로 나뉘어지는데, 행정관과 지원관이 그것이다. 이들은 경력발전체계(système de progression de carrière)의 16등급의 하나를 차지한다.

즉, 행정관기능그룹(AD)은 5-16등급에 펼쳐있고, 5등급은 일반적으로 초임

행정관으로 보하고 있다. 지원관기능그룹(AST)은 1-11등급(5-11등급은 두 그룹 공통)으로 이루어져 있다. 지원관은 일반적으로 1 혹은 3등급에서 모집한다.

고위(간부)직무(Postes d'encadrement)로서 간부인사를 모집하기 위해서 채택한 접근방법은 각 유럽기구(제도)마다 특별하다. 일반적으로 팀장은 9-14 등급에 모집되고, 사무국장은 14 혹은 15등급에, 사무총장은 15 혹은 16등급에 모집된다(표 3-17 참조). 모집 이후, 기관원들은 처음 9개월간은 마치 견습생공무원과 같이 여겨지며, 이 기간에 그들의 성과를 평가한 보고서가 채택된다. 이 임시적인 기간에 성공적으로 평가받고 나서야만 정식 공무원이 되는 것이다.

<표 3-17> 과거(구)와 현재(새로운)의 등급비교(2006년 5월 1일 유효)

옛(과거) 등급	새로운 등급	옛(과거) 등급	새로운 등급
A*16	AD16		
A*15	AD15		
A*14	AD14		
A*13	AD13		
A*12	AD12		
A*11	AD11	B*11	AST11
A*10	AD10	B*10	AST10
A*9	AD9	B*9	AST9
A*8	AD8	B*8	AST8
A*7	AD7	B*7/C*7	AST7
A*6	AD6	B*6/C*6	AST6
A*5	AD5	B*5/C*5/D*5	AST5
		B*4/C*4/D*4	AST4
		B*3/C*3/D*3	AST3
		C*2/D*2	AST2
		C*1/D*1	AST1

성과가 높은 공무원들은 높은 수준의 등급으로 승진하고 인상된 보수를 혜택받는 것이다. 일반적으로 한 등급에서 다른 등급으로 넘어가기 위해서는 3년에서 6년의 기간이 소요되며, 공무원의 성과는 승진의 도구로 사용되는 매년 평가의 대상이 된다. 그들의 평가를 통해 해당되는 공직자의 증명과정에 성공하였다면 지원관은 같은 등급을 유지하면서 행정관기능그룹으로 접근할 가능성을 갖는다.

<표 3-18> 보수표

(단위: Euro)

등급	직급							
	1	2	3	4	5	6	7	8
16	14822,86	15445,74	16094,79	16094,79	16094,79	16094,79		
15	13100,93	13651,45	14225,11	14620,87	14822,86	15445,74		
14	11579,04	12065,60	12572,65	12922,41	13100,93	13651,45	14225,11	14822,86
13	10233,93	10663,98	11112,09	11421,25	11579,04			
12	9045,09	9425,17	9821,23	10094,47	10233,93	10663,98	11112,09	11579,04
11	7994,35	8330,28	8680,33	8921,83	9045,09	9425,17	9821,23	10233,93
10	7065,67	7362,57	7671,96	7885,41	7994,35	8330,28	8680,33	9045,09
9	6244,87	6507,29	6780,73	6969,38	7065,67			
8	5519,42	5751,35	5993,03	6159,77	6244,87	6507,29	6780,73	7065,67
7	4878,24	5083,24	5296,84	5444,21	5519,42	5751,35	5993,03	6244,87
6	4311,55	4492,73	4681,52	4811,77	4878,24	5083,24	5296,84	5519,42
5	3810,69	3970,82	4137,68	4252,80	4311,55	4492,73	4681,52	4878,24
4	3368,02	3509,54	3657,02	3758,76	3810,69	3970,82	4137,68	4311,55
3	2976,76	3101,85	3232,19	3322,12	3368,02	3509,54	3657,02	3810,69
2	2630,96	2741,52	2856,72	2936,20	2976,76	3101,85	3232,19	3368,02
1	2325,33	2423,04	2524,86	2595,11	2630,96			

유럽연합은 그들의 경력과정에서 경력(métier carrière) 혹은 (직렬)단위(unité)를 변경할 가능성을 가진, 그리고 유럽기구(제도)의 다른 정책을 수임하며 그들의 권한(능력) 영역을 확장시킬 수 있는 그들 기관원들의 직업적 이동성(la mobilité professionnelle)을 지원하기도 한다.

기구(제도)들은 보수를 제공하고 관심을 끄는 혜택을 제공한다. 과거 각 다섯 등급(échelons)를 구성하는 16등급을 포함하는 보수의 단계는 행정관과 지원관 모두 동일하다. 기관원은 주어진 직급 하나를 내부적으로 연계하여 자동적으로 등급을 취득한다. 그들 직급의 마지막까지 2년마다 한 등급으로 진전해나가고, 다음 직급으로 승진해가는 혜택을 받아야만 한다. 등급(계급)의 단계(1-16)의 각 승진(진급)은 결정된 비율에 따른 인상된 보수를 가져오게 한다(〈표 3-18〉 참조).

보수에 부여된 혜택 중에는 사회부조체계(un système de prestations sociales)도 찾을 수 있다. 부양할 아이 보조금(allocation pour enfant à charge), 학비보조금(allocation scolaire), 환경변화(오지, 벽지)에의 수당(indemnité de dépaysement), 근원지역으로의 여행 연간수당(indemnité annuelle pour voyage vers le lieu d'origine) 등이 그것이다.

2004년 5월 1일부터 2011년 4월 30일까지 등급 AD12, 13등급 AST10 공무원에 관하여는 제6조에 맞춰진 승진비율은 〈표 3-19〉와 같다.

〈표 3-19〉 승진비율

등급	(2004.5.1- 까지)						
	2005.4.30	2006.4.30	2007.4.30	2008.4.30	2009.4.30	2010.4.30	2011.4.30
A*/AD13	-	-	5%	10%	15%	20%	20%
A*/AD12	5%	5%	5%	10%	15%	20%	25%
B*/AST10	5%	5%	5%	10%	15%	20%	20%

제 3 절 공무원의 권리와 의무(Droit et obligation du fonctionnaire): 행정윤리와 근무규율

1 공무원의 권리와 의무

공무원은 어떠한 정부의 지침도 수용하지 않고, (유럽)공동체의 이해를 위해서만 그들의 기능을 수행하고 종료하며 그들의 행위를 규제한다. 공동체에 대해 충성의 의무를 존중하는 선에서 공무원에게 명백하고 불편부당하게 부여한 기능을 완수한다. 그런 의미에서 다음과 같은 권리와 의무를 다해야 한다.

- 공무원은 품위에 손상을 줄 수 있는 모든 행위와 품행을 절제해야 한다.
- 모든 공무원은 모든 종류의 정신적 · 성적 학대의 형태를 삼가야 한다.
- 공무원은 충성과 불편부당원칙을 엄격하게 존중하는 선에서 표현의 자유권한을 향유한다.

2 공직부패방지를 위한 조치: 반부정(행위)척결유럽위원단(OLAF: l'Office européen de lutte antifraude)의 개혁

유럽집행위원회가 반부정(행위)척결유럽위원단의 개혁을 제안하였는바, 그 배경 및 내용을 고찰하면 다음과 같다.

유럽집행위원회는 유럽연합의 반부정(행위)척결유럽위원단을 개혁하기 위해 내 놓은 제안을 수용하였다. 이 제안의 목적은 이 위원단이 여론조사분야에서 독립성을 유지하면서 위원단의 효율성, 효과성과 책임성을 어떻게 하면 강화할 수 있는가에 두었다. 이 위원단은 1999년에 창설된 이래로 공무원들의 부정적 행위에 대항하여 유럽연합의 예산보호에 폭넓게 기여하면서 약 4,500여건의 여론조사를 수행하였다. 그럼에도 불구하고 이 위원단이 더욱 그 잠재적 역량을 활용하는데 도움을 주기 위해서 위원단의 개선책은 불가피하였다. 유럽집행위원회는 최적의 결과를 얻을 수 있는 방식으로 부정과 싸우는 반부정척결위원단의 역량을 강화하는 제안을 하면서 이와 관련된 일련의 주요 질문(개혁방향 및 과제)에 골몰하기에 이른다. 오늘날 제시된 제안 안에는 여론조사에 순응하는 인간의 권리보호, 부정행위 척결분야에서 부패척결단과 이들의 전략적 동반자와 협력강화와 반부정(행위)척결위원단의 보다 효과적인 여론조사의 집행과 추적이 보장되는 조처를 특히 주장하고 있다. 이들 제안은 공동결정과정에 따라서 승인을 얻기 위해 유럽의회(Parlement européen)와 이사회(Conseil)에 이송되게 된다. 요컨대, 유럽연합 반부정행위척결단은 유럽연합의 예산보호와 부정행위 방지(척결)의 주춧돌로 여겨지고 있다.[14] 구체적으로 제안된 개혁내용은 다음과 같다.

(1) 책임성의 강화(Renforcement de la responsabilité)

이 제안의 중요한 면은 유럽연합 반부정행위척결단의 여론조사의 대상이 되고 있는 인사의 과정적 보장성(즉, 기본적 권한의 존중)을 강화하는데 있다. 이 상황에 있는 모든 인사들은 그들의 권한을 조회해야만 하는데, 특히 조사를 야기하는 행위요약획득권(droit d'obtenir un résumé des faits ayant donné lieu aux investigations)과 결론이 나기 이전에 그들의 관찰을 제시하는 권한, 혹은 그들이 선택한 인사의 지원을 받을 수 있는 권한, 그들의 선택에 의한 유럽연합의 공식적 언어를 사용할 수 있는 권한 등이 그것이다.

게다가, 통제체제는 과정(절차)적 권한이 침해받았을 때 개입된다. 감독위원회(le comité de surveillance)는 규칙과 결정된 절차에 근거하여 그들의 여론조사를 전적인 독립성을 유지한 채 실행되는 것을 보장하면서 유럽연합 반부

14) M. Algirdas Šemeta(부정행위척결 업무를 맡은 위원회 구성원), 이러한 개혁과정을 통해서 유럽인들의 행복을 위해 유럽연합 부정행위척결단의 수단과 효과성, 그리고 역량들이 강화될 것으로 보고 있다.

정행위척결단의 활동을 통제하는 것을 계속 진행해 나갈 것이다.

(2) 효과성의 개선(Amélioration de l'efficacité)

유럽연합 수준에서 부정행위 척결분야에 실제적으로 제기되는 문제 중의 하나는 어떤 구성원국가가 반부정(행위)척결유럽위원단의 여론조사에 충분한 사법적 조사를 동의하지 않는다는데 있다. 따라서 위원회는 반부정(행위)척결유럽위원단과 구성원국가 당국간의 협력을 강화하면서 또한 사례와 이와 관련된 추종자에 대해 정보교환을 강화하면서 이 문제를 해결하고자 부심하고 있다. 각 구성원국가는 국가당국과 반부정(행위)척결유럽위원단간의 협력을 용이하게 해야만 하는 통신자(un correspondant)로서 지명받는다. 뿐만 아니라 구성원국가는 반부정(행위)척결유럽위원단의 여론조사 보고서에 따라 구성원국가들이 취한 조처들을 설명하여야 한다.

반부정(행위)척결유럽위원단이 그의 임무 안에서 효과적이기 위해서는 위원회의 제안이 만일 여론조사가 12개월 내에 이루어지지 않을 경우 반부정(행위)척결유럽위원단이 감독위원회(le comité de surveillance)에 시간이 더 필요하다는 이유를 지정하여 감독위원회에 이를 공지해야 하는 것을 미리 알려주어야 한다.

(3) 협력의 개선(Amélioration de la coopération)

위원회는 이들 여론조사 내에서 반부정(행위)척결유럽위원단의 전적인 독립성을 유지해나가는 필요성을 지적한다. 동시에 유럽연합의 재정적 이해의 가능한 한 가장 훌륭한 보호를 보장하기 위해 반부정(행위)척결유럽위원단과 유럽 기구들간의 정보교환과 긴밀한 협력을 이끌어내야 한다. 여기에서 유연한 과정이 반부정(행위)척결유럽위원단과 집행위원회, 유럽의회간의 관점의 교환을 조직하기 위해 예시된다. 이의 목적은 기구들에게 반부정(행위)척결유럽위원단의 전략적 우선순위를 토론하게 하는 것이고, 위원단의 업무의 효과성에 그들의 의견을 내놓는 것이다. 이러한 과정(절차)은 반부정(행위)척결유럽위원단의 기능방식에 전체적(통합적)인 시각을 제공해주는데, 위원단의 거버넌스(la gouvernance de l'Office)를 개선시키는데 기여하게 된다.

외부관계와 국제적 지원에 기여(헌신)하는 유럽연합의 재원규모가 증가됨을 고려하여 유럽연합의 예산의 보호분야에서 반부정(행위)척결유럽위원단의 역할은 유럽연합의 경계를 넘어 더욱 확장되고 있다. 반부정(행위)척결유럽위원단과 국제적 조직과 제3국가(당국) 간의 협력은 유럽연합의 외부에서 이들의 운영의 성공을 위한 가장 중요한 요소가 되고 있다.

마찬가지로 유럽경찰단(l'Office européen de police: Europol)과 단일한 사법협조단(l'Unité européenne de coopération judiciaire: Eurojust)과의 협력도 중요하고 더욱 강화되어야 할 것이다. 이들 두 기관과 함께 행정적 조처들을 이끌어내기 위해 위원회는 반부정(행위)척결유럽위원단에 (권한)위임을 제안하고 있다(le site internet de l'OLAF, 2011).

(4) 유럽연합 기능에 대한 협정(Traité sur le Fonctionnement de l'Union Européenne) (Article 325) : 반부패규정(ex-article 280 TCE)

① 유럽연합과 구성원국가들은 (법규정에 따라 채택한 대책에 의해) 유럽연합의 재정적 이해에 해를 끼치는 부정행위와 모든 위법(불법)적인 행위에 대해 투쟁하고 구성원국가와 유럽연합의 기구, 기관들 내에서 효과적인 방어를 제공한다.

② 구성원국가들은 유럽연합의 재정적 이해에 해를 끼치는 부정행위에 대항하기 위해 그들의 고유한 재정적 이해에 해를 끼치는 부정행위를 제어하기 위하여 취한 조처와 같은 대책을 채택한다.

③ 협정의 다른 조처들에 해를 끼침이 없이 구성원국가들은 부정행위로부터 유럽연합의 재정적 이해를 보호하기 위한 목적으로 그들의 활동을 조정한다. 이를 위해 구성원국가들은 위원회와 함께 책임있는 기관(les autorités compé-tentes) 간에 긴밀하고 정규적(규칙적)인 협력을 조직하여 유대를 강화해 간다.

④ 통상적 입법과정에 따라 규정화된 유럽의회와 의회는 국가회계원(la Cour des comptes)의 조사(상담) 이후에 유럽연합의 재정적 이해에 해를 끼치는 부정행위의 예방영역과 국성원국가들과 유럽연합의 기구, 기관들 내에서 효과적이고 대등한 보호를 제공하기 위해 이러한 부정행위에 대항하는 영역 내에서 필요한 조처들을 결정한다.

⑤ 구성원국가들과 함께 협력하여 업무를 수행한 위원회(la Commission)는 유럽의회와 의회에 현 법규정(조항)을 실행하기 위해 채택한 조처들을 담은 보고서를 매년 출간한다.

제 4 절 인사행정개혁과 시사점

1 인사행정개혁

1) 공직선발(관료충원)

독립적인 관료(공직인사)선발유럽사무소(EPSO)를 두어 유럽연합의 업무를 수행하는데 적격한 공직자를 선발하는 업무를 수행하도록 하고 있다. 따라서 유럽연합의 기구(제도)에 필요한 적정한 인사선발을 수행하는데 전문적 서비스를 제공하고 있다. 그런 배경에서 EPSO와 EPSO의 인사들은 효율적이고 평등한 선발과정에서 모든 유럽연합 내에서 역량있는 인사를 유인하고 선발하면서 제도가 요구하는 것뿐만 아니라 후보자의 기대를 만족시키는 의무도 수행하고자 하고 있다. 또한 EPSO는 제도가 직면할 수밖에 없는 도전에 대응하도록 하기 위하여 제도가 요구하는 것에 부합하여 제도에 적격한 인사를 유사시에 탄력적으로 제공하고자 한다. 특히 관료(공직인사)선발유럽사무소

(EPSO)는 공직선발에 주요가치를 지향하는바, 청렴·공명정대(Intégrité)와 야망(Ambition), 직업주의(전문성)(Professionnalisme), 서비스의 질(Qualité du service)을 고려하고 관용의 맥락 안에서 규칙과 과정들을 적용하면서 다양성을 호의적으로 인지하고 받아들이며, 모든 인사들은 평등하게 관리하는 규칙과 상대에의 존중(Respect)의 정신을 가지고 있다.

2) 공직구조의 개혁

기존공직의 A, B, C, D영역을 행정관(Administrateurs)과 지원관(Assistants) 그룹으로 대체하였다. 즉, 지휘기능과 연구개념, 언어 혹은 과학적 기능과 연계되는 12등급을 포함하는 AD기능그룹(행정관: Administrateurs)과 기술적 기능, 집행기능, 적용기능과 연계된 11등급을 포함하는 AST(지원관: Assistants)기능그룹으로 단순화하였다.

3) 공직충원의 새로운 과정

관료(공직인사)선발유럽사무소(EPSO)는 2010년부터 유럽기구의 상근인사충원을 위한 새로운 과정을 소개하였다. 즉, 경쟁시험은 보다 신속하고 (충원)과정은 그 단계를 줄였으며, 경쟁시험의 연간 사이클(순환계획)은 보다 현재에 중점을 두어 전문성을 강화하는 것으로 조직되었다. 문제의 분석과 해결(analyse et résolution de problèmes), 의사소통(communication), 자격(자질)과 성과(qualité et résultats), 견습 및 (경력)계발(발전)(apprentissage et développement), 우선순위의 계서화와 조직화(능력)(hiérarchisation des priorités et organisation), 끈기력(인내심)(persévérance), 단체업무수행능력(단결심)(travail d'équipe) 등을 평가하도록 하였다.

그리고 경쟁시험단계(étapes du concours)를 두 단계를 포함하는 새로운 충원과정을 제시하였는데, 첫 단계는 유럽연합국가(와 유럽연합국가를 제외한 어떤 국가)에 조직화된 컴퓨터화(정보화)된 허가시험(les tests d'admission informatisés)이고, 두 번째는 브뤼셀에서의 평가단계로서 시험방식의 효율성과 통합성의 조화를 꾀하려고 하였다.

2 우리나라에 대한 시사점

1) EPSO와 같은 독립적인 관료(공직인사)선발기관을 두어 적격한 공직자를 선발하는 업무를 수행하도록 하고 있다.

2) 공직양성훈련(formation)에 대한 교육훈련기관이 대학 중심으로 연계되어 있다는 사실이다.

3) 적격한 인사를 선발할 수 있는 공직충원의 다양화와 함께 공직시험 절차의 간소화를 도모할 필요가 제기된다.

4) 공직구조를 행정관과 지원관으로 구분하는 등의 단순화 작업과 이와 병행하여 승진과 보수문제를 합리적으로 해결할 수 있는 제도적 장치를 고민해야 할 것이다.

5) 유럽연합이라는 공동체를 구성하는 다양한 기구들 간의 협력체제를 가동하여 유럽연합의 예산을 해치는 부정적 행위에 대한 방어체계를 확보하고 있다는 사실에서 공직자부패와 윤리문제를 정부 간 협력체제를 활용할 수 있는 제도적 장치를 강구할 필요가 제기된다.

참고문헌

Giniès. Marie-Lorène. (2010). Intégrer la Fonction Publique internationale. Studyrama.

Pertek. Jacques. (2011). Droit des institutions de l'Union européenne. Paris : PUF.

Ziller. Jacques. (1993). Administrations comparées. Les systèmes. politico-administratifs de l'Europe des Douze. Paris : Montchrestien.

Statut des fonctionnaires des communautés européennes.

Régime applicable aux autres agents des communautés européennes.

Ministère de l'intérieur. DGCL(2008). Les collectivités locales en chiffres 2008. Paris : La documentation française.

Ministère de l'intérieur. DGCL(2010). Les collectivités locales en chiffres 2010. Paris : La documentation française.

http://europa.eu/epso/(2011.11)

www.ombudsman.europa.eu/activities/home.faces,

site du médiateur européen(2011.11)

http://europa.eu ; http://www.eu-careers.eu(2011.11)

제 3 장 유럽연합의 예산 재무 행정

이 무 성(명지대학교)

유럽연합은 이제 명실상부 국제사회에서 미국, 중국 등과 어깨를 나란히 하며, 정치, 경제, 사회, 문화 등 다방면에서 지대한 영향을 미치는 행위자(actor)로 부상하였다. 유럽연합의 영향력만큼이나 기대수치도 높은 것이 사실이다. 국제사회의 주요 행위자로서의 권리와 의무를 다하기 위해서 여러 가지 조건이 충족되어야 한다. 이 중 특히 유럽연합 운행의 중요 필수조건 중 하나인 예산의 원할한 조달과 배분이 필요하다.

이에 본 장은 유럽연합의 예산이 어떻게 조달되며, 그 배분 구조는 어떠한지를 고찰하고자 한다. 예산의 조달과 분배뿐만 아니라, 그 과정에서 어떤 문제점이 발생하며, 그에 대한 대처는 어떠했는지도 고찰하고자 한다. 특히 유럽연합의 예산 발전이 현재 다양한 형태의 지역통합을 추진하고 있는 우리에게 주요한 함의를 가질 수 있다. 유럽과 북미 지역의 통합이 박차를 가하고 있는 현재 아시아 지역에도 통합에 대한 열망이 그 어느 때보다 높다. 한반도가 포함되어 있는 동북아도 예외는 될 수 없다. 우리에게도 어떤 형태로든 지역통합의 과제가 남아있는 현실에서 통합의 최선두를 달리고 있는 유럽연합의 예산정책 및 발전 과정에 대한 고찰이 우리에게 어떤 시사점을 주는지를 고찰하는 것도 중요한 함의를 가진다.

이를 위해 본 장에서는 유럽연합 예산이 어떻게 조달되고 배분되는지를 고찰해 보겠다. 우선 유럽연합은 어떻게 자체재원(own resources)을 조달하였는지, 그리고 그 함의는 무엇인지를 살펴본다. 또한 조달된 예산이 유럽연합 통합의 효율성을 극대화하기 위해 어디에 사용되는가도 논의하고자 한다. 뿐만 아니라, 실제 유럽연합의 예산 감독, 문제점 그리고 개혁도 논의의 대상에 포함한다. 이런 일련의 분석을 통해, 유럽연합 발전사에 시도되었던 여러 번의 개혁 시도의 의의와 함의도 함께 고찰한다. 이를 위해, 들로르 패키지 등을 통해 유럽연합 예산 개혁은 어떤 방식으로 이루어졌으며, 연례 예산의 개혁을 주도하는 다년 예산의 기초인 개별 재정전망(financial perspectives)들의 목표와 함의도 함께 고찰한다. 이 모든 고찰을 통해 한국에 주는 시사점도 도출하고자 한다.

제 1 절 유럽연합 예산 조달 및 배분구조

1 유럽연합의 예산 조달

1952년 파리조약 설립 후 탄생한 유럽석탄철공사(European Coal and Steel Community: ECSC)는 공동체의 모태였다. 공동체의 모태인 ECSC는 설립조약인 파리조약 제49조와 제50조에 따라, 석탄과 철강생산자로부터 직접 세금을 징수하여 운영하였다.[1] 이후 1957년 합의된 로마조약으로 유럽경제공동체

1) Ehlermann, C. D., “The Financing of the Community: The Distinction between Financial Contributions and Own Resources”, Common Market Law Review, Vol.

(European Economic Community: EEC)와 유럽원자력공동체(European Atomic Energy Community: Euratom)가 설립되었다. 이를 통해 시작 된 회원국 간의 통합은 경제부분 전체로 확대되었다. 이후 시간이 지남에 따라, 관세동맹 설립에 이어서 공동시장 형성을 목표로 삼기 시작했고, 이제는 진정한 의미의 정치 공동체 형성을 지향하고 있다.

공동체의 진정한 모태가 된 로마조약도 제200조와 제201조에서 예산관련 조항을 두었다. 본 조약 제200조에 따르면, 개별 회원국은 국민총생산(GNI)[2] 기준으로 책정한 경제력 규모에 부합한 분담금을 지불할 것을 명시하고 있다. 또한 로마조약 제201조는 개별 회원국의 분담금이 차후에 자체재원(own resources)으로 대체될 예정이라고 규정했다.[3]

이후 1963년에 공동농업정책을 통해서 공동체의 농업 산업 지원에 합의하였고, 그에 따른 자체재원도 필요하게 되었다. 그러나 1965년 집행위가 자체재원 도입을 시도하였지만, 실패하였다. 그럼에도 불구하고, 유럽연합의 예산 조달 방법은 통합의 심화에 따라 그 재원처가 확대되었고, 그 내용도 복잡해졌다.[4] 공동체의 재원 마련에 필요한 보다 조직적이고, 획기적인 틀을 제공하기 시작한 것은 1970년부터이다. 대표적인 예가 바로 1970년과 1975년에 합의된 예산조약(budget treaties)이다. 이들 조약은 공동체 재정에 정당성을 제공하는 법적 틀을 제공하였다. 이 조약들에 의해, 자체재원(own resources)이라는 시스템이 탄생한다. 본 시스템은 관세, 농업부과금과 부과세를 기준으로 한 분담금을 자체재원의 주요 요소로 책정하였다.[5] 이처럼 1970년부터 체결된 예산 관련 조약으로 인해 공동체 예산 수입 구조가 변화되었고, 그 결과

19, No.4, 1982, pp.571-589.

2) GNI는 Gross National Income 으로 국민총소득을 의미한다. 국민 총소득이란 한 나라의 국민이 생산 활동에 참여한 대가로 받은 소득의 합계를 의미한다.

3) Ehlermann, C. D., op. cit., pp.572-573.

4) 안병억, 「한눈에 보는 유럽연합」, 서울: 높이깊이, 2008, pp.99-100.

5) Brigid Laffan and Johannes Linder, ":Who Gets What, When and How?", Helen Wallace, Mark A. Pollac and Alasdair R. Young (eds.), Policy-Making in the European Union, 6th ed., (Oxford: Oxford University Press), 2010, p.209.

공동체 차원의 재정이 독립성을 갖추게 되었다. 즉, 비록 개별 회원국이 자체 재원의 상한선을 결정하였지만, 이들 재원은 개별 회원국이 아니라 공동체의 의결에 귀속되는 결과를 낳았다.[6)]

지금까지 공동체 예산의 발생 원인과 배경을 살펴보았다. 지금부터 공동체 예산의 주요 원천에 대해 논의해보자. 첫째, 관세는 공동체 예산의 주요 원천이다. 관세는 1968년 공동체 회원들이 관세동맹을 형성함으로 발생하는 세수원이었다. 1963년에 시행 된 공동농업정책의 결과 공동체 회원국들은 역외로부터 수입되는 농산품에 농업부과금(agricultural levies)을 부과할 수 있었다. 농산물에 책정된 부과금은 1971년 1월 1일부터 공동체 예산 수입원이 되었다. 둘째, 공동무역정책 시행에 따라, 비회원국으로부터 수입되는 공산품에 대해서도 수입관세(customs duties)를 매기게 되었고, 이 또한 공동체의 주요 수입원이 되었다. 그러나 공산품에 부과 된 관세는 그 종류가 많고 다양해서 관세 징수와 절차상의 문제로 인해 1975년이 되어서야 공동체의 주요 예산원이 되었다.[7)]

그 발생과 시기 절차에는 차이가 있지만 관세동맹이란 특질을 가지고 있는 공동체에 비회원국의 농산품과 공산품에 대해 부과한 관세는 자신의 주요 예산원이 되었고, 결국 이들은 순수한 의미의 자체재원(own resources)이었다.[8)] 그러나 초기 유럽연합 세수의 주요 자체재원으로 간주되었던 이들 수입원의 규모가 시간이 지남에 따라 축소되었다. 예를 들어, 유럽연합 역내 농산물 과다 생산으로 인해 농산물 수입에서 발생하는 농업부과금과 해외 수입관세로 발생하는 공업관세의 수입은 지속적으로 줄어들고 있는 실정이다.[9)]

---

6) Neilll Nughent, The Government and Politics of the European Union, 6th ed., (Houndmills: Palgrave Macmillan), 2006, p.438.

7) 안병억, 「글로벌 금융위기와 유럽연합 예산」, 서울: 높이깊이, 2010, p.63.

8) 자체재원으로 간주되는 수익금은 회원들이 공동체를 대신해 징수하였다. 그리고 징수된 수익금 중 25%는 행정비용으로 사용한다. 그러나 이들 수익금은 징수된 후는 집행위가 관리하며, 다양한 공동체 정책에 지출하였다.

9) 우루과이 라운드 이후 농업관세와 공업관세의 구분이 없어졌다.

<표 3-20> 부가세 산정기준과 납부 상한선의 변화

연도	부가세 산정기준 상한선과 납부 상한선 비중
1979	산정기준 상한선 없이 1%
1986	산정기준 상한선 없이 1.4%
1988	산정기준 55% 상한선/1.4%
1993	산정기준 5-% 산한선/1%(결속기금을 받는 4개국은 1995년부터 산정기준이 50%로 정해졌고, 나머지 회원국들은 단계적으로 낮아져 1999년에 50%가 됨. 부가세 상한선은 1993-1999년까지 단계적으로 1%로 낮아짐)
2002	산정기준 50% 산한선/0.75%
2004	산정기준 50% 상한선/0.5%
2007	산정기준 50% 상한선/0.3%(순 예산 납부국인 오스트리아는 0.225%, 독일은 0.15%, 네덜란드와 스웨덴은 0.10%만 납부함)

출처: 안병억, 『글로벌 금융위기와 유럽연합 예산』(서울: 높이깊이), p.158.

관세로 발생하는 세수는 본질적으로 자체재원으로 분류되지만, 이와는 달리 또 다른 형태의 공동체 예산의 수입원이 있었다. 바로 회원국에게 동일하게 적용하는 부가가치세이다. 공동체의 통합이 심화됨에 따라, 자체재원으로 마련된 예산만으로 공동체를 운영하기에는 역부족이었다. 이에 공동체 회원국들에게 부가가치세의 1%를 공동체 예산으로 납부하게 하였다. 그러나 당시 개별 회원국들은 세원이나 부가세 비율이 달랐고, 이를 조정하기 위한 협상도 10년간 끌었으며, 1980년은 되어서야 1% 부과세 납부를 합의하게 되었다.

1980년대 합의한 부과세 비율이 불변한 것은 아니다. 개별 회원국의 입장을 반영한 정부 간 협상이 계속되었고 그에 따라 부과세 비율도 계속해서 변화를 겯쳐왔다(표 3-20). 예를 들어, 1988년 부가세 산정기준은 국민총생산의 55%을 상한선으로 정했지만, 1995년에는 그 비율이 50%로 줄어들었고, 이는 현재까지도 유지되고 있다. 또한 부가세 납부 상한선도 1.4%에서, 1%, 그리고 현재 0.3%로 점차적으로 인하되었다. 또한 가장 최근에 결정된 재정 전망에 따르면, 오스트리아에 대한 제안율은 0.225%, 이며, 독일은 0.15%,이고, 네덜란드, 스웨덴 0.1%인 것처럼 부가세 비율이 상당히 축소된 형태로 발전한 것을 알 수 있다.

한편 1980년대부터 유럽공동체는 1970년대의 경화기를 지나 재도약기를 맞게 되었다. 재도약의 시기는 자연발생적이라기보다는 공동체 차원의 노력도 무시할 수 없다. 이런 노력을 위한 여러 가지 행보가 있었지만, 그 중 대표적인 것인 바로 1987년에 있었던 단일의정서 발효였다. 단일의정서 결의에 따라, 경제 및 화폐 통합을 통한 심화된 통합을 모색할 수 있게 되었다. 그러나 1980년대 유럽공동체에 가입한 그리스, 스페인, 포르투갈과 같이 상대적으로 낙후 된 국가들이 여타 회원국들과의 심각한 경제 격차를 어떻게 줄이는가가 공동체 관심 대상이었다. 따라서 조화로운 발전을 통한 경제 및 통화 통합을 시도하던 공동체는 이들 국가들에게 다량의 지역기금을 투입하였다. 이에 기존의 공동체 재원은 부족하게 되었고, 이를 보존하기 위한 추가 재원이 필요하게 되었다. 이에 1988년부터 공동체 회원국들은 자국의 국민총생산에 비례한

<표 3-21> 유럽연합 수입원(2010, 2011년)

항목	연도			
	2010		2011	
	백만 유로	%	백만 유로	%
전통적 자체재원 (관세 및 설탕부과금)	14203,1	11.6	16777,1	12.9
부가가치세 재원	13950,9	11.3	13786,8	10.6
국민총생산재원	91116,8	74.1	98091,5	57.4
기타재원	3686,1	3.0	1491,8	1.1
총계	112956,9	100.0	130147,2	100.0

출처: DRAFT General budget of the European Union for the financial year 2011 (eur-lex.europa.eu/budget/data/DB_2011/EN/SEC00.pdf), p.188.

분담금을 요구받게 되었다. 본 분담금은 이 후 유럽연합의 주요 수입원이 되었고, 27개국으로 확대된 오늘날 유럽연합 대다수는 전체 부가세 가운데 0.3%를 유럽연합의 예산으로 납부하고 있다.

상기에서 살펴본 것처럼, 유럽연합의 예산의 99%는 자체재원에서 출원된다. 자체재원은 관세수입, 부가세 그리고 국민총생산 대비 갹출한 분담금을 의미한다. 그리고 본 자체재원과 함께 나머지 1%의 예산 수입은 유럽연합 공무원 임금에 대한 세금, 비회원국의 기여, 경쟁법(competition law)과 같은 법률 위반 벌금 등에서 충당된다. 현재 2007-2013년 재정전망의 틀 속에서 유럽연합의 예산이 집행되고 있다.

본 재정 전망에 따르면, EU 27개국 국민총소득(GNI)[10]의 1.05 %인 8천6백4십3억 유로를 2007년에서 2013년까지의 예산으로 책정하고 있다. 이는 2007-2013년 재정전망 중 국민총생산 대비 예산은 전체예산의 76%를 차지하며, 부과세 비율은 11%이며, 관세비율은 12%이고, 기타가 1%를 차지한다. 물론 이 비율은 전체 EU 27개국 국민총생산 대비에서 본다면 낮은 수치를 차지하고 있지만, 유럽연합 전체예산 대비 국민총생산 대비 분담금은 높은 비율이라고 볼 수 있다.[11] 현재 집행되고 있는 재정전망 속에서, 2010년과 2011년도 유럽예산의 수입원은 〈표 3-21〉과 같이 분류될 수 있다.

유럽연합 예산 조달에 관한 논의에 있어 마지막으로 짚어보아야 할 분야가 바로 국가 간 납부 차이다. 사실 유럽연합 예산 형성의 국가별 차이는 또 다른 의미를 가진다. 국가에 따라, 순예산혜택국(net beneficiaries)과 순예산납부국(net contributors)으로 나뉜다. 이런 구분은 암묵적으로 예산 조달 과정에서부터 첨예한 갈등과 경쟁 및 반목을 초래하는 원인 중 하나로 지목되고 있다. 물론 순예산혜택국의 수입을 최대한으로 줄이는 반면, 순예산납부국의 부

10) GNI는 Gross National Income 으로 국민총소득을 의미한다. 국민총소득이란 한 나라의 국민이 생산활동에 참여한 대가로 받은 소득의 합계를 의미한다.

11) European Commission, Investing in our Future: The European Union's Financial Framework 2007-2013(Luxembourg: Publications office of the European Union), 2010, p.9.

담을 줄이고자 하는 노력은 유럽연합 통합과정에서 계속되어 왔다. 그러나 이런 노력은 자칫 통합 그 자체를 해칠 수도 있다. 그 대표적인 사례가 바로 영국이 요구한 예산 환급금 요구와 관련된 영국, 프랑스, 독일 간의 갈등이다. 예산 환급금에 대한 갈등은 오늘날도 계속되며, 어찌 보면 증폭되었다고 볼 수 있다. 유럽연합의 예산 조달과정에서 볼 때, 서유럽 출신 국가들이 대부분 순예산납부국이 된 상황이다. 그럼에 따라, 환급금을 두고 회원국 간의 갈등과 경쟁은 유럽연합 예산 조달에 또 다른 중요한 여파를 끼치게 되었다.

2 유럽연합 예산의 배분구조

유럽연합 예산상의 지출은 공동체조약에 근거해 발생하는 강제지출(compulsory expenditure)과 조약에 근거하지 않는 비강제지출(non-compulsory expenditure)이 있다. 강제지출은 조약에 명기된 유럽연합의 일상적 업무와 정책집행을 위한 예산으로, 주로 공동농업정책의 가격보장과 구조조정 부분, 공동어업정책, 각종 개발원조비용 및 회원국에 대한 상환금을 의미한다. 한편 비강제지출은 지역정책에 책정 된 결속 및 구조 기금 및 일반 경상경비 등을 포함한다. 최근에는 강제지출보다 비강제지출 비중이 늘어나고 있는 실정이다.

그러나 최초 유럽공동체가 형성되었을 때도, 이와 유사한 배분구조를 가진 것은 아니다. 초기 공동체 차원의 예산이 필요한 주된 이유는 공동농업정책의 실현 때문이었다. 초기 공동체는 농민들에게 막대한 보조금을 제공하기 위해 예산의 대부분을 사용하였다. 따라서 1980년대 중반까지 공동체 예산의 70%를 농민들에게 보조금의 형태로 사용하였다. 그러나 1980년대 이후 그리스, 스페인, 포르투갈 등 라이베리안 반도의 빈국이 공동체 회원국으로 가입하면서 공동체 예산이 공동농업정책에서 지역정책으로 옮아가는 현상이 발생하였다. 또한 전통적인 산업국가인 영국이 지나치게 과다하게 책정된 공동농업정책 예산을 문제 삼음으로써 기존의 예산 지출구조는 유지되기 어려웠다. 내부적 변화의 목소리와 함께 외부의 압력도 만만치 않았다. 세계무역체제의 자유화가 심화됨에 따라 관세와 같은 의미를 가지는 보조금 철폐는 불가피하였고, 공동체가 실시해오던 농업보조금도 삭감되어져야 했다.[12] 이런 여러 가지 이유로 인해, 공동체 예산의 상당량은 지역정책의 틀 속에서 재분배되어 지출되기 시작했다.

이런 맥락 속에서 1980년 후반부터 공동체 예산을 균형 잡으려는 시도가 있었다. 이 시도에 따라, 공동농업정책에 사용되는 비용을 축소하는 동시에, 지역 간 격차 해소를 위한 구조 및 결속 기금 지출을 증대하였다. 이로 인해 1980년 후반 전체 공동체 예산의 70%를 차지하던 공동농업정책에 할당된 예산은 1990년대 중반에는 45%로 축소되었고, 현재 집행되고 있는 2007-2013년 재정전망에서는 33%만 공동농업정책 예산으로 책정되어 집행되고 있다.[13]

이런 식의 변화를 겪은 공동체 예산의 2011년 현재 주요 지출처는 다음 6개의 주요 분야(heading)와 31개 정책으로 정리될 수 있다. 유럽연합의 예산의 99%가 다음 6개 분야에서 집중적으로 지출된다.[14] 우선 국내 거버넌스분야는 4가지로 구분될 수 있다. 첫째, 일자리 창출을 위한 역내 주민의 기술연마 및 새로운 사업 개척을 위한 곳을 위한 지출이 있다. 둘째, 지역 및 농촌 개발을 통한 삶의 질 향상과 환경 보호에도 집중적으로 공동체 예산이 사용된다. 셋째, 도로, 철도, 다리, 전기 및 가스 송수관과 같은 인프라 건설에도 상당량의 예산이 할당되어 있다. 마지막으로, 문화 다양성 향상, 교육 교환 프로그램, 그리고 홍수나 지진과 같은 긴급 지원에도 유럽연합의 예산이 사용되고 있다.

---

12) A. Greer, Agricultural Policy in Europe (Manchester: Manchester University Press), 2005.

13) Neill Nughent, The Government and Politics of the European Union, 2006, p. 440.

14) European Commission, The European Union Budget at a glance, (Luxembourg: Publications office of the European Union), 2010.

한편 역외 활동도 2 분야로 나뉘어 공동체 예산이 지출된다. 우선, 국제사회의 주요 행위자로서의 유럽연합에 대한 기대는 그 어느 때보다 높아지고 있다. 이에 유럽연합은 국제사회 전체의 경제 및 사회 발전과 평화 유지 그리고 분쟁 및 재난으로부터 고통받는 희생자를 돕기 위한 공동체 예산을 할당하고, 집행하고 있는 실정이다. 특히 아프리카, 캐리비안 및 태평양 지역(CAP countries)과 같이 과거 유럽연합과 특수(식민지)관계를 가졌던 국가들을 지원하기 재원도 있다. 이런 목적 하에, 현재 8십 4억 3천만 유로라는 막대한 양의 예산을 사용하고 있다. 또한 향후 유럽연합의 회원국이 될 수 있는 지중해 및 중유럽 지역의 경제원조에도 공동체 예산을 사용하게 된다(표 3-22).

상기의 예산 사용은 2013년까지 계속되는 재정전망 속에서도 유사하게 나타나고 있다. 〈표 3-23〉에서 보여주듯이, 유럽연합은 역내 경쟁력 향상뿐만

<표 3-22> 2011년 분야별 예산 지출 한도

분야	백만 유로 (현재 가격)
1. 지속적 성장	63,974
1a. 성장과 고용 경제력 제고	12,987
1b. 성장과 고용 결속	50,987
2. 자연재원 관리 및 보호	60,338
시장관련 지출 및 직접비용	47,617
3. 시민권, 자유, 안보 및 정의	1,889
3a. 자유, 안보 및 정의	1,206
3b. 시민권	683
4. 국제적 행위자로서 유럽연합	8,430
5. 행정	8,334
총계	142,965

출처: DRAFT General budget of the European Union for the financial year 2011 (eur-lex.europa.eu/budget/data/DB_2011/EN/SEC00.pdf), p.14.

아니라 회원국 간 결속을 위해 막대한 양의 예산을 사용하고 있는데, 이는 2007년에서 2013년까지 공동체 예산의 44.6%를 책정하였다. 또한 유럽연합 역내 농민을 위한 보조금과 같이 자연재원 항목으로 공동체 예산 중 42.51%를 책정하였다. 그리고 내부 사법 분야에 1.3%와 대외 관계에 6%의 예산을 책정하였다.

<표 3-23> 2007-2013년 재정전망에서 주요 분야의 예산 책정 비율

연도	분야	비율(5)
2007-2013	경쟁과 결속(competition and cohesion)	44.6
	자연자원(Natural Resources)	42.5
	시민권, 자유, 안보 및 정의 (Citizenship, Freedom, Security and Justice)	1.3
	글로벌행위자로서의 유럽연합 (EU as a Global Player)	5.7
	기타행정제반비용 (other including administrative expenditure)	5.9

출처: European Commission(2010), The European Union Budget at a glance, p.2.

제 2 절 유럽연합의 예산 감독 및 문제점, 개혁

1 예산의 원칙

유럽연합의 예산을 효율적으로 관리 감독하는 것은 예산을 거두어들이고 지출하는 분야를 결정하는 것만큼 중요하다. 일반적으로 유럽연합 예산의 수입과 지출을 관장하는 원칙은 세 가지가 있다.

첫째, 수입과 지출은 단일 회계기준(unity)으로 이루어지며,

둘째, 예산은 연 단위(annularity)로 배정되며,

마지막으로, 유럽연합 예산은 균형성(equilibrium)원칙을 통해 지출은 수입을 초과할 수 없도록 규정하고 있다.[15]

이런 점을 고려해서, 유럽연합 예산을 관리 감독하는 과정에서 어떤 문제가 있고, 그 해결책을 위한 개혁의 노력은 어떠했는지 살펴보자.

2 예산 감독기관

집행위원회는 매년 유럽연합의 지출에 대한 종합적인 관리 감독 역할을 한다. 이를 위해, 우선 집행위는 내년 집행이 이루어질 정책과 프로그램에 대한 제안을 하고, 그에 기반해서 개별 기구가 제출한 예산을 편성 및 종합해서 예산안을 각료이사회에 제출한다. 제안된 예산안은 의회와 각료이사회가 공동결정(co-decision) 절차에 따라 결정된다.

따라서 집행위는 예산 제안에서부터 예산의 집행 및 감독까지 절대적 역할을 할 수밖에 없다. 구체적으로 살펴보면, 집행위는 개별 회원국이 유럽연합의 예산을 집행할 때, 조약과 규정 그리고 지침에 맞게 하는지를 감독해야 하며, 이를 어길 경우 회원국에 서면경고하거나, 필요시 유럽법원에 제소한다. 또한 책정 예산에 문제가 있어 회수할 경우 부정행위 방지국(European Anti-Fraud Office: OLAF)과 협력하여 분배된 예산을 회수한다.

그러나 유럽연합의 예산의 관리 및 감독은 집행위만의 몫은 아니다. 집행위와 함께 개별 회원국, 의회, 감사원과 부정행위 방지국과 같은 행위자들의 역할도 중요하며, 각자의 역할은 유럽연합 예산 감독에 있어 다음과 같은 주요한 역할을 한다.[16]

15) 김시홍 외, 「유럽연합 학술용어사전」, 서울: 높이깊이, 2007, p.43.
16) 안병억, 「한눈에 보는 유럽연합」, 2008, pp.103-104.

우선 개별 회원국의 역할에 대해 살펴보자. 비록 집행위가 유럽연합의 예산의 관리 및 감독의 책임을 가지고 있지만, 오늘날 유럽연합의 예산은 여러 정책의 특징상 회원국과 공동으로 관리할 필요가 높아지고 있다.[17] 이에 따라 지출이 제대로 사용되고 있는지를 관리하고 감독하는 기능은 집행위에만 있는 것이 아니라, 실질적 감독기능은 집행위와 회원국 간에 양분화되었다고 볼 수 있다. 즉, 유럽연합의 예산 규모와 수령 기관의 수가 집행위 혼자서 독립적으로 감당하기에는 너무 많다. 예를 들어, 2010년 유럽연합의 예산은 현재 1천 3백 유로를 상회하고 있으며, 실제 이 돈을 수령하기 위해 4만 건 이상의 허가가 필요하다. 따라서 이 모든 일을 집행위가 혼자 하기에는 역부족이며, 개별 회원국과의 공동관리 및 감독이 불가피하다.

유럽의회는 예산을 심의하고 의결할 뿐만 아니라, 예산 집행이 제대로 되었는지 의회면제(parliamentary discharge)를 내린다. 의회 기관 중 특히 예산위원회(Committee on Budgetary Council)와 예산통제위원회(Committee on Budgetary Control)가 업무를 분담하고 있다. 예산위원회는 주로 재정전망을 다루며, 예산통제위원회는 예산지출이 제대로 이행되었는지를 점검하며, 필요에 따라 사기횡령 방지 등을 위한 조치도 취한다. 또한 감사원(European Court of Auditors)과 협력하여, 감사원의 보고서도 검토한다. 필요하면, 의회면제를 부여할 수 있는지를 의장에게 보고하기도 한다. 결국 예산집행을 감사원에 보고하며, 감사원의 보고서를 근거로 해서 유럽의회가 의회면제를 결정하게 된다.

감사원은 유럽연합 운행의 감독 및 감시의 기능을 수행하기 위해 독립적으로 설립된 기구이다. 설립 목적이 이렇듯, 감사원의 공동체 예산 감독기능은 주요 함의를 가진다. 감사원의 경우 유럽공동체가 1975년 자체예산을 확립하던 같은 해에 설립되었다. 그러나 실제 업무는 1977년부터 시작되었다. 1977

17) 2010년 기준, 집행위와 회원국의 공동관리 예산은 전체 예산의 75%이며, 집행위 단위 관리 예산은 22%에 그친다. European Commission, 2010, The European Union Budget at a glance, p.11.

년에 설립된 감사원은 6년 임기의 27명의 위원으로 구성되어 있다. 위원 중 한 명이 의장이 되며, 의장의 임기는 3년이고, 재임할 수 있다. 또한 최근 니스조약 체계로 인해 감사위원 임명방식이 변화되었다. 개정된 감사위원 선출방식은 먼저 각 회원국이 제출한 후보들에 대한 유럽의회의 의견을 구한 뒤, 각료이사회가 가중다수결 표결로 감사위원을 임명한다. 감사원은 공동체 예산의 수입과 지출에 대한 적정성을 심사하고, EU 기관에 대한 재정운영 전반에 대한 회계 감사를 실시한다. 본부는 룩셈부르크에 위치한다.[18] 현재 감사원은 통역 및 행정 업무를 보는 800명의 직원이 있다.

감사원은 자신의 본연의 업무를 충실히 이행하기 위해 다른 초국가적 기구와는 독립적인 관계를 유지하고 있다. 또한 겸직이 금지된다. 회계감사원의 요청에 따라 유럽사법재판소의 판결에 의해 강제로 퇴직당할 수도 있다. 그렇지만, 감사 업무의 원활한 처리를 위해 유럽연합의 기타 기관과의 긴밀한 연대 속에 감사업무를 이행하는 것이 일반적이다.

감사원의 감사 업무는 적법성(legality), 규칙성(regularity) 그리고 건전한 재정관리(sound financial management)를 원칙으로 한다. 적법성은 유럽연합이 관련 규정을 제대로 준수하는지를 감사하는 것이며, 규칙성은 관례적으로 통용되는 회계원칙에 준수하여 유럽연합의 예산이 집행되었는지를 감사하는 것이다. 건전한 재정 관리(sound financial management)는 예산을 낭비하지 않고 유럽연합 운행과 관련된 제반 법규규정에 따라 유럽연합의 제반 기구의 임무를 효과적이며, 예산을 효율적으로 사용하였는지를 감사하는 것을 의미한다.[19] 감사를 통해 불법행위가 발견되면 관련 기구에 통보한다. 또한 필요에 따라 현장조사를 실시하기도 하며, 각료이사회와 유럽의회에 연례 보고서를 통해 예산이 적법하게 집행되었는지도 보고한다.

감사원 이외, 유럽연합의 예산을 총괄적으로 감사하는 기관으로 부정행위

18) 현재 의장은 2008년에 선출된 포르투갈 출신의 Vitor Manuel da Sivla Caldeira이다.

19) J. Inghelram, “The European Court of Auditors: Current Legal Issues”, Common Market Law Review, vol.37, No.1, 2000, pp.129-146.

방지국(European Anti-Fraud Office: OLAF)이 있다. 부정행위 방지국은 1998년 설립된 부정행위 방지실(UCLAF: Coordination of Fraud Prevention Unit)을 대신해 1999년 4월에 설립된 기구이다. 실질 업무는 1999년 6월부터 본격적으로 시작했다. 부정행위 방지국은 1999년 당시 집행위원장인 상태르(Santer)의 제안에 따라 독립적인 기구로 출범하였다. 유럽연합 예산에 관련된 각종 부정부패에 관한 조사 및 감사기능뿐만 아니라, 국경을 넘어 이루어지는 예산 관련 불법행위에 대해서도 조사 권한을 갖고 있는 기구가 부정행위 방지국이다. 부정행위 방지국 내에는 집행위원회, 유럽의회 및 각료이사회의 합의 하에 지명된 5명의 외부전문가로 구성된 감독위원회(Supervisory Committee)가 감시 기능을 담당한다.[20]

부정행위 방지국은 감사원의 통보나 자체 발견한 정보에 따라 집행위나 각료이사회와 같은 유럽연합 기구의 운행에서 발생하는 사기 및 부패에 관한 사건 등을 조사한다. 유럽연합 회원국 정부와도 긴밀하게 협조하며, 필요에 따라 현장조사와 감사를 관련 회원국 및 제3국 당국과 협조 속에서 진행한다. 또한 회원국이 요청할 경우 관련 노하우와 자체 감사에 필요한 지원을 하거나, 유럽연합 예산을 지원받는 회원국 당사자를 조사한다.[21]

3 예산관리 및 감독의 문제점

유럽연합 예산의 관리 감독은 행정부 간의 힘의 정치와 다층적 행정 관리의 어려움 때문에 쉽지 않다. 구체적으로 살펴보면, 유럽연합의 예산은 현재 1천 3백 유로를 상회하고 있으며, 실제 이 돈을 수령하는 기관도 4만 개 넘는 허가가 필요하다 전술했다. 그렇기 때문에 집행위와 개별 회원국의 공동관리 감독이 불가피하다. 즉, 현재 80% 이상의 예산이 유럽연합을 대표하여 개별 회

20) 김시홍 외, 「유럽연합 학술용어사전」, 2007, p.168.
21) 안병억, 「글로벌 금융위기와 유럽연합 예산」, 2010, p.54.

원국이 관리 감독하고 있다. 또한 공동농업정책, 관세동맹, 지역정책 등과 같이 유럽연합의 개별 정책들의 복잡한 규칙들로 인해 관리 감독이 쉽지 않다.[22] 특히 개별 회원국은 자국에서 집행되는 유럽연합 예산에 어떤 문제가 있는지를 잘 알지만, 적극적 대처가 결국 자국의 예산 삭감이란 불이익을 초래하기 때문에 적극적 대처를 꺼리고 있다는 평가도 있다. 이에 집행위와 회원국 간의 행정상의 조율이 필요하지만, 실제는 집행위와 회원국 간의 이해관계가 엇갈려 양자 간의 조정과 상호협조가 어려운 실정이다.[23]

사실상 유럽연합의 예산 집행은 다층적 통치의 성향이 짙기 때문에,[24] 집행위와 같은 초국가적 기구와 실제 예산의 수령자인 중앙 및 지방 정부 등과 같은 다층적 행위자들 간의 파트너십이 중요하다. 그러나 실제 예산 감독에 있어 개별 회원국의 협조를 끌어내기는 쉽지 않다. 오히려 이들 회원국 정부가 부패의 근원지가 되고 있다. 대표적인 예 중 하나가 바로 1980년대 그리스 농민들이 원래 유고슬라비아에서 수입한 옥수수를 재배했다고 거짓서류를 꾸며 상당한 지원금을 탄 사례이다.

또 다른 문제 중 하나가 바로 예산 감독기구의 중추에 있는 집행위의 문제이다. 집행위는 예산 감독의 임무를 맡고 있는 중요한 기관이지만, 오히려 자신이 부패의 온상이 된 적도 있다. 대표적인 사례가 바로 1999년 3월에 있었던 상떼르 집행위(Santer Commission) 전원의 일괄사태이다. 당시 상떼르집행위는 예산의 잘못된 사용과 친족주의로 비난의 대상이 되었다. 다시 말해, 집행위에 근무하는 집행위원들이 집행위 공무원 채용 시 자신들의 지인을 채용하였다. 또한 관광, 지중해프로그램(Med Programme), ECHO, 레오나르도 다비치 프로그램, 집행위 보완 프로그램과(Commission Security Programme) 핵

22) Brigid Laffan and Johannes Linder, ":Who Gets What, When and How?", 2010, p.224.

23) Dick Ruimschotel, "The EC Budget: Ten Per Cent Fraud? A Policy Analysis Approach", Journal of Common Market Studies, vol.32, no.2, 1994, pp.319-342.

24) Gary Marks, Lisbet Hooghe and K. Blank, "European Integration from the 1980s: State-Centric v Multi-Level Governance", Journal of Common Market Studies, vol.34, no.3, 1996, pp.341-378.

안전 프로그램 등 광범위한 분야에서 부당히 예산을 집행하였다. 이로 인해 실제 유럽연합의 예산을 사용함에 있어 부적절한 관리와 관리 감독으로 인해 공동체에 엄청난 피해를 입혔다고 고발되었다. 그 결과로 의회 불신임 결의안이 있기 전에 상떼르집행위는 전원 사퇴하였다.

마지막으로, 2004년 이후 유럽연합에 가입한 구공산권에 지불 된 예산상의 감독은 또 다른 문제점으로 대두되고 있다. 이들 국가들은 예산을 원활이 집행하고, 관리 감독할 법적 행정적 절차가 미비한 것으로 파악되고 있다. 물론 이들이 회원국 가입 이전인 2000년부터 지역화 및 분권화를 통해 효율적인 정책 운행뿐만 아니라 예산 관리 감독에 필요한 제도 및 풍토를 구축하고자 노력하였다. 그러나 중앙정부와 지방정부 간의 불분명한 권한 배당과, 공산주의 전통의 잔재로 인한 중앙집권적 정부형태는 문제시되어야 한다는 비판을 간과할 수 없다. 따라서 실제 수요자인 지역정부 충분한 수준의 재원이 효율적으로 조달되기 어렵고, 조달되었다 하더라도 효율적 집행 및 감독이 어렵다고 평가되고 있다.[25] 이런 문제가 예산 관리 감독의 또 다른 사각지대로 인식되고 있다.

4 예산 개혁

예산이 제대로 집행되었는지에 대한 관리 감독의 의제는 예산이 어떻게 조달되어져야 하며, 어떻게 분배되어야 하는지에 대한 논의에 비해 상대적으로 경시되는 경향이 있었다. 오히려 의회나 각료이사회 간에 예산액을 결정함에 있어 부처 간 갈등이나, 공동체 예산을 자국 중심적으로 배분하는데 혈안이 되어 있는 개별 회원국의 행태를 어떻게 수정할 것인가가 주된 관심사였다.

25) 이무성, 「유럽연합의 사회통합 사례와 교훈: 동유럽 국가의 지역정책 이행에 관한 살태 조사 및 분석」, 서울: 집문당, 2009.

이런 분위기에도 불구하고, 1970년대부터 예산을 어떻게 하면 효율적으로 집행하고 이를 위해 어떻게 관리 감독해야 하는지에 대한 논의가 주목을 받기 시작했다.

이런 논의들이 관리 감독의 점진적 개혁의 주요 동인이 되었다. 우선, 1975년 감사원 설립이 가장 눈에 띄는 개혁이라고 볼 수 있다. 전술하였듯이, 감사원은 예산 감독의 독자적이고 독립적 권한을 갖는 기구이다. 따라서 감사원은 예산 관리 감독을 개선하기 위한 독립적 보고서를 해마다 출판하며, 관리 감독의 사각지대를 최소화하기 위한 노력에 경주하고 있다. 특히 1993년 유럽연합조약(TEU)이 체결된 후, 감사원은 예산 관리에 필요한 추가적인 권한을 부여받았다. 매년 각료이사회와 의회에 예산이 제대로 사용되는지를 평가하는 확약서(statement of assurance)를 제출하며, 이 확약서를 통해 유럽연합의 금융 거래상의 합법성과 규율성을 평가하였다.[26]

또한 1999년 상태위원회가 자체 부패로 인해 전원 사직하면서, 예산 관리 감독을 투명하게 하기 위한 집행위 내부에서의 개혁도 눈여겨 볼 필요가 있다. 그 대표적인 예가 바로 상태위원회 이후 집권한 프로디 위원회(Prodi Commission)의 개혁의지이다. 1999년 가을 유럽이사회에 의해 집행위는 개혁의 임무를 부여받았을 때, 집행위 부의장인 니일 키녹(Neil Kinnock)이 집행위 행정 개혁 임무를 진두지휘했다. 당시 키녹은 2000년 3월 '개혁전략에 관한 백서'(White Paper on the Reform Strategy)를 제안하며 개혁의 박차를 가했다.[27] 본 백서는 금융관리 및 통제 체제에 대한 개혁을 우선순위로 명시하였다. 또한 본 백서의 이행으로 인해 새로운 형태의 금융 규제를 모색했으며, 집행위 서비스에 있어서도 광범위한 관리 서비스상의 변화를 가져왔다. 뿐만 아니라, 회원국들이 어떻게 예산을 관리 감독해야 하는지에 대한 보다 엄격한 규율을 적용하는데 일조하였다.[28]

---

26) Brigid Laffan and Johannes Linder, 2010, ":Who Gets What, When and How?", p.225.

27) European Commission, 2000, Reforming the Commission: White Paper, Part I, COM(2000) 200 final.

결론적으로, 관리 감독의 문제로 인해 유럽연합 예산의 집행, 관리 및 감독에 있어 개혁이 점진적으로 시도되었다고 볼 수 있다. 물론 개별 회원국의 요구는 국가마다 상이했고, 그에 따른 공동체 예산의 운영 및 감독의 문제는 용이하지만은 않았다. 그러나 개혁의 큰 가닥은 기존의 구조가 내부 및 외부 환경변화를 고려하는 방향으로 재정비되었다. 이런 위기 의식을 공유한 정황 속에, 집행위와 같은 유럽연합의 초국가적 기구의 주도적 역할이 가능했고, 그 결과 공동체 예산을 감독하는 노력은 그 성과를 이루기 시작했다.

제 3 절 유럽연합 재정관리 및 개혁

1 들로르 I 재정전망

1970년대 국제 정치 경제의 요동으로 인해, 유럽공동체도 동맥경화증의 시기를 겪었다. 그러나 1970년대의 경화기를 지난 유럽공동체는 1980년대부터는 새로운 도약을 추구하였다. 1980년대부터 본격적으로 논의되고 추진되었던 재도약의 노력은 다양한 방면에서 이루어졌다. 그 중 공동체 재정을 효율적으로 관리 집행하기 위한 개혁도 함께 시도되었다. 특히 1970년대 제1차 공동체 확장이 있은 후 1980년대에 2차 확장이 있었다. 2차 확장은 1차 확장과 달리 빈국의 가입이 그 특징 중 하나라 볼 수 있다. 1981년의 그리스의 공동체 가입이 있은 후 1986년 라이베리안 반도에 위치한 스페인과 포르투갈의 공동체 가입은 공동체 예산을 어떻게 효율적으로 집행할 것인가에 대한 논의를 촉발시켰고, 1987년 단일의정서(Single European Act) 타결로 인해 이런 논

28) 예를 들어, 2008년 불가리아에서 발견된 부패로 인해 애초 측정된 5억 유로의 지원을 중단하는 조치를 내리기도 했다.

의는 더욱더 가열되었다.[29]

이런 배경 속에, 1985년 1월 프랑스 재무장관 출신의 자크 들로르(Jacque Delors)가 집행위원회 위원장 취임을 하였고, 그는 공동체 재정 개혁을 추진하였다. 이로서 공동체 재정 및 예산 개혁의 중요한 전기를 맞았다. 들로르는 집행위원장 취임 후 1987년 2월 공동체 예산 관련 아키(acquis)를 개정하고자 하는 취지의 제안서를 제시하였다.[30] 본 제안서는 향후 공동체 예산안 책정에 있어 집행위의 권한을 강화하는데 일조하였고, 예산 결정에 있어서도 새로운 틀을 정립하는데 도움이 되는 포괄적 제안서였다.[31]

흔히 들로르 패키지(후에 들로르-Ⅰ)로 불리는 본 제안서는 공동체 재정을 효율적으로 설립하고 이행하기 위한 개혁 조치로 다음 두 개의 보고서에 기반을 둔다. 첫 번째 제안서는 '단일의정서 성공 가이드'(Making a Success of the Single Act)이며,[32] 두 번째 제안서는 '공동체 예산 제정 보고서'(Report on Financing of the Community Budget)이다.[33] 이들 보고서에 기반하여 작성된 들로르 Ⅰ 예산 제안서는 1988년 2월에 브뤼셀에서 개최된 유럽이사회에서 회원국 간의 협의를 통해 받아들여졌다. 이로서 들로르 Ⅰ 재정전망의 체결은 1988년에서 1992년 기간에 실시 될 중기 재정전망(financial perspective)을 공동체 차원에서 처음으로 발표한 중요한 전기로 평가받고 있다(표 3-24).

---

29) Brigid Laffan and Michael Shackleton, "The Buget:Who Gets What, When and How", Helen Wallace and William Wallace (eds.), Policy-Making in the European Union, 4th ed., (Oxford: Oxford University Press), 2000, p.219.

30) 아끼는 아끼 코뮈노떼(Acquis Communautaire)를 의미하는 불어로서 영어로는 the Community Patrimony라고 번역된다. 아끼는 유럽연합의 통합과정에서 이루어 낸 조약, 규정, 지침, 결정, 권고, 선언을 포함한다.

31) Delors-I에 대한 보다 포괄적 논의는, M. Shackleton, 1990, Financing the European Community (London: Pinter)를 참조.

32) European Commission, 1987, "Making a Success of the Single Act", EC bulletin, suppl., 1/87.

33) European Commission, 1987, "Report by the Commission to the Parliament on the Financing of the Community Budget", COM(87) 101 final.

<표 3-24> 1988-1992년 재정전망

(단위 : 백만 ECU, 1998년 가격 기준)

예산지출항목	1988	1989	1990	1991	1992
공동농업정책(EAGGF)	27,500	27,700	28,400	29,000	29,600
구조기금	7,790	9,200	10,600	12,100	13,450
다년간사업(IMP와 일부 연구개발 기금 포함)	1,210	1,650	1,900	2,150	2,400
기타 정책	2,103	2,385	2,500	2,700	2,800
상환 및 행정 비용	5,700	4,950	4,500	4,000	3,550
예비비	1,000	1,000	1,000	1,000	1,000
총계	45,303	46,885	48,900	50,950	52,800
자체재원(공동체 GNP 대비%)	1.15	1.17	1.18	1.19	1.20

출처: European Commission, 1995, European Union Public Finance.

들로르 I 제안의 합의과정은 전형적인 일괄타결(package deal)의 방식을 띠었다. 예산에 관련된 제반 문제들이 한 번의 개혁으로 타결되었다는 점에서 중요한 함의를 가진다. 들로르 I 재정전망은 쉽지 않은 정부간 협상 과정을 겪었을 수도 있었지만 독일의 지도력이 본 제안의 타결에 중대한 역할을 하였다. 단일의정서 체결 후 공동시장(common market) 완성이란 야심찬 프로젝트는 예산을 포함한 다양한 정책의 개혁이 필요했고, 이런 과정에서 당시 독일 총리인 헬무트 콜(Helmut Kohl)의 적극적 참여는 중요했다는 평가를 받고 있다. 콜 총리의 재정 개혁안에 대한 찬성은 당장은 독일의 재정적 부담을 의미하였지만, 독일은 보다 대승적인 입지를 견지하면서 개혁의 견인차 역할을 하였다. 특히 들로르 I 재정전망에 대한 합의는 당시 그리스, 스페인, 포르투갈과 같이 공동농업정책의 보조금으로부터 큰 혜택을 받지 못하는 국가들이 결속기금[34]이라는 새로운 재정 지원을 받게 된다. 결속기금은 장기적으로 공

34) 공동체 회원국이 일인당 국민소득의 90% 이하의 국가에게 지원하는 기금을 칭한다.

동체 내부 시장의 완성 및 내부 통합의 진전에 또 한 번의 박차를 가할 수 있는 전기를 마련하였다고 평가된다.

들로르 I 재정전망에 대해 보다 구체적으로 살펴보면, 4개 분야에서 개혁이 시도되었다(표 3-25). 들로르 I 개혁안이 제시되기 이전에 공동체의 예산에 가장 큰 부담을 준 부분은 공동농업정책 이행에 따른 재정 지출이었다. 1960년대부터 시작되었던 공동농업정책에 사용된 예산은 전체 예산의 70%를 차지하였다. 이에 들로르 I 재정전망에서는 공동농업정책에 지출되는 예산을 줄이기 위해 농산물 생산량 한도를 정하여 이를 초과하면 농업보조금을 지원하지 않는 방안을 제시하였다. 또한 개별 회원국의 예산을 점검하고 개별 국가에게

<표 3-25> 들로르 I 재정전망

항목	주요 내용
공동농업정책 예산축소와 예산규율	1) 공동농업정책 예산의 증가를 국민총생산의 74%를 초과하지 않도록 유지 2) 상습적으로 지원예산 초과를 저지하기 위해 생산허용량(quota) 초과 시 지원금 지불 금지 3) 자국 예산 감독과 절감처럼 공동체 예산도 법적 강제력 있는 철저한 감독과 절약 제안
결속과 구조기금 증액 및 운영방식	1) 낙후 지역을 위한 재정 재원의 배가 증액 추진 2) 구조기금 지원지역도 5개로 세분 3) 구조기금 지원 결정도 해당 지역관계자가 참여하는 다층적 거버너스로 운영
영국에 대한 예산 환급금 및 여타 개선 기제	1) 퐁텐블루 환급금 체제 지속 유지
신규예산 수입원과 예산상한선 표현방식	1) 예산 세입원과 예산상한선 도입 2) 예산상한선(GNP 기준, 예정충당금은 1.3%, 지불충당금은 1.2%)

출처: Brigid Laffan and Johannes Linder, op. cit., p.209; 안병억, 「글로벌 금융위기와 유럽연합 예산」, p.99.

지급된 예산도 철저하게 점검 감독이 필요하다는 예산규율도 확립하고자 시도하였다. 이에 따라 1988년에 처음으로 채택된 재정전망에 의거하면, 공동농업정책에 할당된 예산은 1988년에 2천 7백만 ECU이었고, 1992년 제1차 재정전망이 끝나는 시기에도 2천 9백만 ECU를 약간 상회하는 수준으로 책정되었다. 따라서 5년 간 공동체 전체 예산 중 공동농업정책에 할당 된 예산의 규모는 최초 60%를 상회하다가 50%이하로 감소하게 되었다.[35]

농업보조금을 삭감하는 대신에 회원국 간 악화되는 경제적 격차를 줄이고자하는 노력도 있었다. 공동체 내에서 상대적으로 낙후된 지역 개발을 목적으로 한 유럽지역개발기금(European Regional Development Fund: ERDF)이 1975년부터 지급되었지만, 이 기금만으로는 회원국 간 경제 격차를 줄이기에 충분치 못했다. 이에 들로르 위원장은 파도아-시오파 보고서(Padoa-Schiopa Report)의 주장에 근거하여 구조기금 개혁의 중요성을 강조하였다.[36] 지역정책 개선의 노력의 결과로 그리스, 포르투갈, 스페인, 아일랜드 4개국은 지역간 경제 격차 해소에 필요한 지원을 받았다. 즉, 제1차 재정전망 기간 동안 구조기금을 두 배로 증가하게 되었고, 1989년에서 1993년까지 책정된 구조기금은 6백억 에퀴(ECU)에 이르게 되었다.[37]

지역 정책에 필요한 예산상의 증가와 함께 운영의 효율화를 위한 노력도 병행되었다. 1988년 재정 개혁을 통한 지역 간 격차 해소를 위한 지역 정책은 부가성(additionality) 원칙, 파트너십(partnership) 원칙, 프로그래밍(programming) 원칙, 집중(concentration)의 원칙 등을 통해 그 효율성을 최대화하고자 했다.[38] 구조 기금을 효과적이고 효율적으로 집행하기 위해 기금 사용 대상을

---

35) European Commission, The Budget of the European Union: How is Your Money Spent?, 2000.

36) Tommaso Padoa-Schioppa et al., Efficiency, Stability and Equity: A Strategy for the Evolution of the Economic System of the European Community (Oxford: Oxford University Press), 1987.

37) Desmond Dinan, Ever Closer Union: An Introduction to European Integration, 2nd ed., (Hounmills:Macmillan), 1999, p.433.

38) 예를 들어, 집중의 원칙에 따라 지원이 가장 필요한 지역을 집중 지원하며, 이를 위해 목표 1지역에서 목표 5지역으로 구분하여 사업을 시행하는 것을 목표로 삼았다. 프로그램

5개 목표지역으로 세분화하였다. 이로써 들로르 I 예산 개혁안은 예산 집행과 관리에 있어 분권화를 유도하면서, 공동체 예산 운영에 있어 다층적 통치라는 새로운 패러다임을 강화시켰다.[39] 결국 이런 공동체 차원의 중, 장기적 재정 개혁 및 계획은 1987년부터 본격적으로 시도하고자 했던 경제통화동맹(Economic and Monetary Union: EMU)을 가속화하는데도 기여하였다.

들로르 I 개혁 협상과정에서 영국 정부는 자신이 받아야 할 예산환급금 규정을 유지하면서, 공동체 전체에 필요한 예산증가액을 줄이려고 노력하였다. 그러나 그리스, 스페인 및 포르투갈의 신규 가입으로 인해 공동체 차원의 재정의 더 필요한 설정이었다. 상대적으로 부국으로 분류된 영국의 주장은 정당성을 가질 수만은 없었다. 그럼에도 불구하고, 영국에 지불해야 할 환급금 문제는 퐁텐블루협약에서 체결된 사안을 계속해서 유지되었다

들로르 I 제안은 공동체 통합을 심화하기 위해서 안정적인 공동체 예산이 확보되어야 한다는 대전제에는 의의가 없었다. 공동체 예산 증대를 위해서는 예산 상한선을 부가세 상한선에 기준하기보다는 국민총생산에 기준하자는 제안이 제시되었다. 그러나 모든 회원국들이 실제 부가세 1%를 납부하자는 집행위의 제안은 거부하였고, 기존 방식대로, 부가세 비율은 1.4% 대로 유지되었다. 예정 충당금도 1.3% 상한선이 합의되었고, 지불충당금은 1.2%로 합의하였다.

들로르 집행위원장이 시작한 재정 개혁안은 다음 세 가지 의의를 가진다.[40] 첫째, 새로운 예산관련 아키를 확립했다는 점에서 그 의의가 있다. 과거와 달리 들로르 I 재정전망으로 인해 연간편성의 원칙을 설립하였을 뿐만 아니라, 공동체 예산의 중·장기 지출 예산 및 정책 우선순위를 사전에 논의 및 합의

원칙은 지역 불균형 해소는 장기적 접근이 필요하다는 인식 하에, 지역개발을 3-5년 간 지원하는 것을 원칙으로 삼는 것을 의미한다. 파트너십원칙에 의거해, 중앙정부와 지방정부가 정책결정과정에 함께 참여하는 것을 추구했다.

39) Gary Marks, Fritz, W. Scharpf, Philippe C. Schmitter and Wolfgan Streeck, 1996, Governance in the European Union (London: SAGE Publications Ltd.).

40) 안병억, 「글로벌 금융위기와 유럽연합 예산」, pp.107-108.

하는데 필요한 틀을 마련하였다. 둘째, 정교한 일괄제안과 협상을 통해 예산 지출에 있어 정책우선순위를 변경하는데 기여하였다. 공동체 탄생에서부터 공동농업정책에 할당된 재원이 지나치고 이에 따른 재정 압박이 높아지고 있다는 지적이 있었는데, 들로르 I 재정전망을 통한 예산의 재분배 노력은 그 실효를 거두기 시작했다고 볼 수 있다. 즉, 예산증액을 통한 예산통제와 새로운 예산 수입원 및 구조기금 증액과 같은 시도는 개별 항목들의 상호연관 고리를 통해 정책 우선순위를 바꾸는데 성공하였다. 마지막으로, 과거에 비해 들로르 I 재정전망의 시행으로 인해, 공동체 예산의 규모가 대폭 증가하는 효과를 낳았다는 의의가 있다.

2 들로르 II 재정전망

냉전 종식과 함께 유럽공동체에도 변화가 일어났다. 공동체 경제력에 걸맞은 정치 및 안보 분야의 제 역할을 할 것은 외부뿐만 아니라, 내부에서도 요구하기 시작했다. 1992년 마스트리히트조약이 서명되면서 과거 경제통합을 중심으로 발전했던 유럽공동체는 정치, 경제, 사회 및 문화 분야 등 광범위한 통합을 구현하기 위한 유럽연합으로 재탄생하였다. 새롭게 거듭난 유럽연합은 대외 관계의 정비뿐만 아니라 공동체 차원의 예산 분야 개혁에도 더욱더 박차를 가하였다. 이런 배경 속에서 들로르 II 재정전망에 대한 협상이 시작되었고, 단일 시장 완성, 공동의 외교 및 안보 정책과 같이 보다 심화된 통합을 추진하고자 하는 취지에서 재정 개혁을 모색하였다.[41]

보다 심화된 통합의 견인축으로 작용할 들로르 II 재정전망은 협상과정에서도 집행위 주도적 역할이 부각되었고, 이런 이니셔티브는 개별 회원국이나

41) European Commission, From the Single Act to Maastricht and Beyond: The Means to Match our Ambitions, Feb, 1992.

유럽의회의 협조를 이끌어낼 수 있는 주요한 근거가 되었다. 이런 협상을 통해 1993년에서 1999년까지의 재정전망을 수립하였다(<표 3-26>).

들로르 Ⅱ 협상과정을 살펴보면, 들로르 I에서 보여준 유사한 형태가 반복되는 것을 알 수 있다. 들로르 Ⅱ 재정전망이 1992년 2월 제출되었을 때, 회원국 간의 협상과정에서 집행위의 주도적 역할은 유럽연합의 예산 개혁을 일진보하는 전기를 마련하였다. 그러나 집행위의 주도적 역할이 있었지만, 들로르 Ⅱ 재정전망의 협상은 쉽지만은 않았다. 특히 빈국에 대한 재정 지원의 확대와 공동체의 경쟁력 향상을 위한 방법을 위한 타결점을 찾기는 쉽지 않았다.[42]

<표 3-26> 1993-1999년 재정전망

(단위: 백만 ECU, 1992년 가격 기준)

	1993	1994	1995	1996	1997	1998	1999
공동농업정책	35,230	35,095	35,722	36,364	37,023	37,697	38,389
구조기금	21,277	21,885	23,480	24,990	26,526	28,240	30,000
역내정책	3,940	4,048	4,323	4,520	4,710	4,910	5,100
역외정책	3,950	4,000	4,280	4,560	4,700	5,180	5,600
행정비용	3,280	3,350	3,580	3,690	3,800	3,850	3,900
예비비	1,500	1,500	1,100	1,100	1,100	1,100	1,100
예정충당금	69,177	69,944	72,428	75,224	77,989	80,977	84,089
지불충담금	65,908	67,036	69,150	71,290	74,491	77,249	80,114
자체재원 상한선 (%GNP)	1.20	1.20	1.21	1.22	1.24	1.26	1.27

출처: European Commission, 1993, "Interinstitutional Agreement of 29 October 1993 on budgetary discipline and improvement of the budgetary procedure", Official document of the European Communities.

42) Brigid Laffan and Michael Shackleton, "The Budget: Who Gets What, When and How", p.223.

<표 3-27> 들로르 Ⅱ 재정전망

항목	주요 내용
결속기금 증액	집행위 제안을 대체적으로 준수 (영국 제안보다 합의액수 증가)
자체재원 역진성 시정	1) 부가세 상한선: 1.4%에서 1%로 인하 2) 부가세 산정기준: GNP의 55%에서 50%로 인하 3) 회원국별 부가세 산정기준 이하 차등 a) 결속기금 수령 4개국: 1995년부터 50%f 산정기준 인하 b) 그 외 회원국: 1996-1999년 동일한 비율로 인하. 1999년 50%로 변경됨
자체재원 상한선과 재정전망 기간	1) 1993-1997년에서 1993-1999년으로 늘어남 2) 회원국 GNP 대비 1.27%(집행위 제안은 1.37%)
영국예산환급금과 환급금에 대한 환급금	1) 이전대로 유지 2) 환급금에 대한 환급금: 독일은 받지 않음(통일 후 구동독 지역에 대한 구조기금 혜택 증가로 환급금에 대한 환급금 필요성 완화)
제 5 예산수입	집행위가 도입 여부, 기준 및 조건 등을 검토해 1999년 전에 각료이사회에 보고.

출처: 안병억, 「글로벌 금융위기와 유럽연합 예산」, p.112.

들로르 Ⅱ 재정전망은 특징을 살펴보면, 들로르 I 재정전망에서 채택된 결속기금 양의 증액이 눈여겨 볼 만하다. 특히 EU 회원국 일인당 국민소득 평균 90% 이하에 속하는 국가들이 수령하는 결속기금 증액에 있어 스페인의 역할이 두드러졌다. 당초 들로르 Ⅱ 재정전망에 대한 협상이 진행될 때 영국이 순회 의장국(EU Presidency)이였고, 영국은 공동체 예산 증액이 자신에게 유리하지 않은 결속 기금 증액에 부정적 입장을 보였다. 그러나 영국의 결속기금과 구조기금액을 줄이고자 하는 시도는 유럽연합 집행위의 반대에 부딪쳤다. 이에 스페인도 가세하여, 집행위와 함께 결속 기금 증액에 목소리를 높였다. 결국 스웨덴의 문제를 두고 자신에게 유리한 입장을 유도하였다. 즉, 공동외교안보정책 중 국방 분야에 대한 논의와 유로화에 대한 선택적 탈퇴(opt-out)에 대한 협상을 통해 스페인은 자신에게 유리한 결속기금의 증액을 도출해 내었다. 이로서 구조정책 운행 예산이 전체 공동체 예산 중 41%로 상승하면서, 자연스럽게 공동농업정책에 할당 된 과대 지분도 삭감하는 효과를 가져왔다.

결속기금의 증액은 독일의 기여가 빼 놓을 수 없는 주요한 요소였다. 독일은 유럽연합 회원국 중 가장 많은 공여를 하는 순예산납부국이었다. 따라서 결속기금의 증가는 독일에게 부담이 될 수밖에 없었지만, 공동체의 심화된 통합을 위한 논리가 독일의 이타적 결정에 힘을 실어주었다. 자국에 부담이 가지 않는 예산안 타결보다는 공동체 운영과 위기극복이 보다 중요한 이슈로 각인되었다. 그 결과 결속기금 증액이 합의 될 수 있었다.[43]

결속기금 증액은 빈국에게만 유리한 것은 아니었다. 들로르 I 재정전망에서 예산 사용처를 5개의 목표지역으로 나누어 운행했던 기존 방식에도 변화가 있었다. 즉, 예산순수납부국의 불만어린 목소리에도 귀를 기울이는 행보가 있었다. 이를 반증하는 대표적인 정책이 바로 목표지역 5를 목표지역 5a와 5b와로 세분화하고, 목표지역 6의 신설이다. 목표지역 세분화를 통해 개별 회원국 중앙정부의 역할이 증대되었을 뿐만 아니라, 핀란드, 오스트리아, 스웨덴과 같은 부국도 자국에도 유리한 자금 지원이 이루어졌다. 북유럽에 속한 이들 국가 내에는 극지방과 산간벽지 등 인구밀도가 낮은 지역이 있었고, 이들 지역의 구조 개선을 위한 지원금이 재정, 지원되었다.

지역정책을 보다 효율적으로 관리하기 위해 지역정책 운영 전반을 감독하고 의견을 교환하는 관리위원회(Management Committe)도 설립되었다. 또한 구조 및 결속 기금 대상지역의 운영의 효율화를 관리 감독하기 위한 조항을 강화도 했다. 이런 행보는 향후 동유럽 국가들과 같이 공동체 차원의 운영방

43) George Ross, Jacques Delors and European Integration, Cambridge: Polity Press, 1995, pp.214-216.

식(modus operandi)에 익숙하지 않은 빈국들이 구조 기금을 수령하여 자국의 낙후된 지역을 발전시키는 과정에서 발생할 문제들을 대비하는 효과도 있었다. 구공산권 출신 신생 회원국가들이 지역정책의 효율적 운영에 필요한 행정적, 법적 기반이 취약하다는 지적이 있었기 때문에 들로르 Ⅱ 개혁의 의미는 더욱 의미심장했다.

들로르 Ⅱ 재정전망을 통한 예산 개혁의 시도는 자체재원의 역진성(regressiveness)을 시도하기 위한 노력도 있었다. 자체재원 역진성 시정은 결속기금에 필요한 재원 증액과 함께 들로르 Ⅱ 재정전망의 가장 큰 특징 중 하나였다. 공동체는 개별 회원국 간의 경제차가 있다는 것을 실감하였고, 그에 따라 상대적 경제 능력을 충분히 고려한 수입원 증액이 필요하다고 보았다. 이런 실정을 감안해서, 집행위는 국민총생산을 바탕으로 이루어진 제4수입원의 비중을 높여야 한다고 주장했다. 이럴 경우, 상대적으로 빈국에게 부담이 되는 부가세 기준을 바탕으로 걷히는 제3수입원(역진성을 가진 재원)의 비율을 줄일 수 있으며, 회원국 간 조화로운 발전에도 도움이 된다고 보았다.

이런 점을 고려하여, 들로르 Ⅱ 재정전망에서 자체재원 역진성 시정을 위해 부가세 상한선을 두었다(〈표 3-27〉). 부가세는 주로 소비에 부과되기 때문에 결속기금 대상자와 같은 빈국일수록 부가세 비중이 높은 경향을 보인다. 따라서 이들 빈국의 부담을 최소화하기 위해 1992년 12월 12일 에든버러 유럽이사회에서 부가세 인하를 타결하였다. 이사회 회의를 통해 합의된 부가세 상한선 기준에 따라 종전 1.4%로 부과하던 부과세를 1%로 인하하기로 결정하였고, 부가세 산정기준도 종전 국민총생산 대비 55% 수준에서 50%로 인하하기로 합의했다. 또한 결속기금의 대상이 되는 회원국들이 공동체 평균 국민소득에 도달하기 위해, 부가세 산정기준도 차등적으로 적용하였다. 결속기금을 수령하는 스페인, 포르투갈, 아일랜드 및 그리스는 1995년부터 부가세가세 비율이 50%로 인하되었고, 결속국가 이외 국가들은 1999년부터는 50% 수준으로 인하되어 적용하기로 합의하였다.

영국이 제기해서 시행되었던 예산 환급금과 그로 인해 새롭게 발생한 이

환급금에 대한 환급금의 문제도 다시 한 번 다루어졌다. 영국의 경우 기존의 방식대로 환급금을 수령하는 것을 합의하였다. 그러나 독일의 경우 1990년 동독과 서독이 통일 되면서 동독 지역에 대규모의 구조기금이 할당됨에 따라, 환급금에 대한 자신의 할당량을 받지 않는 것으로 결론지었다.

공동농업정책에 지출될 예산에 대한 합의는 들로르 I 재정전망 논의 때와 비교해 보았을 때, 훨씬 수월했다. 〈표 3-26〉에서 보여주듯이, 1993년 공동농업정책 예산액이 3천 5백만 ECU를 약간 상회하나, 1999년 2차 재정전망이 끝나는 시기에는 3천 8백만으로 동결되었다. 이런 수치적 변화는 1988년에 채택된 일반 가이드라인을 그대로 적용하기로 합의한 결과로서, 제2차 재정전망에서도 공동농업정책에 할당된 예산이 공동체 GNP 증가율의 74%를 넘지 않는 범위에서 증액되는 효과를 낳았다.[44]

3 아젠다 2000 개혁

마스트리히트조약 체결로 인해 유럽연합은 정치, 경제 및 사회 분화의 통합의 정당성을 더욱더 부여받게 되었다. 그러나 마스트리히트조약에 미처 다루지 못한 의제들은 1997년 6월 합의 된 암스테르담조약(Treaty of Amsterdam)에서 다루어졌다. 암스테르담조약 체결과 함께 공동체 차원의 예산 개혁에 대한 논의는 계속되었고, 특히 동유럽에로의 확장을 앞에 둔 1997년 집행위는 아젠다 2000(Agenda 2000)을 발표하며 여러 가지 정책적 개혁과 예산문제를 다루고자 시도했다.[45]

---

44) Brigid Laffan and Michael Shackleton, “The Budget: Who Gets What, When and How”, p.224.

45) European Commission, Agenda 2000: For a Stronger and Wider Union, Com 97, final, 1997.

<표 3-28> 2000-2006년 재정전망

(십억 유로, 1999년 가격 기준)

	2000	2001	2002	2003	2004	2005	2006
공동농업정책	40,920	42,800	43,900	43,770	42,760	41,930	41,660
구조기금	32,045	31,455	30,865	30,285	29,595	29,595	29,170
역내정책	5,900	5,950	6,000	6,050	6,100	6,150	6,200
역외정책	4,550	4,560	4,570	4,580	4,590	4,600	4,610
행정비용	4,560	4,600	4,700	4,800	4,900	5,000	5,100
예비비	0,900	0,900	0,650	0,400	0,400	0,400	0,400
확장전지원	3,120	3,120	3,120	3,120	3,120	3,120	3,120
자체재원 상한선 (%GNP)	1.13	1.12	1.18	1.19	1.15	1.13	1.13

출처: European Council, 1999, Presidency Conclusions: Berlin European Council, 24-5 March.

아젠다 2000은 1990년대 중반부터 유럽연합 예산에 있어 진행되었던 논의에 큰 변화가 일기 시작한 현상을 포착하고, 향후 어떻게 공동체 예산을 개혁해야 할지를 심도 있게 논의하였다. 당시 유럽연합 가입을 협상하고 있던 구공산권 출신의 국가들이 EU의 회원국이 될 경우 기존 회원국 대부분이 순 납부예산납부국이 될 처지였다. 특히 긴축정책을 지지하던 기존 회원국들은 향후 초래될 막대한 재원을 어떻게 마련할 것인가가 초미의 관심사였다. 독일도 통일 후 국내 문제로 인한 경제적 압박을 느끼던 때라 향후 동유럽 및 남유럽으로 확장은 부담스러운 일이 아닐 수 없었다.

이런 배경 속에서 2000년에서 2006년까지의 공동체 제3차 재정전망이 〈표 3-28〉과 같이 수립되었다. 제3번째로 수립 된 재정전망은 전체 예산을 매 해 8백 5십억 유로 수준으로 유지하고자 했으며, 공동농업정책에 사용 될 지출액도 연간 4백억 유로 수준으로 안정화시키고자 했다. 또한 기존 예산 항목의 상한선을 넘지 않고 예기치 못한 지출이 발생하였을 경우 예비비를 연간

2억 유로 상당 두어 예산 운영의 융통성의 묘도 살리고자 했다.

아젠다 2000 이후 체결된 제3차 재정개혁은 공동체 예산의 자체재원 상한선을 전체 회원국 국민총생산의 1.27% 내로 유지할 것을 합의했다. 대다수의 국가들이 순예산납부국이 되면서 예산의 지나친 증가를 경계했다. 뿐만 아니라, 새로 가입할 신생회원국들이 상대적으로 빈곤한 국가들이서 이들의 지불능력도 감안한 재원 확충안을 제시하였다. 그 결과로 빈국에게 불리한 부가세 비중을 더 인하시키기로 합의하였다. 〈표 3-29〉에서 보여 준 것처럼, 2002년에는 부가세 비율을 0.75%에서 합의하였고, 2004년 실제 동유럽 확장이 이루어지는 2004년부터는 부가세 비율을 0.5%로 인하하는데 합의했다. 이에 따라 개별 회원국들의 분담금 비중은 더욱 높아져 2000년에는 40.5%에서

<표 3-29> 2000-2006년 재정전망 내용

항목	주요 내용
구조기금 운영방식 변경	목표지역을 7개에서 3개로 단순화
신규자체 재원 도입	1) 신규자체 재원 도입되지 않음 2) 재정전망 완료 이전(2006)에 자체재원 운영보고서 제출하기로 결정
영국예산 환급금	1) 가입 전 지원이 할당지출에 포함되지 않아 영국의 환급금 규모가 약간 축소됨 2) 독일, 네덜란드, 스웨덴, 오스트리아와 같은 순예산납부국에게도 환급금에 대한 환급금 도입
자체재원 역진성 시정	부가세 비중 재차 인하 합의 2002년 0.75%에서 2004년 0.5%로 인하
자체재원 상한선과 표기용어	1.27% 통계편의상 국민총생산(GNP)에서 국민총소득(GNI) 도입 결정

출처: 안병억, 「글로벌 금융위기와 유럽연합 예산」, p.116.

2005년에는 72.9%로 증가됨으로써, 2005년 이후부터는 분담금 비중이 자체 재원 구성비에서 70%선을 넘게 되었다.[46)]

기존의 결속 국가들이 새롭게 가입할 구공산권 출신 신규 가입국으로 인해 당시까지 자신들이 받고 있던 구조 및 결속기금에 손실을 발생할까 우려했다. 그러나 공동체 전체의 통합을 위해 자신의 피해를 최소화하면서도 신규회원국들에게도 도움이 될 수 있는 구조 및 결속기금이 책정되도록 노력했다. 또한 목표지역을 3개로 통합 축소하여 지역정책 효율적으로 운영하기 위한 제도 정비도 시도했다. 목표 1지역은 유럽연합 평균 GDP 75% 이하에 속하는 지역의 개발과 구조조정에 지원하는 것으로 합의했다. 한편 목표 2지역은 경제적으로나 사회적으로 전환기 과정을 겪고 있는 농촌 및 어촌 그리고 낙후된 도시지역을 돕기 위해 전략으로 정비되었다. 마지막으로, 목표 3지역은 직업훈련과 고용 증진을 위한 인적자원 개발을 그 목표로 삼았다.[47)]

공동농업정책의 예산은 많은 변화 없이 Delors I 및 Ⅱ 패키지 때와 유사한 양태를 띠었다. 그러나 특이할 만한 점은 아젠다 2000에서 보여준 공동농업정책의 개혁은 대내 · 외적 환경 변화를 충분히 반영하고자 한 점이다. 동유럽으로의 확장에 대비해 공동농업정책의 재정을 증가시켰을 뿐만 아니라, 농업 예산 중 10분 1을 지역 개발에도 할당하였다. 또한 WTO체제의 도입과 그에 따른 기존의 보조금제도의 한계점을 인정하여 공동농업정책에 할당될 비용을 4백억 유로대로 유지하였다.

영국은 여전히 자신에게 필요한 환급금을 기존의 수준으로 유지하는 것을 성사시켰다. 그럼에도 불구하고, 1984년 마가렛 대처가 타결한 영국을 위한 예산 환급금에 대한 요구를 지속적으로 요구하는 것은 큰 부담이었다. 당시 네덜란드, 스웨덴, 오스트리아도 독일과 함께 순예산납부국으로 전환되면서 불만의 목소리를 높였다. 이런 분위기에 편승하여, 1998년 네덜란드 게릿 잘

46) European Court of Auditors, Annual Reports concerning the Financial Year 2004.

47) European Commission, Agenda 2000: For a Stronger and Wider Union, Com 97(2000), final.

름(Gerrit Zalm) 재무장관은 파이낸스 타이즈와의 대담에서 영국뿐만 아니라 우리에게도 환급금에 대한 환급금이 필요하다고 역설하였다.[48] 따라서 영국에게 예산 환급금을 지불한 것처럼 독일, 네덜란드, 스웨덴 및 오스트리아와 같은 순예산납부국들에게도 환급금에 대한 환급금이 지불되었다.

4 재정전망 2007-2013

<표 3-30> 목표지역 구분 및 대상

목표지역	목표와 대상
수렴	목표: 가장 낙후된 지역의 성장촉진 여건 조성 1) 2000-2002년을 기준으로 EU 27개 회원국 1인당 GDP 평균의 7% 이하 지역 2) 기존 수혜지역 점진적 폐지(phased-out): 15개국 당시 목표 1지역에 포함되나 EU 27개국 확대로 EU의 1인당 평균 GDP가 하락해 목표 1지역에서 벗어난 지역 3) 결속기금: GNI가 EU 평균 90% 미만인 국가
경쟁과 고용	목표: 경쟁력 강화와 고용 증가 목표 대상: 수렴목표 이외의 지역으로 168개 지역이 지원 받음 1) 기존 목표 2지역: 산업구조 조정으로 쇠퇴한 지역 2) 기존 목표 3지역: 장기간 실업으로 어려움을 겪고 있는 지역 3) 점진적 혜택지역: 주로 중동부 유럽 지역
국경 간 협력	목표: 접경지역, 국가 간 협력, 지역 간 협력 대상 1) 접경지역의 경제적, 사회적, 환경 협력 지원 2) 각 회원국 간 협력 지원 3) 지역 간 협력의 촉진 지역

출처: European Commission, 2008, European Union Public Finance, 4th ed., (Luxembourg: Office for Official Publications of the European Communities).

48) Financial Times, 16 October, 1998.

2004년 확장은 유럽연합은 역사상 가장 규모가 크고 그 여파가 넓은 사건이었다. 본 확장으로 인해 유럽연합의 회원국이 된 10개 신생 회원국 중 8개국은 구 공산권 출신이다. 이들 국가들이 유럽연합이란 새로운 정치, 경제 및 사회적 틀 속에서 잘 적응하도록 도와주는 것은 최대 현안이며, 관심사였다. 이런 배경 속에, 제4차 재정전망 2007-2013은 다음 3가지 원칙을 중심으로 수립되었다.

제4차 재정전망은 2006년 유럽연합 의회, 이사회 및 집행위 간의 2006기구간협의를 통해 재정되었다. 특히 제4차 재정전망은 기준가격을 매년 인플레이션을 반영하는 당해연도 가격으로 책정하였다. 또한 예산 상한선을 국민총생산 기준에서 국민총소득(GNI) 대비로 표기함으로써, 실제 경제활동을 충분히 반영하고자 했다. 이런 두 가지 원칙을 바탕으로 제4차 재정전망에 필요한 다년간 예산액이 책정되었다(표 3-31).

<표 3-31> 재정전망 2007-2013

(기준가격, 2004년 기준, 단위: 십억 유로)

	2007	2008	2009	2010	2011	2012	2013
지속가능한 성장	51,090	52,148	53,330	54,001	54,945	56,384	57,841
자연재원의 보호 및 관리	54,972	54,308	53,652	53,021	52,386	51,761	51,145
시민권, 자유, 안보 및 정의	1,120	1,210	1,310	1,430	1,570	1,720	1,910
글로벌 행위자로서의 EU	6,280	6,550	6,830	7,120	7,420	7,740	8,070
행정비용	6,720	6,900	7,050	7,180	7,320	7,450	7,680
보상	0,419	0,191	0,190	0,190			
자체재원 상한선 (%GNI)	1.24	1.24	1.24	1.24	1.24	1.24	1.24

출처: Council of the European Union, 2005, Financial Perspective 2007-2013, Brussels, 19 December 2005.

<표 3-32> 2007-2013년 재정전망 내용

항목	주요내용
공동농업정책	집행위, 2009년까지 CAP를 포함한 예산관련 근본적 개혁 보고서 제출
예산항목 명칭 변경과 우선순위	대폭적인 예산삭감으로 경쟁력 강화부문의 예산이 가장 크게 줄어 듬
영국 예산환급금	1) 일반화된 교정메커니즘(GCM)도입 실패 2) 영국 예산환급금: 2013년까지 최대 105억 유로 포기 3) 영국 외 독일, 네덜란드, 스웨덴, 오스트리아와 같은 4개 순예산납부국: 환급금에 대한 환급금 유지
신규재원 도입	1) 부가세 비중 인하: 0.5%에서 0.3%로 2) 예외: 여국 외 순예산납부국 - 오스트리아: 0.225% - 독일: 0.15% - 네덜란드, 오스트리아: 0.10%
GNI 기준 예산 상한선	1.045%(예정충당금 기준)

출처: 안병억, 「글로벌 금융위기와 유럽연합 예산」, p.134.

제4차 재정전망을 합의하기 위해서 많은 문제들을 다루어져야 했다. 순예산혜택국과 순예산납부국 간의 이견을 최소화하는 것뿐만 아니라, 국제사회에서 보다 강력한 영향력을 발휘하는 EU가 되도록 재정적 여건을 마련하는 것이 주요 안건이었다. 이런 현안들은 2005년 브뤼셀 이사회 타협을 거치면서 구체화되었다.

브뤼셀 이사회에서 결정 된 제4차 재정전망의 주요 내용을 살펴보면 다음과 같은 특징을 보인다. 우선, 경제적으로 낙후된 신생 회원국의 대거 가입과 그로 인해 발생한 재정 증액의 요구에도 불구하고 기존 회원국의 경제성장을 반영했을 때, 향후 전망은 그리 밝지만은 않았다. 경기 둔화로 인해 제3차 재정전망 때보다 낮은 수준의 자체재원을 수급해야만 했다. 따라서 제4차 재정전망 기간 동안 자체재원 상한선은 국민총생산의 1.27%로 제시되었고, 이는 제3차 재정전망에서 1.27%로 결정한 상한선보다도 낮은 것이다. 2005년 하반기 영국이 순회 의장국을 맡을 때 제4차 재정전망이 타결되었는데, 영국은 전통적으로 공동체 예산에 부정적 입장을 보인 국가라 건실한 공동체 예산 증액은 쉽지 않았다. 결국 브뤼셀 유럽이사회 회의 결과, 향후 7년간 할당된 공동체의 예산 규모는 예정충당금(total appropriations for commitments) 기준으로 약 8천 6백 23억 유로로 합의되었고, 이는 유럽연합 국민총소득의 1.045%에 그치는 수준이었다. 또한 〈표 3-32〉에서 보여주듯이, 리스본 아젠다의 내용을 반영해서, 예산항목의 명칭도 변경하였다.

공동농업정책에 사용될 예산에 대한 보다 심도 있는 개혁이 필요하다는 논의가 받아들여졌다. 이에 집행위는 2009년까지 예산의 여타 항목과 함께 공동농업정책에 대한 개혁안을 제시하였다. 이런 정황을 반영한 듯, 브뤼셀 이사회는 성장과 고용을 촉진하기 위한 경쟁력 강화 부문의 예산을 큰 폭으로 삭감하였고, 공동농업정책의 예산도 전체 예산의 30%수준까지 낮아졌다.[49]

영국에 대한 예산환급금의 문제도 심도 있게 다루어졌다. 제4차 재정전망이 시작되는 시점 영국의 일인당 국민소득은 공동체에서 가장 높은 것으로 집계 되었다. 일인당 국민소득 기준으로 최고의 부국이 된 영국이 계속해서 환급금을 요구하는데 한계가 있어 보였다. 그러나 2005년 제4차 재정전망 타결을 위한 정부간 회의에서 자국에 돌아올 환급금 금액 삭감을 최소화하기 위해 환급금 문제와 공동농업정책 개혁과 연계시키며, 영국은 자신의 입장을 고수하였다. 따라서 12월 브뤼셀 유럽이사회 협상을 통해 영국은 2013년까지 자신의 환급금 중 최대 1백 31억 유로를 포기하기로 합의하게 된다. 그러나 환급금의 혜택은 영국에게만 돌아가지는 않았다. 독일, 오스트리아, 스웨덴 및 네덜란드도 환급금에 대한 환급금을 계속해서 지급받게 되었다.

신규재원 도입에 있어서도 부과세에 의존하는 비율이 점점 낮아지고 있다

49) European Commission, European Union Public Finance, 2008, pp.259-261.

는 현상을 주목할 필요가 있다. 21세기에 가입한 대부분의 신규 회원국들은 구공산권 출신 빈국이다. 이들에게 부가세를 통한 공동체 재원의 갹출은 역진성의 문제만을 악화시키는 것이었다. 이런 문제에 대한 해법으로, 과거 공동체 예산 개혁에서도 꾸준히 제기되었던 부과세 비중을 인하시키는 방안이 채택되었고, 그로 인해 부가세 비율이 0.5%에서 0.3%로 인하되었다. 순예산납부국들도 유사한 혜택을 입었다. 오스트리아의 경우 부가세의 0.225%를, 독일은 0.15%를, 네덜란드와 스웨덴은 0.10%의 부가세만 지불하면 되었다. 이로서 2005년 말 기존 회원국의 부가세를 통한 재원 마련의 비율은 공동체 전체 예산 수입원에서 1.41%만 차지하게 되었다.[50] 그러나 이런 현상은 개별 회원국의 분담금 비율을 높이는 결과를 초래하였고, 초국가 차원의 예산 재원 마련의 노력에는 적신호로 평가되기도 했다.

제 4 절 우리나라에 대한 시사점

지금까지 본 장은 유럽연합 예산 정책의 현황 및 발전과 그 과정에서 발생하는 문제점 및 해결 방안에 대한 논의를 하였다. 유럽연합은 현재 진행되고 있는 지역 통합체 중 그 역사가 가장 길고, 통합의 폭이나 깊이도 가장 넓고 깊다. 그럼에도 불구하고, 통합을 효율적 이루기 위한 최선의 방법이 무엇인지에 대한 질문은 계속되었다. 이런 질문을 답하는 방법 중 하나가 바로 통합이란 전체의 그림 속에 예산 문제가 어떻게 조명되며, 그 속에서 어떤 식의 효율성이 요구되지를 고찰하는 것은 나름의 의의가 있다.

유럽연합이 공동체가 지향하는 정책이나 통치에 필요한 예산을 효율적으로

50) European Court of Auditors, Annual Reports concerning the Financial Year 2004.

마련하고 효과적으로 집행하는 것은 어쩌면 필요불가결한 선결과제이다. 역사적 실험의 사례를 볼 때, 현재는 한반도에 독립된 주권국가로 그 어떤 국가와도 지역공동체를 이루지 않고 있는 우리에게 몇 가지 시사점을 던져준다.

첫째, 통합의 대상으로 선정된 가상 회원국들 간의 빈부격차가 가지는 함의가 무엇인지 심사숙고해 볼 필요가 있다. 우리는 현재 동북아 지역에서의 통합에 대한 논의를 지난 10여 년 동안 펼쳐왔다. 그러나 여러 가지 이유로 인해, 그 통합의 첫 단추가 끼워지지 않고, 담론 수준에서만 머무르고 있는 실정이다. 이런 실정에서 유럽연합 통합사에서 예산의 문제가 주는 시사점 중 한 가지가 바로 빈국과 부국 간의 재정적 부담과 그에 따른 통합의 걸림돌과 시너지의 역학관계에 대한 재고의 필요성이다.

물론 통합이 이루어진 후 이런 문제에 대한 본격적인 조사와 평가 및 대책이 필요해 보일지 모르나, 실제 통합에 대한 본격적 논의를 보다 현실화시키기 위한 방법론적 견지에서 보았을 때 의의가 있다. 빈국과 부국 간의 재정적 분담에 대한 청사진을 유럽연합의 사례를 통해 보다 구체적이고 명쾌하게 논의한다면 통합으로 발생할지도 모른다는 막연한 기우어린 반대론자들의 의견을 어느 정도 무마하는데 도움이 되지 않을까 본다.

둘째, 통합의 가능성과 예산상의 문제를 극복하기 위한 제도적 시각에서의 논의가 필요하다는 시사점을 남긴다. 공동체 형성을 위해서는 분명한 절차적 수순이 필요하며, 그 순서는 통합의 진전 정도에 따라 다르다. 도이치(Deutsch)의 논의에 의하면, 우선 정치적 대화가 필요하며, 그에 따른 결정을 강제할 수 있는 제도가 필요하고 마지막으로 제도에 근거한 준수가 충분히 입증되어야 한다고 주장했다.[51] 이런 점을 보았을 때, 현재 동북아 지역의 통합은 어쩌면 대화의 단계에만 머물러 있다는 진단을 내릴 수 있다. 이럴 경우, 다음 단계로 합의된 사항을 이행을 강제할 제도가 필요한데, 이런 제도화 과정에서 유럽연합의 예산정책에서 보여준 일련의 제도화 과정이 필요하다.

51) Karl Deutsch et al., Political Community and the North Atlantic Area, Princeton: Princeton University Press, 1957.

그런 점에서 유럽연합의 선례에 대한 평가는 우리에게 주요한 시사점을 갖는다.

셋째, 통합에 있어 예산 문제에 대한 지도력의 문제와 연관한 문제가 발생한다. 유럽연합 통합사뿐만 아니라, 공동체 재정의 개혁에 있어서도 들로르라는 걸출한 인물의 지도력이 중요했다. 우리에게도 한반도를 중심으로 한 동북아통합과 그에 수반해 발생하는 재정적, 경제적 분담에 대한 보다 명확한 방향성을 제시할 수 있는 지도력이 필요하다. 이 지도력은 몇몇의 정치 지도자들로부터도 나올 수 있지만, 일단의 지도층의 집합체인 인식공동체(Epistemic Community)로부터도 가능하다. 이런 점을 고려하여, 통합의 시발에서부터 방향성을 제시할 수 있는 지도력 발굴 및 발전에 관심을 보일 필요가 있다.

마지막으로, 유럽연합의 예산 정책 발전사를 고찰해 보면 초국가성의 한계점을 발견할 수 있다. 공동체 차원의 예산이라면, 초국가성 강화에 일조하여야 한다. 그러나 예산 개혁이 점진될수록 개별 회원국의 입장을 보다 많이 반영한 정부간주의적 행태를 보이는 것을 발견할 수 있다. 우리를 포함한 지역공동체 형성에서도 이런 현상이 나타날 수 있고, 이에 대한 교훈을 현재 진행중인 유럽연합의 사례에 주목할 필요가 있다.

참고문헌

김시홍 외, 「유럽연합 학술용어사전」, 서울: 높이깊이, 2007.

안병억, 「한눈에 보는 유럽연합」, 서울: 높이깊이, 2008.

이무성, 「유럽연합의 사회통합 사례와 교훈: 동유럽 국가의 지역정책 이행에 관한 실태 조사 및 분석」, 서울: 집문당, 2009.

A. Greer, *Agricultural Policy in Europe*, Manchester: Manchester University

Press, 2005.

Brigid Laffan and Michael Shackleton, “The Budget: Who Gets What, When and How”, Policy-Making in the European Union, 4th ed., (Oxford: Oxford University Press).

Brigid Laffan and Johannes Linder, “Who Gets What, When and How?”, 2010.

Desmond Dinan, Ever Closer Union: An Introduction to European Integration, 2nd ed., (Hounmills:Macmillan), 1999.

Dick Ruimschotel, “The EC Budget: Ten Per Cent Fraud? A Policy Analysis Approach”, Journal of Common Market Studies, vol.32, no.2, 1994.

Ehlermann, C. D., “The Financing of the Community: The Distinction between Financial Contributions and Own Resources”, Common Market Law Reivew, Vol.19, No.4, 1982.

European Commission, Agenda 2000: For a Stronger and Wider Union, Com 97, final, 2000.

European Commission, European Union Public Finance, 2008.

European Commission, The Budget of the European Union: How is Your Money Spent?, 2000.

European Commission, The European Union Budget at a glance, 2010.

European Commission, The European Union Budget at a glance, Luxembourg: Publications office of the European Union, 2010.

European Commission, “Report by the Commission to the Parliament on the Financing of the Community Budget”, COM(87) 101 final, 1987.

European Commission, Investing in our Future: The European Union's Financial Framework 2007-2013, Luxembourg: Publications office of the European Union, 2010.

European Commission, From the Single Act to Maastricht and Beyond: The Means to Match our Ambitions, Feb, 1992.

European Commission, “Making a Success of the Single Act”, EC bulletin, suppl., 1/87, 1987.

European Commission, Reforming the Commission: White Paper, Part I, COM 200 final, 2000.

European Court of Auditors, Annual Reports concerning the Financial Year 2004, 2005.

Gary Marks, Fritz, W. Scharpf, Philippe C. Schmitter and Wolfgan Streeck, Governance in the European Union (London: SAGE Publications Ltd.), 1996.

Gary Marks, Lisbet Hooghe and K. Blank, "European Integration from the 1980s: State-Centric v Multi-Level Governance", Journal of Common Market Studies, vol.34, no.3, 1996.

George Ross, Jacques Delors and European Integration, Cambridge: Polity Press, 1995.

J, Inghelram, "The European Court of Auditors: Current Legal Issues", Common Market Law Review, vol.37, No.1, 2000.

Karl Deutsch et al., Political Community and the North Atlantic Area, Princeton: Princeton University Press, 1957.

Nugent, Neill, *The Government and Politics of the European Union*, 6th ed., (Houndmills: Palgrave Macmillan), 2006.

Tommaso Padoa-Schioppa et al., Efficiency, Stability and Equity: A Strategy for the Evolution of the Economic System of the European Community, Oxford: Oxford University Press, 1987.

제 4 편

유럽연합의 공공정책

제 1 장 유럽연합의 공공정책 과정

송 병 준(한국외국어대학교)

제 1 절 공공정책 결정기구와 과정

1 공공정책 결정기구

1) 기구 구성과 각 기구의 권한

대부분의 국제기구는 회원 각국의 대표들로 구성된 이사회(council) 및 회합(assembly) 그리고 기구의 실무 운영을 위한 사무국(secretariat) 등으로 구성되어 있다. 물론 몇몇 국제기구는 의회(parliament) 및 특정 임무를 수행하는 기능적 조직(functional group)이 설치되기도 한다. 이에 반해 유럽연합은 회원국의 이해를 대표하는 기구는 물론이고, 회원국 간 의사결정과 기능적 임무를 수행하는 초국가 기구 및 조직으로 구성되어 있다. 이외에도 각 지역과 지방정부를 대표하는 기구들까지 혼재되어 있다. 구조적 맥락에서 유럽연합이 일반적인 국제기구와 가장 차별화된 점은 초국가 기구라는 독특한 성격을 갖는 집행위원회(European Commission) 및 회원국 법원보다 우위에 있는 유럽연합차원의 사법기구인 사법재판소(Court of Justice)의 존재이다.

이러한 유럽연합의 모든 기구는 유럽연합운영조약 223조-287조(TFEU Art. 223-287)에 각각이 고유한 공적 권한이 명기되어 있다. 이외에도 유럽연합의 기구들은 50여 년간 진행된 통합과정에서 축적된 정보와 관행에 따라 다양한 비공식적 권한을 보유하고 있다. 유럽연합의 공식기구들 중에서 정책결정에 참여하는 기구는 집행위원회, 유럽이사회(European Council), 각료이사회(Council of the European Union) 및 유럽의회(European Parliament)로 한정된다. 여기서 유럽이사회는 조약수정, 회원국 확대, 거시적인 정치경제 방향 설정, 외교와 안보부분의 중요한 정치적 결정 등을 행하는 최고 정점에 위치한 정치적 의결 기구이다. 따라서 유럽연합 공공정책의 일상적인 운영을 위한 의사결정 기구는 각료이사회, 집행위원회 및 유럽의회로 한정된다. 이외에 유럽연합의 자문기구인 지역위원회(CoR)와 경제사회위원회(ESC) 역시 정책결정 과정에 참여하지만 특정 정책분야에서 공적 구속력이 없는 권고(recommendation) 및 견해(opinion) 제출에 머물러 엄밀한 의미에서 정책결정 권한은 없다고 볼 수 있다.

유럽연합은 공공정책결정에 있어 여타의 국제기구와는 비교할 수 없는 다양하고 복잡한 절차를 두고 있다. 이러한 복잡한 구조는 주로 집행위원회, 각료이사회 및 유럽의회 간 권력균형 속에서 협력과 조정을 위해 만들어진 것이다. 유럽연합 공공정책 과정에서 가장 중요한 행위자는 집행위원회이다. 집행위원회는 유럽연합의 공공정책 입안과정에서 입법제안(proposal)을 독점하고, 이후 최종입법에 근거하여 정책을 만들고 실행하는 중심적인 행위자이다. 이 점에서 집행위원회는 입법기구이며 동시에 행정기구라는 이중의 성격을 갖는다.

한편 이사회는 회원국 정부 관료들 간 정례화된 회합인 각료이사회와 리스본조약(Treaty of Lisbon) 조약 체결 이후 상임의장직 구조로 바뀐 유럽이사회로 구성된다. 통상 이사회(Council)라고 칭하면 각료이사회를 의미한다. 각료이사회와 유럽이사회는 모두 일종의 정부 간 기구의 성격을 내포하므로 외교와 안보와 같이 회원국의 주권에 영향을 미치는 정치적 이슈를 주로 다룬다. 또한 통상의 국제기구와 유사하게 만장일치(unanimity) 혹은 다수결(majority)로 의사를 결정한다. 이외에도 각료이사회에서는 유럽연합만의 독특한 시스템인 가중다수결표결(QMV: Qualified Majority Voting) 방식을 널리 사용하고 있다. 또한 유럽이사회는 유럽연합에서 최고 정점에 있는 정치적 합의기구로서 리스본조약 이후에는 유럽연합의 외교와 안보 부분을 대외적으로 대표하는 기구로 그 권한이 강화되었다.

이외에 유럽연합 회원국에서 직접선거로 선출된 의원으로 구성된 유럽의회는 예산통제 기능을 갖고 여러 정책과정에 직간접적으로 관여한다. 초국가정책 과정의 경우 모든 입법과정에서 유럽의회가 의제의 수정 권한을 갖고 참여한다. 또한 국제적 조약과 같이 주요한 이슈에서는 유럽의회가 최종적으로 동의(assent)를 해야 입법화된다. 이와 같이 외교안보와 조세 등 여전히 회원국의 권한이 큰 몇몇 공동정책을 제외하고 대부분의 유럽연합 공공정책에서는 집행위원회, 각료이사회 및 유럽의회간 엄격한 권력균형에 의해 상호합의 하에 정책결정이 이루어진다.

한편 정책영역에 따라서도 기구 간 권한이 상이하다. 일상적인 공동정책의 운영과정에서는 행정부의 기능을 수행하는 집행위원회가 중심적인 정책결정자이며 정책실행자이다. 집행위원회가 중심적인 행위자로 위치한 공동농업정책(CAP: Common Agricultural Policy)과 통상정책(CCP: Common Commercial Policy)은 대표적 경우이다. 특별히 통상정책의 경우 반덤핑의 판결과 집행과 같은 부분에서는 집행위원회가 절대적인 권한을 갖는다. 그러나 대외무역협상은 집행위원회가 27개 회원국을 대표하여 단일 행위자로 나서지만 회원국의 이해를 대표하는 각료이사회가 매 단계에 개입한다. 반면에 외교, 안보 및 조세정책조정 등 외교안보와 사회정책은 집행위원회의 간섭을 최소한 가운데 회원국 정부가 주도적인 정책결정 권한을 보유한다. 따라서 이러한 정책은 대부분 각료이사회에서 정부 간 합의를 통해 결정된다.

<표 4-1> 유럽연합 공공정책 과정에서 주요 기구의 권한

기구	이해관계 대표	결정방식	권한
집행위원회	유럽연합	공동결정	▪ 공동결정에서 의제제안권 독점 ▪ 무역, 경쟁, 단일시장정책 등 일부 공동정책 독립적 결정 및 집행
유럽의회	시민사회		▪ 공동결정에서 수정권한 ▪ 조약수정 회원국가입, 대외조약체결 등에 동의권한
각료이사회	회원국 정부	공동결정 및 정부간 합의	▪ 공동결정에서 최종 결정권한 ▪ 공동외교안보 및 방위정책, 조세, 복지, 산업정책 등 일부 정책에서 독립적 정책결정 및 회원국 간 조정
유럽이사회		정부간 합의	▪ 정치적 최고 의결 ▪ 공동외교안보 및 방위정책 주요 정치적 사항 결정

또한 여전히 조약수정과 제도개혁과 같이 주요한 정치적 결정은 회원국 간 정치적 협상에 의존한다. 이외에도 외교안보와 내무사법, 복지 및 조세와 같이 회원국간 선호의 간극이 크고, 기존 정치질서에 직접적인 영향을 미치는 정책들은 여전히 국민국가의 배타적 권한에 위치한다. 이 경우에 유럽 차원에서 조정이 필요하다면 회원국들은 초국가 기구의 개입을 최소화한 가운데 정부간(intergovernmental) 조정을 꾀한다.[1] 물론 이러한 정부 간 조정은 국가 간 일반적인 외교적 협상과는 성격이 상이하다. 유럽연합에서 정부 간 조정과 협력은 조약에 따른 제도화된 구조 속에서 오랜 시간을 두고 관행화된 규범과 합의기제를 통해 이루어진다. 한편 2000년대 들어서는 정보화사회정책 등에서

1) Alex Warieigh, "Towards Network Democracy? The Potential of Flexible Integration", Mary Farrell (eds.), European Integration in the 21st Century, London: Sage, 2002, pp.108-109.

관련 사회적 행위자들이 참여하여 비공식적인 절차를 통해 정책을 결정하고 시행하는 새로운 정책결정 방식이 급속도로 확장되고 있다. 결론적으로 유럽연합은 정책영역에 따라 초국가 기구와 회원국 간에 권한을 공유한 기능적인 거버넌스이다. 이 과정에서 유럽 차원에서 조직화된 사회적 행위자들과 지방정부들이 직간접적으로 정책과정에 개입한다.[2)]

2) 기구 간 권한배분과 실무수준의 합의

유럽연합의 공공정책 과정이란 집행위원회, 각료이사회 및 유럽의회를 망라한 초국가 기구들이 상호간 경쟁과 협력을 통해 공동정책을 결정하고 집행하는 정치적 행위이다. 이외에 유럽연합의 정책과정은 자문기구와 사회적 행위자들이 참여하는 정책네트워크 시스템을 통해 운영된다. 따라서 유럽연합의 정책과정은 행위자 간 위계적 혹은 완전한 수평적 구조가 아니라, 정책영역에 따라 기능적 의존관계가 형성된 구조이다. 예를 들어 유럽연합의 대표적인 정책과정인 공동결정(codecision)에서는 어느 한 기구가 여타 기구의 동의를 얻지 못하면 의사관철이 불가능하다.[3)]

집행위원회와 각료이사회는 각각 제안권(proposal)과 최종 결정권을 갖는다. 따라서 각료이사회는 집행위원회의 제안이 제기되지 않는다면 의사를 관철할 수 없다. 역으로 집행위원회의 제안은 각료이사회의 일반입장(common position)은 물론이고 유럽의회의 수정권(amendment)을 통해 제기하는 이해관계를 수용해야 입법화된다. 그러므로 집행위원회가 제안권을 독점하여도 유럽의회나 각료이사회의 지지를 얻지 못하면 의사결정은 원천적으로 불가능하다. 이와 같이 유럽연합에서는 초국가 기구나 회원국 중 어느 한쪽이 의제를 설정하고 정책과정을 통제할 지배적 권력을 갖지 못한다. 즉 정책과정에서 권력은 분산

2) Elizabeth Bomberg and Alecander Stubb, The European Union: How Dose It Works, Oxford: Oxford University Press, 2004, pp.139-140.

3) Les Metcalfe, "Reforming the Commission", European Institute of Public Administration, EIPA Scope 99/3-1, Belgium, 1999, p.7.

되어 있다.[4)]

일상적인 공동정책의 운영과정에서는 행정부의 기능을 수행하는 집행위원회 내부의 총국(DG: Directorate General)이 중심적인 정책결정자이며 정책실행자이다. 집행위원회 내 총국이 중심적인 행위자로 위치한 공동농업정책, 경쟁정책 및 통상정책은 대표적 경우이다. 물론 이러한 실무관료 수준의 권한은 각료이사회와의 합의와 권한 위임에 따른 것이다. 일예로 대외무역협상 과정에서는 회원국의 이해를 대표하는 각료이사회와 회원국 관료들로 구성된 133조 위원회(Committee 133)가 매 단계에 개입한다.[5)] 반면에 여전히 조약수정, 제도개혁 및 외교, 안보 및 조세정책조정 등은 집행위원회의 간섭을 최소한 가운데 회원국 정부가 이사회를 통해 주도적인 정책결정 권한을 보유한다. 그러나 회원국이 독립적인 권한을 갖는다고 하여도 정책결정의 매 단계마다 집행위원회 내 총국의 자문과 정보제공 등 기술적인 지원을 받는다. 또한 정책의 실행과정에서는 집행위원회의 정책운용과 감독기능에 의존한다.

중요한 사실은 유럽연합의 일상적인 정책결정 과정의 주 행위자는 각료이사회와 집행위원회의 실무관료라는 점이다. 유럽연합은 주권국가와 같이 집행위원회로 대표되는 초국가 기구를 정점으로 권한이 배분된 구조가 아니다. 또한 회원국 정부가 절대적인 권한을 갖는 구조 역시 아니다. 유럽연합이 전례가 없는 독창적인 정치시스템(unique system)이라는 사실은 이러한 복잡한 정책결정과정에서 확인할 수 있다. 유럽연합은 초국가 기구로 권한이 집중되거나 초국가와 국가간 위계적으로 권한이 배열된 통치구조가 아니라 정책에 따라 권한이 분화된 수평적 구조이다. 이에 따라 각 정책마다 보다 효과적인 정책결정을 위한 고유한 정책과정이 존재한다. 이는 곧 모든 정책에 걸쳐 융합된 합리성을 구현하기 위한 구조로 공식적인 절차 이외에 비제도화된 정책과정

4) Jörgen Neyer, "Discourse and Order-On the Conditions of Governance in Non-Hierachial Multi-Level Systems", Advanced Research on the Europeanisation of the Nation-State, Working Papers 02/09, 2002.

5) 133조 위원회는 리스본조약 체결로 명칭이 변경되었다.

에도 이러한 구조가 정착되어 있다.6)

따라서 유럽연합은 회원국과 집행위원회 내 관료들이 위계적 구조를 배재하고 기능적 임무에 따라 결합한 네트워크로 일종의 '정부 없는 행정(administration without government)' 구조라 할 수 있다. 이 과정에서 정책네트워크의 허브를 점한 집행위원회의 총국을 중심으로 회원국 정부 관료로 구성된 상주대표부와 비공식화된 합의가 일상화되어 있다. 이러한 구조에 따라 정치적 판단을 요하거나, 회원국 간 의견을 조정해야 하는 주요한 결정을 제외하고 대부분의 일상화된 사안은 집행위원회 총국과 각료이사회 내 상주대표부(CoOREPER)와의 합의를 거쳐 상주대표부 수준에서 결정된다.7)

또한 세부적인 정책의 입안과 기술적 사항들은 각료이사회와 집행위원회에 산재한 각종 실무그룹(working groups)과 전문가위원회(export committees)가 담당한다. 일반적으로 실무그룹과 전문가위원회는 각각 200-300여개가 활동하고 있다. 사안에 따라 수개월에서 수년까지 존속하는 이들 실무그룹과 전문가위원회는 회원국 정부의 관료, 유럽연합 기구 밖의 전문가들과 집행위원회 관료들이 참여한다. 이외에도 공동통상정책의 경우 상설화된 위원회인 133조 위원회가 집행위원회와 정책결정 과정에서 긴밀한 협력을 취한다. 또한 공동농업정책은 1958년에 만들어진 유럽 차원의 농업단체위원회(COPA: Committee of Agricultural Organizations in the European Union)가 일종의 압력단체이며 동반자로 정책과정에 깊숙이 개입한다.

이 결과 유럽연합의 정책과정은 다수결 표결이라는 공식적 합의기제와 비공식적인 실무합의가 공존하지만, 통합의 진척에 따라 후자의 합의기제가 확대되어 왔다. 대개의 경우 각료이사회 및 상주대표부에서 표결 대신에 실무수준의 비공식화된 협상을 통해 합의를 도출한다. 따라서 공동결정절차에서 각료이사회의 최종결정은 집행위원회, 유럽의회 및 각료이사회 내의 위원회 및

6) Rainer Eising, "Clientelism, Committees, Pluralism and Protests in the European Union: Matching Patterns?", West European Politics, Vol.31, No.6, 2008, p.1176.

7) Frank M. Hage, "Committee Decision-making in the Council of the European Union", European Union Politics, Vol.8, No.3, 2007, p.303.

실무그룹(working groups) 간 논의와 집행위원회 총국 및 각료이사회 상주대표부간 합의를 확인하는 절차에 불과하다고 할 수 있다. 특별히 1992년 마스트리히트조약 체결 이후 초국가 수준에서 사회적 규제가 증가하고 이에 따라 정책과정이 보다 세분화되면서 실무수준에서 비공식적인 합의기제가 더욱 깊게 뿌리를 내리게 되었다.[8]

2 공공정책 결정기구 간 네트워크

1) 유럽연합 내부의 정책네트워크

집행위원회는 유럽연합 내에서 각료이사회 그리고 유럽연합 밖에서는 다양한 사회적 행위자와 일종의 사회적 동반자(social partners) 관계를 형성하여 정책네트워크의 허브로 기능한다. 집행위원회는 이미 1980년대 말부터 회원국의 중앙 및 지방정부뿐 아니라 유럽 차원의 많은 공적 기구와 정책네트워크를 공식적으로 형성하여 왔다. 이에 따라 집행위원회는 유럽의회와 각료이사회에 비해 상대적으로 손쉽게 정보를 취득하고, 이해관계에 부합토록 사회적 지지를 이끌어낼 수 있다. 이러한 구조에 기인하여 집행위원회는 제도화된 공적 권한 이상의 영향력을 갖는다. 무엇보다도 집행위원회는 속성상 각료이사회보다 폭넓은 공동의 이해를 추구함으로써 유럽연합 내부의 정책과정에서도 자연스럽게 정치적 중재자이며 기술적 조정자의 위치를 점하게 되었다. 이에 따라 유럽연합의 일상화된 정책과정은 집행위원회를 허브로 한 정책네트워크 내에서 초국가관료들 간 협상(inter-institutional bargaining)의 성격을 내포하게 되었다.[9]

---

8) Rainer Eising, op. cit., p.1176.

9) Ingeborg Tommel and Amy Verdun eds., Innovative Governance in the European Union in the European Union: The Politics of Multilevel Policymaking, London

한편 유럽연합의 공공정책 과정에서 두드러진 현상은 집행위원회를 중심으로 한 유럽관료(Eurocrat)와 회원 각국의 정치엘리트 및 기술관료 간 협상과 타협을 통해 정책이 결정된다는 점이다. 따라서 유럽연합의 공공정책 과정은 매우 고도화된 기술합리성을 배경으로 발전한 것이며 그 배경은 유럽연합 내부의 정책네트워크이다.[10] 유럽연합 내부에서 정책네트워크는 다음과 같이 운영된다. 먼저 집행위원회의 경우 업무내용을 달리하는 각 총국에서 합의가 이루어지지만, 필요하다면 해당 정책을 다루는 전문가위원회로부터 기술적 도움을 받는다. 반면에 집행위원회보다 위계구조가 명확한 각료이사회에서는 실무그룹에서부터 합의를 진행하고 이후 회원국의 실무관료들로 구성된 상주대표부에서 대부분의 정책이 결정된다.

유럽의회 역시 일상적인 안건은 상임위원회(Standing Committee) 수준에서 의견이 수렴된다. 이후 3개 기구 실무기구들 간 비공식화된 회합을 통해 의견이 조정되고 결정이 이루어진다. 이와 같이 일상화된 유럽연합의 정책과정은 네트워크 거버넌스(network governance) 안에서 실무자 간 합의가 이루어지고, 이후 상주대표부와 총국에서 정치적 조정과 공식적인 결정이 행해진다. 이와 같이 실무수준에서 비공식화된 합의가 광범위하게 이루어지는 이유는 공식적인 합의기제보다 신속한 의사결정이 가능하고, 동시에 반복되는 행위자 간 회합을 통해 정책 산출의 예측성을 꾀할 수 있다는 장점 때문이다.

유럽연합 내부에서 정책네트워크의 핵심은 집행위원회와 각료이사회 내 실무관료 간 상호의존적인 관계이다. 양 기구의 의존관계는 정책 특성, 참여 행위자의 수, 행위자의 직책 및 관여 정도 등에 따라 다양한 수준에서 이루어지고 있다. 집행위원회가 의제를 결정하면 해당 총국에 위임하여 입법제안을 만든다. 이러한 입법제안 단계에서 상주대표부와 총국 간 공식, 비공식적인 회합이 이루어진다. 또한 집행위원회가 제기하는 의제제안의 기술적이며 세부적

Lynne Rienner, 2009, p.31.

10) Alex Warieigh, "Towards Network Democracy? The Potential of Flexible Integration", European Integration in the 21st Century. Mary Farrell eds. London, Sage, 2002, p.104.

인 내용은 집행위원회 내부에서 최하위 위계에 있는 위원회에서 만들어지며 이 과정에서 역시 각료이사회의 최하위 위계에 위치한 실무그룹과 협상과 정보교환 등이 이루어진다. 따라서 공공정책을 위한 정책과정은 관료조직 최하위 단위인 실무그룹과 위원회 간 합의 그리고 상주대표부와 총국 간 합의를 거쳐 각료이사회로 넘어가 최종 결정이 이루어진다. 이 과정에서 유럽의회의 해당 상위위원회 역시 참여한다.

<그림 4-1> 유럽연합 내부의 정책네트워크

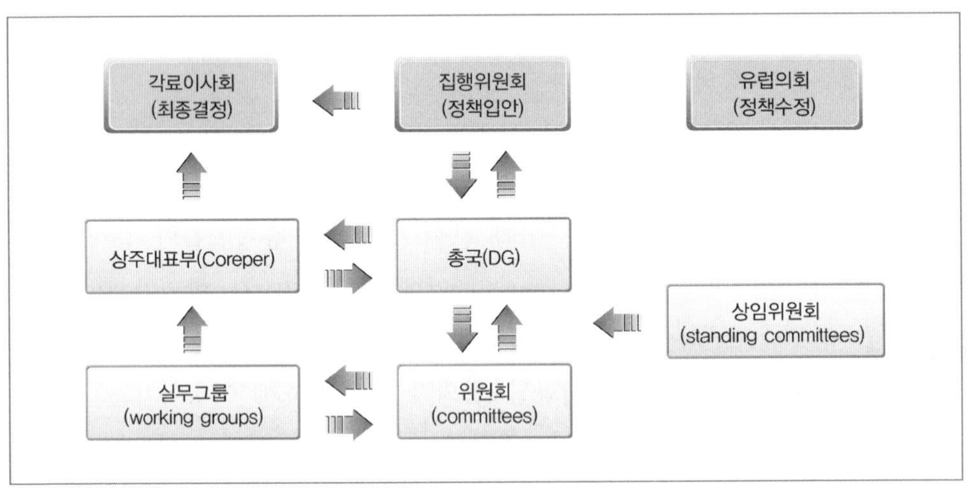

2) 유럽연합과 외부 기구와의 정책네트워크

유럽연합의 공공정책 결정과 집행과정에는 다양한 행위자의 이해관계가 투입된다. 회원국의 의사는 유럽이사회와 각료이사회를 통해 구현되며, 유럽연합 차원의 이해관계는 집행위원회 그리고 다양한 시민사회의 이해관계는 유럽의회가 대변한다. 또한 자문기구인 지역위원회와 경제사회위원회는 유럽연합 내 지방정부, 노조, 사용자집단의 의사를 공식적으로 개진하는 통로이다.

이러한 공식적인 정책과정 이외에 유럽연합 밖에서 다양한 NGO, 기업 등 사회적 행위자들 역시 여러 공식·비공식적인 정책네트워크를 통해 개입한다. 또한 이들 사회적 행위자들은 필요하다면 집행위원회에 동반자관계(partnership)를 맺고 정책과정에 참여하거나, 유럽의회에 대한 로비를 통해 우회적으로 의사를 표명한다. 이와 같이 다양한 사회적 행위자들이 유럽연합의 공공정책 과정에 개입하게 된 계기는 1990년대 초반 이른바 유럽연합이 채택한 입법과정의 신접근(New Approach) 전략에 기인한다. 당시 집행위원회는 1992년까지 단일시장(single market) 완성을 목표로 계획을 추진하면서 시장통합과 경제정책 관련 기술적 입법은 유럽 차원의 공적 기구에 권한을 위임하였다. 이 결과 공공정책 과정에서 집행위원회와 사회적 행위자간 협력이 매우 공고하게 형성되었다.

특별히 표준화정책 및 유럽 차원의 보건과 안전규정제정 등은 1990년대 전반에 걸쳐 집행위원회와 산업계 간 정책네트워크를 통해 만들어지고 운영되었다. 즉 1990년대 전반에 걸쳐 유럽표준화기구(CEN: European Committee for Standardization) 및 유럽전기전자표준화기구(CENELEC: European Committee for Electrotechnical Standardization)와 같은 독립적인 기구들이 유럽연합의 정책과정에 깊숙이 관여하였다. 극단적인 경우 이들 산업계의 기구들은 특정 기업이나 회원국의 이해관계를 엄격하게 통제하여 유럽적 이해를 도출토록 압력을 행사하기도 하였다.

신접근전략에 따른 입법이 큰 효과를 거둔 것은 집행위원회가 유럽연합 내 산업계, NGO 및 지방정부들과 이른바 동반자관계를 통한 제도화된 정책네트워크를 구축하였기 때문이다. 집행위원회는 1980년대 말부터 단일시장계획이 본격화되면서 사회적 행위자의 정책과정 참여를 위한 사회적 동반자(social partnership) 관계를 설정하였다. 동반자관계(partnership)는 1988년 구조기금(structure fund) 정책과 관련된 공동체규정(Regulation EEC)2052/88)에서 제기된 것으로 집행위원회와 회원국정부 그리고 국가, 지방 혹은 여러 수준에서 존재하는 파트너들과 밀접한 협의를 통해 공동의 목적을 수행하는 것이다. 이러한 물론 동반자관계는 정책생성부터 재정, 모니터링과 시행평가 등 정책과정 전반에 걸쳐 이루어진다.

교육정책은 이러한 특징을 명확히 보여준다. 유럽연합의 교육훈련 프로그램의 하나인 다빈치프로그램(Leonardo da Vinci)의 경우 집행위원회, 회원국 정부, 지방정부 및 관련 사회적 행위자들이 정책네트워크를 형성하여 정책을 진행한다. 무엇보다도 유럽연합의 공공정책과정에서 정책네트워크가 가장 활성화된 분야는 지역정책(regional policy)이다. 지역정책은 집행위원회의 의제제안, 이후 각료이사회에서 기금배분 지역과 지원액 결정 그리고 집행위원회와 지방정부 간 공동시행 등으로 정책결정과 집행과정이 단계적으로 구성된다. 먼저, 지역정책의 형성단계에서는 집행위원회와 지방정부 간 정책네트워크를 통해 지역적 이해가 취합된다. 이후 집행위원회와 각료이사회 간 공동결정이 이루어진다. 물론 가장 민감한 정치적 문제인 지역 간 기금할당은 여전히 각료이사회에서 정부 간 협상을 통해 결정한다. 그러나 정책의 집행은 집행위원회와 해당 지방정부가 정책네트워크를 통해 각 지역의 특성에 맞는 고유한 프로젝트를 만들어 진행한다.

특히 1990년대 걸쳐 진행된 시장통합과 더불어 유럽연합 차원에서 경제사회적 규제가 증가하면서 사회적 행위자들과 집행위원회 간 정책네트워크가 괄목하게 증가하였다. 이 결과 집행위원회는 유럽 차원의 사회적 행위자 및 지방정부와 공고한 정책네트워크를 형성하여 회원국에 비해 상대적으로 우월적인 기능적 능력을 확보하였다. 특별히 규제정책(regulatory policy)과 같이 산업계에 직접적으로 영향을 미치는 정책의 경우 집행위원회와 산업계 간 정책네트워크가 정책결정에 결정적인 영향을 미치게 되었다. 규제정책 입법과정에서는 산업계가 집행위원회와 협력을 꾀하며 동시에 회원국 정부에게 유럽적 규제 수용에 대한 압력을 행사하는 것이 일반화되어 있다. 따라서 산업계의 지지를 통해 만들어진 집행위원회의 의제는 각료이사회에서 파기되거나 혹은 대폭적인 수정이 이루어지기는 힘든 구조가 되었다. 이러한 현상을 볼 때 유럽연합의 공공정책 과정은 브뤼셀에 한정되지 않고 정책네트워크를 통해 통합된 유럽연합의 시장과 국내정치와 밀접한 연관을 맺고 상호 영향을 미친다는 것을 알 수 있다.

3 분화된 공공정책 결정과정

1) 정책 유형에 따른 분화

유럽연합이 다양한 정책결정 방식을 갖는 것은 여러 공동정책의 성격이 상이하기 때문이다. 단일시장을 만들고 운영하는 정책인 경쟁정책은 모든 회원국에게 경제적 이해를 도모한다. 따라서 이러한 정책은 유럽연합 차원의 공동체 방식(Community method)으로 정책을 결정하고 운영하는 것이 효과적이다. 그러나 교육과 문화정책과 같은 사회정책은 회원국마다 상이한 문화와 역사적 전통에 따라 27개 회원국이 동일한 공동정책을 취하는데 한계가 있다. 특히 외교 및 안보정책은 회원국의 국가이익과 존립에 결정적인 중요성을 갖는 정책이다.

그러므로 이러한 정책들은 회원국 간 합의 중심의 수평적인 조정을 통해 최소한의 수준에서 공동정책을 부과할 수밖에 없다. 나아가 유럽연합 차원에서 단일의 공동정책이 필요하지만, 모든 회원국 내부의 정치, 경제적 상황도 반영해야 하는 정책의 경우 유럽연합과 회원국이 공동으로 정책을 결정한다. 이는 곧 회원국가 유럽연합이 권한을 공유한 것으로 단일시장, 조약에 명기된 사회정책, 경제, 사회 및 영토적 결속(cohesion), 농업 및 어업정책 등은 그 예이다. 나아가 기업과 노조 등 다양한 사회적 집단의 이해관계를 반영하거나. 이들에게 정책결정을 위임해야 하는 경우도 있다. 이러한 경우 정책결정과정을 폭넓게 개방하여 여러 이익집단과 전문가의 참여를 유도한다. 이러한 유럽연합의 공공정책은 경제통합정책과 경제사회정책 및 정치, 외교안보정책으로 구분할 수 있다.

① 경제통합정책

경제통합정책은 유럽통합 초기부터 실행한 정책이다. 경제통합정책을 보다 세분화하면 시장창출(creation), 운영(administration) 및 보완(correcting) 정책 등으로 구분 할 수 있다. 시장창출정책은 유럽연합이 추구하는 전통적인 경제통합정책이다. 이는 생산요소의 자유 이동을 통한 시장통합과 이러한 시장을 원활하게 유지하기 위해 실행하는 통상정책과 경쟁정책 및 관세정책 등을 망라한다. 이러한 정책에서는 유럽연합이 단일의 공동규정(regulation)과 지침(directive)을 통해 위계적으로 시장과 국가에 정책을 부과한다. 즉 정책결정과 실행 권한은 유럽연합이 배타적으로 보유한다. 시장운영정책은 다양한 비관세장벽 철폐를 통해 단일시장의 기능을 유지하는 정책으로 본 정책영역에서는 회원국 간 정치적 조정 역시 병행된다. 통화통합, 각국 간 재정조율 및 상호인증(mutual recognition) 원칙의 확대 등은 이러한 예이다. 한편 시장시정정책은 시장운용과 왜곡을 시정할 일종의 과정적 조치(process regulation)로 노동시장정책 및 일부 사회적 규정을 포함한다. 이와 같이 시장 창출, 운영 및 시정을 위한 정책은 대부분 유럽연합이 배타적 권한을 보유하거나 회원국과 권한을 공유한다.

② 경제사회정책

경제사회(socio-economic)정책은 원활한 시장운영과 시장통합이 야기한 다양한 사회적 문제에 대응한 정책으로 시장보완과 사회통합의 성격을 갖는다. 통합된 시장은 필연적으로 각국의 복지정책과 시스템에 영향을 미칠 수밖에 없다. 따라서 경제사회정책은 시장통합이 야기한 복지의 축소와 같은 부정적 영향을 시정하는 정책이다. 이러한 정책은 각국의 상이한 복지시스템을 고려하여 회원국 정부 간 조정에 의해 정책이 결정된다. 교육과 노동시장 및 사회적 보호 같은 정책은 그 예이다. 대표적 예로 R&D정책과 산업정책은 일종의 경제정책으로 여러 프로그램들이 유럽연합 차원에서 공동정책으로 시행되지만 동시에 국가 간 비대칭적인 경제적 능력을 완화하는 시장 보완적 성격을 갖는다.

한편 여기에는 비경쟁적 국가와 지역에 대한 보상적 개념에서 시행하는 지역 및 산업정책 역시 포함한다. 지역과 산업정책은 보다 많은 기금수혜를 받으려는 회원국 간 첨예한 정치적 이해가 엇갈리므로 회원국 간 정치적 협상에 의해 기금이 배분되고 정책이 실행된다. 이와 같이 경제사회정책은 유럽연합과 회원국이 권한을 공유하면서 실행하는 소비자보호정책과 환경정책과 같은 정책을 포함한다. 또한 여기에는 회원국이 권한을 갖고 유럽연합이 보완적으로 지원하는 산업정책, 교육 및 직업훈련 그리고 청소년정책 등을 포함한다.

<표 4-2> 유럽연합 공공정책의 유형

<table>
<tr><th colspan="3">경제통합</th><th rowspan="2">경제사회정책
(일부 시장시정과
재분배정책)</th><th rowspan="2">정치 /
외교안보협력</th></tr>
<tr><th>시장창출</th><th>시장운영</th><th>시장시정</th></tr>
<tr><td>▪ 경쟁정책
▪ 시장자유화</td><td>▪ 통화정책
▪ 노동이동
▪ 상호인증
▪ 재정조율
▪ 보건 / 안전
▪ 서비스시장
▪ 경제적 조화</td><td>▪ 작업장안전
▪ 성차별철폐</td><td>▪ 지역기금
▪ 산업정책
▪ R&D정책
▪ 공동농업정책 개혁
▪ 사회협력 / 기금
▪ 중기예산
▪ 교육
▪ 사회적 보호 / 배제</td><td rowspan="5">▪ 시민권
▪ 법적 부과 및 해석
▪ 내무사법정책
▪ 외교정책
▪ 안보방위정책</td></tr>
<tr><td></td><td></td><td colspan="2">▪ 노동(법)</td></tr>
<tr><td></td><td colspan="2">▪ 과세(금융/상품)
▪ 부가가치세
▪ 환경정책</td><td></td></tr>
<tr><td colspan="3">▪ 무역협상
▪ 공동농업정책 운영</td><td></td></tr>
<tr><td colspan="4">▪ 보건</td></tr>
</table>

③ 정치, 외교안보정책

정치 및 외교안보협력은 기존에 순수한 회원국의 주권적 영역이었다. 그러나 1992년 마스트리히트조약 체결로 공동외교안보정책(CFSP)와 내무사법협력(JHA)이 생성되어 정부 간 조정을 통해 실행되고 있다. 정치 및 외교안보협력은 정치통합으로 가는 중요한 정책으로, 아직까지는 유럽연합이 깊숙이 관여할 수 없는 영역이다. 그럼에도 회원국 간 이해가 일치하는 국경통제정책의 경우 집행위원회가 중심이 된 유럽연합 차원의 초국가정책으로 시행되고 있다.

유럽연합은 미국과 같이 완전한 연방수준의 정치적 통합이 이루어진 것은 아니다. 그럼에도 일반적인 국제기구와는 비교할 수 없을 정도로 초국가화된 통합체이다. 또한 이러한 통합수준이 시간이 경과하면서 더욱 높아지고 있다. 그러므로 유럽연합과 회원국들은 공공정책의 유형과 성격 그리고 국내정책과의 연관 등 여러 사항에 따라 정책영역마다 권한을 달리한다. 이 결과 유럽연합은 다양한 공공정책 결정방식이 만들어졌다.

(비고) 공동정책은 매우 포괄적인 세부 프로그램으로 구성되고, 이들 프로그램 간 성격이 상이하므로 특정 유형으로 엄밀하게 분류하기 힘들다. 따라서 시각에 따라 정책 범주가 차이를 보일 수 있다.

2) 공공정책 결정방식 유형

유럽연합은 통합의 진척에 따라 다양한 속성을 갖는 공공정책이 존재하므로 이에 상응한 정책결정 방식 역시 다변화되어 있다. 이를 크게 분류하면 유럽연합 차원에서 실행하는 공동체방식, 회원국 간 합의 중심의 정부 간 조정 그리고 유럽연합과 회원국 간 협력과 여러 사회적 행위자가 참여하는 융합적 방식으로 구성된다.

① 유럽연합 차원의 정책결정 방식

유럽연합 차원의 정책과정은 유럽연합 기구 간 권력균형과 기능적 분할이라는 제도화된 구조 속에서 이루어진다. 본 정책과정은 통상 공동체 방식

(Community method)으로 불리며 대부분의 정책이 공동결정절차(codecision procedure)로 결정된다. 따라서 유럽연합 차원의 정책과정은 곧 공동결정절차로 이해 할 수 있다. 본 정책과정에는 집행위원회, 각료이사회 및 유럽의회가 제도적으로 동등한 권한관계에 있으며 각각 정책제안, 수정 및 최종결정 권한을 갖는다. 유럽연합 차원의 정책과정은 3개 유럽연합 기구 간 엄격한 절차에 따라 표면상 다수결원리로 정책이 결정된다. 다수결원리는 각료이사회 및 유럽의회 내부의 의사결정에도 적용된다. 그러나 현실에서는 3개 유럽연합 기구 내 실무관료들이 일상화된 접촉을 통해 엄격한 표결원리 대신 합의 중심으로 정책을 결정한다. 대부분의 경제통합 관련 정책이 본 정책과정을 통해 결정된다. 또한 집행과정에서는 주로 집행위원회가 정책을 실행하지만 표준화 정책과 같은 기술적 정책은 유럽표준화기구(CEN) 및 유럽전기전자표준화기구(CENLEC)와 같은 유럽연합 밖의 기구에 결정과 집행을 위임하기도 한다.

② 정부 간 조정

정부 간 조정은 회원국을 대표하는 유럽이사회와 각료이사회가 중심이 된 정책결정과정이다. 유럽연합은 아직 완전한 연방수준의 정치사회적 통합에 이르지 못하였다. 때문에 외교안보 및 사회정책 그리고 조세와 문화정책 등 회원국 간 상이한 이해가 존재하는 정책은 유럽연합이 일괄적으로 정책을 결정하고 실행하기 곤란하다. 따라서 여기에서는 회원국 간 합의에 따라 정책이 결정된다. 물론 이러한 정부 간 조정은 국가 간 일반적인 외교적 협상과는 차이를 갖는다. 유럽연합에서 정부 간 조정은 조약에 규정되거나 시간이 경과하면서 관행화된 운영기제에 따라 이루어진다. 이러한 운영기제는 통상의 외교적 협상 절차와는 비교 할 수 없을 정도로 제도화되어 있다.[11] 또한 여기에는 회원국 간 인구와 국력의 격차를 완화하는 완충장치로서 독특한 유럽연합만의 표결원칙이 존재한다. 이러한 이유로 표면상 소국들도 국가이익을 개진하는데

11) Ole Elgstrm, "Introduction: Negotiation and Policy-making in the European Union-Processes, System and Order", Journal of European Public Policy, Vol.7, No.5, 2000, p.676.

제약을 받지는 않는다. 정부 간 조정에 의해 정책이 결정되면 회원국들이 국내에서 나름의 방식을 통해 합의를 이행한다. 그러나 교육훈련프로그램과 같은 일부 조치는 실행과정에서 집행위원회에게 권한을 위임하여 단일한 프로그램으로 실행하기도 한다.

③ 유럽연합과 회원국 간 협력

유럽연합과 회원국 간 제도화된 협력은 매우 오랜 역사를 갖고 있다. 1960년대 유럽연합의 행정부로서 집행위원회의 기능이 취약할 당시 통상정책과 같이 중요한 정책에 있어 회원국 관료들이 브뤼셀에서 집행위원회와 협력하여 정책을 진행하였다. 이러한 협력과정을 제도화한 것이 커미톨로지(comitology)로서 주로 회원국 정부의 실무관료들로 구성된 커미톨로지위원회(comitology committee)가 집행위원회 총국과 협력하여 정책을 결정하고 실행한다. 한편 개방적 협력은 집행위원회와 각료이사회뿐 아니라, 유럽연합 내 다양한 이익집단과 사회단체 등이 참여하여 정책을 실행하는 방식이다. 본 정책결정 방식은 2000년대 이후 본격적으로 실행되고 있는데 신속한 정책결정을 취할 수 있다는 장점에 의해 여러 사회정책으로 폭넓게 적용되고 있는 추세이다.

<표 4-3> 유럽연합의 정책결정 방식

	유럽연합 차원 (공동체 방식)	정부 간 조정	유럽연합 + 회원국	
			커미톨로지	개방적 조정
결정 참여	▪ 집행위원회 ▪ 각료이사회 ▪ 유럽의회	▪ 유럽이사회 ▪ 각료이사회 ▪ 상주대표부	▪ 집행위원회 ▪ 회원국정부 (커미톨로지위원회)	▪ 집행위원회 ▪ 회원국 정부 ▪ 사회적 행위자 (기업/NGO/전문가)
결정 방식	▪ 공동결정 ▪ 동의절차 ▪ 자문절차	▪ 정치적 합의 ▪ 가중다수결표결	▪ Committee 내부에서 합의	▪ 자발적 협력

	▪ 제도화된 다수결 ▪ 권력균형	▪ 국가 간 수평적 합의 ▪ 관행화된 합의 기제	▪ 폐쇄적 합의 방식(위원회 중심)	▪ 다수결 원칙배제(관련 행위자 간 수평적 합의)
집행 방식	▪ 유럽연합에서 위계적 부과 ▪ 유럽연합이 국가와 사회적 행위자에 집행 위임	▪ 개별 회원국 시행 ▪ 유럽연합 규정적용(일부 정책)	▪ 유럽연합 차원의 집행방식과 동일	▪ 집행위원회의 시행 / 평가 / 조정 ▪ 경제주체 / 회원국의 자발적 시행
적용 정책	▪ 경제통합 관련 ▪ 대부분의 공동정책	▪ 정치 · 사회통합 관련 ▪ 시장기제 완화	▪ 경제사회 관련 ▪ 시장기제 완화	▪ 시장기제 완화 ▪ 일부 사회정책
	▪ 단일시장 / 경쟁 ▪ 통상 / 농업	▪ 외교 / 안보 ▪ 내무사법 / 조세 ▪ 조약수정 / 회원국 확대 ▪ 대외조약 체결 ▪ 사회정책 (문화/ 교육 / 복지 등)	▪ 경쟁 ▪ 농업 (일부) ▪ 지역 ▪ R&D ▪ 노동시장 ▪ 보건 / 복지	▪ 노동시장 규정 ▪ 정보화사회 정책 ▪ 유럽사회모델 ▪ 환경정책
특징	▪ 초국가 기구 간 제도화된 권한 할당	▪ 회원국 간 비대칭적 권한	▪ 정책에 따라 권한 상이	▪ 정책에 따라 유연화된 권한 재할당

제 2 절 공공정책 과정 유형: 공동체 방식과 정부 간 조정

1 유럽연합 차원의 정책과정: 공동체 방식

1) 성립배경과 특징

1957년 로마조약 체결 시부터 1990년대 말까지 유럽연합에서 정책결정 방식은 전통적인 공동체 방식과 정부 간 조정이라는 커다란 틀을 유지하여왔다. 물론 1990년대에 이르러서야 공동결정절차를 통해 공동체 방식이 현실화되었지만, 이러한 구상은 이미 오래 전부터 존재하였다. 공동체 방식은 1950년대 유럽통합 초창기 모네(Jean Monnet)를 비롯한 여러 통합론자들(founding fathers)이 당시 유럽경제공동체(EEC)의 이상적 운영과정으로 제시한 개념이다. 구체적으로 공동체 방식은 1950년 모네가 유럽석탄철강공동체(ECSC) 창설을 위한 파리조약 (Treaty of Paris) 논의 과정에서 정부 간 조정의 한계를 극복할 수 있는 대안으로 제기한 것이다. 그러나 당시 이들은 정부 간 협상에 대비되는 개념으로 공동체 방식을 말하였지만 구체적인 정책결정 방안을 제시하지는 않았다.[12)]

이후 1980년대 말에 이르러 공동체 방식은 회원국의 의사를 대변하는 이사회와 유럽연합의 이익을 도모하는 집행위원회 간 권력균형에 입각한 정책과정으로 의미가 구체화되었다. 이에 따라 공동체 방식은 회원국들 간 합의방식인 정부 간 협력에 대비되는 개념으로 각료이사회, 집행위원회 및 유럽의회 간 힘의 균형을 통한 제도화된 정책과정을 의미하게 되었다. 이러한 방식이 구현된 것이 바로 1992년 마스트리히트조약으로 만들어진 공동결정절차이다. 이에 따라 1990년대 이후 공동체 방식은 유럽연합 차원의 정책결정 방식을

12) Youri Devuys, "The Community-Method after Amsterdam", Journal of Common Market Studies, Vol.37, Iss.1, 1999, p.109.

일컫고 동시에 공동결정 절차를 지칭하게 되었다.

물론 유럽연합에서 공동체 방식은 공동결정절차 이외에도 자문절차(consultation procedure)와 동의절차(assent procedure) 등 3가지 방식으로 세분화되어 있다. 자문절차는 유럽경제공동체가 출범한 1958년부터 조약에 명기된 정책결정절차로 1980년대 말까지 사문화되었다가 1986년 단일유럽의정서(SEA: Single European Act) 체결로 기능이 복원되었고, 현재는 제한적 영역에서만 적용하고 있다. 또한 동의절차는 조약수정, 유럽연합과 역외 국가 및 국제기구와의 조약체결, 역외국가와의 무역협정 및 회원국 가입 등 주요한 정치적 사안에 대한 유럽의회의 최종적인 승인절차로 일종의 비준의 성격을 내포한다. 따라서 공동결정절차와 같이 일상적인 의사결정 방식과는 구분된다.13)

공동결정절차에서는 유럽연합의 이해관계를 대표하는 집행위원회가 의제 제안권을 독점한다. 또한 직접선거를 통해 구성된 유럽의회가 시민사회의 의사를 반영하는 수정권을 갖는다. 이외에 개별 회원국의 의사를 취합한 각료이사회가 일반입장(common position) 표명 및 최종적인 의제 결정권한을 행사한다. 또한 실행과정에서는 집행위원회가 유럽연합 차원에서 단일화된 정책을 취하거나 회원국 정부가 2차 입법(second legislation)을 국내의 입법구조에 맞게 재입법화하여 국내정책으로 시행한다. 따라서 공동체 방식은 집행위원회가 일관된 규제와 규정을 통해 유럽 차원에서 단일정책을 취하는 공동정책의 결정과 운영에 적용되어 왔다. 특별히 공동체 방식은 공동농업정책과 경쟁정책 등과 같이 시장통합 단계에서 시장을 만들고 운영하는 정책(market-building)에 대부분 적용되어왔다. 이후 공동체 방식은 유럽연합의 정책결정 방식이 대부분 공동결정 절차로 통합되면서 제한된 범위에서 노동시장규정과 같이 회원국의 이해가 깊숙이 개입된 정책에도 적용되고 있다.14)

---

13) Alex Warleigh-Lack, European Union the Basic, London, Routledge, 2009, p. 125.

14) Gavin Barrett, “Deploying the Classic ‘Community Method’ in the Social Policy Field: The Example of the Acquired Rights Directive”, European Law Journal, Vol. 15, Iss.2, 2009, p.198.

공동체 방식의 가장 큰 특징은 다수결원리에 따라 제도화된 합의기제가 작동하고 실무협상을 통해 극단적인 의견 충돌 시에도 합의를 이끌어낸다는 점이다. 따라서 공동체 방식은 통상, 경쟁 및 환경정책 등과 같은 경제통합 단계의 여러 정책에 폭넓게 적용되고 있다. 또한 공동체 방식은 환경정책과 같이 첨예한 정치적 이해관계를 동반하지 않는 일부 사회정책에도 적용되는 기능적인 정책과정으로 자리 잡았다. 이러한 기능성은 정책과정에 참여하는 행위자 간 권한이 서로 등등하기 때문이다. 즉 결정과정에서는 의제제안, 수정 및 최종결정권이 각각 집행위원회, 각료이사회 및 유럽의회로 분산되어 있다. 따라서 유럽연합 기구 간 권한의 중첩을 피하고, 상호협력을 유도하여 정책결정의 비효율성을 억제할 수 있다. 이러한 맥락에서 공동체 방식은 초국가 기구 간 선호경쟁 속에서도 제도화된 다수결원리를 통한 정책과정이라 할 수 있다. 이후 1990년대 들어 공동체 방식은 유럽시민들의 의사와 국가이익을 모두 취합하여 유럽연합 차원의 공동이해를 꾀하며 민주적 정당성(democratic legitimacy)을 꾀하는 정책과정으로 인식되고 있다.[15]

2) 공동결정

공동결정은 1986년 단일유럽의정서 체결로 만들어진 새로운 정책결정 과정인 협력절차(cooperation procedure)에 뿌리를 두고 있다. 협력절차는 1992년 마스트리히트조약 체결로 현재와 같이 공동결정절차로 흡수되었다. 공동결정은 유럽연합 차원의 공공정책 과정을 대표할 정도로 광범위한 공동정책 결정에 적용되고 있다. 초기 협력절차 시행 당시에는 시장통합 관련 정책과 조치에만 제한적으로 적용되었으나 이후 공동결정절차로 바뀌고 나서 유럽연합의 대표적인 정책과정으로 자리 잡았다. 공동결정절차는 이후 1997년 암스테르담조약에 따라 일부 절차가 변경되어 현재에 이르고 있다. 이러한 공동결정절차는 집행위원회, 각료이사회 및 유럽의회 간 권력 균형 속에 협력을 통해 정

15) Clive Archer (2008), The European Union, London, Routledge, p.41.

책을 결정하는 방식으로 집행위원회는 의제제안, 유럽의회는 제안된 의제에 대한 수정 그리고 각료이사회는 최종결정 권한을 행사한다.[16]

한편 공동결정절차는 진행과정에서 각 기구의 실무관료 간 공식, 비공식적인 협상이 일상화되어 있다. 따라서 제안된 의제에 대한 결정과정에서 집행위원회 총국과 각료이사회의 상주대표부 간 실무협상이 지속적으로 이루어진다. 또한 집행위원회가 명목상 의제제안권을 독점하지만 실제로 이는 각료이사회 내 실무관료와 유럽의회 상임위원회(standing committees)간 이른바 '입법화 전의 사전협상(pre-legislative bargaining)'을 통해 상정된 것이기 때문에 집행위원회 독단으로 정책을 입안한 것은 아니다.

공동결정절차는 집행위원회, 각료이사회 및 유럽의회 간 의견충돌에 따라 입법부결이라는 최악의 상황을 피하기 위해 정책과정이 매우 정교하게 만들어

<그림 4-2> 공동결정절차에서 기구 간 권한

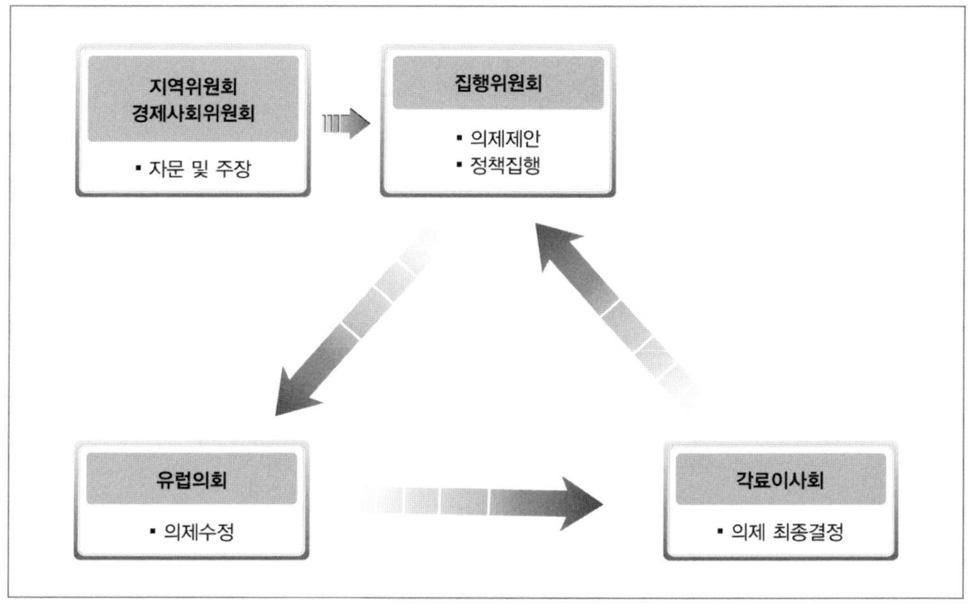

16) Neill Nugent(2010), The Government and Politics of the European Union, London, Palgrave, pp.316-317 참조.

졌다. 단적인 예가 조정위원회(Conciliation Committee)의 역할이다. 만약 3개 기구 간 첨예한 의견대립으로 입법이 난항을 겪으면 최종적으로 각료이사회와 유럽의회 간 동수의 위원으로 구성된 조정위원회가 구성되어 타결을 위한 최종적인 협상을 이끌어낸다. 또한 3단계로 구성된 공동결정절차에서 각 기구 간 제한된 기간 내에 합의가 이루어지지 않으면 각료이사회와 유럽의회 간 합의에 따라 합의시한을 탄력적으로 연장할 수 있다. 이러한 제도적 유연성은 결국 입법 지체에 따른 비용증가에도 불구하고 반드시 합의를 이루어낸다는 유럽연합의 의지를 볼 수 있다. 또한 정책제안부터 최종 결정까지 수개월을 요하는 공동결정절차를 고려할 때 의제의 수정과 파기는 많은 정치적 부담을 야기 할 수밖에 없다. 이러한 여러 요인에 의해 공동결정절차를 통해 정책이 부결되는 경우는 거의 존재하지 않는다.

공동결정은 크게 3단계로 이루어져 있다. 즉 집행위원회가 의제를 제안하면, 유럽의회는 2차례의 독해(reading)와 수정권(amendments)을 행사하며 각료이사회는 한 차례의 입장표명인 일반입장(common position)을 제기한다. 이러한 조치들을 모두 사용하여도 합의가 이루어지지 않으면 최종적으로 조정위원회가 개최되어 합의를 이끌어낸다.[17)]

① 1단계

1단계는 집행위원회의 의제제안과 유럽의회 1차 수정제출 각료이사회의 승인 혹은 입장표명이다. 1단계에서 유럽의회의 1차 독해와 이에 따른 1차 수정안은 대개의 경우 기술적 조정에 관련된 것이다. 각료이사회는 유럽의회의 1차 수정안이 적절하다고 판단되면 승인을 통해 의제를 채택한다. 만약 각료이사회가 유럽의회의 1차 수정안에 이의를 가지면 일반입장을 제기한다.

② 2단계

2단계에서는 각료이사회의 입장 표명에 대한 유럽의회의 2차 독해와 수정이 이루어진다. 유럽의회는 각료이사회의 입장 표명이 적절하면 검토 후 승인

---

17) Mark A. Pollack, Delegation, Agency, and Agenda Setting in the European Community, International Organization, Vol.51, Iss.1, 1997, pp.100-101.

(혹은 이의제기를 하지 않는다)을 하여 의제가 채택된다. 만약 유럽의회가 각료이사회의 입장표명이 적절치 않다고 결론이 나면 2차 독해와 수정안을 제출한다. 2차 독해는 3개월을 기한으로 하나 유럽의회와 각료이사회 간 합의에 의해 1개월을 더 연장할 수 있다. 이 과정에서 유럽의회는 각료이사회 입장표명을 거부하여 의제를 폐기할 수 있는데 이러한 파행적 조치는 한 번도 취해진 적이 없다. 각료이사회는 유럽의회의 2차 수정안을 승인하여 채택하거나, 거부할 수 있다. 거부할 경우 조정위원회가 열린다.[18] 2000년 12월 리켄 유럽이사회(Leaken European Council)에서 유럽의회 의장인 폰테인(Nicole Fontaine)은 의장연설에서 공동결정이 2단계에서 최종 결정되는 비율은 약 70%에 달한다고 언급하였다. 이러한 주장을 볼 때 집행위원회 제안의 2/3 정도는 2단계에서 최종 결정된다고 볼 수 있다.

③ 3단계

3단계에서 개최되는 조정위원회는 동수의 유럽의회와 각료이사회 위원으로 구성된다. 조정위원회는 6주 이내에 최종 결정을 행해야하지만 양측 간 합의에 의해 2주를 더 연장할 수 있다. 제도적으로 조정위원회가 제안의 불가 여부를 결정하는 최종권한을 갖는다. 그러나 유럽의회와 각료이사회 위원으로 구성된 조정위원회는 정치적 대립보다 양보와 타협을 통해 의사결정을 하는 것이 목적이므로 대부분 여기서 의제가 타결된다. 조정위원회에서 의제가 타결되면 각료이사회는 가중다수결 표결을 통해 이를 승인하여 최종적으로 채택이 된다. 각료이사회와 유럽의회가 최종적으로 승인 및 부결을 행하지만 이미 조정위원회에서 타결된 사항을 파기할 이유는 없다.

18) John Peterson and Elizabeth Bomberg, Decision-making in the European Union, New York, St. Martin's Press, 1999, p.25.

<그림 4-3> 공동결정절차: 단계 및 각 기구 간 권한

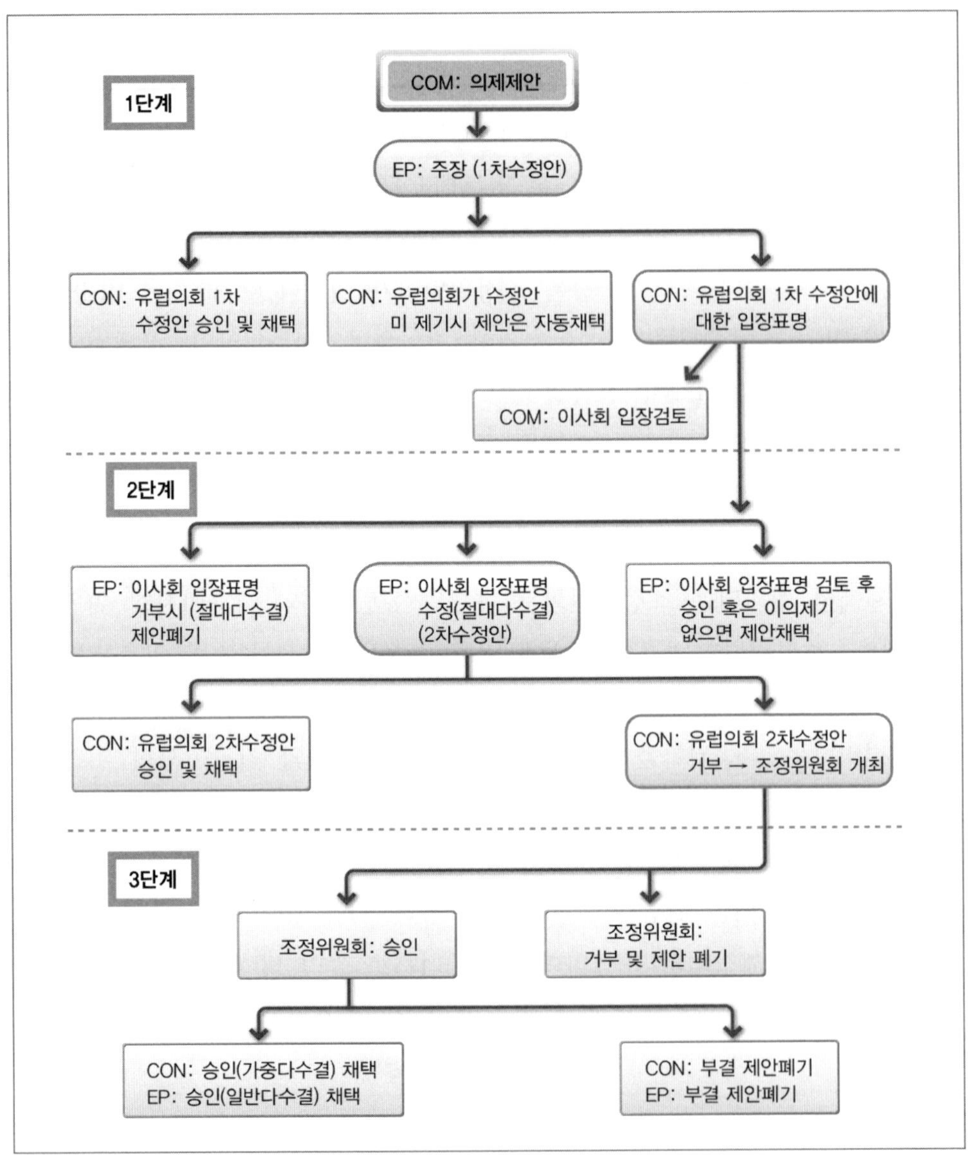

2 정부 간 조정과정

1) 정부 간 조정과정의 유형

정부 간 조정은 유럽연합이 연방수준의 초국가 통합에 이르지 못하였다는 점에서 외교안보, 시장통합을 위한 제도개혁 및 사회정책 등과 같이 국민국가 패러다임에 위치한 정책에 적용되는 정책과정이다. 정부 간 조정은 크게 각료이사회 내부에서의 결정과 정부 간 회담(IGC: Intergovernmental Conference)으로 구분된다.

① 각료이사회에서의 조정

정부 간 조정은 유럽연합 구조 밖에서 행해지는 순수한 국가 간 외교적 합의와는 구분해야 한다. 즉 정부 간 조정에서는 공동결정과 같이 제도화된 방식이 적용되지 않는다. 또한 유럽의회가 배제된다. 그러나 결정과정에서 집행위원회 내 각 총국과 전문가위원회와 업무협력이 이루어진다는 점을 볼 때 일반적인 외교적 협력과는 크게 차별화 된다. 보다 세분화하면 정부 간 조정은 초국가 기구의 개입을 최소화한 가운데 각료이사회를 중심으로 이루어지는 결정과 유럽이사회(European Council)에서의 정치적 조정으로 구분할 수 있다. 각료이사회에서의 결정은 주로 상주대표부 내 회원국 정부 관료들 간 합의로 표결과 합의과정은 통상의 외교적 협상보다 제도화되어 있다. 한편 주요한 정치적 이슈는 최고정점의 정치적 의결기구인 유럽이사회에서 회원국 간 조정을 통해 이루어진다. 중요한 사실은 유럽이사회에서 합의가 이루어져도 입법을 위해서는 각료이사회에서 실무합의를 거쳐야 한다. 따라서 유럽이사회에서의 조정은 정치적 입장 표명과 방향만을 제시한 것으로 볼 수 있다.[19]

정부 간 조정은 헌정 및 정치사회 질서에 영향을 미치는 주요한 이슈 및

19) Alecander Stubb et al., “The Policy -Making Process”, The European Union: How Dose It Works Elizabeth Bomberg and Alecander Stubb eds., Oxford: Oxford University Press, 2004, pp.146-147.

여전이 회원국의 국내정책으로 한정된 여러 사회정책 등에 적용된다. 따라서 회원국 간 이해관계의 폭이 넓고 정책실행 과정에서도 회원국 간 능력의 격차가 현저하므로 제도화된 다수결원칙보다는 정치적 협상에 보다 의지한다. 따라서 정부 간 조정은 제도화 및 구속력의 수준이 유럽연합 차원의 공동체 방식에는 미치지 못한다. 그럼에도 이는 단순한 외교적 협상을 넘어 여하간의 경우에도 합의를 이끌어내기 위한 여러 시스템을 갖춘 고도의 정치적 과정이라 할 수 있다.

② 정부 간 회담

정부 간 회담은 조약개정 및 새로운 조약체결을 위해 개최된다. 정부 간 회담은 유럽연합의 제도적 정책과정 밖에서 회원국들이 정치적 합의를 통해 조약을 수정하거나 새로운 조약을 체결하는 것이기 때문에 엄밀한 의미에서는 유럽연합의 정책과정 방식이라고는 할 수 없다. 그러나 1990년대 이후 빈번한 정부 간 회담 개최로 조약체결과 수정이 이루어지면서 점차 내부에서의 협상과정이 제도화되어 왔다. 또한 정부 간 회담에는 집행위원회 역시 실무관료에서부터 집행위원까지 참석하므로 독립된 하나의 정책과정으로 자리 잡았다.

<표 4-4> 정부 간 회담 개최 현황

회수	일 시	내 용
1	1950. 5	유럽석탄철강공동체 설립을 위한 파리조약 체결
2	1955. 4	유럽경제공동체와 유럽원자력공동체 설립을 위한 로마조약 체결
3	1985. 9-12	단일유럽의정서 체결
4	1990. 12~1991. 12	경제통화동맹 설립과 마스트리히트조약 체결
5	1996. 3	암스테르담조약 체결
6	2000. 2	니스조약 체결
7	2004. 8	유럽헌법 제정
8	2007. 9	리스본조약 체결

(비고) 1990년과 1991년에 개최된 정부 간 회담은 각각 경제통화동맹 설립과 마스트리히트조약 체결을 위한 회담으로 나누어 별개의 정부 간 회담으로 구분하기도 한다.

2) 정부 간 조정 수단

유럽연합 차원의 공공정책 결정과정인 공동결정은 정밀한 제도적 구조로 이루어져 있다. 또한 공동결정은 집행위원회, 각료이사회 및 유럽의회가 동등한 권한관계에서 서로 다른 임무를 갖고 보완적 관계에서 협력을 한다. 반면에 정부 간 조정은 공동결정에 비해 제도적 합의구조가 취약하다. 더욱이 이는 인구와 영토 그리고 정치, 경제적 능력이 천차만별인 회원국 간 정책결정과정이다. 따라서 정부 간 조정은 필연적으로 프랑스와 독일과 같은 특정 회원국이 지배적 지위를 점하면서 강대국 위주의 이해관계가 깊숙이 개입될 수밖에 없다. 물론 정부 간 조정과정에서 이러한 문제점은 완전히 제거할 수는 없지만 통상적인 외교적 합의방식보다는 제도화된 합의기제가 존재한다. 즉 유럽연합의 정부 간 조정방식에서는 정책의 결정과정에서는 긴밀한 협력방식(closer cooperation)이 적용된다. 또한 정책집행 과정에서는 차별적인 통합속도방식(multi-speed model)과 선택적 방식(à la carte model) 등이 적용된다.

① 긴밀한 협력방식

통합이 심화되면서 정부 간 조정에는 오래된 관행과 비입법화된 합의기제가 자리 잡고 있다. 대표적인 경우가 암스테르담조약(The Amsterdam Treaty) 체결로 일반화된 긴밀한 협력이다. 긴밀한 협력은 집행위원회의 개입을 최소화한 가운데 회원국 간 합의를 통해 이루어지는 방식에 적용되는 메커니즘이다. 즉 긴밀한 협력은 국가간 정치적 합의 과정에서 유연성의 원칙(principle of flexibility)을 통해 최대한 합의를 이끌어낸다는 전략이다. 유연성의 원칙은 이미 1970년대 유럽통화제도(EMS: European Monetary System)와 1980년대 이후 회원국 간 국경개방을 위한 쉥겐협정(Schengen Agreement)에도 적용되었다. 이는 회원국들이 예외적 조건에 상호간 용인을 통해 합의를 이끌어내는 것이다. 단일통화 도입과 쉥겐협정 체결 시 영국과 덴마크에 대한 선택적 거부권(opt-outs) 부여 그리고 내무사법협력 중 영국은 범죄행위에 대한 법적 협력(judical cooperation in criminal matters)과 경찰협력(police cooperation)에서 선택적 거부권을 갖게 되었는데 이는 모두 유연성의 원칙이 적용된 경우이다. 또한 부가가치세 조정에 있어 각국마다 다양한 세율과 징수방법 역시 이러한 유연성의 원칙에 근거한다. 이와 같이 긴밀한 협력은 유연성의 원칙을 통해 특정 국가의 강력한 정치적 영향력이 지배하는 정치적 타협을 배제하고 회원국마다 고유한 이해관계를 존중하면서 유연한 합의를 이끌어내는 원칙이다.[20]

② 차별적 통합속도 방식

차별적 통합속도 방식은 회원국 간 차별적인 수용능력을 고려하여 유럽연합의 공동정책 시행 시 국내 수용의 시차를 인정한 것이다. 즉 현실적으로 존재하는 능력의 격차에 따라 차별적인 속도로 목표에 접근한다는 것이다. 이러한 차별적인 통합속도 원칙은 공동정책 실행 과정에 적용되는데 정책수용 조건을 갖춘 회원국이 먼저 정책을 도입하고 뒤이어 후발국이 이를 뒤따른다. 유럽연합이 제시한 충족조건(convergence criteria)을 만족시키지 못해 여타 회원국보다 1년 늦게 유로화를 도입한 그리스의 예가 본 원칙이 적용된 대표적 경우이다.

③ 선택적 방식(à la carte model)

선택적 방식은 유럽연합이 부과한 공동정책의 국내 시행 시 모든 회원국이 능력에 맞게 다양한 옵션을 취사선택하는 것이다. 이 경우 회원국은 정책영역에 따라 선도국의 위치에서 공동정책을 능동적으로 수용하거나, 후발국의 경우 시차를 두고 공동정책을 도입할 수도 있다. 본 방식은 회원국들이 선도국이나 통합에 소극적인 국가들로부터의 간섭 없이 정책옵션을 선택한다는 장점이 있다. 이러한 정책수용 방식은 동심원 배열방식(concentric circles model)

20) Alex Warieigh, op. cit., pp.108-109.

으로도 지칭된다. 동심원 배열방식은 선도국을 중심으로 여타 회원국이 동심원 형상으로 몇 겹의 띠를 형성한 것으로 유럽연합에서 특정 정책이 시행될 경우 선도국을 중심으로 넓게 퍼진 동심원의 각 층마다 정책수용 옵션을 명기한다. 이에 모든 회원국들은 자국의 수용능력에 맞추어 각 층마다 제시된 정책수용 패키지를 자발적으로 선택하면 된다. 이 방식에 따르면 동심원의 외각에 위치할수록 유럽연합 공동정책의 수용이 지연된다. 그러나 본 방식은 영국과 덴마크 같이 통합에 적극적이지 않은 회원국들이 정책수용 능력과 무관하게 항상 동심원의 외각에 위치한 옵션을 선택한다는 문제가 따른다. 그러므로 현실에서 매우 제한적으로 적용된다.

3 가중다수결 표결(QMV)

1) 연역 및 적용

가중다수결은 각료이사회 내부에서 행하는 표결방식으로 로마조약에 명기된 오래된 정책결정과정이다. 로마조약에는 본 정책결정 방식을 1966년부터 적용키로 명기하였으나 시행이 지체되어 1986년 단일유럽의정서 및 1992년 마스트리히트조약 체결로 본격적으로 적용되었다. 가중다수결 표결은 초기에 단일시장정책에 한해 적용하였으나 현재는 각료이사회 내 대부분의 의제 결정에 일반적인 표결방식으로 정착되었다. 이외에 각료이사회는 사안에 따라 만장일치(unanimity)와 단순다수결(simple majority) 역시 적용하는데 현재는 특정한 정책에만 적용하고 있다.

만장일치 표결은 1986년 단일유럽의정서 체결 이전에 각료이사회에서 일반적으로 적용하는 표결방식이었다. 그러나 가중다수결 표결이 일반화되면서 현재는 회원국의 주권에 영향을 미치는 정책과 정치적으로 민감한 이슈에만 제한적으로 적용되고 있다. 만장일치 표결은 공동외교안보정책, 공동안보방위정책, 회원국 확대, 헌정질서 관련 결정, 재정관련 결정(조세 포함) 등에 적용되고 있다. 만장일치 표결은 또한 집행위원회의 의제제안(proposal)의 수정을 요할 경우에도 적용되고 있다. 한편 단순다수결은 공동통상정책에서 반덤핑, 보조금지급에 따른 관세부과와 같이 중요성이 가벼운 절차적 사안에 적용되고 있다. 따라서 주요한 정치적 결정과 절차적 문제 등을 제외한 각료이사회 내에서의 대부분의 정책결정에는 가중다수결 표결방식이 적용된다.

가중다수결 표결은 회원국의 인구와 영향력의 격차를 인정하면서도 다수결원리에 따라 효과적으로 합의도출을 꾀하는 방법이다. 가중다수결 표결은 구조적으로 영국, 프랑스, 독일 그리고 이탈리아 등의 주요 4개국의 양해를 통해 1국1표원칙을 배제하고 상대적으로 소국들의 과도한 영향력을 용인한 것이다. 또한 가중다수결 표결은 인구비례의 범주를 확장하여 대국간 의결권을 동일하게 적용함으로써 독일을 위시한 특정국가의 권한을 구조적으로 제한한 것이다. 반면에, 소국들은 인구비례를 상회하는 과도한 표결권 이외에도 표결을 저지하기 위한 국가 간 연합이 상대적으로 대국보다 수월하다. 그러나 현실에서는 소국들이 정책결정을 저지할 목적이라면 통상 이들 국가 간 연합보다는 미래의 잠재적 목적을 위해 특정 대국과의 전략적 연합을 더욱 선호한다. 따라서 소국들은 각료이사회 내에서 인구대비 과도한 표결 수와 함께 대국과의 전략적 연합을 통해 국력 이상의 권한을 행사할 수 있다.

가중다수결 표결은 1986년 단일유럽의정서 체결 이후 주로 시장통합과 관련된 조치에 적용되었으나 노동과 환경 등과 같은 사회정책 영역으로 점차 확대되어 왔다. 이에 따라 현재 가중다수결 표결은 농업, 무역, 경쟁, 운송, 단일시장정책 및 공동비자정책 등에 적용되고 있다. 그러나 국내정치에 지대한 영향을 미치는 이슈인 시민권, 이민, 조세, 공동외교안보정책 및 국제적 조약체결 등에서는 가중다수결 표결이 제한되고 있다. 그러나 공동외교안보정책과 같이 전통적인 정부 간 조정에 위치한 정책에서도 회원국들은 비정치적인 사안에 한해 가중다수결이 도입되는 추세이다.

2) 운영 원리

니스조약(Treaty of Nice) 체결을 위한 정부 간 회담에서는 기존에 가중다수결 표결에서 많은 양보를 하였던 대국들이 5차 회원국 확대 이후 가중다수결의 표결 가중치 조정을 요구하였다. 이에 따라 니스조약에서는 27개 회원국을 상정하여 총 의결 수 345표에서 가결 의결 수 255표(73.91%) + 회원국 인구대비 62%의 찬성으로 가결토록 조정되었다. 이전에는 가결을 위해서는 71.3%의 의결을 요하였는데 약간의 상향조정이 이루어진 것이다. 인구대비 62%의 찬성 요건은 소국에 비해 인구 수 대비 표결 수가 상대적으로 적은 강대국의 이해를 도모하기 위한 조치이다. 이후 리스본조약의 발효로 각료이사회에서는 2014년부터 이중다수결(double majority)을 적용키로 하였다. 이중다수결은 회원국 55%의 찬성(15개 회원국)과 회원국 전체 인구의 65%의 찬성으로 가결 표결 수를 조절한 것이다. 이에 따라 2014년 이후에는 소국이 연합하여 15개 회원국에서 55%의 찬성을 얻어도 전체 인구의 65%를 넘지 못하면 법안통과가 불가능하다.

집행위원회는 물론이고 각료이사회 내부 역시 가중다수결과 같이 엄격한 표결절차가 존재하지만 실제 정책결정 과정에서는 합의 중심의 의사결정이 일반화되어 있다. 따라서 가중다수결 표결을 요하는 정책의 결정에 있어 실제 표결이 진행되는 경우는 10~15% 정도에 불과하다. 1999년부터 2003까지 진행된 각료이사회의 가중다수결 표결과정에서는 안건의 85%가 회원국 간 만장일치 합의를 거쳐 통과되었다. 이러한 합의 중심의 정책결정은 시간이 경과하면서 확대되어 2004년 5월부터 2006년 12월까지 각료이사회 내에서 표결을 거치지 않고 합의가 이루어진 경우는 90%에 달하며, 입법에 관련된 표결에서는 85.8%가 표결절차 없이 회원국 간 만장일치로 결정되었다. 이러한 이유는 이미 각료이사회에서 표결을 행하기 전에 하위기구인 상주대표부와 실무그룹 수준에서 대부분의 의제가 가결되었기 때문이다.

<표 4-5> 가중다수결 표결 수

회원국	표결비율 (표결 수 / 345표)	인구비율
독일	8.4 (29)	16.41
프랑스		12.88
영국		12.38
이탈리아		12.02
스페인	7.8 (27)	9.17
폴란드		7.68
루마니아	4.1 (14)	4.30
네덜란드	3.8 (13)	3.30
그리스	3.5 (12)	2.25
체코		2.09
벨기에		2.15
헝가리		2.01
포르투갈		2.13
스웨덴	2.9 (10)	1.85
오스트리아		1.67
불가리아		1.52
덴마크	2.0 (7)	1.10
슬로바키아		1.08
핀란드		1.07
아일랜드		0.89
리투아니아		0.67
라투비아	1.2 (4)	0.45
슬로베니아		0.41
에스토니아		0.27
사이프러스		0.16
룩셈부르크		0.10
말타	0.9 (3)	0.08

27개 회원국	100% (345)	100%
가결 표결 수	73.91% (255)	62%

제 3 절 유럽연합과 회원국 간 협력: 위원회시스템과 개방적 조정

1 위원회시스템

1) 위원회의 임무

집행위원회는 위원회시스템(committee system)이라고 할 정도로 내부에 많은 위원회를 두고 있으며 이들 위원회는 입법과 정책실행 과정에서 실무 업무를 담당하거나 자문역할을 수행한다. 유럽연합에서 정책을 입안할 경우 먼저 집행위원회 내 위원회에서 정책내용을 준비하며 이 과정에서 각료이사회 내부의 또 다른 실무 조직인 실무그룹(working group)과 협의를 진행한다. 대개의 집행위원회 입법제안은 실무 수준에서 위원회와 실무그룹 간 기능적 합의를 거친 후에 집행위원회의 해당 총국과 각료이사회의 상주대표부로 안건이 넘어간다.

집행위원회 내에는 500여 개가 넘는 위원회(committee)가 구성되어 있는데 업무에 따라 기능을 수행하고 해제되거나 새롭게 구성되므로 그 수는 유동적이다. 이러한 위원회는 전문적인 기술입법을 요하는 이슈의 경우 실무수준에서 정책을 입안하고 결정하는 실질적인 권한을 갖고 있다. 또한 집행위원회의 업무에 대한 자문 등을 통해 영향력을 행사하기도 한다. 기술입법과 같이 고도화된 전문적인 지식을 요하는 경우 이러한 위원회 중심의 입법이 활발하다.

또한 집행위원회의 정책집행 과정에서 위원회는 프로그램 운영을 지원한다. 또한 회원국이 정책을 집행하는 경우 이에 대한 감독과 모니터링 등의 기능까지 수행한다.

이러한 위원회는 집행위원회에 의해 운영되는데 위원회의 성격에 따라 전문가위원회(export committee), 자문위원회(consultative committee) 그리고 커미톨로지위원회(comitology committee)로 구분 할 수 있다. 전문가위원회는 특정 분야의 전문가와 회원국 정부의 해당 관료들로 구성되는데 위원회의 성격에 따라 집행위원회 총국에서도 일부 관료가 파견되기도 한다. 집행위원회의 입법과정에서 부족한 전문적 지식과 정보를 제공하는 기능적 역할을 담당한다. 한편 자문위원회는 정책 입법과 실행과정에서 전문적인 기술을 요하고 다양한 이해관계를 취합해야하는 무역, 노동 및 산업 등과 같은 분야에서 산업계의 전문가들로 구성된 상설화된 위원회이다.

한편 가장 오랜 연원을 갖는 커미톨로지위원회의 경우에는 회원국 정부의 관료들이 참여하는 독특한 시스템으로 집행위원회가 관료적 위계에서 상위에 있다고 하여도 이들 위원회를 전적으로 통제할 수는 없는 구조로 되어 있다. 이러한 점에서 커미톨로지위원회는 집행위원회 내부의 하위조직의 성격보다는 회원국의 이해를 개진하는 기술적인 대리인이라 볼 수 있다. 따라서 커미톨로지위원회는 전문가위원회 및 자문위원회와 상이한 정체성과 성격을 갖는 별도의 조직이며 동시에 정책결정 시스템이라고 할 수 있다.[21]

2) 위원회의 유형

① 전문가위원회(export committee)

회원국정부 관료와 전문가들로 구성된 전문가위원회는 집행위원회의 의제 제안을 위한 초기 논의과정에서 정보제공 및 입법초안 작성 등의 업무를 수

21) Morten Egeberg et al., "The Many Faces of EU Committee Governance", West European Politics, Vol.26, No.3, 2003, p.20 참조.

행한다. 여기에 참여하는 회원국 정부 관료들은 집행위원회의 입법을 보조하는 기술관료의 성격을 갖기 때문에 공식적으로 개별 회원국의 이해를 개진하는 것은 아니다. 전문가위원회는 일정한 인적 규모를 유지하면서 정기적인 회합을 통해 입법에 관여한다. 전문가위원회의 주 임무는 입법과정에서의 전문적인 기술적 논의이므로 정책결정을 위한 회합과 정보교류는 구두회의와 개인적 접촉 등과 같이 비형식적이며 자유로운 환경에서 이루어진다. 또한 이들 위원회는 다루는 이슈의 성격에 따라 광범위한 정치적 이해를 표명하거나 전문적이고 기술적인 사항에 대한 논의와 정보제공으로 한정되는 경우도 있다.

② 자문위원회(consultative committee)

자문위원회는 유럽차원에서 경제사회의 다양한 영역의 이해를 대표하는 위원회로 회원국 정부와 무관하게 통상 집행위원회의 재정지원을 받아 운영된다. 자문위원회는 집행위원회와 매우 밀접한 관계를 갖고 정책과정에서 이해관계 표명 및 기술적 자문 등의 업무를 행한다. 1980년대 말 단일시장 출범과정에서 집행위원회와 연합하여 산업계의 이해를 대표하며 회원국의 탈규제화를 이끈 유럽경제인연합회(UNICE: Union of Industrial and Employer's Confederations of Europe)가 대표적이다. 이외에 유럽연합의 정책과정에서 많은 영향을 미치는 자문위원회는 다음과 같다.

- 유럽노조연합(European Trade Union Confederation)
- 농업단체위원회(COPA: Committee of Agricultural Organizations in the European Union)
- 유럽가전소비자단체연합(EACEM: European Association of Con-sumer Electronics Manufacturers)
- 유럽생명과학조정그룹(EBCG: European biotechnology Coordinating Group)

이와 같이 전문가위원회와 자문위원회는 다양한 이슈에 걸쳐 구성되어 유럽연합의 정책결정 과정에 참여하는데 여러 구조적 요인에 의해 상대적으로 전문가위원회가 보다 많은 영향력을 행사한다. 회원국 정부 관료들로 구성된 전문가위원회는 인적 구성에 있어 각료이사회의 실무그룹(working groups)과

겹치는 경우가 있는데 이 경우 전문가위원회는 단순한 자문 역할을 넘어 각료이사회의 의견을 간접적으로 개진 할 수도 있다. 또한 입법과정에서 집행위원회는 전문가위원회로부터 자문절차를 반드시 거쳐야 하는 경우가 있는데 자문위원회에게는 이러한 강제적 사항이 없다. 이외에도 전문가위원회는 회원국의 국내관료로 구성되어 있기 때문에 여러 국가의 이해를 조정하기 위해 자문위원회보다 빈번하게 개최된다. 이러한 구조적 요인에 의해 전문가위원회는 기술적 자문을 임무로 하는 전문가집단인 자문위원회보다 더 큰 영향력을 갖고 있다.

2 커미톨로지위원회

1) 커미톨로지위원회 연역과 목적

1960년대 당시 집행위원회는 현재와 같이 관료적 전문성이 결여되었고 조직 역시 빈약하여 전문적인 기술과 정보를 요하는 기술입법의 경우 부득이 회원국 정부 관료들의 참여가 요구되었다. 회원국 역시 주요한 정책에 한해 집행위원회에 국내 관료의 참여를 제도화하여 국가이익을 개진할 수 있어 집행위원회 함께 위원회를 구성하여 국내 관료를 파견하였다. 이러한 양 측의 이해에 따라 소위원회에 국내 관료의 참여를 제도화하여 정책결정 및 집행기능을 갖도록 한 것이 커미톨로지이다. 또한 이러한 정책과정을 수행하는 소위원회가 커미톨로지위원회이다. 물론 집행위원회에는 국내 관료들이 참여하는 전문가위원회가 존재한다. 그러나 전문가위원회는 집행위원회의 기능을 보완하는 집단으로 커미톨로지위원회와 같이 초국가와 국내관료 간 연합과는 성격이 상이하다. 또한 커미톨로지위원회는 제도화된 정책결정 권한뿐 아니라 정책시행에도 관여한다는 점에서 전문가위원회보다 더욱 강력한 권한을 갖고 있다.[22]

22) Alecander Stubb et al., "The Policy -Making Process", The European Union: How Dose It Works Elizabeth Bomberg and Alecander Stubb eds.., Oxford: Oxford

구체적으로 커미톨로지위원회는 1960년대 공동농업정책에서 기능이 취약한 집행위원회의 관료적 전문성을 보완할 목적으로 만들어졌다. 당시 커미톨로지위원회는 전문적인 기술입법을 요하는 정책에 있어 집행위원회 및 회원국의 해당 관료들이 참여하는데 농업, 무역 및 관세정책 등에서 집행위원회의 기술입법 한계를 보완한다는 목적에서 제도화되었다. 그러나 유럽통합이 침체기에 들어선 1960년대 말부터 1980년대 말까지 커미톨로지위원회는 관료적 전문성 확보뿐 아니라 회원국의 이해관계가 큰 정책에서 집행위원회의 독주를 막는 수단이 되기도 하였다. 이후 1980년대 말 시장통합이 본격화되면서 집행위원회의 기술 관료적 업무가 증가하면서 커미톨로지위원회의 원래 기능이 부각되면서 이후 유럽연합의 공공정책 과정에서 중요한 역할을 담당하고 있다. 특히 무역, 환경과 같은 부분에서 커미톨로지위원회가 활발히 활동하는데 정책의 속성상 회원국 간 이해관계 폭이 크고 고도의 기술적 조정이 필요하기 때문이다. 이러한 정책에서는 정책입안 단계에서부터 회원 각국의 국내 관료가 참여하여 합의를 이끌어내면 이후 정책이 입안되어 실행되는 과정에서도 회원국 안에서 국내적 저항을 최소화 할 수 있다는 장점을 갖는다.

1987년 각료이사회는 집행위원회와 회원국 관료들 간 연합을 통해 기술입법의 효율성을 꾀한다는 취지로 각료이사회의 결정(Decision 1987/373/ EEC)을 통해 현대적 의미에서 커미톨로지위원회의 기능을 제도화하였다. 그러나 이후 커미톨로지위원회는 집행위원회의 자율성을 저해한다는 이유로 많은 논란이 제기되어 왔다. 이에 따라 1999년 각료이사회는 집행위원회의 집행권한에 관한 절차[Laying Down the Procedures for the Exercise of Implementing Power Conferred on the Commission]로 명명한 결정(Decision 1999/468 EC)을 통해 기존 1987년에 만들어진 커미톨로지의 절차와 임무를 대치하였다. 유럽연합은 1999년의 결정을 통해 커미톨로지위원회 내부의 합의절차를 단순화하여 집행위원회의 기능적 역할을 살리고, 유럽의회에게 커미톨로지 감독기

University Press, 2004, pp.144.

능을 부여하여 민주적 정당성을 강화하였다.

그러나 이러한 제도변화에도 불구하고 공동통상정책에서 집행위원회의 세이프가드 조치에 대해 각료이사회의 승인이 요구되고 필요하다면 각료이사회는 비토권을 행사할 수 있다. 그리고 특정한 경우 각료이사회가 실행권한을 행사할 수도 있다. 그러므로 본 결정에서도 커미톨로지를 통한 회원국의 집행위원회 통제와 감독이라는 근본 시스템은 변화하지 않았다. 2000년 기준 약 50%가 넘는 커미톨로지위원회가 집행위원회의 권한이 제약되는 규제위원회이며, 집행위원회의 자율성이 높은 자문위원회는 12%에 불과하다. 이러한 점을 볼 때 커미톨로지위원회는 회원국이 국내 관료를 집행위원회에 참여시켜 집행위원회의 정책입안과 실행을 감독하는 정치적 목적을 내재한 위원회라고 할 수 있다.

2) 커미톨로지위원회의 구성과 임무

2008년 기준으로 229개의 커미톨로지위원회가 구성되었다. 커미톨로지위원회가 활발하게 활동하는 정책영역은 운송정책, 기업정책, 농업정책, 환경정책, 보건과 소비자보호정책, 무역정책, 단일시장정책, 조세정책 그리고 고용정책을 포함한 사회정책 등이다. 이와 같이 1960년대 농업 및 무역정책에서 시작된 커미톨로지 절차는 연구개발, 환경 및 통신 등 기술입법이면서 회원국의 이해관계가 큰 여러 정책 분야로 확산되었다. 이러한 커미톨로지위원회는 다루는 이슈에 따라 자문(advisory), 관리(management) 및 규제(regulatory) 등 3개의 위원회로 구분되며 뒤로 갈수록 집행위원회의 자율성이 제약된다.

① 자문위원회(advisory committees)

자문위원회는 회원국 간 이해관계 폭이 비교적 좁고 높은 수준의 기술적 입법이 요구되는 경쟁정책과 같은 시장통합관련 정책에 적용된다. 집행위원회가 깊숙이 관여하는 단일시장 내에서 기업 간 M&A 및 산업계에 대한 회원국의 보조금 지급 등은 자문위원회가 활발히 활동하는 영역이다. 이러한 정책에서는 입법과정에서 자문위원회가 단순다수결로 결정한 주장(opinion)을 제기할 수 있는데 집행위원회는 이러한 주장을 최대한 고려(the utmost account)해야 하지만 이에 제도적으로 구속되는 것은 아니다. 그러므로 자문위원회는 강제적 조치를 취할 수 없는 단순한 자문 역할에 그친다. 실제로 경쟁정책에서 다루는 기업합병, 국가보조금 문제 등에서는 상대적으로 강력한 집행위원회의 권한에 기인해 자문위원회 내에서 회원국 관료들은 정보제공 및 조언자 정도의 임무에 머문다. 또한 자문위원회는 정책의 실행과정에서 만들어진 많은 프로그램을 지원하는 역할을 한다.[23]

② 관리위원회(management committees)

관리위원회는 회원국 간 이해관계가 첨예하고, 많은 예산이 소요되는 공동농업정책, 지역정책 및 R&D정책 등에서 활발하게 구성되어 있다. 관리위원회는 1960년대부터 커미톨로지위원회가 만들어질 때 목적을 가장 충실하게 담은 위원회로 여기에서는 집행위원회가 정책결정과 집행을 주도하므로 관리위원회의 승인을 요하지 않는다. 그러나 관리위원회가 가중다수결 표결로 합의를 이끌어내어 집행위원회의 조치에 제동을 건다면 본 사안은 각료이사회에 넘어가고 집행위원회는 일정기간(통상 3개월) 독단적인 조치를 취할 수 없다. 이러한 구조에 의해 집행위원회는 실질적으로 관리위원회의 동의를 얻어 정책을 실행한다고 할 수 있다. 단적으로 공동농업정책의 경우 집행위원회는 관리위원회에 정책 집행을 보고해야 하고, 의제제안은 관리위원회 내에서 가중다수결 표결로 승인을 얻어야 한다. 만약 관리위원회가 제동을 걸 경우 집행위원회는 각료이사회와 의제제안을 논의해야 한다. 대표적인 관리위원회인 농업관련 관리위원회는 곡물과 소고기 등 특정 농산물의 생산과 판매 그리고 수출보조금 지급 등 공동농업정책 전반에 걸쳐 감독권한을 갖는데 약 30여 개가 구성되어 있다.

23) Simon Hix, The Political System of the European Union, New York, St. Martin's Press, 2005, p.52.

③ 규제위원회(regulatory committees)

규제위원회는 회원국의 이해관계가 크고 국내정치에 직접적인 영향을 미치는 정책에서 회원국 간 조화를 꾀하는데 목적이 있다. 여기에서는 집행위원회가 규제위원회 및 각료이사회의 승인을 반드시 얻어야 정책을 실행할 수 있다. 규제위원회가 다루는 정책은 노동, 복지, 환경보호 식품안전, 운송 등으로 식품관련 상임위원회(Standing Committee on Foodstuffs) 및 (Committee on General Customs Rules) 등과 같이 매우 전문화된 업무영역으로 특화되어 있다. 여기에서 집행위원회의 모든 조치들은 반드시 규제위원회의 가중다수결 표결에 따른 승인을 거쳐야 한다. 만약 규제위원회에서 합의가 이루[24]어지지 않으면 각료이사회가 개입하여 3개월 이내에 가중다수결표결로 결정을 내려야 한다.[25]

3 개방적 조정과정 배경

1) 개방적 조정과정 연원

1990년대 중반 이후 시장통합을 넘어 시장보완과 시정을 위한 유럽 차원의 사회정책이 확대되면서 전통적인 정책결정 과정의 한계가 제기되었다. 사회정책의 경우 속성상 회원국 간 이해관계의 폭이 넓고, 이익집단과 NGO 등 다양한 사회적 행위자의 동의와 참여가 이루어져야 정책의 실효를 거둘 수 있다. 또한 사회정책은 회원국의 다양한 사회적 구조와 능력을 고려하여 실행과정에서 각국마다 국내사정에 맞는 차별화된 절차와 프로그램이 요구된다. 이러한 사회정책의 특징을 고려하여 유럽연합은 집행위원회를 허브로 회원국과

24) Mark A. Pollack, Delegation, Agency, and Agenda Setting in the European Community, International Organization, Vol.51, Iss.1, pp.104-116.
25) Ibid., 1997, pp.100-101.

사회적 행위자가 수평적 관계에서 함께 정책을 결정하고 실행하는 시스템으로 개방적 조정(OMC: Open Method of Coordination)을 출범하였다. 개방적 조정은 이미 1997년 11월 룩셈부르크 유럽이사회에서 결정한 유럽고용전략(EES: European Employment Strategy)에 최초로 적용되었다.

이후 본 정책과정은 2000년 3월 리스본 유럽이사회에서 공식적으로 도입되어 이후 리스본 방식(Lisbon process / method)으로도 통용되었다. 리스본 전략은 유럽연합과 회원국 차원에서 경제사회적 경쟁력 강화, 고용증진 및 사회적 결속을 위한 중기 목표(medium term goals)를 설정하고 신속하게 정책과 프로그램을 진행한다는 야심찬 계획이었다. 문제는 신속한 정책진행을 위해서는 기존의 정책결정 방식과 다른 새로운 합의 시스템이 요구된다는 것이다. 이에 따라 유럽연합은 리스본 전략에 한해 개방적 조정과정을 도입하였다. 개방적 조정과정에서는 일부 선도 회원국의 성공사례에 대해 모든 회원국이 벤치마킹(Benchmarking)과 상호학습(mutual learning)을 통해 신속하게 정책을 도입할 수가 있다.[26] 또한 고용과 사회적 결속을 위한 사회정책은 실효를 거두려면 정책결정 과정에서 다양한 사회적 세력의 참여가 요구된다. 따라서 본 정책에서는 모든 사회적 세력이 참여할 수 있는 개방적 구조가 널리 도입되었다. 개방적 조정은 2001년 집행위원회의 백서에서 언급한 '시민과 함께하는 유럽(to connect Europe with its citizens)'이라는 내용에서 볼 수 있듯이 기존에 엄격한 규정에 따른 폐쇄적인 정책결정 과정을 시정할 민주적인 의사결정 시스템이라는 목적 역시 내재하였다. 이러한 장점으로 개방적 조정은 리스본 전략에서 제기한 정보화사회정책 및 고용정책 이외에도 이후 경제정책 가이드라인 및 여러 사회정책 등에 폭넓게 적용되고 있다.[27]

---

26) James Arrowsmith et al., "What Can 'Benchmarking' Offer the Open Method of Co-ordination?", Journal of European Public Policy. Vol.11, No.2, 2004, p.321.
27) Milena B chs, "How Legitimate is the Open Method of Co-ordination?", Journal of Common Market Studies. Vol.46, Iss.4, p.765.

2) 개방적 조정과정 원칙

① 정책과정의 개방과 참여

개방적 조정은 정책과정의 개방(openness)과 광범위한 참여(participation)라는 두 가지 원칙을 통해 다양한 행위자가 상호학습을 통해 정보를 공유하고 정책을 결정하는 방식이다. 또한 정책실행과 이에 대한 피드백까지 포함한 폭넓은 정책과정이다. 개방적 조정은 집행위원회와 회원국 및 사회적 세력 간 자발적 합의를 고취하기 위해 전통적인 정책과정과 달리 다수결 표결보다는 관련행위자 간 상호학습과 협력을 통해 합의를 유도한다. 즉 정책에 참여하는 유럽연합, 회원국 정부 그리고 다양한 사회적 그룹들이 자발적으로 정보를 교환하고 상호학습과 평가를 통해 정책을 결정하고 집행한다. 또한 실행과정에서는 각 회원국들이 국내 실정에 맞는 차별화된 정책실행을 꾀하는 시스템이다.[28]

이러한 자발적 합의와 상호학습은 정책결정의 효율성 측면에서 장점을 갖는다. 먼저 유럽연합의 시각에서는 개방적 조정과정이 광범위한 사회적 세력의 자발적 참여로 위원회 중심의 폐쇄적 결정이라는 부담을 경감하여 민주적 정당성(democratic legitimacy)을 꾀할 수 있다. 또한 외부의 많은 행위자로 부터 폭넓은 의견수렴을 거칠 수 있어 정책실행 과정에서 정치적 저항을 상당부분 완화할 수 있다. 한편 정책집행에서는 규정(regulation)과 지침(directive) 등의 2차 입법(secondary legislation)을 통한 위로부터 규제적 조치를 배제한다. 대신 정책 수혜의 대상이며 집행자인 회원국 정부와 사회적 파트너에게 정책실행 권한을 위임한다. 이러한 방식을 통해 유럽연합은 정책의 부과 시 야기될 정치적 저항을 피할 수 있다. 이후 정책평가 단계에서는 집행위원회, 회원국 정부 및 사회적 행위자들이 공동목표에 대한 실행결과를 공표하고 검증하여 상호학습을 효과를 야기한다.[29]

---

28) Robert Kaiser and Heiko Prange (2002), "A New Concept of Deepening European Integration? - The European Research Area and the Emerging Role of Policy Coordination in a Multi-level Governance System", European Online Integration Papers, 2002-018, 2008, pp.3-4.

② 비입법화를 통한 신속한 집행

개방적 조정에서는 공동결정절차와 같이 복잡한 정책결정 단계와 각료이사회 내에서의 정치적 조정은 생략된다. 유럽연합의 지침과 규정은 집행위원회의 제안에서 공동결정을 거쳐 각료이사회의 최종결정 그리고 회원국의 2차 입법 수용과 정책실행까지 통상 수년의 시간이 소요된다. 특히, 중요한 정책일수록 집행위원회는 녹서(green paper)와 백서(white paper) 발간을 통해 사전에 여론을 수렴하고 정책결정 이후에도 실행계획(action plan) 등이 추가되므로 보다 많은 시간과 비용을 요한다. 개방적 조정은 이러한 단점을 극복하기 위해 유럽연합 차원에서 2차 입법 제정과 같은 제도화된 정책과정을 배제하고 연성화된 비입법화를 통한 정책결정과 시행을 강구한 것이다.

이와 같이 개방적 조정을 통해 특정의 표준화된 정책합의 구조를 배제하고 관련 행위자간 비입법화(non-legislation)된 결정을 통해 정책을 집행하며 이후 자발적인 평가를 통해 상호학습과 시정을 통해 다음 단계로 신속하게 진입할 수 있다. 비입법화를 통한 연성화된 정책과정은 급격한 시장환경에 신속히 대응할 수 있다는 장점을 갖는다. 따라서 본 정책과정은 정보화사회정책과 고용정책과 같이 시장환경이 급변하기 때문에 신속한 집행이 요구되는 정책에 많이 적용되고 있다. 이들 정책들은 입법과 실행과정에서 사회적 행위자의 기술과 정보를 필요로 한다. 이 점에서도 외부 행위자가 참여하는 개방적 조정은 매우 유용한 방식이다.[30]

29) Elissaveta Radulova, "The OMC: An Opaque Method of Consideration or Deliberative Governance in Action?", Journal of European Integration. Vol.29, No.3, 2007, pp.366-367.

30) Burkard Eberlein and Dieter Kerwer, "Theorising the New Modes of European Union Governance", European Online Integration Papers Working Papers. 2002-005, 2002, p.7.

4 개방적 조정과정 절차와 구조

1) 개방적 조정 절차

개방적 조정에서는 회원국 간 합의에 의해 목표발전(target development)이라는 명시인 정책지향점을 설정하고 비입법화를 통해 정책결정과 실행을 꾀한다. 이 과정에서 미시적 전략으로 회원국들 간 벤치마킹과 기업과 전문가집단과 같은 사회적 행위자 간 자발적 협력이 이루어진다. 벤치마킹은 정책에 관여하는 행위자 간 정보와 능력의 격차를 인정하여 선도그룹의 정책사례를 학습하여 정책 오류를 최대한 줄이기 위해 도입한 전략이다. 또한 자발적 협력은 신속하고 원활한 정책결정과 실행을 위해 정책의 시행자이며 수혜자인 행위자들 간 자율결정(self-regulation)을 고무한 것이다.

구체적으로 벤치마킹 전략과 자발적 협력을 통한 연성화된 합의는 다음과 같은 과정으로 진행된다. 먼저, 정책결정단계에서 각료이사회와 집행위원회가 다양한 이해관계를 갖는 행위자들의 의견을 수렴하여 권고(recommendation)와 주장(opinion)을 통해 정책내용을 제시한다. 이와 같이 정책목적을 설정하면 사회적 행위자들은 자율결정을 통해 유럽 차원에서 공동규범을 만든다. 이후 정책집행단계에서 특정 회원국에서 시행한 우수한 정책경험을 벤치마킹해 국내정책으로 시행한다. 또한 정책집행단계에서 집행위원회와 각료이사회가 주축이 되어 정책시행 표준화 등과 같은 기술적 조정을 행하며 필요하다면 이 과정에 관련 사회적 행위자들도 참여한다. 특정의 경우 사회적 행위자들이 정책실행의 주체가 될 수도 있다. 일례로 1990년대 말부터 개방적 조정을 통해 진행된 정보화사회정책은 디지털 경제패러다임에 대처하는 자연 발생적 노력을 고무한다는 취지를 살려 일부 프로그램은 산업계 및 기업이 실행 주체가 되었다. 이후 이러한 과정이 반복되면 다양한 행위자 간 상호학습과 지식의 공유를 통해 정책 수렴화가 이루어지고 관련행위자 간 정책네트워크가 확장

되어 간다.[31]

<그림 4-4> 개방적 조정의 진행구조

유럽연합의 가이드라인 설정

- 유럽연합은 단기, 중기 및 장기 목표결정
- 회원국은 목표달성을 위한 타임테이블 설정

유럽연합 차원에서 지표설정

- 목표달성을 위한 양적, 질적 차원에서 적절한 지표설정
- 회원국 및 여러 사회영역에서 효과적 실행을 위한 우수사례에 대한 벤치마킹

회원국과 지방정부 차원에서 세부목표와 집행방법 결정

- 유럽연합의 가이드라인에 따라 하위정부는 국내사정을 감안해 결정
- 회원국은 점진적으로 국가실행계획(NAPs: National Action Plans)으로 실행과정 통합

주기적인 모니터링과 평가

- 평가를 통해 상호학습 진행

2) 개방적 조정과정의 적용

개방적 정책과정은 신속한 정책을 집행을 요하는 정보화 사회정책뿐 아니라 사회적 합의가 필요한 유럽사회모델(European Social Model)에서도 폭넓게 적용되고 있다. 유럽사회모델은 노동시장, 교육·훈련, 보건 및 안전, 비차별,

31) James Arrowsmith et al, "What Can 'Benchmarking' Offer the Open Method of Co-ordination?", Journal of European Public Policy, Vol.11, No.2, 2004, p.321.

연금개혁 등 다양한 경제, 사회분야에 걸쳐 국가간 상호조정을 통해 공동가치를 창출하고 제도화된 협력을 꾀한 것이다. 특히 유럽사회모델의 실행전략 중 가장 중요한 유럽고용전략(EES: European Employment Strategy)은 사회적 결속과 격차해소를 위해 진행하는 노동시장 및 교육훈련정책 등을 망라한다. 이러한 고용전략은 관련 이해 당사자의 참여와 지지가 정책성공의 관건이다.

이와 같은 정책의 특성을 볼 때 개방적 조정과정은 최적화된 정책과정이라 할 수 있다. 사회정책은 역사적 발전과정과 내용에 있어 회원국 간 격차가 크고 국내에서는 다양한 사회적 행위자들이 관여한다는 특징을 갖는다. 따라서 본 정책은 유럽연합 차원의 단일규정보다 개방적 조정을 통해 공적·사적 행위자 간 상호학습을 통해 공동의 정책을 꾀하는 것이 정책시행에서 국내적 저항을 최소화할 수 있는 효과적 방안이다.

<표 4-6> 유럽연합의 전통적 정책결정 방식과 개방적 조정의 차이

내용 / 정책과정	유럽연합 차원: 공동체 방식	회원국 간 협력	개방적 조정
행위자	- 집행위원회 - 유럽의회 - 각료이사회	- 유럽이사회 - 각료이사회 (상주대표부)	- 회원국 정부 - 집행위원회 - 사회적 행위자 (기업 / NGO / 전문가집단)
권한구조 / 집행위원회 권한	- 유럽연합 기구 간 제도화된 권한 할당	- 회원국 간 비대칭적 권한	- 이슈에 따라 유연화된 권한의 재할당
	- 유럽연합 기구 간 정치적, 기능적 중재자 - 정책네트워크정부 허브	- 참여제한 (특정 이슈에서 기능적 업무 보완)	- 정책조정 및 모니터링 (벤치마킹 대상과 정책목표 설정)
	- 공동결정	- 정부 간 회담	- 개방적 조정

결정방식	- 자문 및 동의절차	- 각료이사회의 결정 - 커미톨로지 방식	
	- 제도화된 다수결 원칙	- 국가 간 수평적 합의 - 관행화된 합의기제 (일괄타협/ 부차적 보상)	- 다수결 원칙배제 (관련 행위자 간 수평적 합의) - 비입법화
집행방식	- 유럽연합에서 부과 - 유럽연합의 위임 → 회원국의 실행	- 회원국의 독립적 실행 - 일부정책에서 초국가 규정 적용	- 정책대상과 시행주체 동일 (경제주체, 회원국) - 집행위원회의 평가/조정
적용영역 / 적용정책	- 시장창출정책 (market building)	- 일부 시장 시정 및 시장 기제 완화정책 (market correcting & cushioning) - 정치적 결정 (polity building)	- 대부분의 시장 시정 및 시장 기제 완화정책 (market correcting & cushioning)
	- 단일시장정책 - 통상정책 - 농업정책 - 경쟁정책 등	- 외교안보정책 - 내무사법협력 - 조세정책 - 산업정책 등	- 노동시장 규정 - 환경정책 - 정보화사회정책 등

출처 : 송병준, "유럽화(Europeanizaion), 1990년대 이후 유럽연합-국가간 제도적 관계에 대한 연구: 공개적 협력과정을 중심으로", 국제지역연구 제14권 제1호, 2010, pp.118-119.

3) 개방적 조정의 한계

개방적 조정은 집행위원회를 중심으로 한 정책네트워크의 폐쇄성을 극복하여 민주적 정당성을 꾀한 정책과정으로 기업, 노조, NGO, 협회, 지방정부 및 전문가집단 등 시민사회의 다양한 계층이 참여하는 개방된 정책과정이다. 또한 본 정책과정은 유럽 차원에서 비위계적인 권한관계를 배제하고 관련된 모든 공적·사적 행위자들이 수평적인 관계에서 상호협력을 통해 정책을 결정하고 진행하는 방식이다. 그러나 개방적 조정과정이 여러 정책에서 폭넓게 적용되면서 다양한 문제점 역시 드러나고 있다.[32)]

가장 문제가 되는 사항은 집행위원회와 NGO 및 기업과 같이 서로 상이한 구성 원리와 목적을 갖는 행위자들이 공동으로 정책을 결정하므로 최적화된 결과보다는 모든 행위자를 만족시킬 차선의 수준에서 결정이 이루어질 개연성이 크다는 것이다. 이는 비정형화되고 비위계화된 정책결정 방식이 갖는 원천적 한계이다. 또한 정책실행 단계에서도 비입법화된 실행에 따른 강제력의 결여라는 문제가 있다. 물론 집행위원회가 정책모니터링을 통해 정책실행 주체인 회원국 정부와 사회적 행위자들에게 권고 등의 영향력을 행사할 수는 있다. 그러나 관련 행위자가 정책수용을 거부하거나 정책시행이 미진할 때 이를 시정할 수 있는 강제력이 없다.

일례로 유럽고용전략을 진행하는 고용위원회(EMCO: Employment Committee)는 회원국 간 우수사례의 발굴과 전파에 있어 세미나와 보고서 제출 등의 과정을 통해 상호학습 프로그램(Mutual Learning Programme)을 진행하였다. 그러나 회원국의 자발적인 협력이 결여될 경우 공동체 방식과 달리 이를 제재할 공적 권한의 부재로 정책 진행의 난항을 겪어왔다. 또한 각 지역마다 이해관계의 폭이 넓어 일부 지방정부들은 유럽 차원의 사회적 결속이나 고용정책을 거부하는 경우도 발생하였다.

한편 다양한 사회적 행위자의 참여는 유럽 차원에서 조직화되어 있고 정책실행에 필요한 자원과 정보를 갖는 행위자로 제한되는 경우가 빈번하다. 현실적으로 개방적 조정에 참여하는 사회적 세력은 집행위원회와 사회적 동반자(social partnership) 관계를 형성한 유럽 차원의 이익단체와 협회가 주를 이룬다. 이에 따라 회원국 내의 다양한 사회적 세력들은 집행위원회와의 연계채널

---

32) Sandro Gozi, "Does the EU Institutional Triangle Have a Future?", The International Spectator, XXXVI No.1, 2001, p.45.

미비와 유럽 차원에서의 미비한 조직화로 능동적인 참여가 제약되어 왔다. 또한 유럽 차원에서 조직화된 사회적 세력 간에도 목표가 명확한 단선적 이해를 갖는 집단이 보다 많은 영향력을 행사한다. 실제로 유럽고용전략 과정에서도 NGO와 전문가집단은 단순한 자문 역할에 머물고 유럽경제인연합회(UNICE: Union of Industrial and Employers' Confederations of Europe) 및 유럽노조연합(ETUC: European Trade Union Confederation)과 같이 조직화된 이익집단이 정책형성과 집행에 보다 깊숙이 관여하였다.

제 4 절 공공정책 과정에 지방정부와 사회적 행위자의 참여

1 지방정부의 참여 배경

1) 지방정부의 참여 연역

유럽연합은 1980년대 말 시장통합 계획을 진행하면서 지방정부와 산업계 등과 사회적 동반자(social partnership) 관계를 맺고 본격적으로 정책네트워크를 형성하여 왔다. 동반자관계(partnership)는 유럽연합이 1988년 구조기금(structure fund) 개혁을 위해 만든 규정(Regulation (EEC)2052/88)에서 처음으로 제기된 개념이다. 동반자관계는 집행위원회와 회원국 정부 그리고 지방 이외에 여러 파트너들이 공동목적을 위해 정책결정, 재정배분 및 정책의 모니터링과 평가 등에 걸쳐 밀접한 협의를 통해 공동의 목적을 수행한다는 목적에서 만들어졌다.

이러한 집행위원회의 적극적인 정책네트워크 형성 의지에 따라 유럽연합 차원에서 여러 목적을 갖는 지역협력체가 증가하고 결속력이 한층 강화되었다. 이미 유럽연합에서는 제2차 세계대전 이후 다양한 목적과 형태를 갖는 지역 간 연합이 만들어졌다. 이후 1986년 단일유럽의정서 체결 이후 다시 한번 통합의 전기를 맞이하면서 유럽의 많은 지방정부들이 지역적 이해를 관철하기 위해 유럽연합의 정책결정 과정에 직간접으로 참여하거나 영향력을 행사하였다. 1980년대 말 당시 유럽지역의회(AER: Assembly of the European Regions)와 유럽지역이사회(CEMR: Council of European Municipalities and Regions)는 범유럽 차원에서 지역적 이해를 추구하는 대표적인 지역협력체였다. 이외에도 해안도서지방회의(CPMR: Conference of Peripheral Maritime Regions), 유럽산업기술지역협회(RETI: Association of European Regions of Industrial Technology), 그리고 유럽도시연합(Eurocities) 등 보다 세분화된 지역적 이해를 추구하는 탈국경화된 여러 지역협력체가 유럽연합과 긴밀한 관계를 맺으며 성장하였다.

결정적으로 1980년대 말 유럽연합이 기존의 구조기금의 대대적 개혁을 통해 결속정책(cohesion policy)을 출범하면서 지방정부는 유럽연합의 정책결정에 중요한 행위자로 부각되었다. 당시 결속정책은 유럽연합의 여러 사회기금을 한데 묶어 재분배 기능을 강화한 것으로 1988년 구조기금 개혁을 통해 기금의 수혜지역은 배 이상 확대되었고 1993년 2차 개혁으로 역시 수혜지역은 50% 이상 늘어났다. 또한 유럽연합은 구조기금 배분에 있어 이전과 다른 정책결정 방식을 도입하였다. 1950년대 이후 구조기금 배분은 각료이사회를 통한 회원국 간 정치적 협상으로 결정되고 이후 집행위원회가 실행방안을 세워 회원국에 시행을 위임하고 결과를 보고받는 방식으로 진행되었다.

그러나 1998년 개혁 이후 구조기금 운영 및 결속정책은 정책입안 단계부터 지방정부가 관여하고 이후 정책시행도 집행위원회와 해당 지방정부가 공동으로 프로그램을 실행하였다. 이러한 시스템의 변화는 의도한 목적을 넘어 광범위한 변화를 가져왔다. 개혁이 진척되면서 집행위원회, 회원국 정부 및 지방정부가 정책네트워크를 통해 공동으로 정책을 결정하고 시행하는 분권화된 통치형태가 형성되었다. 당시 집행위원장인 들로르(Jacques Delors)는 이러한 정책운용 방식을 여러 유럽연합의 공동정책에 적용하려고 하였고 이후 환경정책, 산업정책 및 교육정책 등 여러 경제사회정책의 운영과정에서 지방정부의 참여가 괄목하게 진행되었다.

1990년대 들어 지방정부들은 유럽통합 과정에 더욱 적극적으로 개입하였는데 1990년대 초 마스트리히트조약 체결과정에서 지방정부들은 회원국 정부가 독점하고 있는 주요 정책결정 과정에 참여할 수 있는 실질적 권한을 요구하였다. 지방정부들은 한발 더 나아가 유럽연합-국가-지방정부 등의 3개 층으로 구성된 다층화된 유럽연합 구조를 강조하면서 다양한 채널을 통해 조약체결을 위한 정부 간 회담(IGC)에 개입하였다. 벨기에의 플랑드르(Flanders)와 독일의 바바리안(Bavarian)과 같이 중앙정부로부터 헌정 · 재정적으로 자립도가 높은 지방정부들은 상호간 연합을 통해 일관성 있는 주장을 제기하였다. 또한 벨기에와 스페인 내에서는 지역 색이 뚜렷한 각 지방정부들이 유사한 위치에 있는 지방정부와 연합하여 브뤼셀에 영향력을 행사하였다.[33]

이 결과 마스트리히트조약을 통해 지방정부 대표로 구성된 자문기구인 지역위원회(COJ: Committee of the Regions)가 만들어졌다. 지역위원회는 지방정부가 공식적으로 유럽연합의 정책결정과정에 참여할 수 있는 통로이다. 이후 지방정부는 마스트리히트조약 수정을 위한 1996-97년 정부 간 회담에서 유럽연합을 구성하는 제3의 행위자로서 지방정부의 제도적 지위와 권한을 조약에 명확히 명기할 것을 요구하여 결국 의사를 관철시켰다. 당시 지방정부는 지역위원회가 지방정부의 의사를 공식적으로 개진할 수 있는 통로라는 점을 활용하여 본 위원회를 통해 유럽연합에 압력을 행사하였다. 유럽연합조약 서문에 명기된 '유럽연합 시민 간 결속을 지속하며, 보충성원칙(principle of subsidiarity)에 의해 모든 결정은 시민들에게 보다 밀접하게 적용된다.'라는

33) Charlie Jeffery, "The 'Europe of the Regions' from Maastricht to Nice", Queen's University Balfast, Institute of European Studies, Queen's Papers on Europeanization No.7, 2002, p.1.

문구는 회원국 정부 이외에도 지방정부의 영향력이 개입되어 작성된 것이다. 이외에 마스트리히트조약을 통해 지방정부 장관은 지역 대표로서 각료이사회에 참여할 수 있게 되었다. 이러한 지방정부의 활발한 정책참여로 유럽연합의 대부분의 경제사회정책에서는 지방정부가 지역위원회를 통해 개입하고 있다. 또한 각 지방정부는 유럽연합 밖에서 지역 간 연합을 결성하여 집행위원회와 함께 정책을 진행하는 것이 일반적인 형태로 자리 잡았다.[34]

2) 지방정부의 참여 동인

1990년대 초반 지방정부는 주로 유럽연합이 공적 기금을 투여해 각 지역의 경제사회적 발전을 꾀하는 구조기금과 결속정책의 운영에 집중적으로 관여하였다. 마스트리히트조약 체결로 유럽연합의 공식 자문기구로서 지역위원회가 만들어지면서 구조기금과 결속정책에서는 지방정부가 유럽연합 기구와 수평적인 관계를 갖는 주요한 정책결정자이며 정책실행자로 자리 잡았다. 한편 유럽연합이 시장통합을 넘어 사회적 결속을 위한 다양한 사회정책을 확대하면서 지방정부는 자연스럽게 본 정책에도 직간접적으로 개입하게 되었다. 회원국의 다양한 사회적 구조를 고려 할 때 유럽연합의 공동정책이 국내정책을 완전히 대체하거나, 단일 규정이 모든 회원국에 부과 될 수는 없다.

교육정책은 이러한 특징을 명확히 보여준다. 유럽연합의 교육훈련 프로그램의 하나인 다빈치프로그램(Leonardo da Vinci)의 경우 각 지방정부가 현지의 요구를 가장 잘 수용하고 대처할 수 있는 행위자이다. 따라서 본 프로그램에서는 집행위원회, 회원국 정부, 지방정부 및 관련 사회적 행위자가 연합을 통해 정책을 진행한다. 이와 같이 교육정책을 위시한 사회정책의 경우 효과적인 정책진행을 위해 국내에서 조합주의적 합의와 유사한 형태로 유럽연합 차원

34) Charli Jeffery, "Sub-National Mobilization and European Integration: Does it Make any Difference?", Journal of Common Market Studies, Vol.38, No.1, 2000, p.4.

에서 여러 공적, 사적 행위자 간 협력이 이루어지고 있다. 이러한 과정에서 지방정부 역시 여러 정책네트워크를 통해 관련 정책에 자연스럽게 개입하게 되었다.[35]

한편 유럽연합에서는 결속정책과 같이 재분배 속성을 갖는 공동정책이 여러 규제정책과 연계를 맺고 실행되는 경우가 늘어나고 있다. 유럽연합에서는 낙후지역과 시장통합으로 불이익을 받는 지역에 대한 결속정책을 실행하면서 산업정책 그리고 노동시장 및 교육 그리고 환경정책 등도 동시에 실행하는 것이 보편적 형태가 되었다. 이와 같이 결속정책은 유럽연합에서 부의 재분배라는 목적에 그치지 않고 유럽차원의 규제조치와 사회정책과 연계되면서 다양한 공적·사적 행위자가 관여하는 복합적인 성격을 갖게 되었다. 이 결과 지방정부는 자연스럽게 규제정책에도 관여하게 되었다.

물론 지방정부의 규제정책 참여는 단일시장 출범에 기인한 것이다. 1993년부터 단일시장이 출범하면서 유럽연합 차원의 단일 규제가 증가하였다. 이에 따라 지방정부는 국가의 산업정책이나 규제조치에 전적으로 의지할 수 없게 되었으며 통합된 시장에서 무한경쟁에 노출되었다. 이러한 상황에서 지방정부에게는 국경이 없는 시장에서 산업 경쟁력과 투자확대가 사활적 문제로 대두되었다. 이에 따라 지방정부는 중앙정부를 경유하지 않고 직접 브뤼셀에 지방정부 사무소를 두고 유럽연합의 여러 사회경제 정책에 관여하게 되었다. 또한 필요하다면 국경을 넘어 지역 간 연합을 통해 유럽연합에 압력을 행사하는 것이 보편적 현상이 되었다. 이 과정에서 국가 간 관계와 같이 지방정부 간 경쟁구조가 형성되었는데 기금배분의 우선순위 결정과 같은 이슈에서는 지역 간 경쟁이 심화되었다.

35) Carolyn Marie Dudek, “Can the European Union Influence the Functioning of Regional Governments?”, European University Institut, Robert Schuman Centre Working Paper 00/49, 2001, p.7.

2 지방정부의 참여 경로

1) 지역위원회를 통한 공식적 참여

지역위원회는 마스트리히트조약 198a조(TEU Article 198a)에 의해 유럽연합 내 각 지방정부를 대표하는 자문기구로 출범하여 1994년부터 업무를 개시하였다. 지역위원회는 독립적인 판단에 의한 지방정부의 이해가 얽힌 유럽연합의 공동정책에서 독립적인 주장(opinion)을 제기할 수 있다. 이에 따라 집행위원회, 이사회 및 유럽의회는 결속정책 이외에도 고용정책과 같이 지방정부의 이해가 걸린 사회경제정책을 결정할 때 반드시 지역위원회의 자문을 거쳐야 한다. 리스본조약 체결로 지역위원회가 관여하는 정책이 증가하여 아래와 같이 시민보호(civil protection) 및 기후변화(climate change)와 관련된 이슈에서도 자문절차를 거쳐야 한다.[36]

- 경제사회적 결속(economic and social cohesion)
- 공공보건(public health)
- 고용정책(employment policy)
- 직업훈련(training)
- 환경(environment)
- 교육(education)
- 청소년(youth)
- 범유럽인프라네트워크(trans-European infrastructure networks)
- 운송(transport)
- 문화(culture)
- 에너지(energy)
- 우편 및 통신 등 공공서비스(postal and telecommunications services)

36) European Parliament, "Fact Sheet", 2011.

- 시민보호(civil protection): 리스본조약 체결로 자문절차 적용
- 기후변화(climate change): 리스본조약 체결로 자문절차 적용

집행위원회는 의제제안 시 지역위원회에 자문을 거치는 과정은 물론이고 입법 전 단계(pre-legislation)에서도 자문을 거쳐야 한다. 이외에도 지역위원회는 구조기금 및 결속정책과 같이 지방정부를 대상으로 한 정책에서 각료이사회 및 집행위원회의 요청에 따라 정책자문을 제기할 수 있다. 지역위원회는 또한 유럽연합의 자문기구인 유럽경제사회위원회(ESC: European Economic and Social Committee)의 자문에 대한 주장을 제기할 수도 있다. 한편 지역위원회는 27개 유럽연합 회원국 내 지방정부를 대표하는 임기 5년의 344명의 위원으로 구성되는데 국가 간 위원 할당은 각료이사회의 가중다수결 표결 수 비율과 유사하게 이루어진다. 각 회원국은 고유한 국내절차에 의해 위원을 선출하지만 대부분 정치적 노선과 지역배분을 고려하여 선출한다.[37]

<표 4-7> 지역위원회 위원 국가별 할당

국가 (27개국)	인원 (344명)
프랑스 / 영국 / 이탈리아 / 독일	24명
폴란드 / 스페인	21명
루마니아	15명
오스트리아 / 벨기에 / 체코 / 그리스 / 불가리아 헝가리 / 네덜란드 / 포르투갈 / 스웨덴	12명
덴마크 / 핀란드 / 아일랜드 / 리투아니아 / 슬로바키아	9명
에스토니아 / 라트비아 / 슬로베니아	7명
사이프러스 / 룩셈부르크	6명
말타	5명

37) European Union, The Committee of the Regions. (http://www.cor.europa.eu/pages/HomeTemplate.aspx), 2011, 검색일 2011년 7월.

지역위원회는 통상 연 5회의 회기를 통해 정책방향을 결정하고 주장을 채택하는데 다음과 같은 6개의 위원회(commission)가 회기 중에 활동한다.

- 지역 간 결속(Territorial Cohesion)
- 경제사회정책(Economic and Social Policy)
- 교육, 청소년 및 연구(Education, Youth and Research)
- 환경, 기후변화 및 에너지(Environment, Climate Change and Energy)
- 시민권, 거버넌스, 제도 및 대외업무(Citizenship, Governance, Institutional and External Affairs)
- 자연자원(Natural Resources)

2) 정책네트워크를 통한 참여

① 정책네트워크의 유형과 성격

유럽연합의 입법과정에서 지역위원회의 자문이 요구되는 정책은 전체 입법의 거의 2/3에 달한다. 따라서 지방정부는 유럽연합의 거의 모든 사회경제정책에 관여한다고 할 수 있다. 문제는 지역위원회의 자문은 정책결정 과정에서 구속력이 없다는 사실이다. 따라서 집행위원회가 이러한 자문을 반영치 않을 경우 특별한 제재수단은 없다. 이에 따라 지역위원회는 설립 이후 지역위원회 내부에서 만들어진 의견은 이른바 '합의 없는 타협' 이라는 비판을 받아왔다.

따라서 주요 지방정부들은 공식경로로 지역위원회를 통해 이해관계를 표명하면서도 동시에 집행위원회와 직·간접적인 정책네트워크를 형성하여 왔다. 이를 위해 지방정부들은 이미 1980년대 중반부터 브뤼셀에 사무소를 두고 집행위원회를 위시한 유럽연합 기구에 직·간접인 로비를 꾀하는 이른바 브뤼셀 전략(Brussels strategy)에 주력하였다. 이에 따라 브뤼셀의 각 지방정부 대표들은 집행위원회의 의제제안 과정에서부터 비공식적인 접촉을 통해 그들의 의사를 관철하고 홍보하는 것이 일반적인 로비경로가 되었다. 이 경우 당연히 중앙집권적 정치구조를 갖는 회원국의 경우 지방정부-집행위원회 간 정책네트워크는 중요한 의미를 갖는다.

이러한 지방정부의 개별적인 브뤼셀 전략과 더불어 국경을 넘어 유사한 이해관계를 갖는 지방정부들 간 연합 역시 보편적 현상이 되었다. 한편으로는 지방정부의 이해가 얽힌 유럽연합의 공동정책이 확대되면서 점차 지방정부와 해당 지역의 산업계 간 정책네트워크 역시 활성화되었다. 대부분의 유럽연합 내 지방정부에서는 지방선거로 임명된 자치장과 해당 지역의 산업계나 이익집단 간에 인적 네트워크가 형성되는 것이 통례이다. 이러한 이점을 살려 지방정부는 해당 지역 내 산업계와 연합하여 유럽연합에 로비를 한다.

또한 유럽산업지역협회(RETI: European Industrial Regions Association)와 같이 지방정부는 필요하다면 국경을 넘어 동일한 산업이 위치한 지방정부와 전략적 연합을 통해 유럽연합의 정책과정에 개입한다. 2002년에 출범한 유럽산업지역협회는 산업지역을 보유한 지방정부들이 중심이 되어 국경을 넘어 형성한 기구이다. 유럽산업지역협회는 원래 1984년에 브뤼셀에서 만들어진 산업지역 간 네트워크였으나 2002년에 철강산업이 위치한 지방정부 간 네트워크와 합병하여 경제단체와 유사한 기능을 수행하고 있다.

주목할 사실은 지방정부와 산업계 간 정책네트워크는 산업지역을 둔 지방정부만의 현상은 아니라는 점이다. 대표적인 프랑스의 농업지대인 브리타니(Brittany) 지방정부와 동 지역 내 농민단체 간 연합에서 볼 수 있듯 다양한 경제사회적 환경에 처한 지방정부들이 지역 내에서 여러 이익집단과도 연합을 형성한다. 프랑스의 브리타니(Brittany) 지방정부의 경우 해당 지역의 농민단체인 전국농민연합(FNSEA: Federation Nationale des Syndicats d'Exploitants Agricoles)뿐 아니라 지역 내 유럽경제사회위원회와도 밀접한 관계를 맺고 있다. 이러한 구조를 활용하여 브리타니 지방정부는 유럽연합의 공동농업정책에 효과적으로 개입하고 있다.

② 유럽연합 차원의 지방정부 간 네트워크: Eurocities

Eurocities는 대표적인 지방정부 간 네트워크이다. 이는 유럽연합뿐 아니라 유럽 내에서 가장 방대하고 조직화된 지방정부 간 정책네트워크로 유럽연합의 모든 사회경제정책에 직간접적으로 개입하고 있다. 1986년에 브뤼셀에서 바르셀로나, 버밍햄, 프랑크푸르트, 리옹, 밀라노 및 로테르담 등 6개 도시의 시장들 간 합의를 통해 출범한 Eurocities는 초기 주요 도시 간 공동문제를 해결하기 위한 포럼형식으로 출발하였다. 이후 Eurocities는 2004년부터 비유럽연합 회원국의 도시에게도 준회원국 자격으로 문호를 개방하였다. 이에 따라 2008년 기준으로 유럽연합과 비유럽연합 회원국을 망라하여 유럽 내 인구 25만 이상의 인구를 가진 30여 개국의 129개의 대도시가 정회원으로 참여하고 있다. 해당 도시가 유럽연합 회원국에 소재하면 정회원(full members)이 되며, 비유럽연합 회원국 내 도시는 준회원(associate member)으로 참여한다. 그러나 일부 예외를 두어 유럽연합 비회원국인 아이슬란드의 Reykjavik와 같은 몇몇 도시는 정회원으로 인정되고 있다.

Eurocities는 유럽통합이 급진전되고 유럽연합의 여러 정책과정에서 지방정부의 참여가 활발히 이루어지면서 1990년대 초부터 집행위원회와 일종의 동반자관계(partnership)를 형성하여 유럽 내 대도시의 이해관계를 대표하는 가장 큰 이익집단으로 발전하였다. 특히 1992년 마스트리히트조약 체결 이후 Eurocities는 구조기금, 고용, 환경 및 공공서비스, 운송, 문화 및 교육, 정보화사회 등 다양한 정책에서 유럽연합의 입법과 정책과정에 개입하는 중요한 사회적 동반자가 되었다. 이러한 많은 이슈를 다루기 위해 Eurocities는 내부에 여러 실무그룹(working groups)을 두고 다양한 성격의 포럼과 프로젝트를 진행하고 있다. Eurocities는 집행위원회와의 동반자 관계 이외에도 지역위원회와 유럽의회와도 밀접한 관계를 유지하면서 유럽연합 내에서 회원국 정부, 유럽연합과 함께 제3의 행위자로 불리는 지방정부를 대표하는 가장 영향력 있고 방대한 지역 간 정책네트워크로 성장하였다. 이러한 조직력과 영향력으로 Eurocities는 1990년대 후반부터 집행위원회의 위임을 받아 유럽연합의 여러 지역정책과 고용정책 프로그램을 직접 실행하고 있다.[38]

---

38) Eurocities, "About Eurocities", Eurocities (http://www.eurocities.org/), 2011, 검색일: 2011년 9월.

3 사회적 행위자의 참여 배경

유럽연합의 정책과정에는 사용자단체, 노조 및 여러 사회적 분야의 이해관계를 대표하는 이익집단이 참여하고 있다. 이러한 사회적 행위자의 정책참여는 경제사회위원회를 통한 공식적인 참여와 이익집단 나름의 로비경로를 통해 정책과정에 비공식적으로 참여로 구분된다. 후자의 경우 집행위원회 및 유럽의회에 대한 로비를 위해 브뤼셀에 1,000여 개가 넘는 유럽연합 차원에서 조직화된 이익집단이 사무소를 두고 있다.

이익집단의 활발한 활동은 1980년대 말 이후 집행위원회 사회경제정책의 결정과 실행과정에서 다양한 사회적 세력의 이해를 취합하고 기술적 정보를 위한 네트워크를 강화하기 위한 동반자관계(partnership)를 공식화하면서 본격화 되었다. 또한 유럽연합은 1990년대 초 마스트리히트조약 부속 사회정책의 정서(Protocol on Social Policy)를 통해 회원국 간에 합의된 사회정책협정을 통해 사회정책 입법과정에는 유럽연합 밖의 여러 사회적 세력의 참여를 보장토록 하였다. 이 경우 통상의 입법절차를 대신하여 사회적 세력은 집행위원회와의 합의를 통해 단체협상을 진행할 수 있다. 나아가 이들이 협약에 이르면 회원국의 고유한 절차 혹은 이사회의 결정(decision)으로 정책이 실행된다. 이러한 유럽연합 차원의 공식, 비공식적 제도 변화와 관계설정으로 다양한 사회적 세력들이 유럽연합의 정책과정에 활발히 참여하고 있다. 유럽통합 초기 이러한 이익집단의 참여는 주로 관세동맹과 공동시장에 이해관계를 갖는 사용자단체와 노조가 주류를 이루었다. 이외에도 농업단체, 전문가집단, 지역적 이해에 기반한 이익집단 등이 주를 이루었다. 1990년대 이후에는 유럽연합 차원에서 사회적 규정이 확대되면서 인권, 복지 및 안보방위 등과 관련된 이익집단이 활발히 활동하고 있다.

한편 유럽연합은 1970년대 중반 이후 유럽직업훈련개발센터(Cedefop)를 시작으로 특정한 업무를 전담하는 전문적인 산하기구를 설립하여왔다. 이들 산하기구는 유럽연합의 재정지원을 받아 운영되므로, 사회적 세력의 이익집단의 성격보다는 전문적인 분야에 대한 기술적 조언과 모니터링 업무를 담당하는 공적 기구의 성격을 갖는다. 그럼에도 이들 산하기구들은 유럽연합의 공동정책을 위임받아 운영하거나 정책조언 기능을 보유하므로 유럽연합 내 해당 이해관계집단의 의사를 대표하는 기능 역시 겸하고 있다.

4 사회적 행위자의 참여 경로

1) 경제사회위원회를 통한 공식적 참여

경제사회위원회(ESC)는 1957년 로마조약 체결과 함께 노조, 사용자단체 및 농민연합 등을 중심으로 단일시장 관련 논의를 위한 일종의 포럼으로 설립되었다. 이후 경제사회위원회는 사용자, 노조 및 NGO를 위시한 여러 사회적 행위자의 이해관계를 대표하는 자문기구로 성장하였다. 본 기구는 마스트리히트조약 이후에는 지역위원회와 함께 경제사회정책의 결정과정에 이사회, 집행위원회 및 유럽의회에 의견(opinion)을 제기하는 자문기구가 되었다. 경제사회위원회는 지역위원회와 동일하게 344명의 위원을 갖고 회원국 간 위원 할당비율 역시 같다. 리스본조약 체결로 현 위원의 임기가 만료되면 회원국 확대를 반영하여 이후 위원은 350명으로 증가한다. 경제사회위원회의 위원은 회원국의 추천을 거쳐 각료이사회에서 지명하며 임기는 5년으로 무보수가 원칙이지만 회기 참가 및 공적 업무에 소요되는 비용은 유럽연합이 지불한다.

한편 경제사회위원회는 회원국별 위원수 할당과 더불어 사용자(group Ⅰ), 노조(group Ⅱ) 및 농민 및 소비자 단체 등으로 구성된 이익집단(group Ⅲ)에 따라 인원이 배분된다. 사용자 대표는 유럽연합 내 주요 기업, 경제산업 및 농업관련 단체를 대표하는 114명의 위원으로 구성된다. 사용자 대표는 산업계의 이해를 대변하므로 유럽의 주요 단체인 유럽상공회의소(Euro Chambers), 도소매 및 무역 등 유통업 대표들로 구성된 유럽기업인연합(Euro Commerce), 유럽기업연합(Business Europe), 그리고 유럽의 공공부분기업을 대표하는 유럽공공부분기업중앙회(CEEP: European Centre of Enterprises with Public Participation and of Enterprises of General Economic Interest) 등과 긴밀한 협력관계에 있다. 한편 노조 및 고용자 대표는 유럽의 최대 노조인 유럽노조연맹(ETUC: European Trade Union Confederation)을 비롯하여 80개의 노조단체 대표들이 참여한다. 이외에 기타 이익집단은 시민사회 대표인 106명의 위원으로 구성되어 있다.[39]

경제사회위원회 역시 지역위원회와 동일하게 이슈에 따라 6개의 다음과 같은 소위원회로 구성되어있다.

- 농업, 농촌발전 및 환경(NAT: Agriculture, Rural Development and the Environment)
- 경제통화동맹 및 경제사회적 결속(ECO: Economic and Monetary Union and Economic and Social Cohesion)
- 고용, 사회 및 시민권(SOC: Employment, Social Affairs and Citizenship)
- 대외관계(REX: External Relations)
- 단일시장, 생산 및 소비(INT: The Single Market, Production and Consumption)
- 운송, 에너지, 인프라 및 정보화사회(TEN: Transport, Energy, Infrastructure and the Information Society)

39) European Economic and Social Committee (2011), "The Committee", (http://europa.eu/about-eu/institutions-bodies/ecosoc/index_en.htm) 검색일: 2011년 7월.

2) 이익단체 결성을 통한 정책과정 개입과 로비

① 유럽연합의 산하기구

유럽연합은 1957년 로마조약 체결 이후 유럽연합 전 지역에 29개의 공식 산하기구(Agencies)를 설립하여 특정 업무를 위임하였다. 공식 산하기구는 환경, 보건, 식품안전, 운송, 지적소유권 보호, 직업훈련 등 다양한 경제사회 이슈에 걸쳐 설립되었으며 최근에는 유럽연합의 사회적 통합이 진척되면서 안보와 내무사법협력 및 인권보호 등에 관련된 업무를 전담하는 기구가 설립되고 있다. 29개의 산하기구의 임직원은 2,500여 명을 상회하며 이들 산하기구는 유럽연합의 입법과 정책실행에 있어 집행위원회의 특정 총국과 같은 독립적인 업무 권한을 갖는다.[40]

<표 4-8> 유럽연합 공식 산하기구

번호	기구	설립연도
1	유럽어업통제기구(CFCA: Community Fisheries Control Agency): - 공동어업정책 관여	2002
2	유럽식물다양성사무국(CPVC: Community Plant Variety Office) - 회원국의 식물다양성 권리 보호업무	1994
3	유럽재건기구(ERA: European Agency for Reconstruction) - 발칸국가 개발지원업무	2000
4	유럽직장보건안전청(EU-OSHA: European Agency for Safety and Health at Work) - 유럽연합의 보건안전정책을 담당하는 가장 중요한 기구	1994
5	유럽국경통제청(FRONTEX: European Agency for the Management of Operational Cooperation at the External Borders)	2004

40) European Union (2011), "Agencies and decentralized Body", (http://europa.eu/agencies/index_en.htm) 검색일 2011년 8월.

	- 유럽연합과 쉥겐협정(Schengen Agreements)국 국경업무 조정 및 협력	
6	유럽항공안전기구(EASA: European Aviation Safety Agency) - 항공분야 안전규정 및 환경보호 정책 담당	2003
7	유럽질병예방통제센터(ECDC: European Centre for Disease Prevention and Control) - 유럽 차원의 질병예방 감독 및 국가간 협력	2005
8	유럽직업훈련개발센터(Cedefop: European Centre for the Development of Vocational Training) - 유럽연합 최초의 산하기구로 직업교육 및 평생학습 연구 사업기관	1975
9	유럽화학물질기구(ECHA: European Chemicals Agency) - 회원국 간 화학물질 안전 및 가이드라인 조정	2007
10	유럽환경기구(EEA: European Environment Agency) - 환경정보 제공 및 평가기구	1994
11	유럽식품안전기구(EFSA: European Food Safety Authority) - 식품안전, 소비자보건 등 감독 및 기술적 자문기구	2002
12	유럽생활노동조건향상재단(EUROFOUND: European Foundation for the Improvement of Living and Working Conditions) - 고용, 노동조건 및 사회적 결속 등에 관한 연구기관	1975
13	유럽연합기본권기구(FRA: European Union Agency for Fundamental Rights) - 유럽기본권헌장에 따른 인권 개선 등에 관한 연구, 자문기구	2007
14	유럽위성항법시스템통제기구(GSA: European GNSS Agency) - 위성항법 연구개발 및 라이센스 감독	2004
15	유럽양성평등기관(European Institute for Gender Equality) : 설립진행중	
16	유럽연합사법협력(EUROJUST: The European Union's Judical Cooperation Unit) - 회원국 간 사법협력	2002
17	유럽해양안전기구(EMSA: European Maritime Safety Agency)	2002

	- 회원국 간 해상운송 규정조정 및 교육	
18	유럽의약품기구(EMeA: European Medicines Agency) - 의약품 안전감독 및 모니터링	1993
19	유럽마약 및 마약중독통제센터(EMCDDA: European Monitoring Centre for Drugs and Drug Addiction) - 회원국 간 마약문제 협의 및 기술적 자문	1993
20	유럽네트워크 및 정보보안기구(ENISA: European Network and Information Security Agency) - 네트워크 및 보안 감독기구	2004
21	유럽경찰대학(CEPOL: European Police College) - 회원국 내 경찰간부교육기구	2006
22	유럽경찰국(EUROPOL: European Police Office) - 회원국 간 치안, 경찰협력	1999
23	유럽철도기구(ERA: European Railway Agency) - 회원국 간 철도안전 및 운영협력	2004
24	유럽직업훈련재단(ETF: European Training Foundation) - 유럽연합 가입후보국 및 유럽연합 인접 지역 국가의 직업훈련 지원	1990
25	유럽상표디자인국(OHIM: Office for Harmonisation in the Internal Market) - 유럽연합 상표디자인 감독 및 등록기구	1994
26	유럽연합기구번역센터(CdT: Translation Centre for the Bodies of the European Union) - 유럽연합 기구 번역서비스 지원	1994
27	유럽연합위성센터(EUSC: European Union Satellite Centre) - 외교안보 및 방위정책 지원을 위한 위성통제센터	2001
28	유럽방위기구(EDA: European Defence Agency) - 회원국 간 안보방위정책 협의	2004
29	유럽연합안보연구기관(ISS: European Union Institute for Security Studies) - 유럽연합과 회원국 관료 간 안보정책 논의 및 연구	2001

② 독립적인 로비기구

유럽연합 내에는 주로 경제단체를 중심으로 관련 정책에서 영향력을 행사하는 독립적인 로비기구들이 존재한다. 이들 경제관련 기구들은 집행위원회 정책네트워크를 형성하거나, 사회적 동반자관계를 맺고, 정책입안에서부터 실행에 걸쳐 정보제공, 이해관계 대표 및 모니터링 기능을 수행한다. 대표적인 예가 1958년 로마조약의 발효와 함께 설립된 유럽경제인연합회(UNICE)로 사용자단체를 대표하여 유럽연합과 사회적 동반자로 참여하고 있다. 유럽경제인연합회는 단일시장, 경쟁, 표준화 및 산업 등 경제사회정책 전반에 깊숙이 개입하고 있다. 물론 유럽연합의 공식 산하기구와 달리 이러한 이익집단은 자체의 예산조달과 운영 등을 통해 유럽연합으로부터 독립적 관계에 있다.

– 유럽기업연합(Business Europe)

유럽기업연합은 유럽석탄철강공동체(ECSC)와 유럽경제공동체(EEC) 운영에 관한 감독업무를 수행한 오랜 연원을 가진 경제단체로, 2011년 기준 유럽연합 회원국과 이외의 유럽국가 등 33개 국가 내 40개 단체가 회원으로 가입되어 있다. 유럽에 소재한 기업가단체 간 협력과 유럽연합의 여러 경제사회 정책에 기업이해를 대표하는 기구이다.

– 유럽상공회의소(Euro Chamber: Association of European Chambers of Commerce and Industry)

1958년 창설된 유럽상공회의소는 유럽의 45개국에서 44개 상공회의소를 대표하며, 2000여 개의 국가 및 지역 상공회의소와 네트워크를 두고 있다. 유럽상공회의소는 유럽 중소기업의 90 % 이상을 소속 회원으로 두고 있다.

– 유럽소비자기구(BEUC: European Consumers' Organization)

1962년도에 설립된 유럽 내 31개국 소비자의 연합으로 유럽연합의 여러 사회정책에서 소비자 권리와 보건정책에 대한 모니터링과 이해관계를 대표하는 이익단체이다.

– 유럽노조연맹(ETUC: European Trade Union Confederation)

1973년에 설립된 유럽에서 가장 큰 노조연맹으로 2011년 기준 총 36개국 80여 개 노동조합단체가 가입되어 있으며 유럽 차원의 12개 산별회의를 회원으로 두고 있다. 유럽연합과 사회적 동반자(social partnership) 관계를 맺은 대표적 압력단체이다.

– 유럽산업계원탁회의(European Roundtables of Industrials)

1983년도에 설립된 유럽 내 주요 대기업 총수들이 참여하는 비공식 압력단체로 단일시장 출범에 큰 기여를 하였다. 브리티시항공, 도이치텔레콤, 피아트, 네슬러, 노키아, 필립스, 르노, 텔레포니카(Telef nica), 지멘스 등 유럽의 주요 대기업 대표들이 참여하고 있다.

제 5 절 우리나라에 대한 시사점

1 유럽연합 공공정책 과정의 특징

유럽연합의 공공정책 과정은 두 가지의 논리가 적용된다. 첫째, 정책결정과 집행의 효율성에 입각한 기능성이다. 둘째, 회원국 정부, 지방정부, 유럽시민, 사회적 행위자 그리고 유럽연합 자체의 이해관계를 모두 포괄할 수 있는 정책과정의 다양성이다. 정책결정과 집행의 효율성은 이른바 브뤼셀에 근무하는 유럽관료들의 기능적 전문성에 기인한다. 유럽관료는 2008년 기준 정규직 41,320명 그리고 임시직 1,620명으로 구성되어 있다. 이 중 거의 절반인 20,162명(정규직 19,796명, 임시직 366명)이 집행위원회 관료이다. 이외에 연구개발을 전담하는 관료, 유럽연합의 각종 외부기구 및 유럽의회 사무국 등 유럽연합에 관련된 모든 유럽관료들이 포함된다. 유럽연합 인구가 5억에 달한다는 점을 고려하면 불과 4만 3천여 명에 불과한 관료들이 정책을 결정하고 실행하는 구조는 효율성을 전제하지 않으면 불가능하다.

유럽연합의 효과적인 공공정책 운영을 위해 다양한 위원회 시스템을 구축하여 회원국 정부의 관료 및 외부 전문가들의 참여를 유도하였다. 이는 제한된 유럽 관료만으로는 보다 세밀한 기술입법을 행하기가 곤란하기 때문이다. 유럽연합은 위원회 외에도 필요하다면 외부의 이익집단 및 지방정부 등과 사회적 동반자관계를 구축하여 이들로부터 정부 취득 및 정책자문 등 다양한 기능적 업무를 취하고 있다. 또한 주요한 이슈에 있어서는 상설위원회 시스템을 구축하고 유럽 차원의 관련 이익집단과 밀접한 관계를 맺고 정책을 진행한다. 이러한 구조는 곧 유럽연합 차원에서 브뤼셀을 중심으로 구축된 정책네트워크에 의해 가능한 것이다. 많은 국가들에서 작고 효율적인 정부를 지향하는데 그 상징적 사례는 유럽연합이라 할 수 있다. 물론 유럽연합은 국가와 동등한 기능을 수행하는 것은 아니다. 이른바 규제국가(regulatory state) 논리로, 유럽연합은 시장통합에 관련된 정책을 만들고 부여하며 이를 감독하는 기능에서 출발하였고, 지역 간, 계층 간 격차를 완화할 사회정책은 회원국 정부의 몫이다. 그럼에도 이러한 규제국가라는 매우 기술적인 거버넌스가 효율적으로 운영되고 있다. 또한 통합이 심화되면서 유럽연합 차원에서 지역정책과 교육훈련정책 등 일종의 분배정책(distribution policy)도 갈수록 증가하고 있다는 점에서 작고 효율적이며 기능적인 행정구조라고 할 수 있다.[41]

물론 여기에도 문제가 내재한다. 유럽연합은 그 동안 거버넌스의 효율성에 집착하여 회원국 정부의 엘리트와 유럽연합 관료 간 폐쇄적인 연합이라는 비난을 받아왔다. 회원국 정부관료가 참여하는 커미톨로지위원회는 대표적 경우이다. 이에 따라 1990년대 전반에 걸쳐 기능적 효율성과 민주적 정당성이 유럽연합 행정구조의 주요한 화두가 되었다. 이러한 점은 효율성과 민주적 정당

41) Jens Haahr Henrik, “Open Co-ordination as Advanced Liberal Government”, Journal of European Public Policy. Vol.11, No.2, 2004, p.216.

성 간의 피할 수 없는 간극으로 일종의 과도적 거버넌스가 안고 있는 문제라 할 수 있다.

한편 유럽연합의 또 다른 정책과정의 특징 중 하나인 다양성 역시 장단점을 갖고 있다. 시장통합에 관련된 경제정책의 경우 입법의 신속성과 세부적인 기술적 입법이 중요하다. 또한 실행과정에서는 전문적인 기술관료의 능력이 절대적으로 요구된다. 따라서 이러한 정책은 정책산출의 효율성을 꾀한 공동체 방식이 널리 활용된다. 물론 공동체 방식은 효율성뿐 아니라 다양한 사회적 이해관계를 대표한다는 민주적 정당성에도 부합하는 정책과정이다. 그러나 회원국의 주요한 이해가 걸린 이슈나 회원국 간 사회경제적 격차에 따라 단일의 정책실행이 불가능할 경우에는 회원국 간 정치적 조정을 통해 정책을 결정하고 실행한다. 이 과정에서 조약에 명기되거나 관행화된 많은 합의기제가 작동된다. 서로 다른 이해를 갖는 국가간 원활한 협상진행을 위해 여러 타협안을 한데 묶은 일괄타협(package deals)과 성격이 다른 여러 정책을 연계하는 이슈간 연계(issues linkage), 정책 실행으로 상대적인 불이익을 당하는 국가에 대해 부가적 보상(side-payments) 전략은 대표적 예이다. 이외에도 국가이익에 심각한 문제를 야기할 경우 상호합의 하에 정책수용에 예외를 두거나, 혹은 회원국마다 수용시기를 다양하게 조정하는 것이 선택적 거부권(opt-outs) 역시 주요한 시스템이다. 이와 같이 유럽연합은 정책의 성격에 따라 다양한 합의기제를 운영하여 경제통합에서 정치, 사회적 통합에 이르기까지 회원국 간 협력과 합의를 이끌어내고 있다.

2 한국에서의 정책 적용

전술한 바와 같이 효율적인 정책결정 방식과 이 과정에서 민주적 정당성을 강구한 것은 유럽연합 정책과정의 핵심기제이다. 또한 정책네트워크를 넘어 일종의 정책공동체(policy community)화 한 정책과정 역시 유럽연합만의 독특한 특징이다. 이러한 점에서 한국에서 정책적 유용성은 다음과 같은 세 가지 차원에서 찾을 수 있다.

첫째, 공공정책 운영과정에서 정책네트워크를 통한 효율적인 의사결정과 집행이다. 유럽연합의 전체예산 중 기구운영에 소요되는 비용은 총 예산의 5-6%에 불과하다. 이는 작고 효율적인 거버넌스를 보여주는 지표이다. 유럽연합은 회원국 확대에 따라 유럽관료를 계속 늘리지 않고 적절한 규모에서 관료수를 고정하고 정책네트워크를 최대한 활용하여 입법과 정책실행의 부담을 분산시키고 있다. 이러한 점에서 작고 효율적인 정부의 사례로서 유럽연합의 행정구조에 대한 깊은 이해가 필요하다고 할 수 있다.

둘째, 유럽연합에서는 회원국과 지방정부 간 이해관계의 폭이 넓은 정책영역은 브뤼셀에서 일괄적인 정책입법과 실행을 배제한다. 외교안보정책의 정부 간 협력은 물론이고 개방적 조정을 통해 다양한 사회적 의견을 취합하는 방식은 그 예이다. 이러한 시스템이 작동하려면 사회적 행위자들에게 다양한 기능적 권한을 부여하거나 밀접한 정책공동체를 형성해야 한다. 유럽연합도 대개의 유럽 국가들과 마찬가지로 중앙-지방과 같이 유럽연합-회원국이 고도로 권한분화 구조를 갖고 있다. 이는 중앙-지방 간 권한의 분화된 구조와 유사하다. 유럽통합은 브뤼셀로 모든 권한이 집중되는 것이 아니라, 단지 회원국 보다 효과적으로 실행할 수 있는 경우에 한해 유럽연합이 개입하는 것이다. 따라서 공동정책에 대한 권한은 유럽연합과 회원국이 정책의 특징에 따라 공유하거나 어느 한쪽이 배타적으로 보유한다. 이러한 구조는 한국에서도 중앙-지방 간 관계에서 유용한 정책선례가 될 수 있다.

셋째, 유럽연합 회원국은 통합과정에서 주권을 대표하는 국민의 대리인이면서 동시에 이사회를 통해 초국가 통합체를 구성하는 일단의 행위자로 기능한다. 이 점에서 유럽연합 회원국은 여러 국제기구와 달리 유럽연합 내에서 자국의 이해관계에 기인한 일탈적 행위를 극도로 억제하고 있다. 물론 조약과 여러 규정이 유럽연합과 회원국 간 관계를 규약하지만 이외에도 통합과정에서 만들어진 비공식적인 관행과 상호간의 존중이라는 정치문화가 존재하기 때문에 통합이 가능한 것이다. 이러한 논리로 통일을 대비한 한국의 행정구조와 정치적 거버넌스는 통합 속에 다양성을 추구하는 유럽연합의 다양한 제도적 시스템을 주목할 필요가 있다. 1990년대 후반 이후 제기되는 유럽화(Europeanization)라는 현상은 유럽연합이 주권을 일부 제약한 국가 간 통합(integration)을 넘어 시민사회까지 포괄한 거버넌스 구조를 통해 제도적, 문화적으로 수렴되어 가는 양상을 보여준다. 이러한 포괄적 구조는 통일한국을 대비하여 두 개의 정치체제가 융합되는데 많은 시사점과 정책점 함의를 제공할 수 있다.

참고문헌

송병준, 유럽화(Europeanizaion), 1990년대 이후 유럽연합-국가간 제도적 관계에 대한 연구: 공개적 협력과정을 중심으로, 「국제지역연구」, 14(1), 107-127. 한국외국어대학교 국제지역연구센터, 2009.

이종서, 송병준, 「유럽연합의 대외정책」, 서울, 높이깊이, 2011

Alecander Stubb et al., "The Policy -Making Process", The European Union: How Dose It Works Elizabeth Bomberg and Alecander Stubb eds., Oxford: Oxford University Press, 2004.

Archer, Clive. *The European Union*. London: Routledge, 2008.

Arrowsmith, James et al.. *What Can 'Benchmarking' Offer the Open Method of Co-ordination*?. Journal of European Public Policy, 11(2): 311-328, 2004.

Barrett, Gavin. Deploying the Classic 'Community Method' in the Social Policy Field: The Example of the Acquired Rights Directive. European

Law Journal, 15(2): 198-223, 2009.

Bomberg, Elizabeth & Peterson, John. "European Union Decision Making: the Role of Sub-national Authorities. *Political Studies*, 46(2) 219-235, 1998.

Bomberg, Elizabeth and Alecander Stubb eds.. *The European Union: How Dose It Works*. Oxford: Oxford University Press, 2004.

Büchs, Milena. How Legitimate is the Open Method of Co-ordination?. *Journal of Common Market Studies*, 46(4): 765-786, 2008.

Cini, Michelle and Borraga, Nieves P. eds.. *European Union Politics 3rd*. Oxford: Oxford University Press, 2010.

Devuys, Youri. The Community-Method after Amsterdam. *Journal of Common Market Studies*, 37(1): 109-120, 1999.

Dick, Leonard. *Guide to the European Union 10th*. London: Ingram Pub Services, 2010.

Dudek, Carolyn M.. Can the European Union Influence the Functioning of Regional Governments?. *European University Institut, Robert Schuman Centre Working Paper*, 00/49: 1-38, 2001.

Eberlein, Burkard & Kerwer, Dieter. Theorising the New Modes of European Union Governance. *European Online Integration Papers Working Papers*, 2002-005: 1-17, 2002.

Egeberg, Morten et al.. The Many Faces of EU Committee Governance. *West European Politics*, 26(3): 19-40, 2003.

Eising, Rainer. Clientelism, Committees, Pluralism and Protests in the European Union: Matching Patterns?. *West European Politics*, 31(6): 1166-1187, 2008.

Elgstrm, Ole. Introduction: Negotiation and Policy-making in the European Union - Processes, System and Order. *Journal of European Public Policy*, 7(5): 673-683, 2000.

Farrell, Mary eds.. *European Integration in the 21st Century*. London: Sage, 2002.

Gozi, Sandro, Does the EU Institutional Triangle Have a Future?. The *International Spectator*, XXXVI(1): 39-48, 2001.

Hage, Frank M.. Committee Decision-making in the Council of the European Union. *European Union Politics*, 8(3): 299-328, 2007.

Henrik, Jens H.. "Open Co-ordination as Advanced Liberal Government. Journal of European Public Policy, 11(2): 209-230, 2004.

Hix, Simon. *The Political System of the European Union*. New York: St. Martin's Press, 2005.

Jeffery, Charli. Sub-National Mobilization and European Integration: Does it Make any Difference?. *Journal of Common Market Studies*, 38(1): 1-24, 2000.

Jeffery, Charlie. The 'Europe of the Regions' from Maastricht to Nice. Queen's Papers on Europeanization 7: 1-9, 2002.

John Pinder, "The Single Market: a Step Towards European Union", The European Community and the Challenge of the Future. Juliet Lodge ed. London, Pinter Publishers. 1989.

Kaiser, Robert & Prange, Heiko. A New Concept of Deepening European Integration? - The European Research Area and the Emerging Role of Policy Coordination in a Multi-level Governance System. *European Online Integration Papers*, 2002-018: 1-22, 2002.

Lodge, Juliet ed.. *The European Community and the Challenge of the Future*. London: Pinter Publishers, 1989.

McCormick, John. *European Union Politics*. London: Palgrave Macmillan, 2011.

McGiffen, Steven P.. *The European Union - A Critical Guide*. Michigan: University of Michigan Press, 2006.

Metcalfe, Les. Reforming the Commission. *European Institute of Public Administration*. EIPA Scope 99/3-1: 3-9, 1999.

Neyer, Jörgen. Discourse and Order-On the Conditions of Governance in Non-Hierachial Multi-Level Systems. *Advanced Research on the Europeanisation of the Nation-State*. Working Papers 02/09: 1-20, 2002.

Nugent, Neill. *The Government and Politics of the European* Union. London:

Palgrave, 2010.

Peterson, John & Bomberg, Elizabeth. *Decision-making in the European Union*. New York: St. Martin' s Press, 1999.

Pollack, Mark A.. Delegation, Agency, and Agenda Setting in the European Community. *International Organization*, 51(1): 99-134, 1997.

Radulova, Elissaveta. The OMC: An Opaque Method of Consideration or Deliberative Governance in Action?. *Journal of European Integration*, 29(3): 363-380, 2007.

Streek, Wolfgang. Competitive Solidarity: Rethinking the European Social Model. *Max-Planck Institute for the Study of Societies*, 01/06: 1-13, 1999.

Tommel, Ingeborg & Verdun, Amy eds.. *Innovative Governance in the European Union in the European Union: The Politics of Multilevel Policymaking*. London: Lynne Rienner, 2009.

Wallace, Helen et al.. *Policy-Making in the European Union. 6th. ed.* Oxford: Oxford University Press, 2010.

Warleigh, Alex. European Union the Basic. London: Routledge, 2009.

Warieigh Alex, "Towards Network Democracy? The Potential of Flexible Integration", European Integration in the 21st Century. Mary Farrell eds. London, Sage. 2002.

Eurocities (2011). About Eurocities. Eurocities. http://www.eurocities.org 검색일: 2011년 9월.

European Economic and Social Committee (2011). The Committee.

http://europa.eu/about-eu/institutions-bodies/ecosoc/index_en.htm 검색일: 2011년 7월.

European Parliament (2011). Fact Sheet.

European Union (2011). The Committee of the Regions.

http://www.cor.europa.eu/pages/HomeTemplate.aspx 검색일 2011년 7월.

European Union (2011). Agencies and decentralized Body.

http://europa.eu/agencies/index_en.htm 검색일 2011년 8월.

제 2 장 유럽연합의 외교 · 안보정책

이 종 서(한국외국어대학교)

제 1 절 공동외교안보정책

1 배경 및 발전과정

서유럽국가들이 공동의 안보정책을 수립하려는 움직임을 보인 것은 1946년 3월 5일, 당시 영국 수상이었던 처칠(W. Churchill)이 풀톤(Fulton) 연설에서 '철의 장막'을 언급하면서부터라고 할 수 있다. 처칠은 이 연설에서 소련의 봉쇄정책을 비난하고, 자유와 기독교 문명을 옹호하기 위해 영국과 미국의 단결을 강조하였다. 이듬해 미국의 트루먼(H. S. Truman) 대통령은, 1947년 3

월 12일 "자유로운 국민에게 전체주의 제도를 강요하려고 하는 침략 활동으로부터 국민들을 구호하여, 그들이 그 자유로운 제도와 민족적 통일을 유지해 가는 것을 돕는다."는 명목 하에 그리스와 터키에 대한 4억 달러에 달하는 원조를 의회에 요청하였다. 이것이 이른바 트루먼 독트린(Truman doctrine)이다. 이로 인해 당시 공산세력으로 인하여 직접적인 위협에 직면하고 있던 그리스와 터키 정부의 공산화를 막기 위한 미국의 경제 · 군사적 원조가 제공되었다. 트루먼 행정부는 소련의 스탈린에 대응하여 유럽에서의 전면적인 대소 봉쇄 정책을 실행하였다. 그 목적은 첫째, 공산주의 세력의 확산을 저지하고, 둘째, 독재정부 지배에 반대하는 국가에 대한 경제적 원조 및 외부로부터의 군사적 안보위협에 공동대응 한다는 것이었다. 이 원칙은 미국 외교정책의 기조가 되었으며, 유럽부흥계획과 NATO 창설로서 구체화되었다.

동년 하버드 대학교에서 미국의 국무장관인 마샬(G. Marshall)은 유럽에 대한 장기 경제원조 프로그램을 발표했다. 당시 미국은 공산주의 사상의 서유럽 확산을 경계하여 전후복구가 절실한 서유럽에 원조를 시작했다. 마샬플랜(Marshall Plan)으로 알려진 유럽경제부흥계획(ERP: European Recovering Program)을 통해 미국은 총 200억 달러에 달하는 경제원조를 제공하였다. 미국은 서유럽이 경제를 재건하고 안정을 되찾을 수 있도록 사회 · 경제적 상황을 증진시키는데 목적을 두었다. 미국의 정책은 단순히 지배계급 중심(elite-focused)이 아닌 서유럽 국민 모두의 경제적 상황 개선을 위한 것이며, 공산주의 확산을 막고 미국의 제도를 이식하기 위한 노력이었다. 또한 마샬플랜은 그 동안 쌍무적으로 행해지던 미국의 경제원조를 집단원조로 바꾸고, 이를 조건으로 유럽국가들 간의 자발적인 협력을 요구한 것이다. 이러한 정책을 통해 미국은 고립주의에서 벗어나 유럽 문제에 개입하였고 이 결과 기존에 유럽통합에 대한 부정적인 시각이 변화하였다.

한편, 소련은 이와 같은 미국의 대외원조계획에 대한 대항 조치로서 몰로토프 계획(Molotov Plan)을 통해 동유럽 여러 나라와의 상호원조 체제를 강화하였다. 본 계획은 소련을 중심으로 하는 공산주의 진영에서의 경제부흥과 방위력 결집을 의도한 것이다. 이와 같이 미국의 대외원조가 공산주의 진영을 결집시킨 것은 정치역학의 필연이라 할 수 있다. 1947년 9월에는 폴란드에서 유럽 공산당회의가 개최되었는데 여기에서는 1943년 5월에 해산된 코민테른(Comintern)을 대신하여 코민포름(Cominform: Communist Information Bureau)이 결성되었다. 이후 각국 공산당의 정보교환 기관인 코민포름은 선전정책의 통일화를 통해 공산주의 진영의 결속을 도모하며, 자유주의 진영에 대항하는 기구가 되었다.

이와 같은 미·소를 중심으로 한 양 진영 간의 대립은 1948년 6월 베를린 봉쇄 사건에서 절정에 이르렀다. 여기서 미국은 자유진영의 결속을 더욱 강화할 필요성을 가졌고 마침내 1949년 1월 20일 트루먼 대통령의 연두교서를 배경으로 1949년 4월 NATO가 결성되었다. NATO는 서방측에 있어 반공산주의 군사동맹의 성격을 갖는 것으로, 냉전을 상징하는 중요한 기구가 되었다. 한편 샤를 드골 장군으로 대변되는 강한 민족주의적 성향을 갖고 있었던 프랑스는 자국의 안보가 미국을 중심으로 한 NATO에 전적으로 의존해야 한다는 현실에 반발하여 유럽국가들로 이루어진 독자적인 유럽방위공동체(EDC)설립을 추진하였다.

그러나 회원국들은 주권에 대한 강한 집착과 독일의 재무장에 대한 우려를 갖고 있었다. 더욱이 당시 상황을 살펴볼 때, 제2차 세계대전의 참화에서 막 벗어난 서유럽국가들이 미국의 도움 없이 방위공동체를 설립한다는 것은 사실상 현실성이 결여된 계획이었다. 이후 유럽의 방위는 거의 전적으로 미국이 주도하는 NATO가 전담하였고, 역설적으로 이 결과 유럽은 경제발전에만 전력할 수 있었다.[1] 미국은 서유럽국가들이 스스로 유럽방위에 책임을 갖고 군사적 마샬플랜(a military Marshall Plan)에 대한 기대보다는 새로운 대서양 동맹체를 만들기를 희망하였다. 유럽의 방위를 위해 미군의 존재와 미국의 리더

1) Jean-Yves Haine, "An Historical Perspective", in Nicole Gnesotto, ed., EU Security and Defence Policy: The First Five Years, 1999-2004, Paris: European Union Institute for Security Studies, 2004, p.35.

십을 원하였던 측은 미국이 아니라 유럽이었다. 이후 서유럽의 안보와 방위에 대한 책임을 미국에게 전가시키는 것에 대한 반향은 반세기 후에 일어났다. 미군 주둔에 대한 글로벌화와 동서 대치국면의 확산은 결국 서유럽이 스스로 외교안보정책과 안보방위정책을 마련하는 계기가 되었다. 이에 미국은 서유럽 경제발전에 대한 보상 차원에서 NATO 동맹국들이 미국의 외교정책의 목적과 부합하는 행동을 강요함으로써 정치적 보상을 원했다. 그 결과 미국은 동유럽 국가들과 관계개선, 중동분쟁, 독자적인 유럽의 외교안보방위정책을 만드는데 지속적 개입을 하여 유럽연합과 불편한 관계를 지속하였다. 이러한 대서양 관계는 'Cold War prism'에서 'War on Terror prism'으로 소련의 위협이 사라졌음에도 불구하고 여전히 존재하였다.

1950년 10월 프랑스의 플레벤(R. Pleven) 수상은 유럽통합군 창설을 제안하였다. 이 계획은 프랑스가 NATO 안에서 독일의 독자적인 군대 창설을 견제하기 위해 독일을 유럽에 묶어두기 위한 제안이었다. 독일의 지도자들은 본 계획안이 실현되면 연합국의 점령이 종식될지도 모른다는 기대 속에 찬성을 하였다. 그러나 플레벤 계획은 영국과 프랑스의 반대로 실패로 돌아갔다. 영국은 유럽방위공동체 계획안이 지나치게 초국가주의를 지향한다는 이유로 강력하게 반대하였다. 또한 프랑스 의회는 독일을 견제해야 할 영국이 참여하지 않는 유럽방위공동체는 무의미하다는 이유를 들어 1954년 8월 319 : 264로 유럽방위공동체 조약안을 부결시켰다.

유럽국가들은 유럽방위공동체 붕괴로 위험에 놓인 유럽안보 문제를 해결하기 위해 1954년 10월에 파리조약을 체결하였다. 유럽국가들은 본 협정을 통해 서유럽동맹 창설에 합의하고 브뤼셀조약(Brussels Treaty) 비가입국인 독일과 이탈리아의 가입에 동의하였다. 브뤼셀조약은 제2차 세계대전 기간 중 프랑스와 영국 간에 맺어진 덩커크조약(Dunkirk Treaty)을 토대로 1948년 영국, 프랑스, 벨기에, 네덜란드, 룩셈부르크 사이에 맺어진 경제·사회·문화 협력에 관한 집단안보 조약이다. 본 조약은 냉전의 격화에 따라 우려되는 소련의 잠재적 위협과 독일 침략정책의 재발에 대비하기 위해 만들어졌다.

이처럼 마샬플랜과 슈만플랜은 전후 서유럽에서 성공적인 외교안보정책구조를 창출하는 배경이 되었다. 물론 이들 계획들은 유럽통합에도 많은 영향을 미쳤다. 마샬플랜과 슈만플랜은 독일과 인접 유럽국가들 간의 관계를 재정비하여 20세기 전반에 걸쳐 유럽에서 팽배하였던 정치·경제적 위기와 전쟁의 근본 원인을 봉쇄하였다는 점에서 오늘날에도 큰 의미를 갖는다. 독일에 대한 본 정책은 미국과 프랑스의 전후 안보정책에서 가장 성공적인 사례로 이전의 통상적인 외교정책과 패전국에 대한 전통적 접근방식과는 전혀 다른 것이었다.

한편 마샬플랜이 의미를 갖는 것은 이러한 계획이 유럽인의 주인의식에 바탕을 두고 만들어졌다는 점이다. 즉, 마샬플랜을 통해 미국은 과거 적대 국가였던 독일과 이탈리아를 포함한 서유럽국가들 간 협력을 고무할 수 있었다. 이 결과 마샬플랜을 통해 독일의 책임과 신뢰회복이 이루어지면서 독일은 유럽통합의 동반자(full partner)라는 사실을 인식시켜 주었다. 또한 마샬플랜을 통해 서유럽국가들은 공동의 이념과 가치를 만들어 가는데 큰 도움을 받았다. 그럼에도 마샬플랜은 서유럽에 한정되어 서유럽국가 간 화해와 통합이라는 긍정적 결과와 함께 동유럽국가의 배제라는 결과를 낳았고 이후 유럽통합은 오랜 시간동안 서유럽에 국한되었다.

마샬플랜이 성공적인 결과를 낳으면서 1950년 모네(J. Monnet)는 당시 외무장관이었던 슈만에게 긍정적인 대독일 정책을 제안하였다. 제안 내용은 프랑스와 독일의 석탄과 철강생산을 초국가 기구의 공동관리 하에 두자는 것이다. 석탄과 철강의 공동관리안은 주요한 경제적 이슈이면서 외교적 사안이었다. 모네의 구상과 이에 동의한 슈만은 이른바 슈만플랜을 발표하고 프랑스, 독일, 이탈리아, 네덜란드, 벨기에, 룩셈부르크 등 6개국은 1950년 파리조약에 서명을 하여 유럽석탄철강공동체(ECSC)가 탄생하였다. 슈만플랜과 유럽석탄철강공동체의 탄생은 유럽 역사에 있어서 혁명적인 것이다. 이는 국가들 간 대립 대신 상호의존이라는 새로운 방식으로 유럽을 이끌어가는 계기가 되었다. 1962년 모네는 유럽석탄철강공동체에 대해 “우리는 서로가 같이 한 사회에서 공존할 수 있는 방안을 받아들였으며 거기에는 모든 구성원이 지켜야 할 공동의 법과 이러한 법을 실행할 수 있는 기구가 있다."라고 언급하였다. 이처럼 슈만플랜에 이은 유럽석탄철강공동체의 설립으로 유럽에는 국제법에 근거한 규범과 국가 간 공동정책이 탄생하였다. 이러한 국가 간 공동정책은 유럽의 외교정책과 유럽안보전략에 중요한 토대를 제공하였다. 듀케네(Duchene)가 강조했듯이 이러한 사건은 서유럽인들에게 심리적 변화를 야기하였다. 즉, 통합은 엘리트와 대중들의 사고방식을 변화시키는 데 큰 공헌을 했다. 이에 따라 국가(national)라는 정체성과 관심은 점차 타국(the other)과 함께 유럽(Europe)이라는 범주 안에서 다시 정의되었다. 또한 유럽석탄철강동체 창설국(founding states)이 정립한 정체성은 프랑스와 독일의 긴장관계를 완화시키고, 독일을 적에서 동반자로 인식하게 하였으며 서유럽을 안보공동체(security community)로 변화시켰다.

2 마스트리히트조약(TEU)과 공동외교안보정책(CFSP)

냉전 종식 후 유럽에 새롭게 조성된 위기 상황, 중동유럽의 민족분규, 중동의 핵확산, 러시아 극우민족주의 세력의 위협 등은 과거의 안보체제를 무의미하게 만들었다. 이처럼 유럽연합은 과거 냉전체제와는 다른 새로운 형태의 안보위협에 직면하면서 마스트리히트조약을 통해 공동외교안보정책을 만들어 공동조치를 취할 기반을 마련하였다. 이는 1954년에 실패한 유럽방위공동체(EDC) 구상 이후 안보분야에서의 최초의 합의라 할 수 있다. 그 결과 제2차 세계대전 후 전쟁방지와 평화공존을 위해 만들어진 여러 형태의 집단안보체제에 변화가 일기 시작하였다. 즉 유럽안보의 3각 구도를 형성하는 NATO, 서유럽동맹(WEU), 유럽안보협력기구(OSCE)는 새로운 상황에 적응하기 위한 개편이 필요하였다.

1992년부터 발효된 마스트리히트조약은 제5장에서 공동외교안보정책을 유럽연합의의 제2지주로 설정하는 한편 CFSP의 5대 목표를 제시하고 동 목표를 달성하기 위한 운영방식을 규정하고 있다. 제5장 11조 1항은 1) 유럽연합의 공동가치, 근본적 이해, 독립 및 품위 보호, 2) 유럽연합의 안보강화, 3) 평화유지 및 국제안보 강화, 4) 국제협력 촉진, 5) 민주주의와 법의 지배, 인권 및 기본적 자유의 발전 및 공고화를 제시하고 목표이행 수단(제12조)으로 1) CFSP 제반 원칙 및 일반지침 정의, 2) 공동전략 결정, 3) 공동행동 채택, 4) 공동입장 채택, 5) 정책수행에 있어 회원국 간 체계적인 협력강화를 규정하였다.

앞서 기술한 바와 같이 유럽연합은 유럽정치협력이라는 비기구화된 정치협력을 1970년대 이래로 유지해왔으나 1987년 7월 단일유럽의정서가 발효되면서 조약 제30조에 의거하여 회원국들 간에 외교정책 분야에서의 협력을 성문화하였다. 이후 냉전의 종식은 유럽의 안보체제에 큰 변화를 가져왔다. NATO와 바르샤바조약기구가 유럽안보협력기구(OSCE)로 통합되었고, 그 후 일련의 사태를 경험하면서 유럽연합 회원국들은 NATO로부터 독자적인 안보제도의 가능성을 검토하기 시작하였다.

유럽안보협력기구는 1975년 8월 헬싱키선언으로 출범한 이래 유럽안보에서 매우 중요한 위치를 차지하여 왔다. 유럽안보협력기구는 미국과 캐나다를 포함한 55개국의 국가들이 참여한 다자간 안보협력기구로 1989년 동유럽 붕괴 이후 새로운 안보상황에 대처하기 위해 유럽안보협력회의(CSCE)의 기능을 강화한 것이다. 본 회의는 1995년 이래 유럽안보협력기구로 개칭되어 유럽안보에서 점차 많은 역할을 담당하여 왔다. 과거 유럽안보협력회의에서는 안보의 협력성, 불가분성, 포괄성을 기본원칙으로 하여 지역 내에서의 안보협력과 신뢰구축을 위해 노력하였지만 협의체 자체의 취약성으로 인해 실질적 효과를 발휘하지 못하였다. 이에 따라 유럽안보협력회의 운영상의 문제점을 개선하고자 조기경보, 예방외교, 위기관리에 중점을 두고 제도화된 다자간 안보협력기구인 유럽안보협력기구로 전환되었다.

집행을 전담하기 위한 상설기구로서 프라하에 총사무국과 서기국이 설립되었고, 비엔나에 안보협의포럼과 분쟁예방센터 그리고 바르샤바에 민주화 촉진 및 인권보호 부서가 각각 신설되었다. 그러나 유럽안보협력기구는 카자흐스탄과 같이 정치 · 문화와 인종 면에서 유럽과 상이한 아시아 국가까지 포함되어 있다. 또한 일본의 경우 발언권 행사가 허용된 옵서버 자격을 갖고 있는 등 구조적 취약성 때문에 위기 발생 시 대책수립이 어렵다는 단점을 갖고 있다. 실제로 보스니아 민족분쟁, 아르메니아와 아제르바이잔 간 나고르노-카라바흐 점령경쟁 등에서 유럽안보협력기구가 역할을 하지 못하였으며, 북아일랜드 사태에서도 영국 정부의 견제로 개입을 못하였다. 이러한 유럽안보협력기구의 한계에 따라 냉전시기 창설되었으나 그 동안 유명무실하였던 서유럽동맹이 다시 관심을 끌게 되었다. 유럽연합은 미국이 주도해온 유럽의 안보정책에서 탈피하여 동맹의 위상을 강화하고 활동을 역외로 확장시키고자 1992년 6월 페테스부르그(Petersburg)선언을 발표하였다. 유럽연합은 본 선언을 통해 서유럽동맹의 새로운 과제로 인도주의적 임무와 구호목적을 위한 파병, 평화유지를 위한 임무, 그리고 평화를 유도하는 조치들을 포함한 위기관리를 위한 매뉴얼을 만들었다.[2]

서유럽동맹은 원래 유럽방위공동체 계획이 실패로 귀결된 후 독일이 대량살상무기와 특정 재래식 무기를 보유하지 못하도록 하는 것이 목적이었다. 따라서 서유럽동맹은 군사적 활동과 안보정책 협의 및 국방정책 결정을 NATO에 일임하였으며, 런던에는 사무국만을 두고 파리에는 의원총회 기구만을 운영하였다. 프랑스가 NATO에서 탈퇴한 1966년에 잠시 서유럽동맹과 군사업무

2) 1991년 발발한 제1차 걸프전쟁과 유럽지역에서 본격화하기 시작한 유고슬라비아전쟁의 와중에서 서유럽동맹 국가들은 1992년 독일 Petersburg에서 모여 이른바 유명한 Petersburg 선언을 채택하게 된다. 이는 전후 처음으로 냉전종식과 동시에 도래한 미국 주도의 신세계질서 상황 속에서 유럽연합이 독자적이며 독립적인 군사안보적 행동과 군사작전능력의지를 천명한 것으로 궁극적으로 공동외교안보정책을 통해 서유럽동맹(WEU)을 구체적인 유럽연합의 기구로 발전시키기 위한 중요한 수순으로 평가된다. 보다 구체적인 내용은 구춘권, “메가 테러리즘의 확산과 테러에 대한 전쟁의 딜레마-평화연구의 시각에서의 비판적 조명”, 영남정치학회보, 제17권, 2006, pp.1-23.

를 수행하는 문제에 대한 논의가 있었을 뿐 서유럽동맹이 유럽공동체의 안보를 책임지는 역할을 수행한다는 것은 생각할 수 없는 일이었다. 그러나 1980년대에 들어와서 유럽 안보정책에 대한 이해를 둘러싼 일부 서유럽국가들과 미국 간의 의견대립이 심화되자 서유럽동맹의 역할문제가 다시금 대두되었다. 1987년 열린 유럽이사회에서 서유럽동맹의 역할 강화를 결의한 이후 유럽공동체의 안보와 방위를 위한 서유럽동맹의 역할이 주목받게 되었다.

한편, 유럽연합은 페테스부르그선언을 통해 NATO와의 밀접한 관계를 유지하면서 NATO의 군사적 자원을 활용하여 유럽국가들의 안보 문제를 해결하려 하였다. 그러나 1990년대 발발한 보스니아 내전과 코소보 전쟁은 유럽안보협력기구와 서유럽동맹의 기능에 문제점이 있다는 사실을 드러냈다. 유럽안보협력기구와 서유럽동맹은 보스니아에서의 내전이 페테스부르그 선언이 강조한 인도주의적 개입에 부합되는 사건이었음에도 불구하고 개입하지 못하였고 이에 따라 미국 주도의 NATO가 유럽안보의 중심이 되어갔다.[3]

서유럽동맹은 본질적으로 중립적인 기관이었고 동맹국들 사이에 군사적 도구가 아닌 협상과 타협을 위한 장치로써 인식되었다. 프랑스는 유럽연합 자체에 무게중심을 두는 국가였고 영국은 상대적으로 유럽연합보다는 NATO에 중심을 두는 국가였다. 이에 미국은 서유럽동맹을 자국에 유리한 방향으로 이끌기 위해 다각적으로 분석했고 안보 문제에 있어서 유럽연합을 직접 상대하는 것보다는 서유럽동맹을 상대하는 것이 훨씬 용이하다고 판단하였다.[4]

---

3) Elizabeth Pond, “Kosobo: Catalyst for Europe”, The Washington Quarterly, Vol. 22, No.4, 1999, pp.77-92.

4) 냉전 종식 이후 제2기 공동안보개념을 정립하고 있는 마스트리히트조약에서는 실질적인 유럽연합 안보 문제를 담당하게 될 서유럽동맹이 범대서양동맹의 유럽 쪽을 담당하는 수행할 것을 담고 있는 한편, 기존의 NATO 회원국들과 협력을 강화하는 내용을 담고 있는데, 이는 미국을 배제하고 유럽연합을 중심으로 유럽공동방위체제를 구축하려는 독일 · 프랑스의 입장과 특히 미국을 유럽에 존속시키고 서유럽동맹과 NATO의 연계를 적극적으로 주장하는 영국 입장과의 타협의 소산이라 할 수 있다. 이에 따라 서유럽동맹은 NATO와 긴밀한 관계를 유지하되 유럽연합을 비롯하여 서유럽국가들의 입장을 반영하는 수준에서 그 활동범위를 설정하는 정치적 합의가 내포되어 있다 하겠다. 이종광, “유럽안보체제의 변화와 안보정체성 구축”, 『한국프랑스학 논집』, 제34집, 2001, pp.165-170.

프랑스와 독일의 적극적인 공세에도 불구하고 마스트리히트조약에서는 유럽정치협력(EPC)을 유럽공동체에 포함시키지 않았다. 대신 3주체제(a three-pillar system)를 도입하여 EC(제1지주)와 별도로 외교안보정책(제2지주)과 내무사법협력(제3지주)을 정부 간 상호주의 방식에 따라 운영하기로 결정하였다. 따라서 극히 일부의 의제에 한해 가중다수결표결을 적용하고 대부분의 정책결정은 만장일치 방식을 유지하기로 하였다.[5] 이것은 당시 12개 회원국 중에서 어느 한 국가라도 외교안보 의제에서 거부권을 행사하면 정책을 무력화시킬 수 있다는 것을 말한다.

한편, 프랑스는 마스트리히트조약으로 만들어진 공동외교안보정책의 중심 행위자는 유럽연합이라는 주장을 제기하였다. 이러한 주장에 따라 1994년 1월 브뤼셀에서 개최된 북대서양정상회의(North Atlantic Council)에서 비공식적으로 유럽안보방위정체성(ESDI: European Security and Defense Identity)이 제시되었다. 당시 미국은 유럽안보방위정체성에는 관심이 없었으나 유럽안보방위정체성이 서방진영에 기여할 경우 이를 인정하기로 하였다.[6] 본 회의에서 당시 비유럽연합 회원국인 NATO 6개국(노르웨이, 아이슬란드, 터키, 체코, 헝가리, 폴란드)에 대해 준회원국 지위가 부여되었고, 비 NATO 회원국인 유럽연합 국가(오스트리아, 핀란드, 아일랜드, 스웨덴)에 대해 옵서버(observer) 지위가 주어졌다. 또한 유럽에 근거한 방위체제로부터 분리하고자 하는 유럽연합 회원국인 덴마크에게 옵서버 지위를 그리고 유럽연합과 NATO 가입을 희망하는 7개국에 대해 준협력국 지위를 부여하였다.

한편 유럽연합은 공동외교안보정책 설립 이후 다양한 활동을 전개하였다. 유럽연합 차원에서 채택된 공동조치로 1992년에서 1995년까지 구 유고연방에

---

5) CFSP에서 가중다수결표결(QMV)을 통해 결정될 수 있는 사안은 이미 모든 회원들이 합의한 기본정책을 수행하는 데 있어서의 실행방안을 결정할 때이다. 또한 이 경우일지라도, 모든 회원국들이 관련된 특정사안을 가중다수결표결을 통해 의결하기로 동의해야만 진행할 수 있다.

6) Michael Quinlan, "European Defense Cooperation: Asset or Threat to NATO?", Woodrow Wilson Center Pr., 2001, pp.26-27.

대한 개입, 1993년에서 1994년에 걸친 아이티 사태 개입, 수단 및 리비아에 대한 경제제재 조치, 르완다, 부룬디, 우크라이나사태 개입 등이 대표적이다. 특히 1992년에서 1995년까지 지속된 유고사태는 공동외교안보정책 강화에 주요한 전환점으로 작용하였다. 사실 유럽연합은 보스니아 사태 등을 겪으면서 유럽안보 문제를 둘러싼 회원국 간 다양한 입장 차이를 좁히지 못하였다. 또한 개별 회원국들이 NATO와의 협력을 꾀하면서 안보 문제에 있어 공동조치를 제대로 취하지 못하였다. 이는 공동외교안보정책의 안보조항에 대한 강화의 필요성을 인식하게 되는 계기가 되었다. 이렇듯 마스트리히트조약을 계기로 유럽연합이 외교안보분야에서 공동의 이익을 추구할 제도적 장치를 마련하였음에도 불구하고 여전히 공동외교안보정책에는 국가 주권이라는 한계가 존재하였다. 이러한 한계로 인해 집행위원회와 유럽의회의 정책제안 및 집행권한은 상당히 제한되었다. 이처럼 공동외교안보정책은 과거 유럽정치협력과 비교하여 기능과 역할 및 영향력 면에서 큰 차별성을 갖지 못하였다.

나아가 CFSP의 구조, 조직 및 운영을 살펴보면 다음과 같다. 먼저 유럽이사회는 공동외교안보정책의 기본 원칙과 지침을 정하고 회원국의 공동이해가 걸려 있는 분야에서 공동의 이행전략을 결정한다. 나아가 일반업무 및 대외관계이사회(Council of General Affairs and External Relations)는 유럽이사회가 정한 원칙과 지침에 따라 CFSP 이행을 위한 결정을 내리고 필요시 공동전략을 마련하여 정상회의에 건의하기도 한다. 본 이사회는 휴가시즌을 제외하고 월 1회 브뤼셀에서 개최되는 것이 원칙이다. 하지만 경미한 사안까지 일반업무 및 대외관계이사회에서 결정할 수 없기 때문에 이사회 산하 대사급 회의인 상주대표회의와 정치안보위원회(PSC: The Political and Security Committee)에 많은 결정 권한이 위임되어 있다. 이외에 실무급 회의로 아주국장회의(COASI), 비확산위원회(CONOP)를 두어 주어진 사안을 논의하고 결정을 내린다. 이들을 통칭하여 이사회(The Council)로 부르며 이사회는 CFSP관련 공동행동과 공동입장을 채택한다.

3 암스테르담조약 이후 변화과정

마스트리히트조약에서 취한 공동외교안보정책은 1997년 암스테르담조약에 의해서 한 단계 발전하였다. 마스트리히트조약이 CFSP의 골격을 마련하였다면 암스테르담조약은 CFSP의 조직과 운영방향 결정을 설정하는 등 정책을 보다 구체화였다고 볼 수 있다. 무엇보다도 암스테르담조약은 공동외교안보정책의 본질적인 요소인 안보방위능력의 개발과 CFSP를 전담하는 고위대표부 설치를 규정하였다는데 의의가 있다. 당시 유럽연합은 이른바 페테스부르그 임무인 인도주의적 임무, 평화유지 임무, 위기관리를 위한 전투임무, 평화회복 임무를 도입하는 것만으로는 충분치 않다는 것을 인식하였다. 따라서 신뢰할 수 있는 안보와 방위정책의 실행을 위해 제도적인 행동수단을 강구하였다. 이를 통해 유럽연합은 페테스부르그 임무를 효과적으로 수행하고 분쟁을 방지하며 UN과 유럽안보협력기구의 요구에 보다 효율적으로 대응한다는 목표를 가졌다.

이에 따라 암스테르담조약은 유럽연합의 독자적인 군사적 능력개발 및 보유를 위한 토대가 되었다. 이러한 목적을 위해 유럽연합은 1999년 공동외교안보정책 고위대표(High Representative for CFSP)로 솔라나를 임명하였다. 그럼에도 암스테르담조약 역시 방위능력의 개발만을 규정하였을 뿐 구체적인 방안을 제시하지는 못하였다.

1990년대 후반 독일통일과 냉전의 종료, 동유럽 지역에서의 분쟁의 확산 등 유럽안보 환경의 변화 속에서 유럽인들은 조력자에서 주도자로서 새로운 유럽질서를 구상하였다. 유럽안보방위정체성 개념은 이러한 배경에서 등장하였고, 이는 자연스럽게 대외적 정체성 확립과 미국과의 관계 재정립 논의로 이어졌다.[7] 유럽안보방위정체성 탄생은 또한 유럽연합 회원국들이 발칸 등 인

7) Stuart Croft, Jolyon Howorth, Terry Terriff and Mark Webber, “NATO’s Triple Challenge”, International Affairs, Vol.76, No.3, 2000, pp.495-518.

접지역에서의 분쟁해결을 위해 NATO의 군사력을 활용하는 문제와도 연관이 있다.[8)]

1995년 하반기에 들어 영국의 블레어(T. Blair) 정부는 NATO와의 연계 하에서 유럽안보방위정체성을 창출하고 프랑스를 그 안으로 끌어들이기 위한 방안을 적극적으로 모색하기 시작하였다. 그 결과 1996년 초에 영국과 프랑스 정부는 상호협의를 통하여 NATO 내에서 유럽국가들의 위상을 상징적으로 제고시킬 수 있는 새로운 방안을 제시하였다. 지금까지 유럽에 주둔한 NATO군은 통상적으로 미국인 총사령관의 지휘를 받으며 서유럽동맹 출신 고위급 지휘관이 부사령관직을 맡아왔다. 영국과 프랑스의 제안은 본 부사령관과 NATO 지휘부 내 다른 서유럽동맹 출신 유럽 장교들이 소속 국가 및 NATO군 모자에 더하여 서유럽동맹의 모자를 착용할 수 있도록 허용해야 한다는 것이다.

이 제안은 서유럽동맹 소속 국가들이 기존의 NATO의 지휘구조와 편제를 자신들의 관리 감독 하에 두고 군사작전에 활용할 수 있도록 한다는 것이다. 클린턴 행정부는 이 제안을 긍정적으로 검토하여 결국 서유럽동맹이 유럽 및 기타 지역에서 NATO의 인적, 물적 자원을 활용하여 군사행동을 취할 수 있는 길이 마련되었다. 미국은 NATO 총사령관과 합동참모본부의 강한 반발에도 불구하고 곧바로 1996년 봄 베를린에서 개최된 NATO 장관회의에서 이 계획을 승인하였다. 본 회의에서 각국 대표들은 유럽연합 합동기동타격군(CJTF: the Combined Joint Task Force) 개념 도입에 동의하여 NATO의 병력과 자원이 장래에 서유럽동맹에 의해 지휘될 수 있도록 하였다. 동시에 이러한 변화를 뒷받침하기 위해 유럽안보방위정체성 채택을 합하여 결과적으로 NATO 내에서 유럽의 독자적인 군사행동이 가능하게 되었다. 이처럼 미국이 유럽의 계획을 승인함에 따라 회원국들은 이를 구체화하기 위해 서유럽동맹

8) NATO, "Declaration of the Heads of State and Government", Ministerial Meeting of the North Atlantic Council, 10-11 January 1994, NATO Press Communique M-1(94)3. Para.4.

의 조직개편과 유럽안보방위정체성 확립을 의결하였다.

구체적으로 서유럽동맹과 NATO 간 합동기동타격군에 관한 계획에는 NATO 동맹국들이 서유럽동맹이 어떤 형태의 자산을 빌려갈 수 있는지를 결정하고, NATO 자산을 감시하고 기술적으로 철수할 수 있는 권한이 포함되었다. 이는 유럽연합의 작전에 회원국들이 훨씬 더 큰 자체업무를 행하고 독립적 결정을 내리며 NATO 자산에 대해 어느 정도 통제가 가능하다는 것을 말한다. 그러나 프랑스와 독일 정부가 35,000명의 양국 간 연합군 창설 계획을 발표하면서 NATO의 주도권을 유지한 채 유럽안보방위정체성을 인정하려던 미국의 계획은 타격을 받게 되었다. 미국은 두 나라의 이러한 계획이 NATO의 위상 저하로 이어질 가능성을 우려하였다. 이에 대해 일부 유럽국가들은 미국이 유럽을 잠재적인 위협세력으로 생각한다는 극단적 주장을 제기하기도 하였다.

이처럼 유럽 내에서도 유럽안보방위정체성을 두고 프랑스와 독일을 중심으로 한 유럽주의자들과 영국 등 대서양주의자들 간에 입장 차이가 불거지면서 갈등이 심화되었다. 유럽안보방위정체성은 프랑스의 입장에서 볼 때 미국과 분리된 유럽의 독자적 안보방위태세를 확립하기 위한 중요한 수단이었다. 그러나 NATO에 비견되는 유럽만의 독자적인 군사력 구축이 현실적으로 불가능함에 따라 프랑스는 유럽안보방위정체성을 통해 유럽국가에 결여된 NATO의 우수한 고가 군사장비를 사용하려 하였다. 영국은 유럽안보방위정체성의 수립이 유럽연합의 군사적 역할 증대와 NATO 내 위상 강화로 이어지기를 기대했다. 이에 따라 영국의 메이저(J. Major) 정부는 유럽안보방위정체성을 미국과 분리된 유럽의 독자적 방위태세 확립을 위한 도구로 활용하려던 프랑스의 움직임에 강한 반대의사를 표명했다. 핵심은 NATO군을 활용하는 데 드는 비용이다. 미국은 세계경찰로서의 임무를 수행하기 위한 막대한 예산문제의 해결방안을 찾고 있었다. 이에 따라 미국은 서유럽국가들이 유럽 주둔 미군의 유지 및 운영비용을 분담해주기를 원했다. 이러한 맥락에서 미국은 유럽안보방위정체성을 승인할 수밖에 없었다. 그러나 미국은 유럽안보방위정체성에 대한 공식적 지지표명과는 달리 유럽연합국가 간 결속이 미국의 이해를 침해할 수 있다는 가능성을 우려하였다.

미국은 소련의 위협이 사라졌음에도 불구하고 NATO체제를 계속 존속시키고, 이를 기반으로 유럽에서의 정치 · 군사적 지도력을 계속 유지하려고 하였다. 동시에 미국의 정책결정자들은 유럽연합의 독자적인 방위체제를 구축하려는 움직임에 대하여 강한 의구심을 가졌다. 특히 1990년대 초 미국과의 통상마찰이 심해지고 무역적자와 방위비 분담 등 유럽에 대한 여러 비판적 여론이 미국 의회 및 정치지도자들에 의해 확산됨에 따라 그 대응으로 유럽 내에서도 반미정서가 확산되었다. 프랑스를 비롯한 몇몇 국가의 지도자들은 냉전이 종료되었음에도 불구하고 유럽이 계속 자신의 안보를 미국에 의존하고 있다는 비판을 제기하고, 지난 수십 년 간 지속되어온 미국과의 안보협력 관계의 재정립을 주장하였다.

이와 같은 대서양주의자들과 유럽주의자들 간의 첨예한 갈등에도 불구하고 헬싱키 유럽이사회에서 회원국들은 정책결정과 군사계획을 세우기로 합의하고 위기반응작전을 위해 공동준비태세 능력을 갖추기로 합의하여 유럽의 안보방위정체성에 대한 공동의 입장은 더욱 강화되었다. 유럽연합은 페테스부르그 임무(Petersburg Tasks) 수행을 위하여 NATO가 관여하지 않을 경우에도 군사활동 개시를 결정하고 독자적으로 이행하는 것을 안보방위정책 강화의 목표로 설정하였다. 유럽연합은 구체적인 이행조치로써 유럽국가의 6만 병력으로 구성된 신속대응군(Rapid Reaction Force) 창설, 공동외교안보정책의 지원과 유럽안보방위정책의 수행을 위한 정치안보위원회(PSC: Political and Security Committee) 설립, 유럽연합군사위원회(EUMC: EU Military Committee) 및 유럽연합군사참모부(EUMS: EU Military Staff)의 유럽이사회 내 설립, 비군사적 영역의 위기관리 능력 강화, 집행위원회를 중심으로 하는 분쟁예방임무의 설정, 페테스부르그 임무와 관련된 서유럽동맹 기능의 유럽연합 편입 등을 결정하였다.[9] 유럽연합의 신속대응군은 상비군이 아닌 필요 시 회원국 군대로 구성

9) 이승근 · 배규성, "EU 안보축의 변화에 대한 고찰-유럽안보방위정책(ESDP)의 형성과 쟁점을 중심으로", 「대한정치학회보」, 제14권 제1호, 2006, p.229.

하여 활동한다. 이에 자극을 받은 NATO는 2003년 유럽연합보다 앞서 NATO 신속대응군을 창설하였다.

페테스부르그 임무는 첫째, 재난구조, 둘째, 유럽의 평화유지, 셋째, 교전 임무 수행을 위한 기본적인 가이드라인이다. 이와 같이 페테스부르그 임무는 가장 단순한 임무부터 가장 강력한 군사적 개입까지 매우 광범위한 군사적 임무들을 포함하고 있다. 또한 페테스부르그 임무는 1997년 6월에 개최된 암스테르담 유럽이사회의 결정에 따라 동년 10월에 체결된 암스테르담조약의 일부로 흡수되었다. 이후 1999년 서유럽동맹의 주요한 군사적 자산이 대부분 유럽연합에 이양됨에 따라 페테스부르그 임무는 유럽연합의 가장 중요한 군사작전 가이드라인으로 부상하였다.10)

<그림 4-5> 암스테르담조약 이후 CFSP/CDP에서의 변화

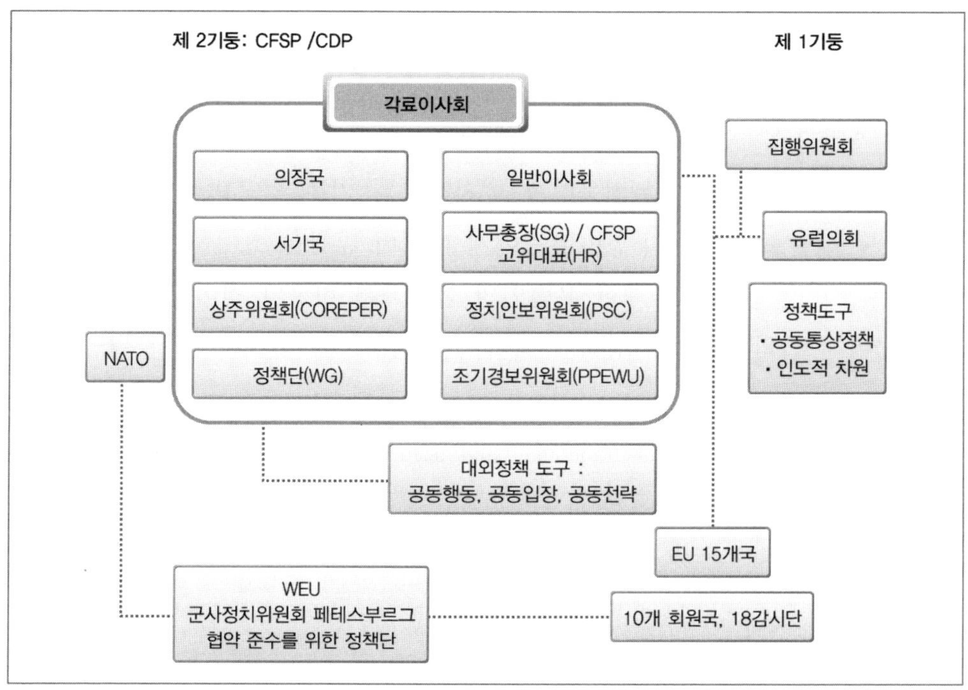

10) Western European Union Council of Ministers, "The Petersberg Declaration", Bonn, 19 June 1992.

그러나 코소보 전쟁을 통한 NATO의 부상은 경쟁관계에 있었던 서유럽동맹을 약화시키는 결과를 가져왔다. 이에 유럽연합은 전쟁이 종결되기 전인 1999년 6월 쾰른 유럽이사회에서 향후 발생할 위기를 예방하고 처리하기 위해 NATO와 별개로 독자적인 군사적 수단을 강구한다고 발표하였다. 이에 따라 유럽연합은 공동외교안보정책의 틀에 공동방위조직의 형성을 염두에 둔 유럽안보방위정책을 도입하였다.[11] 유럽연합은 마스트리히트조약이 규정한 분쟁방지와 위기관리업무에 관한 결정능력을 보유할 필요성이 있었고, 이를 위해서는 군사력 강화가 절대적인 필요사항 이었다.[12] 한편, 미국의 클린턴 행정부는 유럽안보방위정책에 대해 NATO와 양립하거나 NATO에 우호적일 때 한해서 수용한다는 입장을 표명하였다.

이후 유럽안보방위정책이 본격적으로 추진된 계기는 1998년 12월 생말로(St. Malo)에서 개최된 영·불 정상회의에서 유럽의 독자적인 방위정책 추진에 소극적이었던 영국이 입장을 바꾸면서부터이다. 영국의 블레어 수상은 유럽연합 내에서 안보와 방위정책을 추진하고 다른 유럽연합 회원국들과 함께 강력히 개입할 수 있는 군사력 증강에 동의하였다. 이는 탈냉전기 이후 유럽연합과 NATO 사이에 서유럽동맹을 배치하려는 기존 영국의 입장과는 다른 것이다.[13] 생말로선언은 미국이 유럽에게 방위비 분담을 요구하면서도 리더십을 공유하지 않으려는 데 대한 유럽인의 불만에서 비롯된 것이다.[14] 무엇보다도 영국이 유럽의 독자방위정책에 적극적인 입장으로 선회하게 된 원인은 기

---

11) Bailes, Alyson, "European defence and security: the role of NATO, WEU and EU", Security Dialogue, Vol.27, No.1, 1996, pp.55-64; Alyson Bailes, "Under a European Flag", Draft paper, Foreign Policy Publication, 2000, pp.5-36.

12) "EU 정책 브리핑: EU, 공동외교안보정책", 구주연합대표부 자료실, 2004를 참조.

13) Alexander Moens, "ESPD, the United States and the Atlantic Alliance", In Defending Europe, edited by Jolyon Howorth and John T.S. Keeler, New York: Palgrave Macmillan, 2003, p.26.

14) Jolyon Howorth and John T.S. Keeler, "The EU, NATO, and the Quest for European Autonomy", In Defending Europe: The EU, NATO and the Quest for European Autonomy, edited by Joylon Howorth and John T.S. Keeler, New York: Palgrave Macmillan, 2003, p.12.

존 경제통합이 독일과 프랑스를 주축으로 이루어졌다는 점에 대한 위기감에서 기인한다.[15]

유럽안보방위정책은 NATO와 불가분의 관계를 유지하면서 동시에 유럽의 군사력을 향상시킨다는 목적에서 비롯된 것이다. 이에 따라 2000년 5월 플로렌스에서 열린 NATO 외무장관회의에서는 기존의 NATO와 서유럽동맹에 존재하는 제도를 기초로 한 협의, 협력, 투명성 보장을 위한 수단 강구, 비유럽연합 회원국의 NATO 참여, NATO 계획에 유럽연합의 개입, NATO 자산에 대한 유럽연합 접근을 위한 정치적 계획의 필요성이 강조되었다. 이어 열린 2000년 12월 니스 유럽이사회에서 유럽연합은 유럽안보방위정책 추진이 유럽군대의 창설을 의미하는 것이 아니라는 점을 강조하였다. 또한 NATO가 유럽 집단안보의 초석이며 유럽안보방위정책의 강화는 유럽연합과 NATO의 의사결정의 독립성을 존중하는 가운데 전략적 동반자 관계를 발전시킨다는 점을 분명히 했다. 나아가 니스 유럽이사회에서는 유럽안보방위정책 강화를 위한 조치로 페테스부르그 임무 수행에 필요한 군사력 제공에 관한 선언을 채택하였다. 여기서 유럽연합 회원국들은 10만 명 이상의 병력과 400여 대의 군용기 및 100여 척의 군함 등을 제공키로 하였다.

이와 같이 유럽안보방위정책이 유럽안보정체성을 넘어 구현된 된 데에는 2001년 9 · 11사태가 결정적인 요인으로 작용하였다. 9 · 11사태 이후 미국이 아프가니스탄 전쟁을 통해서 중앙아시아에 중요한 군사적 교두보를 확보했다면 유럽연합은 아프가니스탄과 인접 국가에 대한 인도주의적 지원을 통해 국제적 행위자로까지 발전할 수 있게 되었다.[16] 2002년 12월 코펜하겐에서 개최된 유럽이사회에서는 4년여 간 진행되었던 헝가리, 폴란드, 체코 등 중동유럽 10개국의 가입협상을 마무리지었다. 동시에 회원국들은 유럽연합이 주도하는

15) 처음으로 영국 정부는 서유럽동맹과 유럽연합의 통합에 찬성을 했는데 이러한 변화의 원인은 첫째, 노동당의 집권이었다. 블레어(T. Blair)는 영국이 유로화에 불참함으로써 생긴 유럽에서의 지도력을 회복시켜야만 했다. Gilles Andreani, et al., Europe's Military Revolution, London: Centre for European Reform, 2001, pp.8-11.

16) Jolyon Howorth and John T.S. Keeler, op.cit., 2003, p.15.

군사작전 시 NATO 자산에의 접근 문제 등 모든 현안에 대한 공식적 합의도출에 환영의사를 표명하였다.

제 2 절 유럽안보방위정책(ESDP)

1 유럽안보방위정책(ESDP) 연역

냉전종식 이후 유럽의 안보구조는 집단안보체제를 추구하는 유럽안보협력기구, 전통적인 군사동맹으로부터 포괄적인 안보협력으로 확대되고 있는 NATO 그리고 정치·군사적 의미가 격상되고 있는 서유럽동맹 등 다양한 구조로 특징지을 수 있다. 유럽연합이 3주체제를 형성하기 이전까지 유럽연합의 안보와 방위정책은 공동외교안보정책이나 공동방위정책보다는 통상정책과 인도적 지원을 활용하여 이루어졌다. 유럽연합이 마스트리히트조약 이후 제2기둥을 통해서 안보 및 방위정책을 취할 때에도 유럽안보의 중심축은 NATO였다. 그 이유는 유럽에서 미국의 역할 유지와 관련이 있다. NATO와 서유럽동맹 간의 분업이 이루어지지 않았기 때문이다. 이와 같은 상황 속에서 몇몇 유럽연합 회원국들은 외부 위기상황 발생 시 작전 행동의 여지를 남겨두기 위해 쌍무적 군사·정치적 협정을 맺기도 하였다. 그 결과 1999년 12월 헬싱키 유럽이사회에서는 유럽안보방위정책 하에서 군사적·비군사적 위기관리와 분쟁예방 임무를 명확히 구분하였고, 독자적 업무수행을 위해 유럽이사회 내에 정치안보위원회(PSC: Political and Security Committee), 군사위원회(EUMC: EU Military Committee), 군사참모부(EUMS: EU Military Staff)의 설치를 결정했다. 이는 2000년 12월 프랑스 니스에서 개최된 유럽이사회에서 구체적으로 논의되었다.

또한 유럽연합은 위기 대응능력을 키우기 위해 헬싱키 헤드라인목표(HHG:

Helsinki Headline Goal)를 수립하였다. 헬싱키 헤드라인목표는 페테스부르그 임무의 세 가지 측면인 군사적 위기관리, 비군사적 위기관리, 분쟁예방을 포함하여 유럽연합이 향후 국제분쟁에 개입하는데 필요한 병력과 무기의 종류와 수량 등을 적시한 것이다.[17] 헬싱키 헤드라인목표에 따라 유럽연합은 2003년까지 5-6만 명의 병력과 100척의 함정 그리고 400기 정도의 항공기를 확보해야 한다. 나아가 유럽연합은 이러한 병력과 자원을 60일 이내에 분쟁지역에 파견하고 현지에서 1년 이상 작전을 수행할 수 있도록 보급 및 지원체계를 완비해야 한다.[18] 2000년 6월의 유럽이사회에서는 헬싱키 헤드라인목표를 2003년까지 달성하겠다는 의지를 재천명하고 이를 위해 필요한 각종 군사력의 종류와 무기의 수량을 제시했다. 또한 유럽 정상들은 헬싱키 헤드라인목표를 더욱 체계적이고 효과적으로 추진하기 위하여 임시군사기구(Interim Military Body)를 설립하기로 결정하고, NATO의 전문가들과 협의하여 군사력 카탈로그(capabilities catalogue)를 작성토록 하였다. 본 카탈로그는 다시 2000년 11월 방위력개발약정회의(CCC: Capabilities Commitment Conference)에서 다시 논의를 거치도록 하였다.[19]

이러한 과정을 거쳐 2000년 11월 20일 브뤼셀에서 개최된 제1차 방위력개발약정회의에서 15개 유럽연합 회원국 및 다른 6개의 유럽 측 NATO 회원국들은 군사력 카탈로그 최종안을 검토하여 확정한 후, 각 국가가 제공할 병력규모를 제시하였다. 그러나 제 1차 방위력개발약정회의에서 각국이 제시한 군사력 카탈로그는 헬싱키 헤드라인목표에 의해 작성된 군사력 카탈로그 원안과 큰 차이를 갖고 있었고, 페테스부르그 임무를 효과적으로 수행하는데 문제점을 안고 있는 것으로 평가되었다.[20]

---

17) Gustav Lindstrom, "The Headline Goal", EUISS, ESDP, http://www.iss-eu. org/.

18) Mark Oakes, Common European Security and Defence Policy: A Progress Report, Research Paper 00/84, London: House of Commons Library, 31 October 2000, p.13.

19) Jolyon Howorth, "From Security to Defence: The Evolution of the CFSP", in Christopher Hill and Michael Smith, eds., International Relations and the European Union, Oxford: Oxford University Press, 2005, p.190.

20) General Affairs Council, "European Capability Action Plan", November 2001.

<표 4-9> 제1차 방위력개발약정회의(CCC)에서 약정된 국가별 병력 규모

구분	국가	병력 수	구분	국가	병력 수
EU 회원국	영 국	12,500		벨 기 에	1,000
	프 랑 스	12,000		아일랜드	850
	독 일	12,000		룩셈부르크	100
	이탈리아	12,000		덴마크(철회)	0
	스 페 인	6,000	비 EU 회원국	터 키	4,000-5,000
	네덜란드	5,000		노르웨이	3,000
	그 리 스	3,500		슬로바키아	450
	오스트리아	2,000		체코 공화국	1,000
	핀 란 드	1,500		헝 가 리	350
	스 웨 덴	1,500		폴 란 드	1개여단, 공중 및 해상지원
	포르투갈	1,059			

출처: Mark Oakes, European Security and Defence Policy: Nice and Beyond, Research Paper 01/50, London: House of Commons Library, 2 May 2001, p. 13.

이러한 문제점은 2001년 11월에 개최된 제2차 방위력개발약정회의에서 집중적으로 논의되었고, 이후 벨기에 라켄(Laeken)에서 개최된 유럽이사회에서 주요 안건으로 다루어졌다. 라켄 유럽이사회에서 유럽 정상들은 유럽연합이 2003년까지 페테스부르그 임무가 적시하는 모든 활동을 수행할 수 있도록 군사적 · 비군사적 능력을 갖추는데 최선을 다하기로 하였다. 이들은 회원국 간 군사력 격차로 발생하는 문제점을 해결하고 헬싱키 헤드라인목표를 수행하기 위해 유럽군사력실행계획(ECAP: European Capabilities Action Plan)을 도입하기로 결정한다. 이에 따라 2002년 3월부터 각국 전문가들로 이루어진 19개의 패널이 구성되었고, 이들에 의해 단계별 실행계획 수립과 각종 솔루션 개발을 위한 작업에 돌입하였다.

<표 4-10> 헬싱키 헤드라인 목표

	유럽연합 긴급파병부대		NATO 대응부대(NRF)
	헬싱키 헤드라인목표(HHG)	헤드라인 목표 2010	
총병력 (육군) 규모(공군) 해군	육군 5-6만(1년간 파병을 상정하면×3)+공·해군 15개 여단=군단 수준 약 400작전기 약 100척	HH달성이라는 전제하에 전투부대(대대규모), 전투지원부대로 구성되는 '전투부대' 구상 (각 약 1,500명, 6-10개 부대)	21,000명(육해공 통합) 1개 여단 하루 200스트라이크 소티 규모(72기 정도) 1개 항공모함, 1개 상륙강습부대, 6-10척의 함정
대응제도	60일 이내 적어도 1년간	10일 이내 파병, 단독으로 30까지 가능, 이후 HHG (Helsinki Headline Goal)의 대규모 부대	2004년 10월 부분적 파병가능 태세, 2006년 가을 전면적 파병 가능 태세
파견시기	2003년부터 파병 가능, 마케도니아, 콩고 파병, 2004 보스니아 파병	2007년 전투부대 파병 가능, 2010년 전면적 파병 가능 태세	2004년 10월 부분적 파병가능태세, 2006년 가을 전면적 파병 가능 태세
임무	인도적 지원, 구조활동, 공동무장해제작전, 군사적 조언과 지원활동, 분쟁예방과 평화유지활동, 위기관리시 평화창조를 포함한 작전활동		인도적 원조, 평화유지 및 평화강제, 집단방위(초동 국면)
운용계획	1. NATO 유럽연합군최고사령부 내 유럽연합사령실(부사령관을 지휘관)(NATO의 능력, 자산 사용 시) 2. 유럽연합 가맹국의 전략사령부(NATO의 능력, 자산 비사용 시)		NATO 연합최고사령부 ※합동통합임무부서 (CJTF: The Combined Joint Task Force)로서
군사력 정비계획	6개월마다 평가하는 ECAP(European Capability Action Plan)를 포함한 군사능력개발 메		2년마다 가이드라인과 1년마다 평가하

	커니즘(CDM: the Capabilities Development Mechanism)	는 군사력 정비 메커니즘

비군사적 위기관리는 경찰력 활용, 법치의 강화, 시민행정 및 보호 강화 등 4개 분야가 해당된다. 유럽이사회는 집행위원회와 협력하여 비군사적 위기관리 총괄책임을 맡는다. 특히 유럽이사회 내에 설치된 분쟁관리비군사부분위원회(CCACM: Committee for Civilian Aspects of Crisis Management)는 군과 경찰을 비롯한 비군사자원 간 협력유지 기능을 맡고, 집행위원회와 협력하여 주로 경찰력 활용과 지배를 강화하는 임무를 수행한다. 구체적으로 경찰인력 사용을 위해 회원국들은 2003년까지 5,000명의 경찰병력을 조직하고 국제적인 분쟁방지와 위기관리 역할 수행을 위해 30일 이내에 1,000명의 경찰이 파견될 수 있도록 하였다.

군사적 위기관리를 위해서는 유럽연합이 유럽통합군을 활용할 능력을 갖추고, 관할기구로 유럽이사회 내에 정치안보위원회와 군사위원회, 군사참모부를 설치하였다. 정치안보위원회의 목적은 다음과 같다. 첫째, 공동외교안보정책과 유럽안보방위정책의 정책선도기구로서 국제적 위기상황을 관찰한다. 둘째, 일반이사회(General Affairs Council)의 역할을 검토하고 공동외교안보정책과 관련된 문제해결을 위해 타 각료이사회에 지침 제공 등의 역할을 수행한다. 즉 정치안보위원회는 유사시 발생 가능한 대안을 검토하고 정치적 통제 및 군사적 대응을 위한 지침을 내릴 수 있는 권한을 갖는다. 셋째, 군사위원회의 제안과 의견을 검토하며 명령과 작전을 포함한 군사적 대안 사용에 관한 의견을 각료이사회에 제출한다. 정치안보위원회의 주요 의사결정은 각료이사회 사무총장 겸 고위대표부(SG/HR: Secretary General/High Representative)가 한다.

군사적 위기관리를 위한 절차는 다음과 같다. 우선 정치안보위원회는 군사위원회의 의견을 기초로 가능한 대안을 취합한다. 이사회는 공동군사작전의 프레임워크 하에 작전개시를 결정한다. 작전이 시작되면 이사회는 정치안보위원회를 통해 고위대표부(SG/HR)가 제출한 보고서대로 행동을 개시한다. 정치안보위원회는 국가별 대표로 구성되어 공동외교안보정책의 구조하에 고위대표부와 긴밀한 연계를 갖고 군사위원회에 필요한 정치적 가이드라인 제시 및 작전실행 감독 등 유럽안보방위정책 수행의 중심적 역할을 한다.

정치안보위원회는 또한 NATO나 다른 국가들과의 협의에 있어서도 핵심적인 역할을 수행한다. 정치안보위원회는 각료이사회 산하 회원국 대사급 회의체로 국제정세 관찰, 유럽이사회에 정책건의, 군사위원회에 대한 지침하달 등의 기능을 수행한다. 또한 위기 발생 시에는 군사위원회의 의견을 참고하여 적절한 작전개시를 각료이사회에 건의하는 등 유럽연합의 군사적 대응에 관한 정치적 통제 및 전략지휘 역할을 수행한다. 어떤 측면에서는 정치안보위원회가 마스트리히트조약에 의해 탄생한 정치위원회(PoCo)의 역할과 기능을 대체하는 것으로 간주될 수도 있다. 정치위원회는 회원국 외무부의 고위 정치담당 관리로 구성되어 매달 브뤼셀에서 회의를 개최했다. 정치안보위원회는 상설기구로 설립되었지만 정치위원회에 비해 정책결정 권한이 다소 약한 것으로 평가되고 있다. 따라서 정치안보위원회는 정책결정(decision-making)이 아니라 정책형성(decision-shaping) 과정에서 주된 역할을 수행한다고 할 수 있다. 실제적으로는 정치적, 전략적 결정은 일반이사회가 담당하고 있고, CFSP와 ESDP의 행정, 재정적 측면은 상주대표부가 역할을 맡고 있다. 이것은 각 회원국이 동일한 업무에 대하여 최소한 두 명의 대사급 대표(정치안보위원회 위원 및 Coreper-2)를 브뤼셀에 분리된 형태로 상주시킨다는 것을 의미한다.

유럽연합군사위원회는 각료이사회 내에 설립된 가장 상위의 군사기구로 회원국의 군대를 대표하는 회원국 군사대표(CHODs: Chiefs of Defence)라는 고위관료로 구성되어 있다. 유럽연합군사위원회는 유럽연합의 구조 하에서 모든 군사행동에 관한 지침을 내리며 필요 시 회원국군사대표 수준에서 회담을 갖는다. 유럽연합군사위원회는 회원국의 군사대표로 구성되며 정치안보위원회에 대해 군사고문 역할을 수행하며 군사참모부에 대한 지휘를 맡는다. 이외에도 135명의 직원으로 구성된 유럽연합군사참모부(EUMS)는 페테스부르그 수행을 위한 조기경보, 상황판단, 전략수립 및 군사위원회의 정책 및 결정사항들을 실행하는 기능을 갖는다.

유럽연합군사위원회(EUMC)는 유럽연합의 최고 군사기구로 정치안보위원회에 군사문제에 관한 의견 및 건의를 제공하며 모든 군사활동을 지휘한다. 유럽연합군사참모부는 전략기획의 군사적 측면에 대하여 유럽연합국사위원회를 지원하는 기능을 하며 공동외교안보정책 고위대표에 직속된 사무국으로 페테스부르그 임무에 대비한 조기경보 발동, 상황평가, 전략계획 수립을 비롯하여 필요 군사력의 확보, 군사위원회 지침의 집행 등의 임무를 수행한다. 유럽연합군사참모부(EUMS)는 대략 70명 정도의 대부분 각 회원국 국방부에서 배속된 장교로 구성되어 있고 각료이사회 사무국(Council Secretariat)에 편재되어 있다.21) 위기관리상황에서 유럽연합군사참모부는 위기대응팀(CAT: Crisis Action Team)을 설치할 수 있는데, 이를 위해 회원국으로부터 소요인원을 일시적으로 공급받을 수 있다.

집행위원회는 공동외교안보정책과 관련하여 각료이사회 및 유럽의회에 제안의 형태로 질의할 수 있는 권한을 갖고 있다. 또한 집행위원회는 주요 국가 및 국제기구 등에 130개의 대표부를 두고 1,000여 명의 유럽연합 외교관을 파견하여 해외에서 CFSP 이행을 지원하고 있다. 공동외교안보정책 분야에서

---

21) 행정부라 할 수 있는 집행위원회는 자체의 인력 및 예산관리, 하위기구의 운용에 관한 외부의 간섭을 최소화한 행정단위로 독립적 기능을 한다. 이러한 권한은 공동통상정책에서 더욱 극명하게 드러난다. 이사회로부터 권한을 위임받은 집행위원회는 회원국을 대표하여 대외무역협상의 단일주체로 기능한다. 나아가 집행위원회는 입법관료로서의 정치적 능력을 보유하고 있다. 이러한 능력은 특히 공동결정 절차에서 발휘된다. 집행위원회는 제안 발의시 전략적 고려에서 그 내용과 시기 및 형태를 임의로 설정할 뿐만 아니라, 정책과정에서 제안 수정권, 철회권까지 행사한다. 이와 같은 집행위원회의 권한은 내부의 많은 전문가 그룹과 이익집단과의 연계를 통해 수년 간의 실증적 정책연구가 가능하도록 하는 관료적 전문성이 보장되는 구조를 갖추었기 때문이다. 그러나 공동외교안보정책 분야에서는 유럽연합 집행위원회, 유럽의회, 회원국 의회 구조와 같은 제도에 의존한다기보다 군사전문가와 EU/NATO의 고위층의 단순한 의사결정 방식에 의해 적용 범위가 결정된다. Giovanna Bono, "European Security and Defence Policy: theoretical approaches, the Nice Summit and hot issues", ESDP and Democracy, the Peace Studies Department at Bradford University, 2002, pp.14-45.

초국적 의사결정기구인 집행위원회의 역할은 여타 정책분야와 비교하여 상대적으로 제한적이라 할 수 있다.[22] 그 원인은 유럽연합군사참모부와 방위를 담당하는 관료들(Defence Staff)이 선거를 거치지 않은 기술관료들로서 유럽안보방위정책이라는 과중한 역할을 담당하기 때문이다. 이와 같은 이유로 공식적 정책결정과정에는 유럽연합군사참모부를 위시한 관련 관료들의 영향력이 크고 반대로 집행위원회의 권한은 미약한 결과를 가져왔다. 그 결과 군대의 의견이 최우선으로 반영되어 집행위원회는 반대의사를 표명하지 못하는 구조가 만들어졌다. 한편 유럽의회는 CFSP 관련 각료이사회 및 집행위원회와 긴밀히

<그림 4-6> ESDP 구조

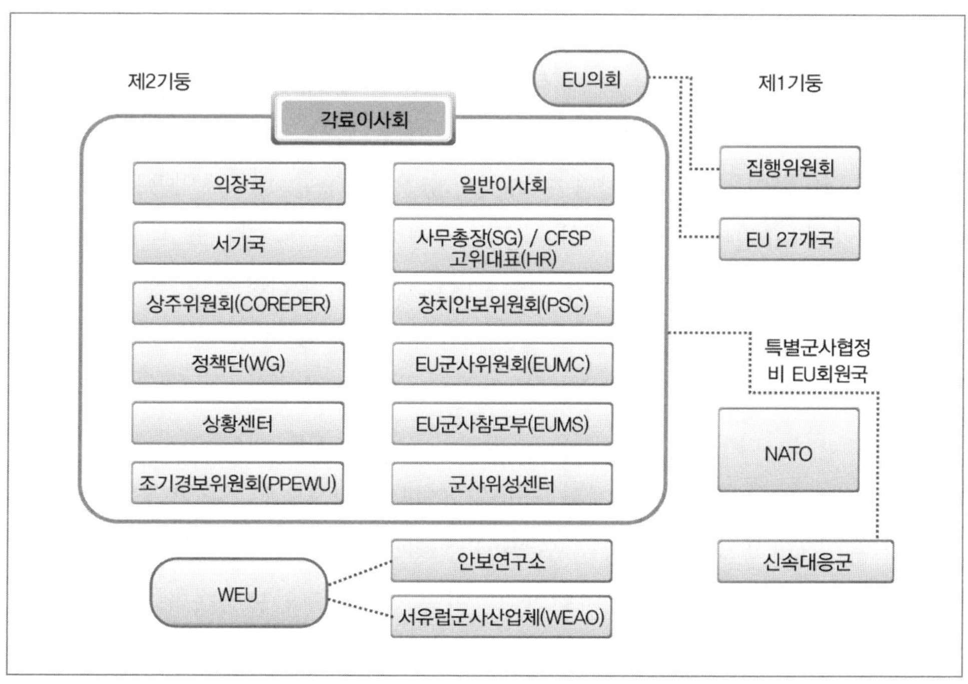

출처: Giovanna Bono, "European Security and Defence Policy: theoretical approaches, the Nice Summit and hot issues," ESDP and Democracy, the Peace Studies Department at Bradford University, 2002, p. 20에서 재구성.

22) Simon Duke, From Elusive Quest for European Security: From EDC to CFSP New York: St. Martin's Press, 2000, pp.311-378.

협의하며 필요시 제도적 구속력이 없는 권고를 제기할 수 있다.

그러나 니스조약 이후에는 집행위원회의 권한이 점차적으로 강화되어 대외관계총국은 유럽이사회 의장국, 공동외교안보정책 고위대표(High Representative)와 함께 외교안보 분야에서 유럽연합을 대표한다. 나아가 리스본조약에서는 대외관계 및 안보정책 고위대표(High Representative for Foreign and Security Policy) 산하에 기존 집행위원회 대외관계총국을 개편한 유럽대외정책실행국(EEAS)을 두었다. 유럽대외정책실행국은 2010년 1년간의 예행기간을 두었고 2011년 1월 1일부로 공식적 활동을 시작하였다.

유럽연합은 마스트리히트조약과 암스테르담조약을 통해 공동외교안보정책의 수행을 위해 합동군사훈련, 공동입장, 공동선언, 공동전략과 같은 정책실행 도구를 채택하였다. 이에 제2기둥은 새로운 정치적 구조로 탄생했다. 구체적으로 정치안보위원회, 상주대표부, 고위대표자회의, 가중다수결제도와 공동외교안보정책의 정책결정 유연성을 확대시키기 위한 건설적 기권(abstention from voting) 등이 제도화되었다.[23] 유럽연합은 2001년 니스조약을 통해 암스테르담조약에 규정된 공동외교안보정책 관련 조항을 수정하였고 의장보고서(Presidency Report)를 토대로 유럽안보방위정책과 관련한 조항을 삽입했다. 이 결과 유럽연합은 3주체제를 유지하면서 안보 및 방위 분야에서 초국가 기구의 역할이 증대되었다.

의장보고서는 다음과 같은 내용을 담고 있었다. 첫째, 유럽이사회는 공동외교안보정책을 강화하는 차원에서 공동외교안보정책 내 안보분야를 보다 구체화하여 유럽공동안보방위정책을 수립한다. 이를 통해 유럽연합이 안보 역할을 더욱 강화할 수 있는 초석을 마련한다. 이는 공동외교안보정책의 안보 분야로서 유럽안보방위정책은 서유럽동맹을 벗어나 유럽연합이 독립적으로 구축한다는 것을 말한다. 니스조약을 통해 서유럽동맹의 기능 대부분이 유럽연합으로 이관되어 새로운 군사·정치적 구조가 유럽연합에 의해 구축되었다고 할

23) EU Security Policy & the Role of the European Commission-Chronology. http://europa.eu.int/comm/external_relations/esdp/chrono.htm

수 있다. 실제로 유럽연합은 유럽안보방위정책을 통해 군사적 위기관리와 분쟁예방임무를 명확히 하였다. 공동외교안보정책의 지원과 유럽안보방위정책의 수행을 위해 정치안보위원회가 설치되었다. 또한 유럽이사회 내에 유럽연합군사위원회(EUMC)와 유럽연합군사참모부(EUMS)가 설립되었다. 나아가 비군사적 분야에서의 위기관리 능력을 강화하고, 집행위원회를 중심으로 한 분쟁예방임무 설정 및 페테스부르그 임무와 관련된 서유럽동맹의 기능이 유럽연합으로 편입되었다.[24)]

둘째, 군사영역의 위기관리를 위해 NATO에 의존 없이 분쟁을 처리할 수 있도록 유럽통합군을 구성한다. 유럽통합군은 유사시 60일 이내로 6만 명 규모의 군 병력을 배치 운영할 수 있는 능력을 갖추고 1년 간 유지할 수 있다. 셋째, 유럽연합-NATO의 긴밀한 협의와 비유럽연합-NATO회원국들과도 위기관리 업무를 공유하는데 동의하였다. 넷째, 민간부분의 위기관리 측면에서 유럽연합의 능력강화를 위한 정책과 갈등 방지를 위한 노력에 동의하였다. 여기에는 유럽연합시민 보호, 시민행정 그리고 법규정 강화를 위해 5,000명의 경찰력을 2003년까지 확보한다는 내용을 포함하였다.

니스조약은 공동외교안보정책의 발전을 위해 한층 향상된 협력구조를 마련하였다. 일례로 니스조약을 통해 공식적 협상에 대해 만장일치를 요구하던 절차를 없앴다. 즉 특정한 환경 하에서만 만장일치표결을 진행하고, 공동행위가 요구될 때에는 가중다수결표결을 행한다. 그러나 소수 강대국의 단합에 의한 의사결정을 막기 위해 개별 회원국은 협정이 제도적 절차와 부합되지 않는다고 판단되면 협정수용을 거부할 수 있다.[25)]

니스조약을 계기로 유럽안보방위정책의 수단인 유럽연합 신속대응군 창설을 비롯한 새로운 정치 · 군사구조가 마련되었다. 그러나 서유럽동맹의 기능 대부분이 유럽연합으로 이관되었지만, 회원국들은 정보제공 등과 같은 사안에

24) Vaughne Miller, The Treaty of Nice and the Future of Europe (London: House of Commons Research Paper 01/49, 2002), pp.22-37.

25) http://www.nato.int/docu/handbook/2001/index.htm

대한 동의에는 실패하였다. 이는 니스조약 이전에 만장일치 표결을 요했던 공동입장과 공동행위 간에는 차이가 있었다는 것과 유사한 맥락이다.

니스 유럽이사회의 결정 이후 2001년 6월 게테베르그(Göteborg) 유럽이사회를 거쳐 2001년 12월 라켄 유럽이사회에서는 유럽연합이 군사·비군사 분야에서 실질적인 작전수행 및 군사능력 강화와 비군사 능력의 균형 잡힌 발전이 가능하도록 하였다. 그럼에도 유럽안보방위정책 수행은 NATO의 불개입시만 유럽연합이 독자적 활동을 한다는 점과 유럽연합이 미국과 NATO를 고려하여 유럽통합군이 독자적인 유럽군이 아니라는 점을 분명히 하였다는 점에서 한계가 있다. 또한 회원국 간에도 의견 불일치가 있다. 프랑스와 독일은 서유럽동맹과 유럽연합을 합쳐 27개 회원국의 정부수반이 참여하는 유럽이사회를 미래의 군사작전 결정기구로 만들려는 계획을 갖는 반면 영국은 이를 유럽연합의 군사화로 규정하여 반대하고 있다. 영국의 경우 유럽연합의 정치통합과 군사기구화에 반대하고 스웨덴, 아일랜드, 오스트리아 및 핀란드 등이 본 입장을 지지하고 있다. 따라서 유럽의 안보정체성 문제는 유럽연합 회원국들의 노력에도 불구하고 미국의 기존정책 고수와 회원국 간 입장 차이라는 한계를 갖고 있다.[26]

유럽안보방위정책은 크로아티아, 보스니아, 코소보 사태에서 보듯이 NATO의 군사적 행동 확대에 대한 유럽연합과 NATO의 의견 불일치로 탄생하였다. 한편, 유럽안보방위정책은 미국에게는 대서양 관계의 한 방편이며, 유럽문제 개입을 정당화하는 방편이 되었다. 또한 유럽안보방위정책은 유럽연합이 중동부유럽에서 미국의 군사적 역할 축소를 강요하는 수단으로도 볼 수 있다. 물론 그럼에도 미국은 유럽에서 평화유지를 위한 활동에 깊이 관여할 것이다. 1990년대 초 소련연방 해체 이후 유럽에서 미군철수가 이슈화되면서 신현실주의자들은 미국의 역할을 시혜적(benign) 헤게모니로 파악하여 미군의 유지를 주장하였다. 반면, 신제도주의자들은 소련의 위협이 제거되어도 안보 분야

---

26) James Thomson, "US Interests and the Fate of the Alliance", Survival, Vol.45, No.4, 2003, pp.207-220.

에서 미국의 역할은 지속되어야 한다는 논리를 펼쳤다. 신제도주의자들은 이러한 근거로 서유럽동맹의 유지와 또 다른 위기상황이 도래했을 때 대처하기 위한 제도의 필요성으로 설명했다. 이러한 관점에서 보면 유럽에서 유럽안보방위정책과 미국의 역할 사이에는 상당한 연관성이 존재한다. 따라서 유럽안보방위정책의 분석 과정에는 미국이 유럽에서의 헤게모니를 유지하려는 전통적 노선이 고려되어야만 한다.[27]

2 북대서양조약기구(NATO)와의 관계 재정립

1999년 6월 쾰른 유럽이사회에서 프랑스와 독일을 중심으로 한 서유럽 국가들은 '유럽의 안보는 유럽의 힘으로'라는 모토를 내걸고 그 동안 미국 군사력의 지나친 의존을 돌아보았다. 이어서 회원국들은 2000년 말까지 자체 군사작전 능력을 보유한다는 내용을 담은 공동선언서를 발표하고, 임기가 만료되는 나토 사무총장 솔라나를 유럽연합 15개국의 외교정책 조정관으로 임명하였다. 이제 유럽은 공동방위 구상과 유럽통합군 창설을 가시화하는 쪽으로 방향을 잡은 것이다. 그 결과 대외 군사활동을 자제해왔던 독일은 유고공습 가담을 계기로 군 개혁 작업에 박차를 가해 신속대응군을 6만 명으로 늘리는 등 전력증강을 꾀하였다.

유럽연합과 NATO는 2000년 12월 7-8일 니스 유럽이사회 이래로 위기 시 가장 적절한 대응방식은 무엇이며, NATO와 유럽연합의 자율성을 존중하는 가운데 어떠한 구조에서 효율적인 결정과 관리를 할 것인가를 지속적으로 논의하여 왔다. 이에 따라 유럽연합은 유사 시 NATO와 대서양동맹의 작전계획과 NATO의 사전 인지된 수단과 능력들의 가용성 보장의 중요성을 인식하였다.

---

27) George W. Bush, The White House, The National Security Strategy of the United States of America Washington, DC: The White House, 2002 참조.

이러한 문제의 해결은 2002년 11월 24-25일 그리고 2003년 3월 11일 NATO의 사무총장이 주재한 유럽연합 정치안보위원회 및 북대서양위원회에서 이른바 베를린플러스협약으로 결정되었다. 베를린플러스협약은 유럽연합과 NATO관계에 대한 전략적 조정계획으로 다음의 4가지 사안을 포함하였다. 첫째, NATO 작전계획에 유럽연합의 참여보장, 둘째, NATO의 능력과 공동수단에 대한 유럽연합의 사용권한 가정, 셋째, 유럽연합 최고사령부의 유럽 내 역할을 포함하여 유럽연합이 주도하는 작전에 대해 NATO의 유럽명령권 선택, 넷째, NATO 계획체계의 적응 등으로 유럽연합의 작전에 NATO군을 편입시키기 위한 것이었다.

한편, 2003년 3월 14일 아테네에서 비밀정보안전에 대한 유럽연합과 NATO 간 협약이 체결되었다. 본 협약은 두 기구가 전략적 동반자로서 주요한 요소를 결정하는 것으로 협약을 통해 마케도니아에서 NATO가 행하는 군사작전 지휘권의 유럽연합 위임이 용이하게 되었다. 위기관리 영역에서 유럽연합과 NATO 간 전략적 동반자관계는 정례회담으로 더욱 강화되어 양측 간 긴밀한 정보교환이 이루어졌다. 일례로 NATO가 주도하는 Sfor 작전의 교대과정과 유럽연합이 진행한 보스니아 헤르체고비나에서의 Althea 작전은 그 예라고 할 수 있다.

이후 2003년 12월 12일 브뤼셀 유럽이사회에서 유럽연합이 작전을 수행할 때 동맹의 역할과 해당 지역 내 작전활동 능력을 고려해 NATO의 도움을 취하는 문제가 제기되어 베를린플러스 조정과정에 본 사항이 명시되었다. 베를린플러스의 조정 틀 내에서 유럽연합의 작전능력 개선을 위해 NATO의 수단과 능력에 의존하고 유럽연합의 조직을 유럽연합군 최고사령부 내에 설치하는 방안이 제기되었다. 한편 NATO 내에서는 유럽연합군사참모부와의 관계정립 요구가 일어 군과 민간인으로 구성된 부처를 설치하여 조기경보 및 상황평가 등 유럽연합군사참모부의 능력을 강화해야 한다는 의견이 제기되었다.

2001년 6월 예테보리 유럽이사회에서는 유럽연합이 신속하게 작전을 행사할 수 있도록 조치를 취하였고 2001년 9월 유럽특별위원회는 유럽연합이 군사 · 비군사 분야 모두 작전수행 및 군사능력 제고와 비군사 능력의 균형 잡힌 발전이 가능토록 제도적 조정을 꾀하였다. 이 결과 유럽연합은 더욱 복잡하고 어려운 작전을 수행할 수 있도록 여러 수단이 마련되었다.

3 유럽안보전략(ESS)과 공동외교안보정책(CFSP) 결정 과정

2001년 9월 11일 뉴욕 테러 사건은 미국의 외교안보정책뿐만 아니라 유럽연합 공동외교안보정책에도 커다란 영향을 끼쳤다. 테러 공격 이후 미국은 대테러 전쟁, 대량살상무기(WMD: Weapons of Mass Destruction)확산 문제 및 미군 본토 안전문제 등을 외교정책의 최고 우선순위로 고려하였다. 동시에 미국은 테러방지와 신속한 대응을 위해 유럽국가 간 공조를 요청하였다. 이에 유럽연합 제3지주(내무사법협력: JHA)에 속하는 출입국 관리, 공동 구속영장, 금융 및 치안 협조, 테러 조기경보시스템 분야에서 유럽연합 회원국 간 공동 대응이 강화되었다. 뒤이어 미국은 2002년 9월에 자국의 안보에 위협이 된다고 판단할 경우 선제공격을 가능하게 하는 국가안보전략(NSS: National Security Strategy of the Unites States)을 채택하였다. 미국의 이러한 안보전략은 과거 유례가 없을 정도로 적극적이며 실전 지향적이고 그 적용범위도 제한이 없을 정도로 포괄적이라 할 수 있다.

9 · 11과 미국의 신안보전략은 유럽연합에 있어 안보우선 순위의 변화와 자력에 의한 안보전략을 수립하는 계기가 되었다. 이에 더해 미국은 2003년 3월에 UN 안전보장이사회의 결의안 통과를 생략한 채 영국과 스페인 등 몇몇 우방국과 협의를 거쳐 이라크에 대한 전면공격을 감행하였다. 이에 따라 유럽연합과 NATO 내에서 유럽국가들 간 심각한 의견충돌이 발생하였다. 실제로 생-말로 선언 이후 공동외교안보정책과 유럽안보방위정책에서 긴밀한 공조관계를 유지했던 영국과 프랑스는 적대적인 관계로 돌아섰다. 유럽국가들은 영

국과 프랑스를 중심으로 친미와 반미로 양분되어 심각한 분열양상을 드러냈다.[28)]

21세기 새로운 안보환경에 직면한 유럽연합은 솔라나 고위대표에게 새로운 안보전략의 수립을 모색토록 하였다. 2003년 12월에 개최된 유럽이사회에서는 솔라나 고위대표가 제출한 유럽안보전략(ESS: European Security Strategy)을 공식의제로 채택하여 유럽연합의 안보전략 목표와 정책이 제기되었다. 본 전략은 9·11사태 이후 미국의 일방주의, 이라크 전쟁을 둘러싼 미국과 유럽연합의 대립, 그리고 테러와 대량살상무기(WMD) 확산 등 새로운 안보위협에 대한 회원국들 간 공동대응의 토대를 제공하였다. 유럽안보전략은 위기 발생 이전 예방적 개입(preventive engagement)을 통해 미래의 심각한 사태방지를 예방한다는 전략을 담았다. 유럽연합은 본 전략을 통해 유럽의 인근국가에 있어서도 안보구축 및 효과적인 다자주의(effective multilateralism)를 제시하였고 다음과 같은 전략목표를 설정하였다. 첫째, 유럽연합은 필요 시 조기에 신속히 개입하는 적극적인 정책을 추진한다. 둘째, 유럽연합과 회원국의 자원을 조회시켜 유럽연합의 능력을 제고한다. 셋째, 회원국 간 결속을 강화하고 보다 일관성 있는 정책을 추구한다. 넷째, 새로운 안보위협이 유럽연합 자체적으로 해결할 수 있는 성격이 아님을 감안하여 우방 및 관계국과의 협력을 강화한다. 특별히 여기에서는 대서양관계의 강화를 제안하였다.

유럽안보전략에는 선제공격을 포함한 군사행동에 관한 논의가 있었으나 독일과 프랑스가 본 조항에 대한 수정을 요구하여 예방적 개입으로 합의가 되었다. 유럽연합의 외교안보에 관한 경험, 정체성 및 전통에 기반을 두고 있는 유럽안보전략은 테러, 대량살상무기의 확산, 지역분쟁, 실패국가, 조직범죄 등의 위험에 대처하기 위해 모든 수단을 동원하는 것으로 유럽연합의 안보전략과 활동 범위에 큰 변화를 초래했다. 본 전략에서는 유럽연합이 분쟁 및 위험 예방을 위해 적극적으로 노력해야 하며, 유럽이 아닌 역외 다른 지역에서

---

28) 최수경, "미국과 유럽의 안보협력과 갈등", 「사회과학연구」 충남대학교사회과학연구소, 제15권 제12호, 2004, pp.215-237.

도 1차 방어선을 구축한다는 내용을 담았다. 또한 발칸지역의 안정유지를 위해 미국, 러시아와 같은 강대국 및 NATO 등과 공동으로 노력하며, 중동지역의 분쟁이 해결될 때까지 주변국들과 연계하여 개입한다는 전략을 명기하였다.[29]

유럽안보방위정책은 유럽연합이 NATO의 의존을 탈피하여 자체의 군사력 확보와 유럽연합 시민 간 단결을 꾀한 것이라 할 수 있다. 이에 따라 니스조약 이후 유럽안보방위정책을 통해 NATO와 유럽연합은 안보 및 방위 분야의 짐을 나누어 갖게 되었다. 즉 NATO는 평화유지 작전을 수행하는데 군사조직의 유연성을 확보할 수 있게 되었다. 물론 9 · 11사태는 이러한 변화를 제도화시키는 결정적 계기로 작용하였다.

전술한 바와 같이 1990년대를 통하여 공동외교안보정책에서의 유럽연합 회원국 간 협력과 통합수준은 다른 정책에 비해 매우 낮은 수준에 머물러 주요한 국제현안에 대한 공동정책을 수립하는 데 항시 이견이 난무하였다. 물론 생-말로 선언과 꼴로뉴 유럽이사회 이후 공동외교안보정책과 유럽안보방위정책의 가시적인 성과가 이루어지긴 하였다. 그러나 유럽국가들 간에는 심각한 국제안보상황에 직면할 경우 이러한 상황이 유럽안보에 어떤 의미를 갖는지, 또한 그러한 도전에 어떻게 대응해야 하는지에 대한 합의도출은 요원하였다. 이런 점에서 유럽연합 회원국들이 공식적이고 포괄적인 유럽안보전략을 채택하기로 합의한 것은 상징적 차원을 넘어 공동외교안보정책과 유럽안보방위정책의 발전에 하나의 초석으로 간주될 수 있다. 또한 유럽안보전략은 9 · 11 이

29) 이라크 전쟁으로 인한 유럽의 분열상 이외에도 유럽안보전략(ESS)의 등장은 CFSP/ESDP의 목적과 방향을 명확하게 재설정해야 할 필요성이 당시 강하게 제기되고 있었던 상황과도 깊은 관련을 갖는다. 2002년 말 유럽헌법 제정 움직임이 본격화되면서 유럽이사회 상임의장(President of the European Council) 및 EU외무장관 직의 신설, '3대지주제도'의 폐지 그리고 유럽방위(European Defence) 조항의 도입 전망 등은 ESS 등장의 기본적인 조건을 제공했다. 그에 더하여 유럽연합의 제5차 확대계획 또한 더욱 광범위한 안보 및 대외정책 사안에 대한 회원국들의 공동인식 및 행동기반을 강화할 필요성을 증대시켰다. 이러한 배경에서 2003년 5월 2-3일 로즈섬(Islands of Rhodes)의 카스텔로리조(Kastellorizo)에서 개최된 비공식 일반이사회는 하비에르 솔라나 CFSP 고위대표에게 '유럽전략개념'(European Strategy Concept)을 작성하도록 요청한다. 이후 완성된 전략문건의 초고는 동년 6월 16일 개최된 테살로니키 유럽이사회에서 승인되었고, 이후 몇 개월의 여론수렴을 거쳐 최종안이 12월의 유럽이사회에서 유럽연합의 안보전략으로 공식 채택된다.

후 새로운 안보 환경에서 국제적 위협요인에 대한 인식을 제고하고 향후 나아갈 방향과 회원국 간 공동대응의 근거를 제공하였다는데 의미를 갖는다.

이와 같이 유럽연합이 회원국 간에 공동안보방위정책에 동의하고 의견일치를 본 것은 유럽안보방위정책을 통해 유럽방위산업 재편성 및 구조조정이 절실하였기 때문이다. 동시에 외부적 요인이 강하게 작용한 탓이라고도 볼 수 있다. 유럽연합의 한 축은 여전히 기능적 필요의 결과인 안보정치의 공동체화라는 초국가 수준의 제도화 요구가 존재한다. 동시에 주요 국가를 중심으로 국가이익에 근거한 정부 간 협상논리가 적용된다. 결국 이러한 초국가 제도화와 국가이익이 상호작용을 하면서 통합을 추동한다고 할 수 있다. 그러나 미국의 신안보전략이 명확한 전략목표와 목표이행을 가능케 하는 정치·외교 및 군사수단을 갖춘 데 반해 유럽안보전략은 군사능력이 제약되었다. 유럽연합의 안보 이해를 극대화하기 위해서는 다양한 위협요인에 신속히 대응하고, 필요하다면 강력한 개입능력과 여러 개의 군사작전을 펼칠 능력을 동시에 갖춰야 한다.[30] 그러나 이러한 한계에도 불구하고 유럽안보전략은 유럽안보방위정책의 기본목표 및 가이드라인을 제시하는 데 매우 중요한 역할을 한다는 점에서 의미를 찾을 수 있다.[31]

30) 군사력의 사용과 관련된 유럽연합의 입장은 부시 행정부의 국가안보전략(NSS)과 여러 가지 측면에서 차이를 보이고 있다. 첫째, 국가안보전략은 군사력의 보유와 사용은 미국의 전반적인 대외정책에서 핵심적인 위치를 점하고 있는 반면, 유럽안보전략(ESS)은 군사력을 오직 위기관리 차원에서 매우 제한적이고 신중하게 사용되어야 한다고 주장한다. 특히 분쟁지역에서의 평화유지 및 위기관리를 위하여 보다 근본적인 비군사적 자원과 정책수단이 더욱 중요할 수 있다고 간주한다. 둘째, 테러리즘 및 인종청소와 같은 위협에 대하여 유럽안보전략은 사전예방을 강조하고 있는바, 국가안보전략은 선제공격 교리를 채택하고 있다.

31) Franco Algieri, Thomas Bauer, Klaus Brummer, Options for the Further Development of CFSP and ESDP without a European Constitution, G tersloh: Bertelsmann Stiftung, October 2005, p.6.

제 3 절 대외원조 및 개발협력정책

1 ODA 정책

국제원조란 고소득 국가들이 저소득 국가를 대상으로 이전한 재원이라 할 수 있다. 여기에는 공적 지원(OA: official assistance)도 포함된다. 그 이유는 개발도상국들도 상대적 빈국을 지속적으로 발전시키기 위해 양허성 공적 재원을 투입하기 때문이다. 경제개발원조위원회(DAC)는 ODA의 목적을 인도적인 구호활동과 경제 · 사회적 발전, 민주주의 장려, 국제문제 해결, 전후 체제 전환으로 보았다. 즉, 국제원조는 독립 정부와 국가 간의 재원이전을 가리킨다. 여기에는 강대국과 식민지 사이의 군사지원이나 해외군사비용, 정부수출금융, 무역금융, 민간투자 유치용 보조금, 비밀작전자금, 해외 선호기구에 조달된 보조금 등 정보관련 비용과 테러나 국제범죄 해결에 충당된 자금, 정부간 보조금, 뇌물이나 정치적 외교적 공물, 외교비용, 민간 자선기금 등은 제외된다.

원조는 보조금, 연차관 등의 현금이나 식량원조 같은 물품 혹은 부채감면 등으로 나타나며 투자 프로젝트, 연구활동, 정치 · 경제 개혁 프로그램, 기술자문과 교육, 인도적 구호활동 등 다양한 활동에 자금을 조달한다. 이를 통해 공여국은 수혜국에 3차원적인 권력을 행사할 수 있다. 또한, 국제원조는 모든 가용재원을 효율적으로 활용하여 수혜 정부의 역량을 배가시킬 수 있다. 차관의 일부를 상환하는 등 수혜국에 유리한 조건을 내세워 공여국이 바라는 행동을 유도할 수 있다.[32)]

강대국 정부나 국제기구의 해외원조에는 강력한 정치 신호가 엮여 있다. 자발적 이전으로 공여국은 수혜국과 생각이 같다거나 원조의 규모가 증가하면

32) 김채영, 유럽연합의 개발협력 정책, 『EU학 연구』, 한국 EU학회 제5권 제2호, 2000, pp.133-159.

공여국과 수혜국 간의 관계가 밀접해지고 감소하면 양국 간의 관계가 불편해지고 있다는 인상을 주기도 한다. 여기에 더해 공여국은 적대국의 압력에 맞선 수혜국을 지지하고 있다는 점을 강조하며 세계은행으로부터의 공적 기금을 수혜국이 좀더 받을 수 있도록 수혜국의 민주주의 정착을 지원한다는 신호를 보낼 경우가 종종 있다.

세력범위 확장을 목적으로 한 프랑스의 경우는 정치적 목적으로 원조를 이용한다. 한편, 미국은 냉전 당시는 공산권의 확장을 막기 위한 수단으로써 대외원조를 이용했고, 중동 평화유지를 위한 수단으로 활용하고 있다. 이외에도 이타적인 측면에서 국제원조의 목적은 빈국의 경제발전과 빈곤퇴치를 지원하는 것이라고 할 수 있다. 제2차 세계대전 직후 국제원조는 후진국의 금융경색을 완화하고 경제를 안정시키고 빈곤을 퇴치하는 수단이었다. 주로 원조는 수혜국의 인프라 구축, 교육과 보건 등의 공공서비스 확대에 쓰였다. 1970년대 들어서면서 개발원조는 재분배 성향을 띠며 교외의 저소득층을 대상으로 기초 생필품을 전달하는 데 적극 활용되었다. 이후 1980년대 원조와 개발은 경제 성장에 치중하여 수혜국 정부의 부채감면 등에 활용되었다.

이외에도 부족한 원자재를 확보하는 등 영리가 목적인 경우도 있다. 예를 들면 수혜국이 공여국으로부터의 상품과 서비스를 수입하기로 하면 그 대가로 차관을 도입하는데, 이는 공항이나 댐 건설 등 특수 프로젝트를 실시하거나 전투기 같은 대규모 설비를 매입할 때에 한해서인 경우도 있다. 문화원조의 경우 언어교육에 자금을 조달하여 타국의 모국어 사용을 지원하기도 한다. 이는 교회나 사원을 비롯한 종교집단의 경우 세력을 넓히려고 자선사업에 자금을 조달해왔으며 대개 종교단체가 문화원조의 주체가 된 경우가 많다.

1990년대 원조의 경우는 이러한 원조의 목적 이외에 사회주의 국가의 경제 · 사회 발전의 일환으로 국영기업과 부동산, 토지를 민영화하여 경제개혁과 선거, 정당교육 언론 개발에 자금을 조달하는 목적이 추가되었다. 아프리카, 아시아, 남미의 경우 정치개혁 특히 민주주의 발전이 원조의 목적이었다. 개발이 민주정치를 확립하고 민주주의 국가들끼리는 전쟁을 일으키지 않는다는 가정 하에 정치적 권리와 시민권을 장려한다는 공여국의 가치관을 반영하려는 목적이 있었다.

한편, 국제문제를 해결할 때도 원조가 동원된다. 예를 들면 지구온난화, 오존층 파괴, 대기 및 수질 오염, 멸종위기 동식물 보호 등 환경문제와 HIV/AIDS, 말라리아와 결핵 치료 및 차단하는 등 질병에 대응할 때도 국제원조의 힘을 빌린다. 1990년대에는 지뢰제거와 군대동원 해제, 재건 과정과 분쟁조정, 지역 간 정치 · 사회제도 재편을 통한 전쟁의 참상에서 회복 등 분쟁을 억제하고 전후 체제 전환을 실시하는 데에도 대외원조가 이루어졌다. 수혜국별 원조 규모는 공여국의 의도와 상대국이 얼마나 중요한 외교 파트너인지 가늠하는 척도가 된다. 원조 빈도의 증감으로도 양국 간의 관계를 파악할 수 있다. 원조 사용용도 또한 원조 목적의 중요한 지표가 된다. 공여국이 개발에 얼마나 관심을 두고 있는지는 원조 조건으로 짐작할 수 있다.

대외원조는 냉전 외교의 수단에서 출발했다고 할 수 있다. 즉, 공여국의 정치와 국제동향, 대외원조를 장려하는 국제기구의 압력으로부터 시작되었다. 19세기에는 타 민족들을 돕는 데 공공 재원을 투입한다는 것은 있을 수 없는 일이었다. 이는 공적자금으로 타국에 자선을 베푸는 일은 결국 자국에 대한 배신행위라는 관념이 팽배해 있었기 때문이었다. 그러나 19세기 말 미국과 유럽 국가들이 경제적으로 풍족해지면서 가난과 빈곤으로 고통받는 국민들을 도와야 한다는 가치관이 확산되기 시작했다.

제1차 세계대전이 끝나자 전쟁으로 피폐해진 사람들을 도와야 한다는 사명감이 생기기 시작했다. 그 결과 미국과 유럽에서 해외 구호활동을 지지하는 공감대가 형성되었고 이에 각국 정부는 1921년 내전과 가뭄으로 인한 기아사태를 막기 위해 공산주의 국가인 소련에 구호 재원을 공급하기로 합의했다. 이후 제2차 세계대전 당시에는 전쟁으로 고통받는 유럽과 아시아 국가들을 대상으로 대규모 구호활동이 시작되었다. 그러나 이러한 구호활동은 수혜국가의 자립을 위한 정치적 목적에 더 부합하였으므로 경제 · 사회적 복지의 장기적인 개발은 원조의 목적에 포함되지 않았다.

특히 미국은 필리핀과 푸에르토리코 등 식민지 정부가 민간 및 공공 투자를 조성해 스스로 개발해야 한다고 믿었다. 그러나 제2차 세계대전 당시 워싱턴이 개발을 목적으로 남미에 기술을 지원하는 이변이 벌어졌다. 1942년 미국 정부는 이를 관리할 수단으로 미주정책국(Institute of Inter-American Affairs)과 미주교육재단(Inter-American Education Foundation)을 설립하였다. 이처럼 미국 정부의 인식이 달라진 것은 연차관으로 빈국을 개발하기보다는 남미의 대 유럽수출을 방해하고 시장을 선점하려는 정치적 목적이 강하였기 때문이다.

이후 20세기에 들어서자 국제기구와 민간단체가 증가하면서 인도적 차원의 대외원조가 활발하게 진행되기 시작하였다. 제2차 세계대전 이후 유엔은 전쟁으로 폐허가 된 국가에 긴급 구호프로그램을 가동시키기 위해 유엔구제부흥사업국(UNRRA: UN Relief and Rehabilitation Agency)과 국제난민기구(International Refugee Organization)를 창설하여 활발한 구호활동을 전개하였다. 구호자금의 대부분은 유럽국가들이 아닌 미국 정부가 조달했다. 그러나 미국 의회가 지원 만기일을 정해 놓았기 때문에 UNRRA는 1947년 해체될 수밖에 없었다. 그럼에도 유엔은 국제부흥개발은행(IBRD)을 설치하여 전후 재건자금을 조달했다. 특히 개발도상국들은 국제부흥개발은행으로부터 민간투자를 보증받음으로써 민간자본의 유동성을 확보할 수 있었다. 이후 국제부흥개발은행은 세계은행이 되었고 이 기구는 후진국의 개발을 도모할 연차관의 주요 원천이 되었다.

전후 유럽국가들은 전쟁이 남긴 상흔의 여파로 기존 정당에 대한 불만이 극도로 심해졌고 프랑스와 이탈리아의 경우 공산당이 집권할 가능성이 높아졌다. 또한, 동유럽의 대부분의 국가들이 공산권에 흡수되었다. 이러한 사태로 인해 미국은 1947년 4년간의 유럽의 안정을 위해 130억 달러를 투입하는 마샬플랜을 실시하였다. 이후 한국전쟁으로 폐허가 된 아시아 국가들에 대한 대외원조도 실시하였다. 미국은 일본을 비롯한 타 국가에 구호기관을 설립할 것을 촉구하였다.

일본의 경우 배상금 지급뿐만 아니라 원자재와 수출시장을 확보하려고 원조라는 수단을 활용했다. 한편, 독일은 배상보다는 시장 확보 차원에서 대외원조를 추진했다. 하나의 예로 1953년 초 노르웨이와 스웨덴, 덴마크 등 북유럽국가들이 조금이나마 기술지원에 보탬이 되고자 구호기관을 설치했다는 점을 들 수 있다. 여기에 더해 유엔은 규모나 경제력과는 상관없이 회원국이라면 한 표를 행사할 수 있었기 때문에 유엔의 의견을 전격적으로 수용하는 경향이 있었다. 특히 1949년 유엔이 확대기술원조계획(EPTA: Expanded Program of Technical Assistance) 설립에 합의하자 북유럽국가들은 유엔의 입지를 강화시키고자 이를 지원키로 했다. 스웨덴과 덴마크는 1954년 NGO위원회를 설치했으며 개발원조 장관을 임명하는 등 본격적인 구호활동에 동참했다. 1961년 프랑스와 독일은 각각 경제협력부(Ministry of Economic Cooperation)를 설치하여 구호프로그램을 증진시켰으며 개발부를 설립하였다. 네덜란드 역시 1963년 연립내각 구성 문제로 개발담당 차관을 임명하는 등 대외 지원 프로그램을 관리하는 상설 정부기구를 두었다.33)

유럽의 대부분의 선진 국가들은 NGO를 두어 개발과 원조 규모를 키워왔다. 기독교 단체를 상대로 민생 위기와 빈곤 극복에 동참해야 한다며 목소리를 높이는가 하면 정부는 시장확보를 위한 대외원조를 강조하기도 했다. 민간 구호활동단체로는 1919년 설립된 적십자와 세이브 더 칠드런(Save the Children) 등이 민간자금과 공적자금으로 전쟁으로 인한 난민과 빈곤으로 고통 받는 이들을 돕기 시작했다. 이들은 특히 정부가 직접 활동하기 어려운 지역에 투입되어 서비스 제공뿐만 아니라 대외 구호와 교육을 선도하였다. 스웨덴은 1950년대 44개의 NGO위원회를 설립했으며 이들에게 공공보조금을 책정하여 이들로 하여금 구호활동을 관리하는 역할을 맡겼다. 이처럼 NGO는 정부의 대변인 역할을 하였다. 영국 기관 중에서는 War on Want, Oxfam이 국내문제뿐만 아니라 국제문제에 관심을 갖고 활동하였다.

33) 권태진, “대북 농업지원사업의 과제와 개선방향”, 「농촌경제」, 제28권 제3호, 2005, pp.17-35.

1960년대 선진국들은 비약적인 경제성장을 이룩했으나 빈국에는 거의 도움을 주지 못했다. 따라서 1960년대는 공여국이 수혜국의 국제수지 적자로 인한 빚을 갚아주고 제조업과 교육 등 투자 프로젝트에 자금을 투여했다. 한편, 1970년대는 공여국이 최빈국을 돕는데 주안점을 두었다. 특히 빈국의 도시성장을 위해 구체적인 방안을 마련하려 노력하였다. 이러한 작업은 서유럽국가를 비롯해서 세계은행, UNDP, 유럽발전기금(EDF)이 담당하였다. 다자 간 개발은행, 유엔기구와 함께 유럽공동체 회원국들은 1958년 체결한 로마조약에 따라 합동 구호프로그램을 마련하였다. 이는 국가들에 의한 양자 간 원조와는 다른 것이었다. 특히 유럽발전기금은 유럽공동체 회원국들의 옛 식민지 국가들이 분산되어 있는 ACP 국가를 대상으로 상당한 지원을 하였다. 1970년에는 1억 6000만 달러를 제공하였고 1980년에는 15억 달러로 급증하였다. 2000년 유럽연합의 대외원조 규모는 약 50억 달러를 기록하였다.[34]

1990년대에는 공산권의 몰락과 함께 대외원조에도 큰 변화가 일어났다. 세계화의 물결 또한 대외원조의 변화에 영향을 주었다. 즉, 세계화로 인해 빈곤, 환경, 질병 등에 대한 정보가 증가하였다. 그 결과 유엔은 환경개발정상회담을 비롯하여 여성정상회담, 로마세계식량회담, 교토기후변화협약 당사국총회 등을 개최하여 세계는 하나로 엮여있으며 상호의존적이라는 사실을 확인시켰다. 냉전이 종식되자 구 사회주의 국가들의 경제 개혁과 국제문제를 지원하고 민주주의를 확산하려는 공여의 목적이 추가되었다. 그 결과 대외원조의 총규모는 1990년대 초 최고를 기록했다. 그러나 상대적으로 사하라 이남 지역에 대한 원조금액은 1/3 가량 줄었다.

대외원조의 중심에는 경제안정과 장기 성장, 빈곤 퇴치 등으로 수혜국 국민의 복지를 증진시킨다는 혁신적인 사상이 깔려있다. 공여국은 수혜국민의 복지가 목적인 동시에 국내외 안보와 직결된 외교수단으로 대외원조를 바라보았다. 즉 수혜국의 복지증진은 전문인력이 필요한 장기 프로젝트이므로 공

34) 주유럽연합대사관, 개발원조정책 개괄, 2007.

여국은 구호기관을 설치하고 수많은 국가에 NGO를 조직함으로써 풀뿌리 민주화를 강화시킨다는 정치 논리도 포함되어 있었다. 따라서 선진국들의 정치적 목적에 의한 대외원조 추구가 국제기구에 의해 강화되었다고 볼 수 있다. 그 결과 부유한 나라는 가난한 나라의 경제발전을 위해 공적 재원을 투입해야만 한다는 원칙은 당연시되었다.

유럽연합 회원국 중 공여국 중 외교적 동기가 가장 강한 나라는 프랑스라 할 수 있다. 수혜국 선정을 비롯한 재원의 용도를 살펴보면 사하라 이남지역을 중심으로 탈식민지 외교정책에 원조가 일익을 담당했다는 것을 알 수 있다. 다른 유럽 열강들과 마찬가지로 프랑스 역시 원자재 수출과 과세, 민영투자로 얻은 수입으로 현지의 경제발전을 도모한다는 전제하에 식민정책을 추진했다. 그러나 1930년대 발생한 대공황과 제2차 세계대전으로 사하라 이남 국가들에 대한 지원이 크게 줄기 시작했다. 종전 이후 프랑스에는 제4공화국이 들어서게 되었고 정부는 인도차이나와 캐리비안, 아프리카 식민지를 포함하는 프랑스 연합에 대한 지원정책을 개선한다. 그러나 1954년 디엔비엔푸(Dien Bien Phu)에서 프랑스 군이 패배한 이후 모로코, 튀니지와 더불어 인도차이나의 식민지들이 독립을 주장했다. 그 결과 프랑스는 독립을 선언한 과거 식민지 국가에 대한 영향력 확대를 위해 더 많은 양의 공여를 하게 되었다.[35]

프랑스어를 구사하는 사하라 이남 14개국은 프랑스에게는 상당히 중요한 국가들이었다. 이들 국가들에 대한 영향력을 유지하기 위해서라도 프랑스는 문화적 동화를 시도해야만 했다. 여기에 프랑스는 석유를 비롯한 핵무기와 부족한 에너지를 보충하기 위해 우라늄을 확보에 총력을 기울일 필요가 있었다. 즉 외교 · 문화적인 명분에 영리가 추가된 것이다. 프랑스 건설회사와 제조업체들은 인프라 공여 예산과 수출로 수익을 올리는데 관심이 있어 아프리카의 카카오, 커피, 면화, 지하자원 등 원자재 생산에 투자했다.

그러나 공여정책이 수혜국에 큰 도움을 주지 못하자 프랑스의 원조실태에

---

35) 박형중, 「구호와 개발 그리고 원조」, 서울: 해남, 2007, 참조.

대한 문제점이 제기되기 시작했다. 결국 프랑스는 1998년 아프리카를 비롯한 여러 국가에 영향력과 문화를 보존한다는 타 식민지 정책기관에서 경제개발 원조위원회(DAC)의 원칙에 좀더 부합하고 투명성을 높인 친개발 공여프로그램으로 방향을 바꾸기 시작하였다. 프랑스의 원조 목적은 공여의 영도와 배분에서 차별을 두었다. 양자 간 원조금의 대부분은 구 식민지 국가에 배분되었다. 최대 수혜국은 알제리였으며, 석유가 풍부한 가봉과 코트디부아르, 부르키나파소, 니제르에 상당한 원조가 제공되었다. 즉, 프랑스는 원조 총액의 90%를 사하라 이남에 집중 투입했다. 한편, 프랑스의 NGO는 독일의 NGO들에 비해 상대적으로 규모가 작고 재정이 열악하다. 이는 정부가 직접 수혜국에 지원을 하기 때문으로 해석할 수 있다. 따라서 프랑스는 주로 유엔을 비롯한 국제기구에 상대적으로 적은 자금을 출연하였다. 이는 프랑스의 대외원조가 외교 목적에 치중했음을 반증한다.

독일의 경우는 국제기구를 통한 원조 사업에 조달된 비용은 1970년에 6억 달러, 1975년에는 17억 달러로 급증했고 각각 원조 총액의 22-30%를 차지한다. 이는 독일 정부가 정부 간 공여나 유럽연합 원조프로그램에 출연한 공여금보다 훨씬 높은 수치이다. 그러나 1980년대 들어 석유파동의 위기 후 경기불황과 실업률을 의식해서 공익사업과 금융 분야에 조달된 양자 간 원조금액의 규모가 1984년에는 60%까지 증가했다.[36]

1980년대 말 독일의 원조에 변화가 일어났다. 공여 규모 면에서 특히 아프리카의 경제위기로 아프리카에 대한 지원이 증가했다. 이에 더해 1988년부터 1989년 사이 인도, 인도네시아, 터키에 대한 지원은 동일했으나 이집트와 중국이 추가되었다. 이는 독일 역시 수혜국 선정에 있어서 외교와 영리가 복합적으로 작용했음을 증명한다. 특히 중국에 대한 지원은 독일이 수혜기준에서 강조한 인권에 대한 적용을 배제했다는 점에서 그러하다. 독일 원조에 있어 특이한 점은 NGO의 활동력을 들 수 있다. 독일 정부는 500개 이상의 NGO

---

36) 조한덕 외, "공적개발원조의 역사", KOICA, 2009.

에 자금을 지원하고 있다. 특히 독일의 개발 NGO들은 수혜국의 빈곤 구호에 적극 개입해왔다.

<그림 4-7> ODA 순위(2008)

(백만 불)

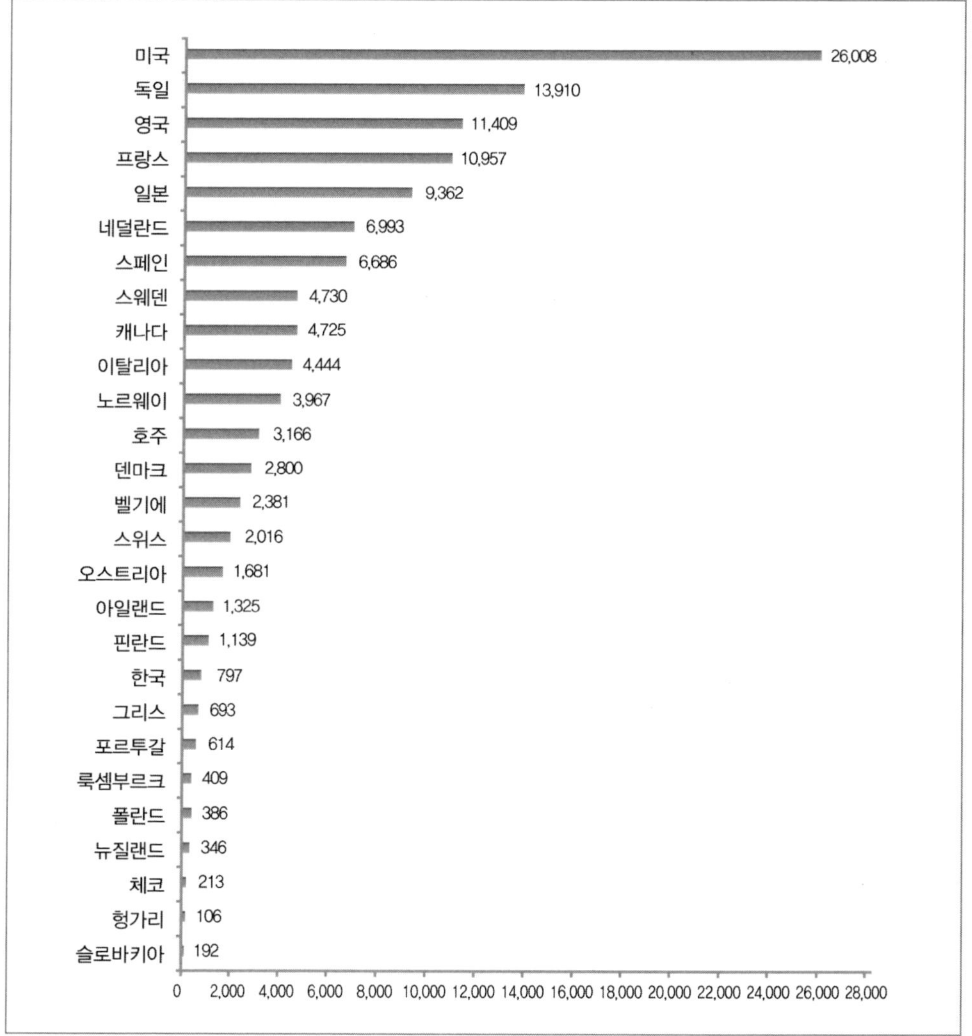

출처: OECD, International Development Statistics Online DBDAC 회원 22개국 및 Non-DAC 5개국(한국, 슬로바키아, 체코, 폴란드, 헝가리) 총 27개국의 ODA순위 OECD 회원국 중 자료 제출하지 않은 멕시코, 아이슬란드, 터키는 제외.

2 유형별 ODA

유럽연합의 대외원조는 전 세계의 원조국 중 원조 규모가 가장 크며, 가장 효과적으로 원조를 수행하고 있다고 평가받고 있다. 비난 여론이 많은 다른 원조국과 달리, 유럽연합의 대외원조가 긍정적인 평가를 받는 배경에는 지속적인 원조 프로그램의 개발과 투명한 평가 과정, 원조 전문가 육성, 끊임없는 대외원조의 개혁을 통하여 이루어진 효율적인 대외원조 때문일 것이다.

현재 전 세계 160개국이 유럽으로부터 양자 간 또는 다자 간 형태의 지원을 받고 있다. 유럽연합과 회원국들이 제공하는 국제원조의 규모는 매년 약 300억 유로로, 전 세계 원조 흐름의 55%에 해당한다. 유럽연합 차원의 단독 대외원조 규모는(소속 회원국들의 양자적 대외원조 규모를 제외한 규모) 전 세계 국제원조의 10%를 차지한다.37)

<그림 4-8> 유럽연합 ODA/GNI 2015

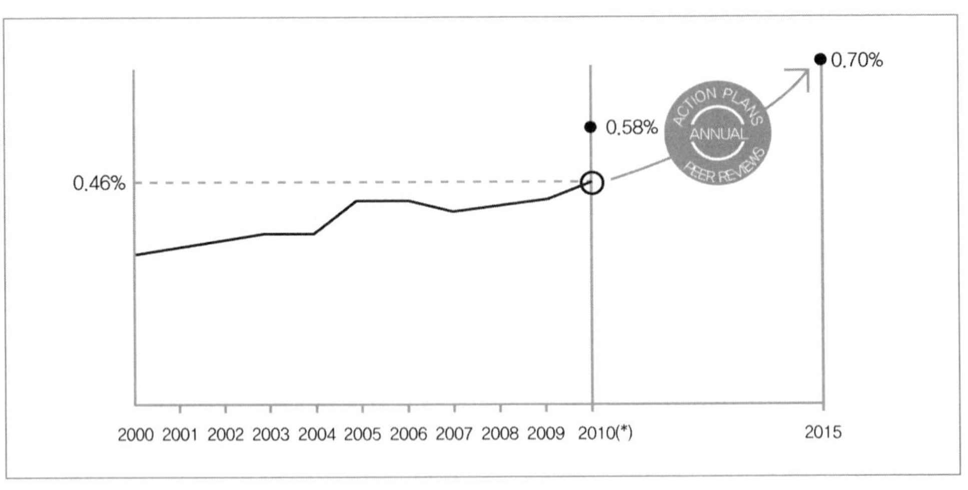

출처: COM estimates based on OECD/DAC data COM estimates based on data from member states and DAC 2010 forecast.

37) 권해룡, “개도국의 빈곤해소를 위한 개발전략”, 외교통상부 대외경제정책연구원, OECD focus 제3권 제3호 통권 13호, 2004, pp.49-56.

오늘날 개발원조 공여국이라 할 수 있는 경제개발원조위원회(DAC)의 리스트 상의 국가들 중 대다수는 과거 마샬플랜을 통한 최초의 개발원조 수원국이며, 이 국가들은 현재 유럽연합의 회원국으로서 개도국에 대한 개발원조를 강화하고 있다. 특히 유럽국가들의 개발원조는 경제협력개발기구(OECD) 기준 전 세계 개발원조의 55%를 차지하고 있는 중요 공여국으로서 UN의 새천년개발목표(MDGs)에서 제시하고 있는 각 국가별 개발원조 목표치인 GNI 대비 0.7%에 근접하고 있다. 실로 현재 국제 개발원조 정책에 있어서 유럽연합은 적극적인 역할 수행을 통해 그 영향력을 넓혀나가고 있다.

공적 개발원조(ODA)를 포함하는 개발원조라는 개념과 함께 사용되는 개발협력이란 용어의 개념은 그 주요한 수단이 재정적 및 기술적 원조이긴 하지만 국제원조(International Aid 혹은 International Assistance)의 개념보다는 훨씬 포괄적인 내용을 가진다. 즉, 원조(Aid 혹은 Assistance)란 그 의도와 관계없이 종래의 경제적 지원, 특히 무상 내지는 양허적 조건을 갖춘 재정적, 현물적 지원을 의미하는 것이지만, 협력(Co-operation)이란 용어는 경제적, 사회적,

<그림 4-9> 세계적 지원 동향(2000-2010)

Global aid flows 2000-2010(1 10억)

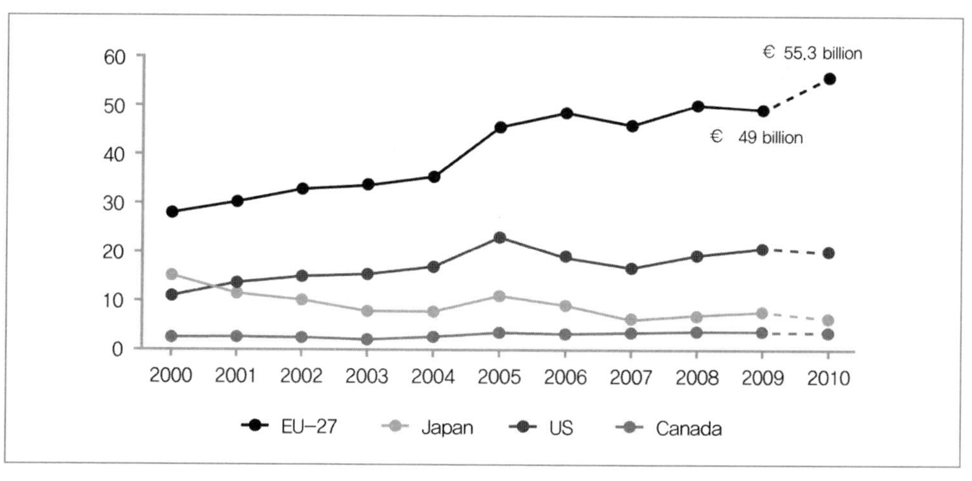

출처: COM estimates based on OECD/DAC data.

역사적 및 정치적인 내용을 가질 수 있다. 또한, 국제원조는 일방적이며 상하적인 관계를 상기시키는데 반해, 국제협력은 상호주의적이고 평등한 관계를 상기시킨다는 점이 상이하다. 이는 경제개발원조위원회(DAC)의 연차보고서의 명칭을 개발원조에서 개발협력으로 수정한 주요 원인이 된다.

유럽연합의 대외원조 자금은 집행위원회의 예산으로 이루어지는 유럽연합 원조가 있다. 유럽연합의 대외원조는 회원국의 강제적 기여에 따라 유럽의회의 승인 후 집행위원회가 실행하는 공동체 예산과 유럽발전기금(EDF)이 있다. 유럽발전기금은 회원국의 자발적 분담금 납부에 따라 재원이 형성되며 유럽의회의 감독을 받지 않는다. 이 기금은 아프리카, 캐리비안 국가들이 주요 수혜국이며 코토노우 협정에 의해 5년 단위로 새로운 유럽발전기금이 발효가 된다. 인도적 지원은 개발담당 집행위원 직속 유럽인권사무국(ECHO)에 의해 관리되고 있다. 인도적 기금은 인도적 지원 예산항목에서 집행되지만 긴급을 요할 경우는 집행위원회에서 유럽의회와 유럽이사회에 추가재원을 요청하기도

<그림 4-10> 유럽발전기금(EDP) 분야별 원조(2009년)

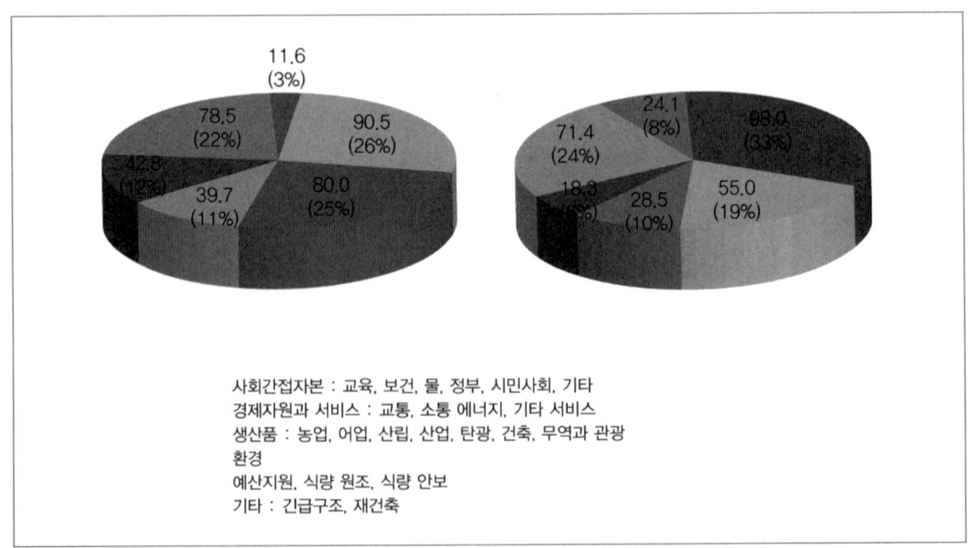

출처: Bilateral and Multilateral ODA, Excl non-ODA resources(Peace Facility,…) 참조.

한다. 유럽발전기금, 공동체예산, 인도적 지원 등은 완전히 다른 규정에 따라 이루어진다.

유럽연합의 대외원조는 총 4개 개별총국으로 나뉘어져 있는 대외총국과 55개의 상주 유럽연합 대표부(Delegation)의 도움을 얻어 수혜국에 대한 전략보고서와 원조실행 보고서를 작성하여 유럽이사회에 제출하는 절차를 거친다. 유럽이사회의 승인을 거친 후 원조협력청을 통하여 해당 수혜국에 본격적인 대외원조를 실시한다. 수혜국의 원조자금 및 물품지원 전달과정과 수행과정에 대한 평가는 수혜국에 상주하고 있는 유럽원조협력사무국의 평가보고서를 작성함으로 관리된다. 이 평가보고서는 연말마다 투명성 확보를 위한 정기적인 감사가 실행된다. 감사보고서와 실행보고서는 투명성 확보 차원에서 선정된 민간사무소를 통하여 재분석된 후 원조협력청에 제출된다. 분쟁이나 자연재해로 인한 긴급구조에 대한 인도적 지원은 유럽인권사무국이 주관하여 최단시간 내에 해당지역에 전달한다. 인도적 지원이 필요한 해당지역에 대해서는 긴급보고서를 작성하여 회원국들에게 더 많은 지원을 요청할 수 있다.

유럽연합의 대외원조는 현지 지역의 특성에 맞는 프로그램을 제공함으로써 지원 목적을 달성하고 있다. 프로그램 지원은 국제기구와 회원국 소속 NGO 등과 연계하여 농촌개발 사업, 교육, 의료, 법률, 지역개발 등을 지역별로 나누어 지원하고 있다. 유럽의 대외원조는 지난 세기 유럽의 식민지 경영에서 시작하였다. 프랑스, 독일, 이탈리아, 스페인, 포르투갈, 영국 등과 같은 국가들은 식민지 경영으로 막대한 부를 창출하였고, 부를 기반으로 식민지 국가에 학교, 병원과 같은 기반시설을 지원하였다. 위와 같은 경험으로 유럽은 다른 신생 원조공여국과 달리, 원조가 필요한 지원국에 대한 원조 프로그램 진행과 운영에 관한 정보를 많이 축적하고 있다고 할 수 있다.

유럽은 1957년 로마조약을 통하여 유럽의 식민지가 집중된 대륙에 집중 원조를 실시할 것을 천명한다. 이에 따라 유럽공동체는 초기에 아프리카, 환태평양과 캐리비안 국가들을 중점적으로 지원하였다. 1960년대와 1970년대에 걸쳐 유럽대륙이 지배하고 있던 식민지 국가들이 독립함으로써 유럽의 원조정책은 큰 혼란에 빠지게 된다. 그러나 1993년 유럽공동체가 공식적으로 발족하면서 유럽연합은 개발협력정책을 수행하는 데 필요한 법적 기반을 마련하게 된다. 1993년 발효된 유럽연합조약에 따르면 "개발협력정책의 목표는 개도국의 지속적인 경제적·사회적 개발을 촉진하고 세계 경제에 개도국을 점진적이고 조화롭게 통합하는 것이며 개도국의 빈곤문제를 해결하는 것이다"라고 명시되어 있다. 이에 따라 유럽연합의 원조는 세계 최대의 공여국으로 성장할 수 있는 법적인 기반을 마련하게 된다.

1990년대 유럽연합의 원조의 경향은 동부유럽과 유럽대륙 주변국으로 집중되었다. 유럽연합은 민주화로 새로운 길을 모색하는 동유럽 신생 회원국들의 경제, 사회 개발을 지원하기 위하여 막대한 원조를 제공한다. 1990년대 중반 이후 유럽연합의 원조는 발칸, 팔레스타인, 북한, 파키스탄 등의 분쟁지역으로 다양화되었다. 이는 과거 유럽연합의 개별 회원국들이 전 식민지 국가들에 대한 기득권 유지를 목표로 하여 지원했던 대외원조 특성에서 벗어나 유럽연합이 전 세계 분쟁의 조정자로서의 역할로 변화했음을 보여주는 것이다.

<표 4-11> 유럽발전기금 지역별 원조(2009년)

	지원예상자금	실질지원자금
아프리카	3,070	2,496
캐리비안	333	243
퍼시픽	87	57
해외국가 및 지역	-	6
ACP를 제외한 지역	11	150
합계	3,502	2,953

출처: Bilateral and Multilateral ODA, Excl non-ODA resources(Peace Facility,…) 참조.

3 인도적 지원 및 발전정책

유럽연합의 대외원조는 1990년대까지 회원국들의 정치적인 이해관계와 이익의 상충관계로 많은 혼란을 겪어왔다. 또한, 비효율적이고 방만한 운영으로 여론의 지탄을 받아왔다. 그래서 1990년대 후반에 이르러 대외원조의 개혁은 유럽연합 집행이사회의 가장 큰 이슈로 떠올랐다. 이에 따라 2000년 유럽연합은 대외원조 정책의 대대적인 개혁에 착수한다. 유럽 전역의 원조 전문가와 지역 전문가들이 모여 대외원조 개혁에 관한 워크숍을 1년여 걸쳐 진행하여 개혁안을 만들었다. 2000년 개정된 유럽연합의 대외원조 개혁안은, 첫째, 효율적인 대외원조 정책의 시행을 위하여 집행위원회에 집중되어 있던 대외원조 관리의 권한을 63개 대표부(Delegation)로 분산하여 원조 수혜 지역의 원조 실행 과정을 현지 대표부가 관리하도록 했다. 둘째, 유럽연합은 더 많은 비연계 원조(untied aid)를 제공함으로써 원조 효율성을 높였다. 셋째, 2001년 1월 1일 새로운 전담 수행 기구인 유럽원조협력사무국(Europe Aid)을 창설하여 프로젝트의 발굴, 확인, 시행과 평가 등 대외원조 사업의 관리업무를 총괄적으로 수행하게 된다. 넷째, 원조의 질적 향상을 위한 시도의 일환으로 수혜국가별 전략보고서(Country Strategy Paper)를 도입하여 대외원조의 평가를 질적으로 향상시켰다.

유럽집행위원회에 속한 개발총국은 모든 개도국과 유럽공동체의 해외국가 및 유럽연합해외영토(OCTs: Overseas Countries and Territories)에 대한 개발협력정책의 입안, 입법에 대한 권한을 가지며, 79개 ACP 국가 및 20개 유럽연합해외영토와 공동체의 관계를 관리하고 조정한다. 개발총국은 우리나라 외교통상부 산하의 한국국제협력단(KOICA)과 비슷한 업무를 수행하고 있다. 이러한 임무의 원활한 수행을 위해 집행위원회 내의 대외관계총국(DG External Relations) 및 유럽인권사무국(ECHO)과 긴밀한 협조관계에 놓여 있다. 개발총국은 유럽연합공동체 내의 개발협력 정책을 수행하는 데 있어서 개도국의 이익과 선발개도국의 빈곤계층의 이익을 옹호하는 것을 정책집행의 우선순위로 책정하며, 개발정책의 수립에 주도권을 가지고, 유럽연합 회원국 간의 정책조정을 원활하게 하기 위한 역할을 수행하기도 한다. 이러한 역할을 통해 유럽연합 내의 개발협력정책을 효율적으로 만들며, 유럽연합이 추구하는 정책과 회원국이 추구하는 개발정책이 상호 보완되고 결합되며 조정이 용이하게 하도록 한다. 개발총국의 예산은 다음과 같이 세 가지 분야로 나뉜다. 첫 번째는 개발원조(Development Aid)로서 이는 유럽원조협력사무국에서 시행하는 지중해, 발칸, 아시아, 아프리카 등의 지역별 지원에 대한 원조이다. 여기에는 코토노우 원조가 포함된다. 재원은 유럽발전기금이며 매 5년 단위로 새로운 유럽발전기금이 발효된다. 유럽발전기금은 공동체 차원 개발원조의 40% 이상을 차지한다. 두 번째는 유럽연합 가입후보국 지원 부분(Pre-Accession Instruments)이다. 세 번째는 공동외교안보정책 및 긴급대응자금을 위한 협력기금이다.

인도적 지원을 담당하는 개발담당 집행위원 소속의 유럽인권사무국(ECHO)은 1992년 설립되었다. 유럽인권사무국은 제3국에서 발생하는 자연재해나 무력충돌의 희생자들에 대해 인도주의적인 원조를 제공하는 것이며, 이러한 원조는 종교나 인종에 대해 차별 없이 이루어지며, 실질적으로 피해를 입은 주민들에게 직접 제공된다. 유럽인권사무국은 제3국 주민에 대한 긴급한 인도주의적 원조, 제3국에 대한 긴급한 식량원조, 구조인력의 동원 및 재해예방 등의 기능을 수행한다. 1992년 이후 유럽인권사무국은 약 85개국 이상을 대상으로 약 30여 개의 분쟁지역에 원조를 제공하였다. 주요 수혜국은 구 유고, 루안다, 부룬디, 수단, 중앙아메리카, 앙골라, 아이티, 아르메니아, 아제르바이잔, 그루지야, 아프가니스탄, 쿠바였다. 대부분의 활동 자금은 인도적 지원 예산항목에서 집행된다.

인도적 지원의 경우 유럽연합 설립조약에 명시적 규정 근거는 없으나 1996년 6월 채택된 각료이사회규정[(EC) No. 1257/96]에서 유럽연합의 인도적 지원정책에 관한 정의 및 유럽연합의 책임을 규율하고 있다. 공동체예산과 코토노우 원조 정책 담당기관은 대외관계총국과 개발총국으로 구분된다. 하지만 인도적 지원사업을 제외하고는 공동체 예산사업이나 코토노우 원조사업은 지원대상자의 확정, 지원금액, 집행내역, 사업평가에 이르기까지 수혜국에 설치되어 있는 유럽원조협력사무소를 통해 이루어진다. 이는 현장 중심 원칙에 입각하여 집행위원회가 과감하게 관리책임을 이전한 것으로 해석할 수 있다. 단 집행위원회가 전체적인 정책수립 업무와 기술적 · 재정적 지원을 총괄함에는 변함이 없다.

한편 유럽투자은행(EIB)은 비영리 목적의 금융기관으로서 로마조약에 따라 1958년에 설립된 기관이다. 룩셈부르크에 소재하는 유럽투자은행은 대규모 투자가 소요되는 사회간접시설의 건설, 산업경쟁력 향상을 위한 설비 및 연구개발 투자, 낙후지역 개발, 중소기업 설비투자, 환경개선 사업 등 중장기 과제에 대한 투자지원을 통해 유럽연합 내의 지역 간 균형개발, 중소기업 육성, 유럽의 경제와 사회의 통합에 주된 역할을 수행하고 있다. 이 은행은 주로 로메협정에 따라 ACP 국가에 지원을 집중하고 있으나 유럽연합과 제휴협정을 체결한 중동부유럽에도 지원을 확대하고 있다.

최근 중남미 및 아시아 국가도 지원 대상에 포함하였는데, 이 은행의 지원을 받는 국가는 130개국에 이른다. 유럽발전기금(EDF)은 유럽의 구 식민지 등 역사적인 관계를 지니고 있는 ACP 국가만을 대상으로 하는 원조 기금이며 이는 일반예산으로 편성되지 않고 회원국들이 별도의 기금을 출자하는 예산으로 로메협정의 뒤를 이어 2000년 6월 23일 체결된 유럽연합과 ACP 국가들과의 코토누우협정에 근거하여 운영되고 있다. 코토누우협정은 아프리카, 태평양 ACP 79개 수혜국과 협의 하에 2000-2020년 총 20년 동안의 유럽연합과 ACP 지역과의 무역 및 개발 협력을 강화하기 위한 토대를 구축하고 있다. 2006년 파푸아뉴기니에서 타결된 제10차 유럽발전기금 협상에서 유럽연합 회원국들은 약 240억 유로의 기금 협력에 동의하였다. 전체 재원 중 220억 유로는 유럽연합 차원에서 조달하며 나머지 20억 유로는 유럽투자은행에서 각각 조달하는 것으로 결정되었다.

1) 대외원조 비율

세계 대외원조 공여의 대부분을 차지하고 있는 경제개발원조위원회(DAC)의 주요 회원 국가들의 총 대외원조 규모가 1990년대 이후 줄어들고 있는 추세와 달리, 유럽연합 회원국과 유럽연합은 최근 대외원조 정책을 더욱 늘려가고 있다. 유럽연합 회원국들은 2002년 3월 바르셀로나에서 열린 유럽이사회에서 2006년까지 GNP 대비 ODA의 비율을 최소 0.39%까지 증액하기로 합의함으로써 유럽연합의 공적원조 규모는 계속 증가하고 있다.

또한 유럽연합은 2015년까지 몬테레이 UN 개발재원국제회의(International Conference on Financing for Development)에서 확인된 바 있는 선진국들의 향후 도달 목표인 GNP 대비 0.7%로 ODA를 증가시키는 것을 목표로 하고 있다. 유럽연합은 단계적으로 2006년까지 ODA를 0.33%까지 증가시켰고 2010년에는 0.56%까지 증가시켰다. 그러나 아직까지도 원조를 받고 있는 유럽연합의 신생회원국인 체코, 슬로바키아, 폴란드, 에스토니아, 헝가리, 라트비아, 리투아니아, 말타, 슬로베니아, 키프로스 등이 원조 공여국이 되기 위해서는 많은 시간이 걸릴 것이다. 일례로 유럽의 신생회원국인 에스토니아의 ODA 비율은 0.01%에 그치고 있다. 이에 따라 유럽공동체의 평균 규모액을 유지하기 위하여 서유럽국가들은 대외원조 비율을 더욱 높이고 있다.

매년 유럽연합 소속 회원국의 개발 장관들과 유럽연합 대외협력위원회는 함께 모여 유럽연합의 대외원조 진행과정에 대하여 평가한다. 2006년 4월 10일-11일까지 룩셈부르크에서 열린 회의에서 유럽연합은 빈곤퇴치와 개발을 위한 글로벌 파트너십을 추구하고 2015년까지 유엔이 제시한 0.7%로 ODA를 늘리는 것에 대해 결의했다.

2) 지역별 지원정책

ACP 국가들과의 협력은 유럽연합 개발원조정책의 요체이다. 프랑스, 이탈리아, 벨기에, 네덜란드 및 영국의 구 식민지 국가들로 구성되어 있는 ACP 국가들은 1957년 로마조약 발효 이후 개시된 유럽연합 개발원조의 대부분을 제공받았던 주 수혜 대상국이었다. 로마조약에서는 해외국가 및 영토와의 관계를 규정하여 무역을 증가시키고 재정적, 사회적 발전을 공동으로 증진하도록 규정하였다. 로마조약의 규정은 ACP 국가의 대다수가 식민지로 있을 당시에 제정되었지만 이들 국가와의 특별한 관계는 이들 국가가 독립한 후에도 유지되었다. 로마조약에 의한 규정들은 야운데협정에 의해 대체되었고, 1975년 로메협정으로 완전히 수정되었는데, 로메협정은 유럽공동체와 ACP 국가 간에 동반자 관계를 확립하려는 목적을 갖고 있다는 점에서 야운데협정과는 다르다. 로메협정에 의한 개발원조 체제는 원조 규모와 협력 분야 등에 관한 체약국의 권리와 의무를 규정하고 있으며, 광범위하고 다양한 개발 협력 체제를 이루고 있는데, 유럽공동체 시장에 대한 특혜적 시장접근과 무역증진 프로그램에 의하여 무역과 수출을 촉진한다. 2000년 로메협정이 만료된 후 2000년 6월 코토노우협정이 체결되어 2003년 비준과정을 거친 후 완전하게 실행되었으며 향후 20년간 지속된다.

코토노우협정은 개발, 빈곤퇴치, 무역에 대한 포괄적이며 통합적인 접근방식이며, 분쟁예방, 인권존중, 민주화 및 대규모 이주 등을 포함하는 정치적 대화를 제시하였다. 또한 일방적인 경제원조보다는 시장접근의 확대 등을 통한 포괄적인 경제 통상 관계 형성 및 정부 간 협력의 차원을 넘어서서 사회의 모든 구성원이 참여하는 포괄적인 협력 프로세스를 구축하였다. 특히 이 협정에서 주목할 사항은 수혜 대상 개도국의 인권 침해에 대처하기 위한 새로운 절차가 채택되었다는 것이다. 특히 침해 정도가 심각한 경우에는 개발원중단 등의 조치를 즉시 취할 수 있도록 하였다.

또한 건전한 통치체제의 촉진 차원에서 심각한 부정부패를 방지하기 위한 새로운 절차도 마련하였다. 즉, 새로운 파트너십은 정치적인 차원에서 개입여지를 만들어 주었다. 한편, 지역 경제 파트너십 협정(Regional Economic Partnership Agreement)은 코토누우협정 내의 새로운 절차로 유럽연합과 ACP

국가 간, 그리고 ACP 국가들 상호 간의 무역자유화를 촉진하기 위한 것이다. 유럽연합은 ACP 국가들이 세계경제와 무역에 보다 깊숙이 통합될 수 있도록 지원하는 것을 이들 국가에 대한 개발원조의 목표로 삼고 있는데, 이러한 노력이 다른 지역 국가와 기업들의 노력에 연계되어 투자, 기술 등의 이전을 통해 ACP 국가의 전반적인 경쟁력 향상에 도움을 줄 수 있게 되기를 희망하고 있다.

한편 유럽연합은 인도, 파키스탄, 네팔, 방글라데시, 스리랑카 등 5개 국가의 최대 원조제공국이다. 또한 유럽연합은 아세안 회원국(브루나이, 인도네시아, 말레이시아, 필리핀, 싱가포르, 타일랜드, 베트남, 라오스, 캄보디아, 미얀마)에 일반특혜관세제도를 제공하여 재정적 지원을 제공하고 있다. 1976년 이후, 유럽연합은 아시아와 라틴아메리카 개도국들에 대한 금융지원 및 기술지원 프로그램을 시행해 오고 있다. 이들과의 협력관계는 주로 양자 간 경제 및 무역협정체결의 형태로 규정되어 있다. 협력 사업의 대부분은 농촌개발, 산림자원개발 또는 사회간접자본 개발 등에 집중되었다. 이들 국가에 대한 주된 원조방식은 재정적, 기술적 원조가 주된 방식이었지만 90년대 초반부터 새로운 협력분야를 시도하였다. 즉, 유럽연합은 수원국의 민주화와 인권 문제의 개선을 강조하여 수혜국에서의 법의 지배를 촉진하고 인권의 발전을 위하여 시민사회의 활동을 촉진하는 데 적극적으로 참여하였으며, 재정 및 기술원조를 통해 여성의 기본적 권리를 증진하고 개발과정에 여성을 적극적으로 참여시키는 데 중점을 두고 토착민의 생활조건과 토착민의 문화적 주체성을 존중하는 프로젝트를 실시하며 직업훈련을 강조하였다.

오랫동안 지속되어 온 유럽국가들과 라틴 아메리카 국가들의 양자관계를 토대로 유럽연합은 라틴아메리카와 1960년대 이후 관계를 맺기 시작하였다. 이에 따라 막대한 인적, 금전적 지원이 정치적 대화와 개발 협력을 위해 제공되었다. 라틴아메리카 지역에 대한 유럽연합 개발 협력은 정치적 안정과 경제적 발전을 목표로 하고 있다. 경제적, 기술적 원조는 평등한 부의 분배와 법의 지배와 민주주의의 강화를 돕고, 이 지역의 환경 보호를 위해 계획되었다.

이러한 목표는 지역의 통합과 국제시장에서 라틴아메리카의 기업들의 경쟁력을 높이기 위한 것이다. 최근 들어 유럽연합은 유럽연합 확대 등을 계기로 국제사회에서의 위상강화를 도모하는 차원에서 라틴 아메리카 및 아시아 지역과의 협력 관계를 더욱 중시하고 있다.

유럽연합 회원국들은 불법이민자로 인해 사회통합 정책에 혼란을 빚고 있다. 따라서 과거 불법이민자의 축출 정책에서 이들 지역의 경제발전을 지원하는 정책으로 전환을 모색 중이다. 모로코와 알제리의 경우 프랑스의 과거 식민지로 많은 이민자들이 거주하고 있으며 이집트, 레바논, 요르단 등과는 자유무역협정이나 관세동맹을 체결하여 수출입을 확대하려고 한다. 지중해지역과 중동지역은 유럽의 안정에 절대적인 영향을 미치는 지역이므로 이 지역에 인근국가와 더불어 유럽연합 차원의 상당한 대외원조를 진행 중이다. 제1단계 5개년 지원계획(1995~1999)에 비해 제2단계 5개년 지원계획(2000~2004) 기간 중 지중해 및 중동지역에 대한 유럽연합의 대외원조 지원이 급증하고 있다. 2000년 4.6억, 2001년 4.9억, 2002년 7억, 2003년 7억, 2004년 11억 유로 등 주로 이 지역의 사회간접자본 및 서비스 구축사업에 지원 및 투자되고 있다.

유럽연합은 2008년 9월부터 총 8백만 유로(2007년-2010년까지 4년 동안 3,500만 유로(약 4,200만 달러)를 지원금으로 책정)를 지원해 북한의 농업 생산량 증대를 돕기 위한 식량안보사업(Food Security Program)을 시작했다. 식량안보사업은 당초 2002년 배정된 것으로 현재까지 집행되지 못하고 있다가 2009년에 뒤늦게 쓰이게 된 것이다. 이와는 별도로 2009년 한 해 동안 보건의료와 식수위생 사업을 위해 약 300만 유로(약 400만 달러)를 지원한다. 집행위원회 산하 식량안보지원국의 지원을 받아 본 사업에 참가한 단체들은 독일의 '저먼 애그로 액션(German Agro Action)', 영국의 '세이브 더 칠드런(Save the Children)', 아일랜드의 '컨선 월드 와이드(Concern Worldwide)', 프랑스의 '트라이앵글 제너레이션(Triangle Generation)'과 '프리미어 얼전스(Premiere Urgence)' 등 북한에 사무소를 개설하고 활동 중인 유럽의 5개 NGO와 벨기에 의 본부를 둔 국제 NGO인 '핸디캡 인터내셔널(Handicapped International)'로 총 6곳이다.

유럽연합의 대북 지원부문은 식량지원, 보건 · 위생 등 비식량 인도적 지원, 기술지원으로 구분된다. 유럽연합의 식량지원 및 인도적 지원은 주로 유럽연합 집행위원회 산하의 유럽인권사무국의 통제 하에 세계식량기구(WFP: World Food Program)와 같은 비정부기구를 통해서 이루어진다.[38]

유럽연합은 1995년 대북 지원을 시작한 이래 가장 일관성 있고 지속적으로 북한을 지원하고 있다. 유럽연합은 1997년부터 2003년까지 북한에 총 2억 3,100만 유로의 식량을 지원하였다. 유럽연합은 세계 식량계획을 통한 식량지원 이외 자체 프로그램이나 민간단체를 통해서도 북한에 식량을 지원한다. 특히 민간단체를 통한 대북 식량지원 방식은 유럽연합의 독특한 지원 형태라고 할 수 있다. 유럽연합의 대북 식량 지원 중 2/3는 단순 식량지원이며 1/3은 농촌개발, 비료지원, 협동농장 개선을 위한 시범 프로젝트 및 기술지원으로 구성되어 있다.

유럽연합은 식량지원 외에도 KEDO 지원, 비식량 지원, 기술지원 등 북한에 대해 다양한 형태의 지원을 실시하였다. 유럽연합은 2000년 6월 남북한 정상회담 이후 기존의 식량지원이나 보건, 의료 등 인도적 지원만으로는 북한의 지속적인 개발을 도모할 수 없다는 인식 아래 기술지원에 더 많은 관심을 집중하게 되었다. 유럽연합의 대북 기술지원은 제도적 지원과 역량 제고(capacity building), 천연자원과 환경의 보존 · 관리 · 이용, 지속 가능한 농촌개발에 중점을 두고 National Indicative Programme 2002-2004 DPRK (NIP)를 통해 2002년부터 2004년까지 1,500만 유로를 지원키로 결정하고 다양한 사업을 지원하였다.

민간단체의 대북 지원은 여러 경로를 통해 추진된다. 민간단체가 북한과 개별적으로 직접 접촉하여 추진할 수도 있으나 유엔합동호소에 참여하여 합동호소의 틀 속에서 지원사업을 추진하기도 한다. 북한에 상주하여 활동하기도

38) 이종서, "EU 대북정책 특징과 한반도 균형자로서의 역할 가능성 연구", 「유럽연구」, 제26권 제3호, 2008, pp.188-211.

하지만 많은 경우 상주하지 않으면서 구호활동을 벌이고 있다. 비상주 민간단체가 북한에 식량을 지원할 경우 세계 식량계획과 연계된 식량지원 중개단(FALU: The Food Aid Liasion Unit)을 통해 활동하는 것이 일반적이다.

양자 접촉을 통해 북한을 지원하는 국제 민간단체로 스위스의 아드라(ADRA: Adventist Development and Relief Agency), 스위스개발협력처(SDC: Swiss Agency for Development & Cooperation), 집행위원회 산하 유럽인권사무국(ECHO: The European Commission Humanitarian Office), 유럽연합 집행위원회 식량안보지원국(AIDCO: Europe-Aid Co-operation, 이전의 DG/DEV), 스위스의 기독교 구호단체인 CESVI, 독일의 비영리 민간지원단체인 저먼 애그로 액션, 영국의 세이브 더 칠드런, 프랑스의 민간지원단체인 트라이앵글 제너레이션, 미국의 AFSC(American Friends Service Committee) 등이 있다.

집행위원회는 지난 2002년에도 유럽에 본부를 두고 북한에서 활동했던 트라이앵글 제너레이션(TGH: Triangle Génération Humanitaire)과 컨선 월드와이드(Concern Worldwide) 등 NGO 6곳을 통해 식량안보 사업을 벌였으며, 2004년부터 2006년까지 북한의 농기계 설비 조달에 총 7백 50만 유로를 지원한 바 있다. 유럽연합은 2004년 이래로 북한당국과 개발지원계획의 확대를 합의함에 따라 인도적 지원 사업을 축소해 왔다. 유럽연합은 2005년까지만 해도 1천 8백만 유로 상당에 이르렀던 대북 인도적 지원금을 2006년에는 8백만 유로, 2007년에는 2백만 유로로 대폭 줄였고 2008년에는 지원금을 책정하지 않았다. 특히 북한에서 토끼 사육과 병원의 개보수 사업을 진행하는 프랑스의 프리미에르 얼전스와 북한에 간척지 개발 사업(평안남도 금성)을 지원하는 트라이앵글 제너레이션은 북한의 핵실험으로 당초 지원금을 약속했던 기부자들이 마음을 바꾸는 것이 문제라고 전했다.

아드라는 북한에서 건강과 영양, 식량 원조, 농촌에너지 개발, 사업개발 서비스 등 4가지 분야의 사업을 추진하고 있다. 이 중 농촌 에너지 개발사업은 태양열을 이용한 온수 시스템 설치지원, 바이오 가스 활용을 위한 장비 및 기술 지원사업 등이다. 스위스 개발협력처는 1995년부터 북한을 지원하기 시작하여 2001년부터 인도적 지원에서 농업개발협력으로 지원 방식을 전환하였다. 스위스 개발협력처(SDC)는 황해남북도와 함경남도를 대상으로 주로 보건 및 영양, 식량지원, 농촌 에너지 분야에 지원하였다. CFC(Common Fund for Commodities)는 1995년부터 북한에서 구호활동을 시작한 대표적인 민간지원 단체이다. 초기에는 의약품과 쌀 등 주로 인도적 물자 지원에 중점을 두다가 1999년부터 농업개발사업에 본격적으로 착수하였다.

현재 CfC는 북한 전역에서 8개 협동농장과 협력 사업을 추진하고 있다. 또한 국영목장과 협동농장을 대상으로 총 10개의 우유 가공설비를 설치하였으며 사료 생산을 위한 물자를 지원하였다. 이 밖에도 젖염소의 번식과 유가공 기술, 염소가죽 가공 수출을 지원함과 동시에 75명의 북한 기술자를 스위스에 초청하여 훈련을 실시하였다. TGH는 2000년 12월부터 농림업 분야에 대한 지원사업 등을 진행하고 있다. 주요 농업개발사업으로는 산림 식재사업, 묘목장 지원사업, 간척지 복구사업, 전문인력 훈련사업 등이 있다. TGH는 이러한 사업을 추진함에 있어 유럽연합집행위원회 식량안보단, 유럽연합 인도지원국, 유엔인도지원사무국, 스웨덴의 국제민간지원단체인 SIDA 등과 함께 연대하여 지원사업의 효과를 극대화하고 있다.

컨선 월드와이드는 1997년부터 식량안보사업, 농업복구사업, 환경보호사업 등 다양한 사업을 추진하고 있다. 식량안보사업은 협동농장에 비닐, 트랙터 타이어, 농약, 인력분무기, 채소 종자, 밀 종자, 콩 종자, 감자 저장고 시설 등을 지원하는 사업이다. 저먼 애그로 액션은 독일 정부, 유럽연합, UN 등으로부터 자금을 지원받아 1997년부터 황해남도, 평안북도와 평양을 중심으로 에너지 개발사업, 협동농장에 대한 농자재 지원사업을 추진하고 있다. 2003년에는 겨울밀 종자증식사업과 농기계 수리공장사업을 추진하였다. 스웨덴 민간단체 PMU Interlife는 주로 스웨덴 국제개발처(SIDA)의 지원과 시민들의 모금에 의해 지원 자금을 확보하여 1995년부터 북한에서 지원활동을 실시하였다. 주요 사업으로는 온실, 우유가공시설, 농기계 수리 센터, 감자 저장고 및 가공시설, 농자재 지원 등이 있는데, 이러한 농업개발사업뿐만 아니라 학교나 보육원에 대한 기초시설도 병행하고 있다.

국제민간단체는 북한에서 식량지원 등 인도적 지원사업뿐만 아니라 농업개발을 위한 지원에도 많은 관심을 기울여 왔으며 지속적으로 사업을 추진함으로써 북측의 신뢰를 얻는 데 성공하였다. 다양한 사업과 추진 방식을 개발하여 사업의 효율성을 제고하였으며 사업의 성과도 크다. 농업개발지원사업은 평양 등 대도시보다는 지방을 선택하고, 협동농장을 대상으로 직접 협력사업을 추진함으로써 사업의 내실을 기하고 있다. 본격적인 농업개발 지원에 앞서 기초 정보의 수집 및 분석, 북측 파트너와의 신뢰관계 구축, 전문인력의 훈련에 많은 관심을 두고 있는 점은 우리가 본받아야 할 바람직한 모델이라고 평가할 수 있다.

3) 개발원조정책 전망

최초의 수원국인 유럽의 각 국가들은 개발 원조의 효시인 마샬플랜을 바탕으로 한 경제재건을 통하여 선진국으로 도약할 수 있는 전기를 마련할 수 있었다. 특히 1960-1970년대 눈부신 경제성장으로 유럽의 많은 국가들은 부를 축적할 수 있었고, 이를 통하여 유럽국가들은 원조를 통한 개발을 확신하고 개발원조에 대한 다양한 분야를 연구하여 이를 실제로 개도국에 지원함으로써 개발원조의 기반을 구축하였다. 이러한 유럽연합의 개발원조가 특히 ACP 지역에 편중된 것은, 유럽연합이 냉전 당시 미소 양극체제에서 유럽공동체의 위상 강화, 유럽의 경쟁력 확보, 세력강화를 추진하기 위한 방편으로 유럽국가들의 과거 식민지 국가, 유럽연합 가입 희망국 및 직접적인 이해 당사자국에 대한 개발원조를 행하였기 때문이다.

세력 균형을 유지하기 위한 방편으로 시작된 유럽연합의 개발원조는 현재 전 세계 개발원조의 55% 이상을 차지하고 있다. 특히 미국과 일본의 개발원조가 점차 감소하고 있는 것에 반해 유럽연합의 개발원조는 점진적으로 증가추세를 나타내고 있으며, 개발의 질 또한 점차 개선되고 있다. 특히 유럽연합의 발전과 함께 개발원조의 규모가 비례적으로 증액되고 있으며, 개발원조가 단지 인도주의적인 관점에서만 실시되는 것이 아니라, 경제적, 정치적 이해관계를 함께 수반한다는 점을 고려해볼 때 유럽연합의 개발원조정책의 강화는 유럽연합의 경제적, 정치적 관계와 영향력의 확대에 밀접한 관계를 가지고 있음을 알 수 있다. 현재 유럽연합의 개발원조는 ACP 지역에 편중되었던 과거에 비해 아시아 및 동구권 국가들로 점차 확산되고 있는 추세이다.

유럽연합의 대외원조는 대규모적인 물량지원에서 벗어나 수혜국에 맞는 다양한 프로그램을 제공하는 데 초점을 두고 있다. 유럽연합이 대외원조예산을 운영함에 있어 집행위원회는 전체적인 정책수립과 재정적 지원에 치중하고 있으며 지원대상자 확정, 지원금액, 집행, 사업평가에 이르는 일들은 수혜국에 설치되어 있는 160여개 유럽원조협력사무소를 통해 이루어진다. 현장에서 보다 잘 관리되고 결정될 수 있다는 원칙에 입각하여 원조 프로그램을 집행위원회에서 과감히 위임한 것이다.

유럽연합의 통합 및 확대가 가속화됨에 따라 유럽연합의 개발원조 또한 다양화되고 그 비중이 커질 것으로 예상된다. 회원국들은 이미 자국 국민총소득 대비 대외원조 비율(ODA/GNI)을 2015년까지 0.7%로 올리는 것을 목표로 이행 중에 있다. 따라서 리스본조약을 통해 정치적 통합에 한 걸음 더 다가선 유럽연합의 대외원조 정책은 앞으로도 더욱 확대될 것으로 예상된다.

제 4 절 회원국 확대정책

1 서유럽국가들의 가입(1-4차 회원국 확대)

1958년에 체결된 로마조약에는 추후 유럽국가들의 유럽경제공동체 가입을 허용하고 그 조건이 명기되었다. 로마조약에 따르면 유럽경제공동체 가입을 희망하는 유럽국가들은 집행위원회의 의견(opinion)을 거친 후 각료이사회의 만장일치 표결을 통해 회원국이 될 수 있다. 이와 같이 로마조약에서 회원국 확대의 길을 열어놓았으나 1970년대까지 드골의 비토권 행사로 유럽경제공동체의 확대는 이루어지지 않았다. 당시 드골은 프랑스가 기존의 정치적 기득권을 유지하고 공동농업정책에서 우월적 지위를 누리기 위해 영국의 가입을 결사적으로 반대하였다. 이에 따라 영국은 유럽경제공동체의 창설을 가져온 1955년의 메시나회담(Messina Conference) 개최 시부터 범유럽 차원의 자유무역지대 창설계획을 담은 이른바 Plan-G를 통해 유럽경제공동체의 관세동맹에 대응한다는 전략을 강구하였다.

그러나 Plan-G는 1958년 드골의 반대로 좌절되었다. 이후 영국은 1959년 덴마크를 위시한 비유럽경제공동체 국가들과 유럽자유무역협정(EFTA: European Free Trade Association)을 체결하였다. 뒤이어 1961년 당시 영국의 집권 보수당의 맥밀란(H. Macmillan) 수상은 아일랜드, 덴마크 및 노르웨이와 함께 유럽경제공동체 가입을 신청하였다. 그러나 이듬해 케네디 대통령은 유럽경제공동체와 미국 간 대서양 협력을 의도한 대계획(Grand Design)을 발표하였다. 드골은 케네디의 계획이 유럽에 대한 미국의 정치적 영향력 확대로 간주하고 표면상 영국과 미국의 밀접한 관계를 들어 영국의 가입을 거절하였다.

영국은 1960년대 초반까지도 영연방과의 무역규모가 유럽경제공동체 국가들과 비슷한 규모를 유지하였으나, 영연방의 쇠퇴와 유럽경제공동체 회원국 간 관세동맹이 빠른 속도로 발전하는데 큰 위기감을 가지고 있었다. 해결책은 유럽경제공동체의 가입이었다. 정치적 차원에서도 영국은 전통적인 헤게모니 국가의 지위를 고수하기 위해 유럽경제공동체 가입을 통해 강대국간 중재자라는 독특한 위치를 확보할 필요가 있었다. 그럼에도 맥밀란 정부의 근시안적인 정책과 드골의 강경한 반영국정서에 기인하여 유럽경제공동체 가입은 요원하였다. 이후 1967년 노동당의 윌슨(H. Wilson)이 영국 수상으로 취임하면서 다시 한 번 유럽경제공동체에 가입을 신청하였으나 역시 드골의 비토권으로 좌절되었다. 영국은 결국 1969년에 드골이 사임하고 후임 퐁피두가 취임하면서 1970년대 들어 유럽경제공동체 가입을 실현할 수 있었다.

1969년 헤이그정상회담 이후 유럽공동체의 회원국 확대가 주요한 정치적 이슈로 떠올랐다. 이에 유럽공동체는 영국, 아일랜드, 덴마크 및 노르웨이 등 4개국과 가입을 위한 협상에 들어가 1972년 1월에 가입조약에 서명하여 이듬해 1973년 1월부터 영국, 아일랜드 및 덴마크 3개국이 유럽공동체의 공식회원국이 되었다. 당시 노르웨이는 가입을 위한 국민투표 결과 53.5%라는 근소한 차로 부결되었다. 이에 따라 노르웨이를 제외한 3개국만이 가입하여 유럽공동체는 9개국의 유럽(Europe of the Nine)이 되었다.

한편 그리스는 1961년 유럽경제공동체와 아테네조약(Athens Treaty)을 체결하여 가입을 준비하였다. 아테네조약의 의미는 유럽경제공동체가 그리스의 향후 가입을 기정사실화하고 이를 실현키 위한 지원정책을 담았다는 데 있다. 아테네조약에는 민감한 정치적 이슈인 노동과 서비스의 자유이동과 경쟁정책의 적용 등도 명기되었다. 이에 따라 유럽경제공동체는 1974년까지 그리스의 가입을 위해 공동역외관세 조정 및 여러 무역조치 등을 부과하였다. 그러나 그리스는 유럽공동체 회원국 수준의 농업정책 지원을 가입조건으로 내세우면서 협상은 지지부진하게 진행되었다. 이러한 와중에 유럽공동체는 1967년에 발발한 그리스의 군사 쿠데타를 이유로 가입을 보류하고 농업정책에 대한 지원도 철회하였다.

그러나 1970년대 들어 그리스의 정치엘리트들 사이에서는 자국의 경제성장과 정치발전은 유럽공동체 가입을 통해서만 가시화될 수 있다는 신념이 폭넓게 확산되었다 이에 따라 당시 수상 카라만리스(C. Karamanlis)는 다시 적극적인 유럽공동체 가입정책을 취하게 되었다. 이후 1979년 유럽공동체는 그리스와 가입조약(Accession Treaty)을 체결하고 농업과 지역정책을 통한 원조와 더불어 1981년에 집권한 그리스사회당(PASOK)이 추구하는 5개년 경제정책에 대한 지원을 약속하면서 2차 회원국 확대가 이루어졌다.

스페인과 포르투갈 역시 1960년대 초반부터 유럽공동체 가입을 추진하였다. 이에 따라 1970년 들어 이들 양국은 유럽공동체와 무역협정을 체결하고 가입을 준비하여 왔으나 유럽공동체는 양 국가의 권위주의 정권을 이유로 즉각적인 가입협상을 진행하지 않았다. 그러나 1970년대 초 유럽공동체의 1차 회원국 확대가 이루어지던 시기에 스페인, 포르투갈 및 그리스 등 남부유럽 3개국에서는 동시에 권위주의 정부가 붕괴되었다. 그리스는 1974년 권위주의 정부가 물러나고 동년 포르투갈에서도 이른바 카네이션혁명(Carnation Revolution)을 통해 살라자르(A. Salazar) 정부가 붕괴되었다. 뒤이어 1975년에는 스페인이 1939년 이후 집권해온 프랑코(F. Franco)의 사망으로 민주화의 길로 들어섰다.[39)]

그럼에도 스페인과 포르투갈 역시 그리스와 유사하게 농업과 어업정책에 대한 대폭적인 지원을 요구하면서 가입협상은 진전을 보이지 못하였다. 특히 농업정책에 사활적 이해를 갖는 프랑스의 반발과 함께 기존 회원국들 역시 유럽공동체의 사회정책에 부정적 영향을 미친다는 이유로 이들 국가의 가입에 유보적인 자세를 취하였다. 이에 따라 스페인과 포르투갈은 그리스보다 5년 늦은 1986년에 유럽공동체 가입이 이루어졌다. 이로써 유럽공동체는 3차 회원국 확대를 통해 회원국이 12개국으로 증가하였다. 1980년대 말 동유럽사회주의 국가들의 급작스런 붕괴를 가져오기 전까지 유럽공동체는 12개국을 유지하면서 추가적인 회원국의 가입은 당분간 없을 것이라는 전망이 지배적이었다.

그러나 1990년대 동유럽사회주의 국가들이 붕괴되면서 중립국 혹은 정치적 이유로 유럽연합에 가입하지 않았던 오스트리아를 비롯하여 스칸디나비아 국가들이 대거 회원국 가입을 신청하였다. 1980년대 말 당시 유럽공동체 집행위원장인 들로르(J. Delors)는 1992년 단일시장 완성과 함께 그 파급효과로 통화동맹을 적극적으로 추진하였다. 들로르는 이러한 경제통합의 효과를 극대화하기 위해 EFTA 국가와 유럽연합국가 간 단일경제권 구상을 내놓았다. 1989년 들로르가 제안한 유럽경제공간(EES: European Economic Space)은 EFTA를

39) Kevin Featheerstone, "The Mediterranean Challenges: Cohesion and External Preferences", The European Community and the Challenge of the Future, Juliet Lodge ed., London, Pinter Publishers, 1989, pp.189-190.

단일시장에 포함하는 계획이었다. 유럽경제공간은 후에 유럽경제지역(EEA: European Economic Area)으로 명칭이 변경되었다. EFTA 국가들로서도 유럽연합에 가입하지 않은 상태에서 단일시장이 가져다주는 경제적 이해를 누릴 수 있기 때문에 들로르의 제안에 적극적인 찬성의사를 표명하였다.

이에 따라 1992년 유럽연합과 EFTA 국가 간 유럽경제지역 창설을 위한 조약이 체결되었다. 그러나 EFTA 국가 중 스위스가 유럽경제지역 가입비준에 실패하였고 오스트리아는 이미 1989년에 유럽연합 가입을 신청한 상태였다. 이러한 상황에서 중동유럽국가들이 대거 유럽연합 가입을 신청하였다. 이에 따라 탈냉전 후 더 이상 중립국 지위를 고수할 필요가 없게 된 스웨덴, 노르웨이 및 핀란드 3개국은 경제적 효과가 미약한 EFTA 대신 유럽연합 가입을 선택하게 되었다. 이 결과 이들 3개국은 1991년 7월부터 11월 사이에 모두 유럽연합 가입을 신청하였고 1995년 국내비준에 실패한 노르웨이를 제외한 스웨덴 핀란드, 오스트리아가 유럽연합의 회원국이 되었다.[40]

2 중동부유럽 및 지중해국가의 가입(5차 회원국 확대)

1989년 이후 중동유럽 사회주의 정부가 붕괴되면서 이들 국가들은 일시에 유럽연합 가입을 신청하였다. 당시 시장통합과 경제통화동맹을 준비하던 유럽연합은 기존 서유럽 회원국들과 현격한 정치경제적 차이를 갖는 중동유럽국가들의 대거 가입신청에 대응하여 이른바 코펜하겐기준(Copenhagen Criteria)이라는 엄격한 가입충족조건(Accession Criteria)을 제시하였다. 가입충족조건은 1993년 6월 중동유럽국가들과의 유럽연합 가입협상 개시를 앞두고 코펜하겐에서 개최된 유럽이사회에서 제시되었는데 유럽연합에 가입하기를 희망하

40) Stephen George and Ian Bache, Politics in the European Union, Oxford, Oxford University Press, 2001, pp.411-412.

는 국가는 다음과 같은 3가지 차원의 조건을 만족시켜야 한다는 것이다.

첫째, 정치적 기준으로 민주주의와 법치 그리고 인권 및 소수민족 보호를 위한 제도적 안정을 꾀해야 한다. 둘째, 경제적 기준으로 안정적으로 기능하는 시장경제체제와 시장경제체제에서 경쟁할 수 있는 경제력을 갖추어야 한다. 셋째, 유럽연합의 법, 제도 및 공동정책을 수용할 수 있는 능력으로 정치적 목표와 경제통합 및 통화동맹 등과 관련된 다양한 제도적 조건을 포함한다. 이러한 가입충족조건은 1995년 마드리드 유럽이사회에서 회원국들로부터 승인되어 유럽연합과 중동유럽 가입후보국과 개별적인 가입협상이 시작되었다. 가입후보국은 코펜하겐기준을 충족하여도, 가입 시기 및 가입 최종 결정권은 유럽연합이 보유하며 이들 국가들은 유럽연합이 제시한 개혁방안을 수용하고 진척사항을 보고할 의무를 갖는다.[41]

유럽연합은 중동유럽국가들의 유럽연합 가입을 기정사실화하고 개별 국가와 가입협상을 진행하면서 동시에 이들 낙후된 가입후보국의 신속한 개혁을 지원하기 위해 2007년부터 아젠다 2000(Agenda 2000) 프로그램을 실행하였다. 아젠다 2000은 1997년에 집행위원회에 의해 작성되어 2000년 3월 베를린 유럽이사회에서 24개의 조항 형태로 채택된 프로그램이다. 본 프로그램은 유럽연합 공동농업정책과 구조정책에 대한 개혁 그리고 10개 중동부 유럽국가의 가입에 대한 집행위원회의 견해를 담고 있다. 구체적으로 아젠다 2000은 공동농업정책과 관련하여 유럽연합 농산물의 국제시장 경쟁력을 위한 보조금 제도의 개혁, 농촌지역의 경제 및 환경개발 그리고 공동농업정책 예산안 조정 등을 담고 있다. 한편 구조개혁 부분은 회원국 간 경제 · 사회적 격차를 시정하기 위해 경제 · 사회적으로 낙후된 회원국에 대한 노동력 및 경쟁강화와 사회기반시설 확충 프로그램으로 구성되었다 동시에. 유럽연합은 아젠다 2000 계획을 실현하기 위해 회원국들의 분담금 확대방안과 효율적 예산 사용에 관한 여러 제도적 개혁방안을 후속조치로 내놓았다.[42]

---

41) DG Enlargement, "Conditions for Enlargement", European Commission, 2011.

42) European Commission, "Glossary", European Commission, 2010, 유럽연합학술용어

1990년대 전반에 걸쳐 중동유럽과 지중해국가들의 유럽연합 가입을 위한 제도개혁이 진척된 결과 유럽연합은 2004년에 제5차 회원국 확대를 통해 이들 10개 국가를 회원국으로 승인하였다. 그러나 당시 국내 개혁이 지체된 루마니아와 불가리아는 2007년에 유럽연합에 가입하게 되었다. 이로써 유럽연합은 다섯 차례에 걸친 회원국 확대를 통해 초기 6개국 약 2억의 인구 규모에서 27개국 5억에 가까운 인구로 확대되면서 유럽대륙에서 러시아를 능가하는 거대한 정치·경제적 통합체로 부상하였다. 서유럽국가 중에서 유럽연합의 미가입국은 노르웨이와 스위스에 불과하며 구 소련연방 및 발칸국가를 제외한 대부분의 동유럽국가들과 아이슬란드 등이 유럽연합에 가입했거나 가입을 신청하였다.

한편 지중해 도서국가인 사이프러스의 회원국 가입은 유럽연합의 안보정책 패러다임의 변화와 향후 터키 가입의 변수로 작용한다는 중요한 의미를 갖는다. 사이프러스는 동지중해에 위치한 인구 80만의 동지중해의 어업국가에 불과하지만 유럽과 중동유럽을 잇는 지정학적 위치를 점하고 있다. 그러므로 사이프러스의 회원국 가입은 유럽연합의 지형이 동지중해로 확장된다는 것을 말하며, 이는 유럽연합 회원국들의 경제적 이해관계와 함께 안보정책의 변화를 가져온다는 것을 의미한다. 더욱이 사이프러스는 그리스와 터키의 오랜 반목의 현장이라는 점에서 향후 터키의 유럽연합 가입을 위한 일종의 교두보 역할을 할 수 있다는 점에서도 큰 의미를 갖는다. 경제적 측면에서 볼 때 동지중해의 도서국가인 사이프러스의 배타적 경제수역 200마일 내에는 다량의 천연가스가 매장된 자원의 보고이며, 중동으로부터 유럽으로의 석유수송루트이다. 이에 따라 사이프러스의 배타적 경제수역 200마일 내에는 중동 인근국가의 불법어로가 성행하였으나 사이프러스는 이를 적극적으로 통제할 능력이 없었다. 결국 사이프러스가 취할 수 있는 국익을 위한 최선의 방안은 유럽연합 가입과 더불어 유럽 차원의 공동국경통제 조치를 담은 쉥겐협정(Schengen

---

사전편찬위원회, 『유럽연합(EU)학술용어사전』, 서울: 높이깊이, 2007, p.37.

Agreement)에 서명하여 어업자원의 보호에 적극적인 정책을 추진하는 것이다.

유럽연합 역시 지정학적 요인에 의해 사이프러스를 배재할 수 없는 입장이었다. 이미 1990년대 말 당시 유럽연합 15개 회원국의 역내 천연가스 소비량의 약 40%가 역외로부터 수입되며 2010년과 2020년에 이르러서는 각각 50%와 60% 수준으로 높아질 것으로 전망되고 있다. 석유의 경우 유럽연합의 총 소비량의 80% 이상이 역외로 부터의 수입에 의존하고 있으며 수입국은 주로 러시아와 중동지역에 집중된다.[43] 특히 2004년 이후 가입한 중동유럽 회원국인 폴란드의 경우에는 러시아로부터의 에너지 의존도가 매우 높아 대 러시아 정책에 대한 정치적 부담으로 작용하여 왔다. 따라서 폴란드는 장기적으로 카스피 해 연안 국가나 중동지역으로 에너지 수입을 다변화한다는 정책을 취하고 있다.[44] 이러한 이유로 신규가입국인 중동유럽국가들은 사이프러스의 가입을 적극 옹호하고, 유럽연합 가입 이후에도 사이프러스에 대한 유럽연합의 경제적 지원과 특혜를 직간접적으로 지지하여왔다. 이는 결국 유럽연합과 대다수 회원국의 이해관계를 보존하는 방안이기 때문이다.

나아가 안보차원에서 고려할 때 사이프러스의 배타적 경제수역 200마일은 바로 인근의 중동국가와 국경을 맞대게 된다. 이러한 유럽연합의 지정학적 확대는 정치 · 안보차원에서 매우 중요한 의미를 갖는다. 유럽연합은 중동과 국경을 맞대면서 자연스럽게 중동의 분쟁에 개입할 당위성을 확보할 수 있기 때문이다. 이에 따라 유럽연합의 공동외교안보정책 역시 발칸지역을 포함하여 전략적 수정이 뒤따르고 이는 결과적으로 유럽연합이 중동지역에서 미국의 헤게모니에 대응한다는 것을 의미한다.

또한 사이프러스의 가입은 유럽연합의 내무사법협력(JHA)의 변화 역시 동반하였다. 변화의 핵심은 이민망명정책이다. 사이프러스와 터키는 중동지역에서 중동유럽으로 유입되는 불법이민의 주요 루트이다. 1990년대 이후 이라크

---

43) Alfred Tovias, “On the External Relations of the EU21: The Case of the Mediterranean Periphery”, European Foreign Affairs Review, Vol.6, No.3, 2001, p.378.

44) Ibid., p.387.

전쟁을 위시한 중동지역의 여러 군사적 충돌로 유럽연합 역내로 불법이민이 급증하였다. 더욱이 중동유럽국가의 유럽연합 가입으로 유럽연합의 국경이 동쪽으로 확대되면서 이러한 불법이민은 더욱 증가하였다. 유럽연합은 이에 대응하여 폴란드와 헝가리에서 국경통제를 강화하였으나 지중해 지역에 대한 통제가 전무한 상태에서는 만족할 만한 성과를 거둘 수 없었다. 이러한 유럽연합의 딜레마는 사이프러스의 가입으로 일부의 해결책을 찾을 수 있었다.

사이프러스의 가입은 또한 유럽연합과 터키 간 관계에 영향을 미치는 중요한 이슈이다. 터키는 그 동안 그리스와의 오랜 적대적 관계, 터키계 민족에 대한 심리적 유대감 그리고 본토와 인접한 지리적 요인에 따라 사이프러스에 대해 강경한 군사적 노선을 취하여 왔다. 특히 터키는 사이프러스 남쪽을 실질적으로 지배하는 그리스계가 터키 안보의 위협요소라고 공공연히 주장하여왔다. 1973년 터키가 국제사회의 비난을 감수하면서 사이프러스 북부를 일방적으로 점령하여 북사이프러스터키공화국(Turkish Republic of Northern Cyprus)을 세운 것도 터키 민족에 대한 유대감과 민감한 안보인식에서 비롯된 것이다.[45]

그러나 국제사회로부터 국가로 인정받지 못하고 있는 북사이프러스터키공화국과 별도로 2004년에 남쪽의 그리스계 사이프러스공화국(Republic of Cyprus)이 유럽연합에 가입하였다. 당시 그리스계의 유럽연합 가입은 결과적으로 북사이프러스터키공화국을 국제사회로부터 더욱 고립시키는 결과를 낳기 때문에 터키계 주민들이 극렬하게 반대하였다.[46] 터키 또한 이러한 분위기에 편승하여 더욱 강경한 사이프러스 정책을 취하였다. 터키계 사이프러스는 그리스계에 비해 GNI는 1/3에 불과하고 특히 공공부분은 터키로부터의 재정지원에 절대적으로 의존하고 있는 실정이다.[47] 이와 같이 터키는 터키계 사이

45) Nathalie Tocci, "21st Century Kemalism: Redefining Turkey-EU Relations in the Post-Helsinki", Center for European Policy Studies, Working Documents 170, 2001. p.20.

46) Jolanda Van Westering, "Conditionality and EU Membership: The Cases of Turkey and Cyprus", European Foreign Affairs Review, Vol.5, No.1, 2000, p.107.

47) Ibid, p.111.

<표 4-12> 유럽연합의 확대

확대 시기	가입국	가입국 누계
창설국	프랑스, 독일, 이탈리아, 네덜란드, 벨기에, 룩셈부르크	6개국
1차(1973)	영국, 아일랜드, 덴마크	9개국
2차(1981)	그리스	10개국
3차(1986)	스페인, 포르투갈	12개국
4차(1995)	스웨덴, 오스트리아, 핀란드	15개국
5차(2004)/(2007)	에스토니아, 리투아니아, 라트비아, 폴란드, 헝가리, 체코, 슬로바키아, 슬로베니아, 말타, 사이프러스	25개국
	루마니아, 불가리아	27개국

비고: 루마니아와 불가리아는 5차 회원국 확대 후보국이었으나 국내개혁의 미비로 가입시기가 뒤로 미루어졌다. 따라서 이들 회원국은 별도의 회원국 확대로 취급하지 않고 5차 가입회원국으로 포함한다.

프러스가 유럽연합뿐 아니라 국제사회로부터 배제된 가운데 많은 병력을 주둔하고 경제적 지원까지 행하는데 큰 부담이 되어왔다. 이러한 정치적 상황변화에 대응하여 터키는 2000년대 들어 유럽연합 가입의 가장 큰 걸림돌 중 하나인 사이프러스 정책에 대한 수정을 꾀하여 왔고, 이는 유럽연합과 터키의 정치, 안보 관계에 많은 영향을 미치게 되었다. 이러한 점에서 인구 80만에 불과한 사이프러스의 가입은 정치, 안보 및 경제적 측면에서 유럽연합 확대정책의 목적을 이해할 수 있는 사례라고 할 수 있다.

3 향후 확대와 비회원국

유럽연합은 향후 추가적인 회원국 확대에 대비하여 터키, 크로아티아, 몬테니그로, 마케도니아 및 아이슬란드 등 5개 가입후보국(candidate countries)의 가입을 기정사실화하고 지원정책을 실행하고 있다.

<표 4-13> 유럽연합의 가입후보국 및 준가입후보국

가입신청국 및 잠재적 가입후보국		가입신청	
가입후보국 (5개국)	터키	1959년	2008년 각료이사회에서 가입동반자관계(Accession Partnership) 채택
	크로아티아	2003년	
	마케도니아	2004년	
	몬테니그로	2008년	2010년 발칸안정화협정(SAA) 발효
	아이슬란드	2009년	2010년부터 가입협상 진행
준가입후보국 (4개국)	세르비아	2008년 발칸안정화협정(SAA) 체결	
	보스니아헤르체코비나		
	코스보	2008년 자치정부 수립	
	알바니아	2009년 가입신청서 제출	

이들 국가 중 터키와 크로아티아 및 아이슬란드와는 가입협상이 진행되고 있다. 동시에 유럽연합은 향후 가입신청이 예상되는 발칸지역의 알바니아, 보스니아헤르체코비나, 세르비아 및 코스보 등 4개 국가와 지역은 준가입후보국(potential candidates)으로 분류하여 역시 지원정책을 취하고 있다.

이러한 유럽연합의 지속적인 확대는 유럽연합과 신규회원국 모두에게 정치·경제적 이익을 가져다준다는 현실적 이해관계에서 비롯된 것이다. 가장 현실적인 이유는 경제적 이해의 확대라고 할 수 있다. 동시에 여기에는 가입을 통해 국내적 개혁에 대한 저항을 상쇄하거나, 특별히 글로벌 경제에 노출된 소국의 경우, 통합된 시장과 초국가화된 경제정책의 지원을 받는다는 이해관계에 기인한다. 2009년에 유럽연합 가입신청을 한 아이슬란드의 사례는 단적인 경우이다. 2000년대 이후 유럽연합과 가입신청을 위한 협상을 진행하는 국가 중 서유럽국가는 아이슬란드가 유일하다. 아이슬란드는 여타 서유럽국가와 동등한 민주주의 및 높은 수준의 경제발전을 이룩한 국가며 환경정책의 경우 유럽에서도 선도국가의 위치에 있다.

아이슬란드는 NATO의 창설국이며 1970년부터 EFTA 회원국이었으며 1972

년에는 당시 유럽공동체와 자유무역협정(Free Trade Agreement)을 체결하여 대외교역의 2/3 이상이 유럽연합 회원국과 이루어지고 있다. 또한 아이슬란드는 1994년 유럽경제지역에 참여하고 유럽연합의 쉥겐협정을 수용하여 유럽연합과 자유로운 이동이 가능한 국가이다. 이와 더불어 아이슬란드는 유럽연합이 실행하는 환경, 교육 및 연구개발 프로그램에 직간접적으로 참여하여 왔다. 따라서 아이슬란드는 이미 유럽연합과 밀접한 관계에 있었는데 32만 명에 불과한 희소한 인구와 어업산업 등의 보호를 위해 그 동안 완전한 유럽연합 회원국의 위치를 고수하지 않았었다. 그러나 아이슬란드는 2008년 자력으로 경제희생이 불가능할 정도로 심각한 금융위기를 겪으면서 2009년 7월에 유럽연합 회원국 가입을 신청하게 되었다.

이와 같이 유럽연합은 영토와 시장을 확대하고 신규회원국은 단일규모로 세계최대인 경제통합체에 진입함으로써 경제성장을 도모하거나 국내개혁의 실패를 상쇄한다. 따라서 통합된 시장기제가 모든 회원국에 경제적 이익을 가져다준다면 유럽의 모든 국가들은 초국가 통합을 선호할 것이다. 실제로 통합과정에서 볼 수 있듯 기존 회원국들의 합리적 선택은 통합된 시장이 가져오는 이익을 누리거나 최소한 여기에서 배제되지 않는 것이다. 하지만 기존의 정치 · 사회적 구조를 유지하려는 관성이 강한 일부 국가는 유럽연합 가입을 거부하였다.

노르웨이와 스위스는 대표적 경우이다. 그럼에도 이들 국가는 통합된 시장에서 배제되지 않기 위해 유럽연합의 단일시장관련 각종 규제를 적극적으로 수용하고 있다. 이는 곧 국내에서의 정치적 반발을 야기하지 않으면서도 통합된 시장이 주는 이익을 향유하려는 의도에서 비롯된 것이다. 유럽연합 역시 경제적 이해관계를 고려하여 회원국과 비회원국 간 이원적 구분을 넘어 가변적 지역(variable geometry)이나 차등적인 통합(differentiated integration)방식을 적용하여 비회원국과 준회원국 수준의 관계를 유지하고 있다. 현실적으로 노르웨이를 위시한 EFTA 국가들과 유럽연합은 유럽경제지역(EEA)를 통해 실질적으로 시장이 통합되어 있다. 서유럽에서 스위스만이 유일하게 EFTA와 유럽연합의 비회원국이므로 자동적으로 유럽경제지역에서도 제외된다.

중요한 점은 유럽경제지역의 운영이 유럽연합의 규범에 따른다는 사실이다. 이에 따라 노르웨이를 위시한 EFTA 회원국은 집행위원회 내의 많은 전문가 및 자문위원회에 대표를 파견할 수 있으나, 정부간 기구인 각료이사회나 각료이사회 산하 실무그룹 등에는 관여할 수 없다. 다만, 각료이사회 내에서는 양측 간 합동위원회(EEA-Joint Committee)를 통해 EFTA 회원국들이 제한적 수준의 자문권한을 갖는다. 이와 같이 EFTA 회원국들이 유럽연합의 경제부분에서 초국적 규범을 수용하므로 시장정책과 관련이 있는 유럽연합의 교육, 환경, 사회, 소비자 보호 및 연구개발 정책에도 부분적으로 관여한다. 물론 이 경우에도 EFTA 국가들은 각료이사회가 깊숙이 개입하는 농업 및 어업과 같은 부분에서의 참여는 제한된다. 이와 같이 EFTA 국가들은 공식회원국이 아니므로 이들 국가는 집행위원이나 초국가 관료를 배출할 수 없고, 다만, 전문가위원회나 자문위원회를 통해 집행위원회의 정책에 간접적으로 관여할 수밖에 없다.[48]

1) 가입후보국 정책(Turkey)

터키의 지정학적 조건은 유럽연합과 터키 간 정치, 경제적 관계의 성격을 결정하는 중요한 요인이다. 터키는 1952년부터 NATO의 회원국이면서 이슬람회의기구(OIC: Organization of Islamic Conference)와 이슬람경제협력기구(ECO: Islamic Economic Cooperation Organization)의 회원국이다.[49] 터키는 또한 1948년 유럽평의회(Council of Europe)의 창설국가 중 하나이다. 1973년 이후 5차에 걸친 유럽통합 과정을 볼 때 가입 신청국 중 유일하게 터키만이

48) Morten Egeberg and Jarle Trondal, "An Organization Theory Perspective on Multi-Level Governance in the EU", Advanced Research on the Europeanization of the Nation-State, Working Papers 97/21, 1997, p.2, p.13.

49) William H. F. E. Park, "The Security Dimensions of Turkey-EU Relations", The EU & Turkey: A Glittering Prize or a Millstone?, Michael Lake ed., London, Federal Trust for Education and Research, 2005, p.127.

NATO와 유럽평의회의 공식회원국이었다. 또한 많은 가입 후보국 중 유일하게 터키만이 유럽연합과 관세동맹을 체결하였다.50)

터키는 발칸과 지중해를 포함해 유럽대륙에 영토가 걸쳐있으며, 중동과 흑해 지역까지 국경선이 뻗어있다. 이와 같이 터키는 유럽과 아시아를 잇는 길목에 위치한 국가로 냉전기에는 서유럽과 미국에 있어 안보적으로 매우 중요한 국가였다. 탈냉전기에 들어서는 또 다른 차원에서 터키의 전략적 중요성이 증폭 되었다. 터키는 2010년 기준 7,372만 명으로 전체 인구의 60% 이상이 35세 이하로 이들은 상당한 구매력을 지닌 중산층으로 성장할 가능성이 높은 국가이다. 또한 중앙아시아 및 중동과 유럽을 잇는 국가로 정치, 경제적으로 중요한 위치를 점한다. 특히 터키는 1990년대 들어 중앙아시아에서 유럽으로 석유와 천연가스 파이프라인이 경유하는 길목이 되어 유럽연합에 있어 안보와 경제적 차원에서 사활적 이해가 걸린 국가가 되었다.51)

그러나 이러한 지정학적 중요성에도 불구하고 유럽연합은 터키에 대해 오랫동안 불명확한 입장을 취하여 왔다. 유럽연합은 터키의 가입을 유보한 채 정치, 외교적 차원에서 긴밀한 정부간 협력 수준으로 관계를 고착화하였다. 그럼에도 유럽연합은 증대하는 경제적 이해관계에 부응하여 터키와 관세동맹을 체결하고 공동체의 유산이라는 축적된 유럽연합의 법체계와 정책을 적용하였다. 공동체의 유산이라는 포괄적인 정책의 확대는 노르웨이와 같이 유럽 국가들에게만 적용하여 왔다는 점에 비추어 볼 때 터키에 대한 유럽연합의 정책은 매우 예외적인 경우이다.

유럽적 정체성은 1923년 터키가 세속국가로 출범하면서부터 현재까지 지향해온 목표이며 동시에 딜레마이다. 일국의 정치 · 외교적 변화는 근원적으로는 문화 · 종교적 정체성을 담은 헌정질서 및 국가정체의 성격변화에서 비롯된다. 20세기 초 이래로 유럽국가와 상이한 방향으로 발전한 터키의 정치적 환경은

50) Meltem Muftuler-Bac, “The European Union's Accession Negotiations with Turkey from a Foreign Policy Perspective”, Journal of European Integration, Vol. 30, No.1, 2008, p.68.

51) William H. Park, op. cit., 2005, p.127.

이른바 케말주의(Kemalist) 엘리트들의 시각에서 비롯된 독특한 국가관에서 기인한다. 케말주의 엘리트들의 통합된 국가관은 제2차 세계대전 이후 독특한 군부의 역할을 낳았고 더불어 국내외정책에 깊은 영향을 미쳤다. 구체적으로 소수민족의 존재를 부정하는 단일의 국가정체성과 지정학적 요인에 따른 복잡한 안보상황에서 비롯된 사이프러스 정책, 그럼에도 유럽과의 밀접한 경제교류를 통한 경제발전은 오랫동안 터키의 정책기조로 자리잡아왔다.[52]

터키의 독특한 정치상황은 군부의 역할에서도 비롯된다. 터키 군부는 케말주의자들을 도와 공화국 설립을 이끈 중심세력으로 오랫동안 국내정치에서 영향력을 행사하여왔다. 군부가 현재까지도 국내정치에서 영향을 행사할 수 있었던 것은 이들 군부세력이 혼란기에 정권을 장악하여도 결코 기존 헌정구조를 파괴하거나 정부를 부정하지 않았기 때문이다. 실제로 터키 군부는 제2차 세계대전 이래로 1960년, 1970년, 1980년 및 1997년에 '정당한 민주적 질서(right democratic order)'를 명분으로 혼란스런 국내정치 상황에서 정권을 장악하였지만 곧바로 민간에 정권을 위양하였다. 이러한 경험에 의해 군부는 쿠데타로 집권한 여느 제3세계와는 다른 맥락에서 민주적 질서를 위한 최후의 보루로 인식되어 왔다.[53]

이에 따라 유럽연합 가입이 기정사실화된 시점에서도 터키 군부는 1962년에 만들어진 국가안보이사회(NSC: National Security Council)를 통해 안보정책에서 정책조언자로 영향력을 행사하고 있다.[54] 그러나 유럽연합은 그 동안 군부의 정치개입을 들어 터키 민주주의의 후진성을 제기하여왔다, 이에 터키 측에서는 태생적인 지정학적 위치로 인해 안보는 최우선 국정과제로 군과 정부간 협력관계가 형성된 것이라고 주장하였다. 나아가 터키는 군과 정치의 문제는 코펜하겐 기준에서 제기한 민주주의 헌정에도 언급되지 않는 사항으로 유

52) Nathalie Tocci, op. cit., 2001, p.11.

53) Ibid., pp.14-15.

54) Demet Yalcin Mousseau, "Democracy, Human Rights and Market Development in Turkey: Are They Related?", Government and Opposition, Vol.41, No.2, 2006, p.307.

럽연합이 동유럽국가들과 달리 터키에게만 엄격한 기준을 제시한다고 비난하여왔다.[55]

논란이 있는 정치환경과 달리 터키는 이슬람 세속국가로써, 친시장적인 경제구조로 유럽연합과 꾸준히 경제교류를 확대해온 국가이다. 또한 냉전시대 이래로 NATO를 통해 미국 및 대부분의 유럽연합 회원국과 긴밀한 군사적 관계를 유지하여왔다. 이러한 정치적 지향점은 케말주의 엘리트들의 현실적인 대외정책에서 기인한다. 1950년대 이래로 케말주의 엘리트나 군부 등 주요 정책결정자들이 맹목적인 반 유럽정책을 취한 예는 찾기 힘들다. 또한 이슬람 지도자들과 이슬람을 신봉하는 시민들 역시 서구적 가치(Western ideals)에 무조건적인 저항감을 갖지는 않았다. 오히려 이슬람 지도자들은 군부의 현실정치 개입반대, 민주적 가치와 종교적 자유와 같은 민주적 가치를 지지하는 계급중 하나로 자리 잡았다. 20세기 초 공화국 건립 이래로 군부와 케말주의 정치엘리트들은 세속국가로서 터키의 경제적 번영을 위해 중동국가와 일정거리를 두면서 친유럽적 정책을 피력하여 왔다. 따라서 터키는 유럽연합이 요구하는 정치, 경제적 개혁 조치는 최대한 수용한다는 입장을 견지하여왔다. 이와 같이 군부의 독특한 역할과 실용주의적인 사고 그리고 케말주의 엘리트들의 단일국가관은 현재까지 터키 외교정책의 뿌리를 이루어 왔다.

터키는 1957년 로마조약 체결로 유럽연합의 모태가 되었던 유럽경제공동체가 출범한 직후인 1959년에 회원국 가입신청을 한 국가이다. 비슷한 시기에 유럽경제공동체에 가입신청을 한 영국과 그리스 등은 이후 1970년대 및 1980년대 초에 당시 유럽공동체의 회원국이 되었다. 또한 1990년대 들어서도 터키는 탈냉전 이후 시장경제체제로 전환한 체코, 슬로바키아, 헝가리 및 폴란드 등의 비세그라드(Visegrad countries) 국가들과 같이 대대적인 국내 개혁을 통해 유럽연합 가입을 신청하였다. 그러나 이후 2004년 유럽연합의 제5차

55) Umit Cizre, “Problems of Democratic Governance of Civil-military Relations in Turkey and the European Union Enlargement Zone”, European Journal of Political Research, Vol.43, Iss.1, 2004, p.109.

확대과정에서 터키는 비세그라드 국가들과 달리 가입이 좌절되었다. 비세그라드 국가들이 동유럽 공산정권이 붕괴된 1989년 이후에 유럽연합 가입을 준비하고, 또한 이들 국가들의 국내제도 및 시장경제체제의 불완전성이나 경제규모를 고려할 때 터키가 유럽연합으로 배제되었다는 사실은 유럽연합과 터키 간 관계의 복잡한 맥락을 이해할 수 있다.

유럽연합에 있어 터키는 탈냉전을 거치면서 전략적으로 매우 중요한 국가로 고려되어 왔다. 또한 약 7천만이라는 터키의 방대한 인구는 유럽에 인접한 가장 큰 단일시장이다. 그럼에도 낙후된 터키의 경제구조와 이질적인 역사적, 종교적 전통으로 인해 유럽연합은 1950년대부터 1990년대 중반에 이르기까지 터키를 잠재적인 회원국으로 간주하지 않았다.[56] 터키가 1959년에 당시 유럽경제공동체에 가입신청을 하고 1963년에 양 측은 앙카라협정(Ankara Agreements)으로 불리는 준가입협정(Association Agreements)을 체결하였다.

당시 터키는 이웃한 경쟁국가인 그리스가 유럽경제공동체에 가입신청을 하자 이를 뒤따른 것으로 처음부터 가입을 철저히 준비한 것은 아니다. 앙카라협정의 목적은 양측 간 관세동맹 체결을 위해 경제관계를 유지하고 무역을 확대하는 것이다. 그러나 본 협정조약 제28조(Art. 28)에 따르면 터키의 유럽경제공동체 가입을 분명하게 확정짓지 않고 단지 '향후(at a later date)'에 고려한다는 모호한 문구를 담았다. 이러한 점에 비추어 유럽경제공동체는 터키의 회원국 가입을 보류한 채 경제적 교류에만 주력하였다는 것을 알 수 있다.

한편 1960년대부터 이어져온 양측 간 밀접한 경제적 관계와는 별개로 1974년에 터키가 사이프러스 북부를 무력으로 점령하면서 유럽연합과 터키 간 정치관계를 냉각시키는 악재로 작용하였다. 터키의 사이프러스 점령은 또한 내부에서도 민주주의와 경제발전을 후퇴시킨 계기가 되었다. 터키는 북사이프러스의 군사적 점령과 경제지원에 따라 큰 재정적 부담을 안게 되었고, 급기야

56) Ziya Önis, "Luxembourg, Helsinki and Beyond: Towards an Interpretation of Recent Turkey-EU Relations", Government and Opposition, Vol.35, Iss.4, 2000, p.466.

1980년에 군부가 정권을 장악하여 더욱 강경한 사이프러스 정책을 취하는 악순환이 이어졌다. 그러나 유사한 시기에 그리스뿐 아니라 스페인과 포르투갈은 권위주의 정부가 붕괴되고 유럽공동체에 가입하였다. 결국 1960년대까지만 하여도 그리스, 스페인 및 포르투갈과 터키는 경제적으로 비슷한 환경에 있었지만 1970년대를 거치면서 터키의 일탈적 행로로 이들 국가와 정치, 경제적 격차가 급격하게 벌어지게 되었다.[57]

1980년에 터키 군부는 쿠데타를 통해 정권을 장악하면서 유럽연합과 터키 간 정치적 관계는 더욱 멀어져갔다. 군부는 친유럽 정책을 취하면서 회원국 가입을 추진하였지만 당시 유럽공동체는 터키의 군부통치와 열악한 인권상황을 들어 유보적인 자세를 취하였다.[58] 1983년 민주주의 정부가 들어선 터키는 국내정치 개혁을 단행하고 1987년에 다시 한 번 당시 유럽공동체 가입을 신청하였으나 여전히 실망스런 결과를 낳았다. 유럽공동체는 앙카라협정에서 명문화된 바와 같이 관세동맹을 실현하고 이후에 회원국 가입을 고려한다는 입장을 다시 한 번 되풀이한 것이다. 이러한 1980년대의 경험을 배경으로 1990년대 들어 터키 정치엘리트들의 최우선 과제는 유럽연합 가입을 목적으로 최대한 빠른 시일 내에 관세동맹을 체결하는 것이었다.

이와 같이 유럽연합은 1960년대부터 1990년대 중반까지 모호하고 원칙이 결여된 對 터키정책을 취하여왔다. 표면상 이러한 원인은 터키의 취약한 민주주의와 군부의 득세 그리고 경제적 낙후에 있다. 그러나 이는 정체성의 간극을 상쇄하고 현실적 이해관계를 실현할 유럽연합의 제도적 미비가 낳은 터키의 배제라고 할 수 있다. 당시에는 유럽연합의 외교안보정책이 경제정책과 달리 전적으로 국민국가 패러다임에 위치하였기 때문이었다. 1980년대까지 유럽연합의 외교정책은 주요 회원국 간 정치적 조정 수준에 머물렀다. 이러한 원인은 당시 유럽연합의 통합된 외교정책 미비라는 구조적 조건에서 찾을 수

57) Edgar Lenski, "Turkey and the EU: On the Road to Nowhere?", Humboldt University Walter Hallstein Institute, Paper 10/03, 2003, pp.77-78.

58) Ibid., p.79.

있다. 1992년 마스트리히트조약의 체결과 공동외교안보정책이 만들어지기 전까지 유럽연합의 통합된 외교정책은 집행위원회가 주도하는 대외통상정책에 불과하였다고 할 수 있다.

1990년대 이전까지 유럽연합의 외교정책은 정부 간 협상을 통한 공동이해의 확대라는 소극적 협력에 머물렀고, 제도화된 정치적 관계는 제약되었다. 따라서 유럽연합에서 터키의 군사적, 경제적 중요성을 인식하였다고 하여도 현실적으로 존재하는 터키에 대한 부정적인 정서를 외면하면서 정부 간 합의를 도출하는 것은 매우 힘든 상황이었다. 당시 외교정책은 정부 간 정치적 협상에 의해 이루어졌다는 현실을 볼 때 터키의 가입을 수용한다면, 개별 회원국들은 국내에서 정치적 저항과 비판을 감수해야 했기 때문이다 이에 따라 1990년대 전까지 유럽연합의 터키정책은 정치적 위험이 덜한 경제적 측면에서 '특혜를 준 동반자관계(privileged partnership)'에 머물 수밖에 없었다. 이는 곧 터키의 가입을 배제한 가운데 관세동맹을 통해 상호 간 경제적 이해를 공유하고, 정치적으로는 정부 간 수준에서 긴밀한 협력을 꾀하는 것으로 요약할 수 있다.[59]

1990년대 들어 중동지역에서의 일련의 분쟁을 통해 유럽연합은 군사·외교적 차원에서 터키의 전략적 중요성을 재인식하게 되었다. 유럽연합은 지중해 지역에서 군사적 분쟁이 빈발하면서 외교·군사적 차원뿐 아니라 에너지 수입루트라는 경제적 요인까지 위협받게 되어 지중해 지역에 대한 외교정책을 재검토하였다. 변화의 핵심은 유럽연합과 터키의 에너지 자원에 대한 이해관계의 일치이다. 유럽연합에서는 환경정책이 강화되면서 청정에너지 수요가 증대해 갈수록 중앙아시아로부터의 천연가스 의존이 심화되어 왔다. 문제는 천연가스 수입을 위한 파이프라인이 러시아를 경유할 수밖에 없고 이러한 여건은 유럽연합의 안보에 큰 걸림돌이 된다는 것이다.

물론 터키 측에서도 에너지 협력은 경제발전을 위해 매우 중요한 요인으로 유럽연합과 다양한 협력을 꾀하여 왔다. 실제 2006년에 그루지야와 아제르바

59) Ibid., p.468.

이잔에서 터키를 경유하여 유럽에 이르는 천연가스 파이프라인(BTC: Baku-Tbilisi-Ceyhan)이 가동되었다. 나아가 유럽연합은 2013년 가동을 목표로 터키에서 오스트리아까지 약 3,400킬로에 걸쳐 이른바 나부코(Nabucco) 프로젝트라고 칭하는 천연가스파이프라인을 건설 중이다. 나부코 프로젝트의 동인은 유럽연합이 러시아에 대한 천연가스 의존을 탈피해 중앙아시아에서 터키를 경유하여 유럽까지 에너지라인을 잇는 것이다.[60]

터키 역시 1990년대 이후 유럽연합에 대한 경제적 이해관계가 증가하면서 국내제도의 개혁을 통해 전향적인 관계를 확대하였다.[61] 유럽연합과 터키는 관세동맹 출범 이래로 무역규모가 괄목하게 증가하여 2007년 기준 터키의 대외무역중 유럽연합에 대한 수출비중은 56.4%로 절대적으로 중요한 시장이 되었다. 또한 2007년 기준 유럽연합에서 터키로의 직접투자(FDI)는 약 70억 유로로 이는 터키가 유치한 직접투자액의 2/3에 달하며 터키 GDP의 3.5%에 달하는 막대한 규모이다. 이와 같이 유럽연합에 대한 경제적 의존이 심화되면서 2002년 이후 집권한 보수정당인 정의발전당(AKP: Adalet ve Kalk i nma Partisi)은 정권유지를 위해 필요한 자유시장경제의 확대라는 현실적 목표를 구현하기 위해 유럽연합으로의 가입이 요구되었다. 결국 터키는 코펜하겐기준에 근거한 인권상황 개선과 국내 산업계의 압력을 적극적으로 수용할 수밖에 없게 되었다. 이와 같이 양측은 1990년대 이후 안보와 경제적 차원에서 이해관계가 더욱 확대되었다.

이에 따라 유럽연합은 1995년 바르셀로나에서 유럽지중해회담(Euro Mediterranean Conference)을 개최하였다. 본 회담에서는 터키를 포함한 지중해 국가들과 지중해지역으로부터의 이민억제와 평화정착 그리고 무역 자유화 조치 등을 다루기 위해 유럽지중해동반자관계(EMP: Euro-Mediterranean Partnership)라는 보다 밀접한 외교적 접근을 제시하였다. 뒤이어 유럽연합은

60) Ibid., p.79.

61) Neill Nugent, "The EU's Response to Turkey's Membership Application: Not Just a Weighing of Costs and Benefits", Journal of European Integration, Vol.29, No.4, 2007, p.482.

터키와 관세동맹을 체결하고 이어서 터키를 포함한 유럽지중해프로그램(EMP: Euro-Mediterranean Programme)을 출범하였다. 또한 유럽연합은 지중해정책의 연장선에서 2000년부터 발칸안정화협력과정(SAP: Stabilization and Association Process)을 실행하여 발칸을 포함한 지중해 지역에 대한 외교적 영향력을 강화하였다.[62]

한편 유럽연합은 1993년 코펜하겐유럽이사회에서 터키를 포함하여 회원가입을 신청한 국가들의 가입조건을 담은 코펜하겐기준을 발표하였다. 코펜하겐기준은 가입신청국에 있어 법치에 기반을 둔 민주주의 구현, 시장경제 이행 및 인권 등 여러 국내제도 개혁안을 담고 있다. 당시 유럽연합은 코펜하겐 기준의 적용에 있어 터키에 대한 예외단서를 두지 않아, 터키 역시 여타 가입신청국과 동등한 절차를 밟아 가입할 수 있다는 가능성을 열었다. 또한 1990년대 초부터 유럽연합이 구 사회주의 국가를 비롯한 몇몇 남유럽국가의 가입을 기정사실화하면서 유럽연합과 터키는 새로운 국면을 맞이하게 되었다. 양측간 새로운 관계양식이 현실화된 것은 관세동맹의 출범이다. 양 측은 1995년에 앙카라협정의 연장선에서 관세동맹협정(Customs Union Agreements)을 맺고 이듬해 1월부터 본 협정발효에 들어갔다. 이러한 유럽연합의 전향적인 터키 정책에 고무되어 터키는 1997년 7월에 유럽연합에 공식적으로 회원국 가입을 신청하였다.

그러나 1997년에 개최된 룩셈부르크 유럽이사회에서 유럽연합은 터키의 국내 경제개혁과 민주화 정도 그리고 인권상황을 들어 가입 후보국과의 개별협상리스트에서 터키를 제외하였다. 대신 룩셈부르크 유럽이사회에서는 1995년 터키와 관세동맹 체결 시 구상하였던 이른바 對 터키유럽전략(European Strategy for Turkey)을 다시 내놓았다. 본 전략은 터키의 유럽연합 가입을 보류하고 대신 터키에게 시혜적 차원에서 단일시장에 대한 접근을 더욱 확대한 것이다. 유럽연합은 당시 對 터키 유럽전략을 통해 터키가 경쟁우위에 있는

62) DG Enlargement, "EU-Turkey Relations", European Commission, 2011.

농산물 및 섬유산업에 대해 유럽시장을 개방하였다. 이러한 조치로 1999년에 터키는 유럽연합의 농산품과 섬유류 수입시장의 14%를 점하게 되었다. 동년 터키의 기계, 운송 및 화학 등 중공업 제품의 유럽연합 역내 수입시장 점유율은 3.6%에 머물렀다는 점을 볼 때 농산품과 섬유류 시장개방이 터키에게 매우 큰 경제적 특혜였음을 알 수 있다.[63] 물론 이러한 전략은 유럽연합이 일종의 정부 간 협력(intergovernmental cooperation) 수준으로 터키와의 관계를 고착화한다는 의도를 담은 것이다.

룩셈부르크 유럽이사회의 결정은 유럽연합의 터키 정책이 여전히 일관성이 결여되었고 장기적인 견지에서 뚜렷한 정책기조가 없다는 것을 다시 한 번 말해준 것이다. 룩셈부르크 유럽이사회 개최 전에 양측 간 관세동맹이 발효되었고 유럽연합이 터키의 향후 가입을 염두에 두어 공동체의 유산이라는 정책을 취했다는 점을 볼 때 터키의 배제는 의외의 결정이라 할 수 있다. 이에 대해 터키는 유럽연합이 동유럽국가와 터키에 이중적인 잣대를 갖는다고 비판하면서 터키도 유럽연합에 대한 입장을 재검토할 것이라고 반발하였다.[64] 더 나아가 터키는 유럽연합 가입을 신청한 동유럽국가들의 NATO가입에 비토권을 행사하겠다는 초강경 대응을 하였다.[65]

결국 터키의 강경한 저항에 봉착한 유럽연합은 2년 뒤 1999년 헬싱키 유럽이사회에서 기존의 모호한 입장을 폐기하고 터키의 가입을 기정사실화하고 2005년부터 가입협상을 시작하였다. 헬싱키 유럽이사회에서 주요 정상들은 터키의 가입은 유럽연합의 경제통합에 긍정적 효과를 야기하고 사이프러스 문제에 대한 근본적인 해결책이 된다는 점에서 새로운 관계설정을 주장하였다. 물론 그리스와 스웨덴 등 일부 회원국들은 터키의 국내 상황과 기존 회원국과의 상이한 체제를 들어 여전히 부정적인 입장을 취하였지만 유럽연합이 공식 결정에 큰 영향을 미치지는 못하였다. 헬싱키 유럽이사회의 결정은 터키

63) Richard Youngs, "The EU and the Mediterranean", The European Union and the Promotion of Democracy, Oxford, Oxford University Press, 2001, p.47.
64) DG External Relations, "Balkans", European Commission, 2010.
65) Nathalie Tocci, op. cit, 2001, pp.26-27.

의 이질적인 종교와 문화를 들어 가입을 보류한 모호한 정책이 설득력을 잃었다는 현실을 보여준다.

구체적으로 헬싱키 유럽이사회에서 유럽연합은 경제개혁에 대한 확고한 의지, 민주주의와 쿠르드족의 인권상황 개선 이외에도 그리스와의 화해를 통한 사이프러스 문제의 해결을 전제로 터키의 유럽연합 가입을 검토하기로 하였다. 물론 유럽연합이 제시하는 상기의 충족조건들은 1993년 코펜하겐기준에 근거한 것으로 비로소 터키는 여타 가입후보국과 동등한 대우를 받게 된 것이다. 유럽연합은 탈냉전 이후 새로운 시장 확대에 대한 욕구와 에너지와 안보차원에서 이해관계를 충족키 위해 모호한 입장을 폐기하고 터키에 대하여 공동체의 유산을 확대하였다. 터키 역시 경제의 글로벌화와 탈냉전이 가져온 국제사회의 변화에 대처하기 위해 적극적인 유럽연합 가입을 추진하면서 국내 제도개혁을 통해 점진적으로 유럽화(Europeanization)의 길을 걸어왔다.

이 결과 유럽연합은 1999년 헬싱키이사회에서 터키의 가입을 기정사실화하고 2001년 터키와 가입동반자관계(Accession Partnership)를 체결하고 2004년 터키와 가입협상을 위한 여러 조건을 설정하고 2005년부터 가입협상을 시작하였다. 구체적으로 양측 간에는 상품의 자유이동(Free Movement of Goods), 법인설립 및 서비스의 자유이동(Right of Establishment and Freedom to Provide Services), 금융서비스(Financial Services), 농업과 농촌지역개발(Agriculture and Rural Develop-ment), 어업(Fisheries), 운송(Transport Policy), 관세동맹 및 대외관계(Customs Union and External Relations) 등 8개 항목에 대한 협상이 진행되고 있다.[66]

66) Nuria Font, "Why the European Union Gave Turkey the Green Light", Journal of Contemporary European Studies, Vol.14, No.2, 2006, p.199.

제 5 절 우리나라에 대한 시사점

유럽연합의 대외정책 목표는 국제사회에서 27개 회원국이 동의한 단일한 외교정책으로 독립적인 역할을 수행하는 것이다. 모든 외교정책은 효과적인 군대와 민간 자원의 뒷받침을 필요로 한다. 하지만 이러한 목표는 유럽연합이 NATO와의 경쟁을 의미하는 것은 아니다. NATO는 정치 · 군사적 동맹인데 반해, 유럽연합은 회원국 간 정치, 경제발전을 꾀하는 초국가 기구이다. 더불어 NATO는 헤게모니 국가인 미국의 군사력을 배경으로 하며 유럽연합은 회원국 간 자발적 협력에 기인한다.

두 가지 핵심적인 이유로 NATO와 유럽연합의 안보방위정책은 상호 보완적이라고 말할 수 있다. 첫째, 사하라사막 이남 아프리카 국가나 중동국가 중 일부는 정치 · 역사 · 문화적 이유로 NATO보다는 유럽의 지원을 선호한다. 그러나 이들 국가는 테러로 인한 불안요인과 같이 NATO의 대응이 보다 효과적인 경우가 존재한다. 유럽연합 회원국의 현재 자원을 고려한다면 아프가니스탄과 같은 지역에서 단독적인 임무를 수행할 수 없을 것이다. 둘째, 유럽연합은 포괄적인 접근법을 통해 위기관리 노하우를 쌓아가고 있다. 군사적 자원은 여러 수단 중 하나에 불과하다. 최근 브뤼셀에서 창설된 민간계획행동능력(CPCC)은 군대 지휘체계와 같은 시스템에 근거한 것으로 유럽연합의 단결된 행동을 보여준다. 군사력을 동원하려면 임무에 적합한 병력이 필요하다. 이들 병력의 임무는 정보수집과 위기 시 전투를 수행하는 것이다. 이는 다국적군과는 차원이 다른 결속력을 필요로 한다. 그래서 유럽연합 신속대응군 전투부대는 다국적군으로서 작전수행 능력의 효율성 제고를 위해 군사자원에 '유럽'이라는 라벨을 붙인다. 그리고 필요한 곳에서 해 · 공군의 신속한 지원을 받을 수 있다. 이렇게 해서 무장개입이 결정되면, 독자적으로 작전을 수행할 수 있는 군사자원들이 모두 구성되는 것이다. 대략 15개의 전투그룹이 지금까지 창설되었는데 이 중 2개 그룹은 6개월을 주기로 상시 대기상태를 유지한다.

유럽연합은 공동외교안보정책과 유럽안보방위정책과 관련된 여러 조항들을 유럽공동체의 제도와 절차에 적용하기 위한 노력을 전개하여 왔다. 이러한 과정을 거처 리스본조약은 유럽안보방위정책(ESDP)을 공동안보방위정책(CSDP)으로 확대·발전시켰다. 리스본조약은 기존 공동외교안보정책 고위대표와 집행위원회의 대외관계총국 집행위원(Commission for External Relations and European Neighbourhood Policy) 등 2명의 인사가 공동으로 대외정책을 담당하였던 시스템을 강화한 것이다. 즉 유럽연합은 양자의 협력과 일관성 유지를 위해 외교안보정책 고위대표부(High Representative of the Union for Foreign Affairs and Security Policy)직을 신설하였다. 임기는 5년으로 집행위원장의 동의를 얻어 유럽이사회에서 선출된다. 공동외교안보정책 고위대표는 회원국과의 합의를 바탕으로 외교안보 분야에서 유럽연합을 대표한다. 기존에 회원국들은 경제분야의 권한을 초국가 기구인 집행위원회에게 이양했지만 외교와 안보 분야에서는 자국의 주권과 관계된 사항이기 때문에 이양을 주저하였다. 그러나 신설된 유럽연합 외교안보정책 고위대표직은 이 두 가지 직책을 겸임한다. 집행위원회 부회원장이자 유럽연합 외교안보정책의 고위대표로서 대외업무 관련 각료이사회를 주재하며 외교안보 분야의 정책을 수립한다.

외교안보정책 고위대표부 도입은 초국가 수준에서 대외정책 수립과 집행을 총괄하여 정책의 일관성과 효율성을 제고하려는 의도에서 비롯된 것이다. 즉 고위대표부가 각료이사회와 집행위원회를 동시에 대표함으로써 기존에 대립되는 초국가주의와 정부간주의를 융합하려는 시도라 할 수 있다. 리스본조약에 의하면 외교안보정책 고위대표부는 유럽이사회에서 가중다수결에 의해서 선출되고 집행위원장의 동의를 얻도록 되어 있다. 고위대표는 대외관계이사회의 의장 역할을 수행한다. 이외에 고위대표부는 외교안보와 관련하여 대외적으로 유럽연합을 대표하고 정치적 대화를 진행하며, 유럽이사회 관련 업무에 참여하고 공동외교안보정책의 발전을 위한 정책제안 업무를 수행한다.

리스본조약은 의사결정 방식에도 변화를 가져왔다. 유럽이사회 및 각료이사회의 의사결정시 회원국 간 표결가중치의 균형을 위해 가중다수결방식(QMV:

Qualified Majority Voting)을 이중다수결 방식(Double Majority Voting)으로 변경하여 2014년 11월부터 시행키로 하였다. 각료이사회 표결은 단순다수결과 가중다수결 두 가지가 있다. 가중다수결은 인구가 많은 회원국일수록 더 많은 투표권을 보유하게 된다. 이중다수결이란 각료이사회에서 법안이나 결정이 통과되기 위해서 회원국 55%의 찬성(27개 회원국 기준으로 15개 회원국)과 회원국 전체 인구의 65%의 찬성이 있어야 한다는 규정이다. 소국이 연합하여 회원국 수를 기준으로 55%가 넘었다 하더라도 전체 인구의 65%를 넘지 못하면 법안 통과가 불가능하다. 이전의 가중다수결은 인구가 많은 나라에 비해 소국에게 더 많은 투표권을 주었는데 이런 문제점을 조정하기 위해서 이중다수결을 도입한 것이다. 이중다수결방식으로 변경할 경우 독일, 프랑스, 영국, 라트비아, 슬로베니아, 에스토니아, 사이프러스, 룩셈부르크, 말타의 투표가치 증대가 예상된다.

유럽연합은 리스본조약을 통해 대외관계에 있어 법인격(legal personality)을 갖추게 되었다고 할 수 있다. 즉, 유럽공동체(ECs), 공동외교안보정책(CFSP), 내무사법협력(JHA) 등 기존의 3주체제가 EU(유럽연합)로 통합된 것이다. 이는 유럽연합이 모든 대외관계의 당사자가 됨으로써 한층 강화된 정치 · 경제공동체로서 부상할 수 있게 되었다는 것을 의미한다. 그 동안 유럽연합은 법인격이 없는 연합체로서 국제회의 및 자유무역협정 체결 시 당사자가 될 수 없었다. 이러한 이유로 지금까지는 유럽공동체(EC)가 그 역할을 대행해왔다.

리스본조약으로 인한 유럽연합의 대외정책의 변화를 살펴보면 다음과 같다. 유럽연합을 대표하는 유럽이사회 상임의장과 외교와 안보정책을 대표자를 선출한다. 일각에서는 신설된 유럽연합 유럽이사회 혹은 정상회의 상임의장(Permanent President of the European Council)을 유럽연합 대통령이라고 표현하여 현재 그 역할을 대신하고 있는 집행위원장의 심기를 불편하게 하고 있다. 하지만 유럽이사회 상임의장은 유럽연합을 대표하는 상징적 존재 이상의 역할은 분명히 수행할 것이다. 유럽이사회는 회원국 수반들의 모임이다. 이 모임에는 집행위원장과 공동외교안보정책 고위대표도 참가한다. 유럽이사회에서는 회원국들이 6개월마다 돌아가며 순회의장직을 맡았는데, 이 때문에 업무의 연속성과 대외적 대표성에 문제가 있었다. 이러한 문제점을 보완하기 위해 신설한 것이 상임의장이다. 상임의장은 임기 2년 6개월이며 1회에 한해 연임이 가능하며 유럽이사회에 참석하는 회원국 수반들이 가중다수결에 의해 선출한다. 상임의장은 유럽이사회를 주재하고 대외적으로 유럽연합을 대표하며 유럽이사회 내의 원만한 의사소통을 통해 합의를 이끌어내는 역할을 한다. 상임의장의 취임으로 유럽이사회의 순회의장직은 폐지되었다.

리스본조약이 발효되면서 유럽의회의 영향력이 커진 것 또한 주목할 사항이다. 유럽연합은 리스본조약 체결로 유럽의회의 권한을 강화하여 역내 민주주의 제고 및 정치통합을 도모한다는 목적을 가졌다. 이에 따라 입법 과정에서 각료이사회와 동등하게 유럽의회에 통제 권한을 부여하였으며, 공동결정(codecision)적용 분야를 확대하였다. 따라서 통상정책 이슈를 포함하는 국제적 협정을 체결할 때는 유럽의회의 동의가 필요해졌다. 또한 유럽의회 의원 수 조정을 통해 소규모 회원국들의 의사를 보다 적극적으로 반영할 수 있게 된 것도 특징이다. 현재는 각료이사회를 중심으로 법안에 대한 심의가 이루어지고 있으므로 유럽의회의 입법 참여는 제한적이라고 할 수 있다. 구체적으로 총 의원 수를 현재의 736명에서 의장을 포함해서 751명으로 확대하고 회원국별 최소 의원수도 현재의 5명서 6명으로 확대하였다. 이와 함께 네덜란드의 요구에 따라 개별 회원국의 주권침해 소지를 최소화하기 위해 회원국 의회의 권한도 강화하였다. 구체적으로 리스본조약은 유럽연합의 입법, 조약개정, 신규 회원국 가입에 앞서 회원국 의회에 사전 심의권을 부여하는 절차를 명시하였다. 다만, 공동통상정책과 같은 유럽연합이 배타적 권한을 보유한 분야에서는 회원국 의회의 비준은 요구하지 않는다.

한편, 리스본조약은 불명확했던 유럽연합과 회원국의 권한을 회원국 고유권한(supporting competence), 유럽연합의 배타적 권한(exclusive competence), 유럽연합과 회원국 간 공유권한(shared competence)으로 구분하였다. 이 밖에도 리스본조약에는 처음으로 회원국의 자발적인 탈퇴조항이 명기되었다. 유럽연합에서 탈퇴하려는 회원국은 유럽이사회에 탈퇴 의사를 통고하고 유럽의회의 동의를 얻은 후 탈퇴협정에 이사회가 서명하여 탈퇴가 가능하도록 했다. 아울러 조세와 외교안보, 국방 등 특정 분야를 제외하고 회원국이 거부권을 행사할 수 있는 분야를 줄였다.

2011년 한-EU FTA 비준 발효로 유럽연합에 대한 관심이 높아지면서 경제통상 이외에도 다양한 분야에서 학문적 연구의 필요성이 증가하였다. 그럼에도 한국에서 유럽연합에 대한 연구는 현실적인 이해관계를 반영한 경제협력 방안, 지역 간 협력의 한 부문인 자유무역협정(FTA) 등 실용적인 분야를 빼고는 그리 활발한 형편은 아니다. 지역연구 차원에서도 유럽연합 연구는 유럽통합이 한반도 통일에 주는 함의를 도출하기 위한 이슈들에 집중되어 있다. 그러나 한국과의 관계가 미비하다고 하여도 유럽연합의 대외정책은 회원국 차원의 정책결정과정과 초국적 차원의 정책결정과정 나아가 유럽연합의 거버넌스를 이해하기 위한 중요한 연구주제들이다.

특히 리스본조약(Treaty of Lisbon)을 계기로 안보방위정책의 권한은 고위대표부를 통해 각료이사회와 집행위원회로 양분된 기능이 단일 시스템으로 통합되어가고 있다. 동시에 안보방위정책은 정부 간 조정을 넘어 보다 초국가화된 정책으로 변화하고 있다. 유럽안보방위정책(ESDP: European Security and Defence Policy)의 공동안보방위정책(CSDP: Common Security and Defence Policy)으로의 변화가 하나의 예이다. 따라서 안보방위정책은 경제통합 이후 정치적 결속을 넘어 고위정치(high politics)에서 초국가 제도화가 진행되고 있는 연구주제이다. 즉 이는 국민국가 패러다임에 위치한 안보방위정책의 유럽화(Europeanization)로 유럽통합의 속성을 이해할 수 있는 중요한 연구주제이다.

국가적 시장 간의 상호의존관계와 상호침투과정의 증가는 국가나 초국가 제도도 시장의 초국가적인 요구에 부응하게 만든다. 그러므로 유럽연합은 한반도에서 투자만큼의 균형자 역할과 새로운 국제 변수로 작용할 가능성이 크다고 하겠다. 한-EU FTA 비준 발효를 계기로 대북 경제정책에 관해서도 유럽연합과 정책을 조율하고, 한-유럽연합 간 대북 공동투자가능성을 모색할 필요가 있다. 이를 통해 북한에게는 경제적 지원의 확대 및 북한의 정치적 부담을 덜어줄 수 있으며 한·미·일 공조를 보완할 유용한 도구로 활용할 수 있을 것이다. 이에 정부는 유럽연합과 북한 간 경제 관계 확대는 북한의 대외개방과 국제사회의 책임 있는 일원으로 활동하게 되는 공간의 확대로 이어진다는 점을 인식하고 이를 적극 지원·활용할 필요가 있다.

참고문헌

구춘권, "메가 테러리즘과 테러에 대한 전쟁: 미국 대외정치의 군사화와 이라크 전쟁의 국제정치적 의미", 한국정치학회 하계학술대외 발표논문, 2004.

김석준 외, 「거버넌스의 정치학」, 서울: 법문사, 2002.

방청록, "유럽연합의 대외정책과 다층적 거버넌스에 관한 연구", 「유럽연구」 제21호, 2005년 여름.

송병준, 「유럽연합의 선택: 통합에서 다층적 통치로의 전환」, 서울: 청목출판사, 2004.

이무성 외, 「유럽연합의 정체성」, 서울: 높이깊이, 2008.

이승근, "유럽안보방위정책의 형성과 NATO의 대응", 「유럽연구」 제25권 3호, 2007.

이승근·배규성, "EU 안보축의 변화에 대한 고찰-유럽안보방위정책(ESDP)의 형성과 쟁점을 중심으로-", 「대한정치학회보」 제14집 1호, 2006.

이제승, "EU 공동외교안보정책의 동행과 전망", 외교안보연구원 발간자료, 2004.

이종광, "유럽안보체제의 변화와 안보정체성 구축", 「한국프랑스학 논집」 제34집 2001.

정규섭, 「북한외교의 어제와 오늘」, 서울: 일신사, 1997.

정성장, 「김정일시대 북한과 유럽연합: 새로운 관계모색」, 성남: 세종연구소, 2002.

정성장, “북한 핵실험 이후 북핵 문제의 관리 및 해결 방향”, 「세종정책연구」, 제3권 1호, 성남: 세종연구소, 2007.

정연호, “유럽연합의 대북 지원과 향후 전망”, 「유럽연구」, 겨울호, 2001.

정희태, “북한의 위기관리와 한국의 대응방향: 부시정부 등장하의 북 · 미간 긴장고조 상황”, 「국민윤리연구」, 47권, 2001.

조홍식, “유럽연합의 북한정책”, 「외교」, 1월호, 1999.

조홍식, “유럽의 신아시아 전략”, 조홍식 · 김기수 공저, 「동아시아와 유럽」, 성남: 세종연구소, 1998.

최성철 외, 「북한과 유럽」. 서울: 한양대학교 통일정책연구소 편, 2008.

최성철 · 홍용표, “냉전기 북한과 서유럽의 갈등과 협력,” 「한국정치외교사논총」, 제26집 2호(2월), 2005.

최수경, “미국과 유럽연합의 안보협력과 갈등”, 「사회과학연구」 제15권, 충남대학교 사회과학연구소, 2004.

최의철 외, 「유럽연합(EU)의 대북 인권정책과 북한의 대응」, 서울: 통일연구원, 2005.

최진우, “북한과 유럽, 그리고 미국”, 「통일문제연구」, 평화문제연구소, 제38호, 2002.

한규선, “유럽연합 북한 관계개선의 남북관계에 대한 영향과 의미”, 북한조사연구, 「북한조사연구」, 제5집 2호, 2001.

Andreani, Gilles. Christoph Bertram and Charles Grant. Europe's Military Revolution. London: Centre for European Reform, 2001.

Ashley, K. Richard. “The Poverty of Neorealism”. in Robert O. Keohane, 1986, Neorealism and its Critics. New York: Columbia University Press, 1986.

Bailes, Alyson. “Under a European Flag”. Draft paper, Foreign Policy Publication, 2000, pp.5-36.

Ben Rosamond, Theories of European Integration, Basingstoke, New York: Palgrave, 2000.

Berkofsky, Axel. “EU's Policy towards the DPRK: Enlargement of Standstill?” EIAS Publications BP 03/01, 2003.

Bono, Giovanna. “European Security and Defence Policy: theoretical approaches, the Nice Summit and hot issues". ESDP and Democracy. the Peace Studies Department at Bradford University, 2002.

Bözel, A. Tanja. "What's So Special About Policy Networks?-An Exploration of the Concept and Its Usefulness in Studying European Governance". Vienna University of Economics and Business Administration. European Online Integration Papers 1977-016, Austria, 1997.

Bridges, Brian. "Western Europe and North Korea: New Openings and Old Problems". East Asia: An International Quarterly, Vol.20, No.3. 2003, pp.86-107.

Drifte, Reinhard. "The European Union and North Korea," Tsuneo Akaha, (eds.). The Future of North Korea, London: Routledge. 2002, pp. 157-170.

Duke, Simon. From Elusive Quest for European Security: From EDC to CFSP. New York: St. Martin's Press, 2000.

Ebbinhaus, Bernard. "Europe through the Looking Glass: Comparative and Multi-level perspectives". Acta Sociologica Vol.42, No.4. 1998.

Egeberg, Morten and Jarle Trondal. "An Organization Theory Perspective on Multi-level Governance in the EU". Advanced Research on the Europeanization of the Nation-State, Working Papers 97/21, Norway, 1997, pp.1-20.

Freeman, Lawrence and Anand Menon. "Conclusion: Defence, States and Integration". In Jolyon Howorth and Anand Menon, The European Union and National Defence Policy. London: Routledge, 1997.

Grant, Charles. "Building a European Defence Capability". Survival. Vol. 41, No.1. 1999.

Grieco, M. Joseph. "Understanding the Problem of International Cooperation: The limits of Neoliberal Institutionalism and the Future of Realist Theory." in D. Baldwin (ed.), Neorealism and Neoliberalism: The Contemporary Debate. New York: Columbia University Press, 1993.

Hass, P. Earnst and Phillipe C. Schmitter. "Economics and Differential Patterns of Political Integration: Projections about Unity in Latin

America". International Organization 18, 1964.

Hass, P. Earnst. "Turbulent Fields and the Theory of Regional Integration". International Organizations. Vol.30, No.2, 1976.

Howorth, Jolyon. "Britain, France and the European Defence Initiative". Survival Vol. 42, No.2, 2000.

Howorth, Jolyon. "European Integration and Defence: the Ultimate Challenge". Chaillot Paper 43, Paris, WEU Institute for Security Studies. Nov. 2000.

Howorth, Jolyon and John T.S. Keeler. "The EU, NATO, and the Quest for European Autonomy". In Defending Europe: The EU, NATO and the Quest for European Autonomy. edited by Joylon Howorth and John T.S. Keeler. New York, Palgrave Macmillan, 2003.

Jordan, Andrew. "The European Union: An Evolving System of Multi-level Governance or Government?" Policy and Politics. Vol.29, No.2, 2000.

Marks, Gary. "Structural Policy in the European Community". Alberta M. Sbragia (ed.), Euro-Politics: Institutional and Policy-Making in the "New" European Community. Washington D.C.: Brookings Institution, 1992.

Menon, Anand. "From crisis to catharsis: ESDP after Iraq". International Affairs. Vol.80, No.4, 2004.

Meyer, C. Franz and Jan Palmowski. "European Identities and the EU-The Ties that Bind the Peoples of Europe". Journal of Common Markets Studies. Vol.42. No.3, 2004.

Miller, Vaughne. The Treaty of Nice and the Future of Europe. London: House of Commons Research Paper. 01/49, 2002.

Moens, Alexander, "ESPD, the United States and the Atlantic Alliance", In Defending Europe. edited by Jolyon Howorth and John T.S. Keeler, New York: Palgrave Macmillan, 2003.

Moravcsik, Andrew. "Negotiating the Single European Act: National Interests and Conventional Statecraft in the European Community". International Organizations. Vol.45, No.1, 1992.

Morgenthau, J. Hans and Kenneth W. Thompson. Politics among Nations: the struggle for power and peace. New York: McGraw-Hill, 1993.

Nye, S. Joseph. "Comparative Regional Integration: Concepts and Measurement". International Organization. 1968.

Olsson, Jan. "Democracy Paradoxes in Multi-Level Governance: Theorizing on Structural Fund System Research". Journal of European Public Policy. Vol.10, No.2, 2003.

Pond, Elizabeth. "Kosobo: Catalyst for Europe". The Washington Quarterly. Vol.22, No.4, 1999.

Quinlan, Michael. European Defense Cooperation: Asset or Threat to NATO? Woodrow Willson Center Pr., 2001.

Radaelli M, Claudio. "Whither Europeanization? Concept Stretching and Substantive Change", Vienna University of Economics Business Administration. European Online Integration Papers 2000-008, Austria, 2000b.

Rosamond, Ben. "Globalization and Multi-level Governance in Europe". University System of Georgia, Europan Union Center. Working Paper R99-2, 1999, pp.1-24.

Sandholtz, Wayne and John Zysman. "1992: Recasting the European Bargaining". World Politics. October 1989.

Sbragia, M. Alberta. "The Dilemma of Governance with Government". Advanced Research on the Europeanization of the Nation-State. Working Papers 03 / 02, Norway, 2003.

Schmitter, C. Phillipe. "Three Neo-Functionalist Hypotheses about International Integration". International Organization. Vol.23, No.1, 1969, pp.161-166.

Smith, E. Karen. "The End of Civilian Power EU: A Welcome Demise or Cause for Concern?" The International Spectator, 2000.

Standen, Alfred. "After Maastricht: Explaining the Movement towards a Common European Defence Policy", Walter Carlsnaes and Steve Smith (eds.), European Foreign Policy: The EC and Changing Perspectives in Europe, London: SAGE, 1994.

Thomson, James. "US Interests and the Fate of the Alliance". Survival, Vol. 45. No.4, 2003.

Waltz, Kenneth. "Reflection on Theories of International Politics: A response to my Critics". In Robert O. Keohane, Neorealism and its Critics. New York: Columbia University Press, 1986.

제 3 장 유럽연합의 경제 및 통화정책

송 병 준(한국외국어대학교)

제 1 절 단일시장정책 및 경쟁정책

1 단일시장 연원

1958년 출범한 유럽경제공동체(EEC)의 가장 큰 목적은 공동시장(common market)의 창설이었다. 공동시장은 유럽경제공동체의 설립을 가져온 로마조약 제2조와 제3조에 명기된 바와 같이 회원국 간 국내시장을 단일화 하여 하나의 역내시장(internal market)을 설립하는 것이다. 이러한 공동시장, 역내시장 및 단일시장(single market)은 동일한 개념이다. 현재 역내시장 규정은 유럽연합 운영조약 제26조 2항(TFEU Art. 26.2)에 다음과 같이 명기되어 있다. '역내 시장은 내부 국경이 없는 지역으로 상품, 사람, 서비스 및 자본의 자유로운 이동을 보장한다.'. 또한 유럽연합운영조약 제28조 1항(TFEU Art. 28.1)에는 회원국 상호 간 관세 및 이와 동등한 효과를 가진 과징금 부과를 금한다는 조항이 명기되어 회원국 간 상품의 자유이동을 보장하고 있다. 또한 유럽연합운영조약 제45조 1항(TFEU Art. 45.1)에 '연합 내에서 노동자의 자유이동을 보장한다.' 그리고 유럽연합운영조약 제56조(TFEU Art. 56)에 '연합 내에서 서비스를 제공할 수 있는 자유를 규제하는 행위는 금지된다.'를 통해 노동과 서비스의 자유이동을 보장하고 있다. 이외에 유럽연합운영조약 제59조 1항(TFEU Art. 59.1)에 명기된 '자본의 이동과 관련된 금융 및 보험서비스의 자유화는 자본이동의 자유화와 보조를 맞추어 단계적으로 추진한다.'라는 규정을 통해 단계적인 자본의 자유이동이 추진되고 있다.

위의 조약규정에 따르면 공동시장은 노동, 상품, 자본 및 서비스의 완전한 자유이동을 말한다. 유럽연합은 이러한 목적을 위해 1단계로 1969년 12월까지 회원국 간 역내관세를 완전히 폐지하고 역외국가에 대한 공동역외관세를 시행키로 계획하였다. 당시 유럽경제공동체는 회원국간 점진적인 관세인하를 추진하면서 동시에 일부 경제정책과 통상정책 역시 병행하여 공동시장 출범을 준비하였다. 이러한 유럽경제공동체의 계획은 순조롭게 진행되어 로마조약에 명기된 시한을 1년 6개월 앞당겨 1968년 7월1일에 관세동맹(customs union)이 출범하였다. 이에 따라 회원국 간에는 역내관세가 완전히 제거되었으며 역외국가에는 공동역외관세가 부과되었다.

관세동맹은 로마조약에 명기된 공동시장의 전 단계이다. 공동시장은 관세동맹의 기능에 더하여 생산요소의 완전한 자유이동을 포함한다. 따라서 유럽연합의 다음 과제는 상품, 노동, 자본 서비스의 완전한 자유이동과 이를 가능케 할 시장규제와 경쟁정책의 시행이었다. 이에 따라 1970년에는 회원국 간에 부가가치세가 도입되었고 수량제한과 같은 무역장벽이 철폐되었다. 유럽통합 초기 1950-60년대에는 상품교역이 서비스교역을 능가하여 관세 및 수량제한 철폐로 시장단일화를 꾀할 수 있었다. 그러나 1970년대 이후 기술발전과 환경 및 소비자보호에 대한 의식이 높아졌고, 세계적인 경기침체의 영향으로 국내시장 보호 압력이 증가하였다. 이에 따라 당시 유럽공동체 회원국 간 관세가 완전히 철폐되었어도 회원 각국들은 기술, 환경 및 소비자 보호 등 다양한 이유로 비관세장벽(NTBs)을 강화하였다. 이러한 규제정책과 비관세장벽에 의해 1980년대까지 공동시장 기능이 활성화되지 못하였다. 특별히 금융서비스 및 노동인력의 이동 등에서 회원국 간에 국내시장 보호를 위해 규제가 높아이 분야에서는 상품교역에 비해 공동시장 기능이 더욱 제약되었다.[1)]

2 단일시장계획: 단일유럽의정서(SEA)

1) 발전 과정

단일시장(single market)은 로마조약에 명기된 공동시장(common market)과 동일한 개념이다. 단일시장은 이미 공고하게 구축된 관세동맹 내에서 자유로운 생산요소의 이동을 가능케 하여 공동시장의 기능을 회복한다는 의미로 1980년대 중반 이후 널리 통용되었고 현재에는 공동시장보다 더욱 폭넓게 사용되고 있다. 1980년대 초중반은 동아시아 신흥공업국이 급성장하고, 유럽연합 회원국들은 오랜 경기침체로 대대적인 산업구조 개혁이 필요한 시점이었다. 이미 1980년대 초부터 영국 수상 대처(M. Thatcher)는 이른바 영국병이라는 강력한 노조와 방만한 공기업 경영에 전면적인 개혁을 실행하였다. 따라서 영국의 대처 행정부는 유럽통합에는 비관적 입장을 취하면서도 단일시장계획은 자국의 정책기조와 시너지 효과를 염두에 두어 적극적인 지지를 보냈다. 중소회원국을 포함하여 대부분의 회원국들 역시 시장통합에 적극적으로 참여하였다.

이러한 회원국의 적극적인 지지에 힘입어 1985년 새로운 집행위원장으로

1) Michelle Cini and Nieves Perez-Solorzano Borragan eds., European Union Politics 3rd., Oxford Univ. Press, 2010, pp.259-260.

임명된 들로르(J. Delors)는 취임 후 1992년까지 유럽연합 내에서 완전한 단일 시장(complete the single market)을 만든다는 계획을 발표하였다. 이에 따라 1985년 3월과 6월에 각 각 개최된 브뤼셀 유럽이사회(Brussels European Council)와 밀라노 유럽이사회(Milan European Council)에서 들로르의 계획은 당시 12개 회원국 정상들로부터 적극적 지지를 받았다. 이어서 같은 달 집행위원회는 1992년까지 단일시장을 완성하기 위해 300여 개에 달하는 부분에 걸쳐 기술 장벽과 국내규정 조정 및 폐지 등의 내용을 담은 콕필드백서(Cockfield White Paper)를 발표하였다. 당시 콕필드백서에는 상품, 노동, 자본, 서비스의 완전한 자유이동을 위해 시장접근(market access), 시장 경쟁력(competitive conditions), 시장기능(market functioning) 및 여러 공동정책영역

<표 4-14> 콕필드 백서(Cockfield White Paper) 주요 내용

	상품	서비스	노동	자본
시장 접근	▪ 국경통제철폐 ▪ 기술규정 및 부가세 조정	▪ 상호인증 ▪ 각국 인허가 제도폐지 (은행 /보험)	▪ 국경검문철폐 ▪ 타 회원국 거주 규정 완화	▪ 자본이동규제 철폐 ▪ 증권업 자유화
시장 경쟁력	▪ 공공조달시장 자유화 ▪ 기업합병규정	▪ 경쟁정책 적용 (항공운송)	▪ 유럽연합의 직업 교육카드 발행	▪ 이중과세 조정
시장 기능	▪ 통신 / IT산업 R&D 활성화 ▪ 표준화/기업법	▪ 은행업 규정 조정 ▪ 소비자보호	▪ 조세/직업교육 규정 조정 ▪ 자격증 제도에 상호인증 도입	▪ 산업경제 분야 관련 법률조정
공동 정책	▪ 공동농업정책 ▪ 철강산업 (보조금 축소)	▪ 공동운송정책	▪ 노동시장 규정	▪ 유럽통화시스템 강화

(sectoral policy)에 관한 조치들을 담았다.[2)]

뒤이어 1985년에 집행위원회는 이른바 상품, 서비스, 자본 및 노동의 자유이동 등 네 가지 자유화(four freedom) 효과를 담은 체키니보고서(Cecchini Report)를 발표하였다. 본 보고서에 따르면 역내시장이 자유화 될 경우 전체 회원국 GDP는 약 4.5%의 상승효과를 야기할 것으로 전망하였다. 한편 집행위원회의 단일시장 계획과 발맞추어 1983년부터 유럽연합 내 다국적기업을 중심으로 유럽원탁회의(European Round Table)가 결성되었다. 본 회의는 이후 집행위원회와 긴밀한 협력을 통해 단일시장 출범에 큰 기여를 하였다. 또한 유사한 시기 유럽의 최대 사용자단체인 유럽경영자총연맹(UNICE: Union of Industrial and Employers' Confederations of Europe) 역시 단일시장의 신속한 추진을 촉구하며 회원국 정부와 유럽연합에 여러 경로를 통해 로비를 행하였다. 이러한 산업계의 지지를 배경으로 1986년 단일유럽의정서(SEA: Single European Act)가 체결되었다. 단일유럽의정서는 로마조약 최초의 조약 수정으로 신속한 시장통합을 위해 단일시장 입법에 가중다수결 표결(QMV) 도입 등 다양한 제도적 조정내용을 명기하였다. 이러한 집행위원회와 이사회의 공조 속에 약 300여 개에 달하는 지침(directive)이 신속하게 제정되어 1993년 1월 1일부터 단일시장이 출범하였다.

2) 정책 효과

1993년 1월 1일부터 출범한 단일시장은 그 동안 괄목할 경제적 효과를 거두었다. 1993년 단일시장 출범 이후 2006년 기준 GDP의 2.15% 상승효과를 가져왔고 그 동안 275만 명의 순 고용창출 효과를 야기하였다. 회원국 간 직접투자 역시 증가하여 역내국(15개 회원국 기준)간 FDI 비중이 1995년 53%에서 2005년에는 78%까지 증가하였다. 무엇보다도 폐쇄적인 회원국의 공공부분에

2) Helen Wallace et al., Policy-Making in the European Union, 6th. ed., Oxford, Oxford University Press, 2010, pp.113-116.

서도 단일시장 효과를 야기해 공공조달 시장의 개방으로 회원국들은 평균 약 10-30%의 비용절감 효과를 가져왔다. 이러한 물리적 지표 이외에 단일시장 출범으로 유럽연합은 실질적인 하나의 경제권이 되었다는 점에서 대외무역 관계에서 협상력의 제고 등 여러 긍정적 효과를 가져왔다. 이외에도 노동시장, 소비자보호 및 환경규정 등이 단일화되어 역내무역량이 괄목하게 증가하였다. 또한 회원국 간 산업표준화와 공동규정에 따른 경제적 효과와 하나의 시장에서 기업 간 경쟁으로 경쟁력 제고와 소비자물가의 하락을 가져왔다.

그러나 상품교역에 비해 상대적으로 시장통합이 더딘 서비스시장과 공공부분 및 노동의 자유이동에 따라 유럽연합은 아직 완전한 하나의 시장이라고 할 수는 없다. 실제로 단일시장계획이 시작되면서 1980년대 후반과 1990년대 전반에 걸쳐 주로 규제가 부과된 분야는 상품의 자유이동 부분이었다. 유럽연합은 1988년 금융시장자유이동(Directive 88/361)을 제정하였지만 상품의 자유이동에 비해 정책실행은 크게 제약되었다. 이러한 금융시장을 포함한 서비스 산업의 유럽연합 GDP 기여율은 2008년 기준으로 약 70%를 상회한다. 그럼에도 회원국 간 서비스 시장발전 편차가 심하고 여러 규제들이 상존하여 이 부분에서 시장통합은 상당히 지체되고 있다. 물론 단일시장 계획 초기 집행위원회는 서비스 시장을 겨냥하여 항공 및 육로운송 분야에서 각종 규제와 수량제한 철폐를 우선목표로 설정하였다. 또한 집행위원회는 산업인프라의 성격을 지녀 각국마다 독과점이 심각한 전기와 통신산업의 탈규제 조치를 적극 추진하였다. 이후에도 집행위원회는 금융산업에 있어 국내규정은 최소한의 충족조건만을 입법화하도록 하였다. 그럼에도 아래의 표와 같이 유럽연합이 단일시장 정책을 통해 부과한 정책과 조치 등은 농산품과 제조업 상품에 집중되어 있으며 상대적으로 금융서비스와 노동의 자유이동 등은 단일시장정책 중 가장 취약한 부분으로 남아 있다.[3]

3) Leonard Dick, Guide to the European Union 10th. Ingram Pub Services, 2010, p. 126.

<표 4-15> **부분별 단일시장 정책과 조치**(2008년 기준)

농산품 (낙농/가공 식품 포함)	제조업 상품 (금융상품/ 화학/환경/ 자동차/제약/ 화장품 포함)	기타 (공공조달/ 소비자보호/ 사회정책/ 조세 등 포함)	에너지/ 운송	금융 서비스	노동의 자유이동	총계
36%	32%	17%	8%	6%	1%	100%

출처: Wallace, Helen et al, Policy-Making in the European Union, Oxford, Oxford University Press, 2010, p.122.

서비스시장은 상품시장에 비해 기술규정이 보다 복잡하고 다양하므로 유럽연합 차원에서 입법이 제약되고 있다. 더욱이 금융과 통신 및 운송 등 사회간접자본의 성격을 갖는 서비스시장은 회원 각국마다 독점적 구조가 형성되어 있다. 이 결과 유럽연합은 최소한의 규정만을 두고 회원국이 정책과 규정을 부과하고 있는 실정이다. 이에 따라 서비스시장의 경우 단일시장 내에는 여전히 수량제한이 존재하며, 각국마다 다른 인허가제도 및 외국인 노동자의 거주규정 등이 장벽으로 작용하고 있다. 이외에도 서비스시장에는 각국의 문화적 배경과 상이한 언어 등이 또 다른 장벽으로 작용하고 있다. 이에 따라 1993년 단일시장이 출범하면서 상품교역의 유럽연합 GDP 비중은 17%에 달하나, 서비스교역은 5%에 불과하였다(2007년 기준). 2008년 국제 금융위기에 따라 유럽연합에서는 서비스시장의 자유화가 커다란 화두로 등장하여 집행위원회는 보험, 증권 및 은행업에서 엄격한 규제를 부과하고 회원국의 관련정책에 대한 감독을 강화하고 있다.

3 단일시장 정책의 기조 변화

1) 유럽연합 차원의 조화

1970년대 이후 회원 각국의 상이한 규정이 공동시장 기능을 저해하면서 1960년대부터 집행위원회는 여러 조치를 취하여 왔다. 초기 집행위원회는 회원국 간 상이한 정책과 규정을 유럽연합 차원에서 통일하는 조화(total harmonization)를 정책목표로 삼았다. 유럽연합 차원의 조화는 집행위원회가 직접 초국가규정을 만들어 회원국에 부과하는 방법과 산업계에 규제를 위임하는 방식으로 구분되었다.

1970년대 초반까지 유럽연합이 취한 방식은 집행위원회가 직접 모든 회원국을 대상으로 공동조치를 부과하는 방식이었다. 그러나 1980년대 중반까지 집행위원회의 권한이 취약하고, 회원국의 국내시장보호 조치가 거세어 1969년부터 1985년까지 조화와 표준화 등 공동시장 관련 유럽연합의 지침(directive)은 불과 270개에 불과하였다. 이에 따라 1980년대 중반까지 유럽연합 차원의 공동규제의 제정이라는 정책수단은 큰 실효를 거두지 못하였다. 더욱이 회원 각국은 1970년대 이후 전 세계적인 경기침체에 대응하여 국내시장보호와 독자적인 산업정책을 강화하면서 유럽연합 차원의 단일규제 제정은 더욱 제약되었다. 또한 1970년대 이후 환경 및 소비자보호 등 보다 복잡하고 다양한 이해가 얽힌 새로운 이슈들이 중요성을 갖게 되면서 유럽연합 차원에서 일관된 단일규제 부과는 더욱더 난항을 겪게 되었다.[4]

이러한 직접부과라는 전략이 실효를 거두지 못하자 유럽연합은 1970년대 이후 경제단체들에게 권한을 위임하여 공동규정과 정책을 만들어 산업계가 자발적으로 수용케 하였다. 이른바 산업계 내부에서 정한 규정이 유럽 차원에서 자동적으로 통용된다는 자발적 규정(self-regulation)은 이해 당사자들 간

4) Wallace, Helen et al. op. cit., p.110.

합의로서 규정이 제정되므로 유럽연합에게는 입법 부담을 경감하는 효과를 가져왔다. 또한 이러한 전략은 이해당사자 간 합의가 유럽차원의 규정이 되므로 정책 부과 시 저항을 최소화할 수 있는 장점이 있었다.5) 1973년 이후 단일시장의 대표적인 표준화정책기구로 자리 잡은 유럽표준화기구(CEN)와 유럽전기전자표준화기구(CENELEC) 등은 이러한 유럽연합 차원에서 자발적 규정을 만들고 부과하는 대표적 기구이다. 그러나 이러한 전략은 표준화와 기술규정 등과 같이 기업 간 비용절감을 유발하고 거래비용을 줄일 수 있는 분야에서만 효과를 갖는다. 이외에 회원국 간 규제수준과 기술격차가 큰 환경 및 노동시장 등에서는 자발적 규정 제정이 많은 제약을 안고 있었다.6)

2) 신접근 전략

1980년대 후반 이후 단일시장 계획이 본격화된 전기를 마련한 계기는 신접근 전략(new approach)이었다. 신접근 전략은 1985년 이사회 의결(resolution)에 의해 단일시장 계획을 위해 채택된 입법원칙으로 첫째, 상호인증(mutual recognition)과 둘째, 최소한의 충족조건(essential requirements) 및 자율적 표준화(voluntary standards) 등으로 구성되었다.

첫째, 상호인증은 적법한 절차로 만들어진 회원국의 국내규정은 단일시장 내 모든 회원국에 공통적으로 적용된다는 원칙이다. 따라서 상호인증 원칙이 통용되면 국내입법이 모든 회원국에 통용되므로 유럽연합 차원에서 별도의 입법 부담을 경감하면서 유사한 효과를 야기할 수 있다. 본 원칙은 이미 1979년 유럽사법재판소의 까시스 드 디종(Cassis de Dijon) 판결을 통해 확립된 원칙이었으나, 당시 회원국 간에 국내입법 상황이 상이하고, 제도적 격차가 커 바로 적용되지는 않았다. 이후 1980년대 말 단일시장 계획이 출범하면

5) Wolfgang Streek, "Competitive Solidarity: Rethinking the European Social Model", Max-Planck Institute for the Study of Societies, Working Papers 01/06, Germany, 1999, pp.4-5.

6) Helen Wallace et al. op. cit., pp.110-113.

서 유럽연합은 본 원칙을 단일시장의 가장 중요한 원칙으로 적용하였다. 구체적으로 본 원칙에 따르면 역내 회원국에서 적법한 생산기준과 규정에 의해 제조되어 자국시장에서 유통되는 상품에 대해 여타 회원국은 배타적인 기준을 들어 이의 수입을 금할 수 없다. 이는 곧 유럽연합 회원국들은 여타 회원국의 적법한 국내기준을 상호 간에 인정해야 한다는 원칙이다. 물론 유럽연합은 상호인증 원칙을 적용하는 데 있어 회원국의 상이한 국내입법 환경과 경제구조 및 발전단계 등을 고려하여 다음과 같은 몇 가지 예외조항을 두고 있다.7)

- 첫째, 상호인증 원칙이 적용되기 위해서는 각국의 소비자보호, 공공보건 및 환경규정 등 경제사회 규정들이 타당성을 갖고 인정되어야 한다.
- 둘째, 단일시장 내 상품의 자유이동 원칙에 부합되어야 한다.
- 셋째. 위의 두 가지의 목적을 달성하기 위한 회원국의 수단이 적절하게 부과되어야 하며 동시에 자유무역을 저해해서는 안 된다.

둘째, 유럽연합은 최소한의 규정과 규제만을 제시하고 관련 산업계가 자율적으로 규정을 제정하여 단일시장에 부과한다. 이러한 전략에 따라 모든 회원국은 국내 규정의 입법 시 최소한의 충족조건만을 담아야 한다. 특별히 금융서비스를 위시한 서비스시장 규정에서 이러한 국내입법 기준이 엄격히 적용되어야 한다. 즉 회원국은 필수적인 조건(essential requirements)에 한하며 입법을 하고 여타 전문화된 기술적 사항은 유럽연합의 표준화기구들에게 위임하는 것이다. 나아가 유럽연합 내 표준화기구들은 산업 내에서 자발적인 표준화 및 기술규정의 통일화를 지원하며 회원 각국 정부는 이를 준수할 의무를 갖는다. 이러한 최소한의 충족조건과 자율적 규제부과는 유럽연합으로 권한이 집중되는 것을 막고, 단일시장 내 기업과 회원 각국이 자발적으로 공동규범을 부과토록 유도한 것이다. 집행위원회는 이러한 입법지원을 위해 1984년에 유럽표준화기구 및 유럽전기전자표준화기구와 협정을 맺고 표준화 업무를 위한

7) John Pinder, "The Single Market: a Step Towards European Union", The European Community and the Challenge of the Future. Juliet Lodge ed. London, Pinter Publishers, 1989, pp.97-99.

일반적 가이드라인을 설정하고 그 권리를 위임하였다. 이외에도 산업계의 자율규정 업무를 위임받은 유럽연합 차원의 주요 기구들은 다음과 같다.

- 유럽환경기구(European Environment Agency)
- 유럽교육재단(European Training Foundation)
- 유럽약물마약감시센타(European Monitoring Center for Drugs and Drug Addiction)
- 유럽의약시험기구(European Agency for the Evaluation of Medicinal' Products)
- 유럽보건안전기구(European Agency for Safety and Health at Work)
- 유럽연합번역센타(The Translation Center for Bodies of the European Union)
- 유럽직업교육개발센타(European Center for the Development of Vocational Training)

3) 장벽 제거

① 물리적, 기술적 장벽 제거

유럽연합 회원국 간 무역에서 복잡한 통관절차와 회원국마다 각기 다른 시스템에 따른 비용 유발은 전체 무역량의 2% 정도로 추정되었다. 따라서 집행위원회는 1988년까지 역내 회원국 간 거래는 유럽연합 차원에서 단일행정서류(Single Administrative Document)로 대치하였고, 이러한 행정절차를 EFTA 국가에게도 적용하고 있다. 무엇보다도 역내교역에 가장 큰 장애는 각국마다 상이한 기술표준화와 안전규정 등과 같은 기술적 장벽(technical barriers)이다. 이러한 장벽 제거를 위해 집행위원회는 1990년대 이후 다음과 같은 3가지 정책기조를 유지하고 있다.

- 첫째, 유럽표준화기구와 유럽전기전자표준화기구에 기술표준화 제정 권한을 위임한다.

- 둘째, 집행위원회가 유럽연합 차원의 보건, 안전 및 환경규제에 관한 규정을 제정하여 모드 회원국에 일괄적으로 적용한다.

- 셋째, 상호인증 원칙을 폭넓게 적용하고 특별히 가장 폐쇄적인 시장인 각국의 공공조달 시장의 자유화에 역점을 둔다.

한편 회원국 간 각기 다른 간접세 부과 역시 보이지 않는 무역장벽으로 작용하였다. 단적으로 부가세의 경우 북유럽회원국들은 보건과 공공안전을 위해 지중해지역 국가들에 비해 유난히 주류와 담배에 과중한 세금을 부과하고 있다. 문제는 부가세를 포함한 조세 문제는 안보이슈와 같이 철저하게 회원국 정부의 고유권한으로 집행위원회가 일괄적인 초국가규정을 부과할 수 없는 구조라는 점이다. 그러므로 집행위원회는 강제적인 규정부과 대신 회원국 간 자발적인 협의를 유도하는 전략을 활용하였다. 이러한 전략은 효력을 발휘하여 1992년 10월 단일시장 출범 이전에 당시 12개 회원국 간 소비세 조정에 관한 합의가 만들어졌다.

② 서비스 자유화와 노동의 자유 이동

단일시장정책 중 가장 부진한 진척을 보이는 분야는 서비스시장이다. 특히 운송, 에너지, 우편 및 통신 등의 기간산업은 회원 각국이 공익적 목적을 위해 국영기업 체제를 유지하거나 막대한 보조금 지급이 관행화되어 있다. 이 결과 유럽연합 역내 소비자들은 상품시장과 달리 특정 서비스 부분에 있어서는 선택의 제한과 고비용의 서비스 이용이라는 불이익을 받고 있다. 집행위원회는 1990년대 초부터 타 산업에 영향을 미치는 기간산업 중 이동통신과 항공여행산업과 같이 글로벌시장이 급변하고 기술발전 주기가 빠른 부분에 한해 유럽차원의 경쟁력 강화를 위해 적극적으로 개입하여 왔다. 실제로 집행위원회는 1993년 성장, 경쟁력 및 고용에 관한 백서(White Paper on Growth, Competitiveness and Employment)를 발표하여 운송, 에너지, 통신 및 환경산업에 대한 적극적인 자유화와 투자의 필요성을 역설하였다. 당시 집행위원회는 보고서를 통해 단일시장 정책과 통상, 경쟁 및 소비자보호정책의 연계를 주장하였다. 특히 집행위원회는 정보통신과 에너지산업에 있어서는 2000년까지

5천 7백 40억 ECU의 예산을 조달하여 유럽연합 차원의 경쟁력강화를 위한 다양한 프로젝트를 실행하고 동시에 탈규제 및 자유화 조치를 취한다는 계획을 세웠다.

서비스산업은 유럽연합 전체 산업 생산의 70%를 차지하는 가장 중요한 산업부분이다. 이에 따라 집행위원회는 2000년대 들어 여전히 회원국의 국내규정에 의해 시장통합이 제약된 금융, 보건 및 사회적 서비스 부분에서 관련지침(directive)을 다수 제정하였다. 그럼에도 상품교역과 달리 서비스산업은 각국의 규제 폭이 상이하고, 여러 난관이 존재하는 분야이다. 일례로 2000년대 들어 신규회원국의 경우 서비스산업에서 원산지규정이 기존 서유럽회원국으로의 진출에 장벽이 되고 있는 실정이다. 더욱이 서비스산업은 공공부분이 큰 비중을 차지하고 있어 이 또한 시장통합을 저해하는 요인으로 작용하고 있다. 실제로 서비스부분에 있어 가장 폐쇄적인 국가간 장벽이 존재하는 분야는 공공조달시장이다. 유럽연합은 단일시장 계획을 통해 공공부분에서도 회원국 간 장벽 제거를 꾸준히 추진하여 왔다. 그럼에도 2006년 기준 유럽연합 회원국 전체 공공조달시장의 약 16%만이 외국기업에게 개방되어 있다. 이러한 수치는 상품교역은 물론이고 여타 서비스산업과 비교해 볼 때 각국의 공공조달시장은 여전히 단일시장 정책의 사각지대에 위치한다는 것을 말해준다.[8)]

한편 유럽연합은 노동의 자유이동에 있어서는 시장논리만으로 정책을 진행할 수 없는 특별한 속성을 인정하여, 제한적인 시장통합을 진행하고 있다. 유럽연합은 지정학적 요인에 의해 무차별적인 이민유입 소지를 안고 있다. 실제로 1980년대 말 이후 동유럽사회주의 국가의 붕괴와 중동에서의 일련의 정정불안 그리고 최근의 북아프리카 국가들의 민주화 과정에서 많은 불법이민이 발생해 회원국 간 갈등을 야기하였다. 따라서 생산의 4대 요소 중 노동의 자유이동은 이민정책, 대테러정책 및 국경을 넘은 조직범죄 등 내무사법분야와 공조하여 정책을 진행하고 있다. 따라서 상품, 서비스 및 자본시장과 달리 노

8) Helen Wallace et al. op. cit., p.123.

동의 자유 이동은 회원국 간 국경철폐를 꾀한 쉥겐협정(Schengen Agreement)과 병행하여 제한적인 수준에서 실행되고 있다.

4) 정책실행 방식의 다변화 및 역외적용 확대

단일시장 정책은 크게 소극적 통합(negative integration)과 적극적 통합(positive integration)으로 구분할 수 있다. 첫째, 소극적 통합은 상호인증원칙을 통해 기존에 회원 각국에 존재하는 국경통제와 각종 기술장벽을 철폐하는 방식이다. 이러한 전략은 기존에 존재하는 각종 규제와 규정을 철폐하는 방식이므로 탈규제(deregulation)라 할 수 있다. 단일시장 정책의 약 50% 정도가 이러한 탈규제 방식에 의해 정책이 진행괴고 있다. 그러나 탈규제 방식은 유럽연합운영조약 제36조(TFEU Art. 36)에 의해 예외분야를 두고 있다. 유럽연합운영조약 제34조와 제35조(TFEU Art. 34, 35)에는 회원국 간에 수입품과 수출품에 관한 수량제한 및 이와 동등한 효과를 가진 모든 조치를 금하고 있다. 그러나 위 규정에도 불구하고 회원국은 운송 중인 물품에 대해 공중도덕, 공공정책 및 안전, 사람과 동식물의 보건, 산업 및 상업재산권 보호 등을 사유로 규제조치를 부과할 수 있다. 물론 이러한 제한은 회원국 간 무역차별 수단으로 작용해서는 안 된다.

한편 적극적 통합은 언급한 입법의 신접근 전략을 통해 국내규정을 산업계의 공동규정과 표준화 등으로 대치해나가는 방식으로, 기존규정을 수정한 것이므로 재규제(regulations)라 할 수 있다. 단일시장 정책의 약 20% 정도는 유럽연합 내 기구들이 제정한 표준화 및 규정이 국내규정을 대치하는 방식으로 이루어지고 있다. 이러한 방식은 유럽연합 차원의 기구들이 산업계의 의견을 수렴하여 산업 및 기술발전에 따라 기본규정을 새로운 규정으로 대치하는 것으로 회원국의 정치적 저항이 적고 비교적 순조로운 입법이 가능하다. 한편 유럽연합이 직접 상세한 공동규정을 제정하여, 국내규정을 대치하는 비율 역시 약 30%에 이른다. 특히 유전자조작식품(GMO)의 단일시장 판매규정과 같이 단일시장 내 소비자들에게 직접적인 영향을 미치고, 산업계의 이해관계가 엇갈린 이슈일수록 유럽연합이 직접 입법을 제정하여 부과하는 경향이 많다.

한편 유럽연합의 단일시장은 27개 회원국의 통합된 시장을 말한다. 그러나 엄밀하게 말해 단일시장은 27개 회원국 이외에 유럽자유무역협정(EFTA : European Free Trade Association)국까지 포함한 광의의 시장이다. 1989년 당시 집행위원장인 들로르는 경제통합의 효과를 극대화하기 위해 EFTA와 유럽연합 간 단일경제권 구상을 내놓았다. 들로르가 제안한 유럽경제공간(EES: European Economic Space)은 EFTA를 단일시장에 포함하는 계획으로, 유럽경제공간은 후에 유럽경제지역(EEA: European Economic Area)으로 명칭이 변경되었다. EFTA 국가들로서도 유럽연합에 가입치 않은 상태에서 단일시장이 가져다주는 경제적 이해를 누릴 수 있기 때문에 들로르의 제안에 적극적인 찬성의사를 표명하였다.

이에 따라 1992년 유럽연합과 당시 6개 EFTA국가(노르웨이, 스웨덴, 핀란드, 아이슬란드, 오스트리아, 스위스)간 유럽경제지역 창설을 위한 조약이 체결되었다. 그러나 EFTA 국가 중 스위스가 유럽경제지역 가입 비준에 실패하여 단일시장은 현재 유럽연합 27개 회원국과 3개 EFTA 회원국(노르웨이, 리히텐슈타인, 아이슬란드) 등 30개 국가를 포함한다. EFTA 국가들은 단일시장 내에서 상품, 자본, 노동서비스의 자유 이동이 보장되며 유럽연합 회원국과 동등한 수준에서 경쟁정책의 적용을 받는다. 또한 유럽연합과 EFTA 국가들은 상호 간 관세철폐를 통해 양측은 유럽경제지대라는 단일원산지 표기를 사용한다. 한편 서비스 부문에서 은행, 보험 등을 포함한 일반 금융서비스 분야와 통신서비스 등은 유럽연합 규정과 정책이 유럽경제지대에서도 동일하게 적용되고 있다.

4 단일시장 운영: 경쟁정책

1) 경쟁정책 연원

경쟁정책은 관세동맹과 단일시장 정책과 연원을 같이하는 매우 오래된 공동정책으로, 집행위원회는 정책결정 및 실행기구로서 그 권한이 여타 공동정책보다 상대적으로 폭넓고 강력하다. 이러한 점에서 경쟁정책은 유럽연합의 공공정책 중 가장 초국가화되어 있고, 회원국의 개입이 제약된 정책이라고 할 수 있다. 경쟁정책은 유럽연합운영조약 제101조와 제102조(TFEU Art. 101)에 명기된 경쟁방해, 규제 및 왜곡행위의 금지와 유럽연합운영조약 제102조(TFEU Art. 102)에 명기된 역내시장에서 기업의 지배적 지위의 남용을 금하는 조항에 근거한다. 이러한 경쟁정책은 단일시장의 원활한 운영을 위해 기업 간 경쟁왜곡과 독점 등을 통해 시장왜곡을 야기하는 일체의 행위에 대한 규제를 내용으로 한다. 물론 농업과 운송과 같은 몇몇 특수한 산업에서는 경쟁정책이 제한적으로 적용되고 있다. 또한 회원국에서 공공의 안전과 이익을 위해 취하는 조치에도 예외를 두고 있다. 예를 들어 스웨덴의 경우 주류판매에 관한 엄격한 규제는 유럽연합 차원의 경쟁정책에 예외적 적용을 받는다.

유럽연합의 경쟁정책이 현재와 같이 집행위원회가 강력한 권한을 갖게 된 것은 1989년에 채택되어 1990년부터 시행에 들어간 기업합병통제규정(Regulation No. 4064/89 12.1989, OJ L 257 9.1990)에 따른 것이다. 당시 단일시장 계획이 진척되면서 유럽연합 내 기업들 간에는 통합된 시장에서 경쟁력 확보를 위해 M&A가 괄목하게 증가하였다. 그러나 기존에 조약에 명문화된 경쟁정책은 기업 간 경쟁왜곡만을 다루고 있어 이에 대한 법적 규제가 시급한 과제가 되었다. 당시 12개 회원국 중 독일, 프랑스 및 영국 정도만 기업 간 M&A를 효과적으로 통제할 수 있는 정책을 갖고 있었다. 그러나 이러한 국내법과 정책도 각국 간 일관성 결여라는 문제점을 갖고 있어 특별히 다국 간

M&A의 경우 유럽연합 차원의 규정이 요구되었다.

이러한 문제점에 따라 경쟁정책의 일환으로 기업합병통제규정이 제정되었다. 본 규정의 핵심은 기업 간 M&A가 단일시장에서 경쟁왜곡을 야기하는 경우 집행위원회가 이에 대한 금지와 통제를 가하는 것이다. 따라서 본 규정에 의해 단일시장 내 기업 간 M&A는 집행위원회에 신고하여 다음과 같은 3단계의 심사를 거쳐야 한다.

- 첫째, 관련된 생산시장(relevant product market)
- 둘째, 관련된 지역적 시장(relevant geographic market)
- 셋째, 기업통합과 공동시장과의 양립성 측정(assessment of the comparability of the merger with the common market)

이후에도 단일시장이 성숙하면서 2000년까지 17개의 경쟁정책 관련규정(regulation)이 제정되거나 수정되어 실행되었다. 또한 회원국의 관련정책과 제도 역시 유럽연합의 경쟁정책에 맞게 수정되었다. 이에 따라 경쟁정책의 경우 유럽통합이 가장 진전된 분야로 자리 잡았다. 미국의 경우 반독점 행위에 의해 법원에 제소되는 사건의 약 90%는 민간기업에서 이루어지고 있다. 그러나 유럽연합에서는 집행위원회가 기업 간 경쟁에 대한 감시뿐 아니라 제소권한까지 행한다는 점에서 경쟁정책에서는 집행위원회의 막강한 권한이 제도화되었다고 할 수 있다.

2) 경쟁정책 내용

① 반독점정책

유럽연합의 경쟁정책은 기업 간 공정한 경쟁보장과 회원국 정부의 보조금 지급에 따른 시장경쟁 왜곡을 방지하는 제 조치들로 구성되어 있다. 유럽연합 경쟁정책의 핵심은 기업 간 공정한 경쟁보장이다. 이러한 점에서 유럽연합의 경쟁정책은 미국의 반독점법(anti-trust)과 유사하다. 그러나 유럽연합의 경쟁정책은 미국의 반독점법에 더하여 공정한 기업 간 경쟁을 위한 모든 조치를 포함한 경제정책의 성격을 갖는다. 따라서 유럽연합의 경쟁정책은 광의의 의미로는 공정한 시장경쟁을 위한 법 제정 및 규정을 통한 시장 메커니즘의 촉진이다. 또한 이러한 정책의 핵심은 반독점과 연계된 기업합병통제 규정이다. 기업합병통제 규정은 경쟁정책의 핵심으로 기업 간 M&A뿐 아니라 전략적 연합(strategic alliance)과 합작(joint venture)에 의한 비경쟁적 시장환경의 창출을 엄격히 통제한다. 따라서 본 규정은 회원국 정부를 통제의 대상으로 하는 여타의 공동정책과 달리 단일시장 내다국적 기업을 포함한 대기업을 주 통제대상으로 한다. 또한 본 규정은 공정한 경쟁을 유도하고 중소기업의 활동을 제도적으로 보장하는 데에도 활용되고 있다.

주목할 점은 유럽연합의 경쟁정책은 기업간 공정한 경쟁이 최종 목적이 아니라 역내기업의 효율성 증대와 기술발전에 주목하여 여러 경제정책과 연관되어 실행되고 있다는 사실이다. 따라서 경쟁정책은 시장통합과 연계되어 탈규제화(deregulation)와 시장재구성(market restructuring)의 성격을 내포하며 반독점의 강화(antitrust enforcement)를 넘어 산업정책과 공동통상정책 등과 밀접한 관련이 있다. 특히 반독점의 경우 유럽연합은 기업 간 카르텔이나 M&A에 있어 전체적 이익과 비용을 고려하는 합리의 원칙(a rule of reason)을 적용하고 있다. 따라서 경쟁정책은 기업의 합리화나 효율성을 저해하지 않는 범위에서 실행되고 있다. 집행위원회는 역내시장에서 시장점유율이 50%를 넘는 시장 지배적 위치를 점하는 기업에 대한 조사와 과징금 부과 권한을 갖는다. 세계최대의 식음료 포장지 회사인 Tetra Pak에 대한 과징금 부과는 집행위원회의 막강한 권한을 상징하는 사례이다. 본 사례는 집행위원회가 Tetra Pak에 대하여 95%에 달하는 역내시장 점유율을 이용하여 불공정 마케팅과 계약 및 가격정책을 취한 점을 들어 7천 5백만 유로의 과징금을 부과한 경우이다.

그러나 전술한 바와 같이 유럽연합에서 반독점 금지는 자유로운 경쟁을 보장하는 합리의 원칙에 따른다. 따라서 기업 간 M&A로 기업경쟁력이 제고되고 이에 따라 소비자들에게 이익을 가져다준다면 집행위원회가 단순한 시장 점유율만으로 이를 금지하지는 않는다. 1990년부터 2002년까지 집행위원회는 총 2,047건의 기업 간 M&A를 심사하였다. 그러나 이 중 M&A가 금지된 사례는 22건에 불과하고, 80건은 집행위원회가 이를 검토하는 단계에서 해당 기업들이 자발적으로 M&A를 취소하였다. 집행위원회가 M&A를 금지한 대표적 예는 1994년 Deutsche Telecom, 세계최대의 미디어서비스 그룹인 Bertelsmannrk와 유료채널방송사인 Kirch간 M&A이다. 당시 집행위원회는 이들 3개 기업 간 M&A로 만들어질 MSG Media Service는 유료 케이블티비 시장에서 시장지배적 지위를 야기한다는 이유를 들어 승인하지 않았다. 반면에 1992년 Nestle 와 Perrier의 M&A는 Nestle가 프랑스 미네랄워터 시장의 20%를 양보한다는 조건을 제시하여 집행위원회가 M&A를 승인하였었다. 이와 같이 단일시장에서 기업 간 M&A는 여러 기준에 따라 심사되고 있다.

② 국가보조금정책

단일시장 내 기업간 공정한 경쟁을 저해하는 국가보조금 지급 역시 경쟁정책의 대상이다. 그러나 전통적으로 유럽에서는 산업정책과 R&D정책 차원에서 기업에게 직간접적인 보조금 지급이 만연하여 이를 전적으로 금지하지는 못하고 있다. 실제로 유럽연합은 회원국 정부의 보조금 경우 적절한 구성과 공정한 경제(well-functioning and equitable economy) 효과를 가져올 경우 예외적으로 허용하고 있다. 이러한 집행위원회의 보조금 지급 원칙은 다음의 3가지로 요약 할 수 있다.

- 첫째, 국가보조금은 사회적 성격(social character)을 내포해야 하며 보조금 지급에 따라 타 기업이 차별을 받아서는 안 된다.
- 둘째, 국가보조금은 자연재해 등과 같은 피해에 대한 보상의 성격을 가져야한다.
- 셋째, 예외적으로 독일의 경우 구 동독지역에 대해 경제사회적 격차해소를 위한 보조금 지급을 허용한다.

이러한 기본원칙 이외에 경제사회적으로 낙후된 지역에 대한 지원, 유럽연합의 공동이익을 위한 프로젝트 및 특정한 경제정책 수행에 필요한 경우 그리고 환경보호 등 여러 예외적인 경우에 폭넓게 국가보조금 지급을 허용하고 있다. 이와 같이 반독점과 달리 보조금 지급에 있어서는 집행위원회가 상대적으로 느슨하고 유연한 정책기조를 유지하여 회원국 차원에서 보조금 지급이 광범위하게 이루어지고 있다. 2006년의 경우 집행위원회는 710건의 국가보조금 지급에 관한 조사를 통해 단 2%만 보조금지급을 금지하였다. 이러한 정책기조에 따라 회원국이 기업과 산업계에 지급하는 보조금은 매년 약 천억 유로에 달한다. 유럽연합이 보조금지급에 대해 비교적 관대한 시각을 갖는 것은 경쟁정책이 기업간 공정한 경쟁을 고취한다는 정책목적을 넘어 궁극적으로 유럽연합 기업의 대외경쟁력 강화에 초점이 맞추어졌기 때문이다.

제 2 절 대외통상정책

1 대외통상정책 배경

① 1950-80년대 통상정책

1957년 로마조약 체결로 탄생한 유럽공동체의 구체적 목표는 경제통합이었다. 이러한 경제통합 목표를 단적으로 보여주는 공동정책은 공동통상정책이다. 유럽연합의 공동통상정책(CCP: Common Commercial Policy)은 유럽연합운영조약 제206조 및 제207조(TFEU Art. 206, 207)에 명기되어 있다. 유럽통합 초기 통상정책은 관세동맹과 공동농업정책(CAP: Common Agricultural Policy)을 보조하며 제3세계와의 경제관계를 단일화한다는 목적에서 실행되었다. 당시 통상정책의 주 목적은 다자간 무역협상에서 협상력 제고였다. 이에 따라 집행위원회는 각료이사회 및 회원국 정부 관료들로 구성된 특별위원회(special committee)로부터 일부 권한을 위임받아 다자간무역협상에 회원국 대표로 참여하였다. 집행위원회가 다자간무역협상 권한을 위임받아 협정을 체결하면 각료이사회의 승인을 거쳐 유럽연합 차원의 공동조치로 채택되었다. 이 과정에서 몇몇 이슈는 유럽의회의 동의(assent)를 거쳐야 공동조치로 채택되었다. 또한 준회원국 협정(association agreement) 등에 따른 양자 간 협정 및 특혜협정의 개정은 각료이사회의 만장일치 표결과 유럽의회의 동의절차에 의해 이루어졌다. 이와 같이 초기 통상정책에서 집행위원회의 권한은 매우 제한적이었다. 이외에 당시 통상정책은 농업관세 및 반덤핑부과 정도에 불과하였고 새로운 무역이슈가 등장할 때마다 회원국과 유럽연합은 관할권을 둘러싸고 경쟁을 하는 형국이었다.

이후 공동통상정책은 1960년대와 70년대를 거치면서 회원국의 산업정책을 보호와 역외국가와의 관세인하에 초점이 맞추어졌다. 또한 시간이 경과하면서 공동통상정책에는 국제무역환경 변화에 따른 새로운 무역이슈들이 대거 포함되었다. 1960년대에 공동농업정책이 만들어지고 관세동맹이 본격화되면서 1964년부터 67년까지 진행된 GATT의 케네디라운드(Kennedy Round)를 통해 유럽연합은 농업부분과 관세를 중심으로 공동통상정책을 실행하였다. 그러나 새로운 무역이슈들을 대거 다룬 1973년부터 79년까지 진행된 동경라운드(Tokyo Round)에서는 유럽연합 공동통상정책의 영역이 기술장벽(TBT: Technical Barriers to Trade), 보조금, 공공조달 및 상계관세(countervailing duty) 등으로 확대되었다.

② 1990년대 이후 통상정책

1980년대 단일시장 계획이 시작되면서 통상정책에서 집행위원회의 권한이 강화되고, 적극적인 대외무역협상이 추진되면서 본격적인 본 정책은 공동정책의 성격을 갖추게 되었다. 이러한 이유는 탈냉전 이후 국제무역이 원래의 경제적 기능을 회복하면서 국제무역의 의제설정과 결정과정에서 미국의 영향력이 커졌기 때문이다. 유럽연합 회원국들은 이러한 변화된 현실을 인식하고 실용적인 사고에서 집행위원회에 대외무역협상을 대거 위임하였다. 이에 따라 1986년부터 1994년까지 진행된 우루과이라운드(Uruguay Round) 진행과정에서 집행위원회는 프랑스와 같은 일부 회원국의 반대를 무릅쓰고 유럽연합 차원에서 일괄타협을 이끌어내었다. 이러한 요인들로 인해 1990년대에는 유럽연합이 미국과 함께 국제경제에서 양대 축으로 국제적인 통상규범을 주도하는 리더십을 발휘하였다. 당시 유럽연합은 GATT와 WTO의 분쟁해결 절차(dispute settlement mechanism)의 발전에도 지대한 영향력을 행사하였고, 1995년에는 WTO의 설립을 이끌어내었다.

한편 1990년대 전반에 걸쳐 유럽연합은 급변하는 국제무역환경에 대응하기 위해 미국과 함께 환경, 투자, 경쟁 및 공공조달 등 새로운 통상이슈에 공동협력을 취하였으나 양측 간 견해 폭이 넓어 큰 실효를 거두지 못하였다. 특히 1990년대 중국과 인도 및 브라질 등의 신흥공업국이 국제무역의 중추적 국가로 부상하면서 유럽연합은 이들 국가들과 협력을 강화하여 제도화된 다자간 무역시스템을 강구하였다. 이 결과 미국의 비협조 속에서도 유럽연합이 주도하여 새로운 무역규범을 담은 도하라운드의제(DDA: Doha Development Agenda)를 2001년 11월부터 성공적으로 출범하였다. 동시에 유럽연합은 2000년대 중반 들어 WTO를 중심으로 한 전통적인 다자간무역협정 대신에 자유무역협정(free trade agreements)을 골격으로 한 쌍무무역협정에 정책을 집중하였다. 이에 따라 유럽연합은 ACP(African, Caribbean and Pacific Countries) 국가와 경제적 동반자협정(EPAs: Economic Partnership Agreements)을 체결하고, 이외의 여러 제3세계 국가와도 자유무역협정을 적극적으로 추진하였다.

2000년대 들어 유럽연합은 높은 경제발전 수준과 세계 최대의 단일시장을 배경으로 전 세계 교역량의 20% 이상을 점하는 무역대국이 되었다. 물론 1980년대 후반 단일시장 계획이 본궤도에 오르면서 세계 각국은 이러한 유럽연합의 계획이 결국 유럽의 요새화(fortress Europe)를 가져와, 보호무역주의적인 통상정책이 강화될 것으로 예측하였다. 그러나 유럽연합은 오히려 경제통합을 배경으로 세계시장의 확대를 위해 가장 적극적으로 시장자유화를 옹호하는 행위자가 되었다. 유럽연합은 1957년 로마조약 체결부터 2000년대 중반까지 회원국 간 무역량이 8배 이상 증가하여 역내교역 비중이 70%를 상회할 정도로 비대하여 졌다. 그럼에도 유럽연합은 여전히 전 세계 수출입의 약 20%정도를 점하여 국제무역에서 미국과 함께 양대 시장이며 지배적인 행위자로 위치하고 있다.

유럽연합이 대외적으로 유럽통합 초기부터 주장한 원칙은 자유무역주의이다. 그 동안 유럽연합은 GATT가 진행한 케네디라운드에서부터 우루과이라운드에서까지 관세인하와 비관세장벽 제거를 일관되게 주장하여 왔다. 이러한 의미에서 본다면 유럽연합의 단일시장은 국제무역의 활성화를 통해 소득수준을 향상하고 완전고용을 달성하여 최적화된 자원이용을 꾀한다는 WTO의 원칙과도 부합한다고 할 수 있다. 실제로 유럽연합은 그 동안 세계무역기구의 창설과정에서 중요한 역할을 하였고 자유무역의 발판을 마련했다는 평가를 받고 있다. 또한 유럽연합은 인도적 차원에서 저개발 국가 및 개도국에 대한 노동환경의 개선을 꾸준히 요구하고 있다. 또한 국제경제의 점진적인 통합을 위해 각종 투자 장벽 제거에 큰 기여를 하였다.

2 대외통상정책 결정 과정 및 정책수단

1) 공동통상정책 결정 과정

공동통상정책 결정의 핵심 행위자는 집행위원회와 회원국정부를 대표하는 각료이사회이며 유럽의회는 최종적인 동의절차 참여 정도로 기능이 제약되어 있다. 집행위원회의 경우 무역정책을 담당하는 무역총국(DG Trade)이 중심적인 행위자이며, 각료이사회에서는 각국의 외무장관들로 구성된 일반 및 대외관계이사회(GAERC : General Affairs and External Relations Council) 와 각료이사회 산하 실무기구인 상주대표부(Coreper)가 주 행위자이다. 이외에 유럽연합의 공동통상정책에는 회원국의 실무대표로 구성된 133조위원회(Article 133 Committee)가 핵심적인 역할을 하며, 회원국의 국내의회와 유럽연합 내의 여러 이익집단 등이 직간접적으로 개입한다. 이러한 다수의 행위자가 참여하는 통상정책 결정 과정은 다음의 3단계로 요약 할 수 있다.

첫째, 의제설정 및 승인단계이다. 집행위원회는 정례적으로 회원국 정부의 이해를 대변하는 133조위원회와 통상이슈에 관한 회합을 갖는다. 집행위원회는 이러한 회합을 통해 정보를 교환고 유럽연합 차원의 공동이익과 각 회원국의 이해관계를 취합하여 안건을 준비한다. 집행위원회에서 공식적으로 제안(proposal)을 준비하는 것은 무역총국(DG Trade)이지만 제안과정에서 농업총국(DG AGRI) 및 환경총국(DG ENV) 등 통상과 관련된 여러 총국들과 협의를 거친다. 특별히 농업총국은 통상이슈와 매우 밀접한 관련이 있어 전통적으로 통상정책 입법제안에 직간접적으로 개입하여 왔다. 이러한 과정을 거쳐 집행위원회가 제안을 제출하면 비공식적으로 133조위원회에서 논의된다. 만약 이 단계에서 제안내용이 불충분하면 다시 집행위원회로 회귀된다. 집행위원회의 제안이 문제가 없다면 이후 각료이사회에서 가중다수결표결로 결정이 된다. 여타 정책에서도 볼 수 있듯이 각료이사회의 가중다수결 표결은 엄격한 표결원리보다는 회원국 간 합의라는 성격이 강하다. 따라서 통상정책 의제 역시 사전에 충분한 논의가 진행되어 표결은 형식상 이루어진다.

둘째, 정책입안 논의단계이다, 의제가 가결되면 이후 집행위원회는 133조위원회 및 이사회와 구체적인 정책내용을 논의한다. 이 과정에서 회원국 정부는 133조위원회를 통해 정책목적뿐 아니라 최종합의 내용에 이르기까지 광범위하게 관여한다. 반면에 집행위원회는 정치적인 사항보다는 133조위원회와 협의하여 원산지규정, 관세부과일정, 정책의 세부적인 기술적 문제 등 기능적 문제에 보다 주력한다. 한편 리스본조약 이후 본 단계에서 집행위원회는 2004년에 설립된 유럽의회 내 국제무역위원회(INTA: Internal Trade Committee)에 정기적으로 협상진행에 관한 보고서를 제출해야 한다.

<그림 4-11> 유럽연합 공동통상정책 결정 과정

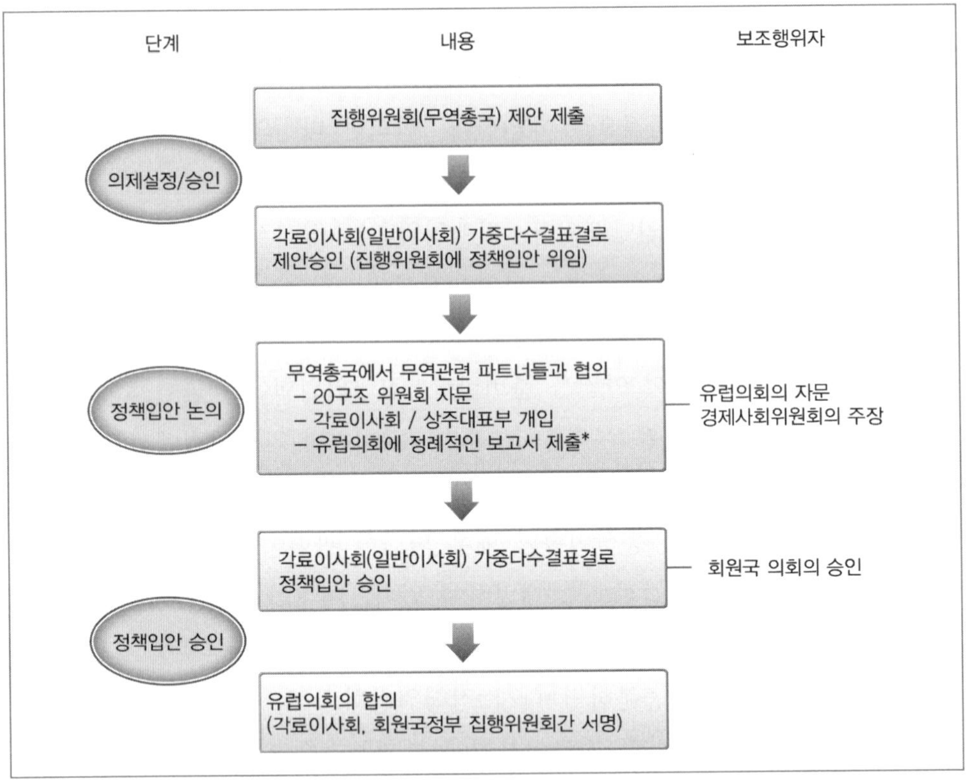

단계	내용	보조행위자
의제설정/승인	집행위원회(무역총국) 제안 제출	
	↓	
	각료이사회(일반이사회) 가중다수결표결로 제안승인 (집행위원회에 정책입안 위임)	
	↓	
정책입안 논의	무역총국에서 무역관련 파트너들과 협의 - 20구조 위원회 자문 - 각료이사회 / 상주대표부 개입 - 유럽의회에 정례적인 보고서 제출*	유럽의회의 자문 경제사회위원회의 주장
	↓	
정책입안 승인	각료이사회(일반이사회) 가중다수결표결로 정책입안 승인	회원국 의회의 승인
	↓	
	유럽의회의 합의 (각료이사회, 회원국정부 집행위원회간 서명)	

비고: 리스본조약이후 집행위원회는 의제논의 과정에서 유럽의회에 정기적으로 진행과정을 담은 보고서를 제출해야 한다.

셋째, 입안된 정책의 최종 승인절차이다. 집행위원회에서 정책내용에 대한 합의가 이루어지면 일반이사회는 가중다수결표결로 승인을 한다. 이 과정 역시 회원국 간 합의 중심의 토의 과정으로 필요하다면 정책내용에 불만은 갖는 회원국에 대한 부가적 보상(side payment) 등의 내용이 추가된다. 통과된 안건은 이후 회원 각국에서 비준을 거치고 최종적으로 유럽의회의 동의절차(assent procedure)를 거쳐 정책이 최종 결정된다. 동의절차 과정 중 다음의 사안에 한해서는 유럽의회가 반드시 단순다수결(simple majority)로 결정을 해야 한다. 첫째, 공동결정(codecision-making)을 통해 채택된 유럽연합의 입법을 수정해야 할 경우 둘째, 특별한 기구설립을 요하는 경우 셋째, 유럽연합의 예산과 관련되는 경우 등 이다.

2) 공동통상정책 정책수단

유럽연합의 통상정책 주요 수단은 크게 공동관세(The Common Customs Tariffs)와 역외국의 불공정 무역에 대응한 무역장벽 규정(Trade Barriers Regulation)으로 구성되어 있다. 이외에 많은 국가에서 불공정 무역에 대한 조치로 활용하는 수량제한(National Quantitative Restrictions) 및 자율수출규제(Voluntary Export Restraints) 역시 주요한 통상정책 조치이다.

첫째, 공동관세는 유럽연합 차원에서 역외국가에게 공동으로 부과하는 관세이다. 공동관세는 유럽경제공동체 출범 이후 회원국들 간 각기 다른 역외관세를 조정하여 평균관세율을 정해 시행한 것이다. 전통적으로 유럽연합은 가능한 최저수준에서 관세를 부과한다는 원칙을 고수하여 GATT의 다자 간 라운드에서 적극적인 관세인하를 추진하여 왔다. 유럽연합의 주장으로 딜론라운드(1960-61년)와 케네디라운드(1962-67년)에서는 관세 수준을 이전의 절반 수준으로 조정하였다. 이어 동경라운드(1973-79년)를 통해 30% 가까이 관세가 인하되었고 우루과이라운드(1986-93)를 통해 역외수입품에 대한 관세는 평균 5.7% 수준으로 하향 조정되었다. 현재에는 국제무역이 서비스와 지적소유권 등 다양한 이슈로 확대되고, 국가 간 자유무역협정이 활성화되면서 관세부과의 중요성은 많이 퇴색하였다.

둘째, 무역장벽규정은 1980년대 이후 유럽연합의 통상정책 조치가 미국과 여타 국가에 비해 미흡하다는 회원국의 불만에 따라 강구된 것이다. 무역장벽규정은 1984년 9월 이사회규정(Regulation 264 / 84)을 통해 제정되어 1995년 1월부터 발효된 조치로 유럽연합의 신통상정책 조치(New Commercial Policy Instrument)로 간주된다. 신통상정책에는 미국의 슈퍼 제301조와 유사한 맥락에서 역외국가의 불공정 무역에 대응하는 여러 조치를 담고 있다. 신통상정책

조치가 미국의 통상법 제301조와 다른 점은 역외국가의 불공정 무역관행에 대한 제재뿐 아니라 국제무역 규범에 따라 그 정책 대상과 제재범위를 유연하게 확대할 수 있다는 것이다. 따라서 유럽연합의 무역장벽규정은 미국의 슈퍼 제301조보다 더욱 강력한 무역제제 규정이라 할 수 있다. 본 규정에 따라 유럽연합은 보복관세 부과, 기존에 합의된 무역양허의 철회 및 중단, 피해유발 해당국가의 수입품에 대한 관세인상 및 수량제한 그리고 수입과징금 부과 등 모든 통상정책 수단을 강구 할 수 있다.

셋째, 수량제한 및 자율수출규제는 유럽연합이 역내시장 기업보호를 위해 취하는 구체적인 정책이다. 수량제한은 비관세장벽(NTBs) 중 가장 대표적인 조치로 해당국에 대한 일종의 쿼터부과로 수입품의 수량을 제한하는 조치이다. 그러나 수량제한은 명백한 수입제한 조치로 1990년대 들어 거의 철폐되었다. 한편 자율수출규제는 역외국과 쌍무협정을 통해 수출국에서 자율적으로 수출을 제한하는 조치이다. 자율수출규제는 표면상 수량제한보다 온건한 무역규정이지만 실제 효과는 양자가 유사하다. 본 조치는 역외국가와의 협상을 통해 정해진 기간 동안 수입쿼터를 정하고 수출국은 자발적으로 이를 이행하는 형태를 취한다. 자율수출규제는 1970년대에 유럽연합의 경쟁력이 취약한 섬유에 많이 부과되었으나 이후 자동차, 전자 등 여러 부분으로 확산되었다.

3 대외통상정책의 운영 구조

1) 대외통상협정 권한과 유형

① 대외통상협상 관할권

유럽연합 회원국들은 개별적으로 WTO의 가입국이면서도, 대외통상협상에서는 집행위원회가 회원국의 위임을 받아 단일의 협상주체로 기능한다. 이에 따라 집행위원회는 대외적인 다자 간, 양자 간 통상협상에서 회원국들을 대표하는 단일의 행위자로 기능한다. 이러한 이유는 무역정책이라는 근본적 속성에서 비롯된다. 냉전시기 국제무역은 시장의 역동성뿐 아니라, 다자 간 통상협상에서 협상력을 제고하기 위해 국가의 정치적 능력이 요구되었다. 또한 동시기에 국제무역은 효과적인 외교정책 시행을 위한 일종의 정치적 무기로 활용되었다. 그러므로 냉전시기 유럽연합 회원국은 이러한 국제무역의 속성을 인식하고 집행위원회에 전권을 위임한 것이다.

그러나 회원국들이 집행위원회에 권한을 위임하였어도, 회원국이 여기에서 완전히 정치적 영향력을 포기한 것은 아니다. 탈냉전 이후 시장에서 국가의 전략적 개입 여지가 축소되면서 국제무역은 원래의 경제적 기능을 회복하였고 이 과정에서 유럽연합 회원국 간 동질적인 목적이 분열되기 시작하였다. 결정적으로, 1990년대 초 우루과이라운드협상을 분기점으로 집행위원회의 전권적 권위에 대한 효용성이 의문시되면서 회원국 간 갈등이 일었다. 1990년대 초 일부 회원국은 주권제약을 들어 집행위원회에게 신 통상이슈에 관한 대외무역 협상권 위임에 반대를 표명하였다. 또한 우루과이라운드 과정에서도 프랑스는 집행위원회가 행한 농업부분 협상결과에 불만을 품고 강력히 저항하였다.

이러한 회원국과 집행위원회 간 통상정책을 둘러싼 대립은 1992년 마스트리히트조약 체결 과정에서도 재현되었다. 당시 조약 체결 과정에서 집행위원회는 서비스, 투자, 지적소유권의 관할을 주장하였다. 집행위원회는 양자 간 혹은 다자 간 협상에서 유럽연합이 보다 강력한 협상우위권을 확보하기 위해서는 상품교역 이외에도 신통상 이슈가 공동통상정책에 포함되어야 한다는 주장을 펼쳤다. 즉 집행위원회가 투자, 서비스 및 지적소유권 등 새로운 통상이슈까지 권한을 위임받아야 협상과정에서 이슈 간 연계와 일괄타협(package deal) 등 폭넓은 전략을 구사할 수 있다는 것이다. 그러나 일부 회원국들의 반대로 신 통상이슈에 관한 관할권 배분은 보류되었다.

이에 따라 1990년대를 넘어오면서 통상협상의 결과가 어느 한 회원국의 이익에 피해를 줄 경우, 집행위원회가 강력한 협상력을 발휘할 수 없게 되었다. 물론 이러한 이유는 제도적 허점에서도 유래하였다. 대외통상협상을 진행하려면 집행위원회가 각료이사회에 위임권을 신청하여 승인을 얻어야 한다. 또한 집행위원회가 대외무역협상에서 최종적인 서명주체이지만 사전에 그 결정은 각료이사회에서의 다수결 표결에 의해 이루어진다. 이 과정에서 회원국들이 협상내용에 이의를 제기하면 집행위원회가 대외협상에서 응집된 협상력을 발휘할 수가 없다. 한편 유럽연합과 회원국 간 통상정책을 둘러싼 관할권 다툼은 산업구조의 변화에서도 기인한 것이다. 1990년대 이후 새로운 서비스와 기술개발에 따라 급격한 시장환경의 변화를 동반하면서 국가 간 새로운 경쟁구조가 생성되었다. 급격한 경제구조의 변화로 회원국 경제가 재편되면서 신산업에서 경쟁우위를 확보한 일부 국가들은 국제무역 협상에서 집행위원회에 대한 권한 위임보다 독립적 권한행사를 선호하게 된 것이다.

이후 1997년 암스테르담조약 체결 과정에서는 집행위원회가 이전보다 유연한 자세로 나와 서비스와 같은 이슈에 한해 각료이사회가 만장일치 표결을 통해 집행위원회에게 권한을 위임토록 요구하였다. 당시 집행위원회는 공식적인 조약수정 대신에 각료이사회의 정치적 판단에 따른 유연한 권한 위임방식을 제기한 것이다. 이러한 집행위원회의 전략은 서비스와 지적재산권과 같은 새로운 통상이슈에서 일부 회원국의 강한 집착으로 조약을 통해 권한 위임이 힘들었기 때문이다. 그러나 회원국들은 새로운 무역이슈는 국가의 고유한 주권적 영역이므로 초국가적 조치는 당분간 유보하기로 결정하였다. 이에 따라 이후 각료이사회가 만장일치 표결을 통해 신통상이슈에서 집행위원회에게 권한을 위임한 사례는 한건도 발생하지 않았다.

2001년 니스조약(Treaty of Nice)을 통해 몇몇 서비스 분야의 관할 권한이 유럽연합으로 이전되었지만 교육, 보건의료 및 시청각 등 회원국 간 이해가 첨예한 분야는 제외되었다. 그러나 2007년 체결한 리스본조약(Treaty of Lisbon)을 통해 대부분의 통상정책이슈는 유럽연합의 관할이 되었다. 다만 시청각, 보건, 교육 등은 회원국의 문화와 언어적 다양성에 영향을 미치는 이슈이므로 대외무역협상 결과는 반드시 회원국의 만장일치 찬성을 요한다.

② 대외통상협상 방식

표면상 공동통상정책의 가장 큰 정책기조는 완전한 관세철폐를 통한 국제무역의 자유화이다. 유럽연합은 제3세계에 대한 일반특혜관세(GSP)의 확대와 같은 조치를 통해 단일시장 접근을 보장하고 있다. 이러한 정책기조를 구현하기 위해 유럽연합은 대외무역관계에서 있어 대상국과 이슈에 따라 쌍무(bilateral), 다자(multilateral) 그리고 유사한 이슈를 한데 묶은 일괄협정(plurilateral agreements) 등의 방식을 활용하고 있다.

첫째, 쌍무 간 관계는 주로 유럽연합 가입을 앞둔 준회국과 체결하는 가입협정(association agreements) 및 역외국가와의 자유무역협정(FTA)을 말한다. 유럽연합이 체결하는 가입협정과 자유무역협정은 통상이슈 이외에 투자, 지적소유권, 노동규정 등과 같은 다양한 통상관련 이슈까지 포함되는 것이 일반적이다. 또한 쌍무관계에서는 유럽연합과 개별 국가 간 무역협정 이외에도 유럽연합과 남미시장공동체(Mercosur)와 같이 지역 대 지역(region to region) 간 협정 역시 존재한다. 유럽연합은 쌍무협정을 통해 양측 간 시장개방뿐 아니라 낙후지역이나 제3세계의 경우 경제사회적 지원도 병행한다.

둘째, 다자 간 관계는 주로 WTO와의 다자 간 라운드(round)를 통해 유럽연합의 이해관계를 구현하는 방식이다. 유럽연합은 수차례 진행된 GATT의 다자간 라운드에서 미국과 함께 관세인하에 결정적인 기여를 하였다. 특히 유럽연합은 우루과이라운드에서 농업과 서비스산업 등 기존 다자 간 라운드에서 다루어지지 않았던 신 통상이슈의 규정 제정에 많은 영향력을 행사하였다. 그러나 우루과이라운드를 계기로 회원국 정부는 일부 이슈에서 국가 고유의 권한을 주장하게 되었다. 그럼에도 유럽연합은 여전히 다자 간 무역라운드의 지배적 행위자로 이후 도하라운드에서는 새로운 국제무역규범에 소극적인 미국을 대신하여 무역자유화에 주도적 역할을 하였다.

끝으로, 일괄협정은 특정 이슈에 대하여 유럽연합이 체결하는 국제적 협정이다. WTO의 지원을 받아 체결한 공동조달협정(GPA: Agreement on Government

Procurement) 및 국제민간항공무역협정(Agreement on Trade in Civil Aircraft) 등은 대표적 경우이다. 이외에도 OECD의 지원을 받아 체결한 투자협정(Agreement on Investment)도 이러한 범주에 속한다. 일괄협정의 경우 사안에 따라 유럽연합과 별개로 개별 회원국이 협정을 취하는 경우도 있었다. 그러나 리스본조약 이후 투자 및 서비스 부분은 유럽연합의 관할권으로 귀속되어 향후 일괄협정은 유럽연합이 단일행위자로 기능할 것이다.

2) 자유무역협정(FTA)

자유무역협정(FTA)은 유럽연합운영조약 제206조(TFEU Art. 206)에 명기되어 있는 공동통상정책의 목적을 구현하는 가장 일반적인 전략이다. 유럽연합은 다음과 같은 목적에서 적극적인 자유무역협정 전략을 취하고 있다. 첫째, 세계무역의 양대 축인 미국이 그 동안 자유무역협정에 소극적인 입장을 고수해왔는데 1990년대 이후 적극적 입장으로 선회하면서 유럽연합 역시 이에 대응하여 자유무역협정의 확대를 꾀하고 있다. 둘째, WTO의 다자 간 무역체제는 회원국이 너무 많기 때문에 국가 간 협상에 많은 시간과 비용을 요한다. 따라서 급변하는 통상환경에 능동적으로 대처하기 위해 유럽연합은 비교적 단기간 타결이 용이한 자유무역협정을 선호하게 되었다. 셋째, 자유무역협정은 여러 정치적 고려에서도 필요한 사안이다, 미국의 경우 안보와 평화유지 등 정치적 목적으로 자유무역협정전략을 활용하였다. 1985년 체결된 미국과 이스라엘 간 자유무역협정은 이스라엘의 안보능력 향상을 통해 중동평화의 강화라는 정치적 목적이 개입된 것이다. 이러한 점을 볼 때 안보와 외교력이 미국에 비해 열세인 유럽연합이 주요 국가들과 자유무역협정에 적극적인 것은 자연스러운 현상이다.

유럽연합이 체결한 최초의 자유무역협정(FTA)은 1973년 스위스와의 협정이다. 이후 유럽연합은 지속적으로 자유무역협정을 추진하여 2011년 기준 25건의 자유무역협정을 체결하였으며, 12건의 자유무역협정은 협상 중에 있다. 또한 유럽연합은 15건의 자유무역협정을 검토 중에 있어 향후 자유무역협정 체결국이 괄목하게 증대될 전망이다.

유럽연합의 이러한 적극적인 자유무역협정 조치는 비교적 최근에 이루어진 것이다. 유럽연합은 1990년대 말까지 다자 간 협상인 WTO의 도하개발협상(DDA)에 전념하기 위해 양자 간 무역협정은 추진하지 않는다는 입장을 견지하여왔다. 그러나 유럽연합은 2000년대 이후로 지중해 연안국가, 남아공, 멕시코, 칠레, 남미공동시장 등과 적극적으로 자유무역협정 협상을 추진하고 있다.

<표 4-16> 유럽연합의 자유무역협정 체결국

체결 현황	체결 국가
자유무역협정 기체결 지역 및 국가 (25개)	▪ EFTA 4개국 (스위스, 노르웨이, 아이슬란드, 리히텐슈타인) ▪ 카리브 경제공동체(CAFIFORUM) 5개국(앙골라, 도미니카공화국, 프랑스카리브영역, 네덜란드 앤틸리스, 미국 버진아일랜드) ▪ 해외영토(OCTs) 20여개 소지역 ▪ 기타 22개국 (남아프리카공화국, 레바논, 멕시코, 모로코, 몬테네그로, 보스니아헤르체고비나, 세르비아, 시리아, 안도라, 알바니아, 알제리, 요르단, 이스라엘, 이집트, 칠레, 크로아티아, 터키, 튀니지, 팔레스타인자치정부, 한국, 마케도니아, 페로제도)
협상 중인 국가 및 지역 (12개)	▪ 아프리카, 카리브해 및 태평양도소국가(ACP) 46개국 ▪ ASEAN 10개국 ▪ 중미공동시장(CACM) 5개국 ▪ 남미공동시장(MERCOSUR) 6개국 ▪ 걸프협력회의(GCC) 6개국 ▪ 기타 7개국(리비아, 에콰도르, 우크라이나, 인도, 캐나다. 콜롬비아, 페루)
검토 중인 국가 및 지역 (15개국)	▪ 그루지야, 러시아, 몰도바, 벨라루스, 아제르바이잔, 코소보, ▪ 베트남, 싱가포르, 이라크, 이란, 파키스탄, 일본, 중국, 카자흐스탄, 말레이시아

출처: 이종서, 송병준, 『유럽연합의 대외정책』, 서울, 높이깊이, 2011, p. 202.

특히 2006년 7월 WTO 도하협상이 결렬됨에 따라 유럽연합은 자유무역협정에 더욱 주력하고 있다.

유럽연합의 자유무역협정에 관한 입장 변화는 2006년 말에 발표된 통상정책보고서인 '글로벌 유럽(Global Europe: Competing in the World)'을 통해 확인할 수 있다. 본 보고서에서 유럽연합은 통상정책이 유럽경제의 성장과 고용촉진에 기여하는 방향으로 추진되어야 한다는 방침을 제기하였다. 이를 위해 주요 교역상대국에 대해 시장개방과 공정무역을 적극적으로 요구해야 한다고 역설하였다. 이러한 보고서 내용에 따라 이후 유럽연합은 한국, ASEAN 및 Mercosur 등을 최우선 자유무역협정 대상으로 고려하여 한국-유럽연합 자유무역협정이 2010년 10월 정식 서명되어 2011년 7월 잠정 발효되었다. 리스본조약 이후 직접투자까지 유럽연합 관할권이 되었다. 그러나 한국-유럽연합 자유무역협정은 유럽공동체조약(TEC)에 의거해 협상이 진행되었기 때문에 투자관련 부분은 제외되어 있다.

3) 제3세계와의 특혜적 무역협정

유럽연합은 역외국가에 대해 공동역외관세를 부과하지만, 일부 국가들에게는 예외적 조건을 통해 무관세 및 관세인하 특혜를 부여하고 있다. 유럽연합과 관세동맹이 체결된 대표적인 국가는 터키로 이는 향후 터키의 유럽연합 가입을 전제한 조치이다. 이와는 별개로 행해지는 제3국과의 예외적인 경제적 협력관계는 주로 구 식민지 국가를 대상으로 한다. 튀니지, 알제리 및 모로코 등을 포함한 프랑스의 구식민지 국가들인 마그레브(Maghreb)에 대한 경제적 지원이 그 예이다. 또한 ACP 국가와의 무역협정 역시 대표적 경우이다.

ACP국가들은 사하라 사막 이남 아프리카, 카리브해 지역의 도서국가 그리고 태평양 도서(The islands of the Pacific)에 산재한 국가들을 말한다. 이들 국가는 대부분 유럽의 과거 식민지 국가들이다. 1950년대 당시 유럽경제공동체 회원국 중 벨기에 프랑스와 네덜란드는 여전히 식민지를 보유하고 있었고 이탈리아 역시 소말리아를 통치하고 있었다. 이에 따라 회원국들은 로마조약에 회원국의 해외영토(OCTs: Overseas Countries and Territories)를 명기하여 특별한 관계설정을 명시하였다. 특별한 관계설정은 주로 유럽경제공동체 시장에 대한 접근보장과 비차별적인 특혜무역을 말한다.

1960년대 들어 사하라사막 이남 프랑스식민지들이 대부분 독립하면서 유럽연합은 구 식민지국가에 대한 기득권 확보를 위해 이들 국가와 특혜적 무역관계를 적극적으로 추진하였다. 유럽연합은 1963년 7월 사하라사막 이남 아프리카 18개국과 카메룬의 수도 야운데에서 1차 야운데협정(Yaoundé I Convention)을 체결하였다. 본 협정을 통해 유럽연합은 이들 국가들의 주요 수출품인 열대농산물에 대한 관세를 철폐하고 비차별적인 무역정책을 제도화하였다. 1969년에는 2차 야운데협정(Yaoundé II Convention)을 맺고 1975년까지 지원을 하였다. 2차 야운데협정 발효기간에 영국이 유럽연합에 가입하면서 야운데협정 대상국은 영국의 구 식민지인 카리브 해 및 태평양 도서 국가들까지 포함하게 되었다. 이와 같이 양 측에서 협정체결국이 증가하였지만 실제 협정을 통한 양측관계의 발전은 미미하였다.

이에 따라 유럽연합은 야운데협정의 연장 대신에 1975년 2월 아프리카 토고의 수도 로메에서 1차 로메협정(Lomé Convention I)을 새롭게 체결하였다. 1975년 당시 유럽공동체 9개국과 45개 ACP 국가들 간에 체결된 로메협정은 양측 간 경제·사회 협력을 담은 포괄적 협정이다. 유럽연합은 본 협정을 통해 선진국과 개도국 간 협력모델을 창출한다는 목표로 특혜무역을 비롯한 다양한 경제적 지원을 행하였다. 실제로 ACP 국가들은 유럽연합으로부터 1차 산품의 경쟁력 강화를 위한 지원을 받고, 최혜국 대우를 통해 단일시장 접근을 보장받았다. 유럽연합은 경제적으로 낙후된 이들 국가들이 유럽연합의 단일시장 진출에 어려움이 따른다는 점을 고려하여 상호주의 원칙보다는 일종의 최혜국 대우(MFN)를 통해 역내 수출을 지원한 것이다, 동시에 유럽연합은 아프리카, 카리브 및 태평양 도서 국가의 산업발전을 위해 1차 산품의 과도한 수출의존 구조를 개선하는 프로그램을 실행하였다. 이후 유럽연합은 1979년과

1985년에 각각 2, 3차 로메협정(Lomé Convention Ⅱ · Ⅲ)을 체결하였다. 뒤이어 유럽연합은 우루과이라운드협정(Uruguay Round Agreement) 체결로 급변하는 국제무역시스템에 대응하기 위해 4차 로메협정(Lomé Convention IV)을 체결하였다.

2000년대 들어 유럽연합은 로메협정의 재연장 대신에 코토노우협정(Cotonou Agreement)을 채택하였다. 2000년 3월에 체결된 본 협정은 2020년 2월까지 20여 년간 유효한 한시적 협정이다. 코토노우협정을 체결한 ACP 국가는 2011년 기준 사하라사막 이남의 아프리카 국가 48개국, 카리브 해 지역의 16개국 및 태평양의 15개국을 포함하여 총 79개국에 달한다. 코토누협정은 유럽연합의 일방적인 무역특혜와 지원이 ACP 국가의 산업발전과 양 측간 무역확대에 별다른 진전을 보이지 않았다는 비판에 따라 만들어진 것이다. 1976년 유럽연합 시장에서 ACP 국가의 수출비중은 6.7%를 점하였으나 1998년에는 3%로 하락하였다. 또한 10여 개에 달하는 ACP 국가들의 1차 상품이 유럽연합으로의 수출규모에서 약 60%를 점할 정도로, ACP 국가들의 산업발

<표 4-17> 유럽연합과 ACP 국가 간 협정

연도	협정	협정체결 ACP 국가 수
1964	1차 야운데협정(Yaoundé I Convention)	18개국
1969	2차 야운데협정(Yaoundé II Convention)	
1973	1차 로메협정(Lome I Convention)	46개국
1979	2차 로메협정(Lomé II Convention)	58개국
1984	3차 로메협정(Lomé III Convention)	65개국
1989	4차 로메협정(Lomé IV Convention)	68개국
1995	4차 로메협정 수정	70개국
2000	코토노우협정(The Cotonou Agreement)	77개국
2005	코토노우협정 1차 수정	79개국

출처: 이종서, 송병준 (2011), 『유럽연합의 대외정책』, 서울, 높이깊이, p.190.

전이 지체되었다. 그 동안 유럽연합이 행한 특혜무역의 혜택 역시 아이보리코스트, 짐바브웨이 및 자마이카 등 몇몇 국가에 한정되었다. 이에 따라 유럽연합은 코토노우협정을 통해 ACP 국가들이 수출로 인한 이익을 안정적으로 확보하도록 세금유예나 특별감세와 같은 다양한 혜택을 제공하고 있다.

제 3 절 공동농업정책

1 공동농업정책 배경

1) 공동농업정책의 출범: 만숄츠계획(Mansholt Plan)

공동농업정책은 유럽통합의 성과를 대표하는 공동정책이며 동시에 회원국 간 합의에 의해 만들어진 정책의 개혁이 얼마나 어려운가를 보여주는 실례이다. 농업분야는 경제사회적 중요성과 상징성에 의해 가장 먼저 초국가화된 공동정책으로 실행되었다. 주목할 사실은 농업정책은 단일시장 및 통상정책과 같은 규제적 정책(regulatory policy)과 달리 많은 예산을 요하는 일종의 재분배정책(re distribution policy)의 성격을 갖는다. 따라서 1960년대 유럽통합 초기에는 당시 유럽공동체 예산의 약 70% 정도가 공동농업정책에 배정되었다. 이러한 과도한 예산배정 구조를 시정하기 위해 그 동안 수차례의 개혁조치가 있었지만 현재에도 관련 정책과 프로그램을 포함하여 유럽연합 전체 예산의 약 1/3을 점하는 정책으로 여전히 지속적인 개혁의 대상이 되고 있다.[9]

공동농업정책은 회원국 간 원천적인 경쟁력의 격차에 기인하여 회원국 확

9) Alex Warleigh-Lack, European Union the Basic, London, Routledge, 2009, pp. 66-67.

대(enlargement) 과정에서 가장 논란이 많은 정책이 되어 왔다. 동시에 본 정책은 역외 국가와 국제무역기구(WTO)로부터 시장 보호주의적 정책이며, 국제무역을 왜곡하는 대표적인 정책으로 지목되어 왔다. 이에 따라 유럽연합은 대외경제관계에 있어 항상 공동농업정책과 공동통상정책을 연계하여 정책을 취하여 왔다. 1992년에 타결된 WTO의 우루과이라운드는 대표적인 예이다.

초기 공동농업정책은 제2차 세계대전 이후 유럽의 만성적인 식량난을 해결하기 위해 농업구조의 합리화를 통해 농업생산성을 획기적으로 향상한다는 목적에서 시작되었다. 또한 소비자에게는 농산물의 안정적인 공급을 통해 합리적인 가격을 보장한다는 목적 역시 내재하였다. 이에 따라 본 정책에서는 농민들의 수입을 보존하기 위해 다양한 보조금 지급과 역외농산물 수입에 대한 차별적 조치가 병행되었다. 나아가 여기에는 프랑스와 독일 간 유럽통합을 둘러싼 이해관계의 일치 그리고 도시와 농촌 간 소득격차 완화로 급진주의자들의 출현을 막으려는 정치적 동인 역시 내재되었다.

공동농업정책은 1957년에 체결한 로마조약 제37조(Art. 37)에 명기되었다. 이에 따라 조약이 발효된 1958년 7월 당시 6개 유럽공동체 회원국들은 스트레사회담(Stresa Conference)을 개최하여 1962년부터 공동농업정책을 실행키로 합의하였다. 당시 회담에서 합의된 정책의 기본목적은 시장통합(market unity), 공동체의 선호(Community preference) 및 재정연대(financial solidarity) 등으로 압축된다. 당시 계획안에는 유럽연합에 내에서 농산물의 완전한 자유무역과 역내 농민들의 경제적 이해를 위해 역외국가에 대한 차별적인 조치 등이 포함되었다. 이러한 목적을 위해 농민 및 농축산물 생산업자를 중심으로 공동시장조직(OMOs: Common Market Organizations)이 구성되었다. 공동시장조직은 가격보장(guaranteed price), 공적인 시장개입시스템(public intervention system) 및 역외 농산물 수입에 대한 다양한 세금부과(variable levies) 등이 포함되었다.

이러한 조치 이후 농업정책 구상을 맡은 만숄츠(Sicco Mansholt)는 유럽연합 차원의 보조금 지급을 통해 역내 농산물의 안정된 가격보장을 핵심으로 한 공동농업정책을 발표하였다. 만숄츠의 구상은 이른바 마라톤협상(agricultural marathon)이라 불리는 회원국 간 오랜 논쟁을 거쳐 1962년부터 시행에 들어갔고 1968년부터 모든 농산물에 대한 유럽연합 차원의 공동시장이 정착되었다. 결국 1960년대에 만들어진 농업합리화와 시장통합, 농민보호 및 역내농산물 시장의 보호라는 정책목적은 이후 공동농업정책의 기조로 자리 잡았다.[10]

2) 농업지도보증기금(EAGGF) 설립

농업지도보증기금(EAGGF: European Agricultural Guidance and Guarantee)은 1962년 각료이사회 규정(Regulation 25/1962)에 의해 설립된 공동농업정책 실행을 위한 기금이다. 본 기금은 1960년대에 유럽연합 전체 예산의 대부분을 차지하였다. 이후 유럽연합에서 농업의 상대적인 중요성이 감소하면서 농업지도보증기금을 포함한 농업부분이 유럽연합 예산에서 차지하는 비율은 지속적으로 감소하였다. 1986년에는 농업부분이 유럽연합 예산의 65.1%를 점하였으나 2000년에는 53.8% 그리고 2004년에는 42.4%로 감소하였다. 현재에도 농업부분의 지출은 강제지출(compulsory expenditure)로 분류되어 농업과 관련된 여러 정책을 포함하여 약 유럽연합 전체 예산의 40% 수준을 유지하고 있다. 이러한 규모는 결속정책 및 구조기금 등 지역정책 관련 예산과 유사하다.

초기 농업지도보증기금의 대부분을 차지하는 보증부분(Guarantee)은 공동농업정책의 핵심인 농산물 가격안정과 가격지지 제도의 유지를 위해 만들어졌다. 당시 유럽연합은 개별 농산물마다 목표가격(target price)을 정하고 이후 농업지도보증기금을 통해 본 가격을 보장해주었다. 한편 지도부문(Guidance)은 공동농업정책의 구조적 문제를 다루지만 그 동안 관련정책이 활발히 시행되지는 않았다. 그러나 1992년 농업정책 개혁과 마스트리히트조약에 경제사회적 결속(economic and social cohesion)에 관한 내용이 포함되면서 지도부분

10) Helen Wallace et al. op. cit., pp.182-183.

의 중요성이 부각되었다. 이에 따라 지도부분은 결속정책(cohesion policy)의 주요 재원인 구조기금(structural fund)과 함께 농업구조 개혁을 통한 농촌지역 발전정책에 사용되었다. 이후 지도부분은 2005년 이사회 규정(Regulation 1290/2005)에 의해 유럽농업보증기금(EAGF)과 유럽농업농촌발전기금(EAFRD)으로 대체되었다.

공동농업정책 실행 이후 유럽연합에서는 농업지도보증기금의 과도한 예산 규모가 항상 비판의 대상이 되어왔다. 이에 따라 1980년대 말 단일시장 계획의 출범과 함께 농업부분에 대한 개혁이 이루어져 1988년 들로르 패키지(Delors Package I)를 통해 농업지도보증기금의 지출 수준이 제한되었다. 이후 유럽연합은 1992년 두 번째 들로르 패키지(Delors Package Ⅱ)를 통해 농업지도보증기금의 구조개혁을 단행하였다. 이에 따라 본 기금은 농산물의 판매촉진과 농촌지역의 자연재해예방 및 농업지대의 생활조건 개선 등의 사업 등에도 활용되고 있다.[11]

2 공동농업정책 내용

1) 공동농업정책 원칙

① 시장통합(market unity)을 통한 가격보장(guaranteed price)

가격보장정책은 제2차 세계대전 이후 부족한 농산물 생산량을 획기적으로 개선한다는 공동농업정책의 가장 중요한 정책기조이다. 농업시장은 기후조건과 자연재해 등 불가항력적 요인에 의해 원천적으로 불안정하다. 따라서 공공의 이익을 위해 시장기제 이외에 제 3자의 개입을 통해 생산부분에 대한 가격보장이 뒤따라야 한다. 이러한 논리로 1960년대 초 당시 유럽공동체는 유럽

11) Michelle Cini and Nieves Perez-Solorzano Borragan eds op. cit., pp.342-343.

차원에서 농업시장을 통합하여 보조금 지급을 통해 농가수입을 보존하고 농업생산 확대를 꾀하였다. 또한 필요하다면 유럽연합은 시장에 직접 개입하여 가격하락으로 야기될 농민의 수입 감소를 차단하였다. 농산물 과잉생산은 시장원리에 의해 가격하락을 야기하여 결과적으로 농가수입 감소로 이어진다. 따라서 본 단계에서 유럽연합이 통합된 농산물 시장에 개입하여 개입가격(intervention price)을 정하고 과잉농산물을 구매하여 개입가격선에서 농산물 가격을 안정화시키는 정책을 취하였다.

이러한 가격보장정책은 유럽연합이 비용을 지불하여 농업생산을 확대한다는 취지에서 비롯된 것이지만 그러나 실제로는 1969년대 당시 공동농업정책을 주도한 프랑스와 독일의 정치적 합의가 낳은 산물이다. 1960년대 초 독일의 곡물생산 구조는 매우 비효율적이면서 농민들의 정치적 영향력이 막강하였다. 반대로 프랑스는 동 분야에서 효율적인 생산구조에 따라 독일보다 상대적으로 낮은 곡물가격을 유지하였다. 따라서 프랑스는 높은 비용을 지출하며 고가격정책을 취할 동인이 적었다. 하지만 독일이 공동농업정책 재정에 가장 큰 기여를 하는 회원국이므로 독일의 입장을 수용하여 프랑스 농가는 큰 재정적 이해를 얻게 되었다. 이러한 양국 간 정치적 이해에 따라 높은 비용을 지불하는 비효율적인 가격보장 시스템이 도입되었다.

② 공동체의 선호(Community preference)와 손실보존(reimbursements)

역내 농산물가격은 농가수입 보전을 위해 가격이 고정되어 있다. 문제는 역외에서 보다 저렴한 농산물의 수입이 이루어지면 역내의 고가격구조를 유지할 수 없다는 사실이다. 이에 따라 유럽연합은 값싼 농산물 수입을 억제하기 위해 다양한 관세를 부과하여 역외 수입농산물을 역내가격 수준으로 높이는 정책을 취하여 왔다. 또한 유럽연합에서 생산된 농산물은 높은 임금과 협소한 농가규모에 따라 일반적으로 세계시장가격보다 높다. 따라서 유럽연합은 가격경쟁력이 취약한 유럽연합 농산물의 수출을 위해 수출보조금과 유사한 효과를 내는 손실보존(reimbursements) 조치를 통해 농가의 수익을 보존하여 왔다.

③ 재정연대(financial solidarity)

유럽연합은 1960년대부터 고비용구조의 공동농업정책 유지를 위해 회원국 간 재정연대(financial solidarity)를 통한 공동책임 원칙을 정하고 공동기금(common fund)으로 농업지도보증기금을 설립하였다. 농업지도보증기금은 크게 지도(guidance)와 보증(guarantee)부분으로 구성되었는데 대부분의 공동농업정책 예산은 보증부분에 배정되었다. 이러한 이유는 보증부분이 정책의 핵심인 가격보장을 지지하는 시스템으로 많은 비용을 요하는 개입가격과 수출보조금 지급을 내용으로 하기 때문이다. 반면에 지도부분은 농업구조 개선을 위해 만들어졌다. 그러나 초기 공동농업정책이 농가수익 보장을 위한 가격지지 정책에 초점이 맞추어지면서 지도부분은 상대적으로 발전이 미비하였다.

2) 공동농업정책의 실행과 문제점

공동농업정책은 유럽통합의 상징이면서도 회원국 간 끊임없는 갈등을 야기한 논쟁거리가 되어 왔다. 공동농업정책이 만들어질 당시 회원국들은 서로 다른 농업구조와 관련 국내정책을 갖고 있어 초기부터 갈등이 끊이지 않았다. 그럼에도 초기 공동농업정책은 농산물 생산 증대를 통해 만성적인 식량부족 현상을 해소한다는 목적을 달성하였다. 그러나 공동농업정책은 1962년 시행 이후 10여년도 지나지 않아 '호수를 이룬 우유와 산을 덮은 버터(Butter Mountain and Wine Lake)'라는 표현처럼 농산물 과잉생산 문제를 야기하였다. 생산된 농산물은 일정한 수준에서 가격이 보장되므로 농민들은 시장수요와 무관하게 생산량을 확대하면서 이러한 문제가 야기된 것이다. 그럼에도 유럽연합은 보조금 지급을 통한 가격지지정책을 고수하면서 결국 재정압박에 봉착하였다. 이에 따라 유럽연합은 역내 농산물의 과잉생산 문제를 해결하기 위해 적극적인 농산물 수출정책을 추진하였다. 그러나 세계시장보다 높은 유럽연합 농산물의 수출을 위해 수출보조금을 남발하면서 오히려 재정압박은 더욱 커졌다. 이 결과 과잉농산물 문제는 1970년대 이후 공동농업정책에서 가장 중요한 문제로 대두되었다.

더욱 심각한 문제는 공동농업정책을 유지하기 위해 막대한 예산이 소요되면서 보다 중요한 여타 정책의 실행을 제약한다는 것이다. 이에 따라 공동농업정책은 가장 빈번하게 거론되는 정치적 의제이며 회원국 간 갈등을 야기하는 이슈가 되었다. 영국은 1970년대 이후 프랑스가 공동농업정책의 최대 수혜국이라는 사실을 제기하며 끊임없이 정책개혁을 요구하여 왔다. 또한 1990년대에도 회원국 확대가 예정된 중동유럽국가들이 가입협상 과정에서 유럽연합으로부터 보다 많은 농업지원금을 얻어내려고 하였으며 이 과정에서 프랑스는 기존의 기득권을 고수하면서 갈등을 낳았다.

물론 1970년대 이후 공동농업정책의 개혁이 지속적으로 이루어졌다. 그러나 이러한 개혁은 회원국 간 이해관계 다툼과 농민들의 저항으로 약간의 재정지출 규모 축소에 머물렀다. 유럽연합은 1981년에 작물가 보장 상한선 설정 그리고 1984년에는 우유생산 쿼터제를 도입하였다. 이어서 1987-8년에는 곡물생산에서 최대보장수량(MGQ: Maximum Guaranteed Quantities)제를 도입하고 1988-9년에 이러한 본 제도롤 여타 농산물 분야에까지 확대하였다. 이러한 변화에도 불구하고 농산물 가격보장이라는 초기 정책목적이 그대로 유지되면서 재정압박은 여전히 지속되었다.

이와 같이 유럽연합이 근본적인 해결책 없이 부분적인 개혁만을 이끌어낸 것은 기본적으로 공동농업정책이 재분배정책(redistribution policy)의 성격을 지녀 주요한 결정은 이사회를 중심으로 회원국 간 정치적 타협에 놓여 있기 때문이다. 각료이사회에 참여하는 회원국 장관들은 자국의 농민단체와 정부로부터 보다 많은 예산확보라는 압력에 노출되어 있다. 또한 회원국 간 농업구조와 주력 품목이 상이하다. 그러므로 회원국들은 자국생산 농산물의 높은 가격유지를 위해 여타 회원국에서 생산한 농산물의 고가격을 지지할 수밖에 없는 구조이다. 이에 따라 집행위원회가 비용감소를 위해 제시한 여러 제안들은 각료이사회 내 농업이사회에서 좀처럼 정치적 합의를 이끌어내지 못하였다.

또한 공동농업정책은 유럽연합 기구뿐 아니라 유럽차원의 농민단체, 회원국의 농업관련 단체와 산업계가 깊숙이 관여하는 구조이다. 따라서 회원국은 공동농업정책의 문제점을 인식하면서도 국내에서 정치적 지지를 잃지 않기 위해 집행위원회의 개혁에 노골적으로 찬성할 수 없다. 실제로 공동농업정책을 주도하는 프랑스와 독일의 경우 1970년대와 1980년대에 국내 농민단체들은 국내선거에 판도를 바꿀 정도로 강력한 정치적 영향력을 행사하였다.

프랑스의 경우 1950년대부터 국내의 양대 농업 이익집단인 FENSA(Fédération Nationale des Syndicats d'Exploitants Agricoles)와 CNJA(Centre National des Jeunes Agriculteurs)가 중앙정부의 농업정책에 지대한 영향을 행사하였다. 특히 FENSA의 경우 전통적으로 우파정부와 긴밀한 관계에 있지만 1980년대 프랑스에 좌파정부가 집권할 때에도 영향력을 행사하였다. 이와 같이 주요 회원국의 농민단체들이 중앙정부를 통해 공동농업정책 예산감축 계획을 저지하여 1990년대 초까지 농업은 가장 중요한 개혁대상이면서도 회원국들은 전면적 개혁을 노골적으로 주장하지 못하였다.[12)]

3 공동농업정책 구조와 정책 과정

1) 공동농업정책 네트워크

공동농업정책은 집행위원회와 각료이사회가 참여하는 전통적인 정책결정 방식으로 진행된다. 그러나 여타 공동정책과 달리 공동정책에 관여하는 농업이사회(Agriculture and Fisheries Council) 내부에서는 농업특별위원회(SCA: Special Committee on Agriculture)와 상주대표부(Coreper)가 깊숙이 관여한다. 또한 유럽연합 밖에서는 유럽의 최대 농업압력단체인 농업단체위원회(COPA: Committee of Agricultural Organizations in the European Union) 역시 정책과

12) Helen Wallace et al. op. cit., p.185.

정에 참여한다. 이러한 위원회와 압력단체의 개입으로 전통적으로 공동농업정책에서는 유럽의회의 권한이 제약되어 있다.

① 농업특별위원회

1960년 5월 각료이사회 결정(Decision)으로 설치된 농업특별위원회는 각료이사회 내에서 상주대표부와 함께 공동농업정책을 진행하는 기구로 그 동안 개혁과정에서 중심적인 역할을 하였다. 농업특별위원회는 농산물 시장의 기술적인 문제, 농업구조 및 농촌발전 문제 그리고 각료이사회는 식품안전과 농업예산 문제를 각각 다룬다. 농업특별위원회는 매주 월요일 정기 회합을 갖는데 본 회합에는 회원 각국에서 농업을 담당하는 고위관료들이 참여한다. 이러한 농업특별위원회는 공동농업정책과 유럽연합 농업시장에 관한 기술적 문제에 있어 최고 수준의 전문가들로 구성되어 있다. 이에 따라 농업특별위원회의 위원들은 후에 소속 국가에서 농업관련 장관으로 진출하는 경우가 빈번하다.

한편 각료이사회는 12개의 실무그룹(working parties)과 45개 부서로 구성되며 정책의 결정과 검토 그리고 의제구상 등을 담당한다. 실무그룹과 각 부서에서 제출한 안건은 농업특별위원회와 상주대표부의 검토를 거처 각료이사회에 제출된다. 이를 통해 각료이사회는 농업특별위원회의 법안 검토 이후 최종 결정을 내리고, 다시 집행위원회에게 이의 시행과 감독을 위임한다. 집행위원회의 경우 각료이사회에서의 농업관련 회합뿐 아니라 농업특별위원회 회합에도 참여하며 이사회사무국(General Secretariat of the Council)은 농업특별위원회의 업무를 지원한다.

② 농업단체위원회

공동농업정책에 관여하는 농업단체위원회(COPA)는 1958년 9월 유럽연합의 농민들이 집단적 이해관계 구현을 위해 자발적으로 조직한 압력단체로 1958년 당시 유럽경제공동체가 농업정책 추진을 위해 개최한 스트레사 회담에 옵서버로 참여하였다. 이듬해 9월 농업단체위원회는 유럽경제공동체와의 협력을 위해 농업협력회의(COGECA: General Confederation of Agricultural Cooperatives)

를 출범하였고, 농업단체위원회의 사무국(Secretariat)을 브뤼셀에 설립하였다.[13] 농업협력회의는 유럽연합 회원국 내 35개 정회원 단체와 4개의 협력단체로 구성되었고 이외에 비유럽연합 회원국내 36개 단체가 파트너로 참여하고 있다. 농업단체위원회는 당시 유럽경제공동체 6개국에서 13개 단체가 참여하였으며 현재는 27개 유럽연합 회원국 내 60개 단체와 비유럽연합 회원 4개국(아이슬란드, 노르웨이, 스위스, 터키) 내 36개 단체가 파트너로 참여하고 있다. 구체적으로 농업단체위원회의 활동은 다음과 같다.

- 공동농업정책 관련 이슈에 대한 의견 개진과 평가
- 유럽연합이 실행하는 농업관련 정책에 대한 이익 개진
- 농민단체간 이해관계 조정
- 유럽연합과 사회적 동반자(social partners) 관계를 통해 농업관련 이슈에서 유럽연합과 협력

농업단체위원회는 의결기구로 각 농민단체 대표와 농업협력회의 의장, 농업단체위원회 내 여성위원회(COPA Women's Committee) 의장과 유럽청년농업인회의(CEJA : European Council of Young Farmers)로 구성되는 의장단(Praesidium)을 두고 있다. 또한 산하에 50여개의 실무그룹(working group)을 두어 농산물 관련 이슈뿐 아니라 환경 및 농촌지역 발전과 같은 농업에 관련된 포괄적인 정책을 연구한다. 이러한 실무그룹에는 통상 농업협력회의도 참여한다. 동시에 농업협력회의 역시 별도의 실무그룹을 두고 있다.

농업단체위원회의 의장단은 공동농업정책과 관련된 일반적인 의사 개진을 위해 농업담당 집행위원과 정례화된 회합을 갖는다. 본 회합에서는 필요하다면 농업이슈 이외에도 대외무역 및 환경문제와 같은 관련 이슈도 다룬다. 또한 필요하다면 여타 집행위원과 집행위원장과도 회합을 갖는다. 물론 농업단체위원회는 압력단체이면서 전문가 집단으로 기술적 조언 등을 위해 집행위

13) 농업협력회의의 현재명은 유럽연합농업협력회의(General Confederation of Agricultural Cooperatives in the European Union)이다.

원회 내 자문위원회(Commission export groups)에도 참여한다. 이외에 농업단체위원회는 각료이사회와 유럽의회 뿐 아니라 유럽연합의 자문기구인 경제사회위원회(ESC: Economic and Social Committee)와도 밀접한 관계를 유지하고 있다. 특히 경제사회위원회에는 농업단체위원회를 대표한 위원도 참여하므로 양자는 더욱 긴밀한 관계에 있다.

2) 정책 과정과 특징

① 정책 과정

집행위원회와 각료이사회의 농업이사회는 공동농업정책을 결정하는 가장 중요한 양대 기구이다. 최종결정 권한을 갖는 농업이사회는 일반이사회(GAC)와 경제재무이사회(Ecofin)과 함께 가장 연원이 오래된 이사회로 공동농업정책 운영에서 핵심적인 기구이다. 농업정책은 기본적으로 자문절차(consultation procedure)에 의해 결정된다. 자문절차는 집행위원회의 정책 제안(proposal)에 대한 유럽의회의 자문과 농업이사회의 최종 결정 과정으로 구성되며 이후 집행위원회는 결정된 사안에 대한 정책집행과 감독을 맡는다. 이와 같이 유럽의회는 단순한 자문 역할로 권한이 제한되어 있다. 그러나 유럽의회는 유럽연합 예산의 의결권을 갖고 있기 때문에 예산배정과 집행 과정에서 간접적으로 공동농업정책에 관여 할 수 있다. 또한 식품안전과 같이 농업과 관련된 이슈는 공동결정절차가 적용되므로 유럽의회는 일부 농업관련 의제에서 집행위원회 및 각료이사회와 동등한 권한을 갖는다고 할 수 있다.[14)]

일반적으로 공동농업정책에서는 회원국들이 각료이사회를 통해 정책 가이드라인을 설정하는데 이 과정에서 회원국들 간에는 철저한 정부 간 협상논리가 적용된다. 정책 가이드라인에 따라 집행위원회의 입법제안이 이루어지므로 회원국 정부는 의제설정 단계에서부터 영향력을 행사한다고 볼 수 있다. 한편 자문절차에서는 집행위원회가 각료이사회를 통한 회원국 정부의 요구에 따라

14) Helen Wallace et al. op. cit., p.187.

입법을 제안하고 이후 유럽의회의 자문을 거친다. 이 과정에서 여타 공동정책과 달리 공동농업정책에서는 외부의 압력단체인 농업단체위원회(COPA)에도 제안이 제출된다. 필요하다면 유럽연합의 자문기구인 지역위원회(Committee of Regions)에도 제안이 제출되어 자문절차를 거친다. 한편 최종결정 이후 정책실행 과정에서는 입법사항이 회원국 정부에 직접 적용되므로 정책결정 단계와 마찬가지로 국내 의회는 공동농업정책 개입이 제약되어 있다.

그러나 이러한 기존의 공동농업정책 과정은 2007년 리스본조약 체결로 변화가 예상되고 있다. 리스본조약에서는 공동농업정책의 비논쟁적인 기술적 이슈의 경우 기존의 자문절차를 유지하되 주요한 정치적 문제는 공동결정 절차로 대치한다고 명기하였다. 공동결정 절차에서는 특성상 집행위원회, 각료이사회 및 유럽의회 간 엄격한 권력분립에 따라 협의 중심의 결정이 이루어진다. 이러한 점을 고려하면 기존에 공동농업정책 과정에서 단순한 자문 역할에 머물렀던 유럽의회의 권한이 현실화 될 것으로 예상된다. 이 경우 유럽의회 내부에서는 농업위워회(Committee on Agriculture)가 주도적인 역할을 수행할 전망이다. 이에 따라 향후 공동농업정책에 관련된 많은 이슈들이 보다 공개적으로 논의되고 결정될 전망이나 그럼에도 농업정책은 특성상 관료들의 기술적 조정이 요구되는 정책으로 집행위원회 역시 정책입안 과정에서 영향력이 커질 것으로 보인다.

② 정책결정 과정의 특징

공동농업 정책은 농업의 특수성에 따라 전문적인 기술입법을 요하므로 정책결정 과정에 유럽연합 기구 이외에 다양한 사회적 행위자들이 참여할 수밖에 없다. 문제는 농민단체는 농업단체위원회와 농업협력회의라는 강력한 압력단체를 통해 유럽연합에 효과적으로 의사를 개진한다. 반면에 소비자단체와 기업은 이해관계의 폭이 커 농민단체 만큼 단일화된 의사를 집약하기 어렵다. 더욱이 소비자단체와 환경단체와 같은 사회적 행위자들은 이미 1960년대부터 공동농업정책에 깊숙이 관여하는 농민단체에 비해 영향력과 네트워크가 열세일 수밖에 없다. 이에 따라 공동농업정책은 철저하게 농민들의 이해관계에 충실한 정책결과를 낳게 되어 결국 식품업계를 비롯한 생산자와 소비자의 이해관계가 차단되는 구조가 만들어졌다.

또한 공동농업정책은 여타 유럽연합의 공동정책과 비교하여 상대적으로 높은 수준의 사회화 과정을 통해 정책이 이루어진다. 공동농업정책의 결정 과정에서는 각료이사회, 각료이사회 내 상주대표부와 농업특별위원회가 핵심적인 역할을 하며 집행위원회와 매 정책단계마다 상호보완적인 협력관계가 형성되어 있다. 이러한 이유는 공동농업정책이 유럽통합과 함께 시작되어 오랜 시간을 거쳐 협력을 통한 합의 중심의 의사결정 구조가 정착하였기 때문이다. 이러한 사회화 과정에는 정책결정자 간 상호신뢰, 및 다양한 네트워크를 통한 정보교환 등도 영향을 미쳤다.[15]

4 공동농업정책의 개혁

초기 공동농업정책은 전후 식량부족을 해소하기 위한 농업 생산량 증대라는 목적에서 시작되었다. 유럽연합은 이러한 목적을 위해 공동시장을 형성하여 농산물에 대한 보조금 지급으로 가격을 보장해주고 역외농산물에 대한 높은 관세를 통해 농업시장을 보호하였다. 그러나 유럽연합의 전폭적인 지원은 결과적으로 농업생산성 증대로 이어지고 곧 이어 과잉농산물 문제가 야기되었다. 유럽연합은 이러한 문제를 농산물 수출로 해결하기 위해 수출보조금을 지급하면서 재정압박을 가져왔다. 결국 근본적 해결책은 농업구조 개혁이다. 따라서 공동농업정책은 농업경쟁력 강화라는 전통적인 목적 이외에 지역정책과 연계되어 농촌지역의 발전정책을 위한 구조조정 정책으로 발전하였다. 또한 농업은 무역, 환경, 보건 및 에너지 등 다양한 사회경제정책과 연계된 복합적인 목적을 갖는 정책이 되었다. 따라서 농업의 특수성을 인정하여 시장개

15) Ibid., p.189.

입을 통해 농업을 활성화시켜 도시와 농촌간 소득격차를 완화한다는 초기 목적은 설득력을 잃었다.

특히 1980년대 이후에는 농촌지역에 대한 구조조정과 환경보호라는 이슈가 부각되고 결정적으로 역외국가들로부터 농업시장의 개방 압력이 거세지면서 공동농업정책의 전면적인 개혁 압력이 높아졌다. 유럽연합은 1982년 유럽 농업정책 전반에 걸친 자문과 검토를 위해 OECD 사무국(OECD Secretariat-General) 임원을 초빙하였다. 여기서 제기된 사안은 농업보호 수준을 낮추고 농업 역시 다자 간 국제무역 시스템 안에서 고려해야 한다는 결론을 얻었다. 이에 따라 유럽연합은 1988년 1월 농업지도보증기금의 지출수준 제한이라는 소폭의 개혁을 단행하였다. 이후 1992년 멕셜리 개혁(McSharry Reform), 1999년에는 아젠다 2000(Agenda 2000), 2003년 중간검토(MTR: Midterm Review) 그리고 2008년에 공동농업정책의 건전성 점검(Health Check of the CAP) 등 일련의 개혁과 정책검토가 이루어졌다.[16]

1) 멕셜리 개혁(McSharry Reform 1992)

1986년에는 GATT의 우루과이라운드(Uruguay Round)에서는 이전과 달리 농업부분도 의제로 제기되었다. 당시 우루과이라운드 협상과정에서 미국과 농산물 수출국인 케언스 그룹(Cairns Group)은 유럽연합의 공동농업정책이 보조금 지급을 통해 무역왜곡을 야기한다고 비난하였다. 유럽연합에서는 협상과정에서 독일 산업계가 협상타결의 걸림돌인 농업부분에 대한 양보를 주장하였고 프랑스의 경우 곡물생산 농민을 중심으로 보조금 인하에 강력히 반발하는 움직임이 있었다. 이러한 내외부의 압력에 대응하여 집행위원회는 1991년 1월 농업정책의 전면적 개혁을 담은 의제를 이사회에 제출하였다. 멕셜린 계획이라 불리는 본 개혁안의 핵심은 가격지지를 위한 직접지원(direct support)과 곡물과 소고기 등 주요 농산물의 보장가격(guaranteed price)의 인하이다. 또

16) Michelle Cini and Nieves Perez-Solorzano Borragan eds. op. cit., pp.352-353.

한 보조금 인하에 따른 농가소득 감소를 보전하기 위해 개별적인 직접 지불(individual direct payments) 시스템의 도입이 제기되었다. 멕셜린 계획에서는 보다 근본적인 정책개혁을 위해 1999년 2003년 및 2008년 등으로 시한을 나눈 단계적 개혁안을 담았다.

집행위원회의 제안은 농업이사회에서 18개월이라는 오랜 시간 동안 논의를 거쳐 당초의 내용이 상당부분 수정되어 결정되었다. 개혁의 핵심은 정책 시행 후 3개월 내에 곡물가격의 30% 인하와 소고기 가격의 15% 인하였다. 이어서 집행위원회는 가격인하에 따른 보상은 사회적 차원에서 경쟁력이 취약한 소농과 중소농민에 한해 지급하고 이미 국제경쟁력을 갖춘 대규모 농가를 제외한다는 내용을 담은 제안을 제출하였다. 그러나 본 제안은 영국과 프랑스 농업계의 반발로 각료이사회에서 거부되었다. 결국 멕셜리 개혁에서는 최종적으로 농가에 대한 직접지원은 경작지 규모 및 이전에 농산물 산출규모 등에 따라 지급키로 합의되었다. 이러한 합의는 기존 공동농업정책의 재분배적 효과를 그대로 유지한 것이다.

2) Agenda 2000(1999)

유럽연합은 1992년 농업개혁에 뒤이어 1999년 베를린 유럽이사회(Berlin European Council)에서 유럽연합 확대(enlargement)를 위한 다양한 제도개혁을 담은 아젠다 2000(Agenda 2000)을 승인하였다. 아젠다 2000에는 유럽연합 농산물의 국제경쟁력 강화를 위한 보조금제도의 개혁 및 예산조정 그리고 2000-06년 기간에 곡물개입가격 인하 및 신규가입국의 농업지원 등 여러 개혁조치와 프로그램을 담았다. 이러한 아젠다 2000은 크게 3가지 차원에서 기존 정책기조와 다른 양상을 갖는다.

- 정책의 다기능화(multifunctionality)

농업은 단순한 농업 생산을 넘어 사회적 이슈와 문화 및 환경분야와 밀접하게 연계된 이슈가 되었다. 특별히 농업정책은 농촌지역 개발과 보충

(subsidiarity)적인 성격을 갖는 정책이므로 농업과 농촌지역 개발정책 간 밀접한 연계를 꾀한다. 이에 따라 유럽연합의 공동농업정책은 제1지주(pillar 1)에서는 시장규제(market regulation) 그리고 제2지주(pillar 2)는 농촌지역 개발정책(Rural Development Policy)으로 정책영역의 확대를 가져왔다.

- 정책의 탈 집중화(decentralization):

유럽연합은 기존에 중앙에서 직접지불금(direct payment)을 배분하던 방식을 탈피하여 회원국 정부에 지급하여 회원국이 자율 재량을 갖고 지역적 상황과 우선대상을 고려하여 지급토록 하였다.

- 농업과 환경정책의 연계(agri-environment measures)

아젠다 2000의 제정 과정에서 환경단체들이 여러 경로를 통해 개입하여 농업정책에 있어 환경보호의 중요성을 주지시켰다. 이에 따라 유럽연합은 직접지불금 지급 시 농업과 환경이슈를 고려하여 특별한 환경개선 사항 등을 이행토록 하였다.

<그림 4-12> 공동농업정책의 2개 지주구조

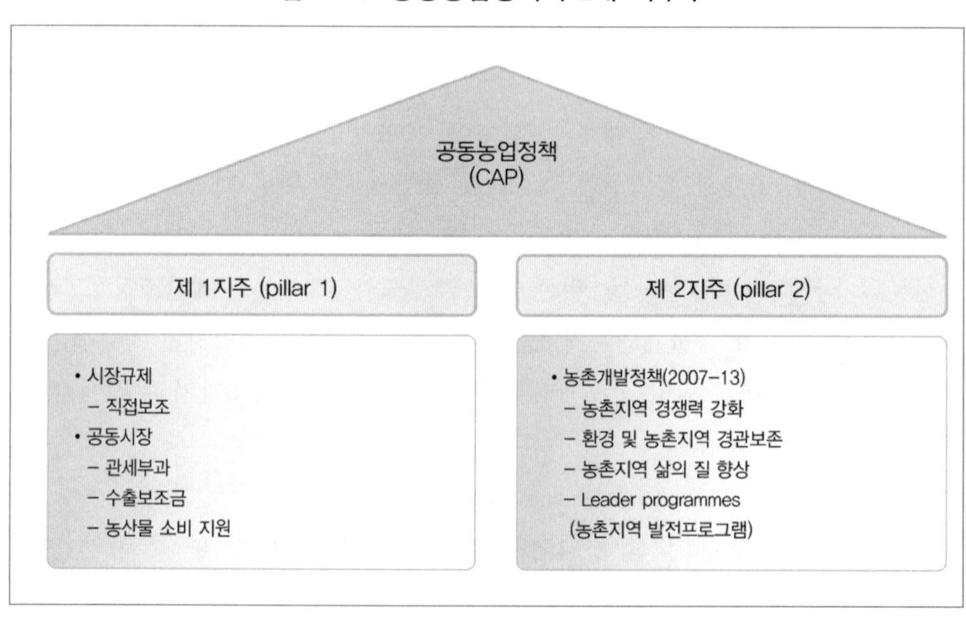

3) 중간검토(MTR: Midterm Review 2003) / 공동농업정책의 건전성 점검 (Health Check of the CAP 2008)

2001년 WTO의 새로운 다자 간 라운드가 시작되면서 유럽연합은 공동농업정책의 부분 개혁에 착수하였다. 당시 개혁은 독일과 영국을 위시한 북유럽국가들이 주도하였으며 전통적인 농업대국인 프랑스는 농업정책의 근본적 개혁에 저항하는 양상을 띠었다. 농업이사회는 이러한 회원국 간 상이한 입장을 조정하여 2003년 6월 최종합의를 거쳐 이른바 중간검토(MTR: Midterm Review)를 발표하였다. 중간검토는 1992년 개혁과 함께 공동농업정책에 큰 영향을 미친 개혁으로 평가받고 있다. 2003년에 발표한 중간검토에서는 1992년과 1999년 개혁의 연장선에서 곡물 개입가격 하향조정 등 보조금 축소를 내용으로 하였다. 또한 중간검토에서는 단일농가지급(SFP: Single farm Payment) 방식을 도입하였는데 이는 생산업자 환경, 식품안전, 동물복지 및 기타 안전규정을 이행하는 정도에 따라 직접지원을 받는 구조이다. 이에 따라 공동농업정책은 농업시장 개입비용 감소를 가져오고 대신 농촌지역개발 비용이 증가하였다. 또한 고품질의 식료품 생산, 동물복지(animal welfare), 환경보존, 자연

<표 4-18> 공동농업정책 예산 변화추이(2004-8)

정책		2004	2005	2006	2007 (추정치)	2008 (추정치)
제1지주	농업시장 개입 (%)	18	16	15	9	8
	직접 보조 (%)	63	64	64	71	70
제2지주	농촌지역개발 (%)	18	19	20	19	22
기타 (%)		1	1	1	1	1
총계 (%)		100 (%)				
총 금액 (백만 유로)		47,467	52,698	53,539	52,016	52,458.

출처: Cini, Michelle and Nieves Perez-Solorzano Borragan eds., 2010, European Union Politics 3rd., Oxford Univ. Press, p.351.

경관 보존, 문화적 유산, 사회복지와 지역 간 균형 등 환경 친화적이며 농업지대의 구조개혁과 같은 사회정책의 성격이 더욱 강화되었다. 그럼에도 직접보조금액은 2007년을 고비로 증가하였는데 이는 중동유럽회원국 확대에 따른 불가결한 요인에 기인한 것이다.

한편 WTO의 도하라운드(Doha Round)와 별개로 유럽연합은 자체적인 개혁을 위해 2008년 공동농업정책의 건전성 점검(Health Check of the CAP)을 실행하였다. 건전성 점검은 2008년 5월 이사회에서 논의되어 동년 11월에 최종 승인되었다. 건전성 점검에 따라 시행 중인 여러 시장개입조치에 대한 조정과 단일농가지급(SFP)의 지원 등에 대한 개혁이 이어졌다. 또한 공동농업정책의 제1지주(시장규제와 공동시장) 재정 중 10%를 농촌지역개발을 위한 제2지주로 전환하였다. 유럽연합은 이러한 부분적인 공동농업정책을 지속적으로 추진할 계획인데 2013년에도 일부 개혁조치가 따를 예정이다.

제 4 절 단일통화정책

1 단일통화정책 배경

1) 단일통화정책 개요

1957년 체결된 로마조약(Treaty of Rome)에는 회원국 간 경제정책의 조화와 재정건전성 등 몇몇 거시경제조정 내용을 담았지만 경제통화동맹(EMU: Economic and Monetary Union)은 언급되지 않았다. 이러한 이유는 제2차 세계대전 이후 서유럽에 팽배한 케인즈식 합의(Keynesian consensus)에 영향 받은 것이다. 즉 당시 경제학자들은 고인플레이션을 억제하고 완전고용을 위한 산업정책 그리고 조세감면과 저리의 이자율과 재정지출 확대 등을 내용으로 한 중앙 정부의 강력한 거시경제정책을 강조하였다. 또한 당시에는 미미한 경제발전과 교역으로 회원국 간 환율조정 등이 큰 문제가 되지 않았다. 무엇보다도 1944년 미국의 주도 하에 만들어진 새로운 국제무역 및 금융질서인 브레튼우드 합의(Bretton Woods Agreement)에 따라 미국 달러와 연동된 안정된 환율시스템이 작동하여 유럽연합이 별도의 통화정책을 취할 필요성이 크지 않았기 때문이다.

일국 차원의 거시경제에서는 정부와 중앙은행이 취하는 이자율 결정과 같은 통화정책(monetary policy)과 정부재정과 조세 등을 다루는 재정정책(fiscal policy) 그리고 자국통화의 대외교환비율을 다루는 환율정책(exchange rate policy)이 가장 중요한 공동정책이다. 이러한 내용을 담은 유럽연합의 경제통화동맹은 경제통합의 완성을 위해 가장 중요한 공동정책이며 동시에 경제통합의 가시적인 목적이기도 하다. 또한 경제통화동맹은 정치통합이라는 질적으로 상이한 통합단계로 파급(spill-over)을 가져오는 중요한 정책이다. 일국의 통화는 국가의 주권과 정체성의 상징으로 통화의 대외적 가치 즉 환율은 경제발전의 척도이다. 따라서 유럽연합 회원 각국이 자국의 통화를 폐지하고 단일의 공동통화를 도입한다는 것은 단순한 경제통합을 넘어 정치, 사회적으로 더 높은 단계의 통합을 위한 도약이라고 할 수 있다.

이러한 경제통화동맹의 여러 의미 때문에 1970년대 이래로 유럽연합이 취한 통화 및 재정정책은 회원국 간 이해관계 대립으로 큰 실효를 거두지 못하였다. 그러나 1980년대 말 이후 시장통합이 본격화되고, 1990년대 이래로 공동외교 및 안보정책의 도입 등으로 유럽연합이 이전과 다른 통합단계에 진입하면서 그 동안 미루어왔던 경제통화동맹의 중요성이 재부각되었다. 이에 따라 유럽연합은 1990년대 이후 경제통화동맹 계획을 본격적으로 추진하여 1999년 1월 1일을 기해 당시 유럽연합 회원국 15개국 중 11개국이 단일통화인 유로화를 법정통화로 도입하였다. 이후 회원국의 확대와 더불어 단일통화 도입국이 증가하여 2011년 기준 17개국이 유로화를 사용하는 유로존(Euro zone) 회원국이 되었다.

경제통화동맹은 유럽연합의 공동정책 발전이라는 측면에서 다음과 같은 4가지의 의미를 갖는다. 첫째, 유로화는 약 3억 3천만 명의 인구가 사용하는 통화로 유럽통합의 가장 상징적인 성과이다. 둘째, 유로화는 달러화와 함께 국제금융시장의 양대 기축통화로서 대외관계에서의 유럽통합이 가져온 가장 큰 성과이다. 셋째, 경제통화동맹은 전통적인 유럽연합의 정책과정인 공동체 방식(Community method)과 정부 간 조정(intergovernmental coordination)을 벗어난 전혀 새로운 통합과정이다. 즉 회원국과 유럽연합의 초국가 기구로부터 권한을 위임받은 독립적인 기구인 유럽중앙은행(ECB: European Central Bank)이 회원국 간 이해관계를 조정하는 새로운 정책과정이다. 넷째, 경제통화동맹은 재정, 환율 및 통화정책에 한정되지 않는다. 경제통화동맹은 각국의 거시경제정책의 조정을 전제하므로, 회원국 차원에서 노동시장정책과 복지정책 등 다양한 사회경제정책의 구조개혁의 시발점이 되었고 동시에 이러한 현상은 유럽연합 차원에서 사회정책의 초국가화를 야기한 동인이 되었다. 따라서 경제통화동맹은 유럽연합이 50여 년간 추구한 통합의 성격을 변화시킨 가장 중요한 공동정책이라 할 수 있다.[17)]

2) 통화 및 환율정책 연역

1960년대 말까지 국제경제는 미국이 주도한 브래튼우드 체제에 의해 지탱되어 왔다. 브래튼우드 체제는 금태환이 가능한 달러를 기축통화로 사용하고 관세장벽의 철폐를 통한 자유무역을 표방한 국제경제시스템이다. 그러나 1960년대 유로달러(Eurodollar)가 미국의 금 보유고를 초과하는 등 시스템 자체가 한계에 봉착하면서 급기야 1971년 8월에 미국은 달러의 금본위제를 폐지하여 스스로 브래튼우드 체제를 폐지하면서 국제금융시장은 새로운 전환을 맞았다. 1969년 12월에 개최된 유럽연합 회원국 간 정상회담에서는 경제통화동맹 도입이 논의되었다. 이에 따라 이듬해인 1970년 10월 당시 룩셈부르크의 수상인 베르너(Pierre Werner)는 경제통화동맹 계획을 담은 베르너보고서

17) Ibid., pp.330-331.

(Werner Plan)를 제출하였다. 본 보고서는 유럽연합 차원의 단일통화 도입과 유럽중앙은행 설립계획을 담았는데 이듬해 각료이사회에서 승인을 얻었다. 그러나 1971년 8월 스미스소니언 협정(Smithsonian Agreement)을 통해 브레튼우드 체제가 종말을 고하면서 베르너보고서는 사장되었다.

이에 따라 당시 유럽공동체 회원국들은 새로운 변동환율제에 대응하여 1972년 3월에 회원국 간 통화안정을 위한 환율시스템인 스네이크시스템(snake in the tunnel)을 출범하였다. 스네이크시스템은 회원국 간 환율 폭을 달러화 대비 ±2.25%로 설정한 것으로 이듬해 3월에는 신규가입 회원국으로 예정된 덴마크와 아일랜드 및 영국까지 본 시스템에 참여하였다. 그러나 프랑스와 독일 간 거시경제정책에 대한 상이한 입장 차이로 스네이크시스템은 별다른 효력을 발휘하지 못하였다. 더욱이 뒤이은 국제유가의 상승에 따른 경기침체로 회원국들은 자국 통화보호를 위해 스네이크시스템에서 연속적으로 이탈하면서 통화불안정이 오랫동안 지속되었다.

1978년 코펜하겐 유럽이사회에서는 당시 독일 수상인 슈미트(Helmut Schmidt)의 주도로 유럽통화시스템(EMS : European Monetary System)의 설립이 결정되었다. 유럽통화시스템을 통해 회원국 통화 간 환율 폭을 최소화한 환율변동메카니즘(ERM: Exchange-Rate Mechanism)과 회원국 간 정산단위며 기준통화로 통화바스켓(basket)에 의해 운영되는 유럽통화단위(ECU European Currency Unit)가 만들어졌다. 유럽연합은 유럽통화시스템을 통해 이전의 스네이크시스템에 비해 각국 통화의 환율 폭을 최소화해 안정적인 통화지역을 형성을 이루었다. 이에 따라 본 시스템은 1992년 단일통화 계획 이전까지 효과적으로 작동하였다. 그러나 유럽연합이 궁극적으로 의도한 것은 회원국 간 환율안정을 넘어 완전한 시장통합을 가능케 할 단일통화를 도입하는 것이다. 이에 따라 1986년 딘일시장 계획을 담은 단일유럽의정서(SEA)의 체결과 함께 단일통화 논의가 다시 시작되었다.[18]

18) Helen Wallace et al. op. cit., pp.161-162.

2 경제통화동맹의 출범

1) 단일통화 출범 과정

1988년 6월 하노버 유럽이사회에서 당시 집행위원장인 들로르(Jacques Delors)는 경제통화동맹 3단계 계획을 발표하였다. 뒤이어 1989년 6월 마드리드 유럽이사회에서는 경제통화동맹 실현을 위해 들로르가 제안한 제 원칙들을 재확인하였고 이후 1992년에 체결한 마스트리히트조약에 경제통화동맹 계획이 단계별로 설정되었다. 본 계획에 따라 유럽연합은 늦어도 1999년부터는 경제통화동맹을 출범키로 하였고, 1994년 1월에 실무업무를 담당할 유럽통화기구(EMI : European Monetary Institute)를 설립하였다. 이후 유럽통화기구는 유럽중앙은행이 창설되기 전까지 경제통화동맹을 추진하는 한시적인 기구로 임무를 수행하였다.

들로르가 제안한 경제통화동맹 단계에는 1단계에서 회원국 간 자본이동을 가로막는 각종 규제를 철폐하고 유럽연합 차원에서 독립적인 중앙은행을 설립을 추진하는 것이다. 또한 2단계에서는 회원국 간 거시경제정책 조화를 위한 충족조건(convergence criteria)을 설정하고 유럽중앙은행이 출범하기 전까지 한시적 기구로 유럽통화기구를 설립한다. 끝으로 3단계에서는 유럽중앙은행

<표 4-19> 경제통화동맹 3단계

단계 및 시기	내 용
1단계 (1990~4년)	▪ 자본 자유 이동을 위한 각종 규제와 장벽제거 ▪ 정치적으로 독립적인 중앙은행 설립 추진
2단계 (1994~8년)	▪ 충족조건을 통한 회원국간 거시경제 조율 ▪ 유럽통화시스템(EMI) 설립 및 한시적 운영
3단계 (1999년)	▪ 유럽중앙은행(ECB) 출범 ▪ 회원국 통화와 교환비율을 설정하여 단일통화 도입

을 설립하고 회원국 통화의 교환비율을 설정하여 단일통화를 출범한다는 내용을 담았다.

한편 1995년 마드리드 유럽이사회는 단일통화명을 유로(Euro)로 명명하고 회원국들은 이듬에 12월 안정과 성장협약(SGP: Stability and Growth Pact)에 서명하였다. 안정과 성장협약은 단일통화 도입을 위해 요구되는 회원국의 거시경제 개혁조치와 조정내용을 담았다. 본 협약은 유로존 가입국가들이 가격안정, 예산균형, 채무 및 이자율 등에서 일정한 충족조건(convergence criteria)을 이행해야 한다는 내용이다. 1998년 5월 유럽이사회에서 이러한 충족조건을 만족시키는 11개 회원국이 결정되었고, 이듬해 1월부터 유로화의 탄생으로 경제통화동맹이 완성되었다. 다만 그리스는 경제통화동맹 출범국이었으나 충족조건을 만족시키지 못해 1년 후에 유로화를 도입하였다. 한편 영국, 덴마크 및 스웨덴은 경제통화동맹에 가입하지 않고 현재까지고 독자적인 통화시스템을 운영하고 있다. 당시 15개 회원국 중 1990년대 초반 경제위기를 겪은 스웨덴은 가입 충족조건을 만족시키지 못해 불참하였다. 또한 영국과 덴마크는 마스트리히트조약에 명기한 선택적 거부권(opt-outs) 조항에 따라 자발적으로 참여하지 않기로 결정하였다.

1999년 1월 1일을 기해 공식적으로 단일통화가 된 유로는 경제통화동맹 참가국 통화와 유로통화 간의 교환비율을 결정해 고정되었다. 또한 유로와 자국통화를 병행하는 한시적 기간인 2002년 1월 전까지 정부 혹은 은행 간 거래는 모두 유로로만 통용되었다. 2002년 1월부터는 유로화만이 통용되어 참여국의 통화는 6월 말까지 모두 회수되었고, 7월 1일부터는 유로화가 모든 참가국 통화를 대체하였다. 유로화는 모두 8종류의 주화(1, 2, 5, 10, 20, 50센트와 1, 2유로)와 7종류의 지폐(5, 10, 20, 50, 100, 200, 500유로)로 발행되었다.[19]

19) Clive Arche, op. cit., pp.78-79.

<표 4-20> 경제통화동맹(EMU)의 발전 과정

년도	주요 내용
1950	▪ 유럽지불동맹(EPU) 창설
1969	▪ 헤이그 유럽이사회에서 경제통화동맹(EMU) 제안
1970	▪ 베르너보고서 제출(향후 10년 이내에 경제통화동맹 창설 내용을 담음)
1971	▪ 경제통화동맹의 2단계 계획을 채택. 달러의 금태환 정지
1972	▪ 스네이크 시스템 출범
1973	▪ 유럽통화협력기금(EMCF) 창설
1975	▪ 유럽통화단위(ECU) 창설
1978	▪ 스네이크 시스템을 대체해 유럽통화시스템(EMS) 도입
	▪ 유럽통화단위를 유럽공동체 예산과 회계의 기준통화로 사용
1985	▪ 단일시장 계획을 담은 단일유럽의정서(SEA) 채택
1986	▪ 단일유럽의정서 서명
1988	▪ 경제통화동맹 3단계 발전방향을 담은 들로르보고서 제출
1990	▪ 경제통화동맹(EMU) 1단계 시작
1991	▪ 마스트리히트 유럽이사회에서 2000년 이전에 단일통화 도입 결정
1992	▪ 이탈리아와 영국이 유럽통화시스템 탈퇴
1993	▪ 유럽단일시장 출범
1994	▪ 경제통화동맹 2단계 시작: 유럽통화기구(EMI) 설립
1995	▪ 마드리드 유럽이사회에서 EURO를 1999년부터 도입키로 결정
1999	▪ 유럽연합 11개 회원국에서 유로화가 법정통화로 출범
2001	▪ 그리스 유로화 도입 (총 12개국)
2002	▪ 유로화가 유통되고, 국내통화 유통 정지
2007	▪ 슬로베니아 유로화 도입 (총 13개국)
2008	▪ 사이프로스, 말타 유로화 도입 (총 15개국)
2009	▪ 슬로바키아 유로화 도입 (총 16개국)
2011	▪ 에스토이나 유로화 도입 (총 17개국)

2) 단일통화 출범을 위한 주요 조치

유로화의 도입으로 기존의 유럽통화기구는 유럽중앙은행으로 대체되고 참여국의 통화주권은 유럽중앙은행으로 양도되어 완전한 경제통화동맹이 출범하였다. 경제통화동맹의 완성으로 유럽연합 회원국들 사이에서는 자본, 재화, 노동, 서비스의 자유로운 이동을 저해하는 장벽이 제거되고, 회원국 간 경제정책 수렴이 보다 공고하게 이루어지게 되었다. 2011년 기준으로 유로화를 도입한 17개국은 통화 및 재정정책과 같은 거시경제뿐 아니라 노동시장 등 관련 정책에서도 유로존 회원국과 공조를 취해야 한다. 물론 이러한 정책은 유럽중앙은행은 물론이고 경제재무이사회(Ecofin)를 통해 각국의 재무 및 경제관련 장관들 간 정부 간 조정에 의해 이루어진다. 또한 유로존 회원국들은 경제정책가이드라인(BEPGs: Broad Economic Policy Guidelines)을 통해 구조조정을 취해야 하고 안정과 성장협약(SGP)에 따라 재정정책의 통제를 받는다. 1996년 12월 더블린 유럽이사회에서 체결된 안정과 성장협약에 따라 유로존 회원국들은 경제정책의 조화와 감시뿐만 아니라 예산 통제라는 예방적 차원의 규정도 수용해야 한다.

무엇보다도 유로화을 도입한 국가들은 거시경제 운영을 위해 각국에 부과한 충족조건(convergence criteria)을 반드시 이행해야 한다. 충족조건은 가격안정(price stability), 공공재정(public finances), 충족조건의 지속성(durable convergence) 그리고 환율안정(exchange rate stability) 등의 4가지 사항으로 구성되어 있다.

- 첫째, 가격안정을 위해 가장 중요한 인플레이션은 경제통화동맹 가입국 중 최저 인플레이션을 기록한 3개국 평균의 1.5% 이상을 상회할 수 없다. 인플레이션은 평가 시점을 기준으로 과거 1년 동안의 인플레이션을 소비자물가지표(HICP: Harmonized Index of Consumer Price)로 측정한 것이다.
- 둘째, 회원국의 재정적자 규모는 총 GDP의 3% 미만에서 이루어진다. 또한 공공부채는 총 GDP의 60%를 넘지 않는다. 이러한 기준에 초과되는 회원

국은 적절한 진행속도를 유지하면서 충족조건에 근접하도록 정책을 조정해야 한다.

– 셋째, 충족조건의 지속성을 측정키 위한 장기이자율은 최저 이자율 3개국 평균의 2% 내에서 이루어져야 한다. 장기이자율은 평가 시점을 기준으로 과거 1년 동안의 이자율을 측정한 것이다.

– 넷째, 환율안정을 위해 회환율변동메카니즘(ERM Ⅱ)에 참여하는 회원국은 2년간 심각한 위기를 초래해서는 안 된다.[20]

한편, 27개 회원국 중 유로화를 도입하지 않은 10개 회원국은 조약에 따라 충족조건을 만족시킬 경우 경제통화동맹에 참여해야 한다. 이에 따라 대부분의 경제통화동맹 미 참여국은 국내에서 거시경제 개혁을 통해 유로화 도입을 추진하고 있다. 그러나 일부 회원국은 거시경제 조건을 만족하여도 국내에서의 정치적 반발로 경제통화동맹에 참여하지 못하고 있는 실정이다. 덴마크의 경우 다수의 정치인들이 유로화 도입의 필요성을 역설하였지만 2000년 9월 국민

<표 4-21> 경제통화동맹(EMU) 미 가입국

회원국	ERMⅡ 참여 여부	공식적인 유로화 도입예정 시기
불가리아	불참	가능한 최대한 빠른 시일 내
체코	불참	계획 없음
덴마크	참여	계획 없음
라트비아	참여	가능한 최대한 빠른 시일 내
리투아니아	참여	가능한 최대한 빠른 시일 내
헝가리	불참	계획 없음
폴란드	불참	계획 없음
루마니아	불참	2014년 이전에 가입 불가
스웨덴	불참	계획 없음
영국	불참	계획 없음

20) Helen Wallace et al. op. cit., p.162.

투표에서 유로화 도입이 거부되었다. 반대의 경우로 리투아니아는 2006년 5월에 경제통화동맹 가입을 신청하였으나 유럽연합은 미비한 시장경제 이행과 경제, 재정적인 불안정을 들어 가입을 불허하였다.

3 경제통화동맹의 운영

1) 유럽연합기구와 유로그룹

① 경제재무이사회와 유로그룹

경제재무이사회는 유럽연합 회원국의 재무 및 경제장관들로 구성되었으며 일반이사회(GAERC) 및 농업이사회(Agriculture Council)와 함께 가장 연원이 깊은 각료이사회이다. 경재재무이사회의 주 업무는 유럽연합 회원국의 거시경제정책 조정으로, 회원국의 재정문제를 다룰 때는 예산을 담당하는 장관(Budget Ministers)이 참석하기도 한다. 경제재무이사회는 월 1회 정례적인 회합을 갖고 경제정책조정, 회원국의 경제상황 및 재정정책 감독, 금융 및 자본시장감독 그리고 경제통화동맹의 몇몇 분야에 대한 정책을 결정한다. 경제재무이사회가 관여하는 경제통화동맹 분야는 회원국의 과도한 재정적자에 대한 조치와 유로화의 대외환율에 관한 결정 등이다. 리스본조약에서는 경제재무이사회에서 유로존 관련 결정사항에 대한 표결은 반드시 유로존 참여 회원국만이 행사할 수 있도록 명기하였다.

한편 유로그룹(Eurogroup)은 1998년에 만들어진 유로존 내 회원국의 경제재무장관들의 비공식적인 기구로 출범하였다. 이후 리스본조약의 유로그룹에 대한 프로토콜(protocol)을 통해 임무를 공식적으로 인정받게 되었다. 유로그룹은 설립 이후 일종의 상설포럼의 성격을 갖고 유로존 관련 가장 중요한 정책기구로 성장하였다. 유로그룹은 통상 경제재무이사회가 경제통화동맹에 관한 안건을 다루기 직전에 개최되며, 여기에는 유럽중앙은행 총재, 경제통화업무 담당 집행위원과 유로그룹의 실무그룹(Eurogroup Working Group) 의장도 참석한다. 이외에도 이사회사무국(Secretariat General of the Council)이 유로그룹 회합을 지원한다. 유로그룹은 2005년에 안정과 성장협약(SGP)을 수정하여 경제재무이사회에 제출하여 최종승인을 얻어내면서 그 역할이 부각되었다. 이러한 유로그룹의 중요성에 의해 프랑스 대통령 사르코지(Nicolas Sarkozy)는 유로존 내 회원국 정상수준에서 유로그룹을 개최를 주장하여 2008년 11월에 국제금융위기 문제를 논의하기 위해 유로존 정상회담이 개최되었다.

유로그룹은 예산, 회원국의 경제상황, 유로존 및 유럽중앙은행의 운영 등 경제통화동맹에 관련된 광범위한 이슈를 다룬다. 유럽연합의 모든 회원국은 안정과 성장협약에 따라 예산감독보고서를 제출해야 하는데 이와 관련하여 유로그룹은 매년 중기예산검토(mid-term budgetary review)를 통해 차년도 유로존에서 예산 문제와 관련된 정책가이드라인을 작성한다. 한편 단일통화 도입으로 유로존 국가들 사이에서는 높은 수준의 경제정책 조정이 요구된다. 이에 따라 유로그룹은 회원국 경제전반뿐 아니라 경제통화동맹 관련 경제이슈에 대한 감독을 병행한다. 리스본조약의 체결로 유로존국가들은 경제정책 가이드라인(Broad Economic Policy Guidelines)을 채택하여 준수해야 한다. 이외에도 유로화 관련 모든 공식결정은 경제재무이사회에서 이루어지지만 유로그룹에서 사전에 관련 이슈를 토의한다.

② 기타 유럽연합기구

경제통화동맹에는 유럽연합의 모든 기구들이 직간접적으로 정책에 관여한다. 유럽이사회는 유럽연합운영조약 제121조(TFEU Art. 121)에 따라 회원국과 유럽연합의 경제정책 가이드라인을 토의하고 필요하다면 관련 조치를 고려할 수 있다. 또한 집행위원회는 회원국의 예산과 경제상황에 관한 모니터링을 통해 보고서를 작성해야 하며 회원국이 안정과 성장협약에서 요구하는 조건을 충족치 못할 경우 이사회에 권고(recommendation)를 제기할 수 있다. 2004년의 경우 집행위원회가 프랑스와 독일이 안정과 성장협약 충족조건을 이행하지 못하였다고 판단하여 이사회에 권고를 제기하였으나 받아들여지지 않았다. 이에 따라 집행위원회는 사법재판소에 본 사항을 제소한 적이 있다. 한편 각료이사회의 경제금융위원회(Economic and Financial Committee)는 유럽연합의 전반적인 경제통화정책에 관한 의견을 제출할 수 있다. 필요하다면 각료이사회는 유럽중앙은행에 업무와 관련된 보고서 제출을 요구할 수 있다. 여기에는 유로화의 운영, 거시경제조정 유로화와 국제통화와의 관계 등 경제통화 이슈들이 망라된다. 이외에도 유럽의회는 경제통화동맹에 관한 별다른 공식적 권한을 갖지 않지만 유럽중앙은행에 대하여 정보와 자문제공을 요구할 권한을 보유한다.

이와 같이 경제통화동맹은 많은 유럽연합 기구와 외부의 비공식 기구까지 관여한다. 이에 따라 시간이 경과하면서 실제 유로존은 누가 운영하는가?에 대한 리더십이 중요한 이슈가 되었다. 유럽중앙은행장(President of the ECB), 유로그룹의장(President of the Eurogroup), 경제재무이사회(ECOFIN), 각료이사회 의장(Council Presidency) 등은 모두 경제통화동맹의 정책결정과 운영에 깊숙이 관여하는 각 기구의 정치적 리더들이다. 물론 유럽중앙은행이 독립적인 위치에서 유로존 정책을 수행하지만, 유로존의 대부분의 정책은 회원국과 유럽연합의 거시경제, 회원 각국의 재무 및 예산정책 및 노동시장정책 등과 밀접한 관련이 있어, 특정 행위자가 리더십을 발휘하기가 매우 곤란한 구조이다.

2) 유럽중앙은행

① 목 적

유럽중앙은행은 유로화가 통용되는 유로존 내에서의 통화정책, 외환관리 및 재정정책 수행을 위해 설립되었다. 조약에 명기된 유럽중앙은행의 목적은 유럽중앙은행시스템(ESCB : European System of Central Banks)을 통한 가격안정(price stability)을 유지하는 것이다. 이 점에서 유럽중앙은행은 여타 국가의 중앙은행보다 상대적으로 매우 보수적인 업무성격을 갖고 있다. 이외에도 유럽중앙은행은 높은 고용을 유지하고 인플레이션을 동반하지 않는 경제성장을 정책목적으로 한다. 가장 중요한 목적인 가격안정정책을 위해 유럽연합의 일반적인 경제정책에 대한 지원 역시 유럽중앙은행의 임무이다. 주목할 점은 유럽중앙은행의 가장 우선된 목적인 가격안정정책은 조약에 명기된 사항이 아니라 유럽중앙은행이 내세운 고유한 목적이다. 또한 정치적 독립성 강화를 위해 조약에 유럽중앙은행은 유럽연합 기구, 회원국 정부 및 여타 기구로부터 정치적 간섭을 배제한 체 독립적으로 유로존의 통화정책을 수행한다고 명기되었다.

한편 유로존 내에서 재정감독(financial supervision)은 유럽중앙은행 시스템의 업무영역이 아니다. 그러나 단일통화를 도입한 회원국들이 모두 단일시장(single market) 도입을 위해 재정서비스 및 회원국 간 조화에 동의하였다. 따라서 자연스럽게 유럽중앙은행은 유로존 내의 재정안정을 위해 모니터링을 행하고 정기적인 보고서를 제출한다. 이러한 목적에 따라 유럽중앙은행의 임무는 크게 4가지로 요약 할 수 있다.

- 유로존의 통화정책
- 유로존의 환율정책
- 유로존 국가의 외환보유고 관리
- 지불 및 결제시스템 관리

한편 유럽중앙은행은 여타 통화기구보다 더욱 광범위하게 정치적인 독립성을 보장받고 있다. 즉 유럽연합의 여타 기구와 같은 독립기관으로 사법재판소와 유럽중앙은행의 운영이사회(Governing Council), 만이 업무와 관련된 중대한 과오와 임무에 대한 미수행을 이유로 임원위원회 임원의 사임을 요구할 수 있다. 또한 유럽중앙은행은 제도적으로 법인격(legal personality)을 갖고 있어 사법재판소에 유럽연합 내 타 기구에 대한 제소권을 갖고 반대의 상황도 일어날 수 있다.

② 구 성

유럽중앙은행 시스템에 관한 정책결정은 유럽중앙은행의 운영이사회(Governing Council), 일반이사회(General Council) 그리고 임원위원회(Executive Board)를 통해 이루어진다.

- 운영이사회는 정책 가이드라인 설정과 유로존 내에서 이자율 결정과 통화정책 방향설정 등과 같은 통화정책 형성과 운영을 의결하는 기구로 임원위원회(Executive Board)를 구성하는 유럽중앙은행 총재(President), 부총재(Vice-President) 및 4명의 임원으로 구성된다. 또한 여기에는 17개 유로존 회원국의 중앙은행 총재들도 참여한다. 운영이사회는 월 2회 유럽중앙에서 정례회동을 갖는데 매월 첫 번째 회동에서는 유로존의 경제통화정책을 점검하고 월단위로 수행해야 할 통화정책 내용을 결정하는데 자세한 업무내용은 유럽중앙은행장이 직접 컨퍼런스 형식을 통해 언론에 공개한다. 또한 두 번째 회동에서는 유럽중앙은행과 유로시스템(Eurosystem) 관련 다양한 이슈를 토의하고 결정한다. 운영이사회에서 단기이자율을 결정할 경우 공식적으로는 각 임원들이 일인일표원칙에 따라 단순다수결 표결로 결정하지만 대개의 경우 임원들간 합의를 통해 결정한다.

- 일반이사회는 유럽중앙은행 총재와 부총재 및 27개 유럽연합 회원국의 중앙은행 총재로 구성되었다. 이외에도 일반이사회에는 표결권을 행사하지 않는 여타 임원위원회 임원 4명과 유럽이사회 의장 및 각료이사회의 일반이사회 회합에 참석하는 집행위원 역시 참여한다. 운영이사회가 유로존 참여회원국 간 의결기구의 성격을 가진 반면에 일반이사회는 유럽연합 전체 회원국의 재정통화정책을 다룬다. 따라서 일반이사회는 한시적 기구라고 할 수 있어 유럽연합 회원국들이 모두 단일통화를 도입하면 일반이사회는 기능이 정지되고 해체된다.

일반이사회의 일반적인 업무는 다음과 같다.

- 유럽중앙은행에 대한 자문 역할
- 회원 각국의 각종 통계정보 수집
- 유럽중앙은행의 연례보고서 준비
- 회원 각국 중앙은행 시스템 조정 및 감독

– 유럽중앙은행 직원의 고용 조건 등 인사정책

– 유로화에 대한 회원국의 환율 조정을 위한 준비

– 임원위원회는 유럽이사회에서 가중다수결 표결절차를 거쳐 임명된 유럽중앙은행 총재, 부총재 및 4명의 이사진으로 구성된다. 임원위원회의 총재, 부총재 및 이사진의 임기는 8년 단임제이다. 임원이사회는 유럽중앙은행의 일반적인 운영과 함께 일반이사회 회합을 준비하고, 일반이사회에 의해 결정된 사항과 가이드라인에 명기된 유로존에 대한 통화정책을 집행한다. 이러한 정책진행을 위해 유로존 내 중앙은행에 대한 필요한 조치를 취할 수 있다.

<그림 4-13> 유럽중앙은행의 조직과 운영

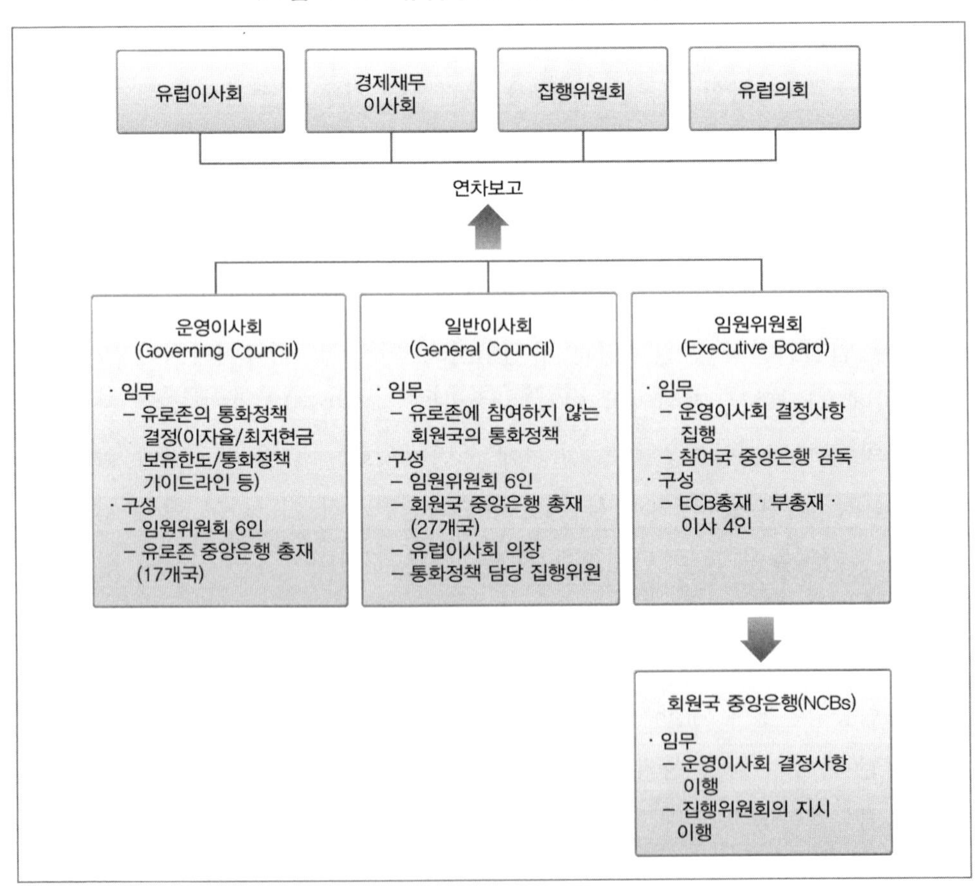

제 5 절 우리나라에 대한 시사점

1 유럽연합 경제 및 통화정책의 특징

유럽연합의 주권국가의 공공정책 운영구조와 과정에서 많은 차이를 갖는다. 유럽통합의 목적은 유럽경제공동체 출범 이후 공동시장 구축이라는 가시적인 경제적 목표에서 시작하여. 이후 공동시장을 넘어 경제통화동맹 및 정치적 결속과 안보, 방위부분에서 국가간 조화와 협력으로 발전하였다.

이와 같이 공동정책이 시차를 두고 발전하면서 제도화 수준과 정책의 범위 등에서 많은 차이를 갖는다. 또한 유럽연합의 공공정책은 정책에 따라 참여하는 행위자가 상이하며 동일한 행위자라도 정책영역마다 그 권한이 차별화된다. 즉 집행위원회는 통상 및 경쟁정책에서 회원국으로부터 권한을 위임받아 단일 행위자로 권한이 극대화되어 있다. 반면에 외교안보정책에서 집행위원회는 보조적 역할에 그친다. 이와 같이 유럽연합의 공공정책은 구조와 기구 간 상대적 권한 등에서 여타 국제기구나 국가와는 매우 상이한 양상을 갖는다. 이러한 유럽연합 공공정책에서 경제, 통화정책의 특징은 다음의 3가지로 요약 할 수 있다.

첫째, 유럽연합에서 경제, 통화정책은 유럽연합과 외부의 다양한 사회적 행위자가 참여하는 일종의 정책네트워크를 통해 결정되고 운영된다. 이러한 이유는 유럽연합의 구조적 특징에 기인한다. 유럽연합의 예산 중 유럽연합 기구 운영비는 5-6%에 불과하다. 2011년 기준 유럽연합에서 정책을 다루는 총국(directorate general) 관료는 불과 38,000여 명에 불과하다. 유럽의회 역시 일반사무국(general secretariat)과 각 정당그룹(political groups)에 약 6,000명의 유럽관료 그리고 각료이사회 일반사무국(general secretariat)에도 약 3,500명의 유럽관료들이 있다. 이러한 수치를 모두 합쳐도 5억에 가까운 인구를 갖는 유럽연합에서 정책을 결정하고 집행하는 관료의 수는 5만여 명을 넘지 않는다. 이러한 적은 관료 수에 따라 유럽연합의 경제정책은 필연적으로 산업계와 NGO 등 다양한 행위자에게 많은 권한을 위임 할 수밖에 없고 이 결과 경제, 통화정책 운영은 매우 고도화된 정책네트워크 내 여러 행위자 간 협력시스템이 되었다.

둘째, 유럽연합의 경제, 통화정책의 중심적인 행위자는 정책네트워크의 허브를 점하는 집행위원회이다. 집행위원회가 유럽연합 구조 밖의 행위자와 공식, 비공식적 정책네트워크 내에서 수평적 연합을 형성한 것은 이른바 동반자관계(partnership)에 따른 것이다. 동반자관계는 집행위원회가 1988년 구조기금의 개혁에서 보충성원칙(principle of subsidiarity)을 통해 역외의 행위자와 공식화된 협력을 천명하면서 만들어졌다. 구체적으로, 동반자관계는 집행위원회와 사회적 행위자가 공동의 목적 하에 자원을 교환하고, 공동실행을 위한 수평적 협력을 말한다. 이러한 동반자관계를 통해 정책의 제안단계에서부터 유럽연합의 많은 기업과 산업계가 경제정책에 참여한다. 따라서 유럽연합의 경제, 통화정책은 동반자관계를 통해 참여하는 사회적 행위자와 집행위원 간 정책네트워크를 통해 합의에 기반을 둔 매우 기능적인 시스템이다.[21)]

셋째, 유럽연합의 경제, 통화정책은 회원국 정부와 유럽연합이 관여 할 수 있는 관할 권한이 분할되어 있다. 리스본조약에는 이러한 정책유형에 따른 권한 범위를 명기하였는데 유럽연합이 배타적 권한을 행사하는 경제, 통화정책은 결쟁정책, 공동통상정책, 공동어업정책, 유로존의 통화정책 등으로 한정되어 있다. 또한 유럽연합과 회원국이 권한을 공유하는 경제, 통화정책은 단일시장, 운송, 에너지, 기술개발 및 농업 정책 등이다. 산업정책의 경우 회원국의 고유권한이지만 유럽연합이 회원국 간 조정과 보완차원에서 관여할 수 있다. 이와 같이 경제, 통화정책은 유럽연합과 회원국 간 권한의 중첩을 피하고, 보다 효과적으로 정책을 수행할 수 있는 행위자에게 권한이 집중되어 있

---

21) Elizabeth Bomberg and John Peterson, "European Union Decision Making: the Role of Sub-national Authorities", Political Studies, Vol.46, No.2, 1998, p.230.

다는 것을 알 수 있다. 따라서 유럽연합의 경제, 통화정책은 권한 분산시스템에 따른 매우 효과적인 정책운영시스템이라 할 수 있다.

2 한국에서의 정책 적용

유럽통합의 1차적 목적은 관세동맹(customs union)을 거쳐 완전한 공동시장을 완성하는 것이다. 그러나 조약에 명기된 이러한 목적은 1970-80년대를 거치면서 지지부진하다 진행을 보이다가 1980년대 말 이후 급진전 되었다. 1980년대 말 이후 시장통합계획이 출범하고 일련의 정부 간 회담을 통해 경제통화동맹이 실현된 것은 오랜 준비와 치밀한 정치적 전략에 따른 것이다. 이러한 과정은 신기능주의 식의 단순한 파급이 아니라 일종의 정치적 프로젝트로 한국에서도 많은 시사점을 주고 있다.

첫째, 유럽연합은 경제통화정책을 취하면서 모든 회원국이 일시에 동일한 정책을 부과하는 것이 아니라 시차를 두고 선도국이 정책을 수용하며, 후에 나머지 국가들이 이를 따라가는 형식을 취하고 있다. 또한 필요하다면 일부 국가에게는 한시적 유예를 두는 유연한 전략을 취하고 있다. 이러한 유럽연합의 전략은 장기적으로 남북통일과 동아시아에서 경제통화동맹을 진행하는데 유용한 선례로 보다 많은 연구가 요구된다.

둘째, 유럽연합의 공동농업정책의 경우 현재에도 유럽연합 예산의 40%가 소요되는 난제 중 하나이다. 1980년대부터 회원국과 집행위원회는 경제패러다임의 변화에 대처하기 위해 농업부분의 예산 축소와 이에 따른 잉여예산을 R&D와 산업정책으로 돌리는 정책을 취하여 왔다. 그럼에도 여전히 농업부분의 높은 지출은 결국 한번 만들어진 정책은 일종의 경로의존적 발전을 통해 계속 진화하므로, 여간해서는 정책을 되돌리거나 폐기할 수 없다는 것을 알 수 있다. 따라서 유럽연합의 농업정책의 예에서 특정 정책을 실행하는 데 있어 장기적 목적에서 정치적 이해를 배제한 전략적인 정책진행의 중요성을 알 수 있다.

셋째, 유럽연합의 경제통화정책은 반드시 사회정책과 동반되어 실행된다는 점을 이해 할 필요가 있다. 1988년 단일시장 계획의 출범과 함께 재분재정책으로 지역정책을 결속정책으로 확대 개편한 사례에서 볼 수 있듯이 경제통합의 성공을 위해서라도 지역간, 계층간 격차를 완화하는 사회정책이 반드시 요구된다. 결국 경제통화정책의 성공은 모두에게 경제적 이익을 가져다주지만, 여기서 상대적 격차는 반드시 야기되고 이를 시정할 보완적인 재분배와 분배정책이 반드시 요구된다는 것을 알 수 있다. 이러한 논리로 복지의 확대는 경제발전과 동반되는 정책이며 양자간의 균형이 결국 경제통화정책의 성패를 좌우하는 큰 요인 중 하나이다.

참고문헌

이종서, 송병준, 「유럽연합의 대외정책」, 서울: 높이깊이, 2011.

Alex Warleigh-Lack, European Union the Basic, London, Routledge, 2009.

Cini, Michelle and Nieves Perez-Solorzano Borragan eds., European Union Politics 3rd., Oxford Univ. Press, 2011.

Helen Wallace et al., Policy-Making in the European Union, 6th ed. Oxford, Oxford University Press, 2010.

Elizabeth Bomberg and John Peterson, "European Union Decision Making: the Role of Sub-national Authorities", Political Studies, Vol.46, No.2, 1998.

John Pinder, "The Single Market: a Step Towards European Union", The European Community and the Challenge of the Future. Juliet Lodge ed.

London, Pinter Publishers, 1989.

Leonard Dick, Guide to the European Union 10th. Ingram Pub Services, 2010.

Michelle Cini and Nieves Perez-Solorzano Borragan eds., European Union Politics 3rd., Oxford Univ. Press, 2010.

Wolfgang Streek, "Competitive Solidarity: Rethinking the European Social Model", Max-Planck Institute for the Study of Societies, Working Papers 01/06, Germany, 1999.

제 4 장 유럽연합의 환경 · 사회 · 교육 및 문화정책

허 영 식(청주교육대학교)

제 1 절 환경정책

유럽 환경정책의 핵심적인 원칙은 예방 · 사전배려 · 출처 · 원인자부담의 원칙과 통합의 원칙, 그리고 고도의 보호수준이다. 게다가 고도의 보호수준과 환경의 질 개선은 모든 정책분야에서 유의해야 할 공동체 법규범 설정의 일반적인 목표를 나타낸다.

예방의 원칙은 입증할 수 있는 환경훼손의 방지와 제거에 지향을 두고 있지만, 사전배려의 원칙은 환경에 위협을 주는 활동의 장기적인 방지를 목표로 삼고 있다. 이 두 가지 원칙은 유럽연합 환경정책의 예방적인 성격을 함축하고 있다. 출처의 원칙은 조치의 출발점을 공간적 · 시간적으로 가능하면 환경훼손의 출처에 가까이 다가가도록 한다. 원인자부담의 원칙에 따르면, 오염의 원인을 제공한 자는 발생한 환경피해의 제거에 대하여 책임을 져야 한다. 여기서는 사후처리의 목표를 설정한 상태에서 반작용적 비용부담의 원칙이 작용한다.

1 조약법 전개 과정의 국면

유럽공동체의 설립과 관련된 조약들은 처음에 유럽경제공동체의 독자적인 환경정책 권한의 개발을 위하여 어떤 명시적인 근거를 포함하고 있지 않았다. 1957년부터 1972년까지 환경정책의 조치는 유럽경제공동체조약의 제2조, 제100조, 제235조에 기초하여 의결되었다. 이 조약규정은 환경정책의 기본노선에 대하여 어떤 진술을 하지 않았으며, 역내시장과 관련된 측면에 지향을 두고 있었다. 그 결과 서로 조율되지 못한 정책적 접근방안을 수반하였다.

두 번째 국면은 1972년부터 1987년까지의 기간으로 설정할 수 있다. 1972년 개최된 첫 번째 유엔환경회의 이후에 유럽의 국가 · 정부수반은 유럽집행위원회로 하여금 제1차 환경실행프로그램을 개발하도록 촉구하였다. 반작용적인 성격이 강한 이 제1차 환경실행프로그램은 공동체의 환경정책을 개발하기 위한 기본노선을 처음으로 확정했다고 볼 수 있다. 하지만 그 다음에 이어지는 환경실행프로그램과 마찬가지로 법적 구속력을 지니지 못하였다. 정책의 접근방안은 개별적인 사례와 관련된 사후처리의 측면에 국한되어 있었다. 제도적인 쇄신을 가져온 것은 유럽집행위원회에서 1981년에 설치한 일반관리국 XI(환경, 핵안전, 재해예방)이었다. 내용적으로는 추가로 제3차 환경실행프로그램(1982)에 예방적 사고(思考)가 도입되었다.

세 번째 국면은 1987년부터 마스트리히트조약까지 해당하며, 이때 질적인 도약이 이루어졌다. 통일유럽기록과 더불어 유럽의 환경정책은 일차적인 법으로 착근되었으며, 고유한 제Ⅶ편(환경)을 통하여 독자적인 정책으로서의 성격을 띠게 되었다. 역내시장을 실현하는 데 있어서 환경보호는 고도의 보호수준을 유지해야 할 의무를 지게 되었다. 여기에 더하여 사전배려, 예방, 출처, 통합의 원칙과 원인자부담의 준거가 반영되었다.

네 번째 국면(1993~현재)에서는 마스트리히트조약에서 반영된 환경친화적인 성장이 유럽공동체의 목표로 규정되었다. 환경이 처음으로 유럽공동체의 활동 분야로 언급되었으며, 고도의 보호수준이라는 목표가 환경 관련 편(篇)으로 확장되었다. 1993년에 관찰 및 정보센터로서 유럽환경국이 설립되었다. 암스테르담조약은 지속가능성의 사상을 유럽연합의 원칙으로 받아들였으며, 고도의 환경보호수준과 환경의 질 개선을 유럽공동체가 안고 있는 과제의 하나로 통합시켰다. 새로 도입된 규정을 통하여 통합원칙의 중요성이 강조되었다. 니스조약은 이에 대하여 어떤 변화를 가져오지 않았다.

리스본조약은 고도의 보호수준, 지속가능한 개발, 그리고 환경의 질 개선을 통합적인 과제로서 유럽연합의 일반적인 목표 안에 그 위치를 부여하였다(유럽연합조약 제3조 제3항). 그렇게 함으로써 지속가능성 개념에 대한 환경정책의 이해를 강화시켰다는 점을 강조하였다. 조약비준이 이루어진 다음에는 공동체의 정책구성과 실행에서도 역시 이와 같은 방향설정에 유의해야 할 것으로 보인다(유럽연합기능조약 제11조, 유럽연합조약 제21조). 여기에 더하여 집행위원회는 제안을 기획할 때 고도의 환경보호수준을 고려하지 않으면 안 된다(유럽연합기능조약 제114조). 전체적으로 볼 때, 유럽연합 환경정책의 목표로서 기후변화의 퇴치에 대한 강조를 제외한다면, 환경정책에 관한 조약의 규정은 계획된 형식에 따라 작성되었으며, 그런 점에서 별다른 변화를 포함하고 있지 않다(Umbach, 2009, 339-341).

2 의결절차

통일유럽기록이 1957년 이래 통용되었던 절차, 즉 유럽의회의 청문과 연결된 만장일치의 절차를 원칙적으로 표결방식으로서 확정한 다음에(단, 공동의사결정절차의 틀 속에서 이루어지는 역내시장의 실현을 위한 가중다수표결은 예외), 마스트리히트조약은 가중다수표결과 협력절차를 도입하였다.

암스테르담조약 이래 공동의사결정의 절차가 규칙적으로 적용되고 있다. 환경세와 같이 경제적으로 그리고 국민국가 수준에서 민감한 분야는 니스조약 및 리스본조약에서도 역시 다수결에 따른 의사결정에서 제외되어 있다(유럽연합기능조약 제192조 제2항). 리스본조약은 환경정책을 회원국들과 공유된 소관사항에 위치시키고 있다(유럽연합기능조약 제4조)(Umbach, 2009, 341).

3 도 구

유럽연합 환경정책의 주요수단은 (기본)지침과 법령의 형식을 갖춘 명령 및 금지를 통한 법규범의 설정이다. 이것은 규제적 접근방안이 강하다는 점을 보여주고 있으며, 이 규제적 접근방안은 고시(포고), 결의, 권고, 간행물(공문서), 실행계획, 전략을 통해 구체적인 형태를 취하게 된다. 일차적인 조정원칙으로는 환경의 질을 위한 공동의 규범 및 한계치 확정 혹은 위험물질의 감시 및 금지와 같이 질서유지를 위한 법적 수단이 활용된다.

유인책을 통한 조정은 비록 현저한 것은 아니지만, 시장경제의 수단 또는 시장경제에 지향을 둔 수단(공과금, 수수료, 세금, 자격증)을 활용함으로써 적용된다. 또한 친환경행동에 대한 조세할인이나 재정지원프로그램인 라이프플러스(Life+)와 같은 재정적 유인책이 도구로 활용될 수 있다.

가장 본질적인 수단은 환경실행프로그램이다. 이것은 지침과 원칙을 확정하고 정책내용을 세부적으로 규정한다. 제1차 환경실행프로그램 이래 개념적인 발전과정을 확인할 수 있다. 환경개선을 위한 지침(제1차 환경실행프로그램, 1973)에서 출발하여, 지속가능한 개발의 개념에 대한 반작용적 정책에서 사후

관리정책으로의 이행(제5차 환경실행프로그램)을 거쳐, 기후변화와 자연보호, 환경과 보건, 지속가능한 자원소비에 대한 유럽의 책임을 강조하고, 환경 관련 사안을 공동체정책 안으로 통합시키는 것을 강조(제6차 환경실행프로그램)하는 방향으로 나아가게 되었다(Umbach, 2009, 341–342; Roth–Behrendt/Nowak, 2004, 305–321).

제 2 절 사회정책

유럽의 사회정책은 생활 및 노동조건을 개선 · 조정하고, 적절한 사회적 보호를 보장하며, 노조와 고용주 사이의 사회적 대화를 촉진하며, 사회적 배제를 극복하는 데 목표를 두고 있다. 이미 유럽경제공동체조약(1958)이 '사회정책'이라는 분리된 편(篇)을 갖고 있었지만, 오랫동안 유럽 수준에서 사회정책은 별로 중요한 위치를 차지하지 못하였다.

서로 매우 다른 전통, 구상, 경제적 출발조건으로 인하여 회원국들은 사회정책을 내용적으로 구성하는 일을 상당한 정도로 각국의 소관사항으로 간주하였다. 각 회원국은 사회적 안전체제를 위한 기본원칙을 정했으며, 이때 유럽수준의 조정이 각국의 재정적인 안정을 침해해서는 안 되는 것으로 간주되었다.

1 유럽사회정책의 전개과정

1) 조용한 시작(1958–1974)

근로자의 거주 · 이전의 자유는 사회정책상 최소한도의 조율을 필요로 하였으나, 로마조약은 근로자의 거주 · 이전의 자유에 대한 규정에 국한되어 있었다.

2) 첫 번째 전성기(1974-1980)

1974년도의 첫 번째 사회정책 실행프로그램은 유럽의 집중적인 입법활동을 위한 정치적 기초를 마련하였다. 양성평등, 대량해고가 발생할 경우 근로자의 보호, 그리고 인수 · 합병의 경우 근로자의 요구조건 유지를 위한 여러 가지 지침의 의결을 통하여 오늘날 유럽의 노동 및 사회법의 핵심이 마련되었다.

3) 정체기(1980-1989)

영국의 대처 수상이 집권한 동안 급진적인 탈규제 및 민영화 프로그램이 적용되었는데, 이와 같은 맥락에서 유럽수준에서 영국은 집행위원회의 모든 사회정책적인 이니셔티브(보기 : 차용노동(Leiharbeit)과 파트타임근로(Teilzeitarbeit)의 경우 최소한도의 보호조치에 대한 지침)에 대하여 거부권을 행사하였다.

4) 역내시장의 사회적 차원(1989-1996)

통일유럽기록과 더불어 두 가지 사회정책분야인 직장에서의 보건 및 안전, 그리고 노동협약 당사자 사이의 '사회적 대화(social dialogue)'가 채택되었다. 중요한 사회정책지침은 노동보호에 관한 기본지침과 사회적 기본권에 대한 공동체헌장(1989; 단, 영국은 제외된 상태), 그리고 근로시간지침(1993)이었다. 1992년 마스트리히트조약은 (영국을 제외한) 11개 회원국의 사회정책에 관한 의정서와 협정을 수용함으로써 사회적 차원을 심화시켰다. 가중다수에 따른 표결을 확장함으로써 그 밖의 조정을 위한 가능성이 마련되었다(보기: 근로자 평의회 관련 지침).

5) 공동의 기반 공고화(1996-2000)

1997년 노동당 정부로의 정권이양과 더불어 영국의 특별한 지위가 종료되었으며, 사회정책에 대한 사회의정서와 협정의 통합을 통하여 유럽사회정책의 통일성과 정합성이 회복되었다. 암스테르담조약에서는 유럽공동체조약 제136조에 명시된 유럽 사회정책의 목표에 대한 정식화가 확대되어 이제는 유럽사회헌장과 근로자의 사회적 기본권에 관한 공동체헌장을 준거로 삼게 되었다. 여기에 더하여 유럽공동체조약 제13조를 통하여 차별금지에 관한 사회정책적 기본권이 채택되었다. 니스조약와 더불어 유럽공동체조약 제137조에 명시된 조치의 목록이 새롭게 정식화되고 보완되었으며, 가중다수에 따른 표결이 적용되는 분야가 확대되었다.

6) 사회정책의 추가적 보완에 입각한 정책(2000-현재)

2000년도에 니스의 유럽이사회는 '유럽사회의제(European Social Agenda)'를 통과시켰는데, 이를 통하여 유럽연합은 2000-2005년에 해당하는 사회정책의 작업프로그램을 제시하였다. 이를 통하여 2000년 3월 리스본전략은 사회정책의 차원을 보완해야 하는 것으로 되어 있었다. 사회의제에서 유럽연합은 유럽의 사회모형에 대한 현재와 장래의 도전을 편성하였으며, 공동의 사회정책을 위한 목표를 정식화하였다. 여기서 전면에 놓여 있는 것은 추가의 일자리와 더 좋은 일자리를 마련하고, 사회보호체계를 현대화하고, 양성평등을 촉진하고, 빈곤 및 차별에 적극적으로 대처하고 사회통합을 위해 기여하는 일이었다.

이 사회의제는 그 동안 여러 번 갱신되었다. 2003년의 결정적인 중간결산 이후에 2005년 2월 새로운 사회정책프로그램(2005-2010)이 의결되었다. 이때 세 가지 행위분야(즉, 완전고용의 달성, 빈곤퇴치, 양성의 기회균등)가 강조되었다. 마지막으로 집행위원회가 2008년 7월 2일에 '21세기 유럽에서의 기회, 접근가능성, 그리고 연대'라는 표제 아래 갱신된 사회의제와 포괄적인 사회협약을 제시하였다. 여기서 다음과 같은 세 가지 목표가 중심에 놓여 있다.

① 더 많은 그리고 더 좋은 일자리를 통하여, 그리고 유럽 역내시장에서 이동성의 촉진을 통하여 시민들에게 새로운 기회를 열어주어야 한다.

② 이러한 기회를 이용할 수 있기 위해서라도 특히 사회적 약자(즉, 사회적으로 가장 혜택을 받지 못하고 있는 사람들)에게 교육, 사회적 보호, 그리고 높은 가치의 보건서비스에 대한 접근가능성을 최적화해야 한다.

③ 다시금 상기 두 가지 목표를 실현할 수 있기 위해서는 일반적으로 세대, 지역 사이의 사회적 연대, 그리고 부유한 사람과 가난한 사람 사이의 사회적 연대를 강화시켜야 한다(Becker, 2009, 317-319).

2 유럽사회정책의 도구

원칙적으로 한편으로는 유럽의 입법 과정에서 유럽의 최소표준을 확정함으로써 이루어지는 규제적 정책구성의 수단과 다른 한편으로는 유럽구조기금, 특히 유럽사회기금을 통한 재분배정책의 수단을 구분해야 한다.

1) 유럽조약법

유럽사회정책의 기초는 유럽조약법에 사회정책의 목표와 행위의 권한부여를 착근시킨 데 놓여 있다. 이를테면, 유럽공동체조약 제42조에서는 근로자의 거주 · 이전의 자유를 마련하는 틀 속에서 근로자의 사회적 보호에 관해 규정하고 있으며, 제136조-제148조에서는 유럽사회정책의 목표 · 조치 · 수단에 관해 규정하고 있다. 이것을 기초로 하여 의결된 유럽의 이차적인 법을 통하여 유럽연합은 사회법의 기준을 마련하였는데, 각 회원국에서는 이 기준에 밑도는 조치를 취해서는 안 되는 것으로 되어 있다.

2) 유럽사회기금(유럽공동체조약 제146조 이하)

1957년의 유럽사회기금은 재분배적 유럽사회정책의 가장 오래된 그리고 가장 중요한 수단이다. 주요 과제는 실업을 방지하고 퇴치하기 위한 조치, 직업적 자격부여, 노동시장으로의 사회적 통합, 그리고 양성평등의 촉진을 위한 조치를 위하여 재정적 지원을 하는 데 놓여 있다. 이 기금은 유럽의 고용전략과 매년 확정된 고용정책의 기본노선을 실현하기 위하여 수행되는 활동에 기여한다. 2007년-2013년의 기간 동안 750억 유로에 해당하는 총예산을 마련한 이 기금은 유럽의 고용전략에 의하여 재정지원을 하는 주요 기반이 되었다.

3) 개방적 조율의 방법

고용정책의 분야에서 이미 1997년 이래 적용되고 있는 이 방법은 리스본전략의 과정을 거쳐 비록 법적으로 구속력이 있는 것은 아니지만, 사회정책의 거의 모든 분야에 대하여 사실상 정치적인 의무를 지도록 하는 절차를 도입하였다. 여기서는 사회정책의 목표에 대한 공동의 확정이 법적 규정의 의결을 대신하게 되었다. 등급을 매긴 절차를 통해 유럽의 기본노선이 개발되고, 질적·양적 구조지표가 정해지고, 기본노선의 실행에 대한 각국의 보고서가 작성된다.

4) 사회적 대화(유럽공동체조약 제138조 이하)

통일유럽기록(EEA)과 더불어 처음으로 도입된 다음, 사회적 대화는 노동협약의 당사자로 하여금 유럽사회정책의 구성에 관여할 수 있도록 도와준다. 집행위원회는 노동협약 당사자 사이의 대화를 용이하게 하는 과제를 안고 있다. 대화는 조약에 입각한 관계의 마련이나 아니면 유럽기본지침의 기초로서 작용하는 합의의 체결을 위해 활용할 수 있다(보기: 아동양육휴가를 위한 지침

(1996), 파트타임근로에 대한 기본합의(1997)).

5) 유럽사법재판소의 판결

유럽사법재판소는 근로자 · 구매자 · 소비자의 이익을 위하여 그 동안 사회정책의 진전을 위하여 역내시장 관련법을 여러 번 이용하였다. 예를 들면, 국경을 넘어서는 보건서비스와 보건 관련 상품의 배상에서 환자의 권리를 강화하기 위하여, 또는 차별에 대한 사회법적 보호를 확장하기 위하여 그렇게 하였다.

하지만 유럽사법재판소의 최근 판결은 종종 격렬한 비판을 받기도 하였다. 예를 들면, 유럽사법재판소는 여러 경우에 있어서 한편으로는 역내시장의 개방을 위한 판결을 내리고, 다른 한편으로는 회원국의 국내 노동법 지침의 타당성과 노조의 권리에 반하는 판결을 내린 바가 있는데, 이에 대한 비판이 제기된 것이다(Becker, 2009, 320-321; Daeuber, 2004, 273-287).

3 인권정책

유럽연합은 모든 회원국에게 구속력이 있는 원칙, 즉 자유, 민주주의, 인권 및 기본권 존중, 법치국가의 원칙에 기반을 두고 있다. 이러한 신봉은 마스트리히트조약(1993)에서 일차적인 법으로 착근되었다. 하지만 제도의 자기이해, 유럽연합의 확대과정, 그리고 대외관계에 있어서 이러한 가치들에게 언제나 본질적으로 중요한 의미가 부여되었다. 오늘날 이러한 책임과 의무는 통합과정 그 자체에만 국한되는 것이 아니라, 유럽연합의 대외적인 행위 전체와 관련하여 대외정책의 중요한 나침반 노릇을 하고 있다. 국제적인 인권보호를 위해서 공동체 및 연합 수준에서 뒷받침 역할을 하는 일련의 조치들이 마련되어 있다.

1) 인권정책 관할의 전개과정

로마조약(1958)은 기본권 · 인권정책에 대한 공동체의 관할을 배제하고 경제통합에 국한하였다. 기본권 및 인권의 문제는 유럽이사회와 유럽인권협약의 틀 속에서 다루어졌다. 공동체의 심화 과정에서 발생한 이와 같은 빈틈을 유럽사법재판소는 회원국의 공통된 헌정과 유럽인권협약에 기반을 둔 판결을 통하여 메웠다. 물론 유럽기관에 진정한 관할권이 위임된 것은 아니지만, 어쨌든 이사회, 집행위원회, 그리고 의회가 1977년부터 기본권 및 인권의 존중을 중요한 사안으로 다루기 시작하였다. 특히 유럽의회는 직접선거(1979) 이후 기본적인 자유권과 인권에 중점을 두었으며, 인권정책의 주제에 대한 반향을 불러일으키기 위하여, 예산관련법 이외에 연례보고서, 결의문, 긴급동의절차를 이용하였다.

이미 1970년부터 기본권 및 인권은 유럽연합 바깥의 제3국에 대하여 유럽정체성(european identity)의 일부분으로서도 강조되었다. 마스트리히트조약은 기본권 및 인권을 연합의 기반으로 삼고(유럽연합조약 제6조), 이 가치를 공동외교안보정책(유럽연합조약 제11조) 및 개발협력(유럽공동체조약 제177조)의 목표규정에 포함시켰다. 1990년대 초부터 보편적이고 불가분한 인권에 대한 신봉은 외교정책 및 (유럽연합)확대정책의 의제에서 두드러진 역할을 수행하였다. 암스테르담조약(1999)을 통하여 결국에는 인권준수가 유럽연합 가입을 위한 기본적인 전제조건으로서 이제 조약법 측면에서도 역시 착근되었다.

2) 외교안보정책과 국제기구 수준의 협력

유럽연합의 두 번째 기둥의 틀 속에서 각종 선언, 공개적 · 비공개적 외교조치, 정치적 대화, 공동외교안보정책의 온갖 수단을 활용하여 회원국의 활동을 조율하고 국제기구에서 유럽의 입장을 대변할 수 있다. 유럽이사회, 유럽안보협력기구, 그리고 국제연합의 틀 속에서 유럽연합 회원국이 협력과 협의를 통하여 유럽연합은 인권 기본적인 자유권의 보로를 위한 기제를 성문화하고 발전시키는 데 있어서 주도적인 역할을 수행하고 있다. 표결행동에서 반영되어야 할 통일된 협상의 입장은 이사회의 인권담당부서에서 조율된다. 유럽연합은 특히 사형제도와 고문을 추방, 국제형사재판소(ICC)를 위한 규약의 협상에서 성공적인 결과를 도출할 수 있었다.

유럽안보방위정책을 통하여 유럽연합은 이제 경찰 및 군대를 동원하여 위기관리를 할 수 있는 관할권도 갖추게 되었다. 하지만 이와 동시에 인간안보(human security)의 개념을 둘러싼 토의가 보여주고 있는 바와 같이, 가용한 수단의 권한과 정당성, 범위, 그리고 이용에 대한 정치적 토론은 점점 더 논쟁적인 성격을 띠게 되었다. 따라서 가용한 조치를 인권정책의 목표에 적합한 정책 안으로 적절하게 끌어들이는 일이 유럽연합 정책 수뇌부의 중요한 과제로 남아 있다.

유럽연합의 확대과정에 있어서 인권 및 민주주의와 관련된 정책적 고려가 매우 중요한 역할을 수행하였다. 유럽의 중부 · 동부에 위치한 체제전환국가의 가입에 있어서 인권 및 민주주의와 관련된 기준이 적지 않은 영향력을 행사하였다. 그렇지만 다른 한편으로는 최근에 제3국에 대한 인권정책에 있어서 보다 더 신중하고 겸손한 처리를 할 필요가 있다는 주장이 반복해서 제기되었다. 그리고 바로 그렇기 때문에 대외적인 인권정책은 앞으로도 여전히 무역정책의 측면에서 이해관계가 많이 걸려 있는 동반자(이를테면 중국과 미국)에 대하여 이중 잣대를 대고 있다는 비난을 면하기 어려울 것으로 보인다(Tannous, 2009, 292-297).

4 난민 · 이주 · 비자정책

난민 · 이주 · 비자정책을 통하여 유럽공동체는 자유 · 안전 · 법의 공간을 마련하는 데 기여하려는 목표를 추구하고 있다. 이 목표는 역내시장의 네 가지 기본적인 자유(상품 · 용역 · 사람 · 자본의 자유로운 거래)의 구상을 실현하고자 하는 노력의 결과이다(유럽공동체조약 제14조 제2항). 통합과정이 진척되면서 그 동안 통합에 방해가 되었던 조치(보기: 상품수입의 양적 제한, 국경세관검사)가 철폐되었다. 역내시장에서 국경검사의 폐지는 셍겐조약을 통하여 일부 회원국들 사이에서 합의가 되었다. 하지만 다른 한편으로 그것은 상쇄조치로서 유럽연합시민이 아닌 사람들에게 대하여 공동의 정책을 요구하고 있으며, 따라서 난민 · 이주 · 비자정책에서 통일된 처리방식을 요구하고 있다.

1) 난민 · 이주 · 비자정책의 공동체화

난민 · 이주 · 비자법은 서로 겹치는 일련의 법적 기초가 복합적인 전개과정을 거치면서 정해지게 되었다. 나라별로 서로 다른 법적 규정을 조화시키기 위한 노력의 두 가지 사건을 통해 시작되었다. 그 하나는 집행위원회가 1985년에 발간한 역내시장백서로서, 이것은 역내시장의 창출을 위해 필요한 단계와 조치를 확정하였다. 다른 하나는 셍겐조약으로서, 이것은 1990년에 실행조약으로 보완되었으며, 결국 1993년에 발표가 되었다. 셍겐조약체제는 역내국경의 개방과 더불어 역내국경통제의 폐지를 위한 전제조건을 마련하였다. 이 셍겐조약에는 영국과 아일랜드를 제외하고 모든 유럽연합 회원국이 가입하였으며, 이와 더불어 또한 아이슬란드, 리히텐슈타인, 노르웨이, 그리고 스위스가 가입하였다.

이 셍겐조약은 1997년에 더블린조약으로 보완되었다. 이 조약의 주요내용으로는 난민절차의 소관사항에 대한 규정과 비자법에 해당하는 몇 가지 규정이다. 1993년에 발효된 유럽연합조약을 통하여 이른바 유럽연합 세 번째 기둥의 틀 속에서 내무 · 사법정책의 협력이 유럽연합 수준에서 정부 간 사업으로 설계되었으며, 이와 더불어 더 많은 행위의 가능성이 마련되었다. 하지만 이와 같은 근거를 통해 마련된 법적 설정의 상세한 가능성은 제한적으로 활용되었을 뿐이다. 한편으로는 거의 포괄적으로 적용된 만장일치의 원칙으로 인하여, 그리고 다른 한편으로는 특히 국제법적 협정의 체결에 있어서 법적 설정의 어려움으로 인하여 그 동안 마련된 가능성을 충분히 이용하지는 못하였다.

이런 와중에서 큰 변화를 가져온 것이 다름 아니라 1999년에 발효된 암스테르담조약이다. 이 암스테르담조약은 난민 · 이주 · 비자정책의 공동체화를 통하여 유럽연합에의 접근과 관련된 정책에 있어서 상호협력을 새로운 단계로 격상시켜 놓았다. 조약의 규정이 유럽연합조약에서 유럽공동체조약으로 편입되었다, 이를 통하여 공포되어야 할 법문서에 대하여 구속력을 강화시킬 수 있는 기회가 주어졌다. 그뿐만 아니라 더 나아가서 첫 번째 기둥에서 공포된 법의 효과성이 유럽공동체의 일반적인 법원칙(직접적인 효과, 공동체법의 우선권 등)을 통하여 제고되었으며, 물론 제한적이긴 하지만, 유럽사법재판소에 의한 통제의 가능성이 열렸다. 또한 솅겐조약과 관련된 기반이 유럽연합으로 이행되었다. 덴마크, 아일랜드, 영국에 대해서는 분화된 예외조항이 유효하다.

난민 · 이주 · 비자정책의 틀 속에서 나오는 법문서는 여전히 원칙적으로 유럽집행위원회가 발의하고 유럽의회의 청문을 거쳐 이사회를 통하여 만장일치의 방식에 의거하여 공포되고 있다. 니스조약의 발효(2003)와 더불어 일부 경우에 있어서는 다수결의 원칙과 의회의 공동의사결정이 도입되었다. 그 결과 이주 문제를 제외한다면, 유럽연합에 접근하는 문제를 다루는 정책에 대하여 이제는 상당 부분 공동의사결정의 절차가 유효하다. 마지막으로 리스본조약에 따르면, 난민 · 이주정책의 법문서를 위해서는 현재의 공동의사결정절차에서 연유한 정식의 입법절차가 거의 일반적으로 적용되게 되었다.

이주정책은 제3국 국적을 가진 자가 유럽연합 회원국 내에서 3개월 이상 장기적으로 체류할 경우를 위한 전제조건을 다루고 있다. 이와 관련된 규정은 유럽공동체법 제63조 제1항에 들어있으며, 앞으로 유럽연합기능조약 제79조에 구현되어 있다. 하지만 국내규정을 유지하거나 유럽공동체조약 및 국제협약과 양립 가능한 국내규정을 도입하는 것은 각 회원국에게 유보되어 있다.

게다가 리스본조약에 따르면, 자영업을 하거나 피고용인(종업원)으로서 일하고자 하는 제3국 국적 소유자를 얼마나 많이 받아들일 것인가 하는 것은 각 회원국의 소관사항으로 되어 있다.

2) 리스본조약에 따른 난민 · 이주 · 비자정책

이제까지 달성한 통합의 심화는 리스본조약을 통해 계속되었다. 거기에 포함된 관할의 기초는 난민 · 이주 · 비자정책의 포괄적인 유럽화를 목표로 하고 있다. 한편으로 관할권이 더 폭넓게 설계되었다. 왜냐하면 여러 가지 제한사항, 특히 정책을 최소규범의 설정(소위 최소수준의 조화)에 국한시켜야 한다는 제한사항이 사라지게 되었기 때문이다. 다른 한편으로 정식의 입법절차(공동의사결정)로의 이행은 법적 설정을 용이하게 하는 데 적합하다. 또한 유럽사법재판소에 의하여 유럽법의 집행을 통제할 수 있는 가능성이 열림으로써, 유럽연합에의 접근과 관련된 정책에 대하여 당사자의 신뢰가 강화될 수도 있다. 이러한 기회가 얼마나 많이 이용되는가는 결국 참가한 회원국의 정치적 의지에 달려 있다.

이제까지 공포된 조치는 대부분 '이주흐름의 조절'이라는 키워드 아래 불법이주를 막고, 합법적으로 이주한 제3국 국적 소유자를 공정하게 대우하는 데 집중되어 있다. 이런 맥락에서 불법잠입과 인신매매를 퇴치하려는 법문서가 있으며, 더 나아가서 국경검사기관 사이의 협력 강화를 위한 조치가 마련되어 있다. 리스본조약에서는 통합적인 국경검사를 점진적으로 도입하자는 방안이 마련되었다. 또한 여러 가지 출신국가와의 송환협정이 체결되었으며, 2008년의 송환지침을 통하여 불법이주자의 송환을 위한 통합적 지침이 마련되었다 (Mueller-Graff/Kainer, 2009a, 78-83; Angenendt, 2004, 359-378; Hofmann, 2004, 380-394).

제 3 절 교육정책

1960년대 이래 유럽공동체의 교육정책은 주로 프로그램에 지향을 둔 분배 정책의 방향으로, 그리고 각국의 정책에 대해 이른바 '유럽의 잉여가치'를 마련하는 방향으로 천천히 전개되었다. 그것은 몇 년 전부터는 조율의 개방적인 방법을 적용함으로써 새로운 동력을 얻고 있다.

1 주요 수단으로서의 실행프로그램

교육정책 분야에서 유럽공동체는 여러 가지 지침과 프로그램을 활용할 수 있다. 지침을 통한 조율수단은 오늘날 전적으로 직업학교 및 대학의 졸업증명을 서로 인정하고, 자영활동의 수용 및 실행에 대한 회원국들의 법적 · 행정적 규정을 조율하는 분야에 국한되어 있다. 이러한 목적을 위하여 이사회는 만장일치로 혹은 가중다수로 지침을 공포하며(유럽공동체조약 제47조), 유럽의회는 공동의사결정절차를 통해 참여한다. 졸업증명의 인정과 관련해서는 대개 상호 신뢰의 원칙이 통용될 수 있는 형식으로 조정된다.

교육분야에서 더 중요한 것은 다년 간에 걸친 각종 실행프로그램이다. 원칙적인 실행형태는 이사회가 교육과 관련하여 이미 1963년에 처음으로 제시한 결의에서 도입되었다. 공동체의 조치는 '유럽의 잉여가치'를 마련하기 위하여 각국 정책에 대한 지지 및 보완, 회원국의 정보 및 경험 교류, 각국 계획의 상호연결에 집중된다. 이때부터 유럽연합 교육정책의 수단은 원칙적으로 변경되지 않았으며, 암스테르담조약(1999) 이래 공동의사결정절차에 의거하여, 그리고 유럽경제사회위원회 및 지역위원회의 청문을 거쳐 의결된다(유럽공동체조약 제149조, 제150조).

2007년도에 유럽연합의 거의 모든 교육프로그램은 '평생학습을 위한 실행프로그램'으로 요약되었다. 여기에는 유럽경제공간의 국가들이 참여하고 있다. 이것 이외에 대학영역에서 유럽 전체의 협력을 위한 템푸스(Tempus) 프로그램, 미국 및 캐나다와의 양자(兩者) 간 협력프로그램이 존재하며, 2004년부터는 유럽과 제3국 사이의 대학 네트워킹을 촉진하는 에라스무스 문두스(Erasmus Mundus) 프로그램이 존재한다.

프로그램에 포함된 여러 가지 조치의 형태는 물리적 · 가상적 이동성, 대학 사이의 협력네트워크 개발, 언어적 · 문화적 능력의 신장, 시험적인 예비연구의 도움을 빌어 수행되는 혁신활동의 개발, 그리고 공동체의 비교기준 개선을 포괄한다. 평생학습을 위한 프로그램은 하위프로그램을 포괄하고 있는데, 여기에는 학교교육을 위한 코메니우스(Comenius), 대학교육을 위한 에라스무스(Erasmus), 그리고 성인교육을 위한 그룬트비히(Grundtvig)가 속한다.

여기에 더하여 레오나르도다빈치(Leonardo da Vinci) 하위프로그램이 있는데, 이것은 직업교육에서 사람들을 위한 초국가적인 프로젝트를 촉진하고, 혁신과 양질의 개발 및 이전, 직업교육에서 언어적 · 문화적 능력의 습득, 그리고 유럽에서 전문지식과 지식이전을 위한 초국가적인 네트워크를 장려하고 있다. 게다가 이 프로그램은 교육연구 및 교육비교의 분야에서 관련된 조치, 유럽통합에 관한 교육 및 연구를 위한 장모네(Jean-Monnet) 프로그램, 그리고 예를 들면 언어 및 정보통신기술 분야에서의 중점적 활동을 촉진하고 있다. 실행프로그램의 추진은 주로 국가적 수준에서 이루어진다.

이와 같은 고전적인 실행프로그램 이외에 일련의 교육정책활동은 각국의 정책을 지원하기 위한 추가적인 수단을 포괄한다. 여기서 특히 유럽직업교육진흥센터와 유럽직업교육재단, 그리고 유럽사회기금을 통해 장려되고 있는 조치(보기: 실업상태에 놓여 있는 청소년들을 대상으로 한 자격부여, 직업생활에 다시 진입할 수 있도록 하는 연수)를 언급할 만하다.

이와 더불어 최근에는 예를 들면 유럽 전역에 걸쳐 통용될 수 있는 통일된 자격부여증명을 통해서 유럽 전역에 걸친 양성프로그램을 위한 유인책이 마련되었다. 소위 '유럽여권'에 입각하여 이제는 다른 유럽연합 나라에서 보낸 양성기간이 이력서에만 나타날 뿐만 아니라 직업적인 자격부여로서 인정받을 수 있도록 보장하고 있다. 유럽자격부여를 위한 틀의 실행은 게다가 일반교육 및 직업교육의 분야에서 각국의 자격부여에 관한 유럽 내부의 투명성을 제고하는 데 기여한다.

하지만 이와 같은 교육정책의 조치가 미치는 범위는 제한되어 있다. 마스트리히트조약(1993)에 따르면, 교육분야의 조치를 실시함에 있어서 교수내용과 일반 · 직업교육제도의 구성에 대한 책임은 결국 각 회원국에 놓여 있다는 점에 유의할 필요가 있다. 이와 더불어 문화와 언어의 다양성에도 유의해야 하는 것으로 되어 있다(유럽공동체조약 제149조 제4항, 제150조 제4항). 교육정책은 문화정책과 마찬가지로 보충성의 원칙을 통하여 보호해야 할 회원국의 핵심적인 자산에 속한다(Linsenmann, 2009, 96-98).

2 교육 분야에서의 개방적인 조율방법

21세기 초부터 유럽의 교육협력 분야에서는 유럽연합의 경쟁력을 더욱 강화시키기 위한 리스본전략을 통하여 새로운 동인을 확인할 수 있게 되었다. 개방적인 조율방법의 수단을 통하여 2010년까지 구체적인 교육정책의 목표지침을 실행에 옮기는 것으로 되어 있다. 여기에는 특히 일반교육 및 직업교육 영역에서의 '최고의 질', 유럽에서 교육제도의 완전한 호환성, 자격부여 및 지식 · 기능에 대한 모든 증명과 관련하여 법적 효력을 갖춘 인정, 평생학습의 원칙 구현이 속하며, 마지막으로 유럽이 세계의 다른 지역 출신 학생 및 연구자가 선호하는 목적지가 될 수 있도록 유럽의 교육체제를 발전시키려는 의도가 속한다.

전체적으로 바라볼 때, 목표지침을 근거로(benchmarks) 회원국들은 실행보고서를 통하여(monitoring) 도달한 진전 상태를 서로 비교하고(peer-review), 실행전략을 개선하기 위하여 다른 회원국의 좋은 본보기를 참고하려는 시도를 한다(best practice).

'일반교육과 직업교육 2010'이라는 작업프로그램에 설정된 목표지침, 그리고 이와 관련된 준거 및 성취지표는 중기적으로 볼 때 실행프로그램에도 역시 해당하는 것이다. 유럽의 교육정책은 결국 유럽연합 및 그 회원국의 세계적 경쟁력을 강화시키는 데 기여해야 할 일련의 노동시장정책 및 사회정책의 일부분으로 점점 더 많이 이해되고 있다(Linsenmann, 2009, 98; Linsenmann, 2004, 332-340).

제 4 절 문화정책

문화적 · 국민적 · 지역적 차이를 획일적으로 다루지 않으면서 다른 한편으로 유럽문화의 공통점을 부각시키고 공동소속감을 강화하는 일은 유럽 수준에서 정책의 중요한 목표가 되었다. 하지만 유럽공동체가 문화의 분야에 개입하는 것에 대하여 회의적으로 바라보는 입장도 역시 무시할 수 없다. 공동체의 문화정책이 각 국가의 문화에 대하여 부작용을 초래할 수도 있다는 위험성이 여전히 제기되고 있다. 그럼에도 불구하고 문화정책은 '유럽을 향한 장정(長征)'에서 점점 더 중요한 역할을 수행하고 있다.

초기의 유럽경제공동체에서는 유럽수준에서의 독자적인 문화적 활동이 처음에는 미미했으며, 그것은 1980년대까지 유네스코(UNESCO) 이외에 초국가적인 문화정책의 핵심적인 기관으로 역할을 수행했던 유럽이사회의 토론영역에 주로 남아 있었다. 유럽연합의 틀 속에서 문화진흥프로그램은 1990년대 중반부터 비로소 존재하게 되었으며, 1992년의 마스트리히트조약 이래 그것을 위한 법적 기초가 마련되었다.

'유럽문화정책'이라는 정책분야는 물론 공식적인 제도와 행위주체로만 구성되어 있는 것은 아니다. 여기에 더하여 시민사회의 기구와 사적인 민간기구가 작용하며, 이들도 역시 유럽에서 문화정책의 협력을 위해 기여한다(보기: 유럽문화재단(European Cultural Foundation), 유럽문화행동(Culture Action Europe), 유럽경영 · 예술 · 문화위원회(European Committee for Business, Arts and Culture))(Singer, 2009, 286).

1 조약상의 근거

마스트리히트조약의 발효와 더불어 1993년도에 회원국들은 유럽통합의 과정을 새롭게 한 단계 높이고, 점점 더 밀접한 유럽국민들의 연합을 마련하려는 의지를 표명하였다(조약의 전문(前文)). 독립적인 문화규정을 통하여 문화정책은 제자리를 찾게 되었다. 유럽공동체조약 제128조(암스테르담조약(1999)에서는 제151조로 변경되었음)는 공동체영역에서 목표의식을 갖고 문화적 활동을 진흥시켜야 한다는 과제의 일환으로 유럽연합의 프로그램, 행동, 이니셔티브를 위한 법적 기초를 마련하였다. 하지만 문화적 측면은 다른 유럽연합의 규정(특히 역내시장, 경쟁, 조세법, 국제무역)도 역시 포함하고 있다.

문화정책과 문화생활의 구성에 대한 소관사항과 책임은 원칙적으로 회원국에 남아 있으며, 회원국 내에서는 다시금, 독일의 경우에서 볼 수 있는 바와 같이, 지방자치단체에 남아 있다. 문화규정의 제5항에 따라 만장일치로 통과된 진흥조치와 권고사항만이 가능하다는 점에도 역시 유의해야 한다. 이와 동시에 공동체는 정책을 구성함에 있어서 문화적 사안을 다른 분야에서도 역시 고려해야 할 의무를 지고 있다(유럽공동체조약 제151조 제4항). 제151조는 제3국 및 국제기구와의 협력을 위한 권한도 역시 공동체에게 부여하고 있다. 리스본조약은 이를 위해 새로운 행위의 근거를 제공하고 있다.

다수결에 따른 의사결정이 적용되는 정책분야가 확대되었으며, 동시에 공동의 유럽대외정책을 위한 조건이 개선되었다. 그렇게 함으로써 앞으로 대외정책의 문화적 차원이 차지하는 비중도 역시 커질 것으로 보인다. 문화적 측면은 다른 공동체규정도 역시 포함하고 있다. 이것은 특히 역내시장 · 경쟁 · 조세법 · 국제무역에 관한 규정에 해당한다(Singer, 2009, 286-287).

2 행동과 진흥프로그램

유럽공동체조약 제151조에 따른 일반적인 목표설정은 유럽연합의 조치를 통해 구체화된다. 여기에는 '시민을 위한 유럽'이라는 프로그램 이외에 특히 '문화 2007'이라는 간략한 명칭을 가진 프로그램(2007년-2013년 동안 총예산 4억 유로)이 속한다. 이 프로그램의 핵심적인 과제는 문화적 · 언어적 다양성에 유의하면서 문화협력 및 교류를 지원하는 데 놓여 있다. 이와 동시에 유럽의 공동문화유산에 대한 의식도 역시 강화시켜야 한다. 특별한 목표로는 국경을 넘어서는 문화적 행위주체의 이동 지원, 문화적 · 예술적 작품 및 산출물의 국경을 넘어서는 보급 · 확산 지원, 그리고 간문화적 대화의 진흥을 들 수 있다.

문화부문 그 자체가 중요한 고용주이고, 더 나아가서 경제성장과 창의성 진흥 사이에 연관성이 존재한다고 가정되고 있기 때문에, 새로운 문화진흥프로그램은 문화의 경제적 잠재성을 강화시키는 일도 역시 목표로 삼고 있다. 유럽연합의 문화진흥프로그램에 대한 행정은 교육 · 시청각 · 문화 집행국(EACEA: Education, Audiovisual and Culture Executive Agency)이 담당하고 있다. 이 기관은 교육 · 시청각 · 문화의 분야에서 공동체프로그램의 중요한 측면을 행정적으로 처리해야 할 책임을 지고 있다. 여러 가지 프로그램을 하나의 기관으로 수렴함으로써 행정의 조율을 단순화하고, 보조금 수령자를 위하여 포괄적인 서비스를 가능하게 한다. 국가 수준에서는 문화교류부서(Cultural Contact Point)가 프로그램에 관한 정보를 보급 · 확산시키기 위한 실행기관으로서 기능을 수행한다(Singer, 2009, 287-288).

3 시청각매체

유럽의 미디어정책이 지니고 있는 중요성은 점점 더 커지고 있다. 왜냐하면 유럽 전역에 걸쳐 위성을 통해 방송되는 텔레비전 및 라디오 프로그램뿐만 아니라, 정보화사회의 기술적인 가능성도 역시 점점 더 많이 국경을 넘어서는 뉴스 및 견해의 교류를 단순화하고 있기 때문이다. 유럽공동체조약의 문화 관련 조항에서 시청각분야는 명시적으로 언급되어 있다(유럽공동체조약 제151조 제2항). '미디어 2007(MEDIA 2007)'이라는 프로그램과 더불어 공동체의 조치들이 계속 진행되고 있는데, 이 조치들은 '미디어 Ⅰ', '미디어 Ⅱ', '미디어 플러스(MEDIA Plus)', '미디어 연수'의 틀 속에서 취해졌으며, 그러한 조치들을 통하여 1991년부터 시청각산업의 확충을 지원하고 있다.

미디어 2007은 그때까지의 개별적인 중점사업들을 새로운 단일프로그램으로 집약한 종합프로그램으로 구상되어 있다. 재정적인 틀은 2007년-2013년의 기간 동안에 걸쳐 7억 550만 유로에 달한다. 그 이외에 1989년에는 '국경 없는 텔레비전'이라는 지침을 받아들임으로써 유럽연합 내에서 텔레비전방송의 자유로운 거래를 위한 법적 틀이 마련되었다. 텔레비전지침은 2007년도에 시청각매체의 서비스로 확대되었다.

시청각매체 서비스에 관한 지침은 인터넷 및 새로운 전송기술을 통한 기술발전과 그 결과 나타나는 시장의 변화를 고려하고 있다. 여기서 추가하는 것은 다름 아니라 모든 시청각매체 서비스를 위한 역내시장의 구축이다. 그렇게 함으로써 결국 정보기술 및 미디어 분야에서 유럽의 기업과 서비스를 위하여 최적의 경쟁조건과 법적 안정성을 보장하고, 또한 문화적 · 언어적 다양성에 대한 존중을 보장하고자 한다(Singer, 2009, 288).

4 유럽문화정책의 전망

유럽문화정책을 위한 전망은 유럽조약의 발전 과정에 관한 토의의 결과에서도 역시 확인할 수 있다. 문화정책의 규정은 이제까지의 조약에 비추어 볼 때 상당 부분 변화되지 않은 상태로 남아 있다. 리스본조약은 문화정책의 보충적인 성격을 뒷받침하고 있다. 건강보호 · 산업 · 관광 · 교육 · 청소년 · 스포츠 · 재해예방 · 행정협력 이외에 문화진흥은 여전히 조율 · 보완 · 지원조치에 속하는 것으로 되어 있다.

문화 분야에 대한 권한은 앞으로도 계속 일차적으로 회원국에게 남아 있을 것이며, 이와 동시에 공동체의 지원 · 조율 · 보완조치가 취해질 수 있다. 이제까지의 법과 비교해 볼 때 중요한 차이점은 문화 분야에서의 의결에 대해 이제까지 유효했던 만장일치의 조건이 철폐되고, 이제는 공동의사결정 절차가 문화 분야에도 역시 확장되었다는 것이다.

유럽통합과정에서 문화적 차원의 의미와 중요성은 특히 새로운 유럽문화의제에 관한 토론에서 분명하게 확인할 수 있다. 2007년 11월 당시 포르투갈 대통령의 주관 아래 개최되었던 문화각료이사회는 '세계화시대의 유럽문화의제'를 옹호하는 의사결정을 내리고, 이를 통하여 문화정책과 관련된 유럽담론을 새로운 단계로 끌어올리는 계기를 마련하였다. 유럽연합이 의도하고 있는 문화정책의 조치에 관한 상세한 서술은 문화 분야에서 이사회가 3년간 사업으로 설계하고 문화각료이사회가 도출한 결론을 통하여 승인된 작업계획에서 찾아볼 수 있다.

이 문서는 공동체의 중점주제와 문화정책 프로젝트에 관해 기술하고 있으며, 2008년-2010년에 걸친 그때 그때의 중점분야와 관련된 운영방식을 구체화하고 있다. 핵심적인 주제에 속하는 것으로는 예술가 및 소장품의 이동성 진흥, 문화에 대한 접근의 강화, 문화통계의 발전, 그리고 문화 및 창의성 경제의 뒷받침을 들 수 있다. 여기에 더하여 특별히 주의를 기울인 사항은 유럽연합의 대외관계에서 문화가 수행하는 역할이다. 이것은 유럽연합과 그 회원국의 대외관계에서 문화적 다양성(cultural diversity)과 간문화적 대화(intercultural dialogue)를 진흥시켜야 한다는 관점에서 이사회가 도출한 결론에서도 역시 강조되고 있다(Singer, 2009, 288-289).

제 5 절 내무사법협력

유럽연합의 회원국들은 암스테르담조약(1999)을 통하여 '자유 · 안전 · 법의 공간'(유럽연합조약 제29조)을 마련하고, 이를 통하여 유럽연합시민들에게 보다 더 확실한 안전을 제공하려는 목표를 유럽연합조약에 수용하였다. 이 목표는 본질적으로 다음에 열거하는 세 가지의 서로 다른 수단을 통하여, 즉

① 회원국의 경찰청, 관세청, 그리고 다른 담당기관의 보다 더 밀접한 협력을 통하여, 그리고 유럽경찰청(Europol)을 개입시킴으로써,

② 사법기관의 보다 더 밀접한 협력을 통하여, 그리고

③ 회원국의 형사규정을 서로 접근시킴으로써 달성하는 것으로 되어 있다.

마지막에 열거한 두 분야는 '형사사건의 협력'(즉, 범행의 방지 및 퇴치를 위한 협력)이라는 개념 아래 요약되어 있다.

이 분야에서의 협력이 필요한 이유는 유럽통합의 진전에서 찾을 수 있으며, 유럽공동체를 실현하는 핵심적인 구상, 즉 역내시장을 위해 추가적 보완조치를 마련해야 한다는 요구사항에 놓여 있다. 인적 왕래의 자유가 수반하는 역

내경계의 개방은 국경검사의 폐지로 인해 발생하는 안보 및 통제의 빈틈을 보완해야 할 것을 요구한다. 범행의 방지와 퇴치를 위한 협력과 관련하여 조약의 형태로 마련된 법적 근거는 그러한 보완조치를 위해 부분적으로 기여할 수 있다.

더 나아가서 협력의 근거가 되는 사상은 다음과 같다. 즉, 만약에 시민들이 자신의 안전과 법치국가적 체제를 신뢰할 수 있도록 해주는 법적 공간에서 자유가 행사될 수 없다면, 유럽통합을 위해 근본적인 자유의 목표가 그 의미를 상실할 것이다. 이와 동시에 2004년 3월 11일 마드리드(Madrid)에서 발생한 공격과 더불어 유럽에도 역시 도달한 국제테러는 범행의 방지 및 퇴치를 위한 유럽의 협력을 위해 새로운 도전을 제기하고 있다(Mueller-Graff/Kainer, 2009b, 392-393).

1 법적 근거

범행의 방지 및 퇴치를 위한 협력은 마스트리히트조약(1993)의 틀 속에서 비로소 유럽연합의 세 번째 기둥으로서 하나의 구조화되고 제도화된 정부 간 협력의 형태를 취했으며, 암스테르담조약에서(1999)에서 더욱 발전되었다. 형사사건과 관련된 내무사법협력의 분야에서 그때까지 공동의 관심사가 계속 수정되었으며 세부적인 목록의 형태로 보완되었다(유럽연합조약 제30조, 제31조).

난민 · 이주 · 비자정책의 본보기 및 민사사건과 관련된 사법협력의 본보기에 따라 이 분야를 유럽공동체조약으로 변환시키고, 그와 함께 공동체법적 · 초국가적 협력으로 나아가는 데 있어서는 회원국들의 주권유보가 걸림돌로 작용하였다. 따라서 비록 정부 간 협력의 수준에 남아 있었고, 본질적으로 만장일치의 원칙에 남아 있었지만, 유럽연합에 특정한 법적 도구를 고려할 때 이제 언급할 만한 진전이 이루어지게 되었다.

특히 새로운 행위형식으로서 이른바 '기본결의'가 도입되었는데, 이것은, 지침(유럽공동체조약 제249조 제3항)과 비슷하게, 도달해야 할 목표를 고려할 때 구속력이 있으며, 회원국들에 의해 실행되어야 한다(이때 회원국들은 이와 관련하여 형식과 수단의 선택에 있어서 자유롭다). 하지만 물론 아무런 조건 없이 직접 적용할 수 있는 것은 아니다(유럽연합조약 제34조).

기본결의를 통하여 이제는 특히 협상된 합의의 비준이 불필요하게 되었다(그때까지 비준에 대한 요구사항은 합의사항의 발효를 지연시킨 요인으로 작용하곤 하였다). 유럽의회와 유럽집행위원회의 참여도 역시 개선되었으며, 유럽사법재판소를 통한 법적 보호도 역시 개선되었다. 내용적 측면에서 니스조약(2003)이 유럽사법청(Eurojust)이라고 불리는 기관을 설치함으로써 사법협력의 요소를 더욱 발전시켰다. 이 유럽사법청은 특히 조율의 과제에 대한 의무를 지고 있다.

형사사건과 관련하여 협력을 위한 통합의 도약은 리스본조약에서 설계되었다. 여기서는 정부 간 특수지위가 상당 부분 제거되었으며, 현재 공동체의 일반적인 법적 도구(법령과 지침)가 접근 가능하게 되었으며, 원칙적으로 현재 공동의사결정 절차에서 연유하는 정식의 입법 절차에 따르게 되었다. 이것은 특히 유럽의회의 공동의사결정법을 수반하였다. 하지만 개별사안과 관련해서는 만장일치의 유보와 수정이 일부 남아 있다(Mueller-Graff/Kainer, 2009b, 393-394).

2 사법협력

1) 형사사건과 관련된 사법협력

범행의 방지와 퇴치를 위한 사법협력은 두 가지 요소로 구성되어 있다. 첫째, 검찰의 협력을 통하여 어떤 범행에 대하여 국경을 넘어서는 형사소추가 용이하게 된다. 여기서는 특히 결정(보기: 압수결정)의 인정, 인도 절차의 간소화, 그리고, 보다 더 일반적으로 바라볼 때, 형사절차법의 점차적인 균등화가 중요하다. 그런 점에서 32가지의 범죄 종류에 대하여 이제까지의 인도 절차를 간소화한 기본결의는 유럽차원의 구속영장 발부제도를 도입하는 데 있어서 매우 중요한 의미를 지니고 있다. 사법기관의 협력은 특히 유럽사법네트워크를 통하여, 그리고 2002년의 결의에 의해 설립된 유럽사법청에 의해 뒷받침되고 있다. 유럽사법청은 특히 중죄에 해당하면서 국경을 넘어서는 범행과 관련하여 수사 및 형사소추를 조율하고 촉진해야 할 과제를 안고 있다.

둘째, 형사실체법의 균등화도 역시 세 번째 기둥의 틀 속에서 암스테르담조약(유럽연합조약 제29조, 제31조)이 발효되면서 논의의 주제가 되었다. 처벌할 수 있는 행위의 구성요건과 관련하여, 그리고 국경을 넘어서서 행해지는 개별적인 중죄의 종류에 해당하는 형벌과 관련하여 이에 대한 최소한의 규정을 확정하는 일이 이제부터는 유럽연합조약에서 명시적으로 언급되었다. 특히 조직범죄 · 테러 · 인신매매의 분야에서 그동안 여러 가지 기본결의를 통하여 이 권한이 사용되었다(Mueller-Graff/Kainer, 2009b, 394).

2) 민사사건과 관련된 사법협력

민사사건과 관련된 사법협력은 유럽공동체조약에서 언급된 다른 정책분야(난민 · 이주 · 비자정책, 형사사건과 관련된 사법협력)와 더불어 자유 · 안전 · 법의 공간을 구축하기 위한 기본적인 기둥을 형성한다. 그러나 이 분야에서의 협력은 특히 역내시장의 완성을 위하여 중요한 의미를 지니고 있다. 국경을 넘어서는 재화 · 용역의 무역, 지급유통과 자본거래, 그리고 유럽연합 다른 회원국에서 사람들의 거주 · 이전의 권리는 서로 다르고 호환성이 없는 민사절차법에 의해 어려움에 처해 있다.

민사사건과 관련된 사법협력의 목적은 공동체 내에서 국경을 넘어서는 민사법적 소추를 위한 접점 혹은 연결고리를 마련하는 데 놓여 있다. 민사법적 소추에서 특히 절차법과 관련된 조정과 규정이 중요한데, 여기에는 다음과 같이 사항이 포함된다.

- 재판문서와 재판 외의 문서를 해외로 송달하기 위한 체제
- 증거자료의 조사를 위한 협력
- 국경을 넘어서는 사안과 관련된 법원의 관할
- 민사 및 무역사건, 특정한 가족법 사안과 관련하여 다른 회원국에서 행해진 재판의 결정 및 재판 외의 결정에 대한 인정
- 민사법적 절차를 순조롭게 처리하는 데 있어서 방해가 되는 기타 문제점을 해소하기 위한 협력의 강화

이와 더불어 나라별로 다른 법질서로 인하여 발생하는 법의 충돌을 해소하기 위한 방안이 모색되고 있다. 일반적인 민사법은 원칙적으로 사법협력의 대상에 속하지 않지만, 서로 다른 민사법의 규범이 역내시장의 기능을 곤란하게 만들 수 있으며, 따라서 조정의 필요성을 제기할 수 있다.

암스테르담조약의 발효와 더불어 민사사건과 관련된 사법협력은 유럽연합의 정부 간(intergovernmental) 수준의 세 번째 기둥에서 이제 초국가적(supranational) 수준의 첫 번째 기둥으로 자리를 옮기게 되었다. 명령과 지침의 공포와 같은 조치는 니스의 조약개정 이래 유럽집행위원회의 제안으로 유럽연합 이사회에 의해 가중다수(예외: 만장일치를 요구하는 가족법의 측면)로, 그리고 유럽의회의 공동의사결정을 수반하여 취해질 수 있다.

민사사건의 사법협력이 세 번째 기둥에서 첫 번째 기둥으로 자리를 옮기면서 특기할 만한 발전과정을 관찰할 수 있다. 공동체법의 원칙, 특히 적합한 규정의 직접적인 효과, 국내법에 우선하는 법의 적용, 유럽사법재판소에 의한 통제, 그리고 이와 연결된 사항이지만 공동체법의 해석방법이 적용되고 있다. 이 모든 것이 해당되는 분야의 실행을 분명하게 향상시키고 있다. 리스본조약을 관점에서 바라볼 때, 민사사건과 관련된 사법협력은 상당히 강화될 것으로 보인다. 이에 따르면, 다른 나라와의 법적 조화는 원칙적으로 역내시장의 준

거 없이도 가능하다. 내용적으로 바라볼 때, 몇 가지 제한사항이 폐지되고 있다. 다른 한편으로 가족법과 관련된 사안은 여전히 만장일치의 원칙에 따르는 것으로 되어 있다. 그 이외에는 현재의 공동의사결정절차에서 연유하는 정규 입법절차가 적용될 것으로 예상된다.

전체적으로 바라볼 때, 민사사건과 관련된 사법협력은 자유·안전·법의 공간을 구축하기 위한 과정에서 가장 성공적인 부분영역으로 간주할 수 있다. 이것은 물론 민사사건의 사법협력이 역내시장의 원칙에 매우 근접해 있다는 사실로 설명할 수 있다(Mueller-Graff/Kainer, 2009c, 397-399).

3 내무협력

범행의 방지와 소추를 위한 치안협력의 틀 속에서 유럽경찰청(Europol)이 두드러지게 중요한 의미를 지니고 있다. 유럽경찰청의 과제에는 특히 불법적인 마약거래, 방사능·핵물질의 불법거래, 기밀유출범죄, 차량밀수, 인신매매(아동대상 성폭력, 아동포르노의 생산 및 유포 포함), 테러, 화폐위조 혹은 돈세탁 등이 속한다. 이를 위해 담당기관은 일련의 권한을 활용할 수 있는데, 여기에는 특히 정보교환, 범죄분석 작성, 회원국의 수사를 위한 전문지식과 기술적 지원 마련, 그리고 제3국과의 협력이 포함된다.

전체적으로 바라볼 때, 유럽경찰청은 본질적으로 지원 및 조율의 기능을 갖고 있으며, 또한 아직은 제한적이지만 앞으로 강화시켜야 할 작전기능을 갖고 있다. 그 이외에 각국의 경찰 혹은 검찰의 협력을 개선하기 위하여 여러 가지 다른 수단이 존재한다. 그 보기로는 2002년의 기본결의에 따라 가능해진 공동수사집단의 설치, 유럽경찰대학의 설립, 그리고 솅겐실행합의에서 나온 치안협력의 형태(국경을 넘어서는 관찰의 권한, 국경을 넘어서는 소추의 권한)를 들 수 있다.

더 나아가서 이제부터는 모든 치안담당기관에게 솅겐정보체계에 접근할 수 있는 가능성이 열리게 되었다. 이 시스템은 입국이 거부된 인물에 관한 파일을 포함하여 수사파일로 구성되어 있다. 후속시스템(SIS Ⅱ)이 개통되면서 치안협력의 핵심요소를 이루는 정보교환이 향상되었다. 마지막으로 협력은 테러와의 싸움에서 심화되었다. 유럽이사회의 결의를 통해 특히 유럽연합 소재 담당기관 사이의 정보교환을 향상시키는 여러 가지 조치가 마련되었다(Mueller-Graff/Kainer, 2009b, 395-396; Gusy/Schewe, 2004, 342-348).

참고문헌

Angenendt, Steffen. (2004). Die europaeische Migrations- und Asylpolitik. In Weidenfeld, Werner (ed.). Die Europaeische Union. Politisches System und Politikbereiche. Guetersloh: Bertelsmann Stiftung, 359-379.

Becker, Peter. (2009). Sozialpolitik. In Weidenfeld, Werner & Wessels, Wolfgang. (eds.). Europa von A bis Z. Baden-Baden: Nomos, 316-321.

Daeuber, Wolfgang. (2004). Die Europaeische Union als Wirtschafts- und Sozialgemeinschaft. In Weidenfeld, Werner (ed.). Die Europaeische Union. Politisches System und Politikbereiche. Guetersloh: Bertelsmann Stiftung, 273-288.

Gusy, Christoph & Schewe, Christoph. (2004). Die Rechts- und Asylpolitik der Europaeischen Union. In Weidenfeld, Werner (ed.). Die Europaeische Union. Politisches System und Politikbereiche. Guetersloh: Bertelsmann Stiftung, 342-358.

Hofmann, Rainer. (2004). Der Schutz der Minderheiten in Europa. In Weidenfeld, Werner (ed.). Die Europaeische Union. Politisches System und Politikbereiche. Guetersloh: Bertelsmann Stiftung, 380-397.

Linsenmann, Ingo. (2004). Die Bildungspolitik der Europaeischen Union. In Weidenfeld, Werner (ed.). Die Europaeische Union. Politisches System und Politikbereiche. Guetersloh: Bertelsmann Stiftung, 332-341.

Linsenmann, Ingo. (2009). Bildungspolitik. In Weidenfeld, Werner & Wessels, Wolfgang. (eds.). Europa von A bis Z. Baden-Baden: Nomos, 95-98.

Mueller-Graff, Peter-Christian & Kainer, Friedemann. (2009a) Asyl-, Einwanderungs- und Visapolitik. In Weidenfeld, Werner & Wessels, Wolfgang. (eds.). Europa von A bis Z. Baden-Baden: Nomos, 78-83.

Mueller-Graff, Peter-Christian & Kainer, Friedemann. (2009b). Zusammenarbeit in Strafsachen. In Weidenfeld, Werner & Wessels, Wolfgang. (eds.). Europa von A bis Z. Baden-Baden: Nomos, 392-396.

Mueller-Graff, Peter-Christian & Kainer, Friedemann. (2009c). Zusammenarbeit in Zivilsachen. In Weidenfeld, Werner & Wessels, Wolfgang. (eds.). Europa von A bis Z. Baden-Baden: Nomos, 396-399.

Roth-Behrendt, Dagmar & Nowak, Annika. (2004). Die Umweltpolitik der Europaeischen Union. In Weidenfeld, Werner (ed.). Die Europaeische Union. Politisches System und Politikbereiche. Guetersloh: Bertelsmann Stiftung, pp. 305-322.

Singer, Otto. (2009). Kulturpolitik. In Weidenfeld, Werner & Wessels, Wolfgang. (eds.). Europa von A bis Z. Baden-Baden: Nomos, 285-289.

Tannous, Isabelle. (2009). Menschenrechtspolitik. In Weidenfeld, Werner & Wessels, Wolfgang. (eds.). Europa von A bis Z. Baden-Baden: Nomos, 292-297.

Umbach, Gaby. (2009). Umweltpolitik. In Weidenfeld, Werner & Wessels, Wolfgang. (eds.). Europa von A bis Z. Baden-Baden: Nomos, 338-342.

제 5 편

유럽연합과 한국

제 1 장 유럽연합과 한국의 관계

이 종 서(한국외국어대학교)

제 1 절 유럽연합과 한국 관계의 역사적 전개

1 신아시아 전략과 대북접근방식

유럽연합의 대한반도 정책은 1994년 유럽연합 집행위원회에서 채택한 신아시아 전략(Towards a New Asia Strategy)의 일환으로 파악해야 한다. 신아시아 전략은 아시아 시장으로의 진출 확대와 경제협력 증진이 정치관계 발전에도 기여한다는 생각을 기본으로 한다. 이 전략의 구체적 목표는 다음과 같다. 첫째, 유럽연합은 세계경제에서 주도적 역할을 유지하기 위해 아시아 지역에서 유럽연합의 경제적 비중을 강화한다. 둘째, 아시아 지역의 정치안정을 도모한다. 셋째, 아시아 빈국들의 경제발전을 돕는다. 넷째, 아시아에서의 민주주의와 법치의 발전, 그리고 인권존중의 원칙을 수립한다. 유럽연합은 이 같은 목적을 통해 유럽의 가치를 간접적으로 확인하고 공동체의 대외적 이미지를 제고한다.

그 후 유럽연합은 아시아와의 관계를 더욱 강화하기 위해 2001년 '유럽과 아시아의 심화된 동반자 관계를 위한 전략적 틀(Europe and Asia: A Strategic Frame-work for Enhanced Partnership)'이라는 보고서를 작성하였다. 보고서는 신아시아 전략의 일환으로 대한반도 전략을 포함하였다. 그 결과 2001년 EC-북한 전략보고서(The EC-DPRK, Country Strategy 2001-2004)가 탄생하였고 유럽연합의 대북한 정책이 처음으로 체계화되는 계기가 마련되었다.

1990년대 초반 채택된 유럽연합의 신아시아 전략에서 유럽연합은 아시아 지역에서의 유럽연합의 경제적 비중 강화, 지역 안정, 빈국과 낙후된 지역들의 경제발전, 민주주의와 법치 및 인권신장 등의 목표를 위해 새로운 전략을 수립하였다. 그 핵심은 아시아를 이전보다 중시하고 경제협력관계를 한 차원 높게 강화할 뿐 아니라, 이 지역에서의 정치적 문제와 안보 문제까지도 관여하겠다는 의사를 공식적으로 표명한 것이다. 특히 아시아와의 정치대화 주제의 하나로 제시한 군비통제와 핵 비확산 문제와 관련하여, 북한의 핵 위협으로 국제사회에 야기된 도전은 아시아와 유럽이 협력할 수 있는 기회이기도 하다는 점을 밝힘으로써 유럽연합이 개입할 수 있는 여지를 마련하였다.[1]

유럽연합이 이와 같이 새로운 아시아 정책을 수립하게 된 배경에는 첫 번째, 아시아 국가들의 경제성장에 따른 국제정치, 경제적 위상 강화가 중요한 요인으로 작용하였다. 1990년대 들어서면서 아시아는 급속한 경제성장으로 경제적으로 중요한 지역이 되었다. 두 번째, 유럽연합의 동아시아정책은 경제적 요인 이외에 유럽연합의 국제적 위상을 높이려는 유럽연합 측의 의도와 냉전 종식 이후 새로운 세계질서 구축과정에서 아시아 지역의 유동성이 맞아떨어진 것이 중요하게 작용하였다.

---

1) Axel Berkofsky, "EU's Policy towards the DPRK: Enlargement of Standstill?", EIAS Publications BP 03/01, 2003, pp.9-10.

특히, 유럽통합이 심화됨에 따라 공동외교안보정책을 수립할 필요가 생겼다. 유럽연합 차원의 외교안보정책은 유럽의 국제적 역할 확대로 이어졌고 이는 아시아에 본격적인 진출전략을 마련하는 계기가 되었다. 여기에 냉전의 종식은 아시아 지역의 유동적인 정치 상황과 맞물리면서 유럽연합이 아시아 지역을 보다 중시하게 되었다. 요컨대 냉전의 종식과정에 발생한 아시아 지역에서 러시아의 상대적 위상 하락은 유럽연합에게 새로운 기회를 제공하였다. 마침 공동외교안보정책을 추진함으로써 국제적 위상을 강화하려는 유럽연합에게 이러한 기회는 놓치기 어려운 것이었다. 아시아 지역에 대한 유럽의 관심과 역할증대 노력은 냉전 이후 세계질서를 재편하는 과정에서 미국과 유럽의 세력권 확장 경쟁 양상으로 나타났다. 먼저 미국은 1993년 말 APEC 정상회담을 개최함으로써 아시아와의 관계를 강화하고자 하였다. 따라서 유럽연합은 아시아 지역에서도 APEC에 대응하면서 이 지역을 선점해야만 했다.[2]

그 결과 유럽연합의 신아시아 전략의 첫 번째 가시적 결과라 할 수 있는 ASEM이 탄생하게 되었다. 유럽연합은 ASEM 참가를 통해서 아시아 지역에서 미국-아시아-유럽연합 삼각관계를 구축하여 미국과 균형을 유지하며 외교적 지위를 격상시켰다. 유럽연합은 신아시아 전략 목표를 달성하고 안보적 발언권도 증대시키기 위해서 우선적으로 아시아 지역 국가들과의 경제협력을 강화하고, 이를 기반으로 정치적 군비통제와 핵 비확산, 인권 문제와 민주주의 및 법치수립, 마약 문제 등 정치대화를 통한 영향력 확대를 목표로 하고 있다. 이 지역에서 미국은 이미 군사, 안보적 측면에서 도전할 수 없는 지도력을 행사하고 있기 때문에 유럽연합으로서는 연성권력을 확대시키는 것이 미국과의 충돌을 피하면서 유럽연합의 이익을 극대화하는 현실적인 대안인 것이다.[3]

사실 유럽연합의 입장에서 보스니아와 코소보 내전, 체첸공화국의 유혈사태, 미국의 이라크 침공과 같은 문제보다 북한 문제가 상대적으로 공동체 차원

2) 김학노, "동북아시아 안보공동체 비전구상", 영남대학교 통일문제연구소, 『통일문제연구』, 25-26집(합권호), 2004 참조.

3) 최의철 외, "유럽연합(EU)의 대북 인권정책과 북한의 대응", 서울: 통일연구원, 2005, p. 53.

에서 동질성을 느끼며 보다 수월하게 정책을 수행할 수 있었다. 따라서 탈냉전 이후 전개되고 있는 유럽연합의 대북협력정책은 경제 및 정치통합과정의 심화와 확대과정에서 유럽연합의 내재적 가치를 실현하고 동질성을 확인하는 좋은 기회로 볼 수 있다.

이를 정리하면 유럽연합의 신아시아 전략은 첫째, 아시아 정치·경제 성장에 따르는 새로운 관계 정립. 둘째, 새로운 지역안보에 대한 역할 설정. 셋째, 아시아 지역의 안정성, 민주주의 공고화와 법치, 인권성장 고무 등 유럽연합 가치의 간접적 확인. 넷째, 아시아 빈곤 지역에 대한 인도적 차원의 정책지원을 통한 유럽연합의 외교적 이미지 제고가 목적이라고 할 수 있다.

2 한반도 정책목표

신아시아 전략의 일환으로 북한에 대한 경제적 지원 및 정치대화를 병행한 결과 유럽연합은 북한과 2001년 5월 14일 공식외교관계를 수립하였다. 이는 북한 문제에 개입을 통해 탈냉전 후 국제관계에서 유럽연합의 정치 및 외교적 영향력을 강화시키기 위한 수단이었다. 전술하였듯이 유럽연합의 대북정책은 대한반도 정책의 일환으로 이해되어야 한다. 대북정책의 방향을 잡기 시작한 시점이라고 할 수 있는 1999년 7월 일반이사회에서도 북한에 대한 지원정책 수립은 한국과 유럽연합의 관계 강화의 한 방편임을 강조하였다.

한국을 포함한 한반도 전체가 다시금 유럽연합의 특별한 관심 대상이 된 이유는 무엇보다 경제성장과 민주화로 인하여 한국의 국제적 위상이 커진 데 있었다. 유럽연합은 한국과의 정치대화를 강화함으로써 한국을 아시아에서 자유민주주의의 보루로 적극 지지하고 향상된 경제력에 걸맞게 경제협력을 강화하려고 하였다. 경제적 중요성과 함께 한국의 정치적 비중도 증가하였는데, 이것이 유럽연합 측에 중요한 영향을 미치는 것으로 판단된다. 특히 유럽과 아시아의 대화의 장으로서 ASEM을 발전시키는 데 있어서 한국이 주도적 역할을 수행하고 있다는 인식이 확산되어 있었다.

경제외적인 측면에서도 유럽연합은 1990년대 중반 이후 한반도를 특별히 주목하기 시작했다. 아시아 지역의 안보와 평화 유지를 위해 적극 개입하려는 의사를 표명한 유럽연합으로서는 북한의 핵 문제가 불거져 있는 상황에서 이에 대해 지대한 관심을 가지는 것은 당연한 일이었다. 아시아에서도 특히 동북아시아 지역은 세계 수준에서의 냉전해체와 한반도 수준에서의 냉전해체가 시간적 차이를 두고 진행되는 '냉전해체의 비동시성'으로 인해 여전히 긴장과 갈등이 계속되고 있었다.[4] 미국과 대립각을 세우고 있던 러시아의 위상 약화와 중국의 개혁정책으로 생긴 동북아시아 국제정치 역학관계의 변동을 틈타서 유럽연합이 한반도 국제정치에 특별한 관심을 갖게 된 것이다.

이런 맥락에서 유럽연합의 KEDO 참여는 회원국과 유럽연합의 이해관계가 일치했다고 볼 수 있다.[5] 유럽연합은 신아시아 전략에 근거해 KEDO 참여가 핵확산을 방지하고 핵 비확산 레짐을 강화하고자 하는 유럽연합의 외교정책 목적과도 일치하고 한반도와 동아시아 지역안보에도 기여한다는 이유로 KEDO 집행위원회 일원으로 참여했다. 또한 KEDO를 수립한 미국, 일본, 한국 정부도 중립적 멤버를 필요로 하였고 유럽연합은 동북아시아에서 자신의 입지를 확대하려고 하였다. 유럽연합이 KEDO에 참여하는 과정에서 지불한 액수는 북한에 중유를 제공하기 위해서 미국이 지불하는 것과 비슷한 액수였다.[6] 이는 유럽연합이 미국과 같은 규모의 재정지원을 통해 자신의 정치적 영향력을 한반도에 확보할 뿐 아니라 동아시아 지역에까지 확대하려는 의지를 표명한 것으로 보인다.

---

4) 박용수 외, 『Asia-Europe Meeting(ASEM): 아시아-유럽 동반자관계의 모색과 정립』, 서울: 엠에드, 2002, p.32.

5) 유럽연합은 KEDO에 1997년 9월 정식 가입하였으며 가입 당시 2000년 12월 31일까지 계약을 한정하였다가 2001년 12월에 5년간 계약을 연장했다. 유럽연합은 1996년부터 2006년까지 KEDO 이사국 및 회원국의 지원 총 규모 중 6%(총 1억 2,330만 달러)에 해당하는 사업비를 부담했다.

6) 조홍식(1998), op. cit., p.120; 조홍식 · 김기수(1999), op. cit., p.70 참조.

<표 5-1> 유럽연합의 확대 유럽연합의 KEDO 사업 지원 실적

	95	96	97	98	99	00	01	02	03	04	05	06	합 계
공사비								18					18.0
행정 예산				0.9	1.2	1.4	1.6	1.5	1.3	1.1	1.0	1.0	11.0
중유		6.3	28.4	16.7	14.3	12.9	16.1						94.7
소계		6.3	28.4	17.6	15.5	14.3	17.7	19.5	1.3	1.1	1.0	1.0	123.7
한국	1.8	2.7	3.0	3.6	3.5	292.6	237.5	245.6	280.4	78.2	25.2	12.4	1,186.6
집행 위원회 지원 총계	23.3	40.3	63.5	77.5	91.8	502.3	436.8	436.9	367.2	106.0	36.0	19.2	2,200.7

자료: 경수로사업지원기획단, 『KEDO 경수로사업 지원 백서』, 다해미디어, 2007. p. 129에서 재인용.

3 ASEM의 배경과 특징

아시아와 유럽의 관계는 냉전시기 미국과 소련이라는 두 초강대국의 이해관계에 의해 작동되었기에 능동적이지 못했다. 아시아, 유럽 양 지역 간의 협력관계가 큰 변화를 보인 것은 냉전의 종식 이후 유럽 단일시장에 진출하려는 아시아 국가들의 경제적 이해와 아시아와의 정치, 경제적 협력이 유럽에 가져다 줄 긍정적인 영향에 대한 유럽연합국가들의 상호 이해관계가 합치했기 때문이다.7) 양자 간의 이해관계의 합의도 중요했지만, 진영 간의 군사, 안보, 이념의 대결이 사라진 국제 정치의 변화 역시 두 지역이 능동적인 관계를 맺을 수 있는 배경이 되었다. 이러한 배경에서 1996년에 아시아유럽정상회의

7) 1994년 집행위원회는 "신 아시아전략"보고서를 통해 아시아 국가들과의 정치, 경제 협력의 필요성에 대해 더욱 강조하게 된다.

(ASEM: Asia-Europe Meeting)가 출범하였고 여기에는 현재 아시아 13개국, 유럽 27개국 총 40개국이 가입되어 있다. ASEM은 아시아와 유럽 양 지역 간의 정치·경제·사회·문화 분야에 있어서 상호 협력을 강화한다는 포괄적인 목적을 갖고 시작된 지역협력체이다.

1994년 유럽연합 집행위원회는 '신아시아전략[Toward a new Asia Strategy COM (94)314(final)]'을 통해 아시아 국가들과의 정치·경제 협력의 필요성을 강조하게 되었다. ASEM은 정부 간 협력뿐만 아니라 민간부문을 포함한 양 지역의 협력강화를 목적으로 하고 있으며, 그 협력을 추구하는 방식에 있어 다른 지역협력체들과는 구분되는 특성을 갖고 있다. 우선 지적할 수 있는 ASEM의 특징은 아시아·유럽정상회의의 비공식적 성격, 다차원성, 도움을 주고받는 관계가 아닌 동등한 자격을 바탕으로 한 동반자관계라는 점이다.

ASEM의 특징을 간략하게 요약하면 다음과 같다. 첫째, ASEM은 비공식적 성격을 갖고 있는 지역협의체이다. ASEM은 출범할 때부터 공식기구로 발전시키는 것과 같은 제도화를 추구하지 않는다는 원칙을 고수해 오고 있다.[8] ASEM은 실제로 실무를 담당하는 사무국조차 설치되어 있지 않아 회의에 필요한 자료들은 회원국들이 서로 직접 접촉, 협력하여 준비한다. 논의된 사항에 대해서는 각 회원국들을 강제할 규정을 마련하기보다는 회원국 정상들 간 협의와 조정을 거쳐 합의에 근거하여 이행을 논의한다. 또한 합의를 도출하는 과정에서 투표와 같은 의사결정 방법보다는 무언의 압력을 행사하는 등의 방법이 활용되게 된다.

둘째, ASEM은 다차원성의 성격을 갖고 있다. ASEM에 참석한 아시아와 유럽의 정상들이 어떤 특정한 분야의 사항에 대해서만 의견을 교환하는 것이 아니라, 정치·안보, 경제, 사회·문화 등 3개 분야를 중심으로 폭넓은 의제에 관해 형식의 제약 없이 자유로이 의견을 교환한다.

셋째, ASEM 회원국들의 관계는 도움을 주고받는 관계가 아닌 동등한 자격

---

8) Wim Stokhof and Paul der vor Velde, ASEM: a Window of Opportunity, London: Kegan Paul International, 1999, p.210.

을 바탕으로 한 동반자관계에서 시작된다. 대부분의 국제기구에서 미국이나 유럽국가들은 도움을 주는 성격이 강한 반면, 아시아 국가들은 도움을 받는 성격이 강했던 것은 사실이다. 그러나 ASEM은 아시아와 유럽 양 지역이 동등한 관계에서 협력을 강조한다.

ASEM은 2년에 한 번씩 개최된다. 이는 불필요한 회의가 수시로 개최되면서 실현 가능성이 낮은 실행계획(Action Plan)을 무분별하게 채택하는 상황을 방지하기 위해서이다. 실제로 ASEM이 매년 개최될 경우, 각 회의시마다 채택되는 후속조치(Follow-Up Measures)가 현실성을 상실한 이상적인 성격을 지닐 수 있을 뿐 아니라, 수많은 후속조치 이행문제로 인해 회원국이 과도한 부담을 가질 수도 있기 때문이다. 2년에 한 번씩 개최되는 정상회의에서 회원국 정상들은 회의의 목적, 원칙 등을 채택하고, 사항의 우선순위를 정하며, ASEM의 사업 목록들을 합의한다. 정상회의 바로 아래 수준에서는 각료급 회의가 정상회의가 개최되지 않는 해에 격년제로 개최되며, 분야별 협의와 논의를 추진하고 있다. 각료급 회의로는 외무장관회의, 경제장관회의와 재무장관회의가 있다.

외무장관회의(Foreign Ministers Meetings)는 정치안보 분야에 대한 논의와 더불어, ASEM 운영 전반에 관련한 정책결정과 향후 발전방안 전반에 대해 논의하고, 고위 관리자회의와 정상회의에서 합의된 후속조치의 이행상황을 점검한다. 또한 정치, 경제, 사회 등 전 분야에 걸쳐서 회원국들 사이에 협의된 사항을 취합하여 정상회의에 보고하는 총괄적 조정기구의 역할을 담당하고 있다. 경제장관회의 역시 격년제로 개최되며 아시아, 유럽 지역의 경제발전을 위해 양 지역 간 무역 및 투자 촉진 방안을 구체적으로 논의한다. 재무장관회의(Finance Ministers Meetings)는 아시아, 유럽 간 포괄적인 경제발전 방안을 논의하는 한편, 특히 재무분야에서의 협력방안을 모색한다.

각료급 회의를 돕기 위해 각 분야별로 각국의 실무책임자들로 구성된 고위관리자회의가 있다. 고위관리자회의는 공식 혹은 비공식 형식으로 개최되어 실무차원의 필요한 논의와 협의를 진행하며 ASEM의 협력사업을 구체적으로 추진한다. 고위관리자회의의 하부에는 조정국회의(Coordinators Meetings)가 설치, 운영되고 있다. 조정국회의에는 아시아와 유럽 각 지역별로 2개국씩 총 4개국이 조정국으로 선정되어 참여하고 있으며, 이들 국가들이 각 지역을 대표하여 자국이 속한 지역의 이해관계 및 의견을 취합하여 대변한다. 동시에 각 지역별로 상이한 의견을 조정하는 역할 같은 기초적인 회의업무와 신규사업에 대한 논의 등을 한다. 조정국회의의 논의를 거친 사항은 각국의 실무책임자들의 모임인 고위관리자회의를 통하여 실무차원에서의 논의 및 협의를 거치게 되며, 이는 다시 정기적으로 개최되는 각료급 회의에서 다루어지게 된다. 외무장관회의는 고위관리자회의의 협의 내용을 검토하고, 경제장관회의와 재무장관회의의 논의를 취합하여, 정상회의에 의제로써 상정하는 역할을 수행한다.

4 ASEM의 한계

ASEM의 구조를 논함에 있어, 아시아와 유럽 양 지역에서 이루어진 지역통합의 정도에 큰 차이가 있다는 점, 양 지역 간 경제력의 격차 그리고 양 지역 간 제도화된 협력수준이 극히 미약하다는 점을 간과할 수 없다. 아시아 국가들 간의 통합과 협력관계는 유럽에 비해 상대적으로 매우 미흡하다. 1967년 ASEAN이 창설되었지만 회원국들 간의 큰 경제력의 차이와 상이한 정치제도 및 협력체제의 미비로 발전적인 모습을 보이지 못하고 있는 실정이다. 또한 불안정한 정치상황 등이 이 지역 국가 간 통합을 어렵게 하는 또 하나의 요인이다. 실제로 인도네시아, 필리핀, 말레이시아 등 이 지역 국가들의 민주화 정도와 인권문제 등은 ASEM 차원에서 의제로 논의할 수 없을 정도의 수준이다. 이는 아시아 국가들의 정치적인 안정이 아직 이루어지지 않았음을 뜻한다. 게다가 회원국들이 지리적으로 광범위하게 퍼져 있으며, 현재 이들 회원국들이 공동으로 참가하고 있는 기구가 거의 없다는 점 그리고 ASEAN을 대표

해서 입장을 대변하고 행동할 만한 힘을 갖는 어떤 회원국도 없다는 점들을 지적할 수 있다.[9)]

아시아와 유럽 양 지역 간에 존재하는 커다란 경제력의 차이는 양 지역 간의 경제협력관계 증진에 가장 큰 부정적인 요소이다. 특정 국가와 국가 혹은 지역과 지역 간 효과적인 경제협력관계를 유지, 강화시키기 위해서는 이들 국가와 지역에 포함된 국가들 간 협력 필요성과 동기가 있어야 한다. 이런 면에서 협력 국가 또는 상대 지역에 있는 국가들의 경제규모가 비슷하거나 클 때 각각의 회원국들은 협력관계의 필요성 또는 동기를 갖게 된다. 1960년에 영국을 중심으로 결성되었던 EFTA[10)]의 실패를 대표적인 예로 들 수 있다.

극히 미약한 아시아 · 유럽 양 지역 간 제도화 수준은 ASEM을 통한 양 지역 간의 협력에 또 다른 걸림돌이다. ASEM의 정책결정구조는 지역 혹은 국가별로 상이한 이해관계를 효율적으로 조정하는 한편, 분야별로 존재하는 다양한 현안에 대해 충분히 협의를 하기 위한 목적에서 만들어졌다. 그러나 아시아나 유럽의 회원국들이 항상 단일한 이해관계를 갖고 있지 않아, 조정국회의 등을 통하여 상이한 견해를 조정하는 것이 쉽지 않다.

5 ASEM과 APEC의 경제통합체로의 발전 가능성

아태경제협력(APEC: Asia-Pacific Economy Cooperation)은 1994년 보고르선언을 통해 지역주의로의 발전 가능성을 보여줌으로써 세계적으로 주목을 받은 바 있다. 이어 이를 실현하기 위한 방안이 순차적으로 논의됨으로써 APEC의 무역블록화는 진전되는 모습을 보였다. 이듬해인 1995년에는 오사카실행계획

9) Helmut Wagner, The Origin and Perspective of ASEM, An European View, 1999, p.6.
10) 초국가적인 성격의 유럽경제공동체 창설에 불참한 영국의 주도로, 비유럽경제공동체 국가들 중 6개국(오스트리아, 덴마크, 노르웨이, 포르투갈, 스웨덴, 스위스)을 설득하여 자유무역지역인 EFTA를 스톡홀름조약에 의해 설립하였다.

(OAA), 1996년의 마닐라실행계획(MAPA), 1997년의 개별실행계획(IAP) 제출 등을 그 예로 들 수 있다. 이와 같이 APEC의 부흥으로 유럽은 동아시아에 대한 시장상실을 우려하여 동아시아와 연대를 강화하기 위해 서두르게 되었다. 이러한 배경을 바탕으로 1996년 방콕 ASEM 회의가 처음으로 개최되었다.

<표 5-2> 유럽연합의 확대 ASEM의 주요 의제 및 정치협력 동향

회의	정치협력 강화
제1차 ASEM회의 (1996. 3. 1-2. 태국 방콕)	• UN체제의 효율적인 개혁 및 민주화 촉진 협력에 합의 • UN헌장, 세계인권선언, 1992년 환경개발에 관한 리우선언, 93년 비엔나선언, 1945년 인구 및 개발에 관한 코펜하겐선언, 세계여성회의 선언상의 공약 확인 • 포괄적 핵실험금지조약(CEBT)의 1996년 내 조속 체결, 동남아 10개국의 비핵지대(SEANWFZ)조약 체결 주목, 핵무기 비확산 노력지지, 화학무기협약(CWC)조기 발효 및 핵분열 물질 생산금지 조약(Cut-Off-Treaty)협의 논의 지지
제2차 ASEM회의 (1998. 4. 3-4, 영국 런던)	• 안보분야에서 양 지역간 대화 증대 및 아세안지역포럼(ARF)의 중요성 확인 • 한반도, 캄보디아, 보스니아, 코소보, EU 확대 등 국제문제에 대한 의견교환
제3차 ASEM회의 (2000. 10. 20-21, 한국 서울)	• 한반도평화에 서울선언 채택 • 동티모르 안정이 회복되고 있음을 환영, 국제사회가 동티모르의 독립과 경제재건 과정을 지속적으로 지원해야 한다는 데 합의 • UN 안보리를 포함한 UN체제의 대표성, 투명성, 효율성 증진을 위한 UN개혁 지지
제4차 ASEM회의 (2002. 9. 23-24, 덴마크 코펜하겐)	• 한반도 평화를 위한 코펜하겐정치선언 • 반 국제테러협력을 위한 코펜하겐선언

제5차 ASEM회의 (2004. 10. 8-9, 베트남 하노이)	• 2004년 5월에 새로 EU에 가입한 10개 신규가입국(헝가리, 폴란드, 체코, 슬로바키아, 슬로베니아, 에스토니아, 라트비아, 리투아니아, 말타, 키프로스)과 ASEAN 회원국 중 아직 ASEM에 참여하지 못했던 3개국(캄보디아, 라오스, 미얀마)을 신규회원국으로 맞이하여 동아시아와 유럽을 대표하는 지역협의체로 위상강화 • 평화적 해결과 6자회담 과정을 통한 한반도 비핵화에 대한 지지 표명
제6차 ASEM회의 (2006. 9. 10-11, 핀란드 헬싱키)	• UN을 중심으로 한 다자국제체제에 대한 확고한 지지 표명 • 동북아 다자안보체제에 대한 구상 천명
제7차 ASEM회의 (2008. 10. 24-25, 중국 베이징)	• 장문의 의장성명에서 한반도 비핵화 지지

<표 5-3> 유럽연합의 확대 ASEM의 주요 의제 및 경제협력 동향

회의	경제협력 강화 내용
제1차 ASEM회의 (1996. 3. 1-2. 태국 방콕)	• 아시아·유럽 간 경제적 동반자관계는 다자주의 무역체제, 비차별적 자유화 및 개방적 지역주의에 기초한다는 원칙에 합의 • 96년 12월 싱가포르 WTO 각료회의 성공을 위해 긴밀히 협력하는 한편, 우루과이라운드에서 합의된 사항의 완전한 이행 노력에 합의 • 민간기업 간 무역투자 증대를 위해 아시아·유럽 비즈니스 포럼(AEBF) 창설 합의
제2차 ASEM회의 (1998. 4.	• WTO의 강화 및 다자교역체제를 통한 지속적인 무역자유화 추진 지원 • 무역활성화실행계획(TFAP) 및 투자촉진실행계획(IPAP)의 조

3-4, 영국 런던)	기 이행 기대 • 민간기업 교류증진을 위한 아시아·유럽 비즈니스 포럼(AEBF)의 중요성 인식
제3차 ASEM회의 (2000. 10. 20-21, 한국 서울)	• 정보통신 기술분야에서 협력의 중요성을 확인하고, 국가 내 또는 국가 간 경제사회적 불평등을 심화시키는 정보격차 해소를 위한 노력을 가속화하기로 합의 • WTO 회원국들과 함께 가능한 조속한 시일 내에 뉴라운드협상이 출범할 수 있도록 합의 • ASEM 신탁기금(ATF)의 운영기간을 연장하는 한편 기금 증액 등 구체적인 방안은 2001년 1월 일본에서 개최되는 재무장관회의에서 논의하기로 함 • 양 지역 기업 간 대화와 협력을 증진시킬 필요성을 확인했고, 1999년 10월 중국 베이징에서 개최된 ASEM 과학기술장관 회의 결과를 환영
제4차 ASEM회의 (2002. 9. 23-24, 덴마크 코펜하겐)	• 무역활성화실행계획(TFAP)과 투자촉진실행계획(IPAP)의 이행을 통해 양 지역 간 무역장벽이 상당부분 해소된 점 높이 평가 • 양 지역 간 무역 및 투자 등 경제협력을 증진하기 위한 구체적 이행방안을 마련하기 위해 공동대책반(Task Force) 설치 합의 • 유로화 사용확대 지지
제5차 ASEM회의 (2004. 10. 8-9, 베트남 하노이)	• 하노이 선언을 통해 무역활성화실행계획(TFAP)과 투자촉진실행계획(IPAP)을 진전시키기로 함. • 무역장벽 감소를 통한 양 지역의 무역투자 증진, 정부와 민간의 파트너십 강화와 고능력 배양·정책투명성·공동투자촉진에 대한 대화와 조정 강화
제6차 ASEM회의 (2006. 9. 10-11, 핀란드 헬싱키)	• 2006년 7월 중단된 WTO/DDT 협상의 조속한 재개와 성공적인 타결을 위한 노력촉구 • 확산추세인 자유무역협정(FTA)이 WTO의 규정에 부합되게 체결되어 다자무역체제를 보완할 수 있어야 한다는 의견 • 기후변화에 관한 특별선언 채택

제7차 ASEM회의 (2008. 10. 24-25, 중국 베이징)	• 글로벌 금융위기에 효과적으로 대처하기 위해 IMF를 비롯한 국제금융기구의 노력 촉구 • 국제통화 · 금융시스템 전면개혁 주장

즉, ASEM은 유럽 입장에서 동아시아와 북미지역 간 연계 강화에 제동을 거는 한편, 적절한 시점에서 유럽 · 동아시아 간 경제협력을 강화하기 위한 토대를 마련하기 위한 것으로 볼 수 있다.

그러나 분야별 조기자유화가 회원국 간 입장 차이로 실패하고, 보고르선언을 달성하기 위한 구체적 방안이 제시되지 못한 가운데 동아시아에서 금융위기가 발생하자 ASEM은 무역자유화보다는 무역활성화를 강화하는 방향으로 선회한다. 이는 지금까지 ASEM회의에서 보고르 선언과 같은 무역자유화 목표설정에 대한 논의가 없었다는 점에서도 알 수 있다. 물론 유럽지역 국가들은 동아시아와의 협력을 경제적 이슈뿐만 아니라 정치, 사회, 문화적 이슈까지 포함하는 광범위한 차원에서 추구하였으나, 근본목적은 동아시아 시장에 대한 접근 강화임을 부인할 수 없다.

APEC이 보고르선언을 통해 지역주의로의 발판을 마련했다고 하나, 현재로서는 획기적인 조치가 없는 한 지역주의로의 발전가능성은 매우 낮다고 볼 수 있다. APEC이 현재와 같이 개방적 지역주의를 견지할 경우, 어느 회원국도 자발적인 자유화에 대한 인센티브를 느끼지 못하는 상황이므로 역내 무역화를 달성할 수 없다는 것이다. 이외에도 지역주의로 발전하기 어려운 문제들이 존재하며, 이는 ASEM에게도 공통적으로 적용되는 것이고 나아가 동아시아의 문제이기도 하다. 먼저, 동아시아 지역의 국가들이 다양하게 구성되어 있는 점을 상기할 필요가 있다. APEC은 대체로 지역주의를 경험한 바 있고, 통상제도가 완비된 북미 3국, 오세아니아의 호주, 뉴질랜드가 회원국이나, 칠레, 페루, 러시아도 회원국으로 가입되어 있다. ASEM에 참여한 유럽지역의 국가들은 유럽연합 회원국들이기 때문에 동아시아에 비해 상대적으로 동질성이 강한 국가들이라고 볼 수 있다. 그러나 동아시아의 경우, 중국, 베트남과 같이 사회주의 경제체제가 남아 있는 저개발 경제국부터 일본과 같은 선진국까지 경제적인 발전단계가 상이한 국가들로 구성되어 있어 지역주의로 발전하기가 용이하지 않다.

의사결정방식에 있어서도 너무 많은 회원국이 가입되어 있어 실질적인 내용의 안건은 의결하기가 어렵다. APEC이나 ASEM은 구속력 있는 경제협력체가 아니기 때문에 정상회의에서 의결된 사항이라도 모든 회원국이 이행의무를 지는 것이 아니므로, 원론적 수준의 협력방안을 위주로 한 공동성명서 혹은 발표문이 주로 채택되어 왔다. 결국 많은 회원국가가 동의할 수 있는 수준의 협력방안은 한정될 수밖에 없고, 그 결과 실질적인 협력방안을 도출하는 데는 한계가 있다.

국제정치, 사회적, 역사적 요인도 APEC과 ASEM이 발전하는 데 장애요인으로 작용해 왔다. 동아시아의 다수 국가들은 식민지 지배를 받은 경험이 있어, 과거의 군사적 강대국과 경제통합을 내켜하지 않는다. 동북아 3국의 경제협력에서도 이러한 요인이 문제점으로 작용해 왔다. 또한 동아시아를 아우를 수 있는 지역적 지도자와 경제통합을 이끌 지도역량을 갖춘 국가가 없다는 점도 문제로 남아 있다.

경제적 관점에서 볼 때, ASEM과 APEC은 지역주의라는 현실과 다자주의라는 이상이 결합된 '개방적 지역주의'를 설립 목표로 설정하고 있다는 점에서 유사성을 보이고 있다. 그렇지만 양 기구가 다루는 의제에 있어서는 차별성을 보이고 있다. ASEM은 경제분야에 제한되지 않고 포괄적인 정치, 안보, 사회, 문화 등을 망라하고 있다는 점에서도 WTO나 IMF와 같이 부문별 논리가 아니라 총괄적 논리가 지배하고 있는 대표적인 다자주의 외교의 장이다. 따라서 경제적 논리와 정치적 논리를 동시에 포함하고 있는 ASEM은 정치, 안보 논의를 제한하고 있는 APEC과 대조적인 모습을 띠고 있다. 즉 APEC이 경제기술협력과 무역 · 투자 자유화라는 비교적 경제 분야에 한정된 주제를 설정하고 있지만, ASEM은 경제뿐만 아니라 정치, 안보, 사회 및 문화에 이르는 포괄적 의제를 상정하고 있다.

ASEM은 APEC이 각료회의로 시작하여, 추후 정상회의가 추가된 데 비하여, 바로 정상회의로 시작하였기 때문에 확고한 정치적 의지라는 측면이 부각된다. 그러나 유럽연합과 아시아 회원국들은 각각 역내 결속도에 차이가 있으며, 또한 APEC이 경제 문제에 국한된 데 비해 ASEM은 의제가 광범위하여 진전 속도에 차이가 있다. 또한 APEC은 연 1회 개최되나, ASEM은 현재 격년 개최로 발전 속도에 차이를 갖는다.

ASEM과 APEC은 회원국 구성면에서 상당한 유사성을 갖지만 뚜렷하게 구별되는 차이점도 존재한다. ASEM의 회원은 아시아 13개국 및 유럽연합 27개국 정상과 유럽연합 집행위원장으로 구성되어 있고, APEC은 아시아 국가들과 미주지역 21개국으로 구성되어 있어, ASEM과 APEC은 아시아를 중심으로 유럽과 미주라는 양대륙을 날개로 하는 형태로 이루어져 있다고 할 수 있다.

ASEM과 APEC에 참여하고 있는 회원국들의 참여 동기와 입장을 분석하면 양 기구의 성격과 향후 발전가능성을 이해 할 수 있다. 아시아와 유럽의 만남이라는 ASEM은 유럽연합과의 교류를 통한 경제적 시너지효과를 극대화하려는 아시아의 경제적 동기와, 통합유럽에 어울리는 국제사회의 정치적 역할과 위상을 확보하려는 유럽의 전략적 의도가 있다. 특히 유럽의 아시아에 대한 관심은 유럽연합의 신아시아전략에서 나타나듯, 급부상하고 있는 아시아의 중요성에 대한 인식, 그리고 이 지역에서 미국의 패권적 지위에 대한 불만과 도전을 은연 중에 내포하고 있다.

동아시아 지역 국가들은 지리적 근접성 외에 상이한 정치체제, 경제적 수준, 역사적 대립 등으로 공통분모가 크지 않다. 하지만, 탈냉전 이후 세계질서가 변화하고 있으며 국제적 환경에서 경쟁을 위해 협력 필요성을 절감하고 있다. 이러한 국제정치경제의 변화 속에서 동아시아 국가들에게는 선택의 폭이 냉전시대 때보다 다양해졌다. 급격한 경제성장과 무한한 잠재력으로 동아시아 지역의 가치를 스스로 높였고 이 결과 유럽연합의 호의적 접근과 동아시아에서 기득권을 가진 미국의 양보를 얻어낼 수 있는 상대적 자율성이 증대되었다. 이러한 상대적인 자율성으로 일방적인 미국 의존도에서 벗어날 수 있다. 1990년대 중반 동아시아 국가들의 금융 위기 시 미국이 보여준 반응은 IMF을 전면에 내세운 일방적인 신자유주의 시스템, 달러화의 영향력 강화를 위한 외환과 금융 부분에서의 규제철폐와 자유화였다. 이러한 해법에 동아시아 국가들은 큰 내적 부담과 고통을 겪고 있었으며 미국과 국제적 자본에 대한 불만으로 이어졌다.

따라서 일방적인 미국 의존적인 경제 구조의 위험성을 분산시키기 위한 새로운 움직임으로써 유럽의 접근이 ASEM으로 나타나고 있다. 이러한 유럽과의 상호 접근은 동아시아 국가들의 대안보다는 선택의 다양성이라 할 수 있다. 이로 인해 동아시아 국가들은 미국과의 협상에서 실리 확보라는 전략으로 사용될 수 있다. 이러한 이유는 냉전 붕괴 이후 경제적 이해관계를 바탕으로 국제 관계가 변화되었다고 하지만 동아시아 지역에서만큼은 여전히 군사, 안보적인 이해관계가 큰 영향력을 행사하고 있기 때문이다. 미국에 안보를 의존해야 되는 한국, 일본, 대만 등의 국가들은 결코 미국을 배제할 수 없다. 그럼에도 동아시아 국가들은 미국에 대한 지나친 의존에 대한 반작용으로 ASEM과의 협력을 증진시키는 노력을 할 수 있다. 그러나 ASEM이 동아시아 지역 내에서 군사, 안보적인 문제를 해결할 능력이 없기에 미국 주도의 APEC이 동아시아에서의 지역기구로 점차적으로 그 영향력을 증대할 것이다. 따라서 APEC 중심의 지역기구 활동과 더불어 APEC에 참여하는 미국의 이익에 크게 벗어나지 않은 방향에서 동아시아 국가들은 ASEM의 동아시아 접근을 허용하는 방향으로 나아갈 것이다.

제 2 절 유럽연합과 한국의 FTA협상 과정

1 대외무역협상(External Trade Bargaining)

유럽연합의 대외통상정책이 지역무역협정에서 벗어나 현재의 형태인 FTA 정책을 추진하기 시작한 것은 2000년대 들어서부터라고 할 수 있다. 과거 유럽연합은 정책적 선호에 따라 특정국과 특혜무역협정을 맺어왔다. 특히 서유럽국가들을 중심으로 오랜 기간 동안 역사적, 지정학적, 경제적, 정치적으로 밀접한 관련이 있는 국가들과 특혜무역협정과 같은 다양한 형태의 지역무역협정을 체결하여왔다. 따라서 유럽연합의 무역협정은 교역대상국과의 정치·외교적 관계를 개선하기 위한 정책 수단으로 주로 활용되어 왔다고 할 수 있다.

과거 유럽연합이 추구하는 대외통상정책은 다음과 같은 특징을 가지고 있었다. 첫 번째, 유럽연합의 통상정책은 유럽 지향적이고 차별적이다. 즉, 전체 교역량의 상당부분은 유럽지역 내에서 이루어지고, 지역별, 분야별로 차별화된 통상정책을 시행하여왔다. 두 번째, 유럽연합은 다른 어느 나라보다 특혜무역협정이 많다.[11] 특히, ACP 국가, 중동 및 지중해 연안의 국가들, 동유럽국가 등 많은 국가들과 차별적 무역협정을 맺고 있다. 세 번째, 유럽연합은 역외국과의 무역관계에 있어서도 선호도에 따른 등급(trade preference)을 적용한다. 유럽연합의 이와 같은 선호도에 따른 차별적 대우는 WTO가 규정하고 있는 비차별 원칙(rule of non-discrimination)을 침해하는 것이라고 할 수 있다.

유럽연합의 선호도에 따른 특혜무역협정을 살펴보면, 크게 로메협정(Lome

11) Seamus O'cleireacain, "Europe 1992 and Gaps in the EC's Common Commercial Policy", Journal of Common Market Studies, Vol.28, No.3, 1990; Finn Ola Jolstad, "Interactive Levels of Policy-Making in the European Union's Common Commercial Policy", Advanced Research on the Europeanisation of the Nation-State, Working Papers, Vol.4, No.10, Norway, 1999 참조.

Agreement), 지중해협정(Mediterranean Agreement)과 일반특혜관세제도(GSP: Generalized System of Preferences)를 들 수 있다. 이러한 특혜는 정치적인 이유로 형성되었다고 볼 수 있다.[12] 실제로 유럽연합 회원국들은 그들이 전에 식민지로 통치하였던 많은 개발도상국들과의 무역관계를 공동체차원에서 고려해야 했기 때문에 이들 개발도상국들과의 관계형성에 어려움을 갖고 있었다. 그러나 ACP 국가들과는 과거 이들 지역에 많은 식민지를 가지고 있었던 프랑스와 영국의 입장이 반영될 수 있었다.[13] 따라서 이들 ACP 국가들은 로메협정에 의해 유럽연합 회원국들과 특혜관세를 형성하게 되었다. 한편, 지중해 지역에 있는 국가들은 지역안정을 이유로 특별한 지위를 보장받고 있다.[14]

유럽연합의 다양한 무역협정이 무역선호도의 등급에 따라 이루어진다는 것은 알려진 사실이다. 유럽연합의 무역 상대국들 가운데 EFTA의 회원국들은 유럽연합이 가장 선호하는 국가군이라 할 수 있다. 유럽연합과 유럽자유무역연합 국가들과의 교역은 무관세이며, 교역물품에서 농산물을 제외한 제조상품(manufactured goods)에 대해서는 수량제한이 없다. 유럽연합과 유럽자유무역연합 국가들 간의 자유무역 관계는 1994년 유럽경제지역(EEA)의 창설로 강화되었다. 유럽경제지역 협정은 유럽연합과 유럽자유무역연합 간의 확대된 교역으로 인하여 '자유무역지대'를 넘어서 상품, 사람, 자본, 서비스의 자유 이동이 동등한 경쟁조건 하에서 확보되었다. 이를 통해 유럽연합에 복합적인 이유로

12) Shin Sang-Hyup, European Integration and Foreign Direct Investment in the Europe(London and New York: Routledge, 1988), p.124

13) 유럽연합은 2002년 9월-Africa, Caribbean, Pacific(ACP)지역(77개국)과 Economic Partnership Agreement(EPAs)협상을 개시 하였다. 양지역은 Cotonou Agreement(지난 식민지시대 체결했던 협정)(2000)를 통해 유대관계 유지해 왔고, 2003년 10월 남서부지역 Africa, Caribbean, Pacific(ACP) 지역들 협의 개시하여 2008년 1월 EU-ACP간 FTA가 발효되었다. http://www.kita.net/newtri/new_fta_info/List FtaStatus.jsp

14) 히티리스(Theodore Hitiris)는 유럽연합과 이웃하고 있는 수많은 지중해 연안 국가들은 유럽연합과 비슷한 생필품을 생산하고 수출한다는 사실에 비추어 유럽연합과 지중해 연안 국가들과의 무역협정은 경제적인 이유보다는 정치적인 성격이 강하다고 주장한다. 따라서 유럽연합과 지중해 연안 국가들과의 무역협정은 GATT의 최혜국대우원칙을 위반하지 않으려는 편법에 불과하다고 주장한다. Theodore Hitiris, European Community Economics (2nd Ed.), Hempel Hempstead: Harvester Wheatsheaf, 1991, pp.222-223.

참여하지 않은 노르웨이, 스위스(스위스는 FTA), 아이슬란드, 리히텐슈타인 등 주변 유럽국과의 교역관계가 경제통합의 수준으로 발전하였다.

유럽연합이 두 번째로 선호하는 국가군은 앞서 기술한 ACP 국가들이다. 로메협정은 캐리비안 국가들의 거의 모든 제조업 상품을 유럽시장으로 수출 시 수량제한, 무관세 혹은 최저수준의 관세로 수출이 가능하다는 것을 규정한 협정이다. 유럽의 생산품과 경쟁관계 있는 농산물은 공동농업정책(CAP)의 규약에 따르지만, ACP 국가들은 세금유예나 특별감세와 같은 다양한 혜택을 본다. 더 나아가 로메협정에는 유럽연합의 시장가격에 맞춰서 시장접근이 가능한 설탕 및 육류 관련 특별 조항이 있다. 관세선호와 쉬운 시장접근이라는 혜택을 제외하고라도, 로메협정은 ACP 국가들이 수출로 인한 이익을 안정적으로 확보하도록 기술적 지원과 재정적 지원을 제공한다.[15]

다음 국가군은 비-ACP 국가군으로 일반특혜관세제도에 의해 관세혜택(의류와 섬유를 제외)을 받고 있는 제조물 수출 국가들이다. 일반특혜관세제도는 선진국이 개도국에 대해 무차별적 비상호주의적 특혜관세 제도를 채택하여 선진국들이 저개발 국가들로부터 모든 제품과 반제품(semi-manufactures)의 시장접근을 허용하는 것을 말한다. 무관세 시장접근은 수량제한을 받고 있는 민감한 생산품을 제외한 모든 상품에 적용된다. 섬유류와 의류와 같은 특정 제품들은 이 시스템으로부터 제외되는데, 이는 특정 상품의 수출은 특별한 쌍무협정에 의해 이미 규제대상에 포함되기 때문이다. 농산물은 관세자유접근(duty- free access)보다 관세혜택에 해당된다. 원칙적으로 일반특혜관세제도

15) 그러나 이디에와 린트너(David Edye and Valerio Lintner)는 로메협정으로 ACP 모든 국가들이 혜택을 얻는 것은 아니라고 주장한다. 그 이유로 첫째, ACP 국가들의 산업생산품 대부분이 유럽연합 시장에서 충분한 경쟁력을 확보하고 있지 않다는 점, 둘째, 만약 어떤 수출품이 유럽시장에서 경쟁력을 상실한다면 유럽연합은 자율수출규제 협상을 시작하는 경향이 있다는 점, 셋째, 농산물의 경우 ACP 수출품의 75%가 이미 GATT의 최혜국대우원칙 하에 어떠한 제약도 없이 유럽시장에 진입해 있다는 점, 그리고 마지막으로 ACP 국가들에게는 인정된 보조금은 예산상의 이유로 수혜국가들 전부에게 돌아가는 것은 아니란 점을 지적하고 있다. David Edye and Valerio Lintner, The Lome Convention: New Dawn or Neo-Colonialism, European Dossier Series, No.22 (London: University of North London Press, 1992), pp.7-11.

는 모든 저개발국가를 유럽연합 회원국이 인정하는 제도이다. 그러나 ACP 국가와 지중해 연안 국가들은 이미 로메협정과 유럽연합이 지중해 연안 국가들과 맺은 협정으로 혜택을 보고 있기 때문에 일반특혜관세제도는 주로 아시아 국가들과 라틴 아메리카 국가들에 적용된다.

WTO 회원국들 중 선진국들은 일반특혜관세제도의 혜택을 이미 받고 있기 때문에 유럽연합은 이들 국가에게는 최혜국대우(most-favored nation)의 지위만을 적용한다. 비-ACP 국가군으로는 소수의 비유럽 산업국가들로 싱가포르, 호주, 뉴질랜드, 일본, 중국, 남아프리카공화국, 캐나다, 미국, 한국, 홍콩 등이 해당된다. 이들 국가들과의 유럽연합의 교역관계는 WTO 규정에 의거해서 실행되는데 유럽연합은 이들 국가들로부터의 수입품에 대해 WTO의 최혜국대우원칙에 따라 차별 없이 취급한다. 결국 유럽연합의 모든 공동관세는 이들 국가에게만 적용되는 것이라고 할 수 있다. 이런 관점에서 유럽연합의 특혜무역협정은 선호 대상국들과의 정치·외교적 관계를 개선하기 위한 정책 수단으로 활용되어 왔음을 알 수 있다.

2000년대 들어 유럽연합의 근거리외교정책 및 '지중해연합 구상'(UM: Union for the Mediterranean)이 구체화되어 왔다. 인근국가들의 안정과 번영을 촉진하는 것이 근거리외교정책의 주요 목표이다. 유럽연합은 근거리외교정책 대상 국가 중 특히 우크라이나, 이스라엘, 모로코, 몰도바와의 관계를 심화시켜 나가기로 결정하였다. 2008년 하반기 유럽이사회 의장국이었던 프랑스는 유럽연합의 남쪽 국가들과의 관계를 강화할 것임을 천명하였다. 이에 집행위원회는 2008년 3월 유럽연합 정상회의 결정에 따라 기존의 바르셀로나 프로세스를 기반으로 지중해연합에 대한 구체적인 방안을 마련하였다. 지중해연합에는 모든 유럽연합 회원국과 유럽연합의 기구가 참여하며 지중해 주변 국가들과의 경제협력, 환경보호, 이민 문제 등이 다루어지고 있다.[16]

16) http://www.koreanmissiontoeu.org/main/index.php

2 FTA정책

무역장벽 완화에 따른 효과로는 무역창출효과(Trade Creation Effect)와 무역전환효과(Trade Diversion Effect)가 있다. 무역창출효과란 FTA가 체결되기 이전에는 상대국의 높은 무역장벽으로 인하여 높은 비용을 들여 생산하였으나, FTA의 체결로 무역장벽이 완화되어 저렴한 비용으로 생산하는 상대국에서 수입함에 따라 발생하는 긍정적 효과를 의미한다. 한편, 제3국이 효율적인 생산자임에도 불구하고 FTA 체결로 인해 FTA 상대국으로 수입이 전환되는 것을 무역전환효과라 하는데, FTA를 체결함으로써 무역상의 이익을 얻기 위해서는 무역창출효과가 무역전환효과보다 큰 방향으로 통합이 이루어져야 한다. 최근 FTA가 전 세계적으로 적극 추진되는 배경에는 개별 국가가 경험적으로 FTA를 통한 무역창출효과가 더 클 것으로 판단했기 때문일 것이다.[17]

FTA는 일반적으로 체결국의 경제성장을 가속화시키는 것으로 평가된다. 관세 및 비관세장벽이 제거되면 산업 구조조정 등이 발생하게 되고, 그 결과 자원이 경쟁력이 낮은 기업으로부터 경쟁력이 높은 산업으로 이동하게 된다. 이를 통해 국가 전체적으로 자원배분의 효율성이 증진되는 효과를 얻을 수 있다. 또한 FTA 체결은 직접투자를 촉진하는 요인이 된다. 기업이 역내에 진입하게 되면 주요 원자재 및 중간재 등을 다른 역외기업보다는 유리한 조건으로 조달할 수 있기 때문이다. 한편, 유통 판매활동에 있어서도 정보비용을 절감할 수 있고, 무관세 혜택을 받을 수 있어 시장접근성이 높아지게 된다. 따라서 역외기업이 역내에 직접 투자하여 생산기반을 마련하는 경우에는 FTA에 참여하지 않으면서도 실질적으로는 낮은 장벽의 혜택을 누리기 위해 직접투자를 하게 된다.

리스본조약 발효로 인해 유럽연합의 공동통상정책의 한 분야로 해외 직접투자 정책이 포함되게 되었다. 유럽연합운영조약(Treaty of the Functioning of

17) 마창환, 『한FTA 이해와 활용』, 서울: 중앙일보 시사미디어, 2010, pp.27-28.

the European Union) 제206조는 유럽연합의 공동통상정책에 해외직접투자정책을 포함시켰다. 따라서 투자정책은 유럽연합의 독점적 관할권 영역으로 편입되었다. 그러나 투자정책에 대한 유럽연합의 관할권은 아직 완전히 확정되지 않았다. 이에 집행위원회는 2010년 7월 7일 [Toward a comprehensive European international investment policy]라는 보고서와 회원국이 이미 체결한 양자 간 투자협정에 대한 잠정조치에 관한 규정 제안서가 발표되어 회원국들과 집행위원회 간에 권한에 대한 문제가 조정되어 가고 있다.

동 보고서는 다음과 같은 내용을 담고 있다. 첫째, 유럽연합의 경쟁력을 재고 할 해외투자정책을 어떻게 발전시킬 수 있을지에 대한 가능성 우선적 검토, 둘째, 유럽연합 차원의 투자협정 협상 권한을 약화시키지 않는 범위에서 투자자들에게 법적 안정성(legal security)을 제공, 셋째, 회원국이 기 체결한 양자 간 투자협정(BIT)에 대한 잠정적인 규정들은 존속되나 회원국들은 이를 재협상해서 유럽연합의 법률과 합치되게 할 의무가 있음, 넷째, 회원국들은 자국이 유지시키거나 협상하고자 하는 양자 간 협상을 집행위원회에 통보해야 하며 집행위원회는 통보된 협정들이 유럽연합 법 또는 유럽연합 투자정책에 합치되는지 여부를 심사함, 다섯째, 회원국이 투자관련 분쟁에 회부될 경우 이를 집행위원회에 지체없이 통보해야 함, 이후 집행위원회는 해당 분쟁에 참여 여부를 자체적으로 결정함 등이다.

유럽연합이 투자정책을 공동통상정책의 영역에 포함시킨 것은 제3국 투자자에게는 법 집행의 일관성과 안정성의 제고에 있어서 긍정적인 역할을 할 것으로 기대하고 있기 때문이다. 한-EU FTA는 EC조약에 따라 협상이 진행되었기 때문에 투자 관련 부분은 빠져 있다. 그러나 유럽연합 회원국들이 개별적으로 한국과 맺은 양자 간 투자협정은 언젠가는 유럽연합과 한국 간의 투자협정으로 통합될 것이다.

FTA는 협상 체결 당사자 간에는 자유무역이지만 역외국가에 대해서는 차별무역의 성격을 띤다. 따라서 협상 상대국에 대해서는 다른 나라에 비해 유리한 조건을 선점하게 되어 상대국 시장을 안정적으로 확보할 수 있게 된다.

특히 무역의존도가 높은 경제일수록 무역환경의 급변이 국내경제에 미치는 영향이 커지므로, 무역규모의 급격한 변동을 방지하기 위해서는 FTA 체결이 더욱 중요할 것이다. 또한 양국이 경제적 동맹관계를 맺음으로써 통상마찰을 줄일 수 있고 마찰이 발생하더라도 원활히 해결할 수 있다는 점에서도 FTA는 긍정적 효과를 발휘한다.

FTA가 체결국 간에 동맹을 강화한다는 점은 경제적 측면에만 국한된 것은 아니다. 국가 간 안보능력 제고, 평화유지 등 정치·외교적 목적으로 FTA를 체결한 사례도 있다. 1985년 체결된 미국과 이스라엘의 FTA는 이스라엘의 안보능력 향상을 통한 중동평화의 유지라는 정치적 요인이 중요한 계기가 되었다. 또한 1991년 MERCOSUR도 경제적 동기 외에는 북미지역과의 협상력을 높이기 위한 정치적 목적이 고려된 것으로 알려져 있다.[18]

유럽연합이 체결한 최초의 FTA는 1973년 스위스와의 FTA이다. 이후 지속적으로 FTA를 추진해 온 결과 현재 24건의 FTA를 체결하였으며, 13건의 FTA는 협상 중에 있다. 또한 16건의 FTA에 대해 검토 중에 있어 향후에도 적극적으로 FTA를 추진할 것으로 보인다. 이 중 한-EU FTA가 2010년 10월 정식 서명되어 2011년 7월에 발효가 되었다. ASEAN과는 ASEAN 전체가 아닌 개별 국별 협상을 연속적으로 개시할 전망이다.

1950년대 이후부터 자유무역협정은 다자 간 무역체제인 GATT 체제와 공존하면서 그 숫자가 조금씩 늘어났으나, 1995년 WTO 출범 이후에는 '자유무역협정의 시대'라고 할 만큼 협정 체결이 전 지구적으로 급속히 확산되었다. WTO라는 다자 간 무역체제가 존재함에도 불구하고 이렇게 자유무역협정이 확산되는 이유는 여러 가지로 설명될 수 있다.

첫째, 자유무역협정에 소극적인 입장을 고수해왔던 미국이 90년대 이후 적극적 입장으로 선회하여 자유무역협정 체결을 추진하기 시작했던 것을 들 수 있다. 둘째, WTO라는 다자 간 무역체제는 회원국이 너무 많기 때문에 국가

18) Ibid, pp.37-38.

간 협상 타결의 시간적 제약을 들 수 있다. 따라서 급속도로 변화하는 통상환경 속에서 비롯되는 새로운 광범위한 무역자유화 요구에 즉각적으로 대응하는 데 있어 한계를 드러내고 있는 것이 사실이다. 이에 국가들은 협상이 용이하고 상대적으로 단기간에 타결이 가능한 자유무역협정을 선호하게 되었다. 셋째, 초국적 기업들은 전 세계적인 무역자유화보다는 자신의 거점국가의 관세인하와 무역장벽 철폐를 위한 자유무역협정에 더 많은 관심을 보이는 것이 당연하다고 할 수 있다.

한편, 자유무역협정이 WTO의 다자주의 이념과 일치하지 않음에도 불구하고 자유무역협정이 시장접근에 있어 역내 무역자유화와 세계교역자유화에 기여한다는 점에서 긍정적인 측면이 있다. FTA를 체결하면 향후 WTO 협상에서 동일한 양보를 해야 한다거나 또는 협상에 불리한 위치에 놓일 가능성이 없으므로 단지 체결국 간의 협정인 FTA는 WTO 다자 간 협상에 영향을 주지는 않는다. 2008년 5월 WTO에 통보된 지역무역협정(RTA: Regional Trade Agreement) 발효 건수는 총 205건이며, 이 중 FTA가 121건으로 가장 많은 비중을 차지하고 있다.

유럽연합은 1990년대 말까지 다자 간 협상인 WTO의 도하개발협상(DDA)에 전념하기 위하여 새로운 양자 간 무역협정을 추진하지 않겠다는 정책적 입장을 견지하여왔다. 그러나 유럽연합도 2000년대 이후로는 지중해연안국, 남아공, 멕시코, 칠레, 남미공동시장 등과 FTA 협상을 진행하는 등 양자 간 지역무역협상을 과거와 큰 변화 없이 계속 추진하는 경향을 보여 왔다. 이러한 배경 하에 2006년 7월 WTO 도하협상이 결렬됨에 따라 전 세계적으로 양자 간 무역협정체결이 확산될 경향이 보이면서, 유럽연합도 양자협상을 통한 무역관계 개선을 위해 적극적으로 FTA 협상에 나서는 등 FTA에 관한 유럽연합의 정책적 입장이 크게 변화하게 된다.[19] 유럽연합은 FTA를 추진함으로써 역내 통상교역에 영향을 미치는 다양한 형태의 관세 및 비관세장벽의 완화 혹은

19) 이종원, "EU의 FTA 정책과 한-EU FTA에 대한 시사점", 인하대학교 산업경제연구소, 경상논집 제20권 제2호, 인하대학교 산업경제연구소, 2006, pp.65-81 참조.

철폐를 추구할 것이라는 목표를 지니고 있다

유럽연합의 FTA에 관한 정책적 입장의 변화는 2006년 말에 발표된 유럽연합의 통상정책보고서인 ‘글로벌 유럽(Global Europe)’을 통해 알 수 있다.[20] 이 보고서에서 유럽연합은 글로벌화된 세계경제의 변화에 대응하기 위하여 통상정책이 유럽경제의 성장과 고용촉진에 기여하는 방향으로 추진되어야 한다는 원칙을 강조하고 있다. 이를 위해 역내외적으로 보호주의를 지양하되 주요 교역상대국에 대해서는 시장개방과 공정무역을 적극적으로 요구할 필요가 있다는 것이다. 따라서 유럽연합은 FTA 협상 추진의 기준으로 높은 수준의 보호무역 장벽과 거대한 시장 잠재력을 보유하고 있으며 이미 미국 등 유럽연합의 경쟁국들과 FTA 협상을 추진하고 있는 국가들, 예를 들면 한국, ASEAN, Mercosur 등의 국가들을 최우선 FTA 대상국으로 고려하였다. 특히 유럽연합의 FTA 추진 대상국이 유럽연합의 경쟁국들과 FTA를 체결하였을 경우 최소한 이와 동등한 수준 이상의 무역자유화를 요구할 것임을 분명히 하고 있음에 주목할 필요가 있다.[21]

그리고 유럽연합의 FTA 추진정책 및 방식은 포괄적 FTA를 추진하겠다는 입장을 취하고 있어 주목된다. 과거 EU-멕시코, EU-칠레 간 FTA를 체결 직후 양측 간의 무역 및 투자흐름에서 이들 국가로부터의 총수입은 크게 늘어난 반면, 유럽연합의 이들 국가로의 수출은 수입보다 더딘 속도로 증가하였다. 이들 국가들과의 FTA 체결 결과 위생검역, 보조금, 지적재산권, 기술적

---

20) European Commission, Global Europe: Competing in the World, Brussels; European Commission(2006), “Global Europe: Competing in the World, A Contribution to the EU's Growth and Jobs Strategy”, Commission Staff Working Document, Brussels, SEC(2006) 1230, 4 October 2006 참조. 이 보고서는 유럽연합이 새롭게 FTA를 추진할 경우, 첫째 상대국의 시장규모와 경제성장의 전망을 기초로 할 때 유럽연합이 충분한 이해관계를 지니고 있어야 한다. 둘째, 유럽연합 수출품에 대해 관세 및 비관세 장벽 등 높은 수준의 보호무역장벽이 존재하는 국가이어야 한다. 셋째, 상대국이 유럽연합의 주요 경쟁국들과 FTA 등의 협상을 추진함으로써 그 협상결과로 인해 향후 유럽시장이 영향을 받을 것으로 예상되는 경우이다. 이와 함께, 인권, 민주주의, 안보적 이해관계 등 정치적 기준을 고려할 수 있다는 점도 언급하고 있다.

21) 이종원 외, 『한-EU FTA 현황과 전망 그리고 추진전략』, 서울: 높이깊이, 2006, pp.1-20.

장벽 등의 문제들을 간과해서 발생했던 문제를 분석하고 새로운 전략을 마련하였다. 이러한 새로운 전략을 토대로 유럽연합은 한국을 비롯한 협상 대상국의 위생검역, 기술적 장벽, 원산지규정, 지적재산권 제도 등 교역에 영향을 미치는 국내의 사회경제적 제도의 개선까지도 요구하고 있다.

이러한 유럽연합의 FTA 정책은 기존의 지역무역협정에 근거한 특혜무역정책과는 전혀 성격이 다른 무역협정이다. 실제로 유럽연합은 FTA를 통해 주요 교역대상국에 대한 시장접근 개선을 목표로 하는 통상전략의 일환으로 추진되고 있는 것이다. 따라서 유럽연합의 FTA 추진 전략을 특혜무역협정과 자유

<표 5-4> 유럽연합의 FTA 체결 국가

기체결(25)	협상 중(12)	검토 중(15)
EFTA (European Free Trade Association: 유럽자유무역연합-스위스, 노르웨이, 아이슬란드, 리히텐슈타인), CAFIFORUM (카리브 경제공동체 15국: 앵귈라, 도미니카공화국, 프랑스카리브영역, 네덜란드 앤틸리스, 미국 버진 아일랜드 등으로 구성), 마케도니아, 페로제도, OCTs (Overseas Countgries and Territories -EU 특정 국가들과 정치·경제적으로 연계된 20개 소국), 남아프리카공화국, 레바논, 멕시코, 모로코, 몬테네그로, 보스니아헤르체고비나, 세르비아, 시리아, 안도라, 알바니아, 알제리, 요르단, 이스라엘, 이집트, 칠레, 크로아티아, 터키, 튀니지, 팔레스타인 자치정부, 한국	ACP (African Caribbean and Pacific Associables: 아프리카 카리브해 태평양 지역 국가군-아프리카, 카리브, 태평양 지역의 개발도상국 46개 나라가 유럽공동체(EC)와 북아메리카의 여러 나라와 무역할 때 서로 협력하기 위하여 만든 조직), ASEAN, CACM, GCC, MERCOSUR, 리비아, 에콰도르, 우크라이나, 인도, 캐나다, 콜롬비아, 페루	그루지야, 러시아, 말레이시아, 몰도바, 베트남, 벨라루스, 싱가포르, 아제르바이잔, 이라크, 이란, 일본, 중국, 카자흐스탄, 코소보, 파키스탄

출처: 마창환, 『한FTA 이해와 활용』, 서울: 중앙일보 시사미디어, 2010, p.68.

무역주의적 관점에서만 보아서는 안 된다. 다음 〈표 5-4〉는 유럽연합의 FTA 체결 현황을 정리한 것이다.

3 공동통상정책(CCP)

2010년 11월 9일 집행위원회는 [Trade, Growth, and World Affairs]라는 이름으로 2015년까지 유럽연합 집행위원화가 추구할 정책방향에 대한 보고서를 발간했다. 동 보고서는 경제성장, 일자리 창출, 상품에 대한 소비자의 선택 증가를 자유무역의 장점으로 들고 있다. 또한 집행위원회는 공동통상정책이 현재의 경제위기를 극복하고 강력한 유럽연합 경제구축을 위한 환경조성에 이바지할 것임을 천명하였다. 그 목표로 첫째, WTO 등의 다자 간 및 양자 간 통상 협상의 적극적 추진을 통한 유럽연합의 GDP 연 1% 상승, 둘째, 미국, 중국, 일본, 러시아 등 무역파트너들의 비관세장벽 완화를 통한 무역관계 증진, 셋째, 유럽기업들의 실익 추구를 위한 공정한 통상관계 추구, 넷째, 주요 무역파트너들과의 투자협정, 다섯째, 자유무역으로 인한 이익을 전체가 공유하기 위하여 개도국들과의 무역특혜협상에 대한 기반 마련 등이다.

유럽연합의 FTA 정책은 공동통상정책 수단 중 하나이다. 따라서 유럽연합의 FTA 정책을 이해하기 위해서는 유럽연합의 공동통상정책의 추진 배경 및 입안구조를 파악할 필요가 있다. 리스본조약 이전 구유럽공동체조약 제3조는 공동체의 이상을 실현하는 한 방안으로서 공동통상정책을 실시할 것을 규정하고 있으며, 제131조-제134조는 공동통상정책의 집행기구, 절차, 정책내용을 규정하고 있다.[22] 반면, 공동통상정책의 범위와 관련해서는 개별 회원국의

22) 제131조는 “EU 관세동맹이 지향하는 바는 회원국 공동의 이익을 위해 세계무역의 조화로운 발전과 국제무역에 대한 제한을 점진적으로 철폐하고 관세장벽을 낮추는 데 기여하는 것이며, 공동통상정책은 이 관세동맹의 효과가 회원국 경제를 강화시키는 효과가 있는 것”으로 규정함으로써 관세동맹을 포함하는 공동시장이 공동통상정책을 집행하는 이유임을 명시하고 있다.

주권에 해당하는 경제 및 무역정책의 축소로 이어지는 예민한 문제이기 때문에 명확한 규정이 없다.

현재의 제도적 틀에서 통상정책을 포함한 대외정책의 최고 의사결정기관은 각료이사회이다. 각료이사회의 역할은 유럽연합 법령의 통과, 회원국 경제정책 조율, 유럽연합을 당사국으로 하는 국제조약의 체결, 유럽연합의 예산 승인, 공동대외안보정책에 관한 의사결정, 경찰사법 공조 등이다. 유럽의회는 모든 유럽연합의 기구를 감독하며, 유럽연합의 예산 입법 및 승인의 책임이 있다. 집행위원회는 유럽연합의 집행기관으로서 유럽의회와 이사회에 법안을 제안하고, 유럽사법재판소(European Court of Justice)와 함께 유럽연합의 법률을 집행하고 대외협상에서 유럽연합을 대표한다.

공동통상정책과 관련한 대부분의 결정은 각료이사회와 유럽의회가 이를 승인하는 절차를 거친다. 유럽의회의 결정은 보통 과반수로 결정되며, 무역 및 무역관련 이슈를 포함한 대부분의 각료이사회 결정은 가중다수결 표결로 이루어진다. 가중다수결 표결로 내려지는 결정은 관세율 변경, 상품 · 서비스 · TRIPS에 관한 관세 및 무역협정, 자유화 조치의 통일, 수출정책, 반덤핑이나 상계관세와 같은 무역구제조치 등이다. 반면, 조세(taxation) 같은 예민한 분야는 만장일치를 요구한다.

유럽연합에서 통상법은 전형적인 독점적 규범영역(exclusive competence)에 속한다. 리스본조약의 결과 유럽연합운영조약(Treaty of the Functioning of the European Union) 제3조 1(a)의 관세공동체(Customs Union) 및 동조 (e)의 단일무역 정책이 유럽연합의 독점적 규범영역에 속한다고 확인하고 있다.

그러나 어떤 것이 단일무역 정책의 영역에 속하는지에 대해서는 아직도 논란의 여지가 있다. 한-미 FTA와는 달리 한-EU FTA 협상 내용을 살펴보면 환경과 노동이슈의 경우 유럽연합과 회원국이 공동으로 관할권을 행사하는 영역이기 때문에 이를 근거로 한-EU FTA가 유럽연합뿐만 아니라 회원국 전체에서 비준되어야 한다고 보았다. 유럽연합은 또한 WTO에서 독특한 위치를 점유한다. 현재 유럽연합은 WTO의 회원국 지위를 부여받지는 못했으나 27개 회원국이 전부 WTO 회원국이며 유럽연합은 회원국을 대표해서 WTO에서 표결권을 행사하고 있다. 따라서 유럽연합은 WTO 회의에서 27개의 표를 행사하게 된다.

공동통상정책은 공동농업정책과 함께 유럽연합이 출범 초기부터 회원국으로부터 독립하여 전적인 권한을 행사해 온 정책분야이다. 리스본조약 제207조에 명시된 공동통상정책의 목적과 범위는 니스조약 제131조-제134조를 법적 근거로 하였다. 제131조는 공동통상정책의 목적(국제교역의 발전, 교역장벽과 관세인하), 제132조는 수출신용 등 회원국 해외수출지원 제도의 조화 당위성, 제 133조는 공동통상정책의 범위, 집행위원회 및 이사회 권한, 표결정족수(가중다수결), 자문위원회(133조위원회 운영), 제134조는 공동통상정책으로 인한 특정 회원국 불이익 발생 시 처리원칙에 대해 규정하고 있다. 특히 제133조 제5항은 만장일치에서 다수결원칙의 확대가 성문화되었다. 한편, 예외가 적용되는 영역도 함께 규정되었다. 예를 들면 협정이 국내 규칙의 채택 또는 공동체가 권력을 행사하지 않았던 분야였다면 이는 계속해서 만장일치가 적용된다. 제6항은 특정 서비스를 분야를 포함시켰다. 주로 문화, 시청각 서비스 교역, 교육 서비스, 사회보건 서비스 등이 포함되었고, 이는 회원국들과 집행위원회 간의 공유 권한에 해당됨으로 제5항의 중요성이 감소된다.

비록 공동통상정책의 범위가 이전 정부 간 협상에 비해 지적재산권의 상업적 측면과 서비스 교역에 대한 동의를 기반으로 확대되었다 할지라도 니스조약은 지적재산권과 서비스와 같은 통상이슈에 관한 한 유럽연합의 배타적 권한을 확장하지는 않았다. 반면, 유럽연합과 회원국들 간의 공유 권한을 보존하였다고 할 수 있다. 특히 제133조 제4항과 제5항을 통해 유럽연합의 법률과 양립하는 한 회원국들은 국제기구 혹은 역외국들과의 쌍무협정을 맺을 권리를 인정받았다. 따라서 유럽연합은 회원국들의 권한 유지를 인정해야만 했다. 이는 리스본조약도 마찬가지로 유럽연합은 내부합의를 이루거나 역외국과의 협상에서 법률로써 특별한 권한을 부여할 때 배타적 협상 권리를 부여받는다.

유럽연합의 공동통상정책은 유럽연합의 대외 정책에 있어서 가장 역동적인 분야 중 하나이다. 유럽경제공동체 설립 당시 공동통상정책의 대상은 전통적인 통상정책, 공동관세율 조정, 관세 및 무역협정체결, 수출입정책, 역외국 수입에 대한 산업보호조치 정도로 상정되었다. 이는 공동통상정책을 이러한 분야로 제한하려는 의도에서가 아니라 상품교역과 국경조치성 비관세장벽이 1950년대 말 당시의 주된 통상정책 대상이었기 때문이다. 그러나 국제교역이 발전됨에 따라 교역대상이 서비스로 확대되고 교역문제가 단순한 상품의 교환을 넘어 투자, 지적재산권, 환경, 경쟁, 정부조달, 노동조건, 문화다양성 보호 등 여러 분야와 복합적으로 연계됨으로써 통상정책의 범위는 어느 국가를 막론하고 그 영역이 확대되고 내용이 복잡하게 되었다. 다자 간 협상을 통해 관세가 인하됨에 따라 관세와 관련된 문제는 통상정책에서 비중이 낮아졌다. 한편, 환경, 위생, 지적재산권, 식품안전 동물위생 등 새로운 통상이슈의 등장은 통상정책의 대상과 이해 당사자, 경제 내부에 미치는 파급효과의 범위를 확대시켰다

특히, 서비스와 지적재산권과 같은 새로운 무역현안들의 대두는 협상권한의 공유 문제, 즉 협상결과에 서명할 행위자가 누구인가를 놓고 회원국들과 집행위원회 간의 갈등을 불러일으켰다. “133조위원회가 관여하지 않는 새로운 무역현안들은 복합적 권한의 원칙에 따른다.” 즉, 복합적이고 분산된 권한이란 공동체와 회원국들 간의 공동책임을 의미한다. 복합적 권한 하에서 협의된 약정들과 아닌 것의 차이는 복합적 권한이 반드시 이사회의 만장일치로만 비준이 가능한 반면, 분산된 권한은 회원국들의 비준과정을 거쳐야 한다는 것이다. 게다가 회원국 혹은 이사회 의장이 집행위원회와 함께 협상에 참여한다는 것이다. 결국 유럽재판소는 권한 문제 관련 판결 요청을 받게 되었다.

이 의견은 공동통상정책의 범위에 있어 집행위원회에 우호적으로 판시하여 준 이전 해석과는 달리 집행위원회의 권한을 제한하는 것이었다. 서비스 교역은 대부분 소비자나 기업이 다른 국가에서 이용하거나 외국회사가 다른 국가에 자회사나 지사를 설립하여 공급하는 형태로 이루어지는 것이 대부분이기

때문이다. 전체 서비스 교역에서 집행위원회의 권한을 상품교역과 국경 간 공급되는 서비스나 노동력의 이동을 수반하는 서비스 교역으로 제한한 것은 집행위원회 권한이 축소되었음을 의미하는 것이었다.

더욱이 서비스 산업의 발달로 인해 서비스 교역과 상품 교역은 과거와는 달리 확실히 구분되지 않는 경우가 생기게 되었으므로 상품 교역이 불가피하게 서비스 교역을 수반하는 경우에 있어서는 종전 집행위원회의 전적인 소관이었던 것도 누구의 소관인지 불분명하게 될 경우가 발생하게 되었다. 서비스 교역에 대한 광범위한 교섭권한이 없으면 집행위원회의 상품교역 교섭권한도 위축되게 될 개연성이 높아졌으며 집행위원회의 교섭력의 전반적인 약화를 가져왔다.

이러한 사정을 감안하여 집행위원회와 이사회는 1995년 서비스 협상에 관한 행동준칙(code of conduct)에 합의하게 되었다. 이 준칙에 의거하여 집행위원회는 서비스가 누구의 소관사항인지에 대한 법적인 권한에 영향을 미치지 않는 조건으로 우선 유럽연합 회원국을 대표하여 교섭하되 교섭장에는 회원국도 참관인 자격으로 참가하기로 하였다. 비공식 회합 등 회원국이 참석하기 어려운 모임에는 집행위원회만 참석하여 교섭하되 회의 결과를 회원국에게 상세히 보고하기로 하였다.

그 결과 우루과이라운드에서는 몇몇 예외분야(농업, 섬유, 시청각상품)를 제외하고는 새로운 교역 분야인 서비스 분야에서 보다 강력한 자유화가 추진되었고, 상품과 자본의 유동을 위한 선결조건으로서 지적재산권의 기준이 마련되었다. 1990년 브뤼셀 회의에서는 유럽연합의 농업 분야에 대한 입장 차이로 인해서 협상이 거의 무산될 뻔한 위기를 겪기도 했다. 집행위원회는 협상실패에 따른 공동체 전체의 위기 및 역외국들로부터의 비난에 책임지기 위해서 그들에게 주어진 권한을 확대 적용할 수밖에 없었다. 따라서 농업협상의 타결은 집행위원회의 한도를 넘어선 권한 사용 이후에나 가능했다.

1990년대 유럽연합의 무역정책은 마스트리히트조약 체결에도 불구하고 조약에 의한 영향력은 미미했다. 왜냐하면 최우선의 이익이 확보되는 분야에서 집행위원회의 권한 통제에 대한 필요는 회원국들에 의해 더욱 절실해졌기 때문이었다. 그 결과 니스조약에서 제133조의 수정은 기대에 못 미치는 것이었고 유럽연합을 대표하는 협상자로서의 집행위원회의 지위가 충분히 제고되지 않았다고 볼 수 있다.

니스조약이 체결될 때까지 모든 정부 간 협상에 대한 대중의 부정적 견해의 대부분은 정보와 투명성 부족이었다. 제133조의 개정에도 불구하고 투명성과 단순성이라는 대중의 요구는 로비 혹은 국내정치상황으로 인해 양자를 만족시킬 수가 없었다. 특히 공동통상정책 확대에 있어서 집행위원회는 지적재산권, 투자 서비스 분야의 협상 독점권을 획득하지 못하였다. 따라서 회원국들은 중국, 일본, 미국, 그리고 가까운 미래에 인도와 브라질과의 경쟁에서 이기기 위해서 의사결정 시스템을 개혁할 필요가 있었다. 그리고 유럽연합은 이와 같은 세계화의 도전에 적응할 필요성이 제기되었다. 이는 첫째, 제3국 시장에서 유럽연합 기업들에 대한 보호 필요성, 둘째, 다자 간 협상에서 단일한 목소리를 낼 필요성 등이다.

이번 리스본조약에서는 공동통상정책의 범위가 확대됨에 따라 그 동안 개별 회원국 소관사항이었던 외국인투자(FDI)가 유럽연합의 배타적 권한 적용범위에 포함되었다. 이는 회원국 개별 기업이 일일이 대응하기 쉽지 않은 스파게티 보울(Spaghetti Bowl) 효과 제거노력의 일환이라고 할 수 있다. 스파게티 보울 효과란 개별 협정마다 담겨 있는 원산지결정기준 등의 복잡한 활용절차와 규정으로 인해 기업이 대응을 포기함으로써 활용도가 저하되는 현상을 일컫는다. 한편, 리스본조약 이후 유럽연합은 외국인투자부분에서 배타적 권한을 갖는다. 따라서 회원국들은 제3국과 양자 간 투자협정(Bilateral Investment Treaties)을 더 이상 맺을 수 없다. 이로써 회원국들은 유럽연합 법률에 따라 국제협정을 채택해야만 하고 기존의 협정들은 법적 효력을 상실하게 될 것이다. 현재 영국 120개 이상, 오스트리아는 50개, 프랑스는 거의 100개 이상의 양자 간 협정을 맺고 있는 상태이다.

대외통상은 외국이라는 상대를 전제로 하므로 공동통상정책에 있어 특히,

중요한 권한은 대외협상에서 유럽연합을 대표하고 각료이사회의 위임에 따라 교섭을 진행, 협정을 체결하는 교섭권이다. 대외통상교섭에 있어 중요한 것은 회원국과의 긴밀한 협의이다. 유럽연합의 대외통상교섭은 각료이사회가 사전에 부여한 권한 범위 내에서 진행되어야 하므로 집행위원회가 자의적으로 위임범위를 일탈하는 융통성을 무한정 발휘할 수는 없다. 단지, 공동통상정책 중 긴급수입제한조치, 반덤핑규제 등 긴급사안에 대해서 집행위원회는 각료이사회의 승인 없이 필요한 조치를 강구할 수 있다.

회원국 입장에서 보자면 집행위원회가 자국의 이익에 반하는 내용으로 협정을 체결하면 나중에 이를 번복하기 어려우므로 교섭과정에 긴밀히 개입하려 한다. 한편, 집행위원회로서도 어렵게 타결시킨 협정이 회원국의 반대로 인해 각료이사회의 승인을 받지 못하게 되는 상황을 고려하여 회원국의 일정 부분 참여를 허락하고 교섭진행 상황에 대해 충분히 이해하기를 희망한다. 이 과정에서 중요한 것이 133조위원회이다.

133조위원회 이외에도 유럽연합의 각 회원국은 집행위원회의 통상정책 추진과정에 영향력을 행사할 수 있는 다양한 경로를 마련하고 있다. 그 중 대표적인 기구가 각료이사회의 하부 조직으로 구성되어있는 상주대표부이다. 상주대표부는 각료이사회의 지시에 따라 통상 관련 실무업무를 추진하며 회원국 간 이견을 조율하는 역할을 담당하고 있다. 이처럼 FTA 체결 등을 위한 대외적 통상협상이 추진되는 과정에서 집행위원회의 협상대표권은 회원국 정부의 정책적 선호와 협의에 의해 제한받고 있는 것이다.

이외에도 FTA를 포함한 유럽연합의 통상정책이 결정되는 과정에는 유럽의 경제와 산업을 대표하는 단체, 기업, 이익집단, 시민사회단체 등 다양한 주체들이 자신들의 이해관계를 추구하고자 정책과정에 직간접적으로 관여하는 경향이 발견된다. 이 과정에서 다양한 사회적 행위자들은 정책과정에서 집행위원회와 보다 긴밀히 상호작용하고자 공식적 혹은 비공식적인 '정책네트워크'를 형성함으로써 통상협상의 의제와 그 내용에 영향력을 행사하려고 노력하고 있다.

이러한 배경에서 유럽연합의 집행위원회는 FTA 협상 개시의 필요성을 각료이사회에 제안하고, 각료이사회는 회원국 대표 간 협의를 거쳐 협상의 개시를 승인하며, 집행위원회는 각료이사회에 의해 위임된 협상권한(mandate)에 기초하여 교역 상대국과의 협상을 진행하게 된다. 이후 집행위원회를 중심으로 진행된 협상이 종결되면 각료이사회는 협상의 결과에 대해 가중다수결제(QMV)에 의거하여 최종 결정을 한다. 이처럼 유럽연합의 FTA를 비롯한 통상정책이 결정, 추진되는 과정에는 초국적 기관인 집행위원회와 회원국 정부가 핵심적 역할을 담당하고 있으며, 이와 더불어 사회경제 부분을 대표하는 다양한 이익집단들 역시 직간접적으로 정책 과정에 영향력을 행사하고자 노력하고 있음을 알 수 있다.

제 3 절 유럽연합과 한국의 FTA협정 이후 기대성과 및 예상 문제점

EU는 총 27개국으로 구성된 세계 최대의 거대 경제권이다. 한국과의 교역에 있어 중국에 이어 두 번째로 규모가 큰 지역이며 동시에 최대 무역 흑자를 기록하고 있다. 따라서 FTA를 통한 수출 확대 및 교역증진 효과가 가장 클 것으로 예상되는 지역이다. EU의 GDP는 약 18조 3천억 달러로 전세계 GDP의 33%를 차지하는 세계 1위의 경제권이며, 상품교역액(4조 2천억 달러, 2008년 기준)도 전세계교역의 17.1%를 차지하고 있어 미국의 14.1%, 중국의 10.4%, 일본의 6.3%를 크게 앞서는 규모이다. 한국과 EU 간의 교역은 2008년 기준 약 984억 달러로 전체 상품교역액의 11.5%를 차지하고 있으며, 최근 10년 간 평균 13%의 높은 성장률을 기록하고 있다.

EU 집행위원회는 EU가 다른 시장에 비해 관세율이 높고 다양한 비관세장

벽이 존재하는 시장임을 감안할 때 한-EU FTA 발효 후 2%대에 머물고 있는

<표 5-5> 한-EU FTA 추진일지

일자	주요 내용
2003.8	EU를 중장기 FTA 추진국으로 결정
2006.5.15	한-EU 통상장관회담에서 FTA를 전제하지 않고, 양측 간 예비협의를 추진하기로 합의
2006.7-9	한-EU FTA 예비협의 개최
2006.11	EU가 FTA 주요 협상국으로 한국을 지목
2007.5.6	양국 FTA 협상 개시 공식선언
2007.5-2009.6	제1-8차 한-EU FTA 협상 개최 ‣ 1차: 상품, 서비스/투자, 기타규범, 분쟁해결/지속가능발전의 4개 분과로 구성 ‣ 2차: 상품, 서비스 정부조달 개방안 교환 및 협의 ‣ 3차: 본격적인 양허협상 개시 ‣ 4차: 분야별 통합협정문과 상품 양허안 논의 ‣ 5차: 4대 이슈 쟁점화(상품양허, 자동차기술표준, 원산지기준, 서비스시장개방) ‣ 6차: 4대 쟁점을 제외한 나머지 분야에서 진전 ‣ 7차: 연내타결을 합의. 쟁점 제외분야 모두 타결 추진 ‣ 8차: 원산지기준, 관세 환급 등 일부 쟁점사항을 제외하고 잠정타결 ‣ 추가 통상장관회담: 잔여쟁점에 대한 최종 합의안 도출
2009.7.13	한-EU FTA 타결(스톡홀름)
2009.7-9	한-EU FTA 법률검토회의
2009.10.15	한-EU FTA 가서명(브뤼셀)
2010.10.6	한-EU FTA 정식 서명(브뤼셀)
2011.7.1	잠정 발효 추진

자료: 기획재정부 자유무역협정 국내대책위원회, 삼성경제연구소(2009).

한국의 EU 시장점유율이 3.9% 수준으로 상승할 것으로 전망하고 있다. EU는 현재 27개 가입국 이외에 계속적인 추가 가입이 이루어질 것으로 예상됨에 따라 성장가능성이 크며, 러시아 및 CIS국가 등 인근지역과의 교류확대를 위한 교두보로서 매우 중요하다.

EU의 경우는 한국과의 FTA를 통해 한국시장 진출은 물론 중국, 일본 등 동아시아 진출의 교두보를 확보함과 동시에, 한-미 FTA로 인한 동아시아 시장 내 미국의 영향력을 견제하고자 하는 전략적 고려요인도 크게 작용하고 있다. EU 집행위원회는 2006년 역내시장의 한계를 극복하고 신흥경제권과 산업협력 및 교역확대를 목표로 하는 새로운 동아시아정책을 발표하였다. 이는 빠르게 성장하는 동아시아 시장 내 한국의 조정자적 역할 확대에 주목한 결과라 할 수 있다.

한국은 동아시아 내에서 상대적으로 표준화가 잘 되어 있고, 높은 개방수준과 폭넓은 FTA 협상 경험을 보유하고 있으며, 국제수준의 통상규정을 비교적 잘 준수하는 국가라는 점도 아시아지역 첫 FTA 체결 대상으로 한국을 선정하게 된 주요 이유이다. EU가 한국과의 FTA 추진에 있어 과거 멕시코, 칠레 등과 체결한 FTA보다 한 단계 높은 수준의 협정을 추진한 것은 단순한 관세율 인하를 넘어 상대국의 비관세장벽(검역, 환경, 기술표준, 규제 등의 각종 기준)을 낮추어 장기적인 시장접근성을 높이기 위한 측면이 강하다. EU는 미국과 서비스시장 선점 및 기술표준 경쟁관계에 놓여 있어, 한국시장 진출 후 이를 기반으로 중국 및 동남아시아 시장을 선점하면 유럽이 비교우위에 있는 아프리카지역을 포함해 전세계의 70% 이상의 국가에 유럽의 표준형성이 가능하게 될 것이라는 전략적 목표도 가지고 있다.

1 한-EU FTA 체결의 의미

한국은 EU와 FTA를 체결한 최초의 동아시아 국가로, 아시아, 북미, 유럽 대륙의 선진국과 신흥개도국을 모두 연결하는 중심지로 부상하며 다양한 시장과 투자기회를 확보하려는 목표를 가지고 있다. EU는 전통적으로 EU 역내 결속 강화 및 남유럽, EFTA, 북아프리카 등 국가들과 특혜무역 제공 중심의 협정체결에 치중해왔다. 그러나 2000년 이후 남아공, 멕시코, 칠레와 FTA를 발효함으로써 신흥시장으로 영역 확대를 시작하였다. 최근 추진 중인 신흥시장과의 FTA는 과거 인접국의 정치·경제적 안정도모를 지원하기 위한 협정체결과는 달리 EU의 산업경쟁력강화에 중점을 두고 있으며, 한국은 2006년 EU가 지목한 FTA 아시아 지역 우선 추진상대국인 인도, ASEAN보다 먼저 FTA를 타결하였다.

한-EU의 총 경제규모는 19조 3천억 달러로 미국-멕시코-캐나다를 연결하는 NAFTA의 16조 9천억 달러보다 크며, 이미 발효된 싱가포르, ASEAN, 인도 등 아시아국가와의 FTA 연계를 활용해 규모의 경제가 실현가능하게 되었다. 한-EU FTA는 경제적 측면의 효과 외에 동북아 내 위상 강화 및 영향력 증대 등 외교, 안보측면에서도 한국의 영향력을 강화시키는 계기로도 작용할 것이다. EU와 같은 거대경제권과의 FTA 체결은 한국에 대한 경제적 개입수준과 이해관계를 높임으로써 국제사회에서 한국의 안보를 위해 보다 큰 기여를 할 것으로 기대된다. 또한 세계 최대 선진경제권인 EU 및 미국과 동시에 FTA 체결을 완료함은 물론 아시아 내 일본과 중국 간의 주도권 경쟁에서 한국의 역할과 중요성이 더욱 부각될 것으로 전망된다.

한-EU FTA의 체결은 다른 선진 경제권들과의 FTA에 있어서 한국의 협상력을 높여주는 계기가 될 수 있을 것이다. 또한 현재 비준 문제로 지체중인 한-미 FTA는 물론 일본 및 중국과의 FTA 협상에도 유리한 고지를 점할 수 있을 것으로 기대된다. 일본은 현재 12개 국가와 FTA를 체결한 상태이지만 멕시코, 스위스, 브루나이, 필리핀 등 경제규모가 크지 않은 나라가 대부분이며, 자국의 민감한 산업의 개방을 제외한 낮은 개방 수준의 협정이어서 이들 국가와의 교역이 일본 전체에서 차지하는 비중은 20%를 밑도는 수준이다. 일본 내에서는 국제교역관계에서 한국에 뒤처지고 있다는 위기감이 확산되고 있으며, 그 대안으로 EU 측에 일-EU FTA 협상을 지속적으로 제안함과 동시에 교착상태인 일-미 FTA와 TPP에 적극적으로 참여해야 한다는 의견이 제기되고 있다.

TPP(Trans-Pacific Economic Partnership)는 범태평양경제동반자협정으로 아시아·태평양 지역 경제의 통합을 목적으로 2005년 6월 뉴질랜드, 싱가포르, 칠레, 브루나이 4개국 체제로 출범한 다자 간 자유무역협정으로 출범 당시에는 그다지 영향력이 크지 않은 다자 간 자유무역협정이었으나 2008년 2월 미국이 적극적으로 참여를 선언하면서 주목 받기 시작하였다. 현재는 호주, 베트남, 페루, 말레이시아가 추가로 협상에 참여 중이고 캐나다, 일본, 필리핀, 대만 등이 협정 참여에 관심을 표명하고 있으며, 오바마 대통령은 TPP가 세계에서 가장 빠르게 성장하는 아시아·태평양 지역과 미국을 연결해 주는 고리라고 공식적으로 언급한 바 있다.

2 한-EU FTA의 기대효과

한국은 동아시아 최초로 EU와 FTA를 체결함으로써 유럽과 아시아를 잇는 교두보로서의 입지적 중요성을 인정받게 되었으며, EU 시장접근성을 통한 교역확대 및 외국인 투자대상국으로서 유리한 입지요건을 확보하게 되었다. 특히 투자 부문에 있어서는 유럽 개별국과 양자간협정(BIT) 형태로 유지되어 오던 투자협정이 FTA를 통해 하나의 큰 틀로 통합됨에 따라 한국과 EU 간의 투자관련 제도 및 정책이 보다 안정화 될 것으로 기대된다.

EU 회원국 중 선진경제 그룹은 미국 및 일본과 경쟁관계에 있고, 동유럽 등지의 신흥경제그룹은 ASEAN, 중국 등과 경쟁관계에 있어 한국을 중심으로 한 이들 국가 간의 효율성 제고에 한국이 가교역할을 수행하게 될 것이다. 한국은 이미 체결한 EFTA 4개국 외 EU 27개국과의 FTA를 체결함으로써 세계 최대경제권인 유럽과의 경제네트워크 구축을 완성하였으며, EU 인접국들의 회원가입이 계속 이루어지고 있어 지속적인 유럽시장 확대가 기대된다. EU는 선진경제국에서 신흥개도국까지 다양한 시장의 국가들이 공존하여 대기업은 물론 중소기업에게도 다양한 투자기회가 돌아갈 것으로 예상되며, 2000년대 들어 EU에 가입한 헝가리, 체코, 폴란드 등 동부 유럽의 신흥시장도 개척할 수 있는 기회를 제공할 것이다. 특히 한국이 대 EU 흑자를 기록하고 있는 기계전자, 자동차, 플라스틱, 섬유 등은 일본, 대만, 중국 및 아세안국가들과 EU시장 내에서 경합을 벌이고 있는 품목으로 FTA의 발효에 따른 경쟁력 강화가 예상되는 부문이다.

한-EU FTA와 한-미 FTA가 모두 발효될 경우 실질 GDP 증가율, 후생수준, 고용효과 등의 거시경제 효과는 개별 FTA의 효과보다 클 것으로 예측된다. 한-EU FTA와 한-미 FTA 동시 발효의 기회적 요건을 최대한 활용할 경우, 한국은 주요 거대시장에 대한 무관세 접근성을 모두 확보한 유일한 국가로서 FTA를 통한 동아시아국가 간의 경쟁에서 절대적 우위를 점할 수 있게 된다. 세계최대의 시장과 최고의 선진 기술력을 갖춘 두 선진 경제권의 경쟁구도 조성은 국내시장 선진화의 속도를 높여 줄 뿐 아니라, 대한국투자 유치시 기술이전 및 각종 조건 등에 있어 한국의 협상력을 높여 줄 것으로 기대 된다.

또한 EU와의 FTA는 후발산업국가의 급성장으로 일부 정체를 겪고 있는 한국경제에 선진 경제권 도약을 위한 기반을 제공해주며, 선진기업 환경시스템 도입을 통해 국내 산업구조 개선효과를 가져올 것으로 예상된다. 중국, 인도와 같은 신흥개도국의 급성장에 대응하고 선진 경제권에 본격적으로 진입하기 위해서는 서비스, 대체에너지, 환경, 첨단부품소재 등 신성장 분야의 경쟁력 확보가 중요하다. 이에 EU는 한국이 취약한 고급 부품소재산업 및 기계류, 화학

분야에서 경쟁력을 지니고 있어 한국과 보완적인 경제관계 구축이 가능하다.

특히 서비스 부문의 개방은 국내 서비스 산업의 구조조정 및 고도화를 위한 계기가 될 수 있으며, 경쟁과 학습을 통한 국내 서비스 산업의 경쟁력 확보에 기여 할 수 있을 것이다. 현재 국내의 서비스업은 규모가 상대적으로 영세하고, 개인소유자영업의 비중이 높아 선진 서비스기업에 비해 효율성과 수준이 낮으며, EU의 선진 서비스기업이 진출할 경우 단기적으로 국내산업의 잠식 및 위축에 대한 우려도 존재한다. 그러나 제조업과 달리 영업방식 및 노하우를 현지에서 직접 집행하는 서비스업의 특성상 한국 서비스업계의 빠른 습득과 성장이 가능하기 때문에 장기적으로 국내 서비스 산업의 경쟁력을 높이는 데 기여할 것이다.

제조업을 기반으로 성장해 온 한국은 최근 저임금 노동력을 기반으로 급성장한 중국 및 아시아 국가들의 후발 산업국가로부터 추격을 받는 상황에 처해있으며, 서비스산업의 경쟁력 강화는 이들 국가들과의 차별화를 통한 산업의 효율성 제고와 고부가가치화를 추구할 동력을 제공할 것이다. 산업 간 융합이 늘어나고 제조업 생산과 서비스 부문에 대한 상호 투입의 비중이 증가하는 현상을 감안하면, 서비스산업의 발전은 제조업을 비롯한 전 분야의 경쟁력 강화의 선순환을 야기한다. 이러한 관점에서 FTA를 통한 제도정비의 가속화는 비즈니스 서비스(법률 및 컨설팅 등), 금융, 연구개발, 디자인, 물류와 같이 기업의 경영활동을 지원하는 지식기반 서비스산업의 경쟁력 강화 실현에 기여할 것이다. 서비스산업의 경쟁력 강화를 통해 국내서비스의 질적 향상이 이루어지는 경우, 그 동안 해외서비스에 의존했던 국내수요가 내수로 전환되어 국내 서비스 산업의 본격적 수입대체는 물론 나아가 서비스 부문의 수출로 이어지는 효과도 기대할 수 있다. 이를 위해서는 시장개방이 한국경제와 산업 전반에 미칠 제도정비의 긍정적 효과를 최대한 빨리 정착시킬 수 있는 정부 차원의 정책적 노력이 요구된다.

2010년 한국은 사상 최대의 수출실적을 기록함과 동시에 일본에 대한 무역적자도 348억 8천만 달러(2010년 12월 20일 기준)로 역대 최고였던 2008년의

327억 달러를 넘어서는 수치를 기록하였다. 한국은 원천기술의 부족으로 핵심 부품 · 소재의 일본 수입의존도가 매우 높으며, 이러한 의존성은 수출이 증가할수록 대일 무역적자도 함께 늘어나는 구조적 문제를 지닌다. 실제로 2000년-2010년까지 한국의 전세계 수출규모와 대일 무역적자의 상관계수는 0.96에 달하는 것으로 나타나 대일 수입유발적 수출구조의 한계를 드러낸 바 있다.

원유, 천연가스, 철광 등 에너지와 원자재가 수입의 대부분을 차지하는 일본의 수입구조상, 단기간에 대일 무역역조현상을 개선하는 데에는 실질적으로 상당한 한계가 존재한다. 이러한 상황에서 산업구조가 일본과 유사성이 높은 EU와 FTA 체결은 대일 수입대체효과를 기대 할 수 있으며, 일본 부품에 대한 가격협상력이 높아질 것으로 기대할 수 있다. 이에 따라 대일 수입부품의 가격인하도 가능할 것으로 예상된다. EU의 부품소재 산업은 FTA 발효 후 가격인하 및 시장접근성 향상 등이 이루어지면 가격경쟁력 측면에서 일본보다 우세해 일정 부분의 수입대체가 이루어질 것이다.

<그림 5-1> 한국의 총 수출과 대일 무역적자 추이

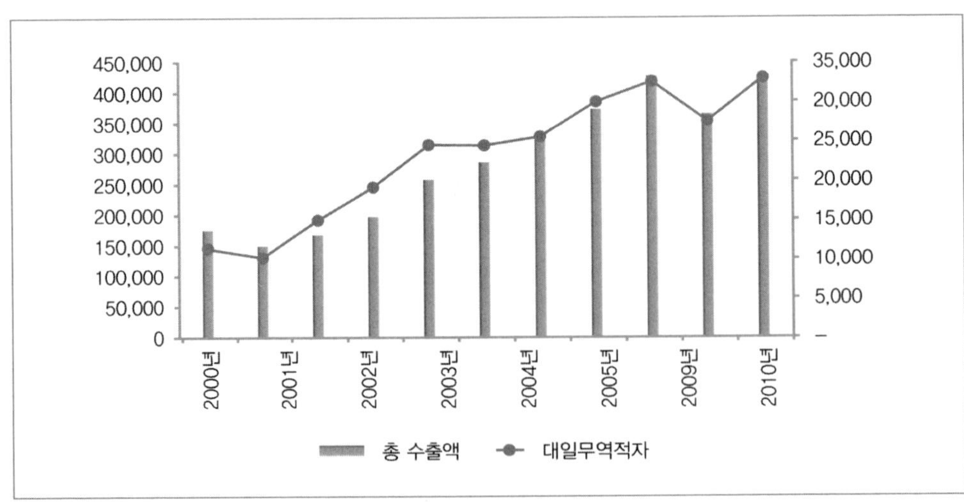

주: 2010년 11월 말까지의 자료.
자료: 한국무역협회 무역통계.

<표 5-6> 부품 · 소재 부문의 대일 및 대EU 수입현황

(단위: 백만 달러)

부품 · 소재	대일 수입(2008년)	대EU 수입(2008년)
고무 및 플라스틱 제품	2,965	221
비금속광물제품	1,748	162
제1차 금속제품	8,990	1,830
전자부품	7,842	1,649
컴퓨터 및 사무기기부품	267	62
정밀기기부품	1,856	916
전기기계부품	2,971	1,479
화합물 및 화학제품	5,128	2,672
수송기계부품	1,526	879
조립금속제품	332	262
섬유제품	241	193
일반기계부품	4,864	4,864

자료: 한국무역협회 무역통계, 삼성경제연구소(2009).

특히 한국 수입시장에서 유럽과 일본이 직접적으로 경쟁하는 정밀기기 및 기계부문에서는 관세철폐의 효과로 유럽산 제품의 가격 경쟁력이 높아질 것이다. 그 결과 일본수입 의존도가 낮아질 것으로 기대된다. EU와 일본 및 미국의 경쟁구도를 활용하여 핵심 부품소재 부문의 대한 직접투자 및 기술이전 방안을 모색해야 할 것이다.

3 한-EU FTA 이후 (신)비관세장벽 가능성

유럽연합은 2000년대 이후 역외 국가들과 다양한 형태의 FTA를 추진하는 한편, 역내에는 도시 간 자원과 정보교환 및 공동정책을 위한 자생적인 네트워크를 더욱 활발하게 구축하기 시작하였다. 이는 첫째, 1990년대 초반에 유럽연합에서 고조된 유럽의 제3의 층으로서 지방정부의 제도적 권한 확장이 한계에 부딪혔기 때문이다. 그 결과 1990년대 중반 이후 유럽연합 내 많은 지방정부와 도시들은 자생적인 네트워크를 형성하여 공동의 현안을 해결하고 유럽연합에 의사를 개진하는 전략으로 선회하였다. 둘째, 시장통합의 심화와 경제화폐동맹의 실현으로 각 도시가 실행하는 경제정책이 중요성을 갖게 되었기 때문이다.

글로벌 경제와 통합된 시장에서는 국경을 넘어 자유로운 자본이동과 투자가 가능하므로 경쟁우위(competitive advantage)에 따른 경쟁이 이루어진다. 이러한 경쟁우위 전략을 효과적으로 구사하려면 각 국가뿐 아니라 지역 수준에서 투자유치를 통해 생산시스템의 우위를 점해야 한다. 또한 시장통합 이후 중앙정부는 보조금 지급과 같은 보호조치가 제약되므로 특별히 산업지역을 안고 있는 대도시들은 독립적인 투자유치와 산업발전에 사활을 걸 수밖에 없게 되었다. 국제경쟁에 노출된 유럽연합 내 많은 도시들의 선택은 독립적인 경제발전 정책을 취하는 것뿐이다.[23]

특히 유로존(Euro zone) 가입국에서는 중앙정부가 집행하던 통화재정정책이 유럽중앙은행(ECB)으로 이관되면서 도시 나름의 경제정책이 지역발전의 사활적 사안으로 떠오르게 되었다. 유럽중앙은행이 부과한 엄격한 재정적자 규모와 거시경제 통제로 중앙정부의 재정지출이 극도로 제약되었기 때문이다. 이에 따라 중앙정부는 특화된 산업과 경쟁우위를 갖춘 지역에 한하여 예산을 집중 투입하고, 낙후산업이나 지역개발에 능동적으로 개입할 수 없게 되었다. 결과적으로 각 도시들의 선택은 국경을 넘어 자생적인 연합을 통해 경제사회

23) Carolyn Marie Dudek, "Can the European Union Influence the Functioning of Regional Governments?", European University Institut, Robert Schuman Centre Working Paper 00/49, 2001, p.7. (http://www.iue.it/RSCAS/WP-Texts/00_49.pdf); 이규영 외, "유럽 주요도시의 경쟁력 강화전략", 서울: 서울시정개발연구원 용역보고서, 2007, p.100.

발전을 꾀하는 것이다.

1991년에 결성된 레종 트랑망쉬(Region Transmanche)는 공통의 이해를 갖는 도시 간 제도화된 협력을 통해 경제, 인프라를 공유하고 공동의 이익을 꾀하는 대표적 예이다. 레종 트랑망쉬는 벨기에의 브뤼셀, 플랑드르(Flanders), 왈로니아(Wallonia), 노르빠드깔레(Nord Pas de Calais) 및 영국의 켄트(Kent) 등을 포함한 5개 지역의 연합이다. 이들 지역은 영국의 켄트(Kent)를 위시하여 영·불해저터널이 관통하며 동시에 대륙에서는 TGV의 북부궤도가 위치한 지역이다. 이와 같이 레종 트랑망쉬는 지정학적 인접성과 무관하게 영·불해저터널과 TGV라는 물리적 네트워크를 통해 용이하게 연계된다는 점에서 공통의 이해를 갖는 도시 간 연합의 전형을 보여준다. 유로시티[24]는 레종 트랑망쉬와 형태는 상이하지만 지역발전이라는 유사한 목적을 갖는 도시 간 연합이다. 이러한 도시 간 연합 현상은 2000년대 들어서 보편화되었다.

결과적으로 1990년대 활성화된 도시 간 자발적인 네트워크는 지역 간 사회적 서비스를 공유하거나 공동의 문제에 보다 효과적으로 대처하기 위한 기능적 목적에서 비롯된다. 이는 곧 지정학적 조건이나 공동의 문화적 정체성을 매개로 한 것은 아니며, 공동의 문제를 해결하고 공고한 조직화를 통해 유럽연합과 연계한다는 유럽적 특징을 보여준다. 또한 대표적인 도시 간 연합인 레종 트랑망쉬와 유로시티의 경우와 같이 주요 대도시들이 중앙정부와 별개로 국경을 넘어 연합하여 산업인프라를 구축하고, 정보를 공유하는 경제적 주체가 되었다는 것을 말해 준다.

24) 1986년에 탄생한 Eurocities는 유럽 내 대도시들이 공통적으로 겪고 있는 사회적, 환경적 문제에 효과적으로 대처하기 위해 유럽 내 30개국에 걸쳐 130여개 주요도시들이 참여하고 있는 정책네트워크이다. 특히 유로시티는 상설 포럼을 개최하여 도시가 안고 있는 환경문제, 대중교통 문제, 그리고 외국인 이주자 문제로 인한 사회갈등 등 공동대응책 마련에 심혈을 기울이고 있다. 중요한 것은 유로시티는 유럽연합 집행위원회에 도시 관련 의견을 제시하는 수준을 넘어서는 역할을 하고 있다는 점이다. 특히 EU의 초국적 기관이 공공재, 서비스, 공공사업에 따른 물품 구입에 드는 비용은 EU 전체 GDP의 약 16%를 차지한다. Eurocities Knowledge Society Forum, "E-citizenship for All : European Benchmark Report 2005", Deloitte 참조.

유로시티는 다양한 분야에 걸쳐 유럽의 대도시들이 겪는 문제에 대한 실질적 해결책을 강구하는데 초점을 두고 있다. 이에 현재 120여개 유로시티 참가 도시들 중 12개의 도시들이 협력하여 책임 있는 구매를 통한 혜택을 생산자와 소비자가 함께 누리자는 취지의 유럽 도시 간 연합이 CARPE(CARPE: Cities as Responsible Purchasers in Europe) 프로젝트이다. 이러한 CARPE 프로젝트는 국가-지역 간 협력모델 구축의 시간적 제약과 하향적(top-down) 접근방식에서 벗어나 지역-지역 간 경쟁력 강화 또는 지역발전과 혁신을 위한 제도적 장치 마련이라는 목표를 설정하고 있다. CARPE 프로젝트는 한-EU FTA가 체결된다 할지라도 우리 기업이나 정부에게 있어서 새로운 비관세장벽이 될 수 있고 이에 따른 대유럽연합 수출방식을 바꿔야 할지도 모르는 중요한 이슈이다.

책임 있는 조달정책을 추진하고자 처음으로 유럽차원에서 실시되고 있는 CARPE 프로젝트에 참여하고 있는 도시들은 파리(Paris)를 비롯하여, 스톡홀름(Stockholm), 세비야(Seville), 브뤼셀(Brussels), 리옹(Lyon), 낭트(Nantes), 빌바오(Bilbao), 본(Bonn), 비엔나(Vienna), 바르셀로나(Barcelona) 릴르(Lille), 오슬로(Oslo) 등 12개 도시이다. 책임 있는 소비를 위한 차별화된 도시를 만들자는 CARPE 프로젝트는 유럽의 도시들이 의식 있는 소비자가 되어야만 한다는 사실을 깨닫게 하고 이를 전 세계에 확산시키고자 하는 목표를 갖고 있다.

유럽연합은 1988년 집행위원회가 구조정책 분야에서 '동반자원칙'(partnership principle)을 확립한 이후 다층적 통치(Multi-level Governance)가 진행됨에 따라 예산 및 책임이 지역적 차원으로 상당부분 이전되었다. 그 결과 유럽연합의 선도도시들(pioneer cities)로부터 다양한 다층적 통치의 특징을 발견할 수 있다. 하나의 예로 이들 선도도시들은 도시 차원에서 스스로 책임 있는 구매결정을 하고자 다음과 같은 사항을 고려한 조달 원칙 및 규범을 마련했다. 첫 번째는 환경 친화적(green) 상품의 구매, 두 번째는 윤리적(ethical) 상품의 구매, 세 번째는 사회적(social) 상품의 구매[25]이다.

---

25) 여기서 사회적 상품이란 고용을 유발하고, 안전한 작업환경 하에서 생산된 상품을 말한다. 특히, 피고용인에 대한 사회보장, 남녀 차별과 장애인 차별이 없는 상황, 즉 동등한 기

책임 있는 구매의 목적은 공공구매 결정과 관련한 환경적, 윤리적, 사회적 정책을 통합하는 데 있다. 책임 있는 구매정책을 실행함으로써 공공기관들은 필요한 물품, 서비스, 공공사업에 필요한 자재를 구입할 때 가치가 부가된 상품을 구입하는 것이 장기적 관점에서 보면 이익이라는 사실을 인식하게 된다. 또한 도시들은 책임 있는 구매를 통해서 환경적, 윤리적, 사회적 정책목표의 복잡한 범위를 규정할 수 있다.

사실상 사회적 구매는 공공기관이 오랫동안 사회정책들을 지원하기 위하여 사용해 온 전통적인 경제적 도구이다. 그러던 것이 오늘날에 와서는 국제무역협약의 확산, FTA, 반보호주의(anti-protectionism)에 대한 규정과 함께 구매 관련 사회적 조항이 비관세장벽으로 작용하기 시작하였다. 윤리적 혹은 사회적 구매로 인한 금전적 이익을 수량화하기도 어렵지만 문제는 윤리적 혹은 사회적 구매에 대한 고려가 비관세장벽으로 작동하는지 여부를 증명해내기가 쉽지 않다는 데 있다.

1) 환경적 구매(Environmental Procurement)

파리 시의 공공사업 발주 및 수행은 엄격한 환경적 기준을 충족한 업체에 한정된다. 파리 시가 발주한 공공사업에 입찰하는 회사들은 반드시 입찰 단계부터 공사완료 시점까지 엄격한 규정을 준수하여야만 한다. 파리 시와 공급계약을 맺은 사업자는 나무보호, 소음방지, 환경 친화적 자재사용, 규정에 따른 노동자 훈련 등 반드시 환경 관련 규정을 준수해야만 한다. 파리 시는 이를 위해 실행규정 준수를 감독할 기술위원회를 설립하였다. 규정을 준수하지 않을 경우 파리 시와 공급자 간의 계약은 파기될 수 있으며 계약자는 향후 입찰에 참여할 수가 없다. 이 기준은 2005년 이후 CARPE 프로젝트에 참여하고 있는 12개 도시 전체에 적용되었다.

오슬로와 브뤼셀 시는 환경 친화적 연료를 사용하는 운송수단(vehicles)의

회와 접근가능성을 통해 생산된 상품을 의미한다.

공동구매를 추진했다. 시의 운송수단 구입과 관련하여 환경적 고려(CO_2 최대 배출량)를 차량구입의 제1순위로 두자 기술적 세부규정과 선택범위(운송수단의 폐기와 관련한 기업들의 서비스)가 통합될 수 있었다. 이로 인해 시당국은 10-50% 정도의 예산절감 효과를 얻게 되었다. 오슬로와 브뤼셀 시의 영향으로 이전 부서별로 분산구매를 실시하던 때와는 달리, 현재는 CARPE 프로젝트 가입도시 전체가 청정 운송수단의 공동구매를 실시하고 있다.

브뤼셀의 경우 재충전 배터리의 구매는 조달, 환경, 재경부의 업무협조를 필요로 했다. 특히 고가의 재충전 배터리를 구매할 경우 시 당국이 요구하는 기술적인 표준이 필요했다. 이에 따라 기술적 표준을 충족한 업체만이 시에 납품업체로 등록이 가능해졌다. 여기에 더해서 브뤼셀 시는 재충전 배터리를 사용한 부서에는 비용절감 효과에 따른 보상책을 마련해주었다. 그 결과 부서간 통합된 기술적 표준이 마련되었고 시의 전체 부서에서 재충전 배터리의 사용이 일상화되었다. 이후 재충전 배터리의 수명과 구입비용 간의 관계를 조사해 본 결과 재충전 배터리의 구매는 2년 정도의 기간이 지나면 비용 면에서 상쇄가 가능한 것으로 나타났다. 이에 따라 브뤼셀 시는 연간 2,340 유로의 절감 효과가 발생하였고 더 이상의 일반 배터리를 구입하지 않게 되었다.

세비야 시의 환경친화상품의 구매는 도시 에너지 절약정책의 일환으로 채택된 수단들 가운데 하나였다. 세비야 시는 효율적 에너지 사용과 관련해서 시의회는 시 전체의 가로등과 시의회 빌딩에 대한 에너지 최적화계획(energy optimization plan)을 수립했다. 이후 세부계획에 따라 도시의 모든 교통신호에 LED-진공관 기술을 적용하고 의회빌딩에 효율성을 고려한 환경 친화적 전구의 교체를 실시하였다. 구입비용은 전체적으로 에너지 절약 효과에 의해 상쇄될 것이 기대되었고 도시는 에너지 소비 비용을 18% 이상 감소할 수 있었다.

바르셀로나 시의 ‘Green Office’ 프로그램은 일상생활에서 환경 친화적 상품의 사용을 목표로 삼아 모든 시공무원을 비롯한 피고용인들에게 환경 친화적 상품에 대한 인식을 확산시켰다. 바르셀로나 시는 Green Office Guide라는 책자를 12,000명의 공무원들에게 배포하였고, 여기에 환경 친화적 상품구매에 관한 교육 과정과 일반적 환경을 우선시한 계약 방법, 목재 및 재활용 종이 등 상품의 구매요령에 대한 지침을 명기하였다.

최근 스톡홀름 시의 조달국은 환경보호국과 함께 환경선언문(Environmental Declaration)을 만들었고 모든 조달에 대한 환경성 분석을 수행하기 위한 모델을 개발하였다.[26] 이어 각각의 구매를 환경기준에 맞춰 분석하는 과정이 수행되었는데 각각의 분석결과는 구매를 한 해당 부서에 다른 정보들과 함께 통합적으로 제공되었다. 이는 시의 구매정책이 유럽연합 공공조달정책이 요구하는 사항과 부합된다는 것을 의미한다. 현재 스톡홀름 시의 입찰에 참여하는 모든 공급자들은 그들의 제품 또는 서비스의 환경적 측면을 입증하는 환경선언을 제출해야만 한다. 시의 연간제품과 서비스 구매는 최소 10억 불에 달하는 큰 시장으로서, 환경 친화적인 제품과 서비스에 대한 수요창출로 구매를 환경 친화적인 방향으로 유도할 수 있게 되었다.[27]

책임 있는 구매를 통한 혜택을 생산자와 소비자가 함께 누리자는 취지의 유럽도시 간 연합인 CARPE 프로젝트의 목표는 자연 관리와 주민의 삶의 질 향상에 있다. 생태순환 지역사회(community of eco-cycle)를 지향하는 과정에서 인간의 기본적인 수요를 충족시키면서 구매양식의 변화를 통해 에너지소비와 자원사용형태를 바꿔보자는 것이다. 즉 구매에 대한 요구사항을 반영해서 환경적, 윤리적, 사회적 제품의 비중을 고려한 개발을 촉진하는 것이 CARPE 프로젝트의 목표 중 하나라고 할 수 있다. CARPE 프로젝트에 참여하고 있는 12개 도시들의 조달국은 현재 다양한 공급자들로부터 300여 개가 넘은 협약을 체결하고 있으며, 이 모든 협약에서 환경적, 윤리적, 사회적 측

26) 1990년 구매에 있어서의 환경적 요구사항 모델이 스톡홀름 시에서 개발된 이후 시에 입찰하는 모든 공급자들은 환경선언을 제출하여야 하며, 이를 통해 각각의 조달에 대한 환경성 분석이 이루어진다.

27) European Commission, Buying Green, A handbook on environmental public procurement, 2004 참조.

면이 고려된다.

CARPE 프로젝트가 탄생한 2005년에는 대부분의 공급자들이 참여 도시가 정한 조건을 거의 이해하지 못했으며, 제품을 환경 친화적으로 바꾸는데 드는 개발비 증가를 우려했다. 또한 생산자들이 완성제품의 성분 공개와 제조 방법이 공개되어지는 것을 꺼린다는 이유 때문에 시당국이 어려움을 겪었다. 그러나 동시에 그들의 서비스와 제품을 조기에 환경 친화적으로 바꾸는 것이 장기적으로는 이득이라는 것을 깨달은 중소기업의 수가 늘어났으며, 이들 기업들은 환경 친화적 전략으로 상당한 시장점유율을 차지한 것으로 나타났다. 따라서 과거에 소비자들에게 익숙하지만 환경 친화적이지 못한 제품들은 폐기되어야만 했고, 그로 인해 상대적으로 선택할 수 있는 상품의 종류는 축소되었다.[28]

2) 윤리적 구매(Ethical Procurement)

유럽연합의 지침들은 구매절차에 대해 윤리적 기준을 제시하지는 않는다. 그러므로 유럽사법재판소의 판결로부터 참조할 만한 사례는 아직 없다. 따라서 공공계약에 공정무역을 포함하는 법률의 해석에는 서로 다른 의견이 있을 수 있다. 윤리적 기준은 구입한 상품 자체의 성격을 반영하거나 기준 자체가 확연하게 눈에 띄지는 않지만 공급형태를 바꿀 수도 있는 상당히 중요한 이슈이다. 기술적 설명, 선택 범주, 보상의 범위를 정하는데 계약 대상과의 연관성을 증명해내기가 어려울 수도 있다. 계약 관청은 계약 대상자에게 계약 이행서에 따른 ILO규정을 준수하라고 요구할 수는 있지만 그것이 서비스와 공공사업계약에만 적용이 되는지 혹은 계약이 구매한 제품의 생산 공정에도 적용되는지가 분명치 않다.[29] 그러나 일반적으로 공급계약의 규모는 유럽연합이 제시한 공정무역과 윤리적 부문의 준수와 밀접한 연관이 있다. 비록 얼마

28) Christopher McCrudden, Buying Social Justice, Oxford: Oxford University Press, 2001, pp.51-56.

29) European Commission, Communication to the Council on “Fair Trade”, COM 1999/619.

나 명확한 윤리적 기준이 계약서에 포함되어야 하는지에 대한 기준은 없지만, 유럽연합이 정한 통상원칙을 존중해야만 한다는 의미이다.[30]

예를 들면 지방관청이 운영하는 자판기와 매점은 이를 이용하는 소비자들에게 공정무역을 통해 구입한 상품에 대해 높은 가격으로 판매가 가능하다. 그러나 지방관청은 공정무역을 통해 제공된 상품의 가격 때문에 불이익을 당하지는 않는다. 일반적으로 지방관청이 운영하는 자판기와 매점은 재하청에 의해서 운영되고 공공구매 규칙을 반드시 준수해야할 필요는 없다. 서비스 제공자가 공정무역 상품을 제공하든지 안 하든지는 그들의 결정에 달린 것이다. 다만 계약당국은 공정무역상품을 판매하는 서비스 제공자에게는 인센티브를 줄 수 있다. 이로인해 높아진 가격은 직접적으로 최종 소비자에게 부과할 수 있기 때문이다.

바르셀로나, 본, 리옹 시는 목재를 구입하고자 할 때 도시가 제시한 조건을 만족시키는 특정 환경 하에서 자란 목재를 구입하자는 정책에 합의했다. 이 세 도시들은 목재를 공급하는 계약자에게 목재의 원산지를 증명할 수 있는 표시를 반드시 기재할 것을 요청했다. 이에 목재 공급자는 산림관리협의회(Forest Stewardship Council)와 같은 공인된 기관의 보증서를 반드시 첨부해야만 한다. 바르셀로나 시에서는 환경과 관련이 있는 입찰자들의 정보가 데이터베이스화되고 생산과정의 사회적 측면이 보상단계에서 분석이 된다. 입찰자의 제안서는 입증이 가능한 산림관리 차원에서 요구하는 기준에 엄격하게 부합되어야 한다. 바르셀로나 시는 이와 같은 조건을 충족한 업체와만 목재계약을 체결하는 것을 원칙으로 한다. 목재의 용도는 주로 시청 장례식, 관(coffins) 구입, 공원 조경, 벤치, 문을 포함한 도시 외곽지역의 나무로 만든 연단 등을 위해 사용된다.

리옹 시에서는 공공사업과 공공서비스 계약서에 기술적 규정을 요구한다. 기술적 규정에 따라 목재 공급계약자는 어떤 열대성 목재를 사용했는지를 입증할 수 있는 증명서를 제출하여야만 한다. 리옹 시가 이 정책을 프랑스의 다

30) Agenda Transfer and Service stelle Lommunen in der Einen Welt, Faires Beschaffungswesen von Kommunen, 2003 참조.

른 지역의 도시들과 협력하기로 결정함에 따라 프랑스에서는 목재와 관련한 환경증명서(eco-certification)의 네트워크가 탄생하게 되었다. 한편, 본 시의 열대성 목재 구매부서는 직접 공사장에서 목재의 검사를 시행한다. 본의 연간 목재구입액은 200,000유로이다. 이 외에도 본에서는 또한 공정무역으로 거래된 커피에 대한 소비를 늘리기 위해 보상범위를 이용한다. 보상범위란 본 시민들에게 공정무역상품에 대해 도시가 직접 홍보를 지원하는 것이다. 예를 들면 도시축제기간 동안 제공된 사탕, 과자 등은 공정무역제공자(fair trade providers)가 공급한다. 시민들 또한 본에서만 독점적으로 구매가 가능한 공정무역커피라는 상표가 붙은 'Bonn Coffee'를 살 수 있다.

비슷한 보상범위가 채택된 빌바오 시는 크리스마스 기간 동안 시공무원을 비롯한 시에서 고용한 사람들에게 공정무역상품들을 담은 광주리를 나누어준다. 광주리 안에는 공정무역상품들과 함께 구매방법 및 혜택을 적은 기술적 설명서를 포함시켜 공정무역 상품을 홍보하고 있다. 이와 더불어 빌바오 시는 시에서 구입가능한 공정무역상품의 리스트를 만들어서 제품 홍보를 대행해주고 있다. 그 결과 약 2,300 이상의 가구들이 공정무역상품의 판매처에 대한 정보를 얻을 수 있었고 이들 상품의 구매가 가능해졌다.

한편, 본, 뮌헨, 오슬로 시는 선도적으로 아동들의 노동에 의해 생산된 제품 구매에 반대(clauses against child labour)하는 결정을 채택하였다. 14세 이하 아동의 노동 금지를 규정한 ILO협약 제138조에 따라 계약자들은 그들의 공급망을 관리할 책임이 있다. 계약자들은 서비스를 포함한 공공사업에 필요한 상품들이 아동들의 노동 착취에 의해서 만들어지지 않은 상품임을 입증할 자료를 제시하여야 한다. 따라서 이들 시와 공급계약을 체결한 계약자들은 현재 상품이 어린이들의 노동력을 이용함으로써 제조된 상품이 아니라는 것을 증명하거나 제품의 생산자를 반드시 명기해야만 한다. 이러한 조항은 공급계약에 삽입될 뿐만 아니라 계약자의 하청 구매계약서에도 명시해야만 한다.[31)]

31) 도시뿐만 아니라 기업체도 가난한 가족의 경제적 영향을 최소화하기 위한 장치로서 공동대책을 마련하고 있다. 이와 같은 사례는 1994년 설립된 러그마크 재단을 들 수 있다.

3) 사회적 구매(Social Procurement)

최근 영국 정부는 'Small Business Friendly Concordat' 프로그램을 마련하였다. 이는 중소기업들과 지방관청 간의 효율적 거래를 조장하는데 목적이 있다. 영국의 주요 도시를 비롯한 지방관청은 사회적 기업들의 목록을 만들어 이들의 주소를 웹사이트에 올림으로써 상기 프로그램을 후원하고 있다.[32] CARPE 프로젝트 참여 도시는 아니지만 영국의 노팅햄(Nottingham) 시는 2002년부터 노팅햄 시청이 발주하는 건설공사에 '노동자 고용과 훈련을 위한 실행법'(Code of Practice for Employment & Training)을 적용한다. 이 법은 기본적으로 노동시장의 변화에 따른 실업자 수를 줄이기 위한 방법의 일환으로 지방관청과 건설산업체 간의 파트너십으로 이루어져 있다. 노팅햄 시청이 발주하는 관급공사를 수주하기 위해서는 시청이 부여한 코드가 있는 업체만이 입찰에 응할 수 있다. 시청에 협력업체로 등록되고 공사수주를 희망하는 업체는 반드시 코드를 신청해야만 한다. 또한 지방고용서비스(the local employment service)를 통해서 실업자들에게 직업을 제공하고 직업훈련 및 교육기회를 제공한다는 광고를 해야만 한다.

조만간 CARPE 프로젝트에 참여가 예상되는 영국의 셰필드(Sheffield) 시 또한 최근 공공구매를 통해서 사회적 기업들에게 수주기회를 확대시키는 정책을 채택했다. 이 정책은 사회적 기업이 최상의 가치를 실현할 수 있도록 기회를 제공하는데 목적이 있다. 사회적 기업은 지역의 일자리를 제공하고, 특

러그마크 상표를 쓰고자 하는 양탄자 제조업체는 14세 미만의 어린이를 고용하지 않으며 공정한 성인 임금을 지급하고 불시의 러그마크 감독 조사를 인정하며 상표가 붙은 모든 양탄자가 무릎덮개의 판매 내역을 러그마크에 알린다는 것을 약속하는 법적 구속력이 있는 계약서를 체결해야 한다. 러그마크는 가정에서 어린이들이 학교수업이 끝난 후 부모를 도와 한두 시간 짠 무릎덮개와 양탄자는 아이들이 정규 학교에 다닌다는 전제 아래 인증해준다. 러그마크는 불법적으로 일하는 어린이를 발견하면 갱생교육원으로 데려가서 가족과 다시 결합할 수 있도록 방법을 찾는다. 또한 아이들을 멀리 떠나보낸 가족의 문제점을 찾아내 처리한다.
http://www.eurocities.org/carpe-net/site/article.php?id_article=27

32) Slike Moschitz, CARPE guide to responsible procurement, EUROCITIES Secretariat 2nd (ed.), Brussels, 2005, pp.33-34. http://www.carpe-net.org

히 불이익을 당하는 개인 및 집단에게 고용기회를 제공하는 것을 포함한다. 셰필드 시청은 주택투자계약과 관련한 입찰 업체에게 매력적인 이웃을 만들 것이라는 약속뿐만 아니라, 그들이 어떻게 사회적 기업들과 중소기업들 간의 파트너십을 맺고 작업을 수행할 것인지를 서면으로 제출하도록 요청하고 있다.[33]

스톡홀름 시는 2002년 이래로 공공사업에 있어서 동등한 기회제공의 원칙을 모든 사업영역으로 확대 적용하고 있다. 그 결과 2005년에는 비차별법 조항이 10억 유로를 넘는 서비스 사업, 관급공사로까지 확대되었다. 스톡홀름 시는 비차별법 조항의 확대해석으로 계약기간 동안 언제라도 계약자가 그들의 법률적 의무사항을 준수여부를 확인할 권리를 갖는다. 특히 스톡홀름 시는 기업들에게 계약의 기본조항에 업무수행조건으로 성, 종교, 인종, 성적 선호, 기능적 장애, 민족적 차별을 금지할 것을 요청한다. 기업이 이러한 요구를 준수하지 못할 경우 도시는 계약을 파기할 권리를 갖는다.[34]

이와 같이 CARPE 프로젝트에 참여한 시당국을 필두로 하여 유럽의 대도시들과 계약을 맺는 기업은 사회적 조건들을 적시한 계약서를 제출해야만 하는 것으로 계약조건이 바뀌고 있다. 계약서에는 적정한 임금 지불 약속, 연금과 유급휴가, 임시휴가 기간 등과 같은 사회적 조건들을 준수할 것임이 명시되어야만 한다. 더 나아가 정해진 노동시간, 초과 근무시간 제한 및 초과 임금 지급, 휴가 및 휴일에 대한 권리, 사회보장에 대한 권리, 건강 복지, 안전하고 쾌적한 노동환경, 안전에 관한 권리와 같은 노동환경에 주의를 기울 것에 동의해야한다. 파업권 역시 인정되어야하며 아동 노동도 효과적으로 금지할 수 있는 항목이 반드시 있어야만 한다. 이러한 도시 간 연합으로 인한 구매방식의 변화는 한국 정부의 입장에서도 유럽연합과의 FTA를 통한 경제적 실익을 정확하게 파악해야 하는 중요한 과제를 지니고 있음을 함의하는 것이다.

---

33) Social Enterprise UK, Procurement-Social Enterprise Solution, 2004 참조.

34) 「European disability Forum」, "EDF Guidance Paper on the implementation of the EU Public Procurement Directive", 2004 참조.

제 4 절 유럽연합과 한국의 FTA협정 이후 추진전략

FTA의 효과는 일반적으로 관세의 폐지로 인한 교역의 확대를 강조하는 측면에 초점이 맞추어져 왔다. 그러나 가격경쟁력에 근거한 한시적인 수출입 증대는 경쟁국의 FTA 체결이나 보다 낮은 가격의 제시가 가능한 상황이 발생 시 그 효과가 즉시 소멸되는 한계를 지닌다. 근본적으로 FTA를 통해 장기적인 효과를 누리고 대외경쟁력을 구축하기 위해서는 국내산업 및 기술, 고용에 직접적 상승효과를 유발하는 외국인 직접투자의 유치가 매우 중요하다. 외국인 직접투자는 경제와 산업의 국제화를 통해 시장 확대, 기업과 산업의 구조조정, 생산과 고용규모의 증대, 선진기술유입, 안정적 외환 확보 등 투자유치국의 경제발전에 기여하며, 한국과 같이 대외의존도가 높은 경제구조의 경우 그 필요성이 더하다.

FTA가 외국인 투자유치에 미치는 효과는 투자환경의 선진화 및 관세철폐로 인한 경쟁구도 변화를 통해 나타난다. FTA를 통한 각종 국내제도의 개선과 선진화를 통해 외국기업이 활동하기에 좋은 환경을 조성하여 장기적인 투자유인으로 이어지는 것이 가장 일반적인 효과이다. 또한 관세철폐로 인한 시장확대 및 역내기업의 가격경쟁력 강화는 FTA 체결 당사국 외에 역외국 기업들에게도 직접투자를 통한 시장진입의 유인을 제공하여 외국인 직접투자 유입효과가 발생한다. 그러나 경제수준이 낮거나 시장규모가 크지 않은 소규모 국가와의 FTA를 통한 직접적 투자유치 효과는 크지 않은 것으로 나타났다.

하나의 예로 한국과 FTA를 발효한 기존 체결국은 경제규모가 작은 국가이거나 산업화가 많이 이루어지지 않은 개발도상국으로서, FTA로 인한 직접적인 투자유입 효과는 거의 발견되지 않는다. 한국보다 경제수준이 높은 싱가포르와 EFTA의 경우 FTA 발효 후 일부 투자유입을 보였으나, 자원확보 및 수출증대를 주목적으로 체결한 칠레와 ASEAN(싱가포르제외)은 투자유입 효과가 나타나지 않았다. 칠레의 경우 자원 확보를 위한 투자에서 시작하여 중남미시장을 겨냥한 한국기업의 거점 확보로서 더 큰 의미를 가지며, ASEAN의 경우도 현지 내수시장을 겨냥한 수출증대에 기본 목적을 두고 있다.

거대경제권과의 FTA 체결 시에는 시장확대로 인한 투자유치 효과가 큰 것으로 나타난다. NAFTA, EU, 일본 등 거대 선진 경제권과 모두 FTA를 체결한 멕시코의 경우 발효 후 전체 평균 투자유치 증가율이 267%에 달하는 성장률을 기록하며 높은 역내 투자유치 효과를 거둔 것으로 나타났다. 멕시코는 대륙별 거대 선진 경제권과의 FTA 네트워크를 통해 관세감면 혜택을 활용하여 각 주요국을 연결하는 교두보로서의 입지적 우위 요소를 최대한 활용하고 있다.

FTA를 통한 투자유치는 체결 당사국과의 역내 투자뿐만 아니라 확대된 시장을 겨냥하여 FTA 체결상대국으로의 진출을 염두에 두고 투자하는 역외투자 유치의 효과도 거둘 수 있다. 특히, EU와 같이 시장확대 효과가 큰 거대경제권과의 FTA인 경우 EU시장을 겨냥한 주변 아시아 지역 국가들의 대한투자 효과를 기대할 수 있다. 한국이 EU와 ASEAN, 인도를 FTA를 통해 직접 연결하는 네트워크의 거점에 위치해 있으며, 일본과 중국이라는 거대시장과 지리적으로 근접한 입지라는 점도 한-EU FTA의 효과를 극대화할 수 있는 요인이다.

1 투자유치전략

한-EU FTA로 관세철폐 및 각종 비즈니스 규정이 통일되어 EU와 한국이 단일권역화로 묶이는 효과를 수반하며, EU 기업들은 기업기능의 지역적 효율성 추구를 위해 한국에 진출할 것이다. 아시아 지역의 시장기반이 약한 EU 기업의 유치를 통해 원산지기준과 글로벌 FTA를 고려한 생산네트워크 재조정을 유도하고 글로벌 분업체제를 구축할 수 있다. EU지역 다국적기업들은 한국의 기술력과 인프라를 활용하여 아·태지역 지역본부, R&D 센터 등을 설립하고자 하는 유인이 증대될 것으로 예상된다.

EU가 절대적인 우위를 가지고 있는 서비스산업은 한국의 경쟁력이 낮은 부문으로, 적극적인 투자유치를 통해 경쟁력 강화 및 국내 서비스 산업선진화를 추구해야만 한다. 미래성장 동력으로서 부가가치가 높은 서비스산업의 발전은 제조업을 비롯한 연관 산업에 파급효과가 크며, 제조업과 서비스업 간 융합을 통해 산업 전반의 동반발전이 가능하다. 특히 법률, 비즈니스서비스(컨설팅, 디자인, 광고 등), 교육 등은 국내시장의 개방수준이 낮고 경쟁력이 취약한 부문으로 산업구조 조정을 통한 시장성장 및 양질의 일자리 창출효과를 도모할 수 있을 것이다.

한국의 서비스부문은 유통 및 시장구조의 폐쇄성이 존재하여 FTA의 발효

<표 5-7> EU 주요 국별 투자유치 유망분야

국가	투자유치 유망분야
영국	금융, 법률, 교육, 생명공학, 고급 엔지니어링, 신재생에너지, 교육
스페인	재생에너지, 태양광, 풍력발전
벨기에	금융, 법률서비스
이탈리아	자동차부품, 기계부품
오스트리아	자동차부품, 신재생에너지
스웨덴	제약 및 의료기기, 정밀기계, 환경 및 재생에너지, BT, ICT
네덜란드	반도체 생산장비, LED
독일	부품소재, 화학, 물류, 법률, 컨설팅, 디자인, 광고, 신재생에너지
덴마크	생명과학, 제약, 신재생에너지
프랑스	자동차부품, 유통, 화학, 신재생에너지
핀란드	기계, 선박부품, 풍력발전기용 부품

자료: KOTRA 구주지역 각 KBC(2010).

직후 일부 취약 분야의 타격이 예상되나, 경쟁을 통한 산업구조조정 및 선진기술 습득을 통한 미래 성장동력 강화차원에서 매우 중요한 기회이다. 그러나 FTA 체결로 인한 시장개방이 자동적으로 외국인 투자를 발생시키는 것은 아니며, 시장개방과 함께 국내산업 및 법령의 정비는 물론 기업경영 활동과 관련된 규제들이 합리적인 수준으로 완화되어야 투자유치효과로 연결될 수 있다.

2 선점효과의 극대화

FTA 선점효과는 지속되는 것이 아니며, 주변 국가들의 FTA 체결 상황에 따라 일시에 소진될 수도 있으므로 한-EU FTA로 인한 효과를 장기간 지속시킬 수 있는 시스템을 조기에 구축하는 노력이 필요하다. 실제로 한-칠레 FTA는 협상타결 후 발효까지 1년 6개월이 소요되었고, 발효 이후 일시적으로 선점효과를 누리던 한국 상품은 2년 후 일본과 중국이 칠레와 FTA를 발효한 후부터 시장점유율이 급감하였다. 또한 한-EU FTA를 국내서비스 산업의 구조개선 및 부품소재, IT, 환경, 에너지 등 미래유망산업의 육성, 기업의 대외경쟁력 강화를 위한 도약대로 활용할 수 있어야 한다.

FTA 네트워크를 활용한 기업경쟁력 강화와 미래 성장동력 구축을 위해서는 해외직접투자(outward) 실시와 외국인직접투자(inward) 유치에 대한 거시적인 차원의 접근이 필요하다. 이미 체결한 FTA의 관세혜택 및 운송비, 인건비 절감을 위한 단순 조립공장은 목표시장을 중심으로 한 해외직접투자를 실시하며, 서비스업 및 고기술 제조업(부품소재 산업 등)은 외국인 직접투자유치를 추진해야 한다.

이와 더불어 신흥경제권 지역 국가들과의 연대를 강화해야 한다. 이는 한-EU FTA에 이은 차후의 경제 성장동력을 마련하기 위한 기반을 제공해 줄 것이다. 2010년 대한 외국인 직접투자에서 선진국의 투자비중이 기존 70%대에서

55% 수준으로 낮아진 반면, 신흥개도국의 투자가 큰 폭으로 증가하여 신흥경제권국가들에 대한 투자유치 중요성이 더욱 부각되고 있다. 최근 10년간 신흥개도국의 해외직접투자는 지속적인 증가세를 보이고 있으며, BRICs 4개국의 경우 2008년 1,470억 달러를 기록하며 전세계 해외 직접투자의 9%의 비중을 차지하고 있다. 따라서 BRICs 국가들의 해외직접투자규모에 비해 한국에 투자하는 비중은 매우 낮아 향후 이들 국가를 겨냥한 적극적 투자유치 전략이 필요한 시점이다.

참고문헌

이종서, "한-EU FTA 이후 (신)비관세장벽에 관한연구—도시간 공동조달정책을 중심으로—", 「국제문제연구」, 국가안보전략연구소, 제9권 제2호, 2009, pp.107-150.

채형복, 「리스본조약」, 국제환경규제 기업지원센터, 2010.

Archick, Kristin. The European Union's Reform Process: The Lisbon Treaty, CRS Report for Congress, Library of Congress, Washington, Feb 22, 2010, pp.1-11.

Balan, George-Dien. "The Common Commercial Policy under the Lisbon Treaty. Jean Monnet Seminar on Advanced Issues of European Constitution in an Enlarged European Union". 6th session: Dubrovnik, 2008. http://www.pravo.hr/_download/repository/GDB_JM_CCP.pdf (2011년 5월 23일 검색).

Belfrage Erik. A Modern Trade Policy under the Lisbon Treaty. EU Trade Policy Group, 2010. http://www.ecipe.org/tpsg/A%20Modern%20Trade%20Policy% 20for%20The%20European%20Union.pdf (2011년 6월 19일 검색).

Bouchard, Caroline and John Peterson. "Conceptualizing Multilateralism: Can

We All Just Get Along?". MERCURY E-Paper No. 1, February 2010, http://www.mercury-fp7.net/ (2011년 5월 20일 검색).

Bretgherton, Charlotte and John Vogler. The European Union as a Global Actor. London/New York: Routledge, 2nd Edition, 2006.

Bungenberg, Marc. The Common Commercial Policy after Lisbon. Paper presented at the Hebrew University Jerusalem. http://www.iisd.org/pdf/2007/itn_mar16_2007.pdf (2011년 6월 15일 검색).

Cash, Bill, McConalogue, James, Vasconcelos, Margarida, Laughland, John. The Lisbon Report: An analysis of the Lisbon Treaty with specific amendments and briefings for the House of Lords, European Foundation, www.europeanfoundation.org (2011년 4월 13일 검색).

Conconi, Paola. "The EU's common commercial policy and regional/global regulation". in Mario Telò. Abondon (ed.), The European Union and global governance. London: Routledge, 2009, p.159.

Council of the European Union. Council Decision of 22 January 26 July 2010 "Establishing the organisation and functioning of the European External Action Service". Doc. 2010/427/EU. OJL201/30-40.

Driga, Imora, Nitá, Dorina. Considerations Regarding the Common Commercial Policy of the European Union, University of Petrosani, Romania, Social Science Research Network, http://papers.ssrn.com/sol3/papers.cfm?abstract_ID=1317630

Scharpf, Fritz W. "Negative and positive Integration". in Martin Höpner and Armin Schäfer(eds.), Die Politische Ökonomie der europäischen Integration, Frankfurt an Main: Campus, 2008, pp.49-87.

Domopoulos, Angelos. "The Effects of the Lisbon Treaty on the Principles and Objectives of the Common Commercial Policy", European Foreign Affairs Review 15, 2010, pp.153-171.

Egger, Peter. and Pfaffermayr, Micheal. "The impact of bilateral investment treaties on foreign direct investment". Journal of Comparative Economics, Vol.32, No.4, 2003, pp.788-804.

Elsig, Manfred. The EU's Common Commercial Policy: Institution, Interests and Ideas. Zurich: University of Zurich, 2002.

European Commission. Roadmap: Proposal for a Regulation of the European Parliament and the Council establishing transitional arrangements for international investment agreements between Member States and third countries, 2010. http://trade.ec.europa.eu/doclib/docs/2010/july/tradoc_146308.pdf

European Policy Centre(EPC). "The EU Foreign Service: how to build a more effective common policy". EPC Working paper No.28, European Policy Centre (EPC). Brussels. 2007. http://www.epc.eu/documents/uploads/555858396_EPC%20Working%20Paper%2028%20The%20EU%20Foreign%20Service.pdf (2011년 4월 20일 검색).

European Parliament, Overview of the Results of the Intergovernmental Conference, 2000, pp.6-8.

Govaere, Inge, Jeroen Capiau and An Vermeersch. "In-Between Seats: the Participation of the European Union in International Organization". European Foreign Affairs Review 9, 2004, pp.151-187.

Helpman, Elhnan, Marc Melitz and Yona Rubinstein. Estimating Trade Flows: Trading partners and trading volumes. NBER Working Paper No.12927, National Bureau of Economic Research, Cambridge, MA, 2007.

Hill, Christopher. "Renationalizing or Regrouping? EU Foreign Policy Since 11 September 2001". Journal of Common Market Studies, Vol.42, No.1, 2004 pp.141-163.

Heyes, P. Jonh. Making Trade Policy in the European Community. New York: Palgrave Macmillan, 1993, pp.139-141.

Klein, Nadia, Tobias Kunstein, and Wulf Reiners. "Assessing EU Multilateral Action: trade and Foreign and Security Policy Within a Legal and Living Framework". MERCURY E-paper, No.6, October 2010.

Ludlow N. Piers. "The Treat of Nice: Neither Triumph nor Disaster". ECSA Review, Vol.14, No.2, 2001, pp.2-3.

Missiroli, Antonio. "Implementing the Lisbon Treaty: The External Policy Dimension". College of Europe. Bruges Political Research Paper, No

12/2010.

Murphy, Anna. “In the maelstrom of change: The Article 113 Committee in the governance of external economic policy”. in Committee Governance in the European Union, Christiansen, Thomas and Kirchner, Emil (eds.), Manchester and New York: Manchester University Press, 2000, pp. 98-114.

Peterson, John, Mark Aspinwall, Chad Damro and Christina Boswell. “The Consequences of Europe: Multilateralism and the New Security Agenda”. Mitchell Working Paper Series 3/2008, University of Edinburgh, Europa Institute, Edinburgh, 2008.

Štěrbová, Ludimila. “Impact of the Lisbon Treaty on the EU Trade Policy: Identification of Possible New Problem related to the EU Competences, to the EU Membership in International Organizations and to the Role of the European Parliament”. E-Leader Budapest 2010, Prague: University of Economics, 2010, pp.1-12.

Tonra, Ben and Thomas Christiansen (eds). Rethinking European Foreign Policy. Manchester/New York: Manchester University Press, 2004.

Vis-Dunbar, Damon. European Govts remain split over extent of investment provisions in EU FTAs, International Institute for Sustainable Development.

Wallace, Hellan. “An Institutional Anatomy and Five Policy Modes”. in Helen Wallace, William Wallace and Mark A. Pollack (eds), Policy-Making in the European Union. Oxford: Oxford University Press, 2005, pp.49-90.

Wessels, Wolfgang and Franziska Bopp. “The CFSP after the Lisbon Treaty: Constitutional break-through or challenges ahead?” Challenge Research Paper No.10, 2008.

Whitman, Richard G. and Ana Juncos. “The Lisbon Treaty and the Foreign, Security and Defence Policy: Reforms, Implementation and the Consequences of (non)Ratification”. European Foreign Affairs Review, Vol.14, No.1. 2009, pp.25-40.

Woolcock, Stephan. “European Trade Policy Global Pressures and Domestic

Constraints". in H. and W. Wallace (eds.), Policy-Making in the European Union. Oxford: Oxford University Press, 2000, pp.373-399.

Woolcock, Stephen. "The potential impact of the Lisbon Treaty on European Union External Trade Policy". Swedish Institute Policy Studies, European Policy Analysis, No.9, Stockholm, 2008.

Young, Alasdair R. and John Peterson. "The EU and new trade politics". Journal of European Public Policy, Vol.13, No.6, 2006, pp.795-814.

찾아보기

ㄴ

ㅇ

ㅈ

연구 책임자

양현모(한국행정연구원 행정관리연구부)
홍재환(한국행정연구원 국가경영연구부)

참여 연구진

방청록(한동대학교 국제어문학부)
송병준(한국외국어대학교 EU연구소)
이무성(명지대학교 정치외교학과)
이선필(한국외국어대학교 EU연구소)
이종서(한국외국어대학교 EU연구소)
최진혁(충남대학교 자치행정학과)
허영식(청주교육대학교 사회교육과)
(가나다 순)

집필진 약력(가나다 순)

■ 방 청 록

《현재소속》
한동대학교 국제어문학부 교수

《학위》
영국 버밍엄대학교 정치학 박사

《주요 관심분야》
국제정치경제, 유럽통합, 국제통상

《대표저서 및 논문》
리스본조약 이후 EU의 대외적 대표성 변화와 그 의의에 관한 연구(2011)
한국의 개방적 통상정책 추진전략과 정책적 시사점 연구(2009)
유럽연합의 대외정책과 다층적 거버넌스에 관한 연구(2005)

■ 송 병 준

《현재소속》
한국외국어대학교 EU연구소 연구교수

《학위》
한국외국어대학교 국제관계학 박사

《주요 관심분야》
유럽연합 공동정책, 유럽연합 거버넌스

《대표저서 및 논문》
유럽연합의 기구와 시스템 (2012)
유럽의 갈등과 통합 (공저: 2011)
유럽연합의 대외정책 결정시스템의 변화동인과 과정 (2011) 외 다수

■ 양 현 모

《현재소속》
한국행정연구원 행정관리연구부 선임연구위원

《학위》
독일 본(Bonn)대학교 정책학 박사

《주요 관심분야》
북한 · 통일행정, 유럽행정, 시민사회론, 행정개혁론

《대표저서 및 논문》
공무원 채용제도 개선에 관한 연구, 2010, 한국거버넌스학회, 공동연구
독일, 통일에서 통합으로 (통일부, 2009)
지방자치단체의 남북 교류협력사업 평가 및 발전방안 (2009, 통일정책연구)
대북정책 결정과정의 정책네트워크 분석 (2009, 통일문제연구)
대북 인도적 사업의 민관협력체계 개선방안 (2009, 정책연구)
북한 중앙행정기관의 변화와 특징에 관한 연구 (2008, 한독사회과학회)
남북교류협력과 로컬거버넌스 구축방안 (2008, 한국정책과학회)
독일행정론 (대영문화사, 2006)

■ 이 무 성

《현재소속》
명지대학교 정치외교학과 교수

《학위》
영국 Birmingham 대학교, 국제정치학 박사

《주요 관심분야》
유럽통합, 동북아 통합, 한-EU 관계

《대표저서 및 논문》

A Step as Normative Power: The EU's Human Rights Policy Towards North Korea(2012)

The Relationship of Local Governments between Korea and China: A Step for Regional Integration(2011)

유럽연합의 정체성 Ⅱ(2009)

■ 이 선 필

《현재소속》

한국외국어대학교 EU연구소 학술연구교수

《학위》

로마대학교(La Sapienza) 정치학 박사

《주요 관심분야》

유럽통합사, 이탈리아 정치, 국제관계사

《대표저서 및 논문》

드골과 케네디의 대립과 이탈리아의 국내정치(2010)

유럽통합과 대서양동맹 사이에서의 이탈리아(2010)

이탈리아의 언론과 정치권력 간의 관계에 관한 고찰(2009)

유럽통합과 경제이익집단의 역할(2009)

'유럽연방'을 위한 알티에로 스피넬리의 유럽통합 사상과 전략(2009)

유럽연합 공동이민망명정책의 발전과 배타성 연구(2008) 외 다수

■ 이 종 서

《현재소속》

한국외국어대학교 EU연구소 연구원

《학위》

성균관대학교 정치학 박사

《주요 관심분야》

EU 통상정책, 외교안보정책, 지역정책, 사회정책

《대표저서 및 논문》

유럽의 갈등과 통합(2011)

유럽연합의 대외정책(2011)

유럽연합 지역정책의 이해(2009)

국제정치의 신패러다임 - 존재론, 인식론, 방법론적 고찰(2008)

리스본조약과 공동통상정책-EU의 권한 배분을 중심으로(2011)

EU의 공동이민·망명정책 : 초국적 대응 프로그램의 배경과 한계(2010)

한-EU FTA 이후 신비관세장벽에 관한 연구(2009)

유럽연합의 공동안보방위정책(ESDP)과 다층적 통치이론의 비판적 고찰(2008)

EU의 대북정책 특징과 한반도 균형자로서의 역할 가능성 연구(2008)

■ 최 진 혁

《현재소속》

충남대학교 자치행정학과 교수

《학위》

프랑스 파리 제I대학교(Panth on-Sorbonne) 공법학 박사

《주요 관심분야》

자치행·재정, 교육자치, 비교(자치)행정

《대표저서 및 논문》

프랑스의 행정과 공공정책(2008)

자립적 지역발전모델(2005)

행정부의 예산편성 선진화를 위한 제도개선 연구(2010)

한국 교육자치의 개혁방향과 제도재설계(2011)

프랑스 지방행정체제 개편 : 자치단체 통폐합(2011)

분권형 국가운영체제를 위한 교육선거의 개선방안 : 교육자치의 적정단위와 행정역할을 중심으로(2011)

지방의회 의정활동 전문성 강화방안(2011)

국가와 지방자치단체간의 연계(협력)체제에 관한 연구 : 프랑스 사례를 중심으로(2011)
프랑스 예산회계개혁의 내용과 시사점 : 지방자치단체를 중심으로(2011)
우리나라 교육분권의 적정성 논의에 관한 연구(2005)

■ **허 영 식**

《현재소속》
청주교육대학교 사회교육과 교수

《학위》
프랑크푸르트(Frankfurt)대학교 철학 박사

《주요 관심분야》
사회통합정책, 다문화와 간문화, 시민교육

《대표저서 및 논문》
다문화사회와 간문화성(2010)
국제관계와 현대사회 그리고 시민교육(2007)
과학기술과 현대사회: 이상향과 암흑향 사이에서(2004)

■ **홍 재 환**

《현재소속》
한국행정연구원 국가경영연구부 연구위원

《학위》
오레곤 주립대학교(U. of Oregon) 정치학 박사

《주요 관심분야》
공공부문 평가 및 성과관리, 정치경제, ODA/국제개발협력

《대표저서 및 논문》
ODA정책에서의 시민사회단체 협력 개선방안 연구(2011)
행정정보공동이용의 평가와 개선방안 연구(2009)
국가경쟁력과 리더십(2009)
성과관리제도에 대한 해외사례 비교분석(2008)

유럽연합의 행정과 정책연구

2011년 12월 21일 초판인쇄
2011년 12월 31일 초판발행

편저자 양현모 · 홍재환
발행인 이 명 재
발행처 **신 조 사**
서울특별시 마포구 염리동 161-5 201호
電 話 (02) 713-0402 FAX (02) 713-0403
登 錄 1994. 7. 4, 제17-179호(倫)
E-mail: sinjosa@sinjosa.co.kr http: //www.sinjosa.co.kr

편저자와 협의하에 인지첩부를 생략함

파본은 바꿔드립니다.

정 가 39,000 원 ISBN 978-89-92841-45-0